CHRONIQUES POPULAIRES

MÉMOIRES
SUR L'IMPÉRATRICE
JOSÉPHINE
SUR LA VILLE, LA COUR ET LES SALONS DE PARIS SOUS L'EMPIRE
PAR
GEORGETTE DUCREST
ILLUSTRÉS PAR JANET-LANGE

PARIS
GEORGES BARBA, LIBRAIRE-ÉDITEUR
8 — RUE CASSETTE — 8

CHRONIQUES POPULAIRES ILLUSTRÉES PAR JANET-LANGE.

MÉMOIRES SUR

L'IMPÉRATRICE JOSÉPHINE.

MOTIFS.

Ce n'est nullement le désir de la célébrité qui me fit écrire un ouvrage dont je n'avais jamais eu l'idée, et qu'une circonstance inattendue m'a décidée à faire paraître.

J'étais effrayée des nombreux ennemis qui poursuivaient madame de Genlis de leurs incessantes attaques; je redoutais plus que personne une carrière qui attirait tant de malveillance. Mon père m'avait si souvent témoigné la crainte de me voir un jour entraînée comme tant d'autres à suivre l'impulsion d'une imagination ardente, que je lui avais positivement promis de repousser toute pensée de devenir *femme de lettres* si jamais elle me venait. A sa mort je vins à Paris pour régler quelques affaires ; j'allais tous les jours chez ma tante, dont les mémoires se publiaient chez M. Ladvocat. Les premier et deuxième volumes obtinrent un immense succès qui se ralentit peu à peu. J'entendais ce qui se disait sur la manière verbeuse dont les troisième et

L'Impératrice Joséphine.

quatrième volumes étaient écrits, sur l'inutilité de faire paraître une foule de vers insignifiants, faits pour l'auteur; sur la copie exacte d'anciens ouvrages, tels que les *Souvenirs de Félicie*, les *Étiquettes de la cour*, etc. Aimant extrêmement ma tante, je fus vivement affectée de critiques que je savais n'être pas méritées, puisqu'elle n'avait vendu ses mémoires à M. Ladvocat *qu'en quatre volumes*, pour la somme de *quarante mille francs*.

J'arrivai donc un jour chez elle avec la ferme intention de lui représenter le tort qu'elle se faisait en consentant à laisser M. Ladvocat libre de prendre dans ses papiers ce qui lui convenait pour allonger un ouvrage qui lui rapportait beaucoup d'argent, ayant un grand nombre de souscripteurs.

Je la trouvai en tête à tête avec un homme fort élégant, qui parlait haut, citait à chaque instant des noms de personnages célèbres dont il se disait l'ami. Au milieu de ce feu roulant de paroles, il avança un fait qu'il disait s'être passé à la Malmaison, précisément pendant que je l'habitais, fait faux et peu honorable pour la personne nommée ; fatiguée de ce bavardage, je me permis de relever l'inconvenance d'une allégation mensongère, et je dis qu'ayant eu l'honneur d'être admise près de l'impératrice, je savais la vérité : je la racontai.

Ce *monsieur* me fit alors une foule de questions sur l'impératrice, sur sa cour ; j'y répondis avec l'intention de donner une idée exacte de ceux qui entouraient Sa Majesté ; enfin, lassée de causer avec un homme que je ne connaissais pas, je vis à ma tante que je venais pour la prier d'ordonner à son éditeur d'être plus sobre de ses notes, et de vers sans intérêt pour le public.

« Tu sais bien, me répondit ma tante, que je ne songe jamais à un ouvrage fini et vendu, je ne pense qu'à celui que j'écris.

— Oui, répondis-je, mais avec cette indifférence, vos quatre volumes, qui étaient charmants, deviennent une bonne spéculation pour M. Ladvocat, et une mauvaise affaire pour votre réputation. » Ma tante se mit à rire, et s'adressant au *monsieur*, qui arrangeait complaisamment sa cravate devant la glace : « Répondez donc à ma nièce, mon ami, vous voyez qu'elle est furieuse contre vous. »

Je fus fort embarrassée d'abord, puis, prenant résolûment mon parti, je reprochai fort à M. Ladvocat le tort qu'il faisait à l'ouvrage en l'allongeant outre mesure ; il répondit avec politesse, mais je vis que mes observations ne serviraient à rien. J'embrassai ma tante, et je partis.

Le lendemain, vers midi, je me disposais à sortir, lorsqu'on vint me dire qu'un *monsieur* désirait me parler.

Habitant une très-petite chambre dans le modeste hôtel Courty, dans la courte rue de ce nom, je ne recevais personne, devant aller rejoindre ma mère à Meung, où elle habitait. Je fus donc fort surprise de l'annonce d'une visite. Je consentis à la recevoir : c'était M. Ladvocat.

De prime abord, sans aucune phrase préparatoire, il m'offrit une somme qui me parut exorbitante, si je consentais à recueillir et à écrire mes souvenirs, particulièrement sur l'impératrice Joséphine et son entourage. Je lui fis observer que je n'avais pas l'intention de suivre la dangereuse carrière des lettres ; que madame de Genlis m'avait souvent dit que je n'avais rien de ce qui faisait réussir en littérature, et que j'étais certaine qu'elle ne me pardonnerait pas de tenter ce moyen d'améliorer une position devenue difficile depuis la mort de mon père. M. Ladvocat consentit à ce que mon nom ne fût point inscrit au titre de l'ouvrage ; enfin il insista tant, que je lui promis d'essayer et de lui envoyer deux jours après une douzaine de pages, afin qu'il jugeât s'il était possible de continuer.

Éblouie par l'offre inattendue de *trois mille francs par volume*, heureuse de faire connaître l'impératrice, je me mis à l'œuvre, et j'adressai à M. Ladvocat cet essai d'une plume novice. Quelle fut ma surprise de recevoir le soir, des épreuves à corriger et la demande de *nouvelle copie*. Peu de jours après, l'acte de vente fut rédigé et signé.

C'est ainsi que j'écrivis les Mémoires que je livre de nouveau à l'impression. Ayant beaucoup vécu dans le monde avec les grands personnages de notre époque, les artistes les plus distingués, et les gens de lettres les plus justement estimés, j'ai conservé mille souvenirs qui pourront peut-être intéresser. Admise dans l'intimité de l'impératrice Joséphine après son divorce, c'est surtout pour donner des détails *vrais* sur son intérieur que cet ouvrage est écrit ; et c'est d'elle que je parlerai le plus. Je ne dirai que ce que j'ai vu, et cette tâche sera d'autant plus douce à mon cœur, que ce sera donner de nouveaux sujets de regret sur la perte de cette femme remarquable.

Beaucoup d'écrivains l'ont louée lorsqu'elle était sur le trône ; je raconterai ce que je sais d'elle lorsqu'elle en fut si noblement descendue, et j'ose croire que personne ne démentira ce que je citerai. En lisant ce que je vais écrire de l'impératrice Joséphine, ceux qui ne l'ont pas connue me trouveront certainement exagérée, mais ceux qui ont eu l'honneur de lui être attachés jugeront avec raison que je suis bien loin d'avoir tout dit. Il faudrait connaître tous les traits de bonté qui font chérir sa mémoire pour faire bien apprécier tout ce que valait son âme. Elle cachait si soigneusement les actions de ce genre, que la plupart sont encore ignorées. L'impératrice avait la pudeur de la bienfaisance ; plusieurs des obligés n'ont oublié les services reçus de la femme de l'*usurpateur*, comme ils ont dit plus tard : elle fit pour nous moins que pour beaucoup d'entre eux, mais elle eut pour ma mère et moi une suite de procédés aimables qui méritent toute ma reconnaissance, l'un des sentiments les plus doux au cœur d'une femme. C'est pour la satisfaire, et dans l'espoir d'ajouter quelques nuances de plus à son portrait, tracé plus habilement par d'autres, que je publie ces Mémoires. J'éviterai tant que je pourrai, malgré la manie générale, de parler de moi, mes malheurs si grands ne pourraient s'expliquer qu'un bien petit nombre de personnes ; je ne me mettrai en scène que pour faire mouvoir des personnages célèbres, ou pour expliquer les événements dont je fus témoin. Ayant été plus de vingt ans sans écrire, j'ai d'autant plus de nouvelles choses à raconter, que j'ai beaucoup voyagé en Allemagne, et que je donnerai sur les petites et grandes cours dans lesquelles j'eus l'honneur d'être admise des détails intimes intéressants.

Il faut s'attendre à un peu de *décousu* dans mes récits ; je ne puis absolument suivre d'ordre chronologique, racontant à mesure que les faits se présentent à mon souvenir. Je n'ai pas la prétention de publier un ouvrage *classique*, tant s'en faut ; faire aimer l'impératrice Joséphine comme elle doit l'être, voilà mon but principal, et si je l'atteins, je me trouverai bienheureuse. Je prie d'avance ceux qui me nommeront de me pardonner. Les dates pourront souvent être interverties, manquer d'exactitude ; tant de malheurs se sont succédé pour moi, tant de faits ont eu lieu, que je puis être excusable d'avoir quelquefois confondu les époques ; je suis sûre du moins que les traits honorables ne seront jamais altérés ; enfin, ce n'est qu'avec la plus extrême défiance que je reprends la plume : j'espère qu'elle m'obtiendra l'indulgence dont j'ai un si grand besoin.

GEORGETTE DUCREST.

Juillet 1855.

MÉMOIRES SUR L'IMPÉRATRICE JOSÉPHINE.

CHAPITRE PREMIER.
1789-1790-1791.

Mariage de mon père M. le marquis Ducrest, ancien chancelier de la maison d'Orléans. — Ma mère élevée chez M. le président de Minute. — Sa femme. — Calembour de M. le marquis de Bièvre sur elle. — Les émigrés français à Londres. — Société de ma mère. — M. le chevalier de Mesnard. — Le comte de Lobermond. — Cramer. — Dusseck. — Viotti. — Jarnowick. — Le prince de Galles, depuis Georges IV. — Son amitié pour le duc de Berri et le duc d'Orléans. — Georges III et Louis XVIII.

Mon père, le marquis Ducrest, ancien chancelier de la maison d'Orléans, était devenu passionnément amoureux de ma mère, qui n'était pas noble, et n'avait pour fortune qu'une charmante figure, un adorable caractère, plein d'énergie, et un très-grand talent pour le chant. Elle ne se destinait nullement à être artiste, et vivait chez son tuteur, M. de Minute, président, marié à la femme dont M. de Bièvre disait qu'elle était *une minute sans seconde*. Ne pouvant vaincre une passion combattue longtemps, mon père, malgré les représentations de sa famille, épousa à 42 ans une jeune fille qui, disait-on, faisait un beau rêve. Le réveil fut prompt, et six mois après, en 1789, il fallut émigrer. Ma mère était dans un état de grossesse assez avancé, elle accoucha de moi à Londres, le 27 novembre 1789, dans un hôtel français tenu par un nommé Grenier, qui, tout en étant plein d'égards pour ses compatriotes, faisait de très-bonnes affaires. A peine ma mère fut-elle remise de ses couches, qu'elle fit observer à mon père qu'il ne fallait pas attendre que le peu d'argent apporté de France fût épuisé, qu'il était nécessaire de trouver un moyen de vivre sans avoir recours à la charité du gouvernement anglais ; que ce moyen ne pouvait convenir qu'aux émigrés assez malheureux pour n'avoir en eux-mêmes aucune ressource, et qu'elle était décidée à donner un concert. Mon père, désespéré, fut cependant obligé de convenir qu'elle avait raison, et le succès répondit au courage de la jeune marquise. Elle obtint un grand succès, eut immédiatement un grand nombre d'élèves, et fut nommée chanteuse de la chambre du roi Georges III, qui, malgré son état de santé, aimait beaucoup la musique. Mes souvenirs les plus éloignés datent de 1794 ; mais il est des événements peu importants, des circonstances d'un médiocre intérêt, qui se fixent cependant d'une manière ineffaçable dans de jeunes têtes, recevant aisément toute espèce d'impressions. Née et élevée en émigration, j'ai vu de près plusieurs des personnages qui sont maintenant à la tête du gouvernement. Habituée à vénérer les princes pour lesquels nous avions renoncé à notre patrie, je n'entendais jamais depuis prononcer leur nom sans une émotion bien naturelle ; ils me rappelaient les longs et cruels malheurs de mes parents ! J'eus toujours pour ces nobles bannis le respect qui leur était dû ; si, pour me rendre compte de ce que je sentais, c'est à cette première enfance que je dois attribuer sans doute l'éloignement que j'eus depuis pour toute place dépendante de la famille qui remplaçait celle des Bourbons. Je refusai positivement celle de dame du palais de la reine de

Naples, la princesse Joseph, aussitôt que j'aurais atteint seize ans. Elle était promise pour moi à madame de Montesson, ma grand'tante, qui l'avait sollicitée vivement. Je pleurai tant lorsqu'elle m'annonça la réussite de sa demande, qu'elle vit bien que je ne changerais pas d'avis; en effet, je persistai, et l'on donna cette place, désirée avec ardeur par tant d'autres personnes. Je ne parle ainsi d'une chose qui m'est entièrement personnelle que pour prouver que ce n'est pas la partialité qui me fera dire tant de bien de Joséphine.

Avant de parler des circonstances qui m'ont mise à même de connaître l'impératrice, il doit m'être permis de me transporter aux premières années de ma vie, les seules qui aient été exemples de peines, mon âge ne me permettant pas de les sentir. Un peu plus tard j'eusse gémi de la position cruelle de mes parents, dépouillés tout à coup d'une grande fortune dont ils faisaient un noble usage, et forcés de quitter leur chère patrie, menacée des affreux événements qui la couvriront de deuil peu d'années après. Je me serais désolée de voir ma mère obligée de recourir à son talent musical pour nous faire vivre! De grands seigneurs et de belles dames m'apportaient des poupées, les artistes les plus éminents se réunissaient pour faire d'excellente musique, que j'aimais beaucoup; j'étais caressée, fort gâtée, je recevais force bonbons, que me fallait-il de plus?...

Parmi les personnes remarquables qui étaient reçues chez mes parents, je vis souvent Dussek et Cramer, fort liés quoique rivaux; ils s'écoutaient mutuellement avec plaisir, et se rendaient une justice dont voici une preuve. Dussek arriva plus tard que de coutume, Cramer lui en demanda la raison: « C'est que je viens de composer un nouveau rondeau; j'en étais assez content, et cependant, après un travail dont le résultat était assez satisfaisant, j'ai tout brûlé. — Et pourquoi? — Ah! pourquoi... pourquoi? Il y avait un passage diabolique que j'ai étudié plusieurs heures sans pouvoir le faire. J'ai pensé que je le jouerais tout de suite, et j'ai voulu éviter ce petit échec à mon amour-propre. » Ceci fut dit devant plus de trente personnes. Je ne sais si l'on peut citer souvent une telle impartialité chez des personnes suivant la même carrière; c'est pour la singularité de ce fait, concernant deux admirables talents, que j'ai voulu le consigner.

Viotti, Jarnowick, violonistes célèbres, étaient de ces réunions, ainsi que M. le vicomte de Marin, assez heureux pour avoir aussi une ressource qui l'exemptât de recourir à la charité des Anglais. Un grand nombre d'émigrés, n'ayant aucun moyen d'existence, étaient forcés de tendre la main aux ennemis de leur patrie. Combien j'admire ceux qui ont préféré apprendre un état, et *gagner* ce qu'ils *mangeaient!* Accepter un asile était, suivant moi, tout ce que pouvaient faire les Français! C'était d'ailleurs une justice que de le demander à cette Angleterre dont un roi fut chassé et recueilli en France: Georges III acquittait, au nom de la royauté, la dette de Jacques II. Comme Louis XVIII, celui-ci trouva sûreté et protection dans le malheur; mais il ne donna pas, comme le premier, l'exemple d'une modération extrême et d'une simplicité parfaite. Nos princes n'affichèrent pas le luxe dans un moment où tant de leurs compatriotes manquaient de pain: ils se privèrent de toutes les superfluités des cours pour soutenir de fidèles serviteurs errants comme eux, et prouvèrent là comme ici que toutes les vertus peuvent se trouver réunies sur le trône. Plusieurs grands personnages s'illustrèrent par la manière dont ils surent ennoblir le malheur; ils en profitèrent pour développer des moyens qui eussent peut-être été ensevelis dans le tourbillon du monde.

M. le chevalier de Mesnard, devenu comte par la mort de son frère aîné, fusillé à Paris le 18 fructidor, était fort jeune et fort beau. N'ayant aucun talent réel, il se mit à faire des cages élégantes pour les oiseaux de luxe; il obtint très-vite une brillante clientèle chez les ladies les plus à la mode, et fut plus tard attaché à M. le duc de Berry, puis chevalier d'honneur de la jeune duchesse, qu'il suivit en Vendée lorsqu'elle cherchait à reconquérir la couronne pour son fils.

M. le comte de Labermondie faisait des cartons fort laids et du chocolat très-mauvais; mais les Anglais achetaient tout ce qui leur était présenté de ces émigrés, dont ils admiraient la noble conduite. Le prince de Galles particulièrement témoignait un vif intérêt pour ces grandes infortunes supportées avec dignité; son nom était en tête de toutes les souscriptions ou loteries. Il fut l'ami particulier du duc de Berry et de M. le duc d'Orléans. Il éprouvait le plus vif désir de venir passer quelques jours en France, il ne put le satisfaire, une loi défendant à l'héritier du trône de quitter l'Angleterre sans la permission du parlement sous peine d'être déchu de ses droits. Le prince de Galles savait qu'elle lui serait refusée: il ne la demanda pas.

Jarnowick, que j'ai nommé, est aussi cité par son extrême laideur, l'originalité de son esprit fort orné, autant que par son beau talent sur le violon. Voici, entre mille, une anecdote qui le peint à merveille. Il donnait à Londres un concert dans la salle à la mode d'Hanover-Square; n'ayant pu obtenir qu'on ne prit pas de thé pendant la musique, il espérait que le plaisir de l'entendre empêcherait cet usage d'avoir son cours; mais il avait compté sans la rigidité de principes des entrepreneurs qui louaient la salle, et sans l'exactitude des domestiques voulant loyalement gagner leurs gages. La salle était comble. Jarnowick commence son plus beau concerto au milieu du bruit des tasses, des cuillers et des chuchoteries, qui ne cessent jamais en Angleterre que lorsqu'il n'y a rien à écouter. C'est au reste une mode devenue assez générale en France, où le silence n'est réel qu'à l'Opéra pendant le ballet. Jarnowick essaye quelque temps de lutter avec son violon contre un tel bruit; mais voyant que, malgré toute la puissance sonorité de son instrument, il n'en peut venir à bout, il se retourne tranquillement du côté de l'orchestre, et dit d'une voix de stentor: « Arrêtez-vous, mes amis; ces gens-là ne comprennent pas le respect que l'on doit à un grand artiste. Je vais leur donner quelque chose de très-analogue à leur goût, ce sera toujours assez bon pour des buveurs d'eau chaude! » Et il se mit à jouer: *J'ai du bon tabac dans ma tabatière.* Ce qu'il y a de plaisant, c'est que cette impertinence fut fort bien accueillie; Jarnowick fut applaudi à outrance, le second morceau écouté religieusement, et les tasses de thé ne circulèrent que pendant l'entr'acte.

Sébastien Érard, oncle de Pierre Érard, qui est aujourd'hui chef de la maison de ce nom, venait souvent chez ma mère. Il était mécanicien aussi habile qu'homme aimable dans la société; on le recherchait, et dès qu'on le connaissait on l'aimait. Sa bonté était proverbiale: il suffisait qu'une position fâcheuse lui fût désignée pour devenir meilleure. Tous les émigrés s'occupant de musique recevaient de lui un piano, et il se fût fâché s'ils eussent voulu le payer. Sa réputation comme facteur était écrasante pour ses rivaux. Broadwood, comme Anglais, pouvait la balancer seulement à Londres. Sébastien Érard était *seul* fabricant de bonnes harpes, et sa fortune était déjà considérable. Ma mère n'a jamais oublié les services qui lui furent rendus par cet homme excellent. Son neveu Pierre a hérité de ses éminentes qualités, et tous les artistes seront de mon avis sur la noblesse de cœur ouvert à toutes les douleurs! Si ceux auxquels il a été utile, élevaient la voix, ce serait un chœur assourdissant de louanges méritées. Puisse-t-il trouver ici l'expression de ma vive et profonde reconnaissance!

Un grand nombre d'émigrés portant les plus grands noms sont réintégrés dans les honneurs, les dignités; plusieurs se rappellent nos soirées passées dans une douce intimité. Ils ne sont pas oubliés, confondus; mais la confiance, l'amitié n'étaient pas de vains mots. Ils doivent quelquefois regretter leur heureuse pauvreté, et cette franchise qui n'est plus pour eux qu'un souvenir.

CHAPITRE II.
1792-1797.

Voyage à Hambourg. — Paméla. — Lady Fitz Gerald. — Madame Récamier. — Madame de Genlis. — Arrestation de lord Édouard Fitz Gerald, l'un des chefs de la conspiration contre l'Irlande. — Portrait de lady Fitz Gerald. — Le duc de Richmond offre de l'épouser. — Elle refuse. — Son mariage avec M. Pitcairn, consul des États-Unis. — Le prince Louis de Prusse, élève de l'abbé Raynal et de Mozart. — Son talent sur le piano. — Sa mauvaise tête. — Anecdotes sur lui. — Le marquis de Rivarol. — Madame Chevalier, actrice du Théâtre-Français à Hambourg; sa dernière représentation avant de partir pour Saint-Pétersbourg. — Attendrissement des vieux sénateurs. — Leur ridicule costume. — Madame Chevalier, maîtresse de l'empereur Paul Ier. — Sa vénalité. — Sa cruauté. — Son second mariage du vivant de son premier mari. — Altona. — La princesse de Vaudémont, née Montmorency de Nivelle. — Son théâtre. — Son caractère. — Portrait d'elle par M. de Rivarol. — M. de Clermont-Tonnerre, évêque de Châlons. — MM. les comtes Maurice et Joseph de Caraman. — La marquise de Pardaillan sa fille. — Garat et Rodo. — Histoire contée par Garat.

En quittant Londres nous allâmes à Hambourg, où je vis lady Édouard Fitz Gerald, dont la beauté faisait alors le même bruit que fit plus tard à Paris celle de madame Récamier. Madame de Genlis a tant parlé de cette élève chérie dans ses Mémoires, qu'il reste peu de chose à en dire; cependant je ne puis passer sous silence son admirable conduite lors de l'arrestation de l'infortuné lord Édouard Fitz Gerald, son époux.

Lord Édouard avait une imagination ardente, un grand et noble cœur, et des sentiments chevaleresques; il déplorait vivement l'abus du pouvoir arbitraire qui pesait sur l'Irlande, sa patrie. Il adopta donc avec chaleur les principes de la révolution de 89; ils lui paraissaient devoir amener une réforme utile; il ne vit que ce qu'elle semblait avoir de généreux, et résolut de faire tourner au profit de son pays un système de gouvernement donnant des garanties pour le bonheur de ses concitoyens.

Lorsque les crimes de 93 vinrent épouvanter l'Europe et apprendre combien le peuple français avait été au delà de toute prévision d'égarement et entraîné hors de son caractère, lord Édouard n'en persista pas moins à croire que les agents d'un parti pouvaient être criminels sans que les principes fussent moins bons. Il accusa notre caractère enthousiaste des excès commis, et se persuada qu'en se déclarant chef d'une insurrection en Irlande il saurait la maintenir à temps pour ne l'amener qu'à des résultats heureux.

Ses projets furent découverts; il fut arrêté au moment où il essayait de débarquer avec des Français qui devaient le seconder.

Lady Fitz Gerald, lorsqu'elle apprit cet événement, sans calculer tous les dangers auxquels elle allait s'exposer, étant très-avancée dans une grossesse, chercha les moyens de s'introduire dans la prison de son mari pour le voir, le consoler, et lui annoncer que ses papiers les plus compromettants étaient brûlés. Elle savait ses démarches surveillées, aucun obstacle ne la découragea. Elle feignit un voyage, et se cacha de chaumière en chaumière pour échapper aux recherches de la police. Elle avait chargé un fidèle serviteur de vendre ses bijoux et de lui en apporter le montant; lorsqu'elle eut l'or dont elle avait besoin pour séduire le geôlier de la prison, elle lui fit parler par des émissaires chèrement payés, et ce fut dans une tourbière où elle avait passé la nuit qu'elle apprit qu'elle pouvait pénétrer jusqu'à lord Edouard. Sortant du cloaque infect qui lui servait d'asile, elle reçut de son vieux domestique une nouvelle somme d'argent, et deux pistolets, demandés de force lorsqu'il fut question de sa femme, pour laquelle il éprouvait la plus ardente passion. Son hésitation se prolongeant, malgré les vives instances de lady Fitz Gerald, les gardiens de la prison, instruits par un espion, vinrent séparer les deux époux, qui ne se revirent plus!

Lady Edouard s'expatria; elle se rendit à Hambourg, avec sa fille aînée, près de madame de Genlis. Son éclatante beauté et son adorable caractère lui valurent de nombreux admirateurs. Suivie dès qu'elle se montrait, elle ne fut jamais enorgueillie d'hommages unanimes, conserva toujours une simplicité, une indulgence et une bonté incomparables.

L'opposition en Angleterre afficha pour elle les sentiments les plus exaltés et les moins équivoques. Son portrait gravé se vendit par milliers, la représentant dans les circonstances les plus touchantes de sa vie. Les ennemis de la cour la vengèrent d'une injuste proscription. Elle fut exilée comme compagne de lord Edouard, et on lui fit encore un crime d'avoir été élevée avec les princes de la famille d'Orléans. Le duc de Richmond, dont l'admiration était portée au plus haut degré pour un courage si extraordinaire, et séduit par son angélique figure, lui offrit de l'épouser à l'expiration de son deuil : elle le refusa.

Plusieurs années après, elle épousa à Hambourg M. Pitcairn, consul des Etats-Unis.

Mes parents vécurent dans la plus grande intimité avec le prince Ferdinand-Louis de Prusse. Il était renvoyé de Berlin par le roi, mécontent de nombreuses étourderies de jeunesse; c'était un mauvais moyen de le corriger que de l'éloigner ainsi d'une ville où tous les yeux étaient fixés sur lui. Livré à lui-même, entouré de jeunes gens beaucoup plus dissipés que lui, il ne se conduisait pas toujours d'une manière digne de son rang. Le prince rachetait les égarements de sa mauvaise tête par une bravoure extrême, de nobles sentiments, de l'esprit, des connaissances peu communes et un beau talent sur le piano. L'abbé Raynal fut son précepteur. Elève de Mozart, ses compositions étaient fort agréables et son exécution merveilleuse pour cette époque. Sa figure régulière et belle; il était aimable et galant avec les femmes, se grisait et se prenait de querelle avec les hommes, se battait avec la tranquille garde bourgeoise de Hambourg, sauvait les enfants du milieu des flammes dans les fréquents incendies qui ont lieu dans cette ville, faisait du bruit au spectacle, donnait ce qu'il possédait à une pauvre famille qui lui était recommandée; enfin, il était impossible de ne pas le connaître, l'aimer et le plaindre. Il souffrait qu'on lui dît toutes ses vérités, convenait de ses torts, promettait à ses amis de n'y plus retomber; et, suivant l'usage invariable, recommençait quelques jours après ses sottises et ses belles actions. Par ce mélange de sensibilité, de frivolité, de sérieux et de folie, de bien et de mal, il était digne d'être Français. Il estimait leur caractère, et ne vivait qu'avec eux. M. de *** lui reprocha d'être trop avec les plus civilisés pour leur opinion *jacobine*, ceux qui portaient la cocarde tricolore. — « J'aime leurs » idées, répondit-il, car enfin, quoique prince, je suis très-populaire. » — Prenez garde, monseigneur, de devenir *populace*, l'un mène à » l'autre! » Ce mot plein de justesse, qui malheureusement rappelait un événement bien récent, devait être une leçon pour celui auquel il s'adressait. Le prince Louis fut tué au combat de Saalfeld, en 1806, par un maréchal des logis du 10ᵉ de hussards.

M. de Rivarol, *éblouissant* d'esprit, était aussi à Hambourg. Il se

[1] Le crime de haute trahison entraînait la décapitation, et le corps était traîné sur la claie dans les principales rues de la ville où avait lieu l'exécution. Les biens du condamné étaient saisis.

Lord Edouard évita cette infamie. Après d'horribles douleurs d'entrailles, il mourut dans sa prison, la veille du jour désigné pour son exécution ; ce qui fit courir le bruit d'un empoisonnement.

levait fort tard, et recevait tous les matins, pendant qu'il était couché, une foule de jeunes gens désœuvrés, ravis de pouvoir se vanter d'être liés avec un homme si supérieur. C'était un *lever* dans toutes les règles : l'adulation y était poussée à l'extrême, et l'on s'estimait heureux d'obtenir une phrase bienveillante de celui qui s'amusait beaucoup de ce ridicule, s'en moquait par des mots piquants que ne comprenaient souvent pas ceux auxquels ils étaient adressés, et qu'ils allaient de confiance répéter le soir dans les salons où ils voulaient briller. M. de Rivarol prétendait qu'ils venaient se *frotter d'esprit chez lui*. Il est dommage que le sien se soit presque toujours porté au genre si aisé et si dangereux de la satire. Il avait tout ce qu'il fallait pour réussir dans les ouvrages élevés : son indolence, ses passions peu honorables l'ont arrêté dans la carrière qu'il pouvait parcourir d'une manière brillante. Il fut loué, adulé pendant quelques années, et maintenant à peine prononce-t-on son nom.

Madame Chevalier, actrice du Théâtre-Français, faisait alors les délices de Hambourg. Sa charmante figure, son agréable organe, son jeu modeste et gracieux lui obtinrent des succès éclatants. Elle reçut de Pétersbourg des propositions tellement avantageuses, qu'elle les accepta. J'assistai à la représentation d'adieu ; elle eut si solennellement comique que je me la rappelle parfaitement, quoique je n'eusse que six ans. La salle était comble ; madame Chevalier, à la fin de la dernière pièce, s'avança sur le bord du théâtre, essaya de chanter quelques couplets de circonstance ; mais son *excessive émotion* l'empêchant d'achever, son mari se précipita pour la soutenir, criant qu'elle allait se trouver mal. Grande rumeur dans la salle : les femmes disaient que c'était une scène attendrissante, que les attaques de nerfs ne signifiaient *plus* rien, etc. ; les hommes s'attendrissaient sur ce qu'ils allaient perdre cette *adorable créature*. Les vieux sénateurs, en grand costume de velours noir, ayant leurs énormes fraises et leurs perruques à marrons, s'essuyaient les yeux tout aussi bien que les merveilleux Français. Voulant témoigner mieux que ceux-ci leur affection pour cette personne si affligée de les quitter, ils jetèrent à ses pieds des bourses pleines d'or. Les émigrés, moins riches, se bornèrent à une couronne ; enfin, la fête fut complète. De nos jours il y en a souvent de semblables, moins naïves, on n'était pas alors aussi savant, aussi éclairé que nous, et l'on trouvait ridicule de prodiguer à une actrice richement payée les témoignages d'enthousiasme que l'on accorderait au libérateur de son pays ; on fut donc fort étonné de s'être laissé entraîner à une scène dont on se moquait le lendemain.

Cette dame Chevalier, si *sensible*, devint la maîtresse de Paul Iᵉʳ, accorda des places pour de l'argent, fit exiler en Sibérie pour quelques mille roubles. Haïe en Russie pour les cruautés dont elle fut l'instrument, elle se vit obligée de s'éloigner précipitamment lors de la mort de l'empereur. Elle se réfugia en Pologne, où sa douce figure tourna la tête à un riche palatin, qui la fit divorcer et l'épousa. Je ne sais ce qu'elle est devenue ; mais je pense qu'elle n'a pu être heureuse en se rappelant les actes de barbarie qu'elle avait fait commettre : ses remords étaient devant venger ses victimes.

Une partie de ma famille se trouvait à Hambourg, ce qui y rendit notre séjour fort agréable. Madame de Genlis y avait marié mademoiselle Henriette de Sercey, sa nièce et son élève, à M. Mathiessen, très-riche banquier, excellent homme, fort laid, mais rachetant les désagréments de sa figure par toutes les qualités de l'âme. Sa maison était ouverte à tous les Français, et sa bourse à tous les malheureux. Mes parents trouvèrent en lui un ami véritable, et je suis heureuse de consacrer notre reconnaissance à sa mémoire. Madame Mathiessen était belle, spirituelle, et je n'ai jamais connu de femme animant comme elle la conversation sans employer le moyen si facile de la méchanceté. Elle s'est mariée en secondes noces au baron de Finguelin, que tout Paris a connu plus tard comme un modèle de *dandysme*. Qu'on me permette ce mot, il peint admirablement celui qui me l'inspire.

Le général comte de Valence, qui avait épousé mademoiselle de Genlis, ma cousine, s'était retiré près d'Hambourg, dans une ferme qu'il faisait valoir. Madame de Genlis y passa quelque temps, et écrivit plusieurs ouvrages.

Altona, charmante petite ville qui n'est séparée de Hambourg que par une longue allée d'arbres, était le refuge de beaucoup de Français : on s'y amusait. Madame la princesse de Vaudémont[1] y ayant une maison fort agréable, elle avait arrangé un joli théâtre sur lequel on jouait des comédies et des opéras-comiques. Tous les étrangers distingués s'y faisaient présenter. La princesse n'était point jolie : une superbe taille et des cheveux admirables, des manières nobles, une grande fortune, un beau nom, lui attiraient de nombreux hommages, et son excellent cœur lui faisait beaucoup d'amis. Souvent brusque jusqu'à la rudesse, elle revenait promptement au naturel. Elle ne refusait jamais de rendre un service. M. de Rivarol la comparait à la nature *souvent abrupte*, sévère, quelquefois riante et gracieuse, et toujours bienfaisante. La princesse recueillit plusieurs compatriotes pauvres, qui pouvaient oublier qu'ils n'avaient plus de famille, puisqu'ils étaient entourés des soins les plus empressés. De ce nombre furent M. de Clermont-Tonnerre,

[1] Née Montmorency de Nivelle.

alors évêque de Châlons, depuis archevêque de Toulouse et cardinal. MM. les comtes Maurice de Caraman et son frère Joseph, devenu prince de Chimay; enfin madame la marquise de Pardaillan et sa fille. Elle a continué à Paris de mener le même genre de vie. Protéger et encourager les arts, secourir ou consoler ses amis, voilà ce qu'elle a fait et ce qu'elle fait encore; en un mot, elle était digne de son nom de Montmorency. Garat et Rodé étaient au nombre des émigrés les plus recherchés. Leur admirable talent, leur bon ton et leur esprit vif et original étaient appréciés également par les Français et les Allemands; on les écoutait avec le même plaisir causer ou faisant de la musique : leur présence suffisait pour animer une soirée. Ils contaient de la manière la plus plaisante des histoires qu'ils prétendaient toujours leur être arrivées. Intimement liés, ils soutenaient mutuellement la vérité de leur récit avec un tel sérieux que l'on finissait par les croire. En voici une dont Garat disait être le héros, et qu'il assurait être vraie.

Arrêté au commencement de la révolution, il charmait les ennuis de sa captivité en chantant presque toute la journée : il disait que les vocalisations avaient augmenté beaucoup la légèreté naturelle de sa voix. Les prisonniers, ravis, se réunissaient dans le corridor ou sous ses fenêtres pour l'entendre. Un jour, il en voit entrer un dans sa chambre, qui le salue profondément avec les signes d'un grand respect : « Vous êtes l'incomparable Garat, monsieur? — Oui, monsieur. — Votre talent est prodigieux! — Monsieur... — Ne m'interrompez pas... Oui, monsieur, prodigieux, et qui que ce soit ne peut vous disputer le titre de dieu de la musique. Je suis votre plus grand admirateur. — J'en suis fort reconnaissant. — Personne ne peut vous juger mieux que moi, car je m'occupe beaucoup de cet art enchanteur où vous excellez. — Ah! monsieur est musicien? dit Garat, ne sachant où aboutiraient tous ces compliments. — Oui, monsieur, nous sommes collègues. Ainsi vous trouverez tout simple que je m'adresse à vous pour vous demander un grand service. — Parlez, monsieur, que puis-je faire? — Les vandales qui se sont emparés du pouvoir s'opposent à tout ce qui pourrait faire prospérer les arts : s'en occuper serait à leurs yeux un crime de plus; aussi, je n'ose m'adresser qu'à vous dans une circonstance si critique. — Je suis à vos ordres. — Par un accident, je me vois dans l'impossibilité de cultiver mon talent; il dépend de vous de me rendre à mes occupations chéries. — Et comment? — Un homme comme vous n'est étranger à rien de ce qui a rapport à la musique; aussi je viens vous supplier de vouloir bien raccommoder mon instrument, que je m'empresserai de vous prêter dès qu'il sera en état : il est digne de vous accompagner. » En finissant ces mots, l'étranger ouvre son manteau, et présente à Garat une... *serinette*. Ce dernier partit d'un éclat de rire si formidable, que plusieurs personnes accoururent pour en savoir la cause : et partagèrent son hilarité. Le solliciteur, tout surpris de cette gaieté générale, se retira furieux, et devint depuis ce moment l'ennemi déclaré de Garat, qu'il n'appelait plus que le *charlatan*.

CHAPITRE III.
1798-1799.

Mon père est appelé à Copenhague par M. de Coninck. — Nous partons. — Construction du *Swartel all*. — M. de Coninck. — Sa femme. — Brown. — Sa fille Ida. — Ses talents. — M. Monod. — Mademoiselle Elking. — M. Ory. — Rude hiver de 1797. — Traits de bienfaisance de M. et madame de Coninck. — Bombardement de Copenhague par les Anglais. — Souscription pour les veuves des victimes. — Le roi Christian. — Sa folie. — Sa galanterie. — Loi révoltante. — Privilége du roi. — Réhabilitation d'un criminel injustement condamné. — Mots du roi Christian. — M. Grouvelle, ministre de la république. — Sa réception. — Chinois. — Leur chant. — M. Lebrun, célèbre corniste. — Sa mort. — Girodet. — Jugement d'un enfant sur son tableau de *Galathée*. — Nous quittons Copenhague. — Retour à Hambourg. — Madame de Genlis. — Sa nièce mademoiselle de Sercey. — M. Mathiessen, banquier. — M. de Pinguerlin. — Le général de Valence, fermier. — Retour en France.

Il y avait à Hambourg et à Altona un si grand nombre d'émigrés d'opinions différentes, que le séjour en était insupportable à ceux qui voulaient vivre sans discussion. Pour fuir ces coteries si funestes, qui faisaient d'une phrase un sujet de dispute, d'un mot un motif d'aigreur, mes parents partirent pour Copenhague, où mon père trouvait à utiliser ses connaissances étendues en mathématiques.

M. de Coninck, riche banquier de la cour, aussi éclairé dans les sciences qu'il était versé dans la littérature de plusieurs langues, avait lu un ouvrage de mon père sur un nouveau mode de construction navale. Il consistait à ne les employer un seul morceau de bois, à ne se servir que de cinq couches de bois de sapin superposées en sens différents, ce qui amenait une immense économie et utilisait les grandes forêts de la Norvége et du Danemark. Frappé de ces avantages, M. de Coninck appela mon père pour lui faire construire un navire d'après son système. Il lui alloua un beau traitement pendant tout le temps des travaux. Mon frère et le marquis d'Arcambal, mon cousin, furent contre-maîtres du chantier de mon père.

Au bout de dix-huit mois, le *Swartit all* — *Réponse à tout* — fut lancé avec un plein succès. Il fut gréé, armé pour aller dans l'Inde; il y fit cinq voyages, et résista à une tempête où vingt-deux vaisseaux périrent. Cette expérience aurait dû convaincre de la solidité de cette invention, qui avait l'avantage d'utiliser des bois dont on tire peu de parti; mais c'était *nouveau*, l'inventeur un *homme à projets*, et malgré le succès la routine l'emporta.

Mes parents, et généralement les émigrés, furent reçus avec une grande bonté par le prince royal, aujourd'hui roi, sa charmante sœur, la princesse d'Augustembourg, et par tout ce qu'il y avait de gens marquants; on y protégeait le malheur, sans s'informer des causes qui l'avaient fait naître; et comme le nombre des Français n'y était pas considérable, leur sort était fort doux dans une ville où les arts étaient peu avancés, et où l'on recherchait tout ce qui pouvait apporter de l'agrément dans la société.

Mes parents se lièrent particulièrement avec madame Brown, femme d'un négociant millionnaire. Elle était fort distinguée par son esprit, et amie de madame de Staël; cette intimité dura toute leur vie. Elles se retrouvèrent à Rome et à Genève; madame Brown avait plusieurs enfants; et sa fille, âgée de treize ans lorsqu'elle voyagea en Italie, y produisit la plus grande sensation par son esprit vif et brillant et par sa rare beauté. Elle composait des vers charmants dans plusieurs langues, et possédait un talent fort rare, celui d'exprimer par une pantomime animée les passions les plus fortes, de manière à en rendre parfaitement toutes les nuances; ses poses, ses gestes étaient nobles et pleins de grâce. Canova, charmé, l'a plusieurs fois priée de lui servir de modèle pour ses chefs-d'œuvre. Cette personne si extraordinaire a épousé le comte de Bombelles.

M. de Coninck fut particulièrement bon et bienveillant pour nous; sa grande fortune lui permettait de suivre son penchant à la bienfaisance, plusieurs traits le prouvèrent.

M. de Coninck était arrivé à Copenhague, vingt ans avant, avec un louis dans sa poche, et quelques lettres de recommandation pour de bonnes maisons de commerce. On le questionna beaucoup; ses réponses plurent à l'un des négociants auxquels il s'adressa; il le prit en qualité de commis. Quelque temps après, il lui donna un intérêt dans sa maison. Son intelligence, sa rigide probité et une grande connaissance des affaires lui valurent de succéder à son protecteur. Il avait une fortune de plusieurs millions, et fut nommé banquier de la cour. Chaque fois qu'il était content d'un employé, il lui faisait des avantages qui le mettaient à même de former un établissement avantageux. Il répétait aux jeunes gens : « J'ai commencé avec moins que vous ; travaillez, soyez honnêtes, et je vous réponds de l'avenir. Je vous aiderai de tous mes moyens. » Cette dernière phrase, dans sa bouche, valait un engagement signé, car il n'y avait jamais manqué. Sa nombreuse famille était composée alors de huit enfants et de sa digne et vertueuse compagne, qui partageait son zèle lorsqu'il se présentait une occasion de faire du bien. Ils ne consultèrent jamais la richesse ni le rang de ceux qu'ils choisirent pour faire le bonheur de leurs filles. Une bonne conduite, une réputation irréprochable étaient les seuls titres qu'ils voulussent. Ils en accordèrent une à un homme qu'elle aimait : c'était le précepteur des jeunes de Coninck. Après avoir étudié longtemps son caractère, ils consentirent à ce mariage, et ils firent bien, car le ménage était un exemple pour les autres. Cet homme, préféré aux plus grands seigneurs danois, est le respectable M. Monod, pasteur à Paris, dont la touchante bienfaisance est aussi connue que son talent pour la noble profession qu'il exerce. C'est le type que devraient prendre les jeunes gens qui se destinent à enseigner la morale de l'Évangile. La vraie manière de la faire suivre est de la mettre en pratique. M. de Coninck, satisfait de la gouvernante de ses filles, mademoiselle Elking, l'établit maîtresse de pension dans une maison spacieuse qu'il acheta et meubla : il lui fit tous les frais, y plaça ses filles et ses nièces, et bientôt le nombre des élèves devint si considérable, qu'il fallut en refuser. Un émigré estimable et malheureux fut installé par lui dans un magasin dans le genre du *Petit Dunkerque* : il y fit une fortune qui lui permit de venir en France finir ses jours dans une véritable aisance.

L'hiver de 1797 ayant horriblement rude, M. et madame de Coninck résolurent de consacrer le bois qu'ils brûlaient pour chauffer leurs magnifiques serres aux pauvres du village qui habitaient de leur superbe terre, nommée Droningoar — *Cour de la Reine*; — ils aimèrent mieux se priver de fruits que de savoir le peuple souffrant. « Chaque fois que je regretterai ma pêche, disait madame de Coninck, je penserai vite que les paysans ont du feu, et je serai consolée. Par ce moyen, je ne serai pas obligée de diminuer rien aux distributions ordinaires, et je pourrai ne pas importuner par de nouvelles demandes mon bon mari, qui ne garde l'argent que pour le *bien placer*. » Les intérêts étaient les bénédictions des infortunés qu'il secourait.

Lors du bombardement de Copenhague par les Anglais, on ouvrit une souscription pour les veuves et les orphelins des matelots tués pendant l'affaire. M. de Coninck s'inscrivit pour quinze mille rixdalers (75,000 fr.), destinés à la métropole un service pour les victimes; le prix des chaises devait être ajouté à la souscription, celle de M. de Coninck fut payée douze mille francs. Nous n'étions plus à Copenhague, mais ces nouveaux traits de sa belle âme nous furent appris par un de nos amis, M. le comte de

Montrichard, revenu plus tard. M. de Coninck parlait souvent avec une profonde reconnaissance du roi Christian, qui ne régnait plus que de nom; voici quelques détails curieux sur ce malheureux prince.

Il passait pour fou, et cependant il n'avait jamais donné une preuve de démence à son lit de justice, ni dans aucune circonstance importante; on pensait qu'il était d'un caractère bizarre, qui, à force d'être heurté, lui donna une sauvagerie et des manières si étranges, qu'on le crut privé de sa raison; on le tourmentait continuellement en le forçant de faire tout ce qui lui déplaisait, il détestait de rester longtemps à table, et lorsqu'il voulait reculer son fauteuil pour en sortir, deux gardes du corps norvégiens, debout derrière lui, le retenaient fortement; il aimait à causer, et il était défendu de lui répondre; les étrangers seuls se le permettaient, indignés de la tyrannie qui était exercée sur lui. Ses ministres ne lui parlaient que pour le gronder ou lui commander qu'il fît ce qui leur convenait. Dès qu'il adressait une question à une personne de la cour, elle baissait les yeux et s'éloignait sans répondre. Il ne pouvait jamais être seul, même en l'ordonnant.

On doit convenir que de pareilles et continuelles vexations devaient exaspérer un homme déjà malheureux par les événements précédents. Il avait à sa disposition fort peu d'argent, il l'employait presque tout en aumônes, qu'il distribuait aux pauvres qu'il rencontrait sur son passage dans ses promenades journalières. Je l'ai vu plusieurs fois; la peur que me causait sa folie m'éloignait d'abord, mais j'étais ramenée par l'admiration que j'éprouvais pour son habit rouge galonné d'or. Ce costume éclatant a fixé sa figure dans ma mémoire; il était laid, mais son air affligé inspirait un extrême intérêt.

Il allait souvent au spectacle, avait devant lui la partition de l'opéra représenté, et suivait des yeux les morceaux chantés par les acteurs. Toujours suivi par un chambellan, il lui adressait sans cesse la parole, et n'en obtenait pas un mot; un léger signe de tête prouvait seulement qu'il l'avait entendu.

Sa galanterie pour les femmes ne se démentait jamais. Il faisait cultiver de belles fleurs dont il composait les bouquets qu'il offrait aux dames, elles ne le remerciaient que par une révérence; lorsqu'il en rencontrait dans le parc où il se promenait habituellement, il marchait chapeau bas, jusqu'à ce qu'il fût hors de vue. On voulut lui faire signer un acte qu'il trouvait injuste, il s'y refusa; on insista de telle sorte, qu'enfin il prit la plume, et signa *Christian et compagnie*, ne voulant pas, disait-il, avoir à lui seul la responsabilité d'une telle loi. On le fit recommencer plusieurs fois, il fit toujours de même; ce qui empêcha la publication d'une ordonnance préjudiciable au peuple, qu'il affectionnait beaucoup.

Par une ancienne loi, le roi de Danemark avait toujours, à la portière de droite de sa voiture, un homme à cheval, portant une espingole chargée. Sa Majesté ayant droit de vie et de mort sur tous ses sujets, pouvait ordonner à ce garde de tirer sur le premier passant qui lui déplaisait. On ne cite qu'un exemple de cet excès d'arbitraire, exercé sur un folliculaire méprisable, coupable de calomnies atroces; il était d'ailleurs accusé de plusieurs escroqueries graves. Faute de preuves, il ne pouvait être condamné.

Le roi Christian, jouissant de cette cruelle prérogative, malgré sa folie, n'eut jamais l'idée d'en user. On doit d'autant plus s'étonner de l'existence de cette abominable latitude accordée aux souverains, que la peine de mort n'est point, en Danemark, au nombre des châtiments infligés au crime; le plus fort de tous est la condamnation aux travaux forcés à perpétuité.

On lui présentait tous les ambassadeurs, et l'étiquette exigeait qu'il leur dît : *Comment se porte le roi votre maître?* M. Grouvelle ayant voté la mort du roi dans le procès si célèbre et si funeste pour la France, celui de Louis XVI, arriva à Copenhague comme ministre de la république, il parut à la cour avec le grand costume, le manteau de velours, le chapeau à plumes et l'écharpe tricolore; le roi, suivant l'usage, fit sa question ordinaire aux membres du corps diplomatique; ensuite, arrivant brusquement à M. Grouvelle :

« Comment se porte le roi votre maître? Ah! non, je me trompe, la république votre maîtresse? » Et il lui tourna le dos sans attendre de réponse.

Le prince royal et sa femme sortaient souvent à pied, un parapluie sous le bras, sans aucune suite, et parcouraient ainsi les boutiques; ils étaient simples, bons et aimés de leurs sujets; on eût désiré seulement qu'ils eussent des égards pour le roi, qu'ils traitaient assez durement. Cet infortuné a succombé après de longues souffrances et des tourments de tous les genres. Il fut regretté des Danois, qui savaient combien il eût désiré les voir heureux.

La ville de Copenhague a été si souvent ravagée par de violents incendies, qu'elle est presque entièrement rebâtie; tous les quartiers nouveaux sont charmants. Le palais royal venait d'être entièrement brûlé lorsque nous arrivâmes; celui où s'était réfugié le roi était fort mesquin. Le port est beau, et les promenades des environs délicieuses.

J'ai vu à Copenhague un grand nombre de Chinois dans les rues; il y avait alors un quartier qui leur était réservé : ils suivaient les usages de leur pays, et y faisaient quelquefois une musique extraordinaire pour nos oreilles, habituées à de jolis motifs et une mélodie agréable. Leur chant est une espèce de psalmodie très-uniforme faite à demi-voix, et accompagnée sur une seule corde d'une guitare à long manche. L'un d'eux étant chez M. de Coninck, fit prier ma mère de chanter : quand il l'eut entendue, il demanda comment on posait la *pratique* qu'elle avait dans la gorge pour en tirer des sons si variés.

C'est à Copenhague que j'entendis le fameux Lebrun, dont le talent sur le cor était hors de toute comparaison. Il avait une lettre pour mon père, passionné pour la musique. Enchanté de recevoir un artiste aussi distingué, il m'appela, et me montrant M. Lebrun : « Tiens, ma fille, me dit-il, voilà le premier cor de l'Europe. — Ah! papa, je sais qui c'est : c'est M. Lebrun. » Celui-ci fut fort touché de cette réponse, qui lui prouvait qu'il fallait qu'on eût bien vanté devant moi son talent, puisque je n'avais pu être prévenue.

On lui refusa plus tard à Paris les moyens de donner un concert. Sans élèves, ayant perdu sa fortune acquise par de longs travaux, révolté de l'injustice de ses compatriotes, il se donna la mort en s'asphyxiant. Ceci me fait souvenir d'une observation de ma fille aînée que j'ai perdue, sur le tableau de *Galathée*, peint par Girodet; rapportée à ce peintre illustre, ce fut, dit-il, le plus beau compliment qu'il eût reçu.

Je menai cette enfant au salon. Elle avait cinq ans, et je lui montrai le tableau en lui disant : « Regarde comme c'est beau! — Oui, maman, me répondit-elle, la femme est bien jolie, bien belle; mais, maman, elle a l'air un peu plâtré. » Quel plus bel éloge pouvait-on faire de cette figure à moitié animée? N'était-ce pas prouver à quel point l'artiste avait atteint son but?

CHAPITRE IV.
1800-1801.

Notre retour en France. — Craintes de ma mère sur la réception de madame de Montesson. — M. Maret, secrétaire du premier consul. — Madame de Montesson présente mon père à Fouché, ministre de la police. — Radiation de mon père. — Madame Bonaparte. — Fête publique à l'occasion du 1er vendémiaire. — Feu d'artifice sur la Seine. — Mort de mon frère César Ducrest. — Blessure du général de Valence, mon cousin. — Manière dont mon père apprend la mort de son fils. — Réponse du général Dumouriez. — Bonté de madame Bonaparte. — Détails sur madame de Montesson. — Son salon. — Sa conduite pendant que Louis XVIII était prisonnier aux Tuileries. — Le premier consul lui rappelle une visite faite par elle à l'école militaire de Brienne. — Première couronne. — M. Berthollet, sénateur, et sa femme. — MM. de Talleyrand, — de Pont, — Maret, — Pérignon, — Villiers de la Terrage, — Arnault, — de Guînes, — Millin, — Desfaucherets, — Garat, — Aignan, — Coupigny, — Desprès, — Isebey, — Gérard.

Mes parents rentrèrent en France en 1800, avec une foule d'émigrés, espérant tous dans la justice du premier consul pour leur faire recouvrer, après la radiation de la fatale liste, qui mettait hors la loi, une partie de ce dont s'était emparée la nation. Ma mère redoutait extrêmement d'être présentée à madame de Montesson, tante de mon père, qui avait été particulièrement froissée de ce mariage. Elle oubliait qu'elle aussi avait trouvé une vive opposition dans la famille de son second mari. Elle maîtrisa son mécontentement, et fut charmante pour nous. Les soins de mon père tendirent à obtenir sa radiation. Protégé par l'obligeance de M. Maret, il fut bientôt réintégré dans ses droits de *citoyen*.

Madame Bonaparte, qui voyait beaucoup madame de Montesson, mit le plus grand zèle à faire réussir la demande qui nous intéressait. Elle recommanda très-vivement mon père à Fouché, ministre de la police générale.

Celui-ci fut très-gracieux, et adressant la parole à mon père :

« Veuillez me donner vos certificats de résidence. Tous les émigrés en ont et me prouvent chaque jour qu'ils n'ont pas quitté la France.

— Je ne puis faire comme eux, citoyen ministre; je n'ai, en papiers qui puissent vous être présentés, qu'un passe-port sous un autre nom que le mien, acheté à Hambourg pour douze francs.

— Comment, vous n'avez pas le moyen de me prouver que c'est injustement que vous avez été porté sur la liste?

— Mon Dieu! non!

— Eh bien, en ce cas, je vous ferai rayer sur-le-champ; car je suis persuadé que vous n'avez pas quitté votre patrie. Tous ceux qui ont émigré m'ont donné tant de témoignages du contraire, que je suis sûr que m'en imposer en sens inverse, et que vous êtes resté à Paris. Dans deux jours vous recevrez votre radiation. »

En effet, elle fut annoncée un soir à minuit par M. Maret, depuis duc de Bassano.

Avec une bonté parfaite, il vint apporter de suite cette nouvelle à mon père, qui logeait au quatrième étage dans un mauvais hôtel garni, rue des Frondeurs. Persuadé qu'il annonçait ce qui promettait une grande aisance à celui qui avait tant souffert, M. Maret éprouvait lui-même une excessive émotion.

Jamais mon père ne racontait sans une vive reconnaissance ce que M. Maret avait dit à cette occasion. Des paroles inspirées par un noble cœur sont une si grande consolation pour ceux qui ont souffert !

Nos biens avaient été vendus, et, sans les bienfaits de madame de Montesson, nous eussions été absolument sans ressources. Madame Bonaparte acquit dès ce moment de grands droits à notre respectueux attachement. Nous eûmes bientôt une nouvelle preuve de l'excellence de son cœur; voici à quelle occasion.

Une fête nationale fut donnée pour célébrer le renouvellement de l'année républicaine. Le feu d'artifice se tirait sur la Seine; il était défendu aux bateliers de laisser entrer leurs bateaux toute autre personne que les généraux. M. de Valence, qui était avec mon frère César, généralement aimé pour la douceur et l'amabilité de son caractère, entre dans un batelet après avoir montré sa carte; une bombe mal dirigée tombe sur le mât, le brise, et par cette funeste chute cause la mort de César. M. de Valence eut le bras cassé, et crut que son jeune parent n'était qu'évanoui; il le fit transporter dans la baraque d'un commissaire de police, où furent mis en usage tous les soins pour le rappeler à la vie; ce fut vainement.

Il fallut trouver un moyen d'annoncer cette affreuse mort à une famille qui se réjouissait à l'idée d'un mariage prochain projeté pour cet infortuné.

Deux hommes du peuple vinrent apporter cette épouvantable nouvelle, dont aucun ami n'osait se charger; ils arrivèrent à une heure du matin chez mon père, et lui dirent que son fils venait d'être blessé, qu'il était chez un médecin et désirait le voir. Il partit aussitôt; plus il approchait des Champs-Elysées, plus les conducteurs insistaient sur la gravité de sa blessure; enfin, au moment d'entrer dans la fatale maison qui contenait les restes du fils le plus aimé, ils exhortèrent au courage celui qui était loin de supposer la cruelle vérité. Il regarde ses deux guides, les voit si décomposés, qu'il ne doute plus de son malheur. La rivière était près, le père malheureux, oubliant qu'il avait deux filles, prit son élan pour se précipiter dans la Seine!..... Il fut retenu par les hommes charitables, qui avaient préparé avec tant de précautions la connaissance d'un malheur irréparable [1].

Le commissaire de police eut la barbarie de demander que mon père allât reconnaître son fils. Ayant perdu toute la force d'un caractère naturellement énergique, il ne put se déterminer à contempler les traits de cet enfant chéri; mais il ne conserva aucun doute, puisqu'on lui apporta la montre et l'épingle données par lui peu de jours avant.

Il fut reconduit par ces deux mêmes hommes, frappé du contraste de la joie du public, qui chantait dans les rues en louant beaucoup le feu d'artifice destiné à faire verser tant de larmes. Les lampions éclairaient en même temps cette foule enchantée et la figure pâle et vénérable du désespoir.

Incapable de prononcer une parole, mon père entra dans la chambre de ma mère : ce ne fut qu'à son silence et à la douleur poignante de ses mouvements qu'elle apprit la perte du fils de son mari, qu'elle aimait comme si elle eût été sa mère [2].

Le lendemain de ce tragique événement, madame de Montesson envoya sa voiture prendre notre famille éplorée; elle avait pour son petit-neveu une tendresse extrême, et sa santé, depuis longtemps fort délicate, venait d'éprouver un choc violent.

Mon père reçut ses embrassements et ses consolations sans répandre une larme, sans dire un mot.

Cette impassibilité causait les plus vives inquiétudes. Dans ce moment on annonce madame Bonaparte; d'un coup d'œil elle devine ce qui se passe, et sans hésiter elle me prend la main, se saisit de ma petite sœur âgée de quinze mois, et se jette à genoux devant celui qui n'avait pas même la consolation des pleurs.

La femme du premier consul s'écrie : « Vous voulez donc aussi voir mourir vos deux filles ! » Et puisant dans son cœur maternel tout ce qui pouvait le plus attendrir, elle parvint enfin à faire répandre ces larmes.

Dès lors la vie de mon père fut à l'abri de toute crainte. Il voulut pour souffrir. Madame Bonaparte obtint de son époux de faire supprimer ces fêtes commémoratives. Il n'y en eut plus.

Cette scène, que je n'oublierai jamais, fut la première cause de mon enthousiaste tendresse pour Joséphine. Je n'ai pas voulu essayer de rendre ses paroles. Comment peindre le charme touchant de sa voix, l'ineffable expression de douceur et de bonté de ses regards suppliants noyés de larmes ?

On a tenté inutilement jusqu'ici d'exprimer l'effet que produisait l'ensemble de l'impératrice. Tous ses portraits sont loin du modèle. La grâce est fugitive, qu'il est impossible de la saisir; et c'était

[1] C'est ainsi que périt ce jeune homme, qui n'a pu trouver la mort au champ d'honneur, où il combattit fort jeune avec un tel éclat, que le général Dumouriez, témoin d'une action brillante, le nomma capitaine. « Je n'ai pas l'âge, dit M. Ducrest. — Raison de plus, reprit le général. » Et le grade fut confirmé sans qu'aucun de ses camarades eût murmuré.

[2] César était fils de la première femme de mon père, mademoiselle de Canouville, morte à Nice.

surtout ce qui distinguait cette personne si bonne, quand elle n'était qu'une simple particulière; si adorable, quand elle fut sur le trône !

Puisque j'ai commencé à parler de madame de Montesson, je vais donner quelques détails sur une femme dont, à cette époque, la maison était la seule où l'on pût trouver réunis les émigrés rentrés, les grands seigneurs restés en France, les parvenus enrichis de leurs dépouilles, les hommes célèbres dans tous les genres, et les plus jolies femmes.

On savait qu'elle avait été mariée à monseigneur le duc d'Orléans, grand-père de Louis-Philippe. Ce mariage fut *permis* par Louis XV, à condition qu'il ne serait reconnu que s'il en résultait un enfant. Madame de Montesson n'en eut pas.

Dès qu'elle apprit que Louis XVI était prisonnier aux Tuileries, elle sollicita l'honneur d'y être reçue; le roi, touché d'une demande qui équivalait presque déjà à un arrêt de mort, lui fit dire qu'il la verrait avec plaisir comme *cousine*. Elle fut désignée pour faire sa partie de trictrac, et annoncée comme douairière d'Orléans. La société lui tint compte de cette noble conduite, et lorsque, échappée par miracle au sort qui semblait être son partage, elle resta bonne et simple, on était bien aise de lui montrer qu'on n'oubliait pas ce qu'elle avait droit d'attendre.

Aussitôt que Bonaparte fut élevé au consulat, il fit dire à madame de Montesson de se rendre aux Tuileries. Dès qu'il la vit, il alla au-devant d'elle, et lui dit de demander tout ce qui pourrait lui plaire.

— Mais, général, je n'ai aucun droit à ce que vous voulez bien m'offrir.

— Vous ne savez donc pas, madame, que j'ai reçu de vous ma première couronne? Vous vîntes à Brienne avec M. le duc d'Orléans distribuer les prix, et en posant sur ma tête le laurier *précurseur* de quelques autres : *Puisse-t-il vous porter bonheur !* me dites-vous. Je suis, assure-t-on, fataliste, madame; il est donc tout simple que je n'aie pas oublié ce dont vous ne vous souvenez plus. Je serai charmé de vous être utile; d'ailleurs le ton de la bonne compagnie est à peu près perdu en France, il faut qu'il se retrouve chez vous. J'aurai besoin de quelques traditions, vous voudrez bien les donner à ma société, et lorsque quelque étranger marquant viendra à Paris, vous lui offrirez des fêtes, pour qu'il soit convaincu que nulle part on ne peut avoir plus de grâce et d'amabilité. Je vous rends la pension de cent soixante mille francs, que vous receviez comme femme du duc d'Orléans.

Voilà l'origine de la faveur dont a joui madame de Montesson pendant le reste de sa vie. Elle en a profité pour rendre de grands services, et jamais pour se venger.

Elle avait conservé de la fortune, ce qui, joint à la pension rendue, lui donnait plus de deux cent mille livres de rente, somme considérable alors, où l'argent était si rare. Elle recevait tous les soirs, ne sortant jamais ; elle était assise sur un *chauffeuse*, ayant un tabouret sous ses pieds, caché par un couvre-pied afin de lui éviter de se lever, ce qu'elle ne faisait que pour madame Bonaparte, ou pour reconduire une personne qu'elle ne voulait plus recevoir. Si on la voyait aller jusqu'à la porte, on savait ce que cela voulait dire, et on ne revenait plus.

Ayant été presque élevée dans sa maison, je ne l'ai vue agir ainsi que deux fois, pour des connaissances faites avec celles de Plombières, et qui en effet ne devaient pas se trouver dans son salon.

Madame de Montesson donnait ordinairement un grand dîner par semaine ; les autres jours elle recevait des amis qui avaient toujours leur couvert mis chez elle. M. Berthollet, dont la femme avait été sa femme de chambre, bavissait avant la révolution, et qu'elle aimait beaucoup, MM. de Talleyrand, de Pont, Maret, Pérignon, Villiers du Terrage, Arnault, de Guines, Malein, Desfaucherets, Garat, Aignan, Coupigny, Després et Isabey étaient les habitués les plus ordinaires. Le soir on faisait de la musique ou des lectures ; le plus souvent on causait. Elle détestait tout ce qui ressemblait à de la pédanterie, aussi était-on toujours aimable et cherchait-on à lui plaire en faisant assaut d'esprit et de gaieté. Que de mots charmants auraient dû me rester dans la mémoire, et combien j'avais à acquérir en étant ainsi entourée ! J'avais *douze* ans, et l'on me pardonnera d'avoir si peu profité d'une pareille école.

Madame de Montesson est devenue un personnage trop historique par son mariage avec un prince de la maison de Bourbon, l'influence qu'elle eut sur la société la plus brillante de l'Europe, et le crédit dont elle jouissait auprès de l'empereur, pour que je n'essaye de faire un portrait plus ressemblant que ceux tracés dans les biographies mensongères et quelques ouvrages écrits par des personnes qui ne la connurent pas, et donneront sur elle une foule de détails si inexacts, que je crois de mon devoir de les démentir et de dire la vérité sur celle comme sur tous ceux dont je parlerai.

Je ne sais si, comme on l'a dit, madame de Montesson a été remarquablement jolie : lorsque je l'ai vue pour la première fois, elle avait soixante-trois ans, elle était alors extrêmement maigre, très-petite, ayant conservé un teint et des dents superbes; ses yeux bleu foncé étaient beaux encore et pleins de finesse; son nez fort long ne la défigurait pas. Évitant un ridicule très-commun, elle ne portait jamais de choses ne convenant qu'à la jeunesse. Elle se mettait avec une grande recherche, mais de belles étoffes et de magnifiques dentelles formaient sa parure. Jamais de colifichets ni de couleurs voyantes, habituellement en gris ou en blanc. Sa physionomie était ordinairement bienveillante et douce; personne ne savait néanmoins prendre l'air plus froid et plus imposant; il fallait, pour en venir à ce qu'elle appelait sa *mine fermée*, une circonstance grave.

Par la noblesse de son maintien, la pureté de son langage, l'aménité de son caractère, elle savait donner à la conversation toute la liberté et la vivacité qui en font le charme, en l'empêchant de dégénérer en discussions fâcheuses dans un temps si voisin de l'anarchie. Les gens de lettres et les artistes recherchaient avec empressement son approbation, qui entraînait presque toujours celle de la société; ils trouvaient chez elle des protecteurs et des amis.

On ne lui déplaisait pas en étant d'un avis contraire au sien; elle soutenait son opinion sans aigreur, et convenait volontiers qu'elle avait tort. Ce qu'elle exigeait le plus chez les gens qui lui étaient

De grands seigneurs et de belles dames m'apportaient des poupées.

présentés c'était un bon ton; il ne suffisait pas qu'on eût des manières convenables, elle voulait cette fleur de politesse et de galanterie devenue si rare. Elle avait obtenu le résultat qu'elle désirait: nulle part les jeunes gens ne s'amusaient autant que chez elle, et n'étaient en même temps plus réservés et plus aimables. Madame de Montesson détestait la calomnie et ne souffrait pas la médisance; elle imposait silence dès que les personnalités faisaient le sujet de la conversation. Je l'ai toujours entendue défendre avec chaleur les absents que l'on déchirait, même lorsqu'ils étaient ses ennemis déclarés. Elle n'eut qu'un tort, celui d'être injuste pour quelques membres de sa famille; mais peut-être ne faut-il pas l'en rendre tout à fait responsable. Elle avait une vive affection pour M. de Valence, qui avait épousé sa petite-nièce, mademoiselle de Genlis. Celui-ci la maîtrisait tellement, qu'il n'avait de volonté qu'après avoir connu la sienne. Toutes les affaires étaient soumises à son approbation. Ce fut lui sans doute qui dicta son testament, par lequel mon père et madame de Genlis ma tante furent déshérités, quoiqu'ils fussent pauvres. Une somme de vingt mille francs, inférieure à celle laissée à sa femme de chambre, ne pouvait être regardée comme un legs digne d'elle, pour son neveu et sa nièce.

M. de Valence, loin de chercher à réparer ce que ces dispositions avaient de cruel pour madame de Genlis et mon père, refusa à ce dernier un tableau de l'ouvrage de madame de Montesson, et lui fit sur ces vingt mille francs une retenue pour une créance déjà ancienne. Il aurait peut-être dû mettre plus de générosité dans sa conduite, puisque tous ses biens avaient été rachetés pendant la révolution par madame de Montesson, qu'il avait sacrifié à cet usage tous ses diamants, et que mon père avait fait son mariage avec mademoiselle de Genlis en lui faisant assurer six cent mille francs par madame de Montesson, et en lui abandonnant le charmant appartement qu'il occupait dans l'hôtel de sa tante [1]. Il donna comme présent de noces à sa nièce tous les diamants de sa première femme et une belle bibliothèque. Madame de Valence n'oublia jamais cette noble conduite de son oncle, et lui témoigna toujours un reconnaissant attachement. J'ai reçu d'elle, depuis la mort de mon père, une charmante lettre, que je conserve. Elle y dément ce que ma tante dit de son mariage dans ses *Mémoires*, qu'elle prétend avoir été fait par madame de Pont, amie de madame de Montesson, et rend justice à la délicatesse de son *bon oncle* dans cette circonstance; elle m'a lu il y a quelques années un chapitre de mémoires inédits laissés à la maréchale Gérard, sa fille, dans lesquels ce fait honorable est consigné. Elle a, du reste, été toujours bonne et aimable pour moi. Un monsieur Toulotte, que je n'ai jamais vu dans ma famille, a publié sur elle un ouvrage rempli de graves erreurs. Il dit, page 36, tome II, de son livre intitulé *La cour et la ville*, que M. de Valence épousa la nièce de madame de Montesson, puis encore que Louis XV avait écrit à l'archevêque de Paris pour permettre le mariage de madame de Montesson, tandis qu'il est *certain* qu'il ne le permit que *verbalement*. Quant aux legs considérables faits à sa famille, je viens de dire ce qui en est. M. Toulotte a donc été mal informé. Il me semble que lorsqu'on veut écrire, il faudrait ne dire que ce que l'on sait d'une manière positive. J'aurai occasion de parler encore de M. Toulotte, si peu au fait de ce qui nous concerne.

Madame de Genlis, comme mère, pouvait se consoler d'être déshéritée; mais mon père se voyait frustré d'un avenir tranquille. Il en éprouva un violent chagrin. Il supportait avec un grand courage les privations qui lui étaient personnelles, mais il souffrait cruellement de celles des objets de ses affections. Sa sœur, pour adoucir le coup qui le frappait, lui dit qu'elle me donnait les vingt mille francs laissés par sa tante, ne voulant pas accepter un legs de femme de chambre, et que mon père en toucherait la rente jusqu'à ma majorité. M. Saulty, chargé des affaires de M. de Valence, paya plusieurs années cette rente. Mon père n'avait pas voulu écouter le conseil qu'on lui donnait de me faire assurer cette somme par *acte*; et un jour qu'il allait toucher le quartier échu, M. Saulty lui annonça que madame de Genlis venait d'assurer ainsi cette somme à madame de Valence et à M. de la Wœstine son petit-fils. Jamais mon père n'a dit un mot de cette affaire à sa sœur, ni moi non plus.

Il ne faut point accuser madame de Montesson d'avoir un mauvais cœur. Dans les dernières années de sa vie, elle craignait M. de Valence, et se soumettait à tout ce qu'il exigeait d'elle, afin de ne pas troubler la paix de son intérieur, où il commandait en maître.

Ce fut madame de Montesson qui donna le premier bal qui eut lieu pour le mariage de Louis Bonaparte avec mademoiselle de Beauharnais. Sept cents personnes furent engagées; il n'y avait point encore de *cour impériale*, puisque Napoléon n'était que premier consul. Quoique bien jeune, je remarquai l'extrême empressement, la basse flatterie de toutes les classes pour cette famille, dont la fortune était déjà commencée d'une manière assez brillante pour empêcher de calculer où s'arrêterait une ambition naturellement aiguillonnée par des succès sans exemple.

Les ambassadeurs assistaient à cette fête, qui fut magnifique. Tout y respirait le plaisir; toutes les figures portaient l'expression de la joie, hors celle de la nouvelle mariée, dont la profonde mélancolie contrastait d'une manière visible avec le bonheur qu'on lui supposait: couverte de diamants et de fleurs, elle semblait étrangère à tout, excepté aux regrets. Dès ce jour on pouvait prévoir que ce mariage serait une source de chagrins pour des époux qui ne se convenaient pas. Louis Bonaparte parlait peu à cette compagne qu'il venait de se laisser imposer; et elle fuyait ses regards, avec sans doute l'envie d'éviter qu'il ne lût dans les siens l'indifférence qu'il lui inspirait: cette indifférence ne fit que s'accroître chaque jour davantage.

J'ai lu dans les Mémoires de M. le duc de Rovigo un article sur la fête si offensant pour la mémoire de madame de Montesson, que je ne puis me dispenser d'en relever toute l'inexactitude. M. de Ruvigo prétend « que madame de Montesson commit une inconvenance qui » faillit avoir des suites fâcheuses pour elle, en invitant au bal toute » la famille du premier consul, et les personnes qui y étaient atta- » chées; que tout le monde se rendit à cette invitation *sans prévenir* » *Bonaparte*; et que le lendemain ils furent *vertement grondés* d'y avoir » été; » il ajoute: « qu'il fallait avoir accepté la révolution dans » toutes ses conséquences, pour concevoir la pensée de réunir ce que » la capitale renfermait d'émigrés rentrés, d'hommes qui s'étaient éle- » vés au plus haut rang par leurs actions, *chez une maîtresse du duc* » *d'Orléans.* » M. de Rovigo, comme ministre de la police, devait savoir mieux que personne ce que j'ai dit sur le mariage de madame de Montesson, qu'elle fut obligée de signer tous les actes comme veuve *d'Orléans*, sous peine de nullité; que Napoléon, convaincu de la réalité de cette union, lui avait rendu 160,000 francs comme *douaire*; qu'elle allait souvent aux Tuileries, où elle était comblée de marques d'estime, et qu'enfin, lorsque Joséphine fut impératrice, elle vint *plusieurs fois* déjeuner avec ses dames chez madame de Montesson, et

[1] Davenu depuis la cité d'Antin.

ne souffrit jamais que celle-ci lui offrît sa place. Les princesses de la famille impériale *venaient toutes* à Romainville, où s'était retirée madame de Montesson, et un page de l'empereur, dans les derniers temps de sa maladie, était régulièrement envoyé pour savoir de ses nouvelles.

M. de Rovigo devait forcément être instruit de ces particularités; il est donc étrange que de pareilles choses, si évidemment controuvées, aient été écrites par lui. Elles ont, je crois, été dictées par quelque petite rancune particulière; madame de Montesson ne l'aimait pas : et je ne me rappelle pas l'avoir vu chez elle. Vrais ou faux, des bruits qui circulaient alors l'empêchèrent de le recevoir. Il est difficile de croire qu'un homme dévoué comme M. de Rovigo aux moindres volontés de l'empereur, eût osé venir à une fête donnée à un *Bourbon*, sans avoir d'abord consulté celui pour lequel il eût, disait-il, sacrifié même ses enfants. Il est encore moins vraisemblable d'imaginer que s'il avait *par hasard* manqué de circonspection

Tiens ma fille, me dit-il, voilà le premier cor de l'Europe.

dans cette occasion, la famille du premier consul eût agi avec tant de légèreté. Tous les détails que j'ai donnés sur la réception de madame de Montesson aux Tuileries sont *parfaitement vrais*.

J'en appelle à tous ceux qui ont été admis dans son intimité. Elle fut trop bonne pour que mille voix ne s'élèvent à l'instant pour défendre son souvenir d'une ridicule et injuste calomnie, que devait lui éviter un homme qui la connaissait trop peu pour porter un jugement qui pourrait avoir beaucoup de poids, si on ne s'empressait d'opposer la vérité à l'erreur.

Mademoiselle *marquise* fut la maîtresse du duc d'Orléans avant son mariage avec ma tante; il lui acheta la terre de Villemomble, dont elle prit le nom. De cette liaison naquirent quatre enfants, les abbés de Saint-Phar et Saint-Albin, mesdames de Vassan et Brossard. La première est la grand'mère de M. le comte de Newkerque et de madame la comtesse de Gouy d'Arcy.

Joséphine, par ses conseils, ses avis les plus tendres, essaya vainement plusieurs fois, de ramener le calme dans ce ménage, ses tentatives furent inutiles. Madame Bonaparte désirait pour Hortense ce qu'elle n'avait pas elle-même : le repos intérieur et le bonheur. Elle fut fort affligée d'une désunion qu'elle avait pu prévoir, mais non empêcher; si quelque chose eût été capable de la consoler, c'eût été l'harmonie parfaite qui a toujours régné entre le vice-roi et la vice-reine; mais rien ne peut adoucir les chagrins qu'une mère éprouve lorsqu'elle voit la destinée de sa fille troublée à jamais!

C'est, je crois, à cette époque que le roi d'Étrurie arriva à Paris avec sa femme, son fils et quelques personnes désignées pour faire partie de sa modeste cour. Rien ne parut plus extraordinaire que la présence d'un Bourbon couronné de la main de Bonaparte; on était persuadé que ce n'était qu'un *prélude*, et que bientôt une plus grande preuve de désintéressement serait donnée par l'homme qui jouissait

en secret d'avoir ainsi bouleversé toutes les idées des royalistes, et anéanti toutes les espérances des républicains.

Le roi d'Étrurie logea à l'hôtel Montesson[1]; ma tante l'avait fait bâtir avant la révolution : il communiquait à celui de monseigneur le duc d'Orléans par une serre chaude qui avait été condamnée. Lors de l'arrivée du roi d'Étrurie, il demanda de faire ouvrir cette communication, afin de pouvoir venir à toute heure chez madame de Montesson sans être entouré d'une foule qui l'importunait; elle y consentit, et il profita amplement de la facilité du voisinage.

La reine ne passait pas un jour sans amener son fils à *sa voisine*, c'est ainsi qu'elle appelait madame de Montesson. Cet enfant ressemblait d'une manière frappante à sa mère; aussi n'était-il point joli. Je n'ai rien vu de moins gracieux que cette princesse : elle était petite, brune, laide, et avait dans ses manières une brusquerie commune tout à fait déplaisante. Dès sept heures du matin, elle s'habillait pour la journée; et rien n'était plus singulier que de la voir se promener dans le jardin en robe lamée, un diadème de diamants sur la tête son enfant dans les bras. Elle lui servait de *berceuse* : ce qui, comme on peut le croire, dérangeait un peu la fraîcheur de sa toilette, car le prince royal était au *maillot*, soumis à tous les *désagréments* de son âge. La reine prétendait *que le soleil réparait tout*, et telle chose qui pût arriver, ne changeait rien à sa parure. Elle était, du reste, très-bonne personne dans toute l'acception du mot, simple, sans morgue, adorant ses devoirs et les remplissant tous. Le roi, comme figure, était mieux que sa femme[2]; il avait moins d'esprit, et un air embarrassé qui s'expliquait par la fausseté de la position où il se trouvait. Il ne parlait de Bonaparte qu'avec un extrême enthousiasme, et cependant on voyait qu'il regrettait d'être obligé de rendre justice à celui qui lui donnait un trône. La reconnaissance le forçait à rompre le silence que lui imposaient d'anciens souvenirs.

M. de Talleyrand.

Bonaparte se servit de lui pour prouver le commencement d'un

[1] Occupé alors par l'ambassade d'Espagne.
[2] Ce que M. le duc de Rovigo dit du roi d'Étrurie est fort exagéré. J'ai eu l'honneur de voir souvent Sa Majesté, mais jamais, je l'avoue, je ne l'ai vu jouer à la *cachette* ni au *cheval fondu*; je l'ai trouvé généralement peu brillant, mais distingué.

Napoléon, juge excellent des convenances, et qui ménageait les Etats conquis par ses triomphantes armes, n'eût pas envoyé pour gouverner une partie de l'Italie un homme entièrement dépourvu de moyens. Il n'eût pas peut-être voulu dans cette espèce de *préfet* des talents trop éminents et une volonté assez ferme pour résister à la sienne, mais il n'aurait pas à cette époque bravé l'opinion en plaçant un imbécile sur le trône. Le roi d'Étrurie était un homme ordinaire, voilà tout ce qu'on en devait dire. Son plus grand défaut aux yeux de certaines personnes était de s'appeler *Bourbon*.

pouvoir qu'il prévoyait être bientôt sans bornes. Ils allèrent tous deux au Théâtre-Français voir la tragédie d'Œdipe. Le public saisit avec transport l'allusion qu'offrait ces vers : *J'ai fait des souverains, et n'ai pas voulu l'être.* Les applaudissements unanimes et prolongés firent retentir la salle à plusieurs reprises. Cette tragédie était destinée à fournir des applications flatteuses pour Napoléon. Tout le monde sait que, plus tard, l'empereur Alexandre lui fit celle-ci à Erfurt : *L'amitié d'un grand homme est un bienfait des dieux,* et qu'un *parterre* de princes et de rois s'empressa de l'approuver par des témoignages bruyants d'admiration. Le premier consul envoya au roi d'Étrurie de magnifiques présents, des tapis d'Aubusson et de la Savonnerie ; un vase de Sèvres, qu'il fallait monter sur place ; et il coûtait 300,000 francs. Douze ouvriers travaillèrent à le poser dans le grand salon du roi. Lorsqu'ils eurent terminé, un chambellan demanda à Sa Majesté ce qu'elle comptait leur donner.

— Comment ! mais rien : c'est un présent que me fait le premier consul.

— Sans doute, sire ; mais il est d'usage de récompenser ceux qui l'apportent.

— Alors j'achète au lieu de recevoir ; enfin, puisque c'est l'usage en France, il faut s'y conformer. D'ailleurs, un roi doit encourager les arts : qu'on leur donne à chacun un *gros écu* !

C'était donc *trois louis* qu'il offrait : les ouvriers refusèrent.

Madame de Montesson donna un bal à Leurs Majestés ; elle en fit, comme à son ordinaire, les honneurs avec une grâce parfaite, et dut convaincre les illustres voyageurs que notre révolution n'avait pas banni de la société la gaieté et la politesse la plus exquise.

M. de Talleyrand, à qui appartenait le château de Neuilly, destiné toujours à être habité par des hôtes illustres, donna une fête splendide à Leurs Majestés. Le parc était éclairé par des reflets dont les tons rendaient la verdure aussi belle que celle d'Italie ; une partie laissée dans l'ombre faisait ressortir la façade du palais royal de Parme, futur séjour du nouveau roi, simulée par une brillante illumination ; de nombreux groupes de danseurs, portant le costume parmesan et espagnol, dansaient des boléros et des tarentelles. Après avoir admiré ce coup d'œil féerique, on passa dans la grande galerie, où les artistes les plus célèbres se firent entendre dans un concert. Je n'ai pas tous leurs noms présents, je sais seulement que Crescentini et madame Grassini y chantèrent avec le plus éclatant succès. La cantatrice, belle comme un ange, portait un singulier costume de fête : une robe noire semée d'étoiles d'or, et un riche diadème en diamants, M. de Talleyrand s'approcha d'elle, et lui dit que sa toilette était un contre-sens : quand on est belle comme le jour, pourquoi s'habiller comme la nuit ?

Le bal s'ouvrit ensuite par le roi et madame Leclerc. Le souper fut servi de la manière la plus élégante dans une cour transformée en salle à manger. Les tables étaient dressées autour de beaux arbustes et d'orangers ; leurs dômes fleuris formaient de charmants surtouts, et les glaces, taillées en forme de fruits, étaient suspendues dans des corbeilles ornées de rubans et de fleurs.

Les nobles étrangers durent emporter de la France l'idée la plus favorable ; ils y avaient été accueillis avec une aménité, un empressement qu'ils n'ont pas trouvé en Italie.

L'hôtel habité rue de la Chaussée-d'Antin par le couple royal fut depuis le théâtre du plus affreux désastre, lors du mariage de Marie-Louise. Le prince de Schwarzenberg l'occupait en 1810 ; il y donna un bal magnifique, qui eut les plus cruels résultats ; le feu prit à une draperie de mousseline dans la salle de danse bâtie dans le jardin, construite en planches, et couverte d'une toile goudronnée ; il fut impossible d'arrêter les rapides progrès du fléau dévastateur ; il y eut un grand nombre de victimes : plusieurs y périrent en voulant sauver les objets de leurs affections, entre autres les femmes de Schwarzenberg et de la Leyen [1]. Ces deux jeunes filles, échappées à cet horrible danger par le zèle de deux pompiers, je crois, n'avaient pu rejoindre leurs mères, les croyant dans les flammes, s'y jetèrent pour les chercher. Elles vécurent pour pleurer et s'enorgueillir du courage et des vertus de celles qu'elles virent regrettées de la population parisienne ; une foule innombrable suivit les cercueils de ces deux martyres !

Le prince d'Orange, devenu roi des Pays-Bas, et qui abdiqua pour se livrer tout entier au bonheur de la vie intime, fut au nombre des voyageurs illustres auxquels madame de Montesson fut chargée de faire les honneurs de Paris. Ses vertus, ses manières pleines de noblesse et de charme, ses malheurs lui assuraient une réception digne de lui chez une femme juste appréciatrice de tout ce qui méritait d'être remarqué. La figure du prince était belle et empreinte d'une expression mélancolique qui touchait ; son regard rêveur semblait chercher une femme qui pût réaliser les rêves d'un cœur tendre. Il la trouva plus tard, et n'hésita pas à lui sacrifier un trône ! Sa con-

[1] Mademoiselle de la Leyen, qui a inspiré ce sublime dévouement maternel, a épousé M. le comte de Tascher de la Pagerie, parent de l'impératrice Joséphine.

Le baron de Tettenborn, secrétaire de la légation d'Autriche, sauva plusieurs personnes au péril de sa vie. L'empereur en fut instruit, et lui envoya la croix de la Légion d'honneur, qu'il ne prodiguait pas.

versation était, disait-on, brillante, et son maintien n'eut jamais rien de bas ni de servile devant le premier consul, qui le combla d'attentions, et témoigna hautement l'estime qu'il avait pour son caractère franc et élevé. Pendant son règne, qui fut court, il se fit aimer et justifia l'opinion de Napoléon.

CHAPITRE V.
1802-1803.

M. Chaptal, ministre de l'intérieur. — Mademoiselle Duchesnois. — Soirée pour elle chez madame de Montesson. — Madame Lebrun. — Succès de mademoiselle Duchesnois. — Parure donnée par madame Bonaparte. — M. le duc de Laval. — Ses mots. — Son talent pour les jeux. — Madame de Flahault. — Madame Récamier. — Sa beauté. — Mesdames de Genlis et de Staël. — MM. de Forbin, — de Humboldt, — Benjamin Constant, — de Chateaubriand, — Mathieu de Montmorency.

M. Chaptal, alors ministre de l'intérieur, auquel on avait présenté mademoiselle Duchesnois, lui refusait obstinément un ordre de début, sous le prétexte qu'elle était trop laide pour réussir. Madame Lebrun, dont le talent pour la peinture lui valut l'insigne honneur d'être la première femme admise à l'Académie, s'intéressait vivement à la future tragédienne. Elle en parla à madame de Montesson , lui peignit sa position malheureuse, et obtint d'elle de donner une soirée à laquelle madame Bonaparte serait priée d'assister. « Soyez sûre qu'elle viendra, répondit ma tante, madame Bonaparte ne manque jamais *une occasion de faire du bien ou de faire réparer une injustice*. »

Madame de Montesson réunit environ deux cents personnes ; mademoiselle Duchesnois était en effet, à cette époque, d'une laideur repoussante et d'une affreuse maigreur ; son teint paraissait plus brun et sa taille semblait très-peu belle, n'ayant rien des formes d'une femme. Sa toilette, plus que simple, fut arrangée aussi bien que possible par madame Lebrun, qui s'entendait si bien à ce qui sied à son sexe ; ses cheveux en désordre furent noués avec art. Après ces préparatifs faits à la hâte, mademoiselle Duchesnois fut introduite dans le salon, où se trouvaient madame Bonaparte et le ministre récalcitrant, qui n'avait pu refuser une invitation pressante. Ce salon avait été éclairé d'après les conseils de madame Lebrun, pour faire valoir le plus possible l'expression mobile de la figure de sa protégée. Elle récita le rôle de Phèdre et une partie de celui de Roxane d'une manière si admirable, que son succès fut immense ; on ne songea plus à trouver ses traits disgracieux, et peu s'en fallut que tous les hommes ne la trouvassent belle, tant elle avait su les émouvoir. Le ministre, oubliant comme tout le monde ce qui l'avait tant frappé d'abord, et voyant combien madame Bonaparte était enthousiasmée, signa immédiatement son ordre de début.

Madame Bonaparte se chargea du costume, madame de Montesson lui en donna deux autres fort beaux aussi. Il fut décidé qu'elle jouerait d'abord une ou deux fois à Versailles, afin de l'habituer aux planches. Presque toute la société s'y rendit et fut témoin du commencement des succès qui entraînèrent plus tard des disputes si vives qu'elles amenaient des arrestations.

Il fallait certes un grand talent pour l'emporter sur la beauté incomparable de mademoiselle Georges, et mademoiselle Duchesnois voyait dans son parti la presque totalité des étudiants des écoles de médecine et de droit. On savait la protection spéciale que lui accordait l'épouse du premier consul, et je suis convaincue qu'elle influait sur toutes ces jeunes têtes, si disposées à approuver tout ce qui plaisait à la compagne de celui qui ne comptait que des victoires.

Le premier consul, pour faire prospérer nos manufactures, ordonna que les dames reçues aux Tuileries ne porteraient plus de tissus étrangers. Madame Bonaparte avait une immense quantité d'étoffes des Indes, brodées d'or et d'argent ; elle les fit donner à sa protégée, qui eut ainsi sur-le-champ une garde-robe fort belle : elle lui fit aussi présent d'une magnifique parure en topazes, qui lui avait été donnée par M. de Souza, ministre de Portugal [1] ; enfin elle soutint la débutante contre toutes les cabales, et la fit engager, malgré les intrigues de tous genres, dans l'emploi des princesses, qu'on voulait lui faire quitter. C'est à Joséphine que l'on doit une actrice égale à mademoiselle Clairon, digne émule de notre Talma.

Il y a dans le monde une foule de gens auxquels on fait des réputations que rien ne justifie ; de ce nombre était celle de bêtise, accordée si généralement à M. le duc de Laval, un des habitués du salon de madame de Montesson. On citait de lui plusieurs stupidités pour appuyer cette prétendue ineptie ; c'était à lui que l'on prêtait d'avoir dit qu'il avait reçu une lettre anonyme, signée de tous les officiers de son régiment ; d'avoir fait placer des canapés à *quatre*

[1] Il avait épousé madame de Flahault, auteur des charmants romans d'*Adèle de Sénanges*, *Eugène de Rothière*, etc. Elle joignait à l'esprit le plus aimable toute la bonté qui sait faire pardonner une supériorité non contestée.

coins de son salon *octogone*, et mille autres choses de ce genre. Madame de Montesson, bien capable assurément de juger l'esprit de ceux qui vivaient dans son intimité, niait que M. de Laval en fût dépourvu; elle répétait avec plaisir plusieurs mots de lui qui démentaient l'opinion qu'on voulait en donner.

Il venait tous les jours chez elle, il la prévint que le lendemain elle ne le verrait pas. Elle fut donc fort étonnée de le voir entrer comme à l'ordinaire.

— Vous m'aviez dit que vous ne viendriez pas?

— Mon Dieu! j'avais en effet mille choses à faire, et je ne comptais pas vous voir; mais, que voulez-vous? mes chevaux me conduisent ici comme ceux d'une dévote la mènent à l'église.

Il était riche, et souvent on lui empruntait de l'argent, qu'il refusait toujours, disant qu'il s'était fait le principe de ne jamais prêter, parce que ce qui pouvait arriver *de plus heureux était qu'on le lui rendît*.

Il est impossible, ce me semble, de mieux prouver un égoïsme complet; mais ce raisonnement n'est pas celui d'un sot.

En arrivant en Angleterre, à l'époque de son émigration, il fit plusieurs visites à de grands seigneurs, chez lesquels il avait été bien reçu avant la révolution. Presque tous lui rendirent cette politesse, quelques-uns s'en dispensèrent; de ce nombre était le duc de D..., qui ne prit pas même la peine de se faire écrire chez un homme qu'il supposait pauvre.

Quelque temps après ils se trouvèrent ensemble chez milord Schoulmondley. M. de Laval reçut du maître de la maison l'invitation de faire une partie de whist avec le duc de D... Celui-ci dit que très-probablement M. de Laval refuserait, quand il saurait que l'on jouait fort cher.

« Je vous demande pardon, monsieur le duc, je joue depuis une guinée jusqu'à cent la fiche, c'est pourquoi je suis surpris que vous ne m'ayez pas rendu ma visite. »

Il avait en effet emporté de France une somme qui lui permettait de se livrer à son goût pour le jeu. Au reste, il était pour lui une sorte de spéculation, il ne jouait jamais les jeux de hasard; il avait pour les autres une supériorité reconnue. Quand il en apprenait un nouveau, il l'*étudiait* avant de se risquer; l'amour-propre faisait désirer comme une faveur de faire sa partie, et il s'avouait qu'à la fin de l'année il gagnait une somme très-forte, qui le mettait à même de tenir à Londres le rang qui convenait à son nom.

Parmi les émigrés qui cherchaient des moyens d'existence, il était le seul qui eût choisi celui-là, et pour l'exécuter il fallait à coup sûr une tête bien organisée. Voici un autre exemple des faux jugements portés dans la société.

On a beaucoup parlé de la beauté de madame Récamier, de ses magnifiques fêtes au temps de sa grande fortune, du costume si simple qu'elle avait adopté; on a affecté de lui supposer peu d'esprit, afin sans doute de trouver une imperfection dans l'une des personnes les plus parfaites de son sexe; car on ne put calomnier sa conduite, qui était irréprochable.

C'était encore une injustice. Madame Récamier était aussi spirituelle qu'instruite et jolie; mais une horreur invincible pour tout ce qui ressemblait à la méchanceté lui faisait dédaigner ce genre d'esprit, qui permet de tout sacrifier à un bon mot. Elle causait à merveille, sans chercher à briller; elle parlait à voix basse à ceux qui lui plaisaient et qu'elle savait tenir près d'elle. La preuve qu'elle n'était pas uniquement occupée de sa figure, c'est qu'elle a été intimement liée avec les deux femmes les plus célèbres de cette époque, mesdames de Genlis et de Staël, MM. de Forbin, Humboldt, Benjamin Constant, de Chateaubriand, Mathieu de Montmorency, recherchaient sa société avec un empressement qui prouve combien elle avait de charmes; tous les hommes de lettres désiraient son approbation, qu'elle donnait avec la timidité qui lui était habituelle. On n'a point assez loué le courage qu'elle a montré à l'époque de la ruine de son mari. Elle ne regrettait de son immense fortune que la possibilité de faire le bien. Ce fut alors qu'on découvrit que cette même femme, si adulée, livrée à une dissipation forcée, avait fondé une école pour douze jeunes filles orphelines qui apprenaient à lire, compter, écrire et travailler de manière à prendre un état à l'âge de quinze ans. Leur bienfaitrice leur donnait les moyens d'utiliser ce qu'elles savaient, et lorsqu'elles se conduisaient bien, elles recevaient une dot qui leur faisait trouver un établissement.

Ceux qui eussent suivi la voiture élégante de madame Récamier, persuadés qu'elle allait faire les emplettes chez Leroi ou au *Petit-Dunkerque*, eussent été très-surpris de la voir s'arrêter à la porte de quelque maison bien obscure, et cette belle personne descendre porter quelques secours à un vieillard infirme, ou une layette à une pauvre femme effrayée de devenir mère sans avoir de quoi couvrir son malheureux enfant! J'ai beaucoup vu madame Récamier chez madame de Montesson; je l'ai peu rencontrée depuis quelques années, mais quand cela m'arrive, ce n'est jamais sans un profond attendrissement que je la regarde et visage resté si beau et si parfaitement calme. Il serait impossible de supposer un vice à qui possède une telle expression de pureté. La vie tout entière de madame Récamier donnerait le droit de croire au système de Lavater.

CHAPITRE VI.
1803.

M. de Talleyrand. — Sa passion pour madame Grandt. — Mot de M. de Talleyrand sur elle. — Son mariage. — La princesse d'Olgorouky. — M. Denon. Son Voyage en Égypte. — Naïveté de madame de Talleyrand à ce sujet. — La jeune Charlotte élevée chez M. de Talleyrand. — Dusseck. — Son traitement. — M. A... de G... — Réponse qui lui est faite. — La marquise de Luchesini. — Mot sur elle de M. de Talleyrand. — Le comte de Cobentzel. — Sa partie avec madame Bonaparte. — Avarice du comte. — Madame de Staël. — Jeu du bateau. — M. le duc de Rovigo. — Le bailli de Ferrette. — Sa maigreur. — Trait de bienfaisance de M. de Talleyrand lorsqu'il était évêque d'Autun.

On s'étonnait avec raison, dans le temps dont je parle, de l'amour de M. de Talleyrand pour madame Grandt, qui, belle comme un ange, était d'une telle nullité qu'elle était incapable d'avoir même l'idée de supériorité de celui qu'elle avait su rendre constant. M. de Moutrond, ami de M. de Talleyrand, lui demanda comment il pouvait causer avec une femme si niaise.

« Cela me repose, » répondit-il. Cette phrase peint la femme qu'il a épousée depuis.

Bonaparte, devenu empereur, voulant rendre aux mœurs la régularité que la révolution avait complétement détruite, résolut de faire cesser le scandale de la liaison intime du prince de Talleyrand avec madame Grandt, il choisit le moindre de deux maux. Il ordonna le mariage de son ministre, certain d'obtenir la permission papale; malgré le titre d'ancien évêque, l'union du prince avec la femme qu'il aimait devenait ainsi légitime. Après une hésitation assez longue du futur époux, il consentit, de peur de perdre la faveur de son souverain. Madame Grandt, devenue princesse de Talleyrand, fut présentée à la cour sous ce titre, mais elle n'y fut reçue que cette fois.

La princesse d'Olgorouky fit une visite à la nouvelle mariée en grande parure et couverte de pierreries, qu'elle avait reçues en héritage de son oncle, favori de la grande Catherine, le prince Potemkin. « Oh! lui dit la princesse de Talleyrand, quels magnifiques diamants, que vous êtes heureuse de les posséder! Si vous exprimiez le désir d'en avoir de semblables, il serait exaucé sur-le-champ, j'en suis persuadée; le prince de Talleyrand serait heureux de vous les offrir. — Quelle folie, ma chère! vous croyez donc que j'ai épousé un pape? » Cette réponse circula, madame d'Olgorouky s'en étant fort amusée.

M. Denon venait de faire paraître son beau Voyage sur l'Égypte, où il avait été avec le général Bonaparte, qui l'affectionnait beaucoup. M. de Talleyrand le voyant souvent, avait engagé sa femme à parcourir cet ouvrage remarquable, pour pouvoir en dire quelques mots à l'auteur quand il viendrait dîner chez elle. Madame de Talleyrand le promit. En effet, quelques jours après, M. Denon est placé à table près d'elle, et, pour suivre ses instructions, elle lui exprime le plaisir qu'elle a éprouvé à lire ses belles descriptions d'un pays inconnu. Elle ne tarit pas en éloges plus à un esprit si supérieur et sur l'intérêt de cette lecture; M. Denon prend l'air le plus modeste pour assurer qu'il n'a eu que le mérite de peindre une sublime et chaude nature. « Oh! tout est parfait! dit avec enthousiasme madame de Talleyrand; seulement permettez-moi une critique bien hardie. Je trouve que ce cher *Vendredi* paraît trop tard; il est si intelligent, si intéressant, que j'aurais voulu le voir plus tôt. Je suis sûre que je ne suis pas seule de mon avis. »

Que l'on juge de l'embarras et de l'étonnement de M. Denon, ne comprenant rien à ce quiproquo et ne sachant que répondre. Voici le mot de l'énigme :

La jeune Charlotte, élevée par M. et madame de Talleyrand, avait oublié sur la protectrice un volume de *Robinson*, c'était celui qui, lu par la princesse, causait son admiration. Son époux contait cette anecdote à tout le monde, en riant beaucoup.

Cette jeune Charlotte, aujourd'hui madame la baronne de Talleyrand, comme par son beau talent sur le piano, reçut une brillante éducation chez le prince devenu son parent. Pour que les leçons de musique fussent suivies et parfaites, il prit *Dusseck* chez lui. Le grand professeur touchait *six mille francs* d'appointements, avait une voiture à ses ordres, et une table de six couverts servie tous les jours dans un charmant appartement de l'hôtel. Son esprit indépendant ne put longtemps supporter ce qu'il nommait son esclavage. Il quitta le prince, reprit ses voyages, puis revint à Paris sans avoir de fortune, y tomba malade, et mourut après de longues souffrances dans un véritable état de dénûment. Il fallut que des amis et des admirateurs de son talent se réunissent pour l'aider à se faire élever un monument, après avoir acquitté les frais de sa maladie et de son enterrement. On dit que M. de Talleyrand, justement irrité de son ingratitude, ne se mit point au nombre des souscripteurs.

Il a passé pour constant que mademoiselle Charlotte était fille naturelle de son bienfaiteur, tant il est difficile de supposer la vérité, quand elle est honorable et désintéressée. Ma mère a connu intimement en émigration madame de..., avec laquelle le prince était lié d'une sincère amitié. La sachant mourante, sans fortune aucune, et conséquemment fort inquiète de l'avenir de sa pauvre petite fille, M. de Talleyrand lui écrivit pour lui jurer solennellement de se charger du sort de cet enfant. Il a tenu parole ; son enfance et sa jeunesse furent entourées des plus tendres soins, et son mariage avec un cousin de M. de Talleyrand l'a posée dans la plus honorable position. La dette sacrée contractée avait été noblement acquittée. La princesse a secondé en tout les vues de son époux, en comblant de bons procédés la fille adoptive ; cependant après son veuvage, elle ne revit plus celle qui lui avait de si grandes obligations.

Je n'entends rien à la politique, à toutes ses finesses, à ses conceptions savantes et hardies, qui ne me paraissent qu'une suite de faussetés ; un bon diplomate me semble le pendant d'une habile coquette. Ne comprenant pas ces habiles manœuvres de l'esprit, quelquefois dangereuses, je m'abstiendrai de parler de ce qui passe ma faible intelligence. Je me permettrai seulement de citer quelques mots peu connus de cet homme si célèbre qui sut toujours maîtriser la fortune ; il surnageait sur la mer orageuse des révolutions, où tant d'autres s'engloutissaient ! Il ne se disait pas une chose spirituelle dans Paris qu'on ne l'attribuât à M. de Talleyrand, ce qui prouve qu'il était capable d'en dire beaucoup. Il en est qui sont devenues historiques, et que les ouvrages des auteurs sérieux écrivant sur notre époque, si pleine d'événements, feront passer à la postérité ; celles relatives à de simples particuliers sont peu répandues, n'ayant été dites en petit comité. Ce sont celles-là que je vais citer. On s'étonnera comme moi de cette facilité surprenante à trouver dans la plus petite circonstance, dans la question la plus insignifiante, l'occasion de déployer cet *esprit argent comptant* qui ne faillit jamais, et ne nuisait pas à la profondeur de celui de M. de Talleyrand.

M. A... de G..., si connu par ses prétentions justifiées en quelque sorte par d'inexplicables succès auprès des plus jolies femmes du temps du consulat et de l'empire, sa grande fortune et sa bravoure, s'approcha de M. de Talleyrand, dans un moment où tout le monde était en suspens sur la marche incertaine du gouvernement. « Eh bien, monseigneur, dit-il, comment vont les affaires que vous dirigez ?
— Comme vous voyez, lui fut-il répondu avec ce rire narquois qui donnait à sa figure une suprême expression de moqueuse impertinence et qui n'appartenait qu'à lui. »

Pour apprécier le sel de cette réplique, il faut savoir que M. A... de G... avait les yeux *absolument* de travers.

On vantait devant M. de Talleyrand la beauté de la marquise de Luchesini, ambassadrice de Prusse, grande, grosse et brune Allemande qui eut un instant la réputation d'être belle, grâce à une fortune considérable, à une extrême élégance, et à la possession d'un titre, lorsque personne n'en avait en France. Elle joignait à c s avantages une singularité qui la faisait remarquer, elle se *noirçissait les paupières* pour rendre son regard moins rude, et pour achever de sortir de la foule elle se permettait de petites mines mignardes tout à fait en désaccord avec sa massive personne, et contrastant avec les manières un peu hardies des femmes ayant traversé la révolution. Consulté sur ce *miracle d'agrément* par un jeune aide de camp voulant se donner les airs d'être distingué par la séduisante étrangère : « Nous avons mieux que cela dans la garde des consuls, » répondit laconiquement M. de Talleyrand. Depuis ce moment on parla beaucoup moins de madame de Luchesini. L'opinion d'un homme si éminent et d'un si bon goût faisait loi.

On s'amusait beaucoup alors de M. le comte de Cobentzel, ambassadeur d'Autriche. Sa réputation d'avarice était si bien établie, que madame Bonaparte, haïssant par-dessus tout ce défaut, résolut de le lui faire sentir en s'en amusant un peu. Il refusait de concourir à toutes les bonnes œuvres ; c'était s'attirer des mots de bienveillance de la femme qui semblait ne vivre que pour la bienfaisance.

Un jour de réception aux Tuileries, elle le désigna pour faire sa partie de whist. Il était en malheur, et perdit plusieurs *robbers*. A chaque coup fâcheux, madame Bonaparte lui disait : « Je suis vraiment désolée, monsieur le comte, de vous voir perdre autant ; je joue si mal, qu'il faut me pardonner. Que voulez-vous ? je suis si distraite ! Une autre fois nous serons plus heureux, et je tâcherai d'être une meilleure partenaire. » Et mille autres phrases du même genre, où perçaient l'âme sordide du comte, persuadé qu'il était que la femme du premier consul, on disait prodigue et magnifique, devait jouer un jeu énorme. Son humeur, malgré ses efforts pour la cacher, allait toujours croissant, et malgré son habitude de courtisan, il ne parvenait plus à maîtriser ce qu'il éprouvait. Madame Bonaparte, sa *partenaire*, faisait faute sur faute, ce qui triplait le désastre de celui qu'elle avait choisi pour associé, d'abord très-flatté de cette insigne faveur. Il n'osait cependant gronder, comme c'est l'usage en pareil cas, et s'appliquait plus de coutume encore pour tâcher de vaincre la mauvaise veine. Il suait à grosses gouttes. Enfin cette partie, qui lui parut éternelle, se termina ; les tremblant ambassadeur tire sa bourse, et demande à voix basse combien il doit. « Rien, monsieur le comte, lui répondit Joséphine, voyez à rire. Voilà ce qui vous explique la philosophie avec laquelle j'ai supporté nos terribles et longs revers. » A ces mots rassurants, la laide figure de M. de Cobentzel, de très-pâle qu'elle était, devint pourpre, presque supportable, tant elle s'illumina d'une expression joyeuse, qui lui était tout à fait étrangère ordinairement. Il fut aisé de voir à quel point il était heureux d'en avoir été quitte pour la peur. Il avait deux cent mille livres de rente, et risquait de perdre dix ou douze louis !...

Il vivait avec plus que de l'économie, relativement au rang qu'il occupait ; aussi était-il tout à fait révolté du luxe effréné, suivant lui, de M. de Talleyrand, ministre des relations extérieures. Il parcourait avec lui toutes les pièces du somptueux hôtel du ministère, et les voyant toutes chauffées par des feux énormes, il dit avec humeur qu'il allait faire poser des poêles chez lui pour qu'il ne fût pas obligé à une telle dépense.

« Vous devez dépenser gros ! dit-il en s'adressant à M. de Talleyrand.
— Oh ! ce n'est pas le *Pérou !* » répliqua le ministre.

Un rire fou accueillit cette réponse, si éloignée du ton d'élégance ordinaire à celui qui la faisait. Le pauvre ambassadeur [1] dut être convaincu que sa lésinerie honteuse était appréciée comme elle méritait de l'être, dans cette société déjà *cour* de luxe qui s'y déployait, d'après les ordres du premier consul. Il voulait relever le commerce cruellement éprouvé par la longue tourmente révolutionnaire, que son génie pouvait seul arrêter.

Madame de Staël, jouant un jour chez elle avec plusieurs personnes au jeu du *bateau*, demanda à M. de Talleyrand laquelle il sauverait, en cas de naufrage de la frêle embarcation, d'elle ou de madame Grandt. Cette demande était embarrassante, puisqu'à cette époque finissait la longue liaison de M. de Talleyrand avec cette femme célèbre, et que commençait son amour si étrange pour une personne si différente de l'autre. « Ma foi, madame, vous avez tant d'esprit, répondit de suite l'infidèle, que vous vous tirerez facilement de tout danger ; je sauverais donc madame Grandt. » Il est impossible de dire d'une manière plus aimable une vérité aussi désagréable.

C'est M. de Talleyrand qui prétendait que le bailli de Ferrette, d'une maigreur phénoménale, était l'homme le plus courageux qu'il connût, puisqu'il osait marcher avec ses jambes, véritables fuseaux qui semblaient devoir se casser rien qu'en les regardant, et qu'il ne craignait pas d'avaler ce que ses dents mâchaient.

Je n'ai jamais connu personnellement M. de Talleyrand ; mais madame de Genlis m'a conté plusieurs traits de lui qui prouvent que la causticité de son brillant esprit ne l'empêchait pas d'avoir un bon cœur. Dans les *Mères rivales*, elle raconte une action qui lui fait le plus grand honneur. La voici :

Deux vieilles demoiselles de bonne maison furent totalement ruinées avant la révolution par la mauvaise foi d'un banquier d'Autun, ville qu'elles habitaient. Trop fières pour rien demander, elles essayèrent de vivre de leur travail ; mais, âgées et peu habituées à la fatigue, elles ne gagnaient guère. Pour comble de malheur, une d'elles tomba gravement malade. Le curé vint la voir, et fut navré d'une misère qu'il ne pouvait soulager. Il en parla à son évêque, qui, sous le prétexte d'avoir connu autrefois leur famille, vint le lendemain leur rendre visite. Il causa avec bonté, sollicita la permission d'envoyer quelques sirops, des fruits, en faveur des anciennes relations de famille ; il vint trois ou quatre jours de suite, et chaque fois qu'il sortait s'arrêtait devant un grand tableau religieux enfumé, placé dans un vieux cadre tout dédoré. A la quatrième visite, il demande pardon de l'indiscrétion en avouant qu'il ne pouvait plus combattre un désir qui le poursuivait de puis plusieurs jours, celui de posséder le chef-d'œuvre qui décorait la première pièce de ce modeste appartement. Mademoiselle de ***, très-étonnée de cette admiration, lui répondit qu'elle ne partageait pas, mais que cette peinture avait été gardée par elle, quoiqu'elle eût vendu tout ce qu'elle avait de précieux, non parce qu'elle la croyait belle, mais parce qu'elle se trouvait jadis dans la chambre de sa mère. « Cor-

---

[1] Cette mode de se *peindre les yeux*, presque générale aujourd'hui, ne fut point suivie sous le consulat. On se mettait alors tout de rouge, point de blanc, et on laissait aux actrices le talent de rendre leur visage un vrai pastel. Vues de loin, exposées à la lueur éclatante d'une rampe, et obligées, en quelque sorte, de chercher à *charger* leur physionomie, dont les mouvements sont atténués par l'effet d'optique causé par la distance qui les sépare des spectateurs, elles doivent se permettre toutes les petites rouéries de la toilette. Mais qu'une femme de la société croie devoir se plâtrer ainsi, me paraît d'autant plus stupide qu'elle me trompe personne sur les défauts qu'elle veut cacher. A la fin de la soirée, la chaleur produit un effet repoussant, en occasionnant un affreux mélange de toutes ces couleurs ; elles ont, en outre, l'inconvénient de rendre à jamais le teint plombé. Il vaut donc mieux rester comme la nature l'a voulu.

[1] Il ne faut pas le confondre avec M. le comte Louis de Cobentzel, aussi ambassadeur d'Autriche à Paris. Celui-ci était un homme aimable, gai, généreux, autant que rusé politique. Il a laissé dans le monde, qu'il vit beaucoup, des amis qu'il suffit de nommer pour honorer son caractère. MM. Maret, de Ségur, de Lacépède, et beaucoup d'autres. M. le comte de Ségur parle de lui avec les plus grands éloges dans ses intéressants et remarquables Mémoires ; il était de l'intimité de madame de Montesson.

M. le duc de Rovigo dit dans son ouvrage que ces deux personnages du même nom étaient frères. Il se trompe, ils étaient cousins.

ment, mademoiselle, vous ne savez pas que c'est un Poussin superbe?
— Mon Dieu! non, monseigneur. — Eh bien, moi je vous l'apprends; et, si vous aviez l'extrême bonté de me le céder pour cinq cents louis, je serais bien reconnaissant, car ce maître manque à ma galerie. »

Mademoiselle de *** hésita quelque temps à se défaire de ce qu'elle ne gardait depuis longtemps que par respect filial; mais, pensant qu'elle pourrait procurer à sa sœur tout ce qui lui était nécessaire et se créer une modeste existence, elle finit par accepter cette offre généreuse. Ce tableau était une vraie *croûte.*

Cet évêque, arrachant d'une main si délicate deux personnes estimables et presque infirmes au malheur, était M. de Talleyrand, évêque d'Autun!

Bonaparte, proclamé empereur, songea à former sa maison, celle de l'impératrice, de *Madame* mère et de ses sœurs; voulant opérer une fusion entre l'ancienne noblesse et la nouvelle, il résolut de choisir dans toutes les grandes familles les personnes dignes de figurer dans une cour qu'il voulait rendre la plus brillante de l'Europe. Il créa une noblesse à laquelle il donna non pas des couronnes comme distinction des titres, mais des plumes attachées à des toques. Les ducs en avaient sept, les comtes cinq, les barons trois. Il fut défendu de porter les anciennes armes. Les titres de marquis et de vicomte ne furent pas rétablis.

CHAPITRE VII.
1801.

Création des maisons de l'empereur, de l'impératrice, de *Madame* mère et des princesses; mesdames de Bassano, de Canisy, Gazani, Augereau, Duchâtel, Regnault de Saint-Jean d'Angely, de Chevreuse, de Montebello, de Barral, Ney, de Brocq, de Boucheporn, Dulauloy, de Villeneuve, de Menou, Rapp, Foy, Junot. — Mesdames Récamier, Pelaprat, Basterreche, Simon, Michel, Forth et Carvalho. — Mesdames la princesse Czartoriska, de Hohenzollern, de Rohan, de Courlande. — Mesdames Labinski, d'Helmstadt, et de Dalberg. — Conduite de madame de Chevreuse. — Sa disgrâce. — Madame de Montmorency. — Présent que lui fait l'empereur. — Duchesse de Luynes. — MM. les ducs de Maillé, Fitz-James et de Crussol. — M. de C... — M. de Comminges. — Conversation avec Napoléon.

Il est des époques où la nature semble prodiguer et montrer à profusion ses chefs-d'œuvre de beauté. Lorsque Napoléon forma sa cour, on fut réellement ébloui du nombre infini de jolies femmes qui s'y firent remarquer. Mesdames de Bassano, de Canisy, Gazani, Augereau, Duchâtel, Regnault de Saint-Jean-d'Angely, de Chevreuse, de Montebello, de Barral, Ney, de Brocq, de Boucheporn, Dulauloy, sont des types de perfection difficiles à trouver réunis; en seconde ligne, mais très-jolies encore, on citait mesdames de Menou, Rapp, de Villeneuve, Foy, Junot, etc.

Dans la finance, mesdames Récamier, Pelaprat, Basterreche, Simon et Michel, Forth et Carvalho se faisaient admirer; enfin, de ravissantes étrangères achevaient de compléter cette rare réunion. Les princesses Czartoriska, de Hohenzollern, de Rohan, de Courlande, mesdames Labinska, d'Helmstadt, et de Dalberg paraissaient dignes de leur entourage.

Madame de Chevreuse fut une des premières nommées comme dame du palais. Elle était désignée pour madame de la Rochefoucauld, dame d'honneur. Madame de Chevreuse eut le tort d'affecter souvent une hauteur fort inconvenante envers sa souveraine, *dont elle recevait des appointements,* et qui commandait le respect et l'affection par ses manières et sa bonté. Nulle princesse n'eût pu lui disputer la distinction de bonne grâce et de bonté. Des flatteurs *non nommés* aux places secrètement enviées conseillaient probablement cette ridicule conduite, généralement blâmée. Ils égarèrent une jeune femme qu'ils firent mourir exilée loin de Paris, où elle était faite pour briller au sein de deux familles dont elle était l'idole. On lui persuada qu'il fallait se poser en victime de la tyrannie impériale, et qu'elle déploierait une grande force de caractère en ne se montrant pas servile près de *madame de Buonaparte,* comme s'obstinaient à l'appeler les frondeurs du faubourg Saint-Germain.

Une jolie personne, riche et d'une grande naissance, peut-être excusable de croire qu'elle est faite pour donner le ton; mais, avec son esprit, madame de Chevreuse devait se dire qu'une place une fois acceptée, il faut en remplir les devoirs sans bassesse, sans flatterie même, mais avec une recherche de politesse et d'égards.

C'est ce que fit madame de Montmorency, nommée en même temps, et qui n'était point enthousiaste du nouvel ordre de choses, qu'elle avait été loin de désirer, mais auquel elle se soumettait. Elle fut toujours convenable sans adulation. J'ai souvent entendu répéter à l'impératrice qu'elle était plus satisfaite de beaucoup de femmes qui, en sortant des Tuileries, se plaignaient sans doute d'avoir été forcées d'accepter leur place afin de ne pas nuire à l'avancement de leur mari et de ne pas entraver l'avenir de leurs enfants. L'empereur appréciait aussi la manière d'être à la cour de madame de Montmorency; il le lui prouva. Voici comment.

L'empereur montrait à l'impératrice et à ses dames du palais de magnifiques présents qui lui avaient été envoyés par le sultan. Une aigrette en diamants ayant été particulièrement remarquée, il la rompit et la partagea entre mesdames de Montmorency et Duchâtel. La plus belle partie était offerte à la première de ces deux dames, comme un témoignage *d'estime et d'amitié.* Il rendit à M. de Montmorency des forêts lui appartenant, qui n'avaient point été vendues nationalement. Sous tous les régimes ce beau nom devait être honoré, lorsque tant d'autres, illustres aussi, se sont souillés par de plates et viles adulations, et de continuelles apostasies politiques.

L'empereur, ne voulant pas laisser subsister de trop grandes prérogatives féodales, nomma *comte* M. de Montmorency, qui perdait ainsi le titre de *premier baron chrétien.* Sa Majesté adressait peu la parole à madame de Chevreuse, et prit une humeur bien naturelle lorsqu'on lui rapporta qu'arrivant un jour aux Tuileries dans une éclatante parure étincelante de diamants, elle fut complimentée sur tant de magnificence; cette dame, inconsidérément, lui demanda si ces belles pierres étaient toutes vraies. « Mon Dieu, répondit madame de Chevreuse, je n'en sais trop rien, ne m'en étant pas assurée; pour venir ici c'est toujours assez bon. »

Cet impertinent propos excita la colère de l'empereur. Madame de Chevreuse fut traitée avec une extrême rigueur, en étant exilée à cent lieues de Paris. Elle choisit Lyon pour séjour. Madame la duchesse de Luynes[1] la suivit, et lui prodigua jusqu'à sa mort les soins les plus touchants.

Peut-être Napoléon n'eût-il pas dû paraître remarquer quelques rires déplacés, ni sembler savoir des propos inconséquents. Y faire attention leur donnait un poids qu'ils ne pouvaient avoir.

L'impératrice, incapable de désirer jamais une vengeance et indulgente comme de coutume, sollicita à plusieurs reprises le rappel de madame de Chevreuse; elle ne put l'obtenir, l'empereur répondant toujours : « Je ne veux pas d'impertinents enfants gâtés chez moi! » Cette phrase n'aurait-elle pas dû suffire à sa colère? Prononcée dans le palais des rois de France, ne prouvait-elle pas combien, par son seul génie, il avait su s'élever? Tous les anciens ducs et pairs n'étaient-ils pas ses serviteurs? Qu'importaient les moqueries ridicules d'une jolie femme[2]?

MM. les ducs de Maillé, Fitz-James et de Crussol ne voulurent rien du nouveau gouvernement, et vécurent dans leurs châteaux à moitié détruits jusqu'à la restauration. Menacés par Fouché d'être conduits à Vincennes s'ils n'acceptaient des places de chambellans, ils répondirent qu'ils avaient trop de confiance dans la justice de Napoléon pour rien craindre d'un refus dicté par l'honneur. Ils ne furent point inquiétés.

L'empereur aimait à s'entourer de l'ancienne noblesse; il recherchait les noms illustres, quand par hasard les personnes qui les portaient n'étaient pas à la cour. « *J'ouvrirai mon antichambre,* avait-il dit, *et, ils s'y précipiteront* avec autant d'ardeur que leurs fils en mettront à me suivre à l'armée. » C'est ce qui arriva; le palais fut obstrué, et nos glorieuses phalanges comptaient dans leurs rangs les héritiers des plus grandes familles. Ils s'y conduisirent comme s'ils avaient à conquérir un blason. Je citerai en première ligne le jeune et beau M. de Périgord, neveu du prince de Talleyrand, qui fut tué en Pologne, ainsi que le charmant Étienne de Choiseul; MM. Alexis de Noailles, mort en Russie, de la Rochejaquelein, de Flahault, de Mortemart, de Montesquiou, etc., qui tous déployèrent la plus brillante valeur.

L'empereur questionnant sur les illustrations absentes de sa cour, apprit que MM. de C... n'en faisaient pas partie. Il les fit appeler, et les questionna sur ce qu'ils voulaient faire, les jeunes gens ne pouvant vivre inoccupés. Du service leur fut proposé, pensant qu'avec le nom qu'ils portaient les armes seraient pour eux la carrière la plus désirable. Ils refusèrent les grades militaires, et acceptèrent d'être chambellans... L'empereur se retournant, les sourcils fermés, signe chez lui d'un grand mécontentement, s'écria : « On m'a trompé, il est impossible que ces messieurs descendent du brave dont ils portent le nom! Ils furent chambellans, traités avec politesse, mais jamais avec faveur.

Napoléon voulut voir M. de Comminges, qui avait été lié avec lui à l'École militaire. « Qu'avez-vous fait pendant la révolution? lui demanda-t-il; avez-vous servi? — Non, sire. — Vous avez donc

[1] Née Laval—Montmorency.
[2] En parcourant le cimetière de Lyon en 1843, je vis son mausolée dans un état complet de délabrement. Pensant que le duc de Luynes ignorait cette circonstance, je lui écrivis, sans avoir l'honneur de le connaître, pour l'en instruire. Je n'eus pas l'avantage de recevoir un mot de remerciment pour un avis évitèrent le renouvellement d'un blâme que l'on aurait pu exprimer sur la négligence apportée à l'entretien de cette tombe. Je l'ai cherchée en 1845. Ne l'ayant plus trouvée, je suppose que les restes de madame de Chevreuse ont été transportés dans une des terres appartenant à son fils, et reposent sous un monument digne de la magnificence qui se remarque dans tout ce que commande M. le duc de Luynes.

La fabrique de Lyon a fait pour lui, et d'après ses dessins, m'a-t-on dit, une *portière à ses armes* coûtant quarante mille francs. Elle s'exécutait dans le moment où je lui écrivais.

suivi les Bourbons dans leur exil ? — Oh ! non, sire, je suis resté chez moi à cultiver ma petite terre. — Sottise de plus, monsieur. Dans ces temps de trouble, il fallait payer de sa personne d'une façon ou d'une autre : servir son pays, ou tout au moins suivre l'impulsion de ses affections, au lieu de planter ses choux. Que voulez-vous, maintenant ? — Sire, une place modeste dans l'octroi de la ville, près du lieu que j'habite. — Vous l'aurez, monsieur, et restez-y. » Est il possible, dit l'empereur en levant les épaules, que j'aie été le camarade et l'ami d'un pareil homme ! »

Il ne devait en effet pas comprendre une telle conduite, lui qui à l'Ecole militaire était peu aimé des élèves, parce que, toujours cité comme un modèle d'application, on l'accusait d'être un sournois, voulant se faire remarquer des professeurs. « Chien de Corse, lui criait-on, tu n'es qu'un hypocrite ! — Vous verrez ce qu'un Corse peut faire ! » répondait-il sans se fâcher. Et son assurance était telle en prononçant ces mots, que ces mêmes jeunes gens qui l'accusaient de calcul rendaient cependant justice à ce génie naissant, se montrant dans toutes les récréations guerrières inventées par lui ; il en était toujours proclamé le chef. Il commandait avec autorité à ses camarades ; ils obéissaient sans murmurer, fascinés par son regard lançant des éclairs ; ses ordres étaient donnés avec la même énergie que lorsque plus tard il s'agissait du sort des empires.

Loin de lui on réfléchissait aux préférences qui lui étaient accordées par les chefs, quelquefois on lui faisait des reproches sur une conduite qu'on ne pouvait imiter ; mais dès qu'il parlait il était obéi, et le maître déjà se faisait sentir par des gestes et des manières impératives qui ne le quitteront pas même plus tard en présence des souverains étrangers.

CHAPITRE VIII.
1803-1804.

Madame de Montesson. — Moulin de Romainville. — Mesdames de Latour et Polastron. — Duc de Guines. — Mesdames de Valence et Ducrest. — Leurs filles. — M. Brongniart, architecte. — Société de Romainville. — Princesse Borghèse. — Madame de Flahault. — L'impératrice Joséphine. — La reine de Naples. — Madame Visconti. — Passion du maréchal Berthier pour elle. — Conspiration de Georges Cadoudal. — MM. de Polignac et de Rivière. — Couplet improvisé au dernier au tribunal. — Coster de Saint-Victor. — Villeneuve de Trans. — Leur courage sur l'échafaud. — Madame Coster de Saint-Victor. — L'empereur lui accorde une pension. — Le général Perignon. — La princesse Bourbon de Parme. — Le duc de Berri.

La santé de madame de Montesson devenue très-mauvaise lui donna le désir d'acquérir une maison pour y passer l'été. Elle la voulait près de Paris, pour ne pas renoncer à sa société. On lui parla d'une petite habitation nommée le moulin de Romainville, située dans une charmante position, ayant une très-belle vue, un air excellent, et entourée de jolis bois, aisés à percer pour en faire un parc agréable. Madame de Montesson fit cette acquisition, et ordonna d'augmenter la maison de nouveaux corps de logis et d'une serre chaude. M. Brongniart, architecte plein de goût,[1] fut chargé de ces travaux, et il réussit à rendre Romainville un délicieux séjour.

Madame de Montesson fit cultiver les plantes les plus rares, les plus jolies fleurs, qui lui servaient de modèles pour ses tableaux très-remarquables peints par elle avec un talent réel. Elle était une des meilleures élèves du célèbre Van Spaendonk.

Madame de Montesson prit chez elle des amis dont la fortune avait été détruite par la révolution, madame et mademoiselle Latour-Polastron, belle-sœur et nièce de la duchesse de Polignac, si dévouée à la malheureuse reine Marie-Antoinette ; M. le duc de Guines, et quelques autres ; madame de Valence, ses filles,[2] ma mère, moi et madame de Robaday, dame de compagnie, formaient le cercle intime.

Ce moulin devint un modèle d'élégance, et la distribution intérieure avait été combinée de manière à être commode pour une société très-restreinte, et aussi pour de grandes réunions. L'ameublement était extrêmement recherché, rien ne présentait rien de la richesse, mais aussi à la campagne. La chambre à coucher de madame de Montesson était remarquable : une grande glace sans tain, remplissant le panneau du lit, permettait de voir la longue et belle serre chaude, tapissée en entier de plantes grimpantes, pleine d'arbustes fleuris, dont les branches flexibles se penchaient sous le poids d'une foule d'oiseaux privés aux plumages variés. Une salle à manger d'hiver formait le milieu de ce jardin factice, réalisant tout ce qu'une imagination poétique eût pu créer de plus charmant. Le parc, dessiné avec art, semblait grand, et contenait entre autres une partie si boisée et si calme, qu'elle fut nommée la Thébaïde. On pouvait en effet s'y croire seul au monde, tant les bruits s'y taisaient. La nature seule y parlait par ses harmonies si bien chantées par M. de Lamartine.

[1] On lui doit le plan de la Bourse. Ce superbe édifice fut commencé sous sa direction. Sa mort l'empêcha de le voir terminé. M. Brongniart, l'habile directeur de la manufacture de Sèvres, était son fils.
[2] L'aînée des demoiselles de Valence a épousé le comte de Celles, la cadette le maréchal Gérard.

Madame de Montesson se trouva à merveille à Romainville, ne voulut plus le quitter. Les trois dernières années de sa vie s'y écoulèrent ; elle ne partait de ce lieu créé par elle que pour aller mourir à Paris, dans un pied-à-terre qu'elle s'était réservé dans son hôtel, qu'elle avait loué à M. Ouvrard.

Le train de sa maison était princier. Voici sa composition : madame Robaday, dame de compagnie, ayant un ravissant talent sur le piano ; quatre femmes de chambre (madame Nandet ne faisant plus de service) ; deux maîtres d'hôtel portant l'épée, le jabot et les manchettes les jours de cérémonie ; quatre valets de pied ; un cuisinier, un sous-chef ; deux filles de cuisine ; un cocher et un postillon. Les deux concierges servaient à table aux grands dîners. Tous les jours le couvert était de quinze personnes, et deux fois par semaine de trente ou quarante. Madame de Montesson réunissait autour d'elle un cercle habituel plein d'agrément : plusieurs amis venaient le soir de Paris. Tout ce que la société avait d'aimable, d'instruit et de distingué sollicitait d'y être admis, et que son célébrité ne se fût dispensée de demander à être présentée au Moulin, nom qui était resté à ce petit palais de fée. L'approbation de madame de Montesson était une sorte de consécration des grandes manières et du mérite, recherchée avec le même empressement par les Français et les étrangers. En venant chez elle on était sûr de trouver la maîtresse de maison la plus spirituelle et la plus indulgente ; malgré de vives souffrances presque journalières, elle était toujours satisfaite quand on paraissait heureux près d'elle.

Madame de Valence, jolie encore, causait avec un charme infini ; ma mère chantait, accompagnée par madame Robaday, des duos avec Garat, faisant partie de l'intimité ; des artistes à la mode, des gens de lettres se joignaient à ce cercle habituel, et achevaient de rendre les soirées charmantes. Pour que tout le monde fut content, la danse succédait à la musique. Mes cousines se faisaient remarquer par leur grâce, dansant à merveille ; et je me sautais en mesure avec un air de bonheur si grand qu'on ne s'apercevait guère que je ne faisais pas un pas à la mode. Mes parents, par leur position de fortune, n'avaient pas compris dans le budget de mon éducation le maître de danse, regardé alors comme indispensable. Comme je ne restais pas sur ma chaise, je trouvais donc aussi qu'il était inutile, et ne me désolais nullement d'être hors d'état de figurer sur la liste des danseuses de gavottes[1], illustration fort ambitionnée par les deux sexes. C'était un moyen d'être engagé à tous les bals, et quelquefois d'obtenir des places qui eussent été refusées à un mérite sérieux. Pas une fête ne pouvait se passer d'une gavotte ou d'un pas de schall. Mesdames Hamelin, Lescot, Récamier, Guilleabeau, brillaient comme les plus charmantes danseuses ; MM. de Trénis, de Canouville, Châtillon, Dupaty, Villemarest, de Saint-Mars, comme les meilleurs danseurs. On montait sur les banquettes pour les applaudir, on les saluait comme des acteurs aimés, et recevaient même quelquefois les honneurs du bis !...

Pendant les campagnes d'Allemagne et de Russie, ce genre de célébrité cessa. Comment y songer quand chacun tremblait pour quelque être chéri, cherchant la gloire véritable au risque de sa vie ? Les victoires de l'empereur firent taire celles si ridicules des entrechats.

A Romainville on dansait pour s'amuser, et madame Récamier, dans toute la splendeur de sa beauté, semblait s'y oublier pour faire valoir les autres.

Madame la comtesse Regnault de Saint-Jean-d'Angely, dont la figure régulière rappelait parfaitement le beau type de la Niobé antique, venait souvent aussi chez ma tante, ainsi que madame de Talleyrand, éblouissante de blancheur ; la noble et gracieuse madame de Barral, la superbe duchesse de Bassano, portant sur son doux visage toute la pureté de son âme ; la majestueuse madame Visconti, et enfin l'incomparable princesse Borghèse. MM. de Flahault, de Faudoas, Perregaux, de Narbonne, de Septueil, de Saint-Georges et de Coigny étaient dignes d'être les partenaires de cette élite de femmes charmantes. Je ne crois pas qu'il puisse jamais se trouver réunies tant de perfections ensemble. On comprendra qu'elles attirassent tout ce que la mode désignait à l'admiration de la société. De pareilles réunions devaient être préférées à toute autre, et la neige, la glace, la pluie, rien n'empêchait de se rendre le lundi et le jeudi là où les yeux et l'esprit étaient également satisfaits.

L'impératrice Joséphine et la reine de Naples vinrent plusieurs fois à Romainville, et y passer des journées entières dont les pauvres se ressentirent. L'impératrice voulait que tout le monde fût heureux dans les lieux qu'elle visitait. C'était un ange de charité devinant le malheur et lui évitant de solliciter des secours, si pénibles à demander. Il y avait, au reste, fort peu d'indigents à Romainville même, madame de Montesson y répandait de nombreux bienfaits ; mais dès que les voitures de l'impératrice traversaient un village, elles étaient suivies, et cette multitude soulagée par elle faisait retentir avec force, en s'en retournant consolée, les cris mille fois répétés de Vive Joséphine ! Il semblait qu'on devinât que peut-être un jour le

[1] M. Constant, dans ses Mémoires pleins d'intérêt, veut bien me nommer comme belle danseuse de cette époque. Je l'en remercie ; mais je suis forcée d'avouer que je n'ai de ma vie pris une leçon de danse.

titre d'impératrice lui serait ravi, et les bénédictions du pauvre s'adressèrent toujours à la *femme* plutôt qu'à la souveraine.

J'ai parlé de madame Visconti; elle mérite, comme figure presque historique, que je m'occupe un peu d'elle.

Agée de cinquante ans quand je l'ai connue, elle était encore extrêmement belle, et inspirait au maréchal Berthier une passion si violente, qu'il voulait la faire divorcer pour l'épouser. L'empereur s'y opposa, et, pour lui ravir à jamais l'espérance de voir ses vœux réalisés, arrangea pour son favori un mariage avec une princesse de Bavière peu jolie, mais ayant toutes les qualités qui se font remarquer dans les Allemandes de haut rang. Peu de semaines après la célébration de cette union M. Visconti mourut. « Quel dommage que ce soit *trop tard!* » s'écria avec désespoir sa veuve éplorée.

Madame Visconti avait de l'esprit naturel, mais aucune instruction. Son accent italien fort prononcé et ses saillies originales rendaient sa conversation piquante et très-amusante. Une jeune personne de sa connaissance avait fait un mariage d'inclination, qui tourna mal pour la pauvre femme. Madame Visconti, en écoutant sa triste histoire, dit en souriant tristement : « Je vous plains, ma chère » amie, mais c'est votre faute aussi! l'amour peut comme à moi faire » faire des *soutlises* et des *foulics*, mais il vous a entraînée à *oune bêtise*, » ce qui est pis que tout. »

Elle exerçait sur le maréchal Berthier, depuis prince de Wagram, une influence qui ne cédait qu'à celle de l'empereur. Même après son mariage, Son Altesse Sérénissime consultait sur tout son ancienne favorite; il la présenta à la princesse, qui parut ne rien savoir du passé, et fut parfaite pour celle qu'une autre eût repoussée. Cette conduite fut appréciée comme elle devait l'être. Madame Visconti s'attacha sincèrement à cette femme si vertueuse et si indulgente, et ne s'occupa qu'à consolider son bonheur intérieur. Possédant un écrin magnifique, composé des présents reçus du prince, elle le légua à la princesse, nommée sa légataire universelle, je crois ; disant qu'il était *naturel que ce qui venait de la floute retournât au tambour.*

Madame Visconti n'eut point d'ennemis. Elle était obligeante et bonne, généralement aimée; elle sut se faire pardonner ses erreurs nombreuses par de bonnes actions plus nombreuses encore, profitant de son crédit pour rendre beaucoup de services. Une paralysie de tout le côté gauche détruisit en un jour cette beauté, respectée si longtemps par celui qui détruit tout.

Les plaisirs de Romainville furent interrompus d'une manière douloureuse. La conspiration de Georges Cadoudal fut découverte, et nous apprîmes par les journaux, qui se lisaient tout haut après le déjeuner, l'arrestation des accusés, au nombre desquels se trouvaient MM. de Polignac. Madame de la Tour, leur tante, tomba à la renverse sans connaissance, et nous causa une horrible frayeur. Elle était fort grasse, très-rouge, et nous crûmes à une apoplexie foudroyante. Heureusement il n'en était rien. Lorsqu'elle eut repris ses sens, ses premières paroles furent des supplications pressantes à madame de Montesson en faveur de ces coupables et malheureux jeunes neveux. Elle conjura ma tante d'implorer pour eux l'inépuisable bonté de Joséphine, qui ne refusait jamais son appui à la souffrance.

Sans écouter nos conseils, les avis de son médecin lui prescrivant un repos absolu, madame de Montesson ordonne d'atteler, presse ses gens, monte en voiture, se fait conduire à Saint-Cloud, et obtient de Joséphine la promesse que tout sera employé par elle pour sauver MM. de Polignac et de Rivière, auquel ma tante s'intéressait aussi vivement, connaissant sa famille.

Lorsque la fatale condamnation fut prononcée, madame de Montesson se transporta de nouveau près de celle qui lui permettait de l'appeler *sa fille*, et grâce à cette douce et puissante intervention, obtint la commutation de peine pour ces trois infortunés, destinés à jouer plus tard un rôle brillant.

Madame de Montesson, sollicitée de toutes parts, étendit ses demandes pour plusieurs autres condamnés, mais ne réussit que pour M. Charles d'Hozier. Il a probablement ignoré la voix qui s'éleva en sa faveur, puisque sa bienfaitrice ne reçut pas de lui un seul mot de remerciement pour un service si important [1].

[1] On a dit dans le monde que la grâce de ces messieurs avait été accordée aux sollicitations du général Murat. Etant d'âge alors à être très-impressionnable d'événements si graves, intéressant les personnes avec lesquelles je passais ma vie, je puis affirmer la vérité du récit que je viens de faire. Murat conjura en effet son beau-frère d'user de clémence envers *tous les accusés*, l'assurant qu'il se concilierait tous les partis par cette générosité ; il ne spécifia personne, et fut refusé par Bonaparte.

Madame de Montesson fut celle qui obtint ce qu'elle sollicita avec toute l'ardeur qu'elle mettait à obliger, et madame Bonaparte, si éloquente lorsque son cœur était touché, se fit accorder par le premier consul ce qu'elle demandait avec tant d'instances. Le général Savary, depuis duc de Rovigo, pour plaire à sa femme [*], s'intéressa aussi à MM. de Polignac, mais pas avec cette chaleur communicative qui réussit dans des circonstances de cette importance. J'ai été bien souvent témoin de démarches faites par madame de Montesson en faveur de gens très-compromis. Elle n'hésita jamais, et se rendit leur interprète près des puissants personnages de qui dépendait la réussite de ses démarches.

[*] Elle était mademoiselle de Faudoas, cousine éloignée de la famille de Polignac.

M. de Rivière apercevant au tribunal, pendant le procès, la duchesse de la Force, qu'il avait beaucoup connue en émigration, lui fit remettre par un huissier en ayant pris préalablement lecture, un petit papier sur lequel était tracé au crayon le couplet suivant :

Air : *Femmes, voulez-vous éprouver.*

En prison est-on bien ou mal?
On est mal, j'en ai maint exemple;
On est mal au bureau central;
On est encor plus mal au Temple.
A l'Abbaye on n'est pas mieux,
Car d'en sortir chacun s'efforce.
Le prisonnier le plus heureux,
C'est le prisonnier de la Force.

Improviser sur ce ton lorsqu'on est sous le poids d'une accusation entraînant la peine capitale, est assurément un fait éminemment français. Cet impromptu se répandit dans la société, un grand nombre de dames suivant avec une extrême exactitude ces curieux et déplorables débats.

Il fut impossible de faire changer le sort de M. Coster de Saint-Victor, dont la belle figure et l'énergique caractère intéressaient généralement. Il était neveu de madame Coster, célèbre par sa manière supérieure de peindre les fleurs. La tête sous l'affreux instrument du supplice, il cria d'une voix forte: *Vive le Roi!* M. Villeneuve de Trans, aussi exécuté, agit de même. Ils moururent tous deux avec un courage héroïque.

Les exécutions qui eurent lieu rendirent Paris aussi sombre qu'il avait été gai avant. Ce n'était pas à Romainville que l'on pouvait s'amuser, et oublier vite la mort de gens égarés et dévoués à la famille des Bourbons, dont on ne parlait jamais chez madame de Montesson qu'avec le respect le plus profond et la plus vive sensibilité, sentiments qu'elle ne cherchait pas à cacher et qui l'honoraient aux yeux du premier consul. Elle ne songeait pas sans doute au retour des premiers, mais rien de ce qui pouvait les toucher ne lui était indifférent.

Ma tante n'a jamais cessé de s'occuper de madame la duchesse douairière d'Orléans et de sa fille, auxquelles Napoléon faisait une rente de cent mille francs, qui leur était payée en Espagne, où elles résidaient. Si par hasard le payement était en retard, il était immédiatement réclamé, et madame de Montesson y joignait presque toujours quelques fantaisies pouvant être agréables aux princesses.

Néanmoins, la gloire des armes françaises était chère à *la cousine des Bourbons*. Chaque victoire, et elles étaient fréquentes, se célébrait par quelque fête et des aumônes. On se réjouissait des succès constants de ces braves, dont un grand nombre étaient amis de la maison. On voulait avant tout le bonheur de la France, qui semblait dépendre de ces batailles gigantesques, toujours triomphantes; mais on faisait aussi des vœux pour le repos de ceux que la révolution condamnait à une expatriation éternelle ; en un mot on était à Romainville *plus français* que partout ailleurs. On y appréciait la valeur sans égale de nos soldats, et on y plaignait les malheurs de la famille royale. Au bout de quelques mois, la catastrophe sur laquelle on avait gémi ne fut plus qu'un souvenir, et les réunions de madame de Montesson reprirent un nouvel éclat.

Le général Pérignon, dont le caractère fut toujours honorable, était un des fidèles ; il devait une partie de l'amitié de la maîtresse de la maison à l'humanité généreuse qu'il exerça, quelques années auparavant, envers une princesse de Bourbon.

Retirée dans un couvent de Parme pendant les guerres d'Italie, elle y était dans un dénûment complet ; pour se procurer les choses les plus indispensables, elle avait recours à l'obligeance de quelques religieuses un peu moins pauvres qu'elle, et particulièrement à la tourière, qui lui témoignait un grand et respectueux intérêt ; ce fut cette bonne sœur qui instruisit le général Pérignon, nommé gouverneur de Parme après la prise de la ville, de la situation précaire de la princesse. Emu de ce récit, de ces tristes détails, et sans s'inquiéter de ce que pourrait penser son gouvernement, il se rendit au couvent dans lequel languissait la princesse, lui offrit sa bourse, exigea qu'elle acquittât ce qu'elle devait, promit d'écrire en sa faveur, et lui envoya tout ce dont elle pouvait avoir besoin pour rendre sa position supportable.

Au milieu des affaires sans nombre dont il devait s'occuper pour le maintien de l'ordre dans une ville conquise dont le peuple est naturellement remuant, le général Pérignon n'oublia point la pauvre recluse. Il écrivit au Directoire, auquel il fit sentir combien il était loin de sa dignité de laisser une femme si malheureuse, et dont le rang élevé peu de mois encore avant rendait sa misère plus cruelle. Il plaida cette cause avec tant de ténacité, qu'il eut le bonheur d'obtenir pour sa protégée une pension de trente mille francs. Elle fut payée exactement jusqu'à la mort de la titulaire. Celle-ci méritait de trouver un tel appui par la vive reconnaissance qu'elle eut pour le général, qu'elle nomma dès lors *son père*, elle le lui continua dans une correspondance qui ne finit qu'avec sa vie, et témoigna toujours à son bienfaiteur l'affection de la plus tendre fille.

Il parla souvent devant moi avec un grand respect des vertus de la princesse et de la joie qu'il avait eue de pouvoir lui procurer le moyen d'exercer la plus naturelle chez une femme : la bienfaisance.

La conduite du général Pérignon fut digne en tout temps de l'estime de ses concitoyens, et lui mérita l'attachement de tous ceux qui le connurent. Servant avant la révolution comme lieutenant, aide de camp de M. le comte de Preissac, lieutenant général des armées du roi, il ne se départit jamais de la modération formant la base de son caractère et qu'il perdait seulement devant l'ennemi pour devenir aussi ardent qu'il était calme dans son intérieur.

A l'époque de la terreur, il se retira à Montech dans sa maison paternelle. Aimé de ses voisins, dont il était le conseil et l'arbitre, béni des pauvres, il fut d'une voix unanime nommé juge de paix de ce canton, et plus tard de l'assemblée législative. Etranger à toutes les factions, membre du comité militaire, il fit tous ses efforts pour arrêter la désorganisation de l'armée. Ils furent inutiles ; le fatal 10 août eut lieu, et les députés, fidèles à leur malheureux roi, échappant

— Vous verrez ce qu'un Corse peut faire! répondit-il sans se fâcher.

avec peine à la proscription, retournèrent dans leurs départements à travers mille dangers. Plusieurs furent persécutés ; M. Pérignon ne le fut pas.

Rentré dans les rangs des simples citoyens, par sa franchise, sa conduite droite et sa haine pour l'anarchie, il eût peut-être grossi le nombre des victimes de ces temps d'exécrable mémoire, si son courage et l'amour de la gloire, sa passion dominante, ne l'eussent entraîné de nouveau dans la carrière des armes. L'honneur français s'était concentré dans les camps : comment M. Pérignon s'en fût-il éloigné ?

Il refusa le commandement du corps de l'ouest, mais s'y montra ce qu'il fut toujours, brave et loyal, surtout en Espagne, comme lieutenant-colonel de la légion des Pyrénées, devenue la terreur des Espagnols. Des rangs de cette légion sont sortis trois maréchaux de France, Lannes, Bessières et Pérignon, et un grand nombre de généraux et d'officiers supérieurs très-distingués.

La bravoure et le sang-froid étaient les qualités innées chez M. Pérignon. Son esprit n'avait dans le monde rien de brillant ; il parlait peu et jamais de lui. Un sens droit, un jugement sûr et un excellent cœur rachetaient du reste ce qui lui manquait comme qualités séduisantes ; celles de cet honorable caractère étaient les meilleures pour diriger les hommes dans ces temps de crise, où tout semble désespéré ; une résolution énergique, vigoureuse et prompte peut seule amener une réussite, où pouvait se faire craindre un revers.

M. Pérignon contribua puissamment à la prise de Montesquiou, l'un des beaux faits d'armes qui aient illustré l'armée française ; dans cette action décisive, il s'empara du fusil d'un grenadier, et marcha le premier la baïonnette en avant.

Nommé quelque temps après à l'ambassade d'Espagne, il méprisa toutes les ruses diplomatiques fondées sur la défiance et l'intrigue ; il

leur préféra toujours une politique large, dont la bonne foi était le ressort ; il n'eut pas tort, puisqu'il réussit.

Plusieurs émigrés trouvèrent en lui un appui et un protecteur[1]. Quelqu'un attaché à l'ambassade lui fit observer qu'en les protégeant autant il pourrait déplaire au gouvernement. « Je ne sais, répondit-il, » ce que vous appelez des émigrés ; je ne vois que des Français » malheureux. A ce titre, ils doivent compter sur le représentant de » la France, qui ne trahira jamais leur confiance[2]. »

M. Pérignon fut un des derniers à signer la déchéance de l'empereur. Il n'avait jamais été courtisan, mais il avait une sorte de culte pour le grand homme. Il lui avait fait un serment dont il ne croyait pas que le malheur de son souverain dût le délier ; ce n'est que lorsqu'il eut la certitude de l'abdication qu'il s'engagea à servir de nouveau les Bourbons. Dans les cent-jours, il refusa de quitter le Midi, où il se trouvait ; Napoléon le fit rayer de la liste des maréchaux.

Louis XVIII, en revenant une seconde fois prendre un trône vacant, confia le gouvernement de la ville de Paris au maréchal en lui disant qu'il le remettait *à la fidélité même*.

M. le duc de Berry, dont la mort héroïque a fait connaître les qualités, apprécia la noble conduite du maréchal, et le reçut avec une bonté particulière. Parmi plusieurs phrases obligeantes que lui adressa le prince, on cite celle-ci : « *Ce n'est pas vous, monsieur le ma-* » *réchal, qu'honore le bâton, c'est vous qui l'honorez.* » Il fut nommé pair de France et fait marquis.

Le maréchal est mort avec peu de fortune, mais avec une réputation sans tache. N'est-ce pas là le plus bel héritage qu'il ait pu laisser à ses six enfants ?

La plupart de ces détails sont empruntés au discours prononcé à la chambre des pairs par son collègue, M. le général Ricard. J'ai parlé beaucoup d'un homme trop modeste, pour avoir été loué de son vivant. Il méritait de l'être à tous égards ; il fut toujours bon pour moi

Il s'empara du fusil d'un grenadier et marcha le premier la baïonnette en avant.

et l'un des meilleurs amis de madame de Montesson, que j'aimais tendrement.

---

[1] Un autre général français sous la république fut nommé en Allemagne président d'une commission militaire, ayant à juger quelques officiers de l'armée de Condé, pris les armes à la main, après une lutte désespérée ; par son influence ils furent tous condamnés à mort malgré la jeunesse presque enfantine de quelques-uns. Un aide de camp osa intercéder pour eux, et, en faisant observer que la clémence ramènerait peut-être ces Français égarés. « Je ne les connais plus comme Français, mais comme des traîtres, » cria le général. *Ils furent tous fusillés!!!*

[2] Après sa mort, Louis XVIII nomma son fils gentilhomme de la chambre, et lui assura comme pair une pension de douze mille francs. Il épousa mademoiselle de Preissac, et mourut jeune.

Paris. — Impr. Walder, rue Bonaparte, 41.

CHAPITRE IX.
1805.

Mort de madame de Montesson. — Chapelle ardente à Saint-Roch. — *Mademoiselle Marquise*. — Les abbés de Saint-Phar et de Saint-Albin, ses fils. — Legs faits par madame de Montesson. — Madame Naudet. — Son dévouement. — Causes de la défaveur de M. Ducrest près de madame de Montesson, sa tante. — Madame de Genlis, gouvernante de monseigneur le duc d'Orléans. — Don du Palais-Royal. — M. Louis, architecte. — Caricatures. — Démission de M. Ducrest comme chancelier de la maison d'Orléans en 1787. — MM. de Laclos et Siyès.

Le 5 février 1805 madame de Montesson succomba à ses longues et cruelles souffrances, supportées avec un courage qui empêchait de les croire si grandes. Sa patience ne fut pas un instant altérée, elle ne prononça pas une plainte, et rendit le dernier soupir sans avoir eu d'agonie. Elle fut soignée avec une tendresse sans bornes par madame de Valence et ma mère; la première passa les huit dernières nuits près d'elle.

L'empereur envoyait tous les jours un de ses pages pour savoir de ses nouvelles. Il voulut que madame de Montesson reçût les honneurs que l'on rend aux princesses. Elle fut exposée huit jours à Saint-Roch, dans une chapelle ardente, ce qui, dans ce temps, était absolument inusité; des prêtres disaient plusieurs messes, depuis neuf heures du matin jusqu'à une heure. Comme on descendait le cercueil pour le mettre dans le corbillard à six chevaux, qui devait transporter le corps à Sainte-Assise, où elle devait être inhumée près de son époux monseigneur le duc d'Orléans, on rencontra sur les marches de l'église le convoi de mademoiselle *Marquise*, ancienne maîtresse du prince. Les abbés de Saint-Phar et de Saint-Albin, qui conduisaient le deuil, purent ainsi dire un éternel adieu à leur bienfaitrice singulier hasard! C'est ainsi que la mort réunit un instant ce qui paraissait ne devoir jamais se rencontrer!

M. et madame de Valence furent héritiers de tout ce que laissait madame de Montesson, sauf quelques legs fort minimes. On prévoyait depuis longtemps ces dispositions, aussi la conduite de madame de Genlis pour sa tante n'en fut que plus louable, puisque ses soins étaient tout à fait désintéressés.

Ces deux femmes supérieures ne s'aimèrent point; cependant madame de Genlis ne manqua jamais aux égards dus à sa tante. Elle fit pour elle un conte charmant, *les Réunions de famille*; elle allait la voir autant que ses occupations pouvaient le lui permettre, et lui prodigua pendant toute sa maladie les soins les plus soutenus. La juste célébrité littéraire de madame de Genlis froissait peut-être un peu l'amour-propre de madame de Montesson, auteur elle-même[1]. Elle n'eut pas pour cette nièce les sentiments qu'elle méritait. Madame de Genlis, de son côté, fut tenue à distance par le rang élevé auquel était montée madame de Montesson; de petites rivalités d'amour-propre n'auraient pas dû désunir deux personnes faites pour s'entendre et s'aimer. Les torts positifs vinrent de madame de Montesson; la manière dont sa nièce s'acquitta de ses devoirs envers elle prouvait combien son âme était peu vindicative et à quel point elle savait pardonner.

Devenue de plus en plus souffrante, ma tante fut si malade

Madame de Bouchage.

en 1805, qu'il fallut lui faire quitter son cher Romainville[1] et la ramener à Paris. MM. Corvisart et Hallé, appelés en consultation par M. Couad, médecin ordinaire, déclarèrent qu'il n'y avait plus de ressources, les organes étant complétement détruits, par suite de la maladie de madame de Montesson lors de son arrestation.

Elle avait été dix-huit mois en prison, en butte à toutes les privations; par un raffinement de cruauté, bien digne de cette époque de sanglante mémoire, on l'avait mise dans l'hôtel du marquis Dudreneux, l'un de ses amis, transformé en maison d'arrêt, et faisant face à celui qu'elle occupait. Des fenêtres grillées de sa modeste chambre elle voyait son jardin, où ses amis libres encore et ses gens osaient venir lui faire des signes d'intérêt, au risque de se compromettre et d'être arrêtés à leur tour comme suspects. Il n'en fallait pas tant alors pour porter sa tête sur l'échafaud. Elle reçut de touchants témoignages d'affection de plusieurs personnes de sa maison.

Sa première femme de chambre, madame Naudet, quitta pour être incarcérée avec elle quatre enfants attaqués de la petite vérole. Elle ne voulut jamais abandonner sa maîtresse, qui l'avait élevée et mariée. Dieu récompensa ce dévouement sublime en lui conservant tous ses enfants, dont madame de Montesson se chargea entièrement[2]. Elle eut le bonheur de voir sa chère bienfaitrice, à laquelle elle avait fait le plus grand des sacrifices, réintégrée dans sa fortune. Elle en fut traitée depuis comme une amie, dînant toujours avec elle, quand il n'y avait à Romainville que ses habitués; une femme qui avait été attachée à son service et ses filles élevées avec mes cousines et moi[3]. Un attachement comme celui de madame Naudet méritait assurément tout ce que madame de Montesson a fait pour elle et ses enfants, tous doués de connaissances et de talents réels.

Il doit m'être permis de chercher à expliquer la cause de l'éloignement de ma tante pour mon père, dont elle eût dû être si fière. Le motif est trop en faveur de celui que j'ai perdu pour n'être pas rapporté. Le voici donc; mais il faut prendre les choses de plus haut.

Lorsque M. le duc de Chartres[4] épousa mademoiselle de Penthièvre, modèle de grâce et de vertu, son contrat de mariage lui assurait huit cent mille livres de rente, et en outre la jouissance du Palais-Royal, qui appartenait à son père, pour habitation. Cette fortune considérable pour ce temps n'était susceptible d'aucun accroissement pendant la vie du père et du beau-père du prince, parce qu'elle se composait d'une rente viagère de quatre cent mille francs et de plusieurs terres affermées à longs baux, à des conditions au-dessous de leur valeur, mais libres de toute charge; on devait

---
[1] On joua d'elle, à la Comédie-Française, une comédie en trois actes qui tomba.

[1] Cette délicieuse habitation fit partie de l'héritage recueilli par M. de Valence. Il la vendit au marquis de Livry (quelques personnes prétendent qu'il la perdit au jeu); dans tous les cas il est singulier que M. de Valence, le petit-neveu par alliance de madame de Montesson, comblé de ses bienfaits, ait pu se résoudre à se défaire d'une maison ravissante, bâtie par elle, et qu'elle affectionnait intimement. M. de Livry la vendit au duc de Choiseul; l'expropriation, lors de l'érection des forts, la fit disparaître.

[2] Les deux fils, doués de beaucoup de moyens, furent mis à l'École militaire de Fontainebleau. Ils sont morts tous deux généraux. Les deux filles se marièrent.

[3] Plus tard mesdemoiselles de Valence furent mises chez madame Campan; elles s'y trouvèrent en même temps que toutes les princesses. Leur instruction, leurs talents et leur conduite parfaite prouvèrent que le choix fait pour achever leur éducation était le meilleur qu'on pût faire.

[4] Depuis duc d'Orléans, surnommé d'après son désir *Égalité*.

la regarder comme suffisante, en en faisant un sage emploi, pour soutenir convenablement l'éclat du rang d'un prince du sang, dont la maison devait être nombreuse. Elle ne le fut pas.

A peine M. le duc de Chartres fut-il marié, qu'il outrepassa son revenu par des dépenses folles, au point d'avoir recours à la ruineuse ressource des emprunts. Les deux immenses successions qu'il était appelé à recueillir lui procurèrent d'abord immédiatement un très-grand crédit, dont il usa sans aucun ménagement. Il adopta le funeste système des emprunts viagers ; dépensant les capitaux à mesure qu'il les recevait ; réunissant les arrérages à sa dépense annuelle, il se mettait ainsi chaque année dans la dure nécessité d'augmenter de plus en plus ses dettes. S'il y eût mûrement réfléchi, il eût prévu les inévitables résultats que devaient produire de semblables opérations, et il les eût limitées ; mais il était fort jeune, sa femme, trop douce, et trop ignorante des affaires, ne pouvait lui faire aucune représentation, et ne connaissait d'ailleurs pas toutes les causes de dépense de son mari. Entouré de courtisans approuvant toutes ses folies, le prince n'était arrêté par rien. Il s'était fort éloigné de son père, qui eût pu le conseiller ; il continua donc d'être entraîné, et ne fut éclairé sur sa position que lorsque, à l'expiration d'un petit nombre d'années, le sieur Séguin, son trésorier, lui déclara en 1780, que le montant des rentes viagères qu'il avait constituées depuis l'époque de son mariage, s'élevait à la somme de *huit cent mille francs*, précisément égale à son revenu ; que son crédit se trouvant entièrement perdu par l'abus qu'il en avait fait, il ne se présentait plus de prêteurs ; que cependant l'espérance d'en trouver l'avait déterminé, lui Séguin, à faire des avances considérables de ses propres fonds, qu'elles avaient été continuées aussi longtemps que possible, mais que le chiffre de ces avances s'élevant à *onze cent mille francs*, il ne pouvait aller plus loin, et se trouvait forcé de faire connaître à monseigneur sa cruelle position, de lui annoncer qu'il était obligé de suspendre entièrement son service et de réclamer le remboursement de ce qui lui était dû.

On imagine aisément combien M. le duc de Chartres dut être atterré par une déclaration si inattendue et si terrible. Léger, aimant le faste, et, quoi qu'on en ait dit, généreux alors jusqu'à la prodigalité, il n'avait jamais calculé. Il n'était plus temps maintenant qu'il connaissait la vérité, il fallait à tout prix sortir du précipice profond qu'il avait creusé. Il s'empressa de consulter les gens d'affaires les plus habiles. Pas un ne sut trouver le moyen de le sauver. Il était donc dans la plus affreuse position où pût se trouver un prince du sang, celle de déclarer une...... Le respect me retient, mais il n'est personne qui ne prononce le mot qui était près d'être tracé par moi.

Madame de Genlis, alors gouvernante des enfants du prince, lui conseilla de consulter mon père, dont elle connaissait la capacité. Habitué à rendre justice au dévouement de la femme qui s'était retirée du monde, jeune, jolie et riche, pour élever dans le couvent de Bellechasse ses enfants, il n'hésita pas à suivre son avis. Il comptait d'ailleurs sur le désintéressement du frère de celle qui, sans *aucun appointement*, remplissait si scrupuleusement sa charge de gouvernante, la plus fatigante de toutes quand on veut s'en acquitter comme madame de Genlis. Elle assistait à toutes les leçons, et prenait sur son sommeil pour écrire plusieurs ouvrages composés pour l'éducation.

Mon père fut appelé et justifia cette honorable confiance en trouvant une ressource vraiment extraordinaire, que lui seul peut-être pouvait obtenir. Il se rendit au Raincy, où madame de Montesson était avec M. le duc d'Orléans, son époux, père du duc de Chartres. Elle fut instruite de la cruelle situation du prince, et sentit combien il serait glorieux d'aider à l'en sortir, et sentit combien son rôle dans cette affaire serait d'autant plus noble qu'on n'ignorait pas qu'elle fût instruite de l'éloignement que lui portait son beau-fils ; enfin, après de vives instances, mon père obtint qu'elle demanderait à M. le duc d'Orléans de donner en toute propriété à son fils le Palais-Royal et ses dépendances, consistant en un jardin passable, entouré de laides maisons, peu logeables, et par conséquent médiocrement louées.

Après beaucoup de difficultés, le prince consentit à ce qu'on exigeait de lui au nom de l'honneur de sa maison. Mon père avait eu la précaution d'amener dans sa voiture M. Rouen, notaire du duc d'Orléans, qui avait dressé d'avance un acte bien rédigé. Sitôt le consentement accordé, il fut signé ; muni de ce papier important, mon père revint à Paris, trouva les capitalistes, qui avancèrent les fonds nécessaires pour bâtir le Palais-Royal tel qu'il est aujourd'hui, sauf la galerie vitrée.

M. Louis [1], architecte habile, s'enferma plusieurs semaines avec mon père pour lui soumettre ses plans et faire les devis. Il ne fut outre-passés que de cent mille écus, la dépense totale s'élevant à trois millions trois cent mille francs, au lieu des trois millions demandés.

Avant que les constructions fussent entièrement terminées, il y avait *pour douze cent mille francs de dotation*. Mon père voulait achever le quatrième côté d'une manière monumentale ; mais le prince, satisfait d'avoir trouvé le moyen de sortir d'embarras, ajourna ce projet, qui ne faisait qu'embellir la partie du palais qu'il habitait, disant qu'on s'en occuperait plus tard. Mon père, voulant faire voir quel était son plan général, fit placer les colonnes qui tiennent à la galerie vitrée, espérant achever ce qu'il avait si bien commencé.

Le prince voulut récompenser mon père d'avoir réussi si promptement à le mettre en possession des cinq millions dont il avait besoin, tant pour faire face à la dépense des constructions, que pour se mettre en mesure, par une réserve de quinze cent mille francs, d'attendre que l'entreprise devînt productive ; d'avoir su déterminer le duc d'Orléans à lui faire cession pleine et entière du Palais-Royal ; d'avoir obtenu des lettres patentes pour autoriser l'aliénation d'un terrain qui, en vertu des lois alors existantes, était inaliénable ; de les avoir fait enregistrer au parlement, malgré les oppositions des propriétaires des bâtiments avoisinants, etc., etc. Mon père refusa toutes ces brillantes propositions, qui lui furent faites par la reconnaissance. Pendant cinq ans, il fit avec un zèle soutenu tout ce qu'un homme d'affaires dévoué eût pu faire, et il le fit sans aucun *avantage pécuniaire*. Il voulait plaire à une sœur qu'il chérissait, et qui avait obtenu d'élever mon frère avec les princes à Bellechasse.

L'opération avantageuse du Palais-Royal lui suscita de nombreux ennemis. Ils l'ont persécuté longtemps par ces intrigues ténébreuses dont un homme franc et loyal est si facilement victime ; par d'affreuses calomnies constamment méprisées par celui auquel elles s'adressaient : il leur a dû une partie des malheurs qui l'ont accablé pendant la durée de son émigration, et même après la rentrée en France de la famille de Bourbon.

De nombreuses caricatures furent publiées contre mon père [1]. Il en rit tout le premier, et peu à peu elles disparurent, et la méchanceté, se tut sans cesser ses sourdes menées. Elles n'empêchèrent pas à la mort du duc d'Orléans que son fils, héritier de son titre et de ses biens, ne nommât mon père son chancelier le 24 novembre 1785. Par cette nomination il acquittait une dette sacrée, et s'assurait un serviteur probe et fidèle.

Servir son souverain est un devoir, puisque c'est servir son pays ; on n'est donc pas en droit de solliciter une récompense comme un *droit* : on n'y serait pas moins obligé, quand bien même on aurait la certitude de ne se retirer aucun fruit de son dévouement et des sacrifices qu'il pourrait entraîner. Il n'en est pas de même des rapports qui existent entre un particulier et un prince du sang, dont les intérêts ne sont pas toujours ceux de la patrie. L'un ne doit à l'autre que des hommages respectueux, dont la loi de l'État et l'usage prescrivent les formules ; du reste, toute abnégation est entièrement volontaire. Ce serait donc non-seulement une injustice du prince de ne pas accorder une récompense, mais même de ne pas la proportionner à l'étendue du service rendu. M. le duc d'Orléans le sentit en accordant la plus belle charge de sa maison à mon père. Celui-ci, en retour de tant de bontés, accrut extrêmement les revenus du prince en réduisant des créances usuraires, en cassant des baux onéreux et en mettant la plus stricte économie dans toutes les branches de l'administration qui lui était confiée, n'ayant à recevoir que cent mille francs, comme prince, dont il possédait l'entière confiance, recevant un traitement de cent mille francs, jouissant d'un magnifique hôtel vis-à-vis le Palais-Royal [2]. La position de mon père était magnifique. Il y renonça dès qu'il crut qu'il n'était pas de son devoir de la conserver.

Jamais le prince ne refusa les faveurs que mon père sollicitait pour les artistes et les savants maltraités par la fortune ; il obtint ainsi des pensions de huit cents francs, somme considérable alors, pour Marmontel, Monsigny, de Laplace, qui depuis fut nommé maître d'hôtel du prince, de Laplace, devenu comte et sénateur, et beaucoup d'autres. MM. de Laplace et Monsigny restèrent seuls reconnaissants.

Lorsque mon père fut nommé chancelier, madame de Montesson lui demanda de faire constituer, avec le titre de *douaire*, la pension qui lui était assurée par la maison d'Orléans. Son neveu lui fit observer qu'il lui était impossible de reconnaître ainsi pour le prince un mariage que le roi avait *permis*, mais non déclaré ; qu'elle toucherait toujours la même somme, mais *comme pension*. — « N'êtes-vous donc pas honoré, mon neveu, d'être celui de feu monseigneur ? » — « C'est précisément, ma chère tante, pour me rendre digne de ce titre, que je remplirai scrupuleusement tous les devoirs imposés par la charge qui m'a été confiée par son fils ; j'espère que vous ne douterez pas du regret que j'éprouve de vous désobliger. Ce que je fais est dicté par l'honneur ; essayer de me faire changer d'avis serait me fermer votre porte ; je ne voudrais plus m'exposer à une si pénible discussion. »

Voilà le principal motif de l'inimitié de madame de Montesson pour mon père ; son mariage froissa aussi son amour-propre et son ambition. Elle avait oublié celui si disproportionné qu'elle avait contracté avec un prince l'élevant jusqu'à lui, et elle trouva fort mau-

---

[1] L'une était assez jolie, me disait mon père ; c'était son portrait fort ressemblant, habillé en chiffonnier, et cherchant *des loques à terre* (locataires).

[2] Celui occupé aujourd'hui par M. Pape, facteur de pianos. C'est dans la splendide salon bâti par mon père pour recevoir les artistes, que je donnai mon premier concert le 13 avril 1831 !... triste et singulier revirement de la fortune.

---

[1] C'est lui qui fut chargé de bâtir la salle *provisoire* de l'Opéra. C'est celle de la Porte-Saint-Martin, qui dure depuis plus de quatre-vingts ans !

vais que mon père épousât une jeune fille sans naissance. C'est ainsi que se passent les choses en ce monde : on approuve dans son intérêt ce que l'on blâme dans les autres, quand ils se trouvent en opposition avec une volonté contraire.

Madame de Montesson pensa toujours que madame de Genlis avait été d'accord avec son frère, relativement au refus qui lui avait été fait de son douaire, qu'elle désirait vivement lui être constitué, comme reconnaissance de son mariage. Cette supposition était tout à fait fausse, m'a dit mon père. La délicatesse seule s'était opposée à satisfaire sa tante.

Mon père en mourant emporta les regrets des hommes d'opinions différentes ; ce n'est qu'à ce moment suprême que justice lui fut rendue.

L'esprit supérieur, mais dangereux de MM. de Laclos et Sieyès devait tout faire craindre lorsqu'ils maîtrisaient un prince dont la faiblesse était le plus grand défaut. Dès qu'il ne rompait pas avec cette dangereuse intimité, un ministre fidèle devait s'éloigner, pour ne pas être responsable des fautes qu'il prévoyait devoir être plus tard commises par son maître.

Mon père, ne partageant point les opinions de ces deux nouveaux conseillers, crut devoir représenter au prince dans quelle route dangereuse il était entraîné par eux ; il lui déclara que, si Son Altesse persistait à leur accorder sa confiance, il ne pouvait rester son chancelier, et qu'il donnait sa démission. Le prince la refusa, et donna six mois à mon père pour réfléchir. Un parti pris avec la conviction qu'il est dicté par la délicatesse ne saurait être changé. Mon père partit pour Londres, d'où il écrivit pour renouveler une démission qui cette fois fut acceptée. Elle fut donnée en 1787.

Le prince fit plus qu'on ne pouvait supposer pour un homme résistant à sa volonté ; et récompensa en souverain les services passés, en accordant une pension de retraite de *vingt mille francs*, dont dix reversibles sur la tête de mon frère. Mon père, pour éviter un procès avec le fils de celui qu'il avait servi avec tant de zèle, consentit en 1817, à de longues discussions et sur le conseil du duc d'Orléans (Louis-Philippe), à réduire cette pension à *six mille francs*, dont deux reversibles sur la tête de ma mère, et deux sur la mienne. Les arrérages subirent aussi une grande réduction, ils furent arrêtés à *soixante mille francs* au lieu de *cent mille écus*, les intérêts compris ; et une somme arriérée due à mon père. Cet argent fut employé à l'acquittement de ses dettes.

CHAPITRE X.

1805.

M. Roger de Beauvoir. — Son ouvrage le *Chevalier de Saint-Georges.* — Pension accordée par l'empereur à madame de Genlis. — Logement à l'arsenal. — La duchesse de Luynes. — La ferme des jeux. — Mesdames de la Ferté et de Gaville. — Grosseur monstrueuse du duc de Luynes. — Singulier testament. — M. et madame Mathieu de Montmorency. — Leur noble conduite.

La mort de madame de Montesson fut vivement sentie et laissa un grand vide dans la haute société, dont sa maison était le plus brillant rendez-vous. Je suis donc à me demander pourquoi plusieurs auteurs contemporains se sont acharnés à déchirer la mémoire d'une femme également regrettée des riches et des pauvres ; on pouvait citer d'elle, comme j'espère l'avoir prouvé, beaucoup de bonnes actions, et pas une mauvaise.

M. Roger de Beauvoir, dont j'admire le talent, s'est déclaré son ennemi et celui de toute ma famille, dont il donne une biographie peu exacte dans un roman très-amusant du reste, et fort bien écrit, qu'il a intitulé le *Chevalier de Saint-Georges.*

Je n'ai jamais vu M. de Beauvoir chez madame de Montesson, morte depuis trop longtemps, pour qu'il ait pu la connaître. Il n'allait pas chez madame de Genlis ; quels motifs assez puissants, n'étant pas personnels, peut-il donc avoir pour répéter les mensonges de chroniques erronées, écrits forcément sous l'influence de l'esprit de parti ? Il donne sans hésitation comme vraie une peinture entièrement fausse, du caractère d'une femme universellement aimée. Le souvenir que conservent d'elle ceux qui ont été à même de la connaître est trop honorable pour que sa mémoire ait à souffrir des calomnies écrites sur elle. Une phrase relative à mon père, dans ce même ouvrage du bel auteur, est offensante, et évidemment dictée par une malveillance que je ne m'explique pas. Si mon frère eût vécu, je suis persuadée que M. Roger de Beauvoir l'eût immédiatement rétractée en apprenant de lui que, dès 1787, M. le marquis Ducrest donna sa démission de la place de chancelier de la maison d'Orléans ; il renonça à *cent mille francs* d'appointements pour rester fidèle à ce qu'il croyait être le *devoir.*

C'est là un trait rare que je suis fière de citer ; il suffirait pour donner l'idée d'un caractère dont je parlerai plus longuement.

Il est fâcheux qu'un homme du talent de M. de Beauvoir suive l'exemple donné par des écrivains jaloux, ou faisant du scandale par spéculation : pour beaucoup d'entre eux une haute position est un titre d'exclusion, et l'idée d'une calomnie attaquant la noblesse est

quelquefois aussi le mobile qui dirige une plume trempée dans le fiel. Ce ne pouvait être celui de M. le comte Roger de Beauvoir. Quel est donc celui qui le fait s'attaquer aux morts ? Il ne devrait être permis d'altérer la vérité dans des écrits qui restent que pour l'embellir, et non pour prêter des torts graves et imaginaires aux êtres qui ne sont plus ! Dans les ouvrages prétendus historiques, c'est presque toujours le contraire qui arrive ; on y cherche à dissimuler le bien et à augmenter le mal. Un auteur, dont la plume est une arme, frappe des cadavres sans calculer qu'il ajoute aux justes regrets des familles par cette mauvaise action ; il vaudrait mieux à la rigueur n'être injuste que pour les vivants, qui du moins ont le moyen de faire cesser le mensonge.

Mesdames de Montesson et de Genlis restèrent des modèles de bon goût et de belles manières ; elles avaient ce qu'on appelait autrefois *grand air.* Cette phrase résumait ce qu'une femme comme il faut devait avoir de grâce sans afféterie, de distinction sans hauteur, de dignité sans impertinence. Chez mes tantes le ton de la bonne compagnie s'était conservé dans toute sa pureté ; on y était gai sans licence, les discussions n'y dégénéraient jamais en disputes, chacun faisait des frais pour plaire, mais sans vouloir écraser son voisin ; enfin on était aimable sans viser à l'esprit, bon moyen d'en avoir davantage. Si quelques jeunes gens admis dans ce sanctuaire d'exquise politesse s'en fussent éloignés, un regard étonné les avertissait de leur faute. M. de Beauvoir n'était pas né, très-heureusement pour lui, lorsque ces salons brillaient de tout leur éclat : ignorant comment les choses s'y passaient, il n'a fait qu'une charge sans ressemblance, au lieu d'une peinture fidèle. En lisant dans le *Chevalier de Saint-Georges* les conversations qu'il prête à de *vraies grandes dames*, il est aisé de voir qu'il n'a eu pour modèles que des femmes jouant la comédie, sans avoir pu étudier les types qu'elles représentaient. Il faut plaindre plutôt que blâmer M. de Beauvoir de son erreur ; il s'est trompé de porte.

L'empereur, excellent juge du mérite, apprécia celui de mes deux tantes, et ce jugement prévaudra sur celui des auteurs contemporains n'écrivant que par envie ou passion. J'ai déjà dit tout ce que fit Napoléon pour madame de Montesson ; voici ce qu'il accorda à madame de Genlis.

Sitôt sa rentrée en France en 1801, sachant qu'elle avait perdu toute sa fortune, elle reçut du premier consul une pension de *six mille francs* ; un fort bel appartement, dans le corps de logis de la bibliothèque de l'Arsenal, mis à sa disposition, avec permission de prendre tous les livres qui pourraient lui être utiles ou agréables ; sur un mot d'elle, les éditions les plus rares lui étaient prêtées. En retour de ces marques de bonté, Napoléon la pria de lui écrire tous les quinze jours sur *tous les sujets qui lui passeraient par la tête*.

Cette correspondance dura jusqu'en 1814 ; elle était fort régulière, et envoyée à l'empereur même en Russie. J'ignore ce qu'elle est devenue. Madame de Genlis profita de la latitude qui lui était laissée pour solliciter souvent pour les autres ; elle obtint plusieurs pensions pour des artistes peu heureux, des gens de lettres n'étant point encore connus. Elle risqua plusieurs conseils sur les encouragements à donner aux arts ; ils furent fréquemment écoutés. Une *bigote* n'eût pas réussi aussi près d'une femme comme l'empereur !

Aucun salon ne remplaça celui de madame de Montesson. La duchesse de Luynes recevait beaucoup de monde ; mais l'ancienne aristocratie était seule admise à ces réunions, dont tout le charme consistait dans le jeu. La conversation n'essayait pas d'y être agréable ; elle eût été à chaque instant interrompue par les mots : *rouge perd* et *noir gagne*, ou les exclamations des joueurs. Des croupiers de l'administration des jeux venaient y *tailler*. Deux ou trois jeunes femmes se groupaient autour de madame de Chevreuse ; mais les frères, les maris s'empressaient de se placer autour de l'énorme tapis vert couvert d'or. Les femmes s'ennuyaient, et bientôt ne se rendirent plus les jours de grande réception dans une maison où leurs charmes n'avaient aucune puissance, et où on pouvait se ruiner aussi vite que dans un tripot du Palais-Royal[1].

C'était pour amuser son colossal époux que madame de Luynes consentit à recevoir les banquiers du *trente et un*. D'une grosseur prodigieuse, il ne pouvait se remuer ; on le roulait devant la table échancrée à la place qu'il devait y occuper, et il y restait jusqu'à minuit, jouant des sommes fort minimes. Il était monstrueux, et donnait l'idée de ces ogres dont on fait peur aux petits enfants. Je lui fus présentée un soir de bal, et je fus si effrayée de cette inconcevable corpulence que je me sauvai dans l'antichambre, par un mouvement de terreur dont je ne fus pas maîtresse, et cependant j'avais quinze ans !

A sa mort, ses héritiers furent très-surpris en ouvrant son testament olographe, d'une singulière distraction du testateur : il l'avait

---

[1] La ferme des jeux appartenait alors au gouvernement. Elle payait cinquante louis pour aller ainsi dans de grandes maisons. La duchesse de Luynes laissait probablement cet argent à ses gens. Il n'en n'était pas de même de madame la comtesse de la Ferté, belle-mère du duc de Rivière, et de madame la marquise de Gaville, dont l'existence était assurée par ces dangereuses soirées. Des fils de famille, qui n'eussent point été dans une maison de jeu connue, se ruinaient à des bals donnés pour attirer, et perdaient même ce qu'ils n'avaient pas.

post-daté d'un an. Il y avait onze mois à courir pour arriver à celui où il dictait ses dernières volontés ; cette erreur rendait nulles toutes ses dispositions. Madame Mathieu de Montmorency sa fille, respectant les dernières volontés de son père, voulait que les choses restassent comme elles étaient ordonnées par lui. Son mari, toujours digne du nom qu'il illustrait encore, insista près de son beau-frère pour que rien ne fût changé. M. de Chevreuse, très-avantagé par ce testament, voulait l'annuler et partager intégralement, d'après les lois nouvelles, l'immense fortune que laissait le défunt. Après un débat honorable pour tous, les sollicitations pressantes de sa sœur l'emportèrent, et il finit par accepter.

Cet hommage si rare de la piété filiale mérite d'être rapporté ; dans un siècle où l'argent entraîne à tant de bassesses, il est doux d'avoir à consigner le contraire. C'est un titre de plus à l'estime que méritait M. Mathieu de Montmorency, enlevé d'une manière si imprévue aux malheureux qu'il savait découvrir pour les consoler, à une famille dont il était la gloire et l'amour, et à de nombreux amis qu'il ne refusa jamais d'obliger.

M. Mathieu de Montmorency est mort d'apoplexie foudroyante au moment où il venait de communier à Saint-Thomas-d'Aquin. Digne fin d'une si belle vie !

CHAPITRE XI.
1807-1808-1809.

Nous partons pour Genève. — M. de Barante, préfet. — M. de Saint-Priest, ancien ambassadeur à Constantinople. — Mesdames de Saint-Victor, Dax et de Calvière, ses filles. — Les frères Faucher. — MM. Pictet, Boissier, Schlegel, Benjamin Constant, Sismondi. — Ville haute et basse. — Préjugé à ce sujet. — Maison de Calvin. — Société *du dimanche*. — Madame de Staël. — M. Raoul Rochette. — Mesdames Necker, Boissier, Rilliet, Huber. — M. Lehoc, ambassadeur de Suède. — Sa tragédie de *Pyrrhus*. — Elle est défendue. — Talma. — Vers sur Genève par M. Lehoc. — Incendie de la ville de Sion. — Bienfaisance des Génevois. — Madame Deymar. — M. Maurice, maire de Genève. — Embellissements qui lui sont dus.

En 1807 la santé de mon père, extrêmement affaiblie depuis quelque temps par suite de longs et nombreux chagrins, lui fit ordonner par les médecins un voyage en Suisse. Des distractions, des habitudes paisibles, un air pur lui étaient commandés comme unique ressource contre l'espèce de *spleen* qui s'était emparé de lui. Il choisit Genève comme résidence. Devenue France, c'était encore la patrie ! Un exil rigoureux lui avait fait sentir davantage encore le bonheur de ne pas quitter son pays. Entendre parler sa langue dans les rues, c'était acquérir la preuve qu'on n'était pas étranger.

Quelques lettres de recommandation nous firent accueillir avec la plus grande bienveillance. Le préfet, M. le baron de Barante, fut particulièrement aimable. C'était un homme profondément instruit, sans avoir la prétention de le paraître, froid en apparence, mais très-bon ; ayant trouvé le moyen de se faire chérir dans une ville où tout ce qui était français inspirait généralement peu de sympathie. Les Génevois éclairés, fiers de leur indépendance, ne pouvaient se consoler de la voir ravir, et surtout d'être devenus les sujets du héros, qui leur enlevait chaque année leurs jeunes gens par la conscription, les gardes d'honneur, ou des brevets de sous-lieutenants, qui ne pouvaient être refusés sous peine de se voir conduits de brigade en brigade jusqu'à destination. L'élan des fils de famille les freinés, bercés de l'histoire miraculeuse des guerres précédentes, ne gagnait pas les paisibles habitants du bord du beau lac, reflétant le majestueux Mont-Blanc. Il semblait que l'atmosphère glacée de ce géant des Alpes s'étendît au point de geler ces fraîches imaginations. Elles restaient froides aux récits qui soulevaient d'enthousiasme les têtes parisiennes. Celles-ci brûlaient du désir de suivre les glorieuses bannières, se déployant dans toutes les capitales de l'Europe. Les Génevois n'ambitionnaient que de ne pas perdre de vue leur cher clocher de Saint-Pierre, qui, devenus membres de l'Empire, ils étaient régis par ses lois ; mais ils conservaient leurs anciennes idées républicaines, leurs habitudes patriarcales : ils étaient conquis, mais nullement soumis.

Sans la vénération qu'inspirait le préfet, il eût été, je crois, très-difficile d'éviter des troubles graves ; il sut, sans violence, sans sévérité trop grande, et par la persuasion de son caractère conciliant, faire exécuter avec exactitude toutes les lois, et ce qui était plus extraordinaire, les ordres de l'empereur, opposés en plusieurs circonstances à leurs sentiments.

M. de Barante ne craignit jamais de se compromettre en recevant chez lui les personnes qu'il savait n'être pas bien vues de son souverain, auquel il était cependant dévoué. Il fut l'ami le plus intime de madame de Staël exilée, et du comte de Saint-Priest, ancien ambassadeur à Constantinople avant la révolution. Celui-ci avait suivi Louis XVIII à Mittau ; devant une grande reconnaissance au gouvernement russe, il était resté près de l'empereur Alexandre avec ses trois fils : ses filles, élevées à Montpellier par madame Daxat, leur tante, étaient mariées à MM. de Calvière, de Saint-Victor et Dax.

Vieux et infirme, M. de Saint-Priest éprouva le désir bien naturel de revoir ses filles. Il sollicita la permission de se rendre près d'elles. Après de longues difficultés, il obtint de venir à Genève avec ses fils ; ses filles passaient alternativement quelques mois avec lui : il eût été impossible de choisir entre ces trois charmantes femmes, remarquables par l'agrément de leur figure, de leur esprit et par une conduite exemplaire.

Les malheureux frères Faucher, en disgrâce sous l'Empire comme sous la Restauration, trouvèrent aussi un protecteur bienveillant dans M. de Barante, toujours prêt à accorder son appui à ceux qui souffrent.

L'amitié de la charmante famille Boissier et l'obligeance du préfet nous firent recevoir avec empressement dans les meilleures maisons de la ville. La société était très-agréable à cette époque. Le méthodisme ne s'y était pas encore introduit ; on pouvait presque se croire à Paris lorsqu'on ne parlait pas politique, car alors on différait d'opinions. MM. Pictet, Boissier, professeurs à l'Académie, causaient littérature et sciences sans pédantisme ; M. Schlegel, dont l'érudition profonde se montrait trop, et dont le ton doctoral le rendait insupportable aux femmes, était aussi admis dans les cercles, ainsi que M. Benjamin Constant et Sismondi. Ils y gênaient quelquefois, parce qu'il fallait absolument les écouter, ce qui n'était pas toujours amusant. Nous n'avons jamais eu qu'à nous louer des Génevois, dont quelques usages différaient cependant des nôtres. Je crois devoir en parler, pour faire comprendre combien ils contribuent nécessairement à la pureté des mœurs, que les *révolutions* n'ont pu altérer, et dont aucune personne de bonne foi ne contestera la réalité.

Pendant trois ans, j'ai vu de près les différentes classes de la société. Notre titre d'étrangers nous permettait de n'opter pour aucune, et d'aller partout où nous nous plaisions. Nous jouissions des agréments de chacune, sans nous embarrasser des différences établies par les habitants de la ville.

Malgré leur républicanisme, les Génevois sont d'une fierté singulière ; les anciennes familles sont beaucoup plus pénétrées de leur prétendue noblesse que ne peuvent l'être celles de nos ducs et pairs ; ainsi, par exemple, *on ne peut* habiter la ville basse, consacrée au commerce, sous peine de ne voir aucune dame *du haut*. Les marchands sont relégués dans les rues voisines du lac et du Rhône, ainsi que tous les hôtels garnis ; les fonctionnaires, les banquiers et les gens dont la fortune est faite, s'empressent d'acquérir sur la place Saint-Pierre, ou dans ses alentours, une maison ou un appartement. Ce quartier, composé en général de rues étroites et noires, est éminemment triste.

Lorsque nous arrivâmes à Genève, ma mère, ignorant ces détails, loua un charmant logement sur la place du Molard, grande, aérée, peu éloignée du théâtre, et à deux pas des bords du Léman. Nous aimions le spectacle, et voulions être à même d'y aller souvent applaudir les œuvres de nos grands compositeurs. De nos fenêtres futures, on découvrait les rives fleuries du Léman, parsemées de charmantes habitations. Enchantée de sa trouvaille, ma mère s'empressa d'en détailler les avantages à madame Boissier, à laquelle, pour éviter l'ennui de recherches fatigantes, elle n'avait pas parlé de son envie de quitter l'hôtel des *Balances*, où nous étions chèrement et mal. Ma mère ajouta qu'elle était étonnée du bon marché d'un appartement aussi complet, remis entièrement à neuf.

Elle fut fort surprise de l'air glacial de madame Boissier, écoutant ses chaleureuses descriptions. Ne trouvez-vous pas que j'ai bien fait de me décider tout de suite, lui dit ma mère ? — Oh ! pour cela non. — Pourquoi ? ne serons-nous pas tous installés à merveille ? — Oui sans doute. — L'air n'est-il pas excellent, purifié par le courant rapide du Rhône qui baigne presque la maison ? — Si fait, la vue du lac est ravissante, d'accord ; mais cependant, ma chère amie, *vous ne pouvez pas demeurer là*. — Je n'en vois pas la raison. — La voici : Vous ne verriez personne chez vous, moi exceptée, *car vous seriez une dame du bas de la ville*. »

Il fallut bon gré mal gré chercher une autre habitation, et rompre l'engagement qui heureusement n'était pas définitif, car tout le monde nous disait la même chose. Nous voilà donc de nouveau en campagne pour trouver ce qu'il nous fallait, mais cette fois l'excellente madame Boissier était des nôtres, de peur de nous faire encore quelque sottise. Nous finîmes par découvrir dans une horrible petite rue sale et obscure, une laide maison bien noire, d'une construction très-ancienne, dont le mur était mitoyen avec celui des prisons. Notre amie, que nos vaines explorations commençaient à effrayer, prit un air radieux, en nous disant que c'était là ce qui nous convenait, puisque nous étions dans le *beau quartier* ; je n'étais pas du tout de cet avis. Nous parcourûmes les différentes pièces de ce *délicieux séjour* ; elles se communiquaient par de petites marches de hauteurs inégales, d'autant plus dangereuses que, les chambres étant peu claires, on risquait à tout moment de se casser le cou. Les papiers à grands ramages, de couleurs heurtées et passées, du plus mauvais goût, achevaient l'agrément de cet appartement si admiré de son propriétaire, homme respectable, qui ne fit bien de nous le montrer, en nous apprenant qu'il avait été occupé par Calvin. Comme nous n'en avions pu trouver d'autre, il fallut se résigner à le prendre.

Ma mère était désolée d'être obligée de faire ce sacrifice aux personnes de sa connaissance et n'avait pas l'air satisfait ; pour la consoler, on lui répétait à toute minute : « Vous êtes dans le *haut* et vous habitez la chambre de Calvin, si vénéré à Genève [1]. — Mon salon est affreux. — C'est celui où il prêchait ; — On ne voit pas clair en plein midi dans ma chambre ; — Il y écrivit tous ses ouvrages. — N'étant pas plafonnée, l'air vient du grenier qui se trouve au-dessus? — Vous ferez plus de feu. — Le bruit des prisons est insupportable ; les chants des malheureuses qui y sont enfermées, l'aboiement des chiens de garde, les jurements des geôliers, m'empêcheront de dormir ? — Ah bah ! Calvin y dormait bien ! »

Toutes les raisons étant combattues par des répliques semblables, il n'y eut pas moyen de nous dispenser de nous y établir. Il est vrai que les *dames du haut* n'hésitaient jamais à venir nous voir, ce qu'elles eussent fait si nous eussions eu la faiblesse de préférer l'air, le jour et la plus belle vue du monde au réduit où nous étions casées, par force majeure.

Ce préjugé est poussé si loin, que les jeunes personnes, qui sortent toujours seules lorsqu'elles vont se promener ou faire des visites à leurs amies, se font suivre d'une femme de chambre lorsqu'elles *descendent* faire des emplettes. On se conduit cependant aussi bien dans cette partie de la ville frappée d'anathème par la première classe, c'est-à-dire la riche, de la société ; les ménages y vivent dans la même union, et l'on n'y cite pas d'exemple de femme dont la conduite soit équivoque [2].

Nous voulûmes donner une soirée, et nous choisîmes un dimanche. Toutes les dames refusèrent, hors madame de Saint-Victor, fille de M. de Saint-Priest ; mademoiselle de Barante, et madame de Staël. Ma mère, étonnée et blessée de cette unanimité, qui lui paraissait désobligeante, en parla à madame de Staël. Elle répondit qu'il ne fallait pas se fâcher d'une chose toute naturelle, le dimanche étant toujours pris. Il ne faut donc jamais compter sur personne le soir, les dames de la ville ayant toutes leurs cercles appelés *sociétés du dimanche*. Une maladie ou un deuil peuvent seuls les empêcher de s'y rendre. Voici ce que sont ces cercles :

On réunit douze petites filles de quatre à cinq ans, qui se conviennent par les relations de leurs familles et leur fortune. Tous les dimanches elles passent les soirées ensemble, et n'admettent aucune étrangère à leurs réunions ; leurs sœurs même n'y viennent pas, ayant aussi leur société plus âgée ou plus enfant. Lorsqu'une des douze jeunes filles se marie, elle est censée pouvoir servir de chaperon aux onze autres ; elle invite alors les jeunes gens, ce qui s'appelle *ouvrir la société*. On ne s'amuse guère à ces soirées. Pour empêcher les inconvénients qui pourraient résulter de cette réunion des deux sexes, on évite tout ce qui pourrait exciter la gaieté. On place dans le salon un nombre de tables de jeu proportionné à celui des assistants, et les parties de whist s'établissent. A dix heures et demie, on apporte du thé et des meringues, chose de première nécessité pour les jeunes gastronomes du pays, et à onze heures chacun se retire, les demoiselles dans des chaises à porteurs, escortées par une femme de chambre portant un falot.

On recommence ainsi le dimanche suivant ; c'est une continuité non interrompue de soirées stéréotypées. On y danse extrêmement rarement, quelquefois pour les fiançailles d'une des demoiselles.

Il n'y a pas d'exemple qu'il soit résulté aucun abus de cette liberté laissée à des jeunes personnes confiées à la surveillance d'une compagne. Un homme qui se permettrait un mot inconvenant serait immédiatement banni de la société de Genève. Ils étudient ainsi les caractères de leurs futures compagnes par l'impression que lui fait éprouver une partie gagnée ou perdue ; on ne fait réellement sa cour qu'en mettant de la galanterie à laisser gagner l'objet de sa préférence. Un mariage est souvent la suite du whist. La passion du jeu n'est donc pas à Genève dangereuse comme à Paris, au contraire.

Jusqu'à la mort de l'une des amies, ces routs se continuent. On prend le deuil pour trois semaines lorsqu'on en perd une, et toutes les réunions sont alors suspendues pour un mois.

Cet engagement que l'on prend dès l'enfance de se voir sans cesse, auquel on ne manque jamais volontairement, a quelque chose de très-touchant, et doit offrir une grande douceur pour l'avenir de ceux qui le contractent. Ils sont sûrs de n'être jamais isolés, de vieillir ensemble, et, lorsqu'ils parviennent à un âge avancé, ils sont entourés au moins une fois par semaine de personnes ayant les mêmes goûts, les mêmes idées et les mêmes souvenirs. Ils peuvent se livrer, sans être taxés de rabâchage, au charme de se rappeler leurs belles années, de se reporter aux beaux jours, où tout était espoir et illusion ! Ils oublient pendant quelques heures leurs chagrins et leurs cruelles déceptions ; ils causent ensemble de leurs anciennes habitudes, sans risquer de voir de jeunes étourdis se moquer d'idées qu'ils ne comprennent point encore ! Revenir sur ce temps passé regretté de tous est un vrai plaisir : les femmes entendent vanter leurs visages, sur lesquels il ne reste que des rides inaperçues par des yeux devenus mauvais ; les hommes sont loués sur leur élégance, sur leur galanterie, devenues presque des traditions peu suivies ; enfin ces soirées passées avec ses pairs procurent ses dernières jouissances à l'amour-propre souvent froissé, lorsque l'on compare ce que l'on était et ce que l'on est devenu. La vieille grand'mère, après avoir bien joui la veille des succès de sa petite-fille chérie, n'est pas fâchée qu'on lui rappelle les siens le lendemain ; et le grand-père, entendant louer la manière dont son petit-fils danse la mazurka et la polka, est ravi de s'entendre dire qu'il avait bien meilleure grâce en dansant le menuet. Se reportant ainsi souvent à sa jeunesse, on est nécessairement plus indulgent pour les enfants qui vous remplacent. On gronde moins, et l'on obtient plus de confiance et de tendresse.

M. Raoul Rochette, dans ses *Lettres sur la Suisse*, a traité bien sévèrement les Génevois. Il y parle beaucoup de leurs défauts, qu'il exagère, et très-peu de leurs qualités, qui, je le crois, sont infiniment plus nombreuses et plus remarquables. L'auteur a fait depuis un nouveau voyage dans cette ville, jugée si défavorablement par lui, et il est, dit-on, revenu de sa première opinion. Il l'avoue avec toute la franchise que mettent les gens de mérite à reconnaître leurs torts ; il a dû voir par l'empressement qu'on mettait à le recevoir, aux égards qu'on lui témoignait, combien toutes les classes de la société savaient apprécier les hommes distingués. Ayant vu de près les Génevois justement estimés par leur instruction et leurs talents, ayant causé avec mesdames Necker, Boissier et Rilliet-Huber, il a pris des idées plus conformes à la vérité, et pense que là, comme à Paris, on peut trouver des savants aimables et des femmes spirituelles sans être *bas-bleues*.

Les Génevoises reçoivent une éducation plus forte que la nôtre, et s'occupent de choses scientifiques plus que d'arts ; ce qui se conçoit parfaitement, puisque, beaucoup moins livrées aux plaisirs du monde, elles ont plus de temps à consacrer à l'étude. Leurs pensées sont dirigées vers les choses sérieuses, beaucoup plus que sur les futilités de la mode. Voilà ce qui peut les faire taxer de pédanterie par ceux qui ne les voient qu'en passant ; ce n'est pas en huit jours qu'elles doivent être jugées. Si, comme moi, on avait eu le bonheur de pénétrer dans l'intérieur des familles, on partagerait mon admiration pour ces excellentes mères, ces irréprochables épouses, ne vivant que pour le bonheur de leur entourage.

La société étrangère se réunissait ou chez M. de Saint-Priest, ou chez madame de Staël. M. Lehoc, ancien ambassadeur de Suède sous le Directoire, se trouvait aussi à Genève chez sa fille, aimable personne que nous avions connue à Paris, et qui était femme du directeur des droits réunis.

M. Lehoc obtint, l'année d'avant, beaucoup de succès à la Comédie française. Sa tragédie de *Pyrrhus* fut applaudie avec enthousiasme. Talma y avait un beau rôle, qu'il jouait admirablement. Le sujet offrant quelques allusions qui déplurent à l'empereur, l'ouvrage fut défendu. Un vers fut cause de cette proscription : un usurpateur glorieux, auquel on proposait de rendre le trône au roi légitime, répondait :

Je pourrais en tomber, je n'en veux pas descendre.

Talma voulut plusieurs fois faire remettre cette pièce au répertoire ; il ne put y réussir. M. Lehoc découragé ne composa plus que des vers légers. Il en fit en quittant Genève qui, étant inédits et jolis, peuvent trouver place ici.

M. le duc de Bassano, son ami intime, essaya vainement de lui faire obtenir quelque poste important dans la diplomatie. Napoléon refusa, en lui accordant la seule pension de retraite à laquelle il avait droit. M. Lehoc avait été en Grèce comme secrétaire du duc de Choiseul, et avec l'abbé Delille. Rien n'était plus intéressant que ce qu'il racontait sur ce beau voyage.

ADIEUX A LA VILLE DE GENÈVE.

Il faut donc te quitter, ô respectable asile,
Où le cours de l'hiver m'a paru si tranquille,
Où j'ai pu vivre exempt des plaisirs de Paris,
Du travail, des devoirs, et surtout des soucis ;
Où de mes jours plus doux la compagne fidèle
Se crut mère [1], en voyant ma douleur paternelle,
Auprès du seul enfant que m'a laissé le sort,
Rappeler ses trois sœurs, et la bénir encor.
Genève, je te fuis ! et mon âme attendrie
Croit, en t'abandonnant, déserter sa patrie.
Oui, j'avais dans tes murs, avec sécurité,
De tes antiques droits senti la liberté ;
J'étais concitoyen de ce modeste empire,
Où régna la foi seule, où la vertu respire.
Je ne veux point ici supposer des regrets

---

[1] C'était en effet celle qu'il occupait, et à son état de dégradation, à l'incommodité de la distribution, à ses fenêtres à petits carreaux, il est permis de croire qu'elle n'avait point été changée depuis la mort du grand réformateur.

[2] Genève redevenue république a conservé les mêmes idées. Est-ce là de l'égalité ?

[1] M. Lehoc avait épousé en secondes noces une personne qui lui avait rendu de grands services dans le temps de la révolution.

Aux hommes, par leurs vœux, devenus des Français;
Mais combien je révère et chéris la sagesse
Qui tient lieu de la force en servant la faiblesse!
Par des voisins jaloux, pressés de toutes parts,
J'aime à voir leur orgueil respecter vos remparts :
Vous fûtes leurs amis, et non leurs tributaires.
Le temps consolidait vos titres séculaires.
Heureux si des rivaux d'eux-mêmes mécontents
N'avaient par leurs débats avili leurs talents;
Si, calme comme vous l'un et l'autre grand homme
Eût pu laisser Genève en dispute avec Rome.
Vous jouissiez en paix du spectacle pompeux
Que, pour élever l'âme et pour complaire aux yeux,
Avec profusion vous offre la nature.
Terrible en ses excès, riante en sa parure,
Sans doute elle a partout dispersé sa beauté,
Ici règne sa grâce, et là sa majesté;
Mais sur les bords chéris de la libre Helvétie,
A sa mâle grandeur son luxe s'associe.
Si le sombre Jura de son front caverneux
Voit jaillir d'un torrent les flots tumultueux,
Plus loin il en revoit l'eau pure et divisée
Rafraîchir l'herbe et l'air, dans sa plaine arrosée.
Ces vallons toujours verts, ces sinueux coteaux,
Admirés mille fois, mille fois sont nouveaux.
Que ne puis-je tracer des couleurs du génie
Ces bords qu'avec Saint-Preux dut habiter Julie;
La colline ombragée où s'élève en gradins
L'or brillant des moissons, la pourpre des raisins;
La route que sa courbe, heureusement docile,
Rend toujours admirable, et jamais difficile,
Qui s'attache à la rive, ô Léman fortuné !
Toi qui, du voyageur charmant l'œil étonné,
Dessine et reproduis dans ton onde bleuâtre
De tant d'objets divers le riche amphithéâtre,
Et de ton flot timide arroses les hameaux,
Les arbres, les jardins suspendus sur tes eaux.
De là j'ai contemplé cette immense structure
Du mont aérien qu'a su dompter Saussure;
De cet Alpe géant dont le front argenté,
Du soleil fugitif prolongeant la clarté,
Et bravant tous ses traits et leur chaleur stérile,
Maintient l'éternité de sa glace immobile.
O vous! par la tendresse ou par le sang unis,
Dans vos maisons des champs qu'il est doux d'être admis!
Un jardin vous sépare, un instant vous rassemble,
Non pour être envieux ou pour médire ensemble,
Le bonheur n'admet point ces tristes sentiments,
Et les cœurs satisfaits sont toujours indulgents.
Quand j'ai vu du Léman la terre hospitalière,
L'humide scorpion et le froid sagittaire,
Pour de plus longues nuits et des jours plus obscurs,
Déjà vous commandaient de rentrer dans vos murs.
La neige à gros flocons accourant des montagnes
Exhausse vos vallons, étend sur vos campagnes
Sa blancheur monotone, et rappelle à notre œil
Les pâles vêtements, le livide cercueil
D'une jeune beauté dans sa fleur moissonnée,
Sans époux, sans amant, au trépas condamnée.
De ce sublime deuil détournons nos regards.
La nature est sévère; ayons recours aux arts.
Pour secourir Thalie appelez Melpomène :
Que Corneille et Racine honorant votre scène,
Et reprenant leurs droits par le drame usurpés,
Retentissent encor dans vos cœurs détrompés;
De Grétry, de Méhul, dans une douce ivresse,
Admirez les accords, la lyre enchanteresse.
Si le soir, en famille, en cercle réunis,
Vous composez, par classe, un grand nombre d'amis,
De l'arbuste chinois la feuille bienfaisante
Pourra dorer plus tard sa liqueur odorante,
Et vous aurez du moins varié vos loisirs.
C'est en se racontant qu'on double ses plaisirs.
Dans vos bals sérieux, qui pourtant sont des fêtes,
Terpsichore à l'Amour offrirait ses conquêtes;
Mais sur vos airs anglais, en colonne rangés,
Je crois voir de Dolon deux tubes allongés;
Et frères et maris de la valse suspecte
S'emparent avec vous, afin qu'on le respecte.
Oui, dussé-je médire, en tournant sur vos pas,
Vous errez dans la foule, et vous ne dansez pas.
Des invitations ainsi la règle ordonne
De vous pousser trois cents pour ne blesser personne.
Sans doute un tel usage a dû me convenir;
Plus vous étiez nombreux, plus j'ai su l'applaudir,
Rien, pas même le bonheur, n'échappe à la censure,
Mes vers plus courageux vont repousser l'injure
Que prodigue l'envie à vos travaux heureux.
Le Génevois, dit-elle, actif, industrieux
Hardi spéculateur et commerçant habile,
Abuse du talent de rendre l'or utile;
Un peu plus qu'économe et profond dans son art,
Calcule l'espérance et chiffre le hasard;
Mais les fruits que le temps et le travail amène,
Toujours il les amasse et s'en prive avec peine;
De ce vice... Arrêtez! quel horrible métier
D'avouer la raison pour le calomnier!
Détracteurs insensés! montez vers cette ville
Où dans tous les états l'instruction fertile
Si souvent des génie alluma le flambeau,
Et, malgré ses erreurs, éternisa Rousseau;
Où le fils estimé d'un estimable père
Transmet à ses enfants l'honneur héréditaire,
Achète leurs talents par des biens superflus,
Et sait ennoblir l'or en créant des vertus.
Où vîtes-vous jamais l'auguste bienfaisance
De secours plus touchants entourer l'indigence?
Gloire à l'homme opulent qui, près des malheureux,
Avare pour lui-même, est prodigue envers eux!
Le besoin qui le presse est le seul qu'il consulte;
Les plaindre est un devoir, les servir est un culte.
Qu'importe qu'un rival, jaloux de vos efforts,
Vous dénigre? le pauvre a béni vos trésors!
L'âge, l'infirmité, la fièvre dévorante,
Consume le vieillard, menace une parente,
Ils sont plaints tous les jours, tous les jours caressés;
Une cour d'amis vrais, tour à tour empressés,
Religieusement à ce poste honorable,
Apportent de l'espoir le baume secourable :
Sur la mer en fureur ainsi les passagers,
En se les partageant, craignent moins les dangers.
Peut-être, redoutant l'influence étrangère,
Genève au voyageur offre un aspect sévère;
Ces vieux républicains, du vain luxe des rois
Ennemis par leurs mœurs, ennemis par leurs lois,
De soucis ombrageux n'ont pas perdu l'usage,
Et pensent qu'on acquiert peu d'amis en voyage.
O vous! sexe adoré, dont le plus simple accueil,
Au déclin de nos ans, flatte encor notre orgueil,
Montrez-leur par quel art, par quels pouvoirs suprêmes,
Vous savez doucement les subjuguer eux-mêmes;
Alors, ainsi que moi, les voyageurs surpris,
Arrivés étrangers, partiront amis.
Je vous invoque aussi, vénérable jeunesse,
Vous en qui la beauté dispute à la sagesse;
Dans l'abus des erreurs en d'autres lieux vieilli,
Souffrez que, parmi vous un instant accueilli,
J'entre dans ce salon sans mères, sans aïeules,
Beau de votre innocence et peuplé de vous seules.
Dans votre république on lira à l'unisson
Le cœur à l'amitié, l'esprit à la raison;
On chérit le modèle auquel on sert d'exemple.
Vesta plus d'une fois vit profaner son temple.
Vous choisissez bien mieux les amis, les parents,
Dignes de sanctuaire où brûle un pur encens.
Plus calme librement qu'on ne l'est par contrainte,
La fille est sans danger et la mère sans crainte,
Là le jeune homme, admis sur la foi de ses mœurs,
N'est qu'un frère à leurs yeux appelé par ses sœurs.
S'il inspire bientôt un sentiment plus tendre,
Il faut le mériter, et non pas le surprendre.
Chacun peut assortir ses penchants et ses goûts,
Et le bonheur de l'un est le garant de tous,
Mais j'épanche mon cœur, et le temps qui m'entraîne
Pour mes embrassements ne suffira qu'à peine.
Salut au magistrat qui, sage autant qu'heureux [1],
Gouverne avec son âme un peuple généreux;
Le protecteur des arts, qu'il cultive et qu'il aime,
Leur rend tous les honneurs, mérités pour lui-même...
Au guerrier [2], vrai Français qui, par goût, par devoir,
Aime l'ordre du jour et les plaisirs du soir.
Toi [3], chef des citoyens, dont l'aimable justice
Déplaça saint Antoine et consacra Maurice.
En inscrivant ton nom, on ne t'a pas flatté;

[1] M. de Barante, préfet du département.
[2] Le général Dupuch.
[3] M. Maurice, maire de Genève. La ville lui dut de grands embellissements, entre autres le déblaiement et la plantation d'une superbe place dominant le lac dans toute son étendue, jusqu'à plusieurs lieues. Cette place est devenue une délicieuse et fraîche promenade; elle a pris le nom de *jardin Maurice*, au lieu de celui de Saint-Antoine, qu'elle portait avant son heureux changement.

Les Génevois partageaient leur tendre vénération entre M. de Barante et M. Maurice, son compatriote. Tous deux, par la sagesse de leur administration, maintinrent le calme dans un pays regrettant son indépendance, qu'on ne pouvait supposer lui être si promptement rendue. En est-il plus heureux?...

Ces deux respectables magistrats ont tous deux été récompensés du bien qu'ils ont fait, par le bonheur d'avoir des enfants dignes d'eux. M. le baron de Barante, ancien pair de France, est fils du premier. Le second fut le père de M. Maurice, préfet aussi aimé que modeste et estimé.

Tout monument est beau quand il est mérité.
Recevez mon adieu, vous tous qui devez croire
Vos bontés et vos noms gravés dans ma mémoire.
Cet adieu, je le sens, il n'est point éternel,
J'en dépose en vos mains le serment solennel.
Oui, je vous reverrai, oui, je saurai peut-être
Préférer ces beaux lieux aux lieux qui m'ont vu naître.
Adieu, c'est dans la nuit que je dois vous quitter :
En revoyant Genève il faudrait y rester.

LEHOC.

Ces vers donnent une idée fort juste des mœurs genevoises et des usages de cette ville trop décriée souvent par des voyageurs s'y arrêtant à peine. M. Lehoc n'a pas omis même le seul défaut réel qu'on puisse reprocher peut-être à ce peuple industrieux : celui de tenir à l'argent ; il ne le prodigue pas, en effet, en frivolités de luxe, en fêtes brillantes ; mais qu'un malheur non mérité frappe un voisin, un concitoyen, une souscription ouverte est aussitôt remplie, sans que la publicité d'un journal inscrivant les noms. Ces hommes, si économes pour tout ce qui leur est personnel, se disputent l'honneur de secourir l'infortune.

La petite ville de Sion fut presque entièrement brûlée, il y a soixante ans ; la Suisse vint au secours des habitants, plongés dans une affreuse misère ; la ville de Genève fit à elle seule plus que toutes celles des autres cantons réunis.

Peu hospitaliers pour les étrangers, dont ils ont été souvent dupes, ils perdent leur défiance et leur froideur, si l'un d'eux est atteint de quelque chagrin. Loin de le fuir alors, les Genevois le recherchent avec empressement.

C'est ainsi que madame d'Aymar, femme du préfet, prédécesseur de M. de Barante, se vit entourée de toutes les dames de la ville les plus considérées lorsqu'elle perdit son mari, et qu'elle resta seule, n'ayant pas d'amis. Dans la saison des soirées, des concerts, des bals, ces dames se relayaient pour tenir compagnie à la veuve affligée ; elles sacrifiaient sans regret une partie agréable au plaisir de la consoler.

On pourrait multiplier les citations de traits semblables. Ils suffisent pour répondre aux détracteurs d'un peuple, au milieu duquel il faut vivre pour le bien apprécier. Il n'est peut-être pas si brillant ni si élégant que le nôtre, mais il ne le lui cède pas en vraie générosité et en nobles sentiments.

Nulle part je n'ai été aussi heureuse qu'à Genève. J'y ai reçu pendant trois ans de nombreuses preuves d'amitié. C'est pour moi une véritable contrariété d'en entendre dire du mal. Chercher à faire connaître les Genevois, est donc une dette de reconnaissance que j'acquitte. Dans ces années si vîte écoulées, depuis que j'ai quitté cette ville hospitalière, et j'éprouve un vif désir d'y retourner. Puissé-je, s'il est satisfait, ne rien trouver de changé !

CHAPITRE XII.
1808-1809.

Portrait de madame de Staël. — Branche de peuplier. — Papier roulé. — Portrait de madame de Genlis. — M. Toulotte. — Madame de Bonchamp. — Anecdotes sur elle. — Comte Arthur de Bouillé.

Voyant tous les jours madame de Staël, pendant les hivers que nous passâmes à Genève, nous fûmes à même d'apprécier l'excellence de son cœur, et d'admirer le génie si brillant qui l'a rendue l'égale de nos plus grands prosateurs.

Il est absurde, suivant moi, de vouloir toujours comparer son talent à celui de madame de Genlis, puisqu'ils sont entièrement différents, ainsi que le caractère de ces deux femmes, célèbres dans des genres opposés.

Madame de Staël, dans les conversations générales, cherchait à éblouir plutôt qu'à plaire. Rien n'était plus facile, son esprit se prêtant à tous les sujets avec une éloquence entraînante. Elle ne *causait* jamais ; improvisant des espèces de plaidoyers sur ses opinions et ses goûts. Elle était surtout remarquable quand il y avait beaucoup de monde autour d'elle. Pour être inspirée, elle avait besoin d'être écoutée par la foule groupée autour d'elle. Si par hasard, dans le mouvement oratoire, elle adressait une question, c'était avec une telle distraction, que l'on pouvait se dispenser de répondre, certain qu'elle n'écouterait pas la réponse. On était promptement subjugué, et entraîné à être de son avis, lorsque avant de l'avoir entendue on y était opposé. Tant qu'elle parlait, son éloquence faisait penser comme elle ; il fallait en être éloigné pour s'apercevoir en réfléchissant qu'elle avait soutenu des opinions contraires aux vôtres. Les impressions étaient mobiles, et variaient vite et souvent. Les objets lui apparaissaient successivement sous des points de vue différents, suivant ce qui se disait devant elle. Son essence était la controverse, et pour soutenir une thèse, elle soutenait avec vivacité ce qu'elle niait avec énergie une heure avant.

Elle avait quarante-cinq ans quand je l'ai connue, et elle conservait tous les goûts de la jeunesse et toute la coquetterie de toilette qui eût pu convenir à une très-jeune femme. Elle n'avait jamais pu avoir un visage agréable. Sa bouche et son nez étaient laids ; mais ses yeux superbes exprimaient à merveille tout ce qui se succédait dans cette tête si riche en pensées énergiques et élevées ; sa taille massive manquait de grâce et de régularité. Son teint fortement couperosé ; ses mains parfaites ; elle avait soin de les mettre toujours en évidence, par l'habitude de tourner continuellement dans ses doigts une branche de peuplier garnie de feuilles, ce qui occasionnait un petit bruit qui lui plaisait. Elle prétendait que c'était l'accompagnement obligé de ses paroles, et qu'elle deviendrait muette si on la privait de cette branche chérie. Elle la remplaçait en hiver par de petits morceaux de papier roulés. Lorsqu'elle arrivait dans une maison, on lui apportait plusieurs de ces espèces de joujoux ; elle choisissait celui qui devait lui servir toute la soirée ; ce papier devenait un sceptre sous lequel chacun s'inclinait. Cette puissance de la parole ne fut, je crois, possédée à ce degré que par elle.

Sa conduite fut, dit-on, plus que légère ; elle ne cherchait point à cacher ses sentiments passagers. Dès que son choix se fixait sur un homme, elle le défaisait en quelque sorte, et lui vouait un culte qu'elle cherchait à imposer, en amenant son entourage à la foi ardente qui ne quitta jamais son cœur, mais qui changea souvent d'idole.

Les auteurs de son temps ne la déchirèrent pas comme ils ont déchiré madame de Genlis, et cela s'explique aisément ; l'une vivait au milieu d'eux, et les eût écrasés d'un mot portant coup, s'ils eussent eu l'idée de l'offenser et qu'elle eût voulu se venger. L'autre vivait dans la retraite et ne savait rien de ce qui se déblatérait contre elle. Les hommes envieux des succès européens des deux rivales, répandirent à flots leur bile âcre et vénéneuse sur celle qui ne pouvait répondre : c'était se venger d'une supériorité qui les blessait, sans courir aucun risque. Madame de Genlis payait pour deux.

Madame de Staël était bonne, obligeante, incapable de rendre les mauvais procédés. Elle aimait ceux qui savaient la contrarier avec esprit, bien certaine de briller dans ces combats de conversation ; pour lui plaire, il ne fallait pas être toujours de son avis. Singulier moyen de réussir auprès d'une femme !

Madame de Staël voyait peu les Genevoises, dont la sévérité, parfois légèrement austère, s'arrangeait mal d'un caractère dont l'indépendance ne leur paraissait pas convenir à la supériorité qui les blessait, que doit être *la femme* ; mesdames Necker et Rilliet-Huber, ses cousines, toutes deux citées pour leur talent littéraire, étaient les seules compatriotes liées avec elle ; mais en revanche toutes les étrangères se faisaient un plaisir d'aller près d'elle s'assurer de la supériorité de leur sexe.

Elle aimait le monde, où elle brillait ; pas beaucoup la société des femmes, naturellement généralement ignorantes et trop occupées de *niaiseries* d'intérieur. Les devoirs intimes du ménage ne pouvaient en effet convenir à un esprit comme le sien, n'embrassant que les choses d'une haute portée. L'économie politique l'occupait beaucoup, celle de la mère de famille très-peu. Une fortune considérable la lui rendait inutile, et elle ne se disait pas que des femmes moins riches eussent été coupables de n'y pas penser. Les discours ordinaires des salons étaient évités par elle avec soin, et le mot *convenances* lui était insupportable, elle ne se soumettait à rien de ce qu'il commandait, et l'avait rayé de son dictionnaire, impatientée du sens étroit qu'on lui donne. Madame de Staël ne se trouvait tout à fait à l'aise qu'avec des hommes capables de discuter avec elle sur les sujets sérieux, étrangers à nos timides usages, et dans lesquels elle prévoyait un succès assuré. Plus le cercle était étendu, plus son génie s'exaltait. La célébrité lui était nécessaire ; elle a su l'obtenir par une tout autre route que la rivale que l'on veut à toute force lui opposer.

Madame de Genlis, loin de chercher à montrer sa prodigieuse instruction, savait se mettre à la portée de ceux avec lesquels elle causait, se repliant en quelque sorte sur elle-même pour ne pas faire sentir aux autres leur infériorité ; découvrant avec une étonnante promptitude quel sujet pouvait faire briller son interlocuteur, elle le saisissait avec empressement, et l'on sortait d'auprès d'elle enchanté de soi-même, persuadé qu'elle l'était de vous. Je lui ai entendu dire souvent qu'il y avait toujours à apprendre même avec l'homme le plus borné, parce qu'il y a toujours une chose qu'on sait bien, et que d'autres ignorent, que le tout était de la trouver pour en causer, et elle la trouvait facilement. C'est ainsi qu'elle a acquis des connaissances réelles sur ce qu'elle n'eût pas étudié. Le mot *aimable* semblait avoir été inventé pour peindre la conversation de madame de Genlis.

Douée d'une mémoire extraordinaire, ayant lu des milliers de volumes, dont elle n'avait rien oublié, ses citations étaient précises. Le grand monde, et la cour où elle passa sa jeunesse, lui laissèrent dans la tête une foule d'anecdotes qu'elle racontait mieux que personne, et sans la moindre prétention. Sévère, rigide, intolérante même dans ses écrits pour tout ce qui se rapportait à la religion ; elle était dans la société indulgente et bonne, ne s'informant pas de ce qui concernait son entourage ou sa famille ; elle n'adressait jamais une question sur la conduite d'autrui, et elle excusait ce qui pouvait être blâmé devant elle avec amertume ou dédain. Croyant difficilement au mal, je l'ai vue par cette raison bien accueillir des gens qui ne le méritaient pas. Il lui fallait des preuves pour ajouter foi à ce qui faisait tort aux personnes qu'elle aimait. Mieux que qui que ce soit elle savait jusqu'où peut s'étendre la calomnie. Ayant constamment écrit en faveur de la religion, qu'elle a toujours suivie, elle croyait devoir à sa conscience d'attaquer avec fermeté et persévérance dans ses ouvrages tout ce qui tendait à la renverser; mais, la plume quittée, il n'y avait plus de controverse; la causerie gaie et animée était celle qu'elle préférait comme un délassement de ses travaux. Pendant qu'elle recevait, madame de Genlis n'était pas cependant inactive, elle s'occupait à peindre, à faire des fleurs en cire, et à exercer ses doigts sur une petite harpe muette; elle ne souffrait pas que les jeunes filles fussent oisives devant elle, et leur trouvait des moyens d'occupation.

Cette horde était commandée par un homme portant un vieil uniforme de théâtre.

Les ennemis de madame de Genlis s'obstinent à dire qu'elle était *devenue* dévote. C'est une absurdité qu'il faut pourtant relever, car elle est si souvent répétée, qu'elle joint à sa fausseté le tort d'être monotone. Jolie comme un ange, pleine de talents, d'esprit, d'élégance, venant d'hériter d'une belle fortune, jouissant d'une place fort agréable auprès de Son Altesse sérénissime, madame la duchesse de Chartres, qui la comblait alors de bontés, elle se retira à trente ans dans le couvent de Belle-Chasse, pour élever les enfants de la princesse, les siens, mon frère et mademoiselle de Sercey, sa nièce; elle suivait toutes leurs leçons, ne sortait que fort rarement pour visiter sa famille ou conduire ses élèves aux représentations de nos chefs-d'œuvre. C'est dans cette retraite, où elle admettait peu de monde, que madame de Genlis traça le plan de plusieurs ouvrages, achevés depuis; les premiers furent vendus pour venir en aide au malheur; et les *Vœux téméraires*, publiés en émigration, lui permirent de soutenir pendant dix-huit mois l'existence de mademoiselle d'Orléans et la sienne, ne recevant toutes deux aucun argent de France. Jamais elle ne refusa de rendre un service. Cette obligeance naturelle de caractère rend inexplicable l'animosité qui la poursuit dans les journaux, les brochures du jour, et même quelques ouvrages destinés à survivre aux circonstances par les détails qu'ils donnent sur notre histoire.

Ne doit-on pas s'étonner, par exemple, de voir M. Toulotte, homme de sens, juge intègre, s'enfermer pendant plusieurs mois, dans son cabinet, pour critiquer dans de gros volumes *tous* les ouvrages de madame de Genlis? Puisqu'ils sont si mauvais, pourquoi prendre la peine de s'en occuper? L'oubli en ferait mieux justice que ses longues et malveillantes observations, et d'éternelles dissertations pour prouver qu'ils n'ont aucun mérite. M. Toulotte aurait évité, en se taisant, de fixer l'attention sur des choses médiocres, et il n'aurait pas à se reprocher d'avoir attaqué, sans aucun égard, un auteur que sa qualité de femme septuagénaire devait l'engager à traiter avec plus de mesure et d'indulgence.

Les amis de madame de Genlis peuvent s'affliger de cette animosité; elle cesserait probablement si on savait qu'elle l'ignore. La personne ainsi poursuivie ne peut souffrir des coups qu'on cherche à lui porter, puisqu'elle ne lit plus les journaux, et qu'elle ferme un livre dès qu'elle y aperçoit son nom. Elle finira donc sa longue carrière, qu'on ne trouble pas, sans savoir ce que l'envie aura tenté pour ternir sa juste et brillante réputation. Elle persistera peut-être même à croire qu'un grand nombre d'éditions et de traductions dans toutes les langues sont une preuve de succès, tandis que M. Toulotte n'y verra que la preuve de la décadence du goût. Il assure que madame de Genlis s'est appelée *Saint-Aubin* jusqu'à son mariage, il se trompe : chanoinesse à quatre ans, elle a constamment porté le nom de *comtesse de Lancy*, et ne l'a changé qu'en prenant celui de son mari, qu'elle épousa, non *secrètement* comme l'affirme ce malencontreux M. Toulotte, mais fort ostensiblement.

Madame de Genlis avait le tort de se laisser aisément prévenir et maîtriser par des personnes pour lesquelles elle devenait ensuite indifférente; mais quel portrait peut être sans défaut? Celui-ci est si léger que je n'en parle que parce que je veux être impartiale.

Comparer madame de Staël à madame de Genlis est, je le répète, impossible. La première avait dans ses ouvrages toute l'énergie, la philosophie d'un homme; la seconde, la grâce et la sensibilité naturelles chez la femme. Madame de Staël n'aimait qu'un cercle nombreux et tous les plaisirs du monde où elle trouvait l'admiration qui lui était due; madame de Genlis vivait dans la solitude où à la campagne. La première ne possédait aucun talent agréable, et dédaignait tout travail d'adresse; la seconde fut une grande musicienne pour son époque, et excellait dans tous les petits ouvrages manuels. Jouissons donc des productions de ces deux femmes illustres, sans chercher un rapprochement nuisible à nos plaisirs, en nous faisant chercher leurs défauts pour une préférence qui ne peut s'établir.

C'est madame de Staël qui nous prêtait à Genève les ouvrages de ma tante dès qu'ils paraissaient à Paris. Elle rendait pleine justice au style pur et élégant de madame de Genlis, et ne critiqua jamais devant nous ce qu'elle blâmait dans les écrits d'une femme qu'elle savait hostile aux principes développés dans *Delphine* et *Corinne*, principes d'autant plus dangereux peut-être qu'ils étaient présentés de la manière la plus séduisante.

Madame de Staël me combla de marques de bienveillance, précisément, je crois, parce que j'étais nièce de celle qu'on lui représentait comme son ennemie. Elle eut d'autant plus de mérite à me bien traiter qu'elle me trouvait *sotte comme un panier*; ce fut son expression qu'obligeamment on vint me répéter. Cette opinion peu favorable était justifiée par le mutisme et l'embarras que j'éprouvais près d'elle. Son regard perçant me fascinait, en quelque sorte, au point de ne me faire répondre que par de rares monosyllabes aux plus simples questions adressées par elle. J'ai toute ma vie été stupide devant les personnes auxquelles j'eusse désiré de me bien paraître; j'ai eu beau me raisonner, je ne suis pas parvenue à me corriger.

Madame de Staël me prêta la vie de madame de Bonchamp, écrite par ma tante, à condition que le prix de la vente serait distribué à de pauvres familles vendéennes.

J'avais beaucoup connu l'héroïne à Paris. Sa conduite fut admirable pendant toute la guerre de la Vendée. Madame de Bonchamp était petite, brune, et n'avait pas dû être jolie; mais sa physionomie piquante pouvait lui tenir lieu de beauté. Je la vis, la première fois que je me trouvai près d'elle, avec un enthousiasme qui se conçoit aisément, puisqu'il était général! Comment regarder froidement une femme qui suivit son mari au milieu des plus grands dangers, de batailles continuelles, et qui avait été cachée dans un tronc d'arbre pendant trente-six heures avec ses enfants, atteints de la petite-vérole, dont un avait été tenu mort dans ses bras toute une journée, obligée de contraindre ses sanglots, de peur de trahir sa présence!...

Ces événements, racontés par un étranger, touchaient au dernier point; mais on s'impatientait de les entendre de la bouche de madame de Bonchamp. Quand elle prenait la parole, tout était refroidi : elle racontait *ses campagnes* avec toute l'énergie d'un vieux grenadier, aimant à se reporter aux affaires glorieuses auxquelles il doit ses chevrons. Elle avait l'air gai et satisfait en se rappelant les coups de sabre distribués *aux bleus*; en un mot, elle me paraissait trop masculine dans ses récits.

Ce n'est pas ainsi que madame de la Rochejaquelein peint ses malheurs dans ses mémoires; ses craintes, en s'exposant aux plus grands périls pour ne pas quitter son mari, sont aussi touchantes que naturelles, et ajoutent un intérêt de plus à celui de sa position. Madame de Genlis a fort adouci le ton soldatesque de madame de Bonchamp, et elle a bien fait.

Madame de Bonchamp nous conta un jour que se trouvant dans une réunion de dames vendéennes à Beaupréau, pendant une trêve qui dura peu, une d'elles lui demanda si elle avait un éventail, la chaleur étant étouffante, qu'elle avait oublié le sien. « Oh! moi, madame, j'en ai toujours deux avec moi, ne marchant jamais sans eux; les voilà! » En prononçant ces mots, elle tira de ses poches deux pistolets qu'elle présenta à la dame, qui, effrayée, ajouta-t-elle en riant, faillit tomber à la renverse.

L'empereur, apprenant que madame de Bonchamp était sans aucune fortune, lui accorda une pension de six mille francs [1], et promit de marier sa fille. Elle a depuis épousé le comte Arthur de Bouillé ; son petit-fils a composé de charmantes romances.

Pour ne plus revenir sur ce qui a rapport à ma tante, je vais passer sans transition par-dessus cinq ans pour raconter les dernières années de sa vie, comme je parlerai de celles de madame de Staël sans ordre chronologique.

Il lui prit la main, elle était glacée.

CHAPITRE XIII.
1830.

Révolution de 1830. — Attaque simulée de la barrière de Clichy. — On la brûle. — Découverte de liqueurs. — La garde nationale s'arme spontanément. — Madame de Genlis. — Duc d'Orléans. — Opinion de sa gouvernante sur lui ; — Sa manière de lui écrire. — Maladie de madame de Genlis. — Les comtesses Gérard et Anquetil. — Présence d'esprit de ma tante. — Elle reçoit les sacrements. — Son rétablissement. — Son dernier ouvrage. — Il est perdu. — Mesdames de Laigle et de Caumont. — Mort de madame de Genlis. — Le docteur Canuet. — Casimir Baecker — Pension de *cinq mille francs*. — M. Lemaire. — Enterrement de madame de Genlis. — Son testament. — Legs qui m'est fait. — Je ne l'ai pas reçu.

En 1830, j'habitais la rue de Clichy. Je n'oublierai jamais l'effroi que me causèrent les cris de six ou sept cents individus déguenillés, couverts de sanglants haillons et des nobles dépouilles arrachées à la brave garde royale, s'étant fait massacrer dans les rues de Paris pour la défense de leur roi. Cette horde était commandée par un homme portant un vieil uniforme de théâtre ; elle se dirigeait vers la barrière. On lui avait dit qu'elle serait attaquée par de nouvelles troupes royales, et ces *héros* allaient la protéger : ils étaient à moitié gris. Craignant sans doute les excès auxquels ils pourraient se porter, un ordre sage avait inventé cette prétendue attaque, et leur prescrivait de rester à ce *poste dangereux*. L'autorité provisoire savait très-bien que cette barrière n'était nullement menacée ; mais c'était un moyen de retenir pendant toute une nuit cette bande indisciplinée, composée du rebut de la population parisienne ; la garde nationale, qui avait maladroitement été dissoute en 1827 par Charles X, n'était pas orga-

[1] Disant que la France ne devait pas abandonner la veuve du général ayant sauvé de la mort cinq cents soldats français, dont il demanda la grâce en mourant. Blessé à mort dans un combat, lorsqu'il se battait contre les républicains, ses dernières paroles furent pour l'élargissement des prisonniers qui avaient été faits par ses troupes, et qui devaient être fusillés !...

nisée, et on avait tout à craindre de ces hommes n'obéissant que par l'espoir de massacrer les *ennemis du peuple*, ces *gueux de riches*, qui voulaient tout accaparer.

Pendant quelques heures, cette populace armée se tint assez tranquille, faisant des marches et des contremarches sur les boulevards neufs ; mais comme on se lasse même d'être sur ses jambes, hurlant faux la *Marseillaise*, elle prit, pour se divertir, le parti de brûler comme passe-temps le bureau de l'octroi, aux cris mille fois répétés : *A bas les droits réunis* ; et probablement pour anéantir les preuves de la tyrannie, les chefs crurent prudent de faire une visite dans la cave. Cette descente amena la découverte de cinq cents bouteilles d'eau-de-vie saisies, et, toujours pour faire quelque chose, la troupe se mit à boire, et acheva ainsi ce qui était si bien commencé : elle fut complétement ivre. Alors elle s'amusa à abattre les arbres, alluma un immense feu de joie, et se mit à danser autour, les uns hurlant des chants patriotiques, d'autres des chansons obscènes. Je voyais cette saturnale de ma fenêtre. Rien n'était plus terrible que cette danse folle, ayant pour accompagnement d'incessants coups de fusil tirés par des Français sur des Français, et le bourdon de Notre-Dame sonnant le tocsin, véritable glas pour les victimes de ces trois sanglantes journées.

Excédés de fatigue, ces misérables tombèrent les uns après les autres près du foyer s'éteignant faute d'aliment, et finirent par s'endormir. A dix heures du soir, tout était tranquille de ce côté ; le bruit continuait dans l'intérieur de Paris, et le tocsin sonnait toujours !

Le lendemain, au point du jour, les glorieux vainqueurs se réveillèrent *gros Jean comme devant*, leur importance était finie. La garde nationale, avec un admirable élan, s'était armée d'elle-même tant bien que mal, et se réunissait aux différentes mairies. Avec un dévouement auquel on a certainement dû d'éviter le pillage de Paris, elle se rendit maîtresse du mouvement. Les honnêtes gens respirèrent !

Sœur Ursule.

Ma tante, madame de Genlis, vivait encore. Elle était fort âgée, et occupait un appartement chez madame Afforty, maîtresse de pension rue du Faubourg-du-Roule. On se battait le 28 avec acharnement aux écuries du roi, situées vis-à-vis de sa maison. J'eus peur que cette horrible scène n'effrayât ma pauvre tante, et dominant ma poltronnerie ordinaire, je me décidai à me rendre près d'elle pour lui offrir de venir habiter chez moi une petite chambre où elle serait tranquille et indépendante.

Après avoir surmonté, non sans de grandes frayeurs, de nombreux obstacles, j'arrivai chez elle. Je la trouvai comme de coutume auprès de sa table à écrire ; elle était fort pâle, mais calme. Je lui fis part de mon désir de l'emmener, et lui dis qu'en prenant par les champs, chemin le plus long, nous éviterions les barricades et les groupes d'émeutiers, et arriverions sans danger rue de Clichy.

Sachant combien je suis peu brave, elle fut fort touchée que, pour arriver plus vite, j'eusse affronté le tumulte ; elle me remercia avec effusion, mais ne voulut pas quitter sa maison.

» J'ai peur et je frémis à chaque coup de fusil, me dit-elle ; mais, à mon âge, on se déplace difficilement ; je reste donc, chère enfant, et prie Dieu du fond de l'âme de me rappeler à lui, si je dois voir se renouveler les horreurs de la première révolution.

— Nous n'avons pas cela à craindre, chère tante. Les troupes sont maîtresses du mouvement Le général Gérard les commande, et on assure que, pour tout pacifier, M. le duc d'Orléans sera d'abord nommé lieutenant-général du royaume, puis peut-être roi.

— Dieu le préserve d'accepter, s'écria vivement ma tante ; il est trop *faible* pour se maintenir sur le trône. Je le lui ai écrit il y a bien des années ; et mon opinion sur lui est la même qu'alors. Il a toutes les vertus d'un bon père de famille, mais aucune des qualités nécessaires à un chef de parti. *Point d'ambition*, et nulle fermeté dans le caractère. Il serait renversé par ceux se servant de lui comme d'un *moyen* ; d'ailleurs, il apprécie trop les douceurs de la vie privée pour vouloir de la couronne. Il refusera. »

Cette conversation me frappa tellement, que je viens de la rendre presque mot pour mot.

Madame de Genlis, qui avait élevé M. le duc d'Orléans, se trompa comme beaucoup de gens sur les sentiments du prince ; elle était, comme tant d'autres, très-loin d'imaginer qu'il eût l'esprit et l'énergie indispensables pour arrêter le torrent d'un peuple sans frein. Les hommes qui espéraient ne trouver en lui qu'un *mannequin*, derrière lequel ils gouverneraient, ont été cruellement punis de leurs complots pour renverser la dynastie des Bourbons.

Grâce à cette déception, la France a évité l'anarchie qui eût été la suite inévitable des intérêts privés de ces ambitieux.

Lorsque, après le 9 août, je rappelai cette conversation à ma tante, elle me répondit qu'elle persistait à s'affliger de ce que le roi eût accepté.

« Il s'en repentira vite, ajouta-t-elle en soupirant ; heureusement je ne serai pas témoin de ses regrets. Je serai morte. »

Elle écrivait souvent au roi, et commençait ses lettres d'une manière qui paraît pleine de convenance et de bon goût.

Sire, mon cher enfant, en vedette, alliait le respect d'une sujette à l'affection de l'ancienne gouvernante. Elle sollicita tant de grâces pour une foule d'indifférents qui vinrent la persécuter pendant les deux premiers mois, que *son élève* ne les lui accorda pas. Continuellement obsédée par une foule de solliciteurs, qui, comme de raison, lui contaient les plus touchantes histoires sur leur position, elle fit de nombreuses demandes à Louis-Philippe. Madame de Genlis aimait à obliger, et ne refusait jamais d'appuyer une requête, persuadée qu'elle était toujours juste. Ma mère et moi ne voulûmes pas être au nombre des importuns ; aussi elle *oublia* de parler de nous, quoique nous aimant beaucoup, disait-elle souvent.

Il m'est permis de croire que, si nous eussions été moins discrètes, je ne serais pas aujourd'hui obligée de suivre une pénible carrière. Madame de Genlis avait un excellent cœur, mais une telle mobilité dans les idées, qu'il fallait lui faire faire de suite ce qu'on exigeait d'elle, sinon elle n'y pensait plus.

En 1829, madame de Genlis fut extrêmement malade d'une fièvre cérébrale ; et dès le premier jour, elle connut son danger. Elle voulut écrire à M. le duc d'Orléans pour lui recommander Casimir et dire quelques mots de moi, car je j'étais alors près de son lit. Elle essaya plusieurs fois ; mais elle ne pouvait tenir la plume ni même dicter. Ses idées se brouillaient. Dès qu'elle fixait son attention sur un sujet quelconque, elle s'assoupissait immédiatement.

Le soir du troisième jour, cette somnolence fut tellement forte que nous crûmes qu'elle avait totalement perdu connaissance. Je le dis tout bas à madame la comtesse Anquetil, une de ses amies, qui la soignait comme la garde la plus assidue. Le médecin fut d'avis, en cas que le sommeil se prolongeât, de lui administrer un remède de décoction de tabac.

Pour la fatiguer moins, nous voulûmes essayer de le lui donner avec un *instrument nouveau* ; nous nous y prîmes apparemment si mal, que son lit fut inondé. Je ne sais si ce bain involontaire la réveilla, mais elle ouvrit les yeux aussitôt, et nous dit en souriant : Foin des nouvelles découvertes, mesdames, j'aime mieux l'ancien système. Ce fut là toute sa gronderie de notre maladresse, et nous ne pûmes nous empêcher de rire de ce que notre malade venait de dire.

La comtesse Gérard, sa petite fille, passait une nuit sur deux, alternant ainsi ses soins avec ceux de madame d'Anquetil et les miens. Madame de Valence, sa fille, était alors fort souffrante, mais elle passait toutes ses journées chez sa mère. Casimir y était sans cesse, et M. Payen, jeune médecin interne de l'hospice Beaujon, venait plusieurs fois par jour, afin de surveiller l'application des ordonnances du docteur Canuel fils.

Nous trouvâmes un soir que ma tante était mal couchée ; nous voulûmes rester un peu son lit ; et pour moins tourmenter la malade, nous priâmes tout bas M. Payen de l'enlever doucement dans ses bras, pendant que nous glisserions une alaise. Il fit ce qu'on lui demandait. Quel ne fut pas notre étonnement lorsque madame de Genlis, secouant sa torpeur, lui cria brusquement : « Qu'est-ce que vous faites donc, monsieur ? vous m'enlevez à présent ? Je ne l'ai jamais

été, et ne pense point qu'il faille que cela m'arrive à quatre-vingt-quatre ans ; voulez-vous bien me recoucher tout de suite ? »

Une autre fois elle m'entendit dire avec chagrin à Casimir que je la croyais complètement absorbée, que certainement elle n'avait aucune connaissance, et que probablement elle ne sentait plus même de douleurs puisqu'elle ne se plaignait pas. « Oui-dà ! s'écria-t-elle, eh bien ! pince-moi, et tu verras si je ne te le rends pas. » La voulus la questionner sur ce qu'elle éprouvait, elle m'imposa silence en disant : « Contente-toi de savoir que si c'est comme cela que l'on s'en va, c'est bien doux. Maintenant tais-toi. *Tu me distrais*[1]. » Elle retomba dans cet apparent assoupissement qui nous désolait.

La fièvre devint si forte le neuvième jour, qu'elle demanda à recevoir ses sacrements. Elle voulut que toute sa famille assistât à cette solennelle et triste cérémonie. Mesdames de Valence, Gérard, mesdemoiselles de Celles[2], ma mère, ma fille et moi fondions en larmes. Elle seule était calme ; et avec une onction pleine de consolation, elle nous adressa quelques mots de consolation ; puis elle nous donna sa bénédiction, et elle ajouta : « Écrivez à mes enfants absents que je les comprends dans les vœux que je forme pour vous. » Cette phrase concernait M. de Celles, qui avait épousé sa petite-fille, et Anatole de la Wœstine son petit-fils. Tous deux étaient à Bruxelles.

Elle reçut ses sacrements avec une piété exempte de toute exagération. Le lendemain, contre toute attente, elle fut mieux, et, deux jours après, hors de tout danger. Sa convalescence fut courte, et au bout d'un mois, elle avait repris sa vie ordinaire. Il lui resta seulement toujours un peu d'assoupissement après ses repas. Son médecin voulait lui poser quelques sangsues aux genoux ; elle n'y consentit pas.

Sa santé était redevenue bonne, son humeur gaie ; elle retravaillait ; nous ne la pressâmes donc pas de se soumettre à ce remède, pour lequel elle éprouvait un grand éloignement.

A quatre-vingt-quatre ans elle n'avait aucune infirmité, ne se servait pas de lunettes ; sa mémoire était parfaite, son ouïe excellente ; elle faisait quelques petits exercices de gymnastique tous les jours, jouait du piano et de la harpe, et elle composait un roman historique, intitulé je crois : *Lettres d'une jeune princesse*, elle m'en a lu quelques fragments, qui me parurent charmants. C'était l'histoire de madame la princesse Louise, fille de Louis XV. Cette œuvre était fini lorsqu'elle mourut. J'ignore ce qu'est devenu le manuscrit. Il eût été digne des meilleures productions de ma tante. Comme toujours elle disait que c'était ce qu'elle avait écrit de mieux. Dès qu'une de ses œuvres était terminée et vendue, elle ne s'en occupait plus, ne songeant qu'à celle qui était commencée immédiatement après la vente de la précédente.

Je suis persuadée que ma tante n'a jamais lu un seul de ses ouvrages imprimés. Dès qu'il sortait de son cabinet, il lui devenait complètement indifférent.

Son régime sévère était une cause de la sécurité que nous éprouvions pour la prolongation de sa vie. Du bouillon de poulet très-léger, des légumes cuits à l'eau sans sel, des fruits et particulièrement une énorme quantité de fraises, du miel, de l'orgeat, formaient sa nourriture ; elle ne buvait jamais de vin, et depuis soixante ans n'avait pris ni café ni liqueurs[3]. Tout nous faisait donc espérer de la conserver encore quelques années, lorsqu'une apoplexie foudroyante vint nous l'enlever le 31 décembre 1830.

Sa femme de chambre était entrée chez elle à huit heures du matin comme à l'ordinaire, madame de Genlis lui demanda un verre d'eau sucrée, en lui disant de le poser près d'elle, puis de la laisser dormir jusqu'à dix heures.

A neuf heures son médecin vint pour lui souhaiter la bonne année. La femme de chambre hésitait à le laisser entrer avant l'heure convenue pour le réveil de sa maîtresse ; mais le docteur insista en disant qu'il ne pourrait la voir le lendemain, étant obligé, en qualité d'officier de la garde nationale, à de nombreuses visites de corps, et qu'il voulait absolument lui offrir ses vœux.

Il entra donc et fut frappé de la voir dormir encore malgré le bruit qu'on fit en ouvrant les volets, et de la trouver extrêmement jaune. Il s'approcha, lui parla sans obtenir de réponse ; il lui prit la main, elle était glacée. Effrayé, il chercha le pouls, il tâta la région du cœur. Aucun battement, madame de Genlis était morte !... Ses traits n'étaient pas altérés, elle tenait sur sa bouche son mouchoir, comme une personne qui s'essuie les lèvres après avoir bu. Le verre, placé près d'elle, était vide.

Le docteur essaya de la saigner ; il lui mit de l'alcali dans la bouche ; tout fut inutile !

---

[1] Lorsque je lui demandai, après qu'elle fut remise, de quoi elle ne voulait pas *être distraite*. « C'est, me répondit-elle, que je croyais mourir ; je guettais » quelle impression on éprouve quand l'âme s'envole, et j'avais peur qu'elle ne » partît pendant que tu me parlais. »

[2] Aujourd'hui mesdames de Laigle et de Caumont.

[3] Mon père, qui a vécu jusqu'à soixante-dix-sept ans, et que nous n'avons perdu que par suite d'une imprudence, suivait un régime entièrement opposé à celui de sa sœur. Il vivait de viandes épicées, de café à l'eau très-fort, et ne buvait que du vin pur.

Elle s'est éteinte le 31 décembre 1830, à l'âge de près de quatre-vingt-cinq ans, puisqu'elle était née le 25 janvier 1746. Elle n'eut aucune souffrance ; sa vie fut la plus remplie que je connaisse : elle n'était jamais une minute oisive, et ne voulait pas que devant elle une femme fût inactive, prétendant que celles qui ont l'habitude du travail ont plus de courage pour supporter les chagrins qui les attendent.

Elle donnait beaucoup aux pauvres, ne gardant pas même pour elle les choses précieuses qui lui étaient envoyées de toutes les parties de l'Europe par les personnages les plus éminents. Elle est morte sans fortune, sans bijoux, et n'ayant pas même de mobilier à elle [1].

Cette générosité peut-être excessive aurait dû désarmer après sa mort les critiques qui la poursuivent encore, et qui n'empêcheront pas sa réputation littéraire de survivre à ces libelles.

M. le duc d'Orléans et sa sœur venaient souvent la voir en 1829, pendant la maladie dont j'ai parlé. Lorsque, devenu roi, il apprit la mort de sa gouvernante, il déclara que si elle avait fait un testament, dont les clauses le concernaient, il remplirait ses dernières volontés ; ce qu'il fit en effet en accordant une pension de cinq mille francs à Casimir Baeker, et une de deux mille francs, à un autre orphelin recueilli par elle, et qui cette fois ne lui fut pas donné comme fils. Il avait dix-sept ans.

Louis-Philippe se chargea de plus, m'a-t-on dit, des frais relatifs aux obsèques. Elles furent magnifiques, et eurent lieu à Saint-Philippe du Roule. L'église, entièrement tendue de noir, resplendissait de lumières ; un catafalque très-élevé, entouré d'une quantité de cierges dans de riches candélabres, couvrait de draps d'argent le cercueil. Plusieurs voitures de la cour suivirent le corps jusqu'à sa dernière demeure. C'était au mont Valérien que madame de Genlis avait désiré être enterrée. Il fallait une permission spéciale, le roi l'accorda.

Le terrain du cimetière ayant été nécessaire pour la construction des forts, madame de Genlis a été exhumée et transportée au Père-Lachaise, où elle repose à quelques pas de son gendre, M. le comte de Valence.

Le testament de ma tante indiquait quelques legs d'amitié. Elle me laissait une édition complète de ses œuvres reliée en maroquin. J'ai fort regretté que ce souvenir ne m'ait pas été remis.

M. Lemaire, célèbre latiniste, prononça sur la tombe de ma tante un discours, dans lequel on remarque cette phrase : « Le meilleur ouvrage de madame de Genlis est sur le trône. »

N'est-il pas étrange que le roi le plus instruit de tous ceux d'Europe ait été élevé par une femme ? On s'était fort amusé de l'idée de voir un prince confié à un *gouverneur femelle*. L'expérience a prouvé que le choix était bon.

CHAPITRE XIV.
1831.

Lady Edouard Fitz Gérald. — Sa maladie. — L'abbé de la Madeleine. — Madame la comtesse de Chabot, sa tante. — Barrère. — Mort de lady Edouard. — Enterrement payé par madame la princesse Adélaïde. — M. Pitcairn.

Voulant achever de parler de ce qui concerne madame de Genlis, je vais donner quelques détails sur la mort de lady Fitz-Gerald, son élève chérie.

Quelques mois après la mort de madame de Genlis, son élève chérie, la belle lady Fitz-Gerald tomba gravement malade, et dès le premier jour elle eut le pressentiment d'une fin prochaine ; elle était venue se fixer à Paris, et habitait un hôtel garni, en attendant qu'elle eût choisi un appartement.

Prévenue qu'elle était souffrante, je me rendis près d'elle en toute hâte, et fus effrayée de son changement. Elle me pria de faire appeler le docteur Récamier, et ne pas la quitter. Je restai donc, confiant mon modeste ménage à ma mère. Madame M*** et sa femme de chambre partagèrent les soins que je lui prodiguais ; mais son état devenant plus grave, nous nous adjoignîmes une sœur grise. Le docteur assurait qu'il n'y avait aucun danger, et croyait à la prochaine éruption de la rougeole. Cette maladie ne se déclara pas, et le vingt et unième jour Paméla se sentit si mal, qu'elle voulut voir un prêtre. Je fis prier M. l'abbé de la Madeleine, vicaire de l'Assomption, de venir. Religieux et sévère pour lui, indulgent pour les autres, il me parut plus que tout autre capable de réconcilier cette belle âme avec son créateur. Il vint. Son zèle, sa persuasive éloquence, l'onction simple de ses exhortations, firent plus encore que nous n'avions osé l'espérer. Il donna à notre chère malade une véritable joie de quitter ce monde, où elle avait tant souffert pour elle et surtout pour les autres. Elle conçut le plus vif désir d'habiter celui où elle pourrait intercéder pour nous. Heureuse, tranquille depuis ces conférences avec le saint prêtre, elle nous conjurait de ne pas gémir sur la fin de ses souffrances. En admirant la douce sérénité répandue sur son angélique physionomie, nous eussions en effet dû nous réjouir ; mais l'idée de ne la plus voir arrachait des sanglots à nos cœurs brisés.

Je ne pouvais cependant croire encore que tout espoir fût perdu. Je consultai sœur Ursule, elle examina longtemps lady Fitz-Gerald, puis avec calme elle nous annonça qu'à minuit tout serait fini. Il était six heures du soir. Cette sentence fut prononcée avec la plus parfaite tranquillité ; elle nous détailla les deux ou trois crises qui amèneraient la dernière, auxquelles le repos éternel succéderait. Elle ne sembla pas concevoir nos larmes, la résignation étant depuis longtemps pour elle une chose simple et naturelle ; elle parut étonnée de ne pas la voir régner autour d'elle.

Vouée à ses saints devoirs depuis sa jeunesse, séparée d'une famille qu'elle avait quittée volontairement pour suivre une vocation qui lui ordonnait de tout oublier, hors la pitié pour les pauvres et les pratiques de sa religion, sœur Ursule ne pouvait savoir tout ce qu'il y a de déchirant dans la perte d'une amie parfaite, qui partagea nos peines et se réjouit de nos rares plaisirs. Cependant son âme angélique ne blâma pas nos pleurs, ses lèvres pures n'articulèrent que des paroles consolantes sur le futur bonheur de celle qui acheta par la souffrance une félicité sans fin.

Dans un tel moment toutes les exhortations et les conseils sont sans effet ; plus tard nous nous les rappellerons sans doute, pour nous aider à supporter une éternelle séparation ; mais en présence de l'agonie d'un être chéri, qui conserve cette sensibilité exquise qui la fit aimer et troubla sa vie, rien ne peut donner la force, que le temps seul accorde : il faut pleurer !

Comment peindre ce qui se passait en moi lorsque pour la première fois j'étais témoin d'un spectacle si solennel, si terrible ! Cette mourante soumise et courageuse, après l'arrêt qu'elle voulut connaître, avait été toujours bonne et affectueuse à mon égard ; dans les circonstances les plus affreuses de ma triste existence elle resta la même, quand tant d'autres s'en éloignèrent, comme si le malheur était contagieux [1].

Peu de jours avant sa mort, lady Fitz-Gerald était encore brillante et recherchée pour son esprit fin et délicat dans le salon de la comtesse de Balbi [2], où la médiocrité ne pouvait être admise. Tant de grâces, de bonté, d'amabilité, ne seraient-ils plus qu'un souvenir ! lady Fitz-Gerald, pleine de talents, de qualités attachantes, belle comme un ange, ne serait plus dans quelques heures qu'un cadavre, peut-être effrayant !... Oh ! que de réflexions devaient faire naître ces instants fugitifs où, le pied déjà dans la tombe, et nous souriant encore, elle était devenue un modèle de la piété la plus sublime !

Paméla avait été longtemps brouillée avec une tante de son mari (la comtesse de Chabot). Lorsqu'elle se sentit fort malade, elle éprouva le plus grand désir de voir cette dame. Je me chargeai de lui écrire, et madame de Chabot vint dans la journée. Elle eut une longue conversation avec Paméla, qui me dit, après qu'elle fut partie, que cette visite lui avait fait grand bien, sa tante ayant été parfaitement bonne pour elle.

Le lendemain madame de Chabot revint la voir. En passant dans le salon, elle remarqua un portrait en miniature fort ressemblant de lord Edouard, elle témoigna l'envie de l'emporter pour le faire voir à son mari. Je ne crus pas devoir le lui refuser, et lui priai de le renvoyer bientôt. Je ne l'ai pas revu. Je pense que ce portrait aura été renvoyé en Irlande à lady Campbell, fille de Paméla.

Absorbée par ma douleur, le temps fuyait sans que je calculasse qu'il m'en restait peu pour entendre cette voix touchante... Je fus brusquement tirée de cet engourdissement du malheur par la sœur Ursule, qui commençait à réciter les prières des agonisants !... La malade y répondit d'abord avec assez de force ; insensiblement les accents devinrent entrecoupés et faibles, puis inintelligibles, puis enfin ils cessèrent ! Ses pensées exprimaient encore sa foi vive et confiante. Bientôt ses yeux élevés au ciel se ternirent, sa main pressa convulsivement le crucifix qu'elle tenait... elle n'était plus !... Nous restâmes anéantis de cette irréparable perte, comme si nous eussions été frappés d'un coup inattendu.

Revenue et fixée en France depuis plusieurs années, elle habitait une jolie petite maison de campagne près de Montauban, et répandait de nombreux bienfaits autour d'elle. Son nom sera toujours pro-

---

[1] Elle avait abandonné à ses enfants tout ce qui eût pu lui revenir de ses biens ou des indemnités, disant qu'elle avait de quoi vivre avec la pension de *six mille francs* que lui faisait l'empereur ; lorsque celle-ci fut supprimée en 1814 par les Bourbons, elle eut de monseigneur le duc d'Orléans une partie du bien qui lui revenait *de droit* avant la révolution. L'éducation d'un prince du sang achevée, le gouverneur recevait *douze mille francs* par an comme retraite, et le roi donnait le cordon bleu. Madame de Genlis reçut du prince *huit mille francs* depuis 1814, et les deux dernières années de sa vie il lui envoyait *deux mille francs* au jour de l'an.

[1] A la mort de mon père je restai avec une rente viagère fort minime ; Paméla voulut contribuer à l'éducation de mes filles, et me força d'accepter tous les ans trois cents francs destinés à cet usage, qui me furent exactement payés jusqu'à sa mort ; cependant elle n'était pas riche [1].

[2] La comtesse de Balbi est morte à Versailles dans un âge très-avancé. Tout le monde sait combien elle fut remarquable par ses bons mots, dont il serait aisé de faire un recueil ; mais on ignore en général qu'avec un esprit cité par sa causticité, elle eut le cœur le plus capable de dévouement, dont elle a donné mille preuves dans les temps difficiles où elle a vécu.

noncé avec admiration dans la société, avec respect et reconnaissance dans les chaumières. Les gens du monde se souviendront de l'héroïque et belle *lady Fitz-Gerald;* les pauvres n'oublieront jamais la bienfaisante et bonne *Paméla*.

Pendant la maladie de lady Fitz-Gerald, un homme âgé venait tous les jours demander de ses nouvelles; comme il voulait des détails, c'était moi qu'il demandait, car je m'étais établie chez elle pour la mieux soigner. Cet homme avait une douce expression de visage et un ton parfait. Ne le connaissant pas, je lui demandai son nom, qu'il refusa de me dire.

J'en parlai à Paméla, qui ne put m'éclairer; elle n'imaginait pas qui ce pouvait être. Le lendemain de sa mort, ce même monsieur vint, et en apprenant la triste nouvelle il fondit en larmes. « Madame, me dit-il, quand vous entendrez dire beaucoup de mal de moi, dites que vous m'avez vu un cœur assez sensible pour pleurer une ancienne amie, ma filleule; *je suis Barrère;* » et il s'enfuit.

J'ai dit dans une de mes ouvrages comment je m'étais trouvée en 1814 dans une loge avec Barrère à une représentation des *Héritiers Michau*, pièce royaliste qu'il applaudissait beaucoup, peut-être pour faire comme tout le public et ne pas être remarqué; la loge étant assez obscure, je ne l'avais pas bien vu et ne le reconnus pas lorsque, seize ans plus tard, je le retrouvai comme je viens de le dire.

Chargée du pénible devoir de commander tout ce qui avait rapport à l'inhumation de lady Fitz-Gérald, j'étais fort embarrassée, car ayant ouvert son secrétaire après sa mort, en présence de l'amie qui l'a soignée avec moi et de sa femme de chambre, nous ne trouvâmes que 100 fr. N'étant pas en position de faire dans cette circonstance ce que mon cœur eût désiré, je m'adressai à un membre de la famille Fitz-Gérald qui était à Paris; il refusa même d'assister à l'enterrement, en alléguant que Paméla s'étant remariée, il ne voulait plus avoir rien de commun avec elle.

Ne sachant comment faire, j'écrivis à madame Adélaïde en lui donnant ces tristes détails. Je reçus immédiatement la réponse de la princesse, qui se chargeait de tout ce qui serait dépensé pour l'enterrement de son ancienne compagne : elle ordonnait qu'il fût beau, mais sans luxe.

Je crois me souvenir que cette cérémonie coûta près de 700 fr., que la princesse paya. La maison d'Orléans faisait à Paméla une pension de 4,000 fr., ce qui, joint à son faible douaire, qui ne lui était payé que depuis la réintégration de son fils dans les biens de son père, constituait toute sa fortune.

Je fis appeler le commissaire de police pour faire l'inventaire des effets de lady Fitz-Gérald; ils étaient de peu de valeur, et furent mis dans plusieurs malles, dont on me confia la garde après y avoir apposé les scellés.

Forcée de m'absenter pour commencer ma carrière artistique, ces effets furent remis au commissaire de police, qui devait les conserver jusqu'à l'expiration du délai voulu par la loi quand les héritiers sont absents. J'ignore si depuis lors ils ont été vendus au profit du gouvernement.

Je fis part de la mort de Paméla à lady Campbell sa fille, qui habitait l'Irlande, et à M. Pitcairn[1], qui était à New-York. La première m'écrivit plusieurs lettres pleines de touchants regrets.

Quant à M. Pitcairn, il se conduisit admirablement dans cette triste occasion. Ayant appris par moi que Paméla laissait quelques dettes, il envoya de quoi en payer la plus grande partie, et me remercia, dans les termes les plus obligeants, de tous mes soins.

Je me suis étendue sur tous ces détails, parce que lady Fitz-Gérald ayant figuré dans la tentative de la révolution d'Irlande, est devenue un personnage historique.

CHAPITRE XV.
1809.

Madame de Staël. — Tombeau de M. et madame Necker à Coppet. — M. de Benstellen, grand bailli du pays de Vaud. — Aventure qui lui arrive. — Auguste de Staël. — Théâtre de Coppet. — Mesdames de Staël et Récamier. — MM. de Sabran, Benjamin Constant, Charles de Labédoyère, de Sismondi, Catrufo. — Opéra de l'*Amant alchimiste*. — Sa chute. — Quatrain à ce sujet. — Distraction de M. de Sabran. — M. Prosper de Barante. — Madame de Sabran. — Chevalier de Boufflers. — M. le baron Capelle, préfet. — Troupe de comédiens. — Le général Dupuch. — Sa *simplicité*.

On sait le tendre attachement que madame de Staël eut pour son père, et la vénération profonde qu'elle portait à sa mémoire. Après leur mort, M. et madame Necker furent transportés à Coppet, et enfermés dans des cercueils de marbre remplis d'esprit de vin, pour préserver ces restes précieux d'une entière destruction. Il est vrai que l'on pût voir ces deux corps nageant ainsi dans la liqueur; ils

[1] Lady Fitz-Gerald est morte le 7 novembre 1831 à l'hôtel du Danube, rue Duphot ; c'est dans cette même maison, et dans la même chambre, que mourut quelques années avant une autre élève de madame de Genlis, madame Hermine Collard, grand'mère de madame Lafarge, dont je parlerai longuement plus tard.

étaient recouverts d'un monument. Le lieu les enfermant était entouré de hautes murailles. Madame de Staël avait seule la clef de la porte, et ne permit jamais qu'a ses enfants de la suivre dans cet asile sacré.

On racontait à Genève que M. de Benstellen, grand bailli du pays de Vaud, avec lequel elle était fort liée, sollicitait vainement depuis longtemps la permission d'entrer dans cette enceinte. Toujours refusé, il éprouvait une curiosité devenant de jour en jour plus vive; elle fut enfin poussée à un tel point, qu'il résolut de la satisfaire à tout prix, et de pénétrer en cachette dans ce lieu consacré à une si légitime douleur.

Il s'achemine donc un jour vers le potager, y prend une longue échelle qu'il traine avec peine vers l'enceinte défendue, la pose avec précaution contre le mur, ayant l'intention de la placer de manière à descendre et à remonter sans obstacle; mais au moment où il est à cheval sur ce mur fatal, un mouvement trop brusque fait tomber l'instrument de salut. Le voilà donc calculant qu'il lui est impossible d'essayer de quitter son poste fort périlleux, étant à quinze pieds de terre, et forcé d'attendre que quelqu'un vint le délivrer. Il eut beau appeler, le château étant très-éloigné, on ne l'entendit pas.

Il pensait avec chagrin que son amie lui en voudrait beaucoup d'avoir enfreint ses ordres; et pour achever de le punir de sa coupable entreprise, il entendit la cloche du dîner, au son de laquelle il était ordinairement d'une exactitude scrupuleuse. Il n'osait s'agiter sur la brèche où il était, et ne pouvait songer à en sauter, les murs, comme je l'ai dit, étant très-élevés, et lui fort gros. Un second coup de cloche appelant les retardataires lui perce de nouveau le cœur, et il faut convenir que sa position était loin d'être gaie. Enfin, après deux heures d'angoisses insupportables, il fut délivré par Auguste de Staël. Inquiet de l'absence prolongée de M. de Benstellen à une heure à laquelle on était sûr de le voir, il chercha dans tout le parc son vieil ami, et finit par le découvrir perché, rouge et suant à grosses gouttes. On cacha cette aventure à madame de Staël, qui une indisposition servit de prétexte à une inexactitude si rare. Je pense que le gros bailli fut tout à fait corrigé de son indiscrète curiosité.

Madame de Staël ne se consolait pas d'être exilée. N'aimant pas Genève, elle répétait souvent qu'elle préférerait cent louis de rente rue *Jean-Pain-Mollet*, à Paris, avec cent mille livres qu'elle pouvait manger en Suisse. Elle ne faisait assurément rien de ce qu'il fallait pour être rappelée.

Logeant dans un hôtel garni, servie par des garçons qu'elle ne connaissait pas, et qui changeaient souvent, madame de Staël parlait devant eux de tout ce qui lui passait par la tête sur le gouvernement, c'est-à-dire sur l'empereur. On avait beau lui représenter qu'il était sans doute espionnée, que tout ce qu'elle disait était rapporté aux Tuileries, elle n'en continuait pas moins de critiquer tous les actes de l'autorité, et de plaisanter sur la peur qu'elle inspirait à *Robespierre à cheval*.

Pour se distraire de l'ennui qu'elle éprouvait, elle fit jouer la comédie et même la tragédie sur son petit théâtre de Coppet. J'ai assisté à plusieurs représentations qui, je l'avoue, étaient loin de me paraître bonnes.

Mesdames de Staël et Récamier jouèrent *Andromaque*. La seconde, dans le rôle de la jeune veuve, était si parfaitement belle, qu'on s'occupait trop de sa figure pour songer à son jeu. Celui de madame de Staël était fort exagéré; elle criait et gesticulait beaucoup trop. Aucun des acteurs n'avait l'ombre de talent; c'étaient MM. de Sabran, Benjamin-Constant, Charles de Labédoyère, dont l'avenir était alors si plein d'espérance, et M. de Sismondi, fort amusant, même dans les rôles tragiques, par la pureté de l'accent génevois qu'il avait conservé dans toute son intégrité; il défigurait étrangement les beaux vers de Racine. M. Schlegel était le souffleur, et soufflait à tue-tête avec la prononciation germanique la plus complète.

Je vis aussi représenter *Gustave Wasa*, qui n'était autre qu'*Edouard en Ecosse*, dont on avait changé les noms, la pièce de Duval ayant été défendue par la craintive police de Napoléon; et enfin un drame de M. Benjamin Constant, dans lequel il remplissait le rôle du prophète Elisée. Dans le feu de sa déclamation, il manqua d'emporter une coulisse, sa grande taille demandant à ses gestes une extension très-dangereuse sur une aussi petite scène. Il parlait difficilement, d'une manière monotone, et nous sembla à tous plus fait pour être à un bureau écrivant quelquefois de belles choses, que destiné à les faire écouter par la foule. On ne prévoyait pas alors que son apparition à une tribune pût attirer la foule et remuer les masses.

Pour assister aux spectacles de Coppet il fallait partir de Genève à midi, afin d'arriver de très-bonne heure. On s'installait dans la salle, fort exiguë et privée de lumière quand le lustre et les lampes n'étaient pas allumés; on y mangeait à tâtons du pain et du chocolat, que l'on apportait dans son ridicule (les poches étant supprimées) et se promettant cependant de recommencer à la première occasion, afin de pouvoir se dire du petit nombre des élus admis à ces solennités, pour lesquelles on donnait deux fois plus de billets qu'il n'y avait de places. C'était une véritable rage que cette mode d'aller entendre dire d'une manière presque ridicule de beaux vers sus par cœur, et qui s'appréciaient mille fois mieux en les lisant. Empressée comme les autres d'aller à Coppet, j'étais fâchée cependant de voir Mme de Staël donner prise à une critique qui était loin d'être indulgente.

Elle protégeait fort un Italien établi à Genève comme professeur de chant. C'était M. Catrufo (qui composa depuis à Paris quelques opéras, notamment celui de *Félicia*, qui obtint du succès); il pria M. de Sabran de lui écrire un poëme, voulant essayer son talent de composition dramatique. Celui-ci, toujours bon et obligeant, se mit à l'œuvre, et au bout de fort peu de temps cet ouvrage fut mis à l'étude, répété, et le jour de la représentation très-prochain.

L'*Amant alchimiste*, opéra en trois actes, devait être exécuté à Genève par l'élite de la troupe. N'attachant pas la moindre importance à ce libretto, M. de Sabran prévint Catrufo qu'il le croyait plus que médiocre, mais qu'avec sa jolie musique il passerait comme un autre, et que d'ailleurs il ne l'avait écrit que pour faire connaître un agréable *Maëstro* de plus. Des gens malveillants firent circuler dans la ville que M. de Sabran avait dit : *Cela sera toujours assez bon pour des Génevois*.

Il fallait bien peu connaître M. de Sabran, dont le caractère était modeste et bienveillant, pour lui attribuer un à propos d'autant plus déplacé que les Génevois sont en général instruits, ce qu'il était plus qu'un autre en état de juger; mais enfin on lui attribua cette impertinence, et la perte de sa pièce fut jurée d'une manière si peu cachée, que les auteurs en furent instruits la veille du grand jour. Il était trop tard pour l'empêcher d'être jouée, toutes les places étant louées. M. de Sabran se dévoua donc, et fit l'emplette d'une quantité de sifflets qu'il apporta le matin à tous ses amis, voulant au moins, disait-il, qu'ils pussent faire leur partie dans le concert qui remplacerait la représentation.

La salle était comble; à peine Mme de Staël et sa cour entrait dans sa loge, qu'un bruit confus commença l'orage qui devait éclater. Tel bon qu'eût été cet opéra, il serait tombé, mais il faut convenir que la cabale eut beau jeu. Cet ouvrage commençait par un trio entre l'alchimiste, son garçon et sa femme; tous trois tenaient des soufflets près d'un énorme fourneau, et chantaient à qui mieux mieux sur les mots *soufflons*, *soufflez*, etc. Il n'est pas besoin de dire qu'on y substitua ceux de *sifflons*, *sifflez*, en y joignant le bruit discordant de clefs de toutes les dimensions et d'instruments aigus de tous genres. Ce vacarme, devenu effroyable, força l'autorité de faire baisser la toile sans qu'il ait été possible d'entendre une seule scène. Je n'ai jamais assisté à un pareil tapage. M. de Sabran fit pendant la représentation l'épigramme suivante :

A l'alchimiste épargnez les sifflets,
Plaignez plutôt sa malencontre extrême,
Car cet ouvrage est si plat, si mauvais,
Que l'auteur est forcé de se siffler lui-même.

M. de Sabran, connu dans le monde littéraire par de très-jolies fables, l'était aussi par une inconcevable distraction; en voici un fait dont j'ai été témoin :

Étant à Coppet, il avait l'habitude d'aller tous les jours se promener après dîner. Sa promenade se prolongeant plus que de coutume, Mme de Staël en fut inquiète. Nous le vîmes enfin rentrer dans le plus singulier équipage. Ses cheveux en désordre, au lieu d'être bouclés comme à l'ordinaire, et ses jambes mouillées jusqu'aux genoux. Mais qu'êtes-vous donc devenu, Elzear ? Que vous est-il arrivé ? — Je m'ai à vous raconter aucune aventure ; je me suis promené, et voilà tout. — Mais vous êtes trempé et crotté, vous êtes donc tombé dans l'eau. — Pas le moins du monde, c'est la rosée, un peu forte ce soir ; je me suis simplement dirigé par la pelouse, dans la grande allée qui conduit au moulin. — Eh bien ! malheureux que vous êtes, vous avez marché dans l'eau, qu'on a détournée du ruisseau pour le nettoyer, et il passe jusqu'après demain précisément dans la grande allée.

Il fut le premier à rire de sa mésaventure et à faire mille plaisanteries sur sa distraction et ses gaucheries perpétuelles. Il avait de qualités essentielles, qu'il me voyait rien à convenir d'une imperfection si légère. Il a toujours eu son esprit très-présent lorsqu'il a fallu rendre un service à ses amis ou soigner son excellente mère pendant une longue maladie, à laquelle elle vient de succomber[1].

C'est à Coppet que j'ai vu pour la première fois M. Prosper de Barante, alors fort jeune. Il n'était connu que par son *Tableau de la littérature française*, ouvrage qui fut remarqué. Il avait écrit à Coppet les intéressants *Mémoires de Mme de Lescure*, devenue marquise de la Rochejaquelein, mais ils n'étaient pas encore livrés à l'impression. Je fus assez heureuse pour entendre la lecture de quelques chapitres qui me parurent ce qu'ils furent jugés depuis, écrits à ravir

---

[1] Madame de Sabran avait épousé en secondes noces le célèbre chevalier de Boufflers. Elle embellit son existence par des soins aussi assidus que touchants, par une bonté inaltérable et l'esprit le plus aimable et le plus cultivé.

M. de Sabran est mort depuis que les premières éditions de ces Mémoires ont été publiées.

et pleins de faits touchants et curieux sur une guerre malheureuse, mais héroïquement soutenue par les deux partis. Ce qui leur donne un charme particulier, c'est l'extrême simplicité avec laquelle madame de la Rochejaquelein raconte ce qu'elle a fait; guidée par son cœur, c'est son impulsion qui lui fit surmonter toutes les craintes naturelles à notre sexe et à son caractère. C'est précisément ce qui lui manque de bravoure, qui rend admirable tout ce qu'elle a affronté : en tremblant elle s'exposait à une mort presque certaine. Veuve de deux héros, elle fut digne de leurs noms, et ne n'était pas chose facile; elle fut tendre comme une femme, et traversait le feu comme eût pu le faire un soldat, seulement elle fermait les yeux et se bouchait les oreilles !...

M. de Barante a eu le secret de donner au récit toute la pudeur et la grâce féminines, sans nuire à l'énergie des descriptions de ces cruelles rencontres de Français contre des Français ! Il a depuis acquis de nouveaux droits à l'admiration des gens de lettres et des savants; je ne puis apprécier et préférer que ce qui m'a profondément attendrie et dont j'ai gardé un ineffaçable souvenir.

Il suffisait de l'entendre causer ce débutant dans la carrière qu'il a si bien parcourue, pour deviner ce qu'il deviendrait un jour; il se livrait peu, écoutait beaucoup et mûrissait, pour ainsi dire, le beau talent qu'il a déployé. Madame de Staël avait pour lui l'amitié la plus vraie, et répétait sans cesse qu'il aurait bientôt une réputation, que lui-même était fort loin de soupçonner. Cet horoscope s'est vérifié; le bonheur de madame de Staël, en voyant son opinion devenir générale, fut cruellement troublé par le chagrin que lui causa la destitution de M. de Barante; il apprit en lisant le *Moniteur*, qu'on lui avait donné pour successeur le baron Capelle.

Celui-ci fut d'abord assez mal vu des Génevois, qui regrettaient vivement leur ancien préfet. Ils inventèrent mille fables sur le chef qu'on leur envoyait si inopinément. Une des plus accréditées fut qu'il avait été acteur ambulant avant de connaître la princesse Elisa, première cause de sa fortune.

On racontait qu'une troupe française, voulant s'établir à Genève, n'en obtenait pas la permission du maire, homme d'une sévérité extrême, qui n'aimait rien de ce qui était en opposition avec l'austérité des mœurs de ses compatriotes. Le jeune premier, plus entêté que le directeur (qui avait déjà emballé ses décorations), les costumes et les actrices), se rend à la préfecture et s'obstine à vouloir parler au préfet. Celui-ci entend du bruit dans son antichambre et sort pour en connaître la cause. Que l'on imagine sa surprise en voyant celui qui élevait la voix, se précipiter dans ses bras et lui dire avec une extrême volubilité : « Je suis charmé de te rencontrer ici, *mon camarade*. Puisque ton sort du cabinet du préfet, tu dois le connaître ; obtiens donc de lui qu'il nous délivre l'ordre de donner quelques représentations ; car enfin les arts doivent être protégés, tu me parais *calé* toi, mais tes anciens ne le sont pas; c'est le ciel qui m'a inspiré le dessein de venir implorer le préfet. Tu nous serviras, *mon vieux*, n'est-ce pas ? » Tous les gens de la préfecture étaient présents, et l'embarras du maître était à son comble; la troupe eut la permission de séjourner quelque temps dans la ville. Cette anecdote est-elle vraie ou fausse, je n'en sais rien; elle me fut mandée de Genève. On finit par aimer assez le baron Capelle sans qu'il fût cependant aussi honoré que M. de Barante.

Puisque je parle des autorités de cette ville, il m'est impossible de ne pas dire quelques mots du commandant de la place, le général Dupuch; il évitait, disait-il, les parties de lac, *craignant l'eau comme le feu*.

Sa figure était tout à fait convenable à l'emploi qui lui était confié, il y attachait une importance fort amusante, puisqu'il était très-inutile de fermer les portes d'une cité dont tout le pays environnant appartenait à nos armées triomphantes. Jamais commandant de comédie n'eut un costume plus exact que lui : poudré à frimats, frisé à l'oiseau royal, armé d'une épée puissante depuis longtemps, et tenant une énorme canne à pomme d'or; c'était un homme excellent, tant que l'on n'attaquait pas les prérogatives de sa charge, également soutenues par la dignité étourdissante de sa majestueuse compagne. Rien de si nul que l'esprit du général; en voici deux exemples prouvant combien Napoléon l'avait bien jugé en lui donnant une sinécure qui lui procurait des appointements, de la considération, et rien à faire.

La ville de Genève, comme celle de Lausanne, est bâtie sur un terrain fort inégal, et qui force à monter et descendre perpétuellement. Quelqu'un voyant le gros général gravissant avec peine et lenteur la grande rue, lui dit qu'il avait raison de ne pas aller si vite, que c'était le bon moyen d'arriver sûrement. — Oui, oui, répondit-il d'un air capable, je suis le précepte de l'Évangile : « *Qui va piano va sano.* »

Le Tyran domestique, comédie en cinq actes, attirait beaucoup de monde au théâtre. Le général, pour suivre la mode, s'y rend avec sa famille, en tenue de rigueur : il écoute très-attentivement, et questionne sur l'impression qu'il lui avait fait l'ouvrage : « Ma foi, dit le général, je le trouve assez intéressant, mais le titre n'a pas le sens commun, car ce *domestique*, au lieu d'être un tyran, est le meilleur homme de la terre c'est vraiment tromper le public que

CHAPITRE XVI.
1809.

M. Eynard. — Sa fortune. — Madame Eynard. — Sa bienfaisance. — Mesdames de Beaumont et de Budé. — Les Grecs Démétrius et Carianthès. — La Pyrrhique. — Mademoiselle de Staël. — Bal chez M. Hottinger. — M. Rocca. — Son opinion sur madame de Staël. — Celle de madame de Staël sur M. Rocca. — Singulières réponses de M. Rocca père. — Mademoiselle Lullin. — M. Huber aveugle. — Ouvrage sur les abeilles. — Plans en relief. — Madame Naville. — MM. Topffer, de la Rive, Massot et Artaud, peintres. — Maisons en bois. — Incendies. — Corps des pompiers. — Leurs échelles. — L'empereur Alexandre. — Bagues envoyées par lui. — Les bastions, promenade. — Statue de Rousseau. — Pont des Berghes. — Rochers de la Meilleraye. — M. de Sybourg, sous-gouverneur des grands-ducs de Russie. — M. Auguste Bontemps. — Ordre du Soleil. — Costume persan.

Je vis à Genève M. Eynard ; il arrivait de Florence, où il avait joué le périlleux et brillant rôle de favori de la souveraine. Il avait alors une figure encore agréable quoique fatiguée, on vantait le piquant de son esprit, ses idées chevaleresques, la grandeur de ses manières ; mais on était loin de se douter de la réputation européenne qu'il acquerrait en se dévouant, presque seul d'abord, au soutien de la cause des Grecs, si belle, croyait-on, puisqu'ils déployaient un grand courage pour reconquérir leur indépendance. Ce peuple faisait oublier la dégradation individuelle ; on les crut tous des héros, et l'on était heureux d'admirer toujours cette nation qui nous a légué tant de grandeur : elle a tout fait depuis pour faire changer d'opinion sur son compte.

M. Eynard possédait une immense fortune dont il faisait le plus noble usage ; admirateur des beautés des environs de Genève, il résolut de s'y fixer et de s'y choisir une compagne digne de lui. Mademoiselle Anna Lullin réunissait tout ce qui peut plaire et charmer dans une femme ; une ravissante figure, un esprit agréable, de l'instruction et un noble cœur. Elle était sans fortune. Elle fixa le choix de M. Eynard, qui s'applaudit encore de l'avoir préférée. Beaucoup plus jeune que son mari, elle n'a cessé de l'aimer, de le combler de soins et d'adopter tous ses goûts. La bienfaisance, sentiment dominant de leur âme, s'exerce avec une véritable prodigalité, si je puis m'exprimer ainsi ; les arts sont encouragés par eux avec discernement et délicatesse.

M. et madame Eynard habitent l'hiver un véritable palais à Genève, et quoiqu'il soit situé dans *le bas de la ville*, on s'y porte en foule dès que les portes s'en ouvrent, on est sûr d'y trouver tous les agréments de la plus aimable réception. L'été, c'est un château si bien nommé *Beaulieu*, qu'il faut aller chercher ces modèles de bonté. Situé sur le lac de Genève, rempli d'objets d'art, il attirerait quand bien même on ignorerait les vertus des propriétaires, y exerçant l'hospitalité la mieux entendue.

Madame Eynard avait pour sœurs deux des plus jolies femmes de Genève, mesdames de Beaumont et de Budé, bonnes autant que belles.

Il y avait dans ce moment deux Grecs à Genève ; ils allaient beaucoup chez madame de Staël. Leur nom causait une véritable émotion, à moi surtout ; ils se nommaient *Démétrius* et *Carianthès*. Comment douter que ce ne fussent de grands hommes en herbe ? Tous deux étaient laids et n'avaient rien de la statuaire. Courts et gros, ils manquaient de noblesse ; leurs yeux avaient une expression que je n'ai vue à aucun homme ; ils exprimaient presque en même temps la fierté la plus énergique et la flatterie la plus servile, passant alternativement avec promptitude d'un sentiment à l'autre, suivant le rang de leur interlocuteur. Accueillis, recherchés, ils n'eût eût existé alors, ils eussent été les *lions* de la saison. Dansant très-bien la Pyrrhique, ils nous l'apprirent à mademoiselle de Staël et à moi. Je ne suis assurément pas brave, loin de là ; mais tenant deux Grecs par la main, exécutant avec eux ce pas martial, je me sentais électrisée par eux, capable des plus grands actes de courage ; peut-être un seul coup de pistolet m'eût-il ôté tout de suite cette force factice, et eussé-je été rendue vite à moi-même ; mais enfin je me sentais dans ces moments animée d'une valeur réelle, et mademoiselle de Staël disait éprouver le même enthousiasme passager [1].

La pauvre Carianthès est mort à l'hôpital !... Il était attaché à un Russe, le comte de Balk, qui voyageait sans cesse. Ennuyé d'avoir

[1] Elle a épousé M. le duc de Broglie. Sa jolie et douce figure, son humeur pleine d'aménité au milieu des grandeurs où elle fut appelée, ses talents et sa conduite la rendirent l'exemple des femmes de son état. Peut-être eut-elle plus de mérite encore qu'une autre à remplir tous les devoirs d'intérieur dont elle avait entendu plaisanter souvent, comme de vrais pratiques vulgaires, bonnes pour de petites bourgeoises, et non pour les femmes du grand monde.

avec lui un homme souffrant, il eut la cruauté de le faire transporter dans un hospice, avant de quitter Genève, sans lui laisser autre chose qu'un mois d'appointements. Il avait promis de payer à son retour ; ce malheureux ne souffrit pas longtemps ! Il expira n'ayant personne qui lui parlât de sa belle patrie. Démétrius était retourné en Grèce dans l'espoir de mourir les armes à la main.

C'est en 1808, je crois, que madame de Staël vit pour la première fois M. Rocca, qui eut assez d'empire sur elle, quelques années plus tard, pour lui faire changer un nom qu'elle avait rendu si célèbre. Leur première entrevue ne pouvait pas faire prévoir un tel avenir.

M. Hottinger, banquier fort riche, possédait à Cologny, joli village sur le bord du lac, une ravissante maison. Il y donna un très-beau bal pour le mariage de M. James Portalès avec mademoiselle Falconnet, fille d'un banquier napolitain. La société entière se trouvait à cette fête.

M. Rocca, arrivant de Russie pour voir sa famille, passait par Genève sa ville natale ; il fut amené par un de ses amis à cette soirée, dont tout le monde parlait. Il était en uniforme d'officier de hussards, et partait le lendemain pour aller se battre en Espagne. Je dansais avec lui, lorsque madame de Staël entra, suivie comme de coutume d'une cour assez nombreuse, composée de ses favoris passés, présents et futurs ; Benjamin Constant, le plus fidèle de tous, lui donnait la main. Elle était fort parée, avec son mauvais goût ordinaire, portait une robe jaune et un turban rouge.

« C'est donc là cette femme célèbre, occupant plus de trompettes que nos régiments pour publier sa gloire ? me dit M. Rocca ; elle est bien laide et vise à l'effet. Je déteste cela.

— Elle est tellement habituée à tous les hommages, qu'il faut lui savoir gré d'être restée bonne et indulgente.

— Oh ! tout ce que vous voudrez ; mais ce que vous me direz de ses qualités, mademoiselle, ne changera pas son extérieur, et ne me persuadera pas qu'elle ait raison d'arriver avec toute une brigade. Eh ! bon Dieu ! qui serait tenté de l'enlever ? Certainement je ne me figurerai jamais dans cette troupe d'esclaves qu'elle traîne à sa suite, comme autrefois faisaient les triomphateurs ; elle veut que l'on compte ses prisonniers. Je n'en grossirai pas le nombre.

— Qui sait ? dis-je en riant. »

La contredanse finissait ; je passais devant madame de Staël pour regagner ma place près de ma mère ; elle fut sans doute frappée de la belle figure de M. Rocca, plutôt embellie que gâtée par une longue cicatrice encore un peu rouge, témoignage du courage qui lui avait valu la décoration qui brillait sur sa large poitrine. Ces signes d'une valeur non équivoque devaient frapper une femme si avide de gloire. Quelques minutes après, elle s'approcha de moi, et me demanda ce que le bel officier avait dit d'elle. Plus embarrassée encore que je ne l'étais avec elle en me rappelant les paroles de M. Rocca, je répondis bien bas :

« Mais rien, madame.

— Ce n'est pas possible ; tout le monde parle de moi.

— C'est une exception. »

Elle prit de l'humeur et me quitta en disant à M. Benjamin Constant, son éternel chevalier, que le *vainqueur* avait un air conquérant qui lui déplaisait souverainement.

Peut-être cependant, cette insouciance pour elle ce soir-là, à laquelle on ne l'avait point accoutumée, fût-elle précisément cause des frais qu'elle fit plus tard près de lui, lorsqu'il revint à Genève couvert de blessures. Ses souffrances étaient un motif de plus d'intérêt. Il fut touché des soins et des attentions soutenus qu'eut pour lui madame de Staël ; il se repentit de son premier jugement, et fut assez heureux pour faire éprouver tout l'amour qu'il conçut pour cette femme extraordinaire, ayant vingt de plus que lui. Il trouva des occasions de lui rendre de très-importants services, et finit par la décider à l'épouser. Pendant la longue maladie de madame de Staël, il ne la quitta pas d'un instant, et ne put survivre à sa perte ; il est mort peu de mois après elle.

Son père est loin de posséder une pareille sensibilité ; ayant perdu sa femme, il conduisait, suivant l'usage de Genève, le deuil jusqu'au cimetière situé hors de la ville. Quelqu'un le rencontrant au retour de cette triste cérémonie, se croit obligé de prendre une mine de circonstance pour lui demander de ses nouvelles de l'air du monde le plus attendri ; « Mais, répondit M. Rocca, je suis infiniment mieux maintenant ; *l'air de la campagne et cette petite promenade m'ont fait du bien. Il n'y a rien de tel.* »

Le lendemain était un dimanche ; et, suivant l'usage antique et solennel des réunions dont j'ai parlé, M. Rocca, en grand deuil, arrive chez la dame qui *tenait la société* ; la servante vint lui ouvrir, et fit le geste d'un profond étonnement en l'apercevant. Surpris de ne pas voir l'antichambre éclairée, il demande si la maîtresse de la maison est malade.

« Non, monsieur, mais madame ne reçoit pas.

— Ah ! et par quel hasard ?

— Monsieur, c'est que...

— Achevez donc.

— C'est que madame Rocca est morte ; et, étant son amie...

— Tiens, c'est ma foi vrai!... Que vais-je faire de ma soirée, à présent? Vous direz à votre maîtresse qu'elle est joliment *nioque*[1]. »
Il s'en fut en murmurant sur la bêtise de pareils usages, que Napoléon aurait dû abolir.

Pendant un séjour de trois ans à Genève, on aura peine à concevoir que je n'aie pas visité la Suisse. J'en avais un désir extrême; mais, n'étant pas mariée, je ne pouvais voyager seule. Mes parents avaient l'horreur des déplacements, et nos excursions se bornaient à Coppet, Ferney, ou quelques jolies habitations des environs.

Nous visitions souvent un homme intéressant fort remarquable, M. Huber, neveu de l'ami de Voltaire, dont le grand poëte parle plusieurs fois dans ses œuvres. Celui auquel tous les étrangers se faisaient présenter était aveugle depuis l'âge de dix-sept ans; il avait à cette époque conçu une violente passion pour une jeune personne riche, partageant ses sentiments. On sépara les amants, dont les fortunes étaient fort dissemblables. Peu de mois après une goutte sereine priva sans retour de la lumière celui qui la regretta surtout, parce qu'il ne pouvait plus voir sa bienaimée. On l'envoya à Paris dans l'espoir qu'il pourrait être opéré; mais tous les soins des plus célèbres oculistes furent inutiles; il revint désespéré à Genève.

Mademoiselle Lullin, instruite du sort réservé à ses parents qu'elle se serait soumise à leur volonté, si l'homme de son choix eût pu se passer d'elle; « maintenant qu'il a besoin d'un guide qui lui consacre tous ses moments, dit-elle, rien ne pourra m'empêcher de m'unir à lui. » Sa famille, plus obstinée que jamais à refuser son consentement, reçut à sa majorité les sommations respectueuses. Mademoiselle Lullin refusa de brillants partis, répétant toujours : « il est si malheureux, qu'il serait lâche et vil à moi de l'abandonner. » Elle épousa enfin l'objet d'un amour si fidèle; et leur conduite mutuelle fit pardonner leur désobéissance. Madame Huber a été constamment l'épouse la plus irréprochable.

Elle savait trouver mille moyens d'adoucir la cruelle position de son mari. Pendant les guerres, elle composait des armées avec des épingles de plusieurs grosseurs, et faisait ainsi distinguer les différents corps; elle piquait sur la carte, et le pauvre aveugle se formait une idée exacte de la marche des troupes. On avait inventé pour lui une manière d'écrire. Sa femme lui faisait des plans en relief des lieux qu'il habitaient; en un mot, elle n'eut qu'une unique occupation, celle de lui faire trouver l'existence agréable. Elle y était parvenue, au point qu'il assurait qu'il eût été désolé de ne plus être aveugle. « Je ne connaîtrais pas à quel point on peut être aimé! et quel bonheur vaut celui-là ? D'ailleurs ma femme est toujours pour moi jeune, fraîche et jolie, et c'est quelque chose.

M. Huber, comme la plupart des Genevois, était assez instruit à dix-sept ans pour que ses études fussent à peu près finies. Il avait un goût prononcé pour l'histoire naturelle. Il se faisait lire par sa compagne tout ce qui y avait rapport, et surtout ce qui était relatif aux abeilles, qu'il aimait extrêmement. Il trouva que tous les ouvrages qui en parlaient étaient incomplets. Il pria madame Huber de s'armer d'une loupe et d'observer scrupuleusement toutes les parties de cet insecte. Avec ce secours, il fit plusieurs découvertes qu'il publia sous le titre de *Recherches sur les abeilles*. Ce livre est, dit-on, estimé. A de vastes connaissances, M. Huber joignait une mémoire extraordinaire; il racontait avec grâce parfaite une foule d'anecdotes fort piquantes. Il était bon musicien; rien n'était plus touchant que de lui entendre chanter la scène d'Œdipe avec sa fille.

Son oncle, ami de Voltaire et son admirateur passionné, avait la figure du *grand homme* si bien gravée dans la tête, que sans y songer il la reproduisait sans cesse ; c'est d'après ses croquis que l'on a eu le portrait le plus ressemblant d'un visage dont la mobilité était fort difficile à saisir. On prétend que, lorsqu'il mangeait un morceau de pain à son chien, il s'arrangeait de manière que ce qui en restait, était une silhouette exacte de l'homme auquel il était absolument dévoué. On a conservé dans sa famille pendant fort longtemps de ces singuliers tableaux; il découpait aussi avec une rare perfection.

C'est au reste un talent particulier aux Genevois, qui copient ainsi de charmants paysages avec des figures et des animaux; ils se servent de vélin, ne dessinent rien, ce qui n'empêche pas de distinguer parfaitement les différents plans et les divers feuillés des arbres. M. Lullin et madame Naville ont fait dans ce genre des choses surprenantes; ils découpaient en se promenant, sans avoir l'air de penser à ce qu'ils faisaient : rien n'était plus amusant que de voir naître ainsi sous leurs ciseaux, les objets qu'un pinceau n'eût pas mieux reproduits.

Il y avait à Genève plusieurs peintres dont les ouvrages ont obtenu beaucoup de succès à Paris. Ce sont MM. Toppfer, de la Rive, paysagistes; Massot et Arland, dont les portraits étaient frappants de ressemblance. Je crois qu'il est rare de trouver plus de genres de mérite réunis que dans cette ville si resserrée, mais si peuplée, et certainement nulle part il n'existe un esprit national mieux prononcé.

Quand je l'habitais, il y avait encore une multitude de maisons en bois, dont les portes étaient trop étroites, pour qu'il ne fût pas très-difficile d'y faire entrer les pompes en cas d'incendie. Tous les jeunes

[1] Mot genevois signifiant celui que nous n'avons pas en français, niaise et dupe tout à la fois.

gens de la société composaient le corps des pompiers, et suivant leurs actions y recevaient de l'avancement; ils s'exposaient gratuitement à des dangers fréquents. Le bonheur de sauver quelques compatriotes faisait désirer avec ardeur les occasions d'affronter les périls les plus grands.

Lorsque le feu se déclarait dans quelque quartier de la ville, on sonnait le tocsin, on battait la générale, et rien n'eût pu retenir les hommes entendant ces signaux de détresse. Plusieurs fois j'ai vu un bal finir faute de danseurs. Ils couraient tous en bas de soie blancs, les seuls portés lorsqu'on était en toilette, au lieu de l'incendie, où ils restaient jusqu'à ce que tout fût éteint. Pendant que j'étais à Genève, il y eut un terrible. Sept maisons marchandes furent brûlées, il y eut dix-sept victimes. Le théâtre fut fermé quinze jours; personne de la ville n'eût eu la pensée de s'aller amuser avant que les premières larmes fussent séchées et que le désastre fût en partie réparé; on ouvrit une souscription pour les orphelins : elle fut promptement remplie.

Dans toutes les circonstances importantes, les Genevois ont toujours été les mêmes; on doit donc leur pardonner un peu de parcimonie dans leur intérieur. Ils sont avares dès qu'il s'agit d'eux, mais jamais lorsqu'il faut réparer le malheur véritable de leurs concitoyens.

Je suis étonnée qu'on n'ait pas adopté en France leur échelle à incendie; elle peut être dressée en deux secondes jusqu'aux étages les plus élevés; un énorme sac est attaché à chaque extrémité par une sorte de bascule. Les infortunés ne pouvant plus se sauver par des escaliers embrasés se jettent dans le sac qui se présente à eux, et leur poids en fait remonter immédiatement un autre, qui secourra de nouvelles victimes. L'empereur Alexandre demanda des modèles de ces machines si simples; il en fut tellement satisfait qu'il envoya des bagues superbes à l'inventeur, au dessinateur et au maire.

La superbe promenade des *Bastions*, à Genève, était alors toujours déserte. Si quelqu'un la parcourait, on pouvait parier que c'était un étranger. Je demandai pourquoi; voici ce que j'appris. Genève, à l'époque de la révolution, vit aussi son sol ensanglanté par des massacres, légaux aux yeux des terroristes, puisqu'ils étaient la suite d'un jugement rendu par eux. On fusillait les condamnés sous les *Bastions*, au pied d'une laide statue de Rousseau, qui a été abattue ainsi que les arbres formant la promenade. Sur ce terrain maudit on a construit de nombreuses maisons, ayant des jardins; il n'est plus possible de reconnaître la place où moururent tant d'innocentes victimes des fureurs populaires. On a élevé depuis une autre statue à Rousseau. Le philosophe, en costume romain, est assis dans une enceinte réservée sur le beau pont des Berghes, entouré de verdure et de fleurs. On se demande pourquoi le grand écrivain tourne le dos aux rochers de la Meilleraye, décrits par lui avec une si poétique prose! Il ne regarde pas le lac, mais la ville dont il fut banni ! N'est-ce pas un contre-sens?

Nous vîmes aussi M. de Sybourg, Suisse de naissance, qui avait été longtemps sous-gouverneur des grands-ducs de Russie. Il était revenu de Pétersbourg, comblé de bienfaits et de décorations, témoignage de la reconnaissance de leurs élèves. Sa fortune était grande, il en faisait un bon emploi en soutenant sa famille et secourant les pauvres. Une vaste instruction, un caractère ferme sans rudesse, une probité rigoureuse et une grande pureté de mœurs, le rendaient digne de la tâche si difficile qui lui avait été imposée. Les empereurs Alexandre et Nicolas furent élevés en grande partie par lui, ce qui prouve combien le choix que l'on avait fait d'un pareil instituteur était heureux. Il nous donna sur la cour de Russie des détails intéressants et curieux. Ils sortent du cadre que je me suis tracé, puisque je ne parle que de ce dont j'ai été témoin, ou de ce dont je suis sûre.

M. Auguste Bontems, capitaine de génie, arrivait de Perse, et fixait l'attention générale par l'intérêt qui s'attache toujours à un voyageur qui a couru de grands dangers dans un pays éloigné, dépourvu de toute civilisation, et dont il a su se tirer avec courage. Il faisait partie de l'expédition du général Gardanne. Après de longues persécutions, M. Bontems obtint l'amitié du fils du schah, qui lui conféra l'ordre du Soleil; il le portait auprès de la croix de la légion d'Honneur, qu'il avait obtenue depuis longtemps. On ne connaissait pas encore la foule de décorations orientales, méritées par nos braves depuis les guerres nouvelles : aussi le *Soleil* paraissait quelque chose d'éblouissant, sans calembour.

Ayant rapporté un riche costume persan fort exact, qui lui avait été prêté par le prince, il avait la complaisance de le revêtir quelquefois pour satisfaire la curiosité des dames de la société de sa mère, personne éminemment distinguée, digne d'être la descendante du célèbre Lefort, ami de Pierre le Grand. Il était, je crois, arrière-grand-père de M. Auguste Bontems.

CHAPITRE XVII.
1809-1810.

Mon excursion à Ferney. — La chambre de Voltaire. — Le jardin. — Les délices. — Le docteur Tronchin — Arrivée de l'impératrice Joséphine. — Son logement à l'hôtel de Secherron. — Madame d'Audenarde. — Le vice-roi. — Fête du lac. — L'impératrice y assiste — Enthousiasme qu'elle excite. — Sa générosité. — Elle nous fait promettre d'aller passer quelque temps à Navarre et Malmaison.

J'allai à Ferney avec la persuasion que madame de Genlis avait exagéré dans ses Mémoires le peu d'agrément de ce séjour. Je pensais que son éloignement pour Voltaire avait sans doute dénaturé les objets à ses yeux, et que, contre son ordinaire, elle avait mal observé ce qu'elle décrivait. J'étais convaincue que partout à Ferney je trouverais des motifs d'admiration. Ce lieu créé par un grand génie devait être beau, sévère et noble. Pour justifier mon enthousiasme anticipé, je tâchais d'oublier l'insipide et fatigante monotonie des Délices[1]; enfin j'étais décidée à trouver tout bien dans l'habitation de Voltaire, parce que, nièce de madame de Genlis, je ne devais pas

Que l'on imagine sa surprise en voyant celui qui élevait la voix se précipiter dans ses bras,

me laisser influencer par un jugement qui peut-être n'était pas équitable. Le grand écrivain répandait autour de lui de nombreux bienfaits ; c'était donc là qu'on devait l'admirer. Cette pensée donnait le désir de n'avoir rien à critiquer.

En arrivant à Ferney, mes idées restèrent les mêmes. Je vis une quantité de maisons bâties par les ordres de Voltaire ; leur architecture, quoique simple, était élégante et gracieuse, et toutes annonçaient l'aisance. Je remarquai une belle église, élevée aussi par celui qui souvent pouvait paraître impie, et semblait repousser ce que la religion a de sublime ! Mon impatience de visiter le château devenait de plus en plus vive, et j'arrivai à la grille dans les dispositions les plus favorables.

Je fus subitement désenchantée en apercevant une maison fort ordinaire à laquelle conduisait une vilaine allée tortueuse, tout juste assez large pour qu'une voiture pût tourner autour d'une mesquine pelouse de gazon jaune mal entretenue. L'entrée de ce lieu fameux par le séjour prolongé de l'un de nos plus grands poètes devait être une avenue majestueuse, et n'avoir rien de la mesquinerie des habitations des bons bourgeois des environs de Paris. Rien de commun ne devait annoncer la demeure de Voltaire. On me dit que M. de Budé, propriétaire actuel, avait fait changer en grande partie tout l'intérieur du château devenu historique. C'était donner aux nombreux étrangers qui s'y succédaient une triste opinion de son goût et de son esprit ; il était digne d'appartenir à cette dévastatrice bande noire, dénaturant ou détruisant ce qui devait être respecté.

Le concierge nous introduisit dans la chambre de Voltaire, et, d'un ton monotone et nasillard, nous récita tout ce que notre intelligence

[1] Maison à la porte de Genève, habitée longtemps par Voltaire, qui lui donna, on ne sait trop pourquoi, le nom qu'elle porte. Elle appartenait aux descendants du célèbre docteur Tronchin.

aurait très-bien deviné. Son air ennuyé, sa physionomie impassible prouvaient que les mêmes phrases, les mêmes mots étaient répétés par lui depuis vingt ans. Il nous expliquait longuement ce qui n'avait pas besoin d'explication ; et loin d'être utile aux voyageurs, il était non-seulement ennuyeux, mais agaçant, insupportable par son inutile bavardage.

Cette chambre est petite, sale et horriblement tenue. Les rideaux du lit, d'un damas vert et blanc fort épais, sont en lambeaux, chaque visiteur se croyant obligé d'en couper un morceau, afin d'avoir une relique du grand homme. Ne devrait-on pas exiger des étrangers qu'ils ne profanassent pas ainsi le lieu qu'on leur permet de parcourir ? Tout dans cet appartement atteste le peu de soin qu'on en prend. Les fauteuils sont presque tous brisés ; une mauvaise table, quelques détestables portraits au pastel, celui de Lekain dans l'ancien costume ridicule d'Orosmane, et celui de la marquise du Châtelet, forment l'ameublement de cette pièce, où tout serre le cœur en songeant que c'est à ce délabrement et à cet abandon qu'aboutit la gloire !

On voit encore un mausolée de fort mauvais goût dans la chambre à coucher ; il est en marbre noir et blanc, placé dans une niche, en face de la cheminée. Il pourrait être pris pour un poêle, si le cicerone n'avait la précaution de vous dire qu'il contient le cœur de Voltaire!... Des noms obscurs, barbouillés au crayon, couvrent les parois du monument et les murs ; enfin rien n'a été respecté. Comment permet-on de souiller ainsi ce que la mort devrait au moins rendre sacré ? Avant de sortir, le guide ne manque pas de demander pour boire. Cette phrase, toujours triviale, devient d'une inconvenance choquante dans cette occasion.

Le jardin est fort laid. On y remarque un long berceau couvert, qui servait de promenade à Voltaire lorsqu'il composait. On s'étonne

Le général Dupuch.

qu'il ait pu y trouver une seule inspiration, car rien n'est plus triste que cette immense allée en charmille dans laquelle quelques moins rares et petites ouvertures, en forme de lucarnes étroites et rares, laissent apercevoir une partie du lac, à une très-grande distance. En un mot, rien ne peut satisfaire à Ferney, si ce n'est la pensée qu'un homme remarquable y trouva le repos. Les environs de Genève offrent une si prodigieuse quantité de jolies maisons, que l'on est à concevoir que Voltaire ait préféré un lieu privé de tous les charmes qui se rencontrent à chaque pas dans ce magnifique pays.

Peut-être Voltaire a-t-il mis une sorte de coquetterie à n'avoir autour de lui rien qui pût plaire ; il devait croire que sa célébrité suffisait pour attirer ; il n'était pas possible d'en douter, lorsque de tous les coins du monde on sollicitait la faveur d'être admis pendant une journée dans l'endroit le moins agréable de cette superbe contrée. Les oisifs, les demi-savants y accouraient pour pouvoir dire : J'ai vu Voltaire ; les gens instruits, pour admirer de près cet esprit

Paris. — Impr. Walder, rue Bonaparte, 44.

universel, qui a depuis, peut-être, entraîné tant de gens dans la fausse route.

Joséphine voyageait à cette époque sous le nom de la comtesse d'Arberg; elle n'en pouvait choisir un plus honorable. Elle vint à Genève avec le vice-roi et sa femme, qui arrivèrent de Milan pour passer quelques jours avec elle. Nous ne l'avions pas vue depuis longtemps; notre fortune, comme je crois l'avoir dit, ne nous permettant pas d'aller à la cour, où le luxe était poussé au dernier degré, bien éloigné cependant de celui déployé aujourd'hui.

Ma mère pensa qu'ayant quelques anciennes obligations à Sa Majesté, il était de notre devoir d'aller lui présenter nos hommages, quand elle était abandonnée de gens auxquels elle avait été mille fois plus utile qu'à nous. Nous demandâmes donc à avoir l'honneur de lui être présentées de nouveau. Nous reçûmes le même jour une réponse pleine d'obligeance, qui nous assignait une audience fort prochaine.

L'impératrice Joséphine habitait l'hôtel d'Angleterre à Sécheron, joli village très-près de Genève, et sur les bords du lac. Nous y allâmes, persuadées que tout devait être bouleversé par la présence de tels personnages, et convaincues que les étrangers ordinaires avaient été renvoyés pour faire place à cette cour. Quelle fut notre surprise, en arrivant, de trouver tout aussi calme en apparence qu'avant l'arrivée de l'impératrice! Elle voyageait avec la simplicité d'une riche particulière.

Madame d'Audenarde, ancienne amie de ma mère, était dame du palais depuis le divorce; elle suivait Sa Majesté, et c'est elle qui nous introduisit près de Joséphine, dans une petite pièce sans antichambre. C'était où couchait l'impératrice. Nous la trouvâmes en demi-toilette, et infiniment mieux de figure que lorsqu'elle était sur le trône. Elle avait pris de l'embonpoint, sans que sa taille perdît de son extrême perfection; son teint était moins brun et plus reposé, et le charme inexprimable de ses manières, le son touchant de sa voix, faisaient toujours d'elle la femme la plus séduisante.

Sa Majesté nous reçut avec la plus grande bienveillance, nous rappela plusieurs circonstances de nos anciennes relations; elle fit venir le vice-roi pour *nous le présenter*. Il était, comme sa charmante mère, ennemi juré de toute étiquette, et fut avec nous absolument comme lorsqu'il n'était encore qu'*Eugène de Beauharnais*.

L'impératrice était profondément touchée de la manière dont on la recevait partout où elle passait. « Cela me rend d'autant plus heureuse, nous dit-elle, que les Français aiment surtout la jeunesse et la beauté, et que depuis longtemps je n'ai plus ni l'une ni l'autre. — Oui, madame, répondit ma mère; mais ils adorent la grâce et la bonté. » Sa Majesté serra affectueusement la main de ma mère, et lui dit qu'elle partait le lendemain pour Paris; qu'elle savait que notre projet était aussi de reprendre le chemin de la *ville par excellence*, et qu'elle serait charmée de nous recevoir à Malmaison et à Navarre non comme de simples visites, mais comme habitants.

Nous prîmes cette invitation comme une chose qui serait oubliée dès que l'on ne nous verrait plus; mais nous fûmes reconnaissantes de la bonté parfaite de Sa Majesté, qui causa plus d'une heure avec nous, avec une amabilité et un intérêt extrêmes.

Pendant que nous étions avec elle, elle reçut plusieurs personnages marquants de la ville : M. Maurice, maire; les professeurs Pictet, Boissier et Prévost, justement célèbres par leur instruction et leur noble caractère. Elle s'entretint avec eux de sciences et d'arts avec une aisance dont ils furent étonnés. Elle parlait de tout, et en parlait bien. Elle écoutait les réponses avec une attention bienveillante qui attirait la confiance, ayant toujours l'air de s'intéresser à celui qui lui parlait. Elle fit quelques citations sans aucune pédanterie, et qui eussent pu surprendre, si on ne s'était souvenu que l'empereur l'appelait *son agenda*. En racontant un trait, il affectait de se tromper de date, pour avoir le plaisir d'être repris par celle qu'il avait su juger.

Le jour où nous vîmes l'impératrice était précisément celui d'une fête célèbre à Genève : celle du lac. Toutes les barques des propriétaires qui ont des maisons sur ses bords enchantés sont richement pavoisées, décorées de guirlandes, et conduites par des matelots vêtus de blanc, ayant des ceintures de couleur; plusieurs sont pleines de musiciens; au milieu de cette petite flottille se promène majestueusement la *grande barque de la ville*, montée par la garde nationale, dont la musique fait entendre des airs analogues à la circonstance. Le soir on tire sur le pont un magnifique feu d'artifice auquel répondent des milliers de fusées lancées par tous les batelets, aux cris d'une foule immense qui borde le rivage. Rien ne peut donner l'idée de la magnificence de ce lac ainsi éclairé, ni de la majesté du mont Blanc, qui se montre par intervalle, au reflet de ces feux si brillants qui le dorent. L'écho des montagnes, répétant ces bruits si éclatants, achève de rendre cette scène incomparable; je défie de l'oublier, lorsqu'on en a été témoin.

On avait orné une barque pour l'impératrice. Elle était traînée par deux cygnes; toutes les autres se pressaient autour de la sienne; on voulut les faire éloigner, mais Sa Majesté ordonna de les laisser s'approcher. « Je suis bien aise que l'on voie à quel point je suis enthousiaste de ce qui m'entoure, et combien je suis heureuse de la manière dont je suis reçue. Il est si consolant d'être aimée! » On se répétait ses paroles, et mille cris de *vive l'impératrice! vive le vice-roi!* assuraient qu'en effet elle devait être *consolée*.

Ah! ça te la coupe, cad t!

Elle visita toutes les manufactures, fit beaucoup d'emplettes, et partit comblée des bénédictions de la population tout entière.

La société avait pu juger de ses manières affables et distinguées, de la justesse de son esprit, de l'étendue des connaissances acquises pendant son second mariage. Ayant, comme elle le disait, quitté sa dépouille de créole indolente pour devenir digne d'être la compagne d'un héros, elle avait acquis le goût le plus éclairé pour les arts, et sa conversation surprit les hommes les plus dignes de faire autorité en ce genre.

Les pauvres purent attester, comme ceux de la France entière parcourue par elle à différentes reprises, qu'ils n'étaient jamais oubliés par Joséphine; au milieu du tumulte des fêtes comme dans sa retraite de Navarre, ils avaient toujours place au foyer ardent de son inépuisable charité, et elle faisait largement leur part dans ses plaisirs.

C'est ainsi qu'elle a acquis une célébrité que le temps ne lui ravira pas. Les louanges et les actions de grâces des êtres souffrants sont recueillies sur terre comme dans le ciel, et les *bons rois* sont plus immortels encore que les *grands rois!*

CHAPITRE XVIII.
1810.

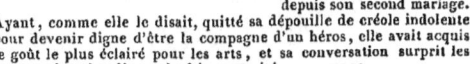

Course à Chamouny. — Vallée de Maglan. — Cascade. — Torrent noir. — Le Montanvert. — Albinos. — *Les jolies brunettes.* — Courage d'une servante d'auberge. — Mademoiselle d'Angeville. — Balmat, le mont Blanc. — Sourd-muet. — Disparition de Balmat. — Son corps est retrouvé.

Deux femmes de nos amies, venues pour parcourir les glaciers de

Savoie, voulurent bien me mener avec elles; après bien des difficultés, ma bonne mère, qui ne s'était jamais séparée de moi, consentit à me laisser partir pour cinq jours. Au moment de la quitter, je fus sur le point de me rétracter; j'étais effrayée de ce grand voyage entrepris sans mon guide ordinaire, et je fis mon testament, laissant mes petits bijoux à mes compagnes, et le portrait de mon père à ma mère. Je ne lui dis rien de mes pressentiments. Je déposai au fond d'un tiroir l'important écrit cacheté de noir, et tranquillisée par ces précautions, en cas que je succombasse aux dangers que j'allais courir, je m'embarquai assez courageusement dans une excellente calèche attelée de deux vigoureux chevaux de poste, qui nous entraînèrent vers la vallée de Chamouny.

Le temps était douteux, et nous ne pûmes jouir qu'à moitié de la beauté admirable des sites qui se présentaient à nous à chaque instant. L'élégante cascade de *Chede*, son lac enchanteur, la *vallée de Maglen*, le *Torrent Noir* étaient sans soleil, et cependant ils étaient ravissants! Je me disais tout bas que ce ciel sombre était de mauvais présage, et je me persuadais de plus en plus que j'avais eu mille fois raison de me mettre en règle de toutes manières avant de m'éloigner de Genève. Quelle est la jeune fille qui, pour la première fois s'arrachant des bras de sa mère, n'a pas de semblables pensées?

J'avais pris mes informations sur le costume convenable à cette excursion. Mes compagnes, jolies et merveilleuses Parisiennes, n'avaient pas fait de même; elles eurent à s'en repentir, car nous gravîmes les montagnes par un brouillard fort épais, qui défrisant les plumes de leurs chapeaux les rendit assez semblables à des balais. Leurs robes légères et entr'ouvertes à la poitrine les firent geler, et leurs petits souliers de couleur claire, à semelle fort mince, purent à peine les ramener jusqu'à l'auberge; tandis que mon chapeau de paille noire, mes souliers de routier et mon ample douillette ouatée, me firent à peine sentir qu'il faisait froid.

Arrivées sur le sommet de Montanvert, et prêtes à descendre sur la mer de glace, nous fûmes affublées d'énormes couvertures d'une laine grossière et rayée; ce qui achevait de rendre cet équipage fort burlesque était un gros bouquet de rhododendron que nous nous mîmes au côté.

Je n'essayerai pas de donner une idée de la majesté imposante de cette mer de glace dont on a tant parlé. Des écrivains célèbres ont fait des descriptions pompeuses, qui, selon moi, laissent le lecteur froid comme le sujet dont on les entretient. Ce bouleversement de la nature, l'immensité des pics qui vous entourent et qui ressemblent à d'innombrables châteaux, ces crevasses énormes en forme d'entonnoir où un seul pas peut vous faire trouver une mort inévitable, ce silence profond qui n'est interrompu que par le bruit effrayant des avalanches qui se succèdent pour rouler dans ces gouffres affreux, le son mélancolique des trompes des bergers, relégués dans ces immenses solitudes pendant des mois entiers, le cri perçant des aigles planant dans l'espace, tout porte dans le cœur une admiration mêlée de tristesse, qui ne peut s'exprimer presque comme on l'a sentie. On ne songe à rien, on regarde, on est attendri, et nulle phrase ne peut rendre ces émotions délicieuses et rapides; les larmes s'échappent sans qu'on s'en doute. C'est du moins ce que j'ai éprouvé, ainsi que mes charmantes compagnes, toutes deux étonnées d'être réfléchies, et occupées d'autres choses que de celles faisant valoir leur beauté.

Il ne tiendrait qu'à moi d'inventer quelque épisode bien romanesque pour rendre le voyage gravé dans ma mémoire; mais j'ai promis d'être franche et de me singulariser par une sincérité parfaite, ne pouvant le faire par mon talent. Ainsi, à mon grand regret, je suis forcée d'avouer que rien d'extraordinaire ne nous arriva. J'ai comme tout le monde fait une station à la fontaine *Claudine*, célèbre par sa nouvelle de Florian; j'ai cueilli des fraises presque sur la glace, et les meilleures qui se puissent manger; j'ai rempli ma boîte de fer-blanc de plantes alpines, une et pré-blanc de plantes alpines, pour m'en faire un herbier auquel je tenais beaucoup¹; j'ai détaché un petit morceau de cristal de roche; j'ai vu un chamois de bien loin, un aigle de bien haut, et les *Albinos*. Tout le monde allant dans ce coin sublime de la terre en a fait autant.

Les deux jumeaux *albinos* sont nés à Chamouny, et y sont revenus après avoir gagné une petite fortune à se montrer dans plusieurs villes d'Europe. Ayant acheté à leur retour un troupeau, ils le gardent comme de simples pâtres. Leurs cheveux sont entièrement blancs, ainsi que leurs cils et leurs sourcils. Leurs yeux intérieurement rouges sont en perpétuel mouvement; le jour leur fait un tel mal, qu'ils portent habituellement leurs chapeaux à bords énormes. Si on le leur ôte brusquement, frappés d'une douleur aiguë, ils tombent comme frappés de la foudre. Ils éprouvent, disent-ils, dans les yeux quelque chose qui ressemble à un coup de canif dans l'œil. Ils parlent supérieurement anglais, ayant longtemps *exploité leur laide figure* aux dépens de la Grande-Bretagne.

---

¹ Méhul, dont je me rappelle tout ce que le talent, l'esprit, la bonté peuvent avoir de plus attachant, étant déjà condamné par les médecins, désira vivement cet herbier, quelques années après que je l'eus mis en ordre. Je le lui donnai; au bout de quelques mois Méhul n'était plus, et mon herbier fit partie d'un lot de sa vente.

CHRONIQUES POPULAIRES.

Je leur demandai si leurs parents étaient comme eux; ils me répondirent que non, mais que leur mère avait eu *peur d'un lapin blanc*, et que voilà pourquoi ils étaient ainsi, qu'elle était morte; que les chirurgiens avaient voulu qu'on l'ouvrît pour savoir si sa conformation différait de celle des autres femmes; que rien n'expliquait le phénomène qui avait étonné tous les gens de l'art.

Je les questionnai sur leurs voyages, le cadet avait de l'esprit naturel, il causait fort bien des pays qu'il avait visités. Suivant l'usage de tous les montagnards, il préférait ses montagnes à tout ce qu'il avait vu. Il avait raison, car tout ce qui est grand, beau, sublime, est là. Il nous dit qu'il était marié ainsi que son frère, mais que, *malheureusement*, ils n'avaient que des filles qui n'étaient que *de jolies brunettes*: aussi, ajouta-t-il, elles seront obligées de vivre au village que *notre figure nous a fait gagner*. Ils sont tous deux d'une humeur fort douce qui les fait aimer de tous les habitants de la vallée. Les voyageurs leur donnent toujours quelques pièces de monnaie, qu'ils reçoivent avec reconnaissance, et qu'ils mettent de côté pour augmenter la dot de leurs infortunées jolies brunettes.

J'avais pour guide *Balmat*, surnommé le *Mont Blanc*, parce qu'il fut le guide de M. de Saussure lors de sa première course. C'était un homme extraordinaire. Quoique resté paysan par ses expressions et sa mise, il était fort intéressant et fort instructif de l'entendre causer. Il savait parfaitement la minéralogie, la botanique, et connaissait toutes les curiosités de sa chère vallée. Il avait vu de près les personnages les plus illustres du monde, et retenu une foule de traits qui les concernent et qu'il racontait avec une énergie, et des expressions pittoresques se ressentant de la richesse de la nature qui l'entourait, et qui se trouveraient difficilement dans un homme de la société. Il se rappelait tous ceux qu'il avait guidés, traçait fidèlement des portraits qui doivent être ressemblants. Quand un mot lui manquait pour exprimer sa pensée, il y suppléait par un geste, qui devenait une image.

Il nous raconta qu'une jeune femme était montée au mont Blanc, aussi haut que M. de Saussure, c'était une fille d'auberge, qui trouvait honteux que notre sexe ne fût pas plus courageux. Elle annonça sa volonté de suivre les premières personnes qui tenteraient cette excursion. Vainement on lui fit observer qu'elle ne pourrait soutenir la fatigue d'une course si pénible, qu'il fallait coucher deux nuits sur la glace, etc. Elle persista, et partit en effet avec deux Anglais et sept guides. Arrivée à la moitié de l'espace qu'elle devait parcourir, elle était déjà malade; on voulut la faire renoncer à son projet, mais il n'y eut pas moyen; elle jura qu'elle aimait mieux mourir que d'en redescendre avant d'avoir posé le pied sur la place où M. de Saussure avait mis le sien. Plus elle s'élevait, plus sa santé s'altérait, sans que son courage s'affaiblît. Le froid excessif que l'on éprouve, parvenu à une certaine hauteur, lui causa d'affreux vomissements que rien ne pouvait calmer; mais lorsqu'on voulait la faire rétrograder, elle avait des attaques de nerfs si effrayantes, qu'on se voyait obligé de la laisser s'exposer à un danger qu'elle voulait affronter. « Traînez-moi, portez-moi, mais que je touche cette pierre posée pour perpétuer ce voyage à jamais célèbre, et je mourrai contente! »

Enfin, après des fatigues, des peines et des souffrances inouïes, ses vœux furent exaucés; elle ajouta son nom à celui du voyageur qu'elle révérait. Les guides furent obligés de la porter presque toujours en descendant. Elle ne pouvait se soutenir sur ses jambes, et fut six semaines entre la vie et la mort. Dans le moment de son plus grand affaiblissement, elle murmurait: *C'est égal, j'ai été aussi haut que le grand Saussure*¹!

Je suis inexcusable d'avoir oublié le nom de cette héroïne villageoise; je l'avais écrit sur un petit agenda qui a été perdu dans un de mes voyages.

Balmat a introduit la race des mérinos à Chamouny, ce qui lui valut une médaille d'or du ministre de l'intérieur. Il la montrait avec orgueil en disant qu'elle lui avait été remise par son ami *de Barante*. C'est ainsi qu'il nommait le préfet, chez lequel il dînait toutes les fois qu'il allait à Genève.

Il y avait à Chamouny un malheureux sourd-muet tout à fait crétin par son imbécillité; on ne croirait pas qu'une pauvre créature si dégradée pût rendre quelque service; cela est cependant, et voici comment:

Si par malheur une vache, une brebis, ou, ce qui est arrivé deux fois, un homme tombaient dans une de ces redoutables crevasses, on y descendait cet infortuné, après lui avoir passé d'énormes cordes autour du corps et dessous les bras; à force de signes on lui faisait à lui expliquer ce qu'il fallait rapporter, ce qu'il trouverait dans le gouffre. Il s'emparait en effet du corps qu'il y rencontrait, et remontait avec, sans savoir ce qu'il faisait, agissant machinalement. Pour le récompenser, on lui donnait un peu de viande, qu'il aimait beaucoup et dont les habitants de Chamouny mangent rarement, vivant de fromage et de lait caillé. Quand on lui présentait une nourriture qui

---

¹ Mademoiselle d'Angeville, propriétaire d'un joli château dans le Bugey, a donné, il y a quinze ans, cette preuve de mâle énergie courageuse; mais je crois qu'elle n'a cependant pu mettre le pied sur la pierre *marquant les pieds* de M. de Saussure.

lui plaisait, il riait aux éclats d'une manière qui faisait mal à entendre. Ainsi la gaieté même de ce malheureux attristait tous ceux qui en étaient les témoins. Le rire sur ce visage flétri ne pouvait jamais paraître qu'une convulsion effrayante.

L'album sur lequel les voyageurs inscrivent leurs pensées et des vers est si rempli d'absurdités, que je ne conçois pas que l'on ose en augmenter le nombre. Il est fort curieux de voir ainsi rapprochés les noms des savants et des poëtes de tous les pays ; mais ce n'est assurément pas en lisant leurs impromptus que l'on pourrait se faire une idée de leurs talents, car ils sont presque tous détestables : ce qui prouve qu'une nature admirable n'est pas suffisante pour inspirer.

Madame de Staël, si hardie dans ses conceptions littéraires et dans sa conduite politique, avait toute la faiblesse d'une femme lorsqu'il s'agissait de dangers physiques, et peu de force pour affronter la fatigue. Elle est, dit-on, restée à l'auberge de Chamouny pendant que sa société visitait les glaciers. Elle prétendait qu'elle en saurait autant que les autres en se faisant raconter ce qu'ils avaient fait, et que son imagination suppléerait à ce qu'elle n'aurait pas vu : elle était en effet assez brillante et assez riche pour deviner toute la magnificence dont elle se privait ; mais, malgré son génie, je doute qu'elle ait pu aller au delà des bornes de la vérité. Un plus grand créateur s'est chargé de poser les bornes aux splendeurs de la nature.

On m'a appris dernièrement que le pauvre Balmat, devenu ambitieux, cherchait à acquérir une grande fortune par la découverte de quelque mine d'or ; il partait seul au point du jour, pour explorer les rochers, revenait le soir, triste de n'avoir rien trouvé, mais non découragé, puisqu'il repartait le lendemain. Un soir il ne revint pas !... On suppose qu'il sera tombé dans quelque précipice [1].

Deux mois après mon retour de Chamouny, nous partîmes de Genève pour rentrer à Paris rejoindre mon père. Lorsque du haut d'une montagne du Jura, je vis pour la dernière fois cette ville où j'avais été si heureuse, j'éprouvai un violent chagrin. C'était un pressentiment de tout ce que je devais souffrir plus tard. Pendant toute la route, je conservai cette impression de douloureux regrets ; la présence de mon père put seule la dissiper, mais non me faire oublier les moments agréables passés dans cette charmante ville. Il m'a été impossible de résister au désir de revoir Genève ; j'y suis retournée en 1842, et je demande la permission d'ajouter à ces Mémoires un chapitre supplémentaire relatif aux changements dont j'ai été frappée dans le caractère et les usages des habitants.

Pendant les trois années écoulées dans cette ville si doucement, sans chagrin, sans inquiétudes, je ne fus pas poursuivie par d'odieuses calomnies, et n'ai pas souffert de tout ce que l'ingratitude a de plus amer. Ayant refusé de m'y fixer, je voulais revoir encore la cité hospitalière où je connus toutes les douceurs d'une amitié vraie ; qu'on me pardonne donc cette excursion que je vais y faire avant de continuer mon ancien récit. C'est une peinture de mœurs que je donnerai, et, en l'écrivant, j'éprouverai moins de regrets d'avoir quitté ce petit coin de terre où mes jours les plus heureux se suivirent toujours calmes et sereins !

CHAPITRE XIX.

Genève en 1842.

Hôtels garnis. — Madame Rochat. — La princesse Mitchiersky. — Lady Bulwer, mesdames les comtesses Krijanowska, Potowska. — Mademoiselle Pular. — Musée Rath. — Le mont Salève. — Phénomène remarqué sur le mont Blanc. — Cimetière protestant. — Coupable indifférence. — Méthodisme. — Madame S. M. — Brochures. — Sœur Marie. — Aventure de M. P. — Lois génevoises sur les bals. — Le docteur Coindet. — Son fils. — Autographe.

Ce fut avec ravissement que je revis Genève, jadis si hospitalière pour mes parents et moi, et de doux souvenirs se présentèrent en foule à mon esprit ; en approchant, m'accusais d'ingratitude envers la Providence, qui avait bien voulu m'accorder des moments d'un bonheur complet. Bien des gens ne pouvaient en invoquer autant, et je me résignais presque à souffrir encore ! Une seule pensée triste altérait ce retour vers le passé ; madame Naville Boissier, enlevée sitôt, ne serait plus là pour embellir les longues soirées passées sur la belle terrasse de la Boissière ! Mais du moins je pourrais rendre un dernier hommage à sa tombe.

Je trouvai la ville extrêmement embellie, conservant tout le quartier haut comme autrefois, mais celui du bas est superbe ; les plus beaux hôtels garnis d'Europe s'y trouvent en grand nombre ; le luxe de l'ameublement, la commodité des distributions sont sans doute de grands avantages, mais ce qui les rend sans rivaux, c'est d'être situés tous dans d'admirables positions, quoique différentes. Les uns, placés près du Rhône, avec sa belle eau bleue et transparente, conviennent aux personnes qui ont besoin du bruit du fougueux bouillonnement de ce fleuve rapide pour calmer, par cette monotonie agitée, le trouble d'un esprit exalté et malade ; les amateurs passionnés de l'admirable nature que présentent les Alpes se logeront à l'hôtel des Berghes, et pourront contempler tous les prismes des couleurs de l'arc-en-ciel se développant sur le majestueux mont Blanc ; enfin, les voyageurs ayant besoin de repos s'arrêteront chez l'excellente madame Rochat, dont la maison est parfaitement tenue, sans être, à beaucoup près, dans des conditions impossibles pour de petites fortunes.

Ce fut chez elle qu'on me conseilla d'élire domicile, et comme je ne pouvais songer à donner *quarante francs par jour* pour un appartement *modeste* aux Berghes ou à l'Écu de Genève, je pris le parti de suivre cet avis dont j'eus tant à me louer ; non-seulement j'y fus à merveille, mais j'y fis connaissance avec deux femmes hors ligne, qui habitaient aussi l'*hôtel du Rhône*, préféré par elles, non par économie, mais parce qu'il était moins bruyant.

Madame la princesse de Mitchiersky est presque un personnage historique par sa parenté [1]. Il doit être permis de la faire connaître. Elle est à mes yeux le type le plus parfait de la grande dame ; sa noble et calme figure encadrée dans de grosses boucles d'argent sans le moindre alliage, sa haute et svelte taille, sa physionomie distinguée, et l'affabilité pleine de grâce de ses manières, me faisaient voir en elle le modèle des anciennes châtelaines. On la remarquerait, quand même on ne saurait pas qu'elle est instruite comme un savant et simple comme une femme ordinaire. Personne ne conte mieux que la princesse : elle a beaucoup voyagé, et avec fruit, questionnant beaucoup et n'oubliant rien. Elle voulut bien m'admettre dans son intimité, et comme il y avait beaucoup à gagner en l'écoutant, je lui conserve une grande reconnaissance de ses bontés.

Lady Bulwer, célèbre par ses écrits de son mari et les siens, et peut-être plus encore par son éclatante beauté et son adorable caractère, descendait tous les soirs dans le salon de la princesse, quartier général de toutes les étrangères de marque séjournant à Genève. La comtesse Marie de Potowska, si recherchée dans le monde par l'agrément qu'elle y répand, et la comtesse de Kriganowska, parlant avec élégance plusieurs langues, étaient aussi régulièrement admises ; enfin, mademoiselle Pular, ancienne gouvernante de Son Altesse Royale la princesse Frédérique de Prusse, complétait un cercle tout féminin. Le hasard faisait qu'aucun des maris de ces dames n'était à Genève. Je n'oublierai jamais les soirées de l'hôtel du Rhône. Elles m'ont confirmé dans la persuasion que les étrangères l'emportent sur les Françaises par l'étendue de leurs connaissances en toutes choses. Par esprit national, nous ne ferions pas mal d'essayer d'étudier davantage les langues étrangères ; depuis que les expositions européennes se succèdent, ce serait une chose presque nécessaire, afin de questionner sur les découvertes, sans être obligées, pauvres ignorantes que nous sommes, d'avoir besoin d'interprètes.

Parmi les embellissements remarquables de Genève, il faut citer le beau pont sur le Rhône, la rue de la Corraterie et le musée Rath. Il contient quelques bons tableaux, mais il est urgent qu'il s'enrichisse encore beaucoup.

Le *Salève* est toujours le plus singulier des monts avec ses zones transversales et régulières. « Toute dans cette belle nature, disais-je à la princesse, est resté semblable, tandis qu'autour de moi tout a disparu ! — Vous vous trompez, me répondit-elle, rien n'est immuable, et je vous le prouverai ce soir en vous conduisant avant dîner à Sécheron, vis-à-vis le mont Blanc. » J'eus beau la questionner, je n'obtins aucun éclaircissement. J'étais fort impatiente d'arriver à l'heure qui devait me le donner. Nous montâmes en calèche, et lorsqu'elle fut arrêtée : « Que voyez-vous au haut du mont Blanc ? » me dit-elle. Frappée de surprise : « le profil de Napoléon ! » m'écriai-je.

Sans avoir été prévenue, je remarquai un phénomène bien extraordinaire, qu'on ne voyait point pendant mon premier séjour. Il est observé depuis seize ans seulement. C'est l'apparence du corps de l'empereur, étendu sur une des crêtes du mont Blanc ; sa tête, de profil, est fort ressemblante, coiffée du petit chapeau, et distinctement dessinée par les couches de neige.

Ne semble-t-il pas que la main de la Divinité ait voulu se charger de tracer cette grande figure, et de lui donner pour socle le plus majestueux des monts, seul digne de supporter l'image de ce gigantesque génie ? N'est-il pas aussi très-singulier que ce portrait si largement tracé n'ait été vu que depuis l'exil de l'empereur, et qu'il soit imposé à jamais à ce peuple se désespérant de faire partie des sujets du héros, et enfin que deux Anglais aient été les premiers à découvrir cette image sacrée de l'illustre victime de l'Angleterre !

Les Genevois se lamentent sur le nouvel aspect du Mont-Blanc, et les *pur sang* vont jusqu'à dire que leur beau glacier est *gâté*. Je ne reconnais pas là leur esprit spéculateur : ils devraient penser qu'un prodige de plus de la nature attirera encore plus chez eux, et que

---

[1] Au moment d'envoyer ces Mémoires à la réimpression, je lis dans un journal qu'après la débâcle des glaces de la grotte de l'Arveyron, on a retrouvé et reconnu le cadavre du malheureux Balmat, dont la partie supérieure était encore engagée dans la glace. Il avait disparu depuis vingt-et-un ans ! J'avais visité avec lui (1802) cette merveille de la nature, qui devint son tombeau.

[1] Elle était la sœur aînée du prince de Czonischeff, dont je parlerai plus tard. Il fut, dit-on, la cause des désastres de la campagne de Russie, par l'adresse avec laquelle il se procura les plans de l'empereur Napoléon 1er, obligé pour tromper l'ennemi de les changer de suite.

conséquemment le commerce de leur brillante industrie n'en sera que plus étendu. Au lieu d'admirer une fois, on admirera deux ! C'est tout profit pour le pays.

Une de mes premières visites à Genève avait été pour le tombeau de madame Naville. Je me dirigeai vers le cimetière protestant, et demandai au gardien de me l'indiquer. Il n'occupait sa place que depuis dix ans, et ignorait tout ce qui était antérieur ; il alla chercher un vieux fossoyeur exerçant de longue date sa sinistre profession, il me l'amena. Cet homme me dit se rappeler très-bien l'enterrement de madame Naville, toute la ville y assistant ; il pensait que *comme de coutume*, on avait, sept ans après, mis un autre corps à la place de celui de mon amie ; qu'aucun monument ne portait son nom, que cependant j'étais libre de chercher, ce que je fis. J'eus beau tâcher de trouver quelque inscription me désignant cette sépulture, je ne découvris rien !...

Le cimetière est mal entretenu ; pas une allée qui préserve du sacrilège de fouler aux pieds des tombes ! Toutes, à peu d'exceptions, ne sont marquées que par une légère élévation de terrain, disparaissant peu à peu sous l'herbe et les ronces ! Quelques pierres brisées de loin en loin, deux ou trois colonnes élevées par des étrangers aux êtres qu'ils perdirent loin de la patrie, de très-rares petits jardins entourés de grilles pour abriter des êtres chéris, voilà le spectacle affligeant que présente ce qu'on est convenu d'appeler le *champ du repos* ; c'est celui de l'*oubli* qu'il faudrait dire là !...

Cette indifférence pour les morts est moins marquée dans la classe du peuple. Un beau mausolée en marbre blanc a été érigé à M. B..., célèbre orfèvre, par ses ouvriers, dont il était adoré. Ils se sont cotisés pour acheter fort cher un terrain à la ville, qui y consent difficilement à perpétuité, et pour faire les frais du monument sur lequel est sculpté le profil de l'homme de bien laissant de si touchants regrets.

J'étais si indignée et si affligée de n'avoir pu déposer le bouquet que j'avais porté pour le tombeau que je comptais trouver, que je ne pus m'empêcher d'en parler le soir à l'un des syndics, un de mes anciens amis, qui vint me voir. Il me répondit qu'il n'était pas dans les usages de la ville de sacrifier au luxe en vendant des places d'ailleurs fort chères, en raison du peu d'étendue du cimetière ; que l'égalité s'y opposait, et qu'enfin nul ne savait où reposait Calvin !

Ce nom venait me frapper de nouveau comme un obstacle à mes vœux. J'en eus de l'humeur, et je fis observer que c'était peut-être par une prudence bien entendue que les prosélytes de ce novateur n'avaient pas voulu laisser de traces de ses dépouilles, le fanatisme pouvant dicter de coupables profanations ; mais que rien de semblable n'était à craindre pour de simples particuliers se contentant de faire le bonheur de leurs familles, et qu'il était inconcevable que quelques écus privassent de la consolation d'embellir la dernière demeure de ce que l'on avait tant aimé. « C'est possible que la religion catholique commande de profanes hommages, répliqua M. ***, la nôtre n'aspire qu'aux récompenses du ciel ! » Et il me quitta aussi peu content de moi que je l'étais peu de lui.

Ces paroles prononcées par lui sur notre foi me prouvèrent la vérité de ce qu'on m'avait dit sur le méthodisme qui s'était introduit à Genève, et y exerçait la sévérité la plus excessive. J'en acquis une preuve tellement concluante, que je vais la citer ici.

Je savais que les jeunes femmes étaient devenues infiniment plus *collet monté* qu'en 1810, et qu'elles ne parlaient pas seulement de religion dans leur maison, mais qu'elles la *prêchaient* avec plus d'ardeur que leurs prédicateurs même, et qu'elles passaient leur temps à faire imprimer des brochures fanatiques qu'elles adressaient aux catholiques.

J'honore et je respecte toutes les croyances lorsqu'elles sont sincères, mais je hais l'exagération et je ne puis m'empêcher de penser que ces doctes *prédicantes* ont beaucoup plus le désir de faire parler d'elles que de véritable persuasion. Comment, par exemple, croire qu'elles aient sérieusement la prétention de rendre *meilleures* les plus angéliques créatures de ce monde, *les sœurs grises*, se dévouant à tous les maux qu'elles ont l'espoir d'adoucir ? Les méthodistes ont pourtant ce ridicule orgueil.

Ces servantes du Seigneur, consacrant leur vie tout entière au service des pauvres, des malades sans s'informer de la croyance de ceux qui souffrent ; ces gardes assidues de petits enfants abandonnés reçoivent sans cesse des livres dans lesquels on parle de la religion qui inspire de si nobles actions comme d'une idolâtrie blâmable ! On ose donner des conseils à ces saintes filles qui n'ont qu'une pensée : faire le bien ! L'indignation ne peut plus avoir de bornes en connaissant ces faits. Que méritent de telles turpitudes ? il faut les citer, et s'en moquer assez !

Ayant donné un très-beau concert à Genève, j'eus l'idée d'en organiser un second, dont le bénéfice serait destiné aux orphelins, sans distinction de religion. L'institution protestante comptait pour patronnesses toutes les sommités de la ville, tandis que celle des catholiques ne pouvait subsister que par l'ardente bienfaisance du vieux curé ayant quelque fortune, les soins et l'ordre de la supérieure des sœurs de charité, la modeste et admirable sœur Marie, sollicitant sans cesse celle de coreligionnaires peu riches. Elle vint me témoigner d'avance sa reconnaissance de ce que je faisais pour ses chères petites filles.

Madame S... M..., à laquelle j'avais adressé des billets pour cette bonne œuvre, me fit l'honneur de m'écrire une lettre de quatre grandes pages pour me prier de lire une brochure qu'elle m'envoyait pour me faire réfléchir à l'éternité !...

N'ayant pas l'avantage de connaître personnellement madame S... M..., je fus étonnée de ce zèle pour mon salut. Le moment me semblait mal choisi, puisque j'essayais de faire un peu de bien. Elle ajoutait que toute chrétienne devait toujours songer à elle avant de penser aux autres ; que les actions prétendues bonnes ne valaient pas aux yeux du Créateur une pensée s'élevant vers lui ; et pour se conformer à ce qu'elle venait de dire et prêcher d'exemple sur le peu de prix que Dieu attache aux œuvres charitables, la riche madame S... M... m'envoyait *cinq francs* !... Il est vrai que son sermon avait dû lui prendre bien du temps.

J'ouvris la fameuse brochure que je devais à la touchante bonté de madame S... M... et qui m'était recommandée comme devant enseigner la perfection, et je ne pus m'empêcher de rire aux larmes du titre bizarre d'un ouvrage ayant la prétention d'être sérieux : *Comment vous portez-vous ?* était l'intitulé de ce chef-d'œuvre. J'étais au moment, pour toute réponse, d'écrire au bas : *Très-bien, je vous remercie* ; mais je m'arrêtai, en réfléchissant qu'il ne fallait pas plaisanter avec les fous de certaine manie folle furieuse ; j'écrivis donc par opposition une lettre raisonnable à madame S... M... Je tâchai de lui faire entendre poliment qu'il fallait être bien sûr de sa perfection pour oser se mêler de la conscience des autres, et que les prêtres seuls pouvaient avoir ce droit, parce que, ministres du Seigneur, ils parlent en son nom et non au leur.

Voici un exemple du fanatisme presque furieux animant ces zélés propagateurs d'une secte si éloignée par ses principes de ce qu'ordonne la vraie religion.

M. P..., revenant de la campagne avec sa famille dans une voiture de louage, versa d'une manière dangereuse, se cassa le petit doigt de la main gauche et se foula le poignet. Sa femme, désolée de se trouver au milieu du grand chemin sans espérer pouvoir se rendre promptement à Genève avec le blessé, courut quelque temps et vit enfin une habitation à la porte de laquelle elle s'empressa de frapper. Se trouvant à deux cents pas de son mari resté évanoui sur le lieu de l'accident dans les bras de sa fille éplorée, elle implora du secours, raconta la cruelle position du blessé, et supplia de ne pas tarder à procurer quelque moyen de transport. On se précipita sur ses pas ; mais avant de prodiguer les secours nécessaires à celui qui en avait un si pressant besoin, la jeune maîtresse de maison sortit du sac pendu à son bras deux ou trois volumes qu'elle offrit à madame P... stupéfaite, en lui disant d'en lire quelques chapitres pour se donner de la force, et surtout de mettre sa confiance en Dieu avant de solliciter des secours humains. Ce ne fut pas sans une peine infinie que ce petit sermon put être interrompu par l'empressement de quelques valets : plus pitoyables que leur maîtresse, ils s'occupèrent à panser le moribond.

N'était-ce pas le cas de répéter pour la millième fois les vers du grand fabuliste :

Eh ! mon ami, tire-moi du danger,
Tu feras après ta harangue.

Ne faut-il pas déplorer que la sensibilité naturelle à la femme soit remplacée par cette manie de pérorer, qui n'est que du pédantisme déguisé ? C'est assurément à Genève que les exceptions confirment la règle ; il est même à présent un grand nombre de modèles de tolérance et de piété sincère.

Genève, redevenue Suisse, a repris toute la roideur dont elle s'était un peu dépouillée, lorsque faisant partie de l'empire, elle avait de nombreuses et continuelles relations avec les Français ; malgré eux, *ces petits rois*, se ressentant de l'influence de notre nation, se laissaient aller à s'amuser, comme s'ils fussent nés pour cela. Les bals étaient gais et se prolongeaient tard. Il n'en est plus de même aujourd'hui, on est redevenu sérieux avec excès, comme il convient à des magistrats gouvernant une *nation* grave. Un syndic, juge... quelle hérésie ! La haute société est redevenue guindée à un point qui ne se peut imaginer, si on n'a eu l'ennui d'en être témoin.

La classe mitoyenne est infiniment plus gracieuse, se reposant sur les gros bonnets de l'État du salut de la patrie, elle a le bon esprit de vouloir passer la vie d'une manière agréable ; elle va au théâtre, aux soirées dansantes, aux concerts ; mais à minuit, plus que dans le conte de Cendrillon, il faut qu'on rentre chez soi. Le *grand conseil*, qui aime là la liberté, veut qu'on ait celle de se coucher... quand il l'ordonne ; une assez forte amende ne manquerait pas de punir celui qui voudrait se passer la fantaisie de battre un entrechat passé le douzième coup de l'horloge de Saint-Pierre, et d'excellents gendarmes viendraient lui prouver que la république a aussi son bon plaisir.

J'appris avec une vive peine la mort d'un excellent médecin qui avait soigné mon père avec une véritable affection : le docteur Coindet, jouissant d'une grande réputation de science et de bonté, est mort jeune encore; ayant dévoué sa vie à son art et aux pauvres, il passait une partie de la nuit à étudier l'un et à secourir les malades. Aussi dur pour lui qu'il était compatissant pour ceux qui s'adressaient à lui, il négligea de se soigner quand peut-être il eût été temps encore. Il mourut entouré de l'amour et de la vénération de tous.

M. John Coindet, son fils, possède une précieuse collection d'autographes, qui appartenaient à son père : ce sont plus de soixante lettres de Rousseau, de Voltaire, Diderot, etc.; elles contiennent, dit-on, des faits, éclaircissant plusieurs points inconnus de la vie du *philosophe de Genève*. Espérons que tôt ou tard ces lettres seront livrées à l'impression : si M. John Coindet joignait quelques notes à ces documents, la réussite de cette publication serait encore plus sûre. Personne plus que lui n'est digne de cette tâche.

CHAPITRE XX.
1811.

Retour à Paris. — Visite à Sa Majesté l'impératrice Joséphine. — Sa réception. — Elle nous envoie une voiture pour aller à Navarre. — Mantes. — Mademoiselle Avrillon. — Arrivée à Navarre. — Madame d'Audenarde. — Uniforme des dames. — Monseigneur Bourlier, évêque d'Evreux. — Madame la Rochefoucauld. — Madame de la Rochefoucauld. — Duchesse de Montebello. — Comtesse de Lobau. — Alfieri. — Comtesse d'Albani. — Mesdames de Rémusat, de Ségur, de Sérent, de Vieil-Castel, de Mackau, Gazani; Mgr de Barral; MM. de Monaco, de Beaumont, de Turpin, de Montholon, Vieil-Castel, Quitry, Portalis, Horeau, Deschamps. — Madame de Castellane. — Goût pour les serpents. — Madame Campan. — Lettre que lui écrit l'impératrice. — Madame la duchesse d'Eckmül. — Mes demoiselles de Valence.

De retour à Paris, après quelques jours de repos, nous pensâmes à aller faire une visite à l'impératrice, qui était alors à Malmaison. Elle nous reçut encore mieux qu'à Genève, et nous annonça qu'elle voulait absolument que nous allassions passer plusieurs mois avec elle à Navarre, dont elle ferait dans peu. On était à la fin de novembre; et, malgré mon goût pour les plaisirs de Paris, je pressai ma mère d'accepter. Il fut donc convenu que Sa Majesté nous enverrait chercher aussitôt qu'elle serait installée. Elle nous dit qu'il ne fallait pas faire de dépense pour notre toilette, parce qu'elle avait permis un uniforme afin que toutes les femmes fussent de même : c'était une robe gros vert, n'importe de quelle étoffe; la couleur seule était exigée.

Nous nous occupâmes donc d'en faire faire de fort simples, et j'attendis avec une vive impatience le moment d'aller rejoindre cette personne qui savait charmer tout ce qui l'approchait, et qui, semblable à une fée bienfaisante, calmait toutes les douleurs.

Le 4 décembre 1810, nous vimes arriver une berline aux armes de l'empire, attelée de six chevaux, précédée et suivie d'un piqueur, et deux valets de pied sur le siège. L'impératrice avait poussé la grâce jusqu'à nous envoyer une de ses premières femmes de chambre[1], pour qu'elle nous mit un peu au courant de la vie de Navarre. Je n'en croyais pas mes yeux en voyant un si brillant équipage, et je me réjouissais comme un enfant de voyager avec tant de luxe, moi qui étais habituée aux haltes, lourdes et sales diligences de cette époque. Ce fut avec une joie extrême que je montai dans cette belle voiture.

Nous fûmes menées avec une rapidité qui m'étourdissait presque : nous n'attendions pas une minute aux relais, un courrier commandant nos chevaux. Nous arrivâmes à Mantes en trois heures, nous y trouvâmes un excellent dîner préparé d'avance. J'étais pressée de voir l'impératrice, que je permettrais à peine que l'on achevât le service. Enfin, à huit heures, nous entrâmes dans la longue avenue qui conduisait au palais; il était fort éclairé. Plus j'approchais, plus ma joie faisait place à une crainte que je ne pouvais surmonter.

N'ayant jamais vécu à la cour, étrangère à ses usages et surtout à la dissimulation qu'on disait la base de la conduite qu'il fallait y avoir, je ne pouvais me défendre d'une émotion de plus en plus pénible. L'impératrice ne m'imposait plus, je l'avais vue à Genève! Mais toutes ses dames, tous ses chambellans, qu'allaient-ils dire de mon embarras? Je questionnais mademoiselle Avrillon sur les personnes qui entouraient Sa Majesté; je lui témoignais la peur que j'avais de faire quelques inconvenances. Ni ses paroles rassurantes ni son sang-froid de ma mère ne parvenaient à me remettre, et je redoutais cette arrivée autant que je l'avais désirée.

Enfin la voiture s'arrêta. Une troupe de valets de pied à la livrée impériale s'empresse de venir nous aider à descendre et se chargent de nos malles, de nos cartons; on nous conduit à nos chambres, où nous trouvons un feu énorme, et le couvert mis avec une élégance à laquelle je n'étais plus accoutumée depuis la mort de madame de Montesson.

[1] Mademoiselle Avrillon : ses manières prouvaient qu'elle approchait souvent de Sa Majesté. Il est impossible d'avoir plus d'obligeance que cette personne si dévouée à l'impératrice.

Mademoiselle Avrillon nous engage à commencer par souper, et nous dit que sûrement Sa Majesté ne nous verrait que le lendemain, voulant nous laisser reposer; qu'elle allait cependant la faire prévenir de notre arrivée; mais que dans tous les cas elle m'engageait à me calmer et à ne pas m'effrayer sur ma réception, qui ne pouvait être qu'agréable. Je respirai en pensant que j'avais toute une nuit pour me préparer à ma présentation.

Je n'avais pas été effrayée à Malmaison en faisant ma visite, parce que le salon était si plein de monde, qu'il ressemblait à tous les cercles où je me trouvais à Paris, et que je n'étais pas remarquée dans la foule; mais je me disais que loin du centre des plaisirs on aurait besoin de distraction, et qu'une personne aussi gauche que je me sentais devoir l'être, en deviendrait un fort amusant pour ces courtisans, que je me représentais tous moqueurs, persifleurs et impertinents.

Au milieu de ces belles réflexions que je communiquais à ma mère, que je soupçonnais n'être pas plus rassurée que moi malgré la tranquillité qu'elle affectait, nous entendons frapper à la porte et entrer. aussitôt madame d'Audenarde portant la robe d'uniforme; elle nous demande à quoi nous pensons de être ainsi tranquillement assises à causer autour de notre feu, quand Sa Majesté nous attend. Oh! pour le coup, je ne sus que devenir, et pour retarder l'instant que je redoutais tant, je cherchai mille prétextes tous plus mauvais les uns que les autres. Ils furent comme de raison levés aisément; il fallut revêtir cette robe verte, qui dans ce moment me parut lourde et affreuse. Madame d'Audenarde, avec une extrême bonté, chercha à dissiper ce qu'elle appelait mes *terreurs*, m'assura qu'on était dans le salon de Navarre tout aussi indulgent qu'ailleurs. J'en avais la preuve devant les yeux, et cependant je ne pouvais le croire. Après avoir apporté à ma toilette toute la lenteur imaginable, il fallut me résoudre à descendre. Je pouvais à peine me soutenir. Madame d'Audenarde nous précédait : je ne concevais pas son air simple et naturel.

Nous traversâmes une antichambre remplie de valets de pied : ils étaient trente, je crus en voir deux cents; de là, nous entrâmes dans un salon où se tenaient quatre valets de chambre en habits brodés et l'épée au côté; ensuite, dans un autre, occupé par l'huissier qui annonçait Sa Majesté. Craignant de paraître fière, je faisais révérence sur révérence, depuis la première antichambre jusqu'à la porte où madame d'Audenarde me dit : « Allons, du courage, car voilà la galerie où est l'impératrice. » Par une singularité que je ne m'explique pas, je ne tremblai plus dans ce moment. Il semblait que ce nom fût un talisman qui dissipait tout ce qui m'avait effrayé; et je suivis ma mère assez courageusement. Je fis mes trois révérences fort gauchement, j'imagine; mais la bienveillance que je vis sur tous les visages, et qui était une conséquence naturelle de celle de la souveraine, me mit promptement à l'aise.

Quand j'arrivai dans le salon, Sa Majesté faisait sa partie de tric-trac avec M. Bourlier, évêque d'Evreux. Elle l'aimait avec raison; il était chargé de la plus grande partie de ses aumônes, et bien digne d'un tel emploi par sa bienfaisance éclairée, qui égalait son indulgente piété. Rien d'austère dans ce respectable vieillard, gai et obligeant pour la jeunesse, dont il était adoré. Suivant avec une grande rigidité tout ce que l'épiscopat a de pénible, on l'a vu souvent exhorter les mourants pauvres, leur porter les médicaments qui leur étaient nécessaires; et lorsqu'il recevait l'aveu de quelque faute grave, il savait par de douces paroles calmer les tourments si cruels des remords, et faire renaître l'espérance du pardon dans des cœurs flétris et découragés.

Sa présence n'interrompit jamais les jeux des jeunes personnes réunies à Navarre; ses discours et son exemple ont souvent fait naître l'idée d'une bonne action. On devenait meilleur en cherchant à se rendre digne de la bienveillance d'un homme si excellent! Ce portrait est exact, et je ne crains pas qu'il soit trouvé flatté par ceux qui, comme moi, ont eu le bonheur de le voir habituellement.

Après que nous eûmes été présentées à l'impératrice, nous le fûmes aussi à madame d'Arberg, dont la belle et noble figure eût été imposante, si sa dignité n'avait été tempérée par une expression de grande douceur.

A l'époque du divorce, madame la comtesse d'Arberg, comblée des bienfaits de Joséphine, ne voulut point la quitter; elle était alors dame du palais. L'empereur, connaissant l'extrême attachement qu'elle portait à sa souveraine, admirant l'élévation de son caractère et de ses sentiments, la nomma dame d'honneur à la place de madame la comtesse de la Rochefoucauld[1]. Il savait que madame d'Arberg avait assez de fermeté pour s'opposer aux dépenses excessives

[1] Madame la comtesse de la Rochefoucauld, dame d'honneur, s'empressa de supplier l'empereur de la nommer près de Marie-Louise à la charge qu'elle occupait chez l'impératrice répudiée; elle en avait été traitée avec une distinction particulière. Napoléon avait l'âme trop grande pour ne pas être révolté d'une ingratitude, dont mieux que personne il pouvait apprécier l'étendue. Madame de la Rochefoucauld fut destituée d'une place qui fut donnée à madame la comtesse d'Arberg. Celle de dame d'honneur de la nouvelle impératrice fut accordée à madame la duchesse de Montebello. Ce choix fut approuvé généralement, et personne ne plaignit madame de la Rochefoucauld, qui n'était point aimée.

auxquelles la bonté de l'impératrice l'entraînerait peut-être, et surtout qu'elle lui était dévouée.

Voici une lettre adressée par Joséphine à madame de la Rochefoucauld. Elle vient à l'appui de ce que j'ai dit de l'attachement qu'elle inspirait à sa confiante maîtresse, croyant aisément à tous les nobles instincts, son cœur ne pouvant comprendre les mauvais.

A madame de la Rochefoucauld.

« Nous partons cette nuit à quatre heures, chère comtesse, c'est vous dire que nous irons vous demander à déjeuner à dix. Je me hâte de vous expédier ce billet, afin que vous ne soyez pas prise au dépourvu. Vous connaissez l'activité, *l'invariabilité* de l'empereur; l'une et l'autre semblent redoubler avec les événements. Il y a une heure que j'ignorais encore ce départ : on était au jeu. Préparez-vous, madame, m'a-t-il dit, à monter en voiture à minuit. — Mais il est plus de neuf heures. — Cela est juste, il faut du temps pour votre toilette de route; partons à deux heures. — Où allons-nous, sire, s'il vous plaît? — A Bayonne. — Rien que là! Et mes pensionnaires? j'ai à régler leurs mois. — Une heure pour les malheureux, madame, pourriez-je vous la refuser? Prenez-en encore une pour écrire à vos amis. Vous n'oublierez pas madame de la Rochefoucauld, chez laquelle nous déjeunerons.

» Bonsoir, chère comtesse, je vais donner quelques minutes au sommeil; on me portera tout endormie en voiture, et je ne me réveillerai que chez vous pour vous dire bonjour et vous embrasser de tout mon cœur.

» JOSÉPHINE. »

Par sa place, madame la comtesse d'Arberg avait tout pouvoir sur les gens de la maison. Elle y établit un ordre parfait. C'est bien certainement à elle que l'impératrice a dû le pouvoir faire autant de bien, sans diminuer le luxe qu'elle aimait, et auquel elle aurait renoncé avec peine. Loin de s'offenser des remontrances de sa *grande maîtresse* (c'est ainsi qu'elle l'appelait), elle lui donnait toujours raison, cédait avec une grâce charmante aux observations justes qui lui étaient faites et l'en aimait plus. Madame d'Arberg n'était plus de la première jeunesse, mais personne ne représentait mieux qu'elle.

Elle était mère de madame Mouton, comtesse de Lobau, qui venait d'accoucher. On annonça cette nouvelle à Sa Majesté, et quelqu'un dit étourdiment (oubliant sans doute que madame d'Arberg était là) : « Madame Mouton est-elle accouchée d'un mérinos? — Non, monsieur, je suis assez heureuse pour être grand'mère d'une jolie fille, » répondit madame d'Arberg. Sur-le-champ elle parla d'autre chose, pour dissiper l'embarras du mauvais plaisant.

On lisait un jour devant elle un ouvrage dans lequel il était question des amours du célèbre Alfieri et de la belle comtesse d'Albani[1], sœur de madame d'Arberg. Cette dernière interrompit le lecteur, qui, cherchant à passer quelques lignes, s'embrouillait au point d'être inintelligible. « Passez franchement, monsieur, dit-elle avec un sourire, *car je suis là*. »

Ces deux traits suffisent pour faire voir à quel point la bonté de madame d'Arberg l'emportait sur la sévérité et la sécheresse qui lui ont été quelquefois reprochées. Je l'ai toujours vue prête à excuser et à faire valoir les autres.

Madame d'Arberg, dame d'honneur, mesdames de Rémusat, de Ségur, de Colbert, de Mackau, de Vieil-Castel, de Sérent, dames du palais; madame Gazani, lectrice; M. de Beaumont, chevalier d'honneur; M. de Barral, archevêque de Tours, premier aumônier; M. Honoré de Monaco, premier écuyer; MM. de Turpin, Vieil-Castel et Montholon, chambellans; MM. Portales et Guitry, écuyers, composaient la société de Navarre, à laquelle il faut ajouter mademoiselle Louise de Castellane, ma mère et moi. MM. Horeau, médecin, et Deschamps, secrétaire du commandement, venaient passer presque toutes les soirées au salon; mais ils étaient servis chez eux, ne déjeunaient et ne dînaient avec l'impératrice que lorsqu'ils y étaient spécialement engagés.

Ce cercle réunissait assez d'agréments pour que la conversation fût charmante. Personne mieux que l'impératrice ne savait l'animer, en racontant d'une manière piquante quelques anecdotes relatives à sa singulière destinée. J'en raconterai plus tard quelques-unes. Je ne lui ai pas vu un seul moment d'humeur réelle pendant le temps de mon séjour près d'elle. Cette égalité de caractère, que l'on trouverait difficilement chez une simple particulière, est sans contredit la qualité la plus remarquable de la femme adorable qui en possédait tant d'autres.

Elle nous dit qu'en montant sur le trône elle avait beaucoup réfléchi aux moyens d'être digne de cette haute fortune, craignant de faire blâmer l'empereur et si elle ne remplissait pas dignement sa mission. « Je voulus *sincèrement* faire bénir son règne, ajouta-t-elle, et je mis mes efforts pour *m'oublier* et ne songer qu'aux autres! »

Aux regrets universels causés par le divorce, l'impératrice a dû se convaincre qu'elle avait réussi.

[1] Veuve du dernier des Stuarts.

L'impératrice avait été sous le Directoire fort liée avec madame de Castellane, mère de la jeune fille qui était avec nous à Navarre. Madame de Castellane était morte brouillée avec une partie de sa famille, entièrement ruinée et laissant trois filles[1]. Sa Majesté lui promit de s'en charger, elle le fit en effet en se chargeant de tous les frais de leur éducation chez madame Campan. Elle prit près d'elle la plus jeune, mademoiselle Louise.

Plusieurs nièces de Sa Majesté étaient aussi élevées à Saint-Germain. Leur digne institutrice recevait fréquemment des lettres de Joséphine relatives aux défauts qu'elle craignait pour ces demoiselles. En voici une qui m'a été donnée par une personne possédant l'original :

A madame Campan, à Saint-Germain.

« En vous renvoyant ma nièce, recevez, ma chère madame Campan, mes remerciments et mes reproches. Les uns seront pour les bons soins, pour la brillante éducation que vous donnez à cette enfant; les autres pour les défauts, que votre sagacité n'a pas manqué de remarquer en elle, et que votre indulgence a tolérés. Cette petite fille est douce, mais froide; instruite, mais dédaigneuse; spirituelle, mais sans jugement. Elle ne plaît pas, et ne s'en soucie guère. Elle croit que la réputation de son oncle, que la bravoure et l'honneur de son père, que ma position, lui donnent le droit de prétendre à tout. Apprenez-lui, mais bien sèchement, bien crûment, que non. Nous vivons dans un temps où chacun est fils de ses œuvres; et si ceux qui servent l'Etat aux premiers rangs doivent avoir quelques avantages et posséder quelques priviléges, ce sont ceux d'être plus aimables et plus utiles que d'autres. C'est ainsi seulement qu'aux yeux de l'envie, toujours grands ouverts, on parvient à se faire pardonner une fortune inespérée. Voilà, ma chère madame Campan, ce que vous n'auriez pas dû laisser ignorer à ma nièce, et voilà ce qu'en mon nom vous devez lui répéter sans cesse. Je veux qu'elle traite comme ses égales toutes ses compagnes, dont la plupart valent ou autant ou mieux qu'elle, et auxquelles il ne manque que d'avoir des parents plus habiles ou plus heureux.

» Toute à vous, » JOSÉPHINE. »

Madame Campan a été cruellement critiquée sur son mode d'éducation; on a pris plaisir à recueillir quelques aventures dont les héroïnes avaient été dirigées par elle, afin de prouver que toutes les calomnies débitées sur elle et sa maison étaient parfaitement justes. Ayant eu un nombre immense de pensionnaires, on aurait peut-être dû trouver simple que quelques-unes se fussent écartées des principes dans lesquels ces demoiselles étaient élevées, puisque malheureusement souvent la surveillance et la tendresse d'une mère qui n'a qu'une ou deux filles ne préserve pas ces objets de toutes ses affections d'inconséquences ou de fautes! Madame Campan était en faveur : il sortait de chez elle des princesses et des reines; en fallait-il plus pour lui susciter de nombreux ennemis, et faire inventer mille contes aussi absurdes qu'odieux!

Je n'ai eu avec madame Campan aucune relation directe, mais j'ai été liée avec plusieurs de ses élèves, qui se sont fait remarquer dans ce monde plus encore par leur conduite parfaite que par leur instruction et leurs talents. Qu'il me soit permis de nommer comme exemples mes cousines, mesdemoiselles de Valence, mademoiselle Leclère, duchesse d'Eckmühl, la princesse Stéphanie de Bade, et enfin cette sublime comtesse de la Valette, dont le dévouement à son époux passera à la postérité comme une des belles actions, dont une femme puisse se glorifier[2].

CHAPITRE XXI.
1811.

Plan des journées à Navarre. — Mots de Louis XVIII et de madame de Flahaut. — Déjeuners et dîners de l'impératrice. — Aventure d'un habitant d'Evreux. — Promenades en voiture. — La pauvre femme. — La chaîne d'or. — L'impératrice veut moins d'étiquette. — L'empereur s'y oppose. — M. Dupont de l'Eure. — Croix de la Légion d'honneur en diamants donnée par l'impératrice. — Le comte de Chambaudoin préfet. — Partie de Sa Majesté. — Macédoine. — Espionnage exercé à Navarre.

Voici le plan de presque toutes nos journées à Navarre. Tous les dimanches, nous entendions la messe dans la chapelle. Elle était dite par un chapelain ordinaire; les jours de grandes fêtes, M. de Barral officiait; il était premier aumônier et archevêque de Tours.

[1] Sa conduite était, dit on, fort excentrique; elle avait particulièrement une véritable passion pour les couleuvres. Elle en avait de *vivantes* en bracelets, colliers et tour de peigne. Une femme de chambre, se présentant sans être prévenue de cette singulière manie, se trouva mal, et ne voulut jamais entrer dans une maison où on élevait des *serpents*.

[2] Depuis l'évasion de M. le comte de la Valette, sa malheureuse femme était devenue folle. Elle prenait tous les paniers qu'elle pouvait trouver pour les remplir de pain *qu'elle lui portait*, disait-elle, en prison. Elle vient de mourir dans un âge très-avancé.

On déjeunait à dix heures. Il fallait que nous fussions au salon avant Sa Majesté, qui était d'une exactitude extrême ; elle avait sans doute deviné le joli mot de Louis XVIII, que *l'exactitude est la politesse des rois* [1]. Sa Majesté passait immédiatement dans la salle à manger. Si on ne descendait pas à l'heure indiquée, une migraine servait de prétexte, et l'on était servi dans sa chambre.

Le déjeuner ainsi que le dîner n'étaient composés que d'un service, excepté le dessert, qui venait lorsque la table se desservait après l'entremets. Les potages, les hors-d'œuvre, les relevés, les rôtis, les légumes et les plats sucrés étaient servis à la fois. Il régnait autour de la salle à manger de grands buffets couverts de jambonneaux, galantines, pâtés de foies gras, etc., etc. Chaque personne avait un valet de pied à la livrée impériale derrière sa chaise. Quatre maîtres d'hôtel ordinaires, un sommelier, deux officiers offraient des différents plats qui se trouvaient sur la table ou sur les buffets, et des vins de toutes les espèces. Le valet de pied qui vous servait vous présentait un bol à laver et un verre plein d'eau tiède. Un habitant d'Évreux, invité à dîner, crut qu'il était d'usage d'avaler cette eau, ce qu'il fit sans hésiter tout d'un trait ; il fut obligé de partir immédiatement, se trouvant fort incommodé. On rit beaucoup de cette bévue.

Pour en éviter de semblables, j'étais résolue à ne rien prendre à table. Pendant les premiers jours de mon arrivée à Navarre, je ne mangeais pas ; madame d'Arberg s'en aperçut, et pleine de bonté pour moi, me demanda si je voulais me laisser mourir de faim. Je lui avouai que, craignant de manquer à quelque usage, j'aimais mieux manger du pain dans ma chambre. Elle s'amusa de cette ridicule timidité, et le lendemain à table elle la conta à Sa Majesté, qui donna ordre de porter tous les soirs dans ma chambre un poulet et du vin de Málaga, ne voulant pas que je fusse réduite chez elle à un si sec ordinaire.

Les dames qui habitaient le même corridor que moi s'amusèrent à venir faire réveillon avec mon souper, auquel j'étais ainsi forcée de faire moins d'honneur que je n'aurais voulu. Il fallut demander une augmentation de portion. Pour ne pas tenir éveillés les valets de pied, MM. de Portalès et de Turpin nous servaient et nous prêtaient les couverts de leurs nécessaires.

Au bout d'une semaine, ayant bien regardé autour de moi comment on se tenait à table, comment on buvait, etc., je trouvai que j'en savais autant que mes voisins, et je résolus de dîner aussi bien qu'eux. Nous n'en continuâmes pas moins à manger le soir du poulet, ce qui nous faisait coucher horriblement tard. Ces soupers ne finirent qu'à Malmaison, où on était logé trop près de l'impératrice pour se permettre de pareilles veillées, qui eussent troublé son sommeil.

L'impératrice avait derrière elle à table deux valets de chambre, un coureur basque, un chasseur et un premier maître d'hôtel. Le service se faisait ordinairement en vaisselle plate ; seulement, au dessert, les assiettes étaient en porcelaines, sur lesquelles étaient représentées des fruits et des fleurs. Les jours de grande cérémonie apparaissait un magnifique service de Sèvres, que l'empereur avait donné depuis le divorce ; le *surtout* en or avait été offert par la ville de Paris le jour du sacre, ainsi qu'une toilette et une table à thé, que Sa Majesté avait conservées à Malmaison. Elle nommait les deux personnes qui devaient être près d'elle ; le vice-roi, la reine de Hollande, quand ils y étaient, faisaient de même, ainsi que madame d'Arberg ; ensuite chacun se plaçait comme il l'entendait.

Le déjeuner durait environ trois quarts d'heure ; on rentrait ensuite dans la galerie servant de salon. L'impératrice travaillait à un beau meuble de tapisserie, les dames à différents ouvrages, les hommes dessinaient, et un chambellan de service lisait tout haut les romans, les voyages et mémoires qui paraissaient. C'est là que j'entendis la lecture de *l'Itinéraire* de M. de Chateaubriand ; il intéressa si généralement, qu'on le relut une seconde fois quelque temps après.

Quand il faisait beau, on allait se promener en voiture ; à deux heures, les calèches attelées de quatre chevaux à la Daumont nous conduisaient dans la belle forêt d'Évreux ou aux environs. Sa Majesté nommait toujours madame d'Arberg, une dame du palais, et une étrangère pour la suivre. Le reste de la maison s'arrangeait dans les deux autres voitures. L'écuyer de service en uniforme se tenait à cheval à la portière de droite de l'impératrice, un officier de cuirassiers à l'autre, et un piquet de cette arme suivait la calèche.

Pendant une de ces promenades sur la grande route de Caen, l'impératrice aperçut une pauvre jeune femme, pâle, maigre, portant deux enfants qui paraissaient jumeaux, et suivie d'une petite fille de quatre ans, suspendue au jupon déchiré de sa mère. « Votre bourse, madame ! s'écria Sa Majesté en se tournant vivement vers madame d'Arberg. — Je n'en ai pas... » Joséphine ôta précipitamment de son cou une grande chaîne d'or nommée *esclavage*, et la jeta à la mendiante en lui disant : « Pour vos enfants et vous ! »

La calèche était déjà loin ; l'impératrice parla sur-le-champ de choses étrangères à ce qui venait de se passer ; on était dans sa voi-

[1] Madame de Flahault, auteur si agréable, a dit un joli mot, qui fait le pendant de celui du roi. Elle prétend que la propreté est *l'élégance du pauvre*. Cette [...] est aussi juste que bien exprimée.

ture si ému de cette scène, que pas un mot qui y eût rapport ne fut prononcé.

Le lendemain, pendant le déjeuner, le premier valet de chambre vint parler bas au chambellan de service, qui se leva, et fut à son tour parler bas à l'impératrice ; elle nous dit avec attendrissement : « Figurez-vous, mesdames, que la pauvre femme d'hier est là qui rapporte la chaîne en prétendant que je me suis trompée, ou que ce bijou est tombé par mégarde. Allez lui dire d'attendre. »

En sortant de table, l'impératrice reçut la pauvre mère, lui donna un mot pour l'évêque d'Évreux, et la chargea avec le prix de la vente de la chaîne d'installer la pauvre femme dans une chambre propre qu'il ferait meubler, de lui adresser les questions nécessaires pour savoir si elle était digne de la continuation des bienfaits de Sa Majesté. « Mais avant tout, écrivait-elle, *qu'elle soit habillée et soignée.* »

Monseigneur l'évêque nous dit que les papiers de cette femme étaient en règle. Veuve par suite d'un naufrage dans lequel avait péri son mari, connaissant la bonté de l'impératrice, elle avait entrepris ce voyage, espérant obtenir de l'ouvrage dans la fabrique de dentelles instituée par Joséphine. C'est ce qui eut lieu.

L'impératrice, ennuyée de l'étiquette qui forçait ces messieurs d'endosser leurs uniformes dès qu'elle sortait de l'enceinte du parc, crut pouvoir la supprimer. Elle permit à l'écuyer et au chambellan de service de la suivre en frac, et ordonna que l'escorte ne sortît que dans les jours de cérémonie. L'empereur fut, je ne sais comment, instruit de cette décision ; il écrivit de suite à madame la comtesse d'Arberg une lettre assez sèche, dans laquelle il disait qu'il fallait qu'on se souvînt que l'impératrice avait été *sacrée*, que tout devait se passer loin des Tuileries comme si elle y était encore, qu'il avait oublié les pages dans la formation de sa maison, et qu'il allait en nommer douze (ce qu'il fit en effet peu de temps après) ; qu'il défendait le frac, et que ce bon souffrir était manquer essentiellement à ce que l'on devait à Sa Majesté. Il fallut reprendre le grand uniforme, l'épée et le chapeau à plumet, ce qui contraria fort ces messieurs.

La promenade en voiture finissait ordinairement à quatre heures ; chacun rentrait chez soi jusqu'à six. Alors on descendait pour le dîner ; il durait une heure. Quelques personnes d'Évreux étaient toujours invitées, le maire, le préfet, le commandant de la gendarmerie, le colonel des cuirassiers en garnison pour fournir l'escorte, quelques dames. M. Dupont (de l'Eure [1]), qui n'était pas alors ennemi des grandeurs, venait continuellement à Navarre, sollicitait un sourire, un regard de la souveraine, et protestait souvent de son dévouement au pouvoir absolu de l'empereur. L'impératrice disait qu'il n'avait pas toujours été ainsi, et s'amusait beaucoup de la contrainte qu'elle lui supposait. Il a maintenant repris ses premiers sentiments, et se voile sans doute la face d'avoir été courtisan au point d'avoir porté avec tant de plaisir une grande croix de la Légion d'honneur en diamants qui lui avait été donnée par l'impératrice. Je fus moins frappée de son joli visage que d'un petit manteau noir, que je n'avais encore vu porter qu'à des abbés de comédie ; il ne le quittait pas, étant partie inhérente de son costume. M. Dupont (de l'Eure) faisait souvent la partie de Sa Majesté, et lui plaisait par sa conversation spirituelle. Il n'en était pas de même de M. le comte de Chambaudouin, préfet du palais, dont la *simplicité* était passée en proverbe au palais. J'aurai l'occasion d'en reparler.

Après le dîner, l'impératrice désignait ceux avec lesquels elle voulait jouer au trictrac, au piquet ou à un cassino. On ne jouait pas d'argent lorsque des étrangers étaient de la partie. Quand Sa Majesté faisait son piquet avec des personnes de sa maison, elle jouait trois francs la fiche. Quelquefois, par hasard, elle proposait d'établir une macédoine générale, à laquelle elle prenait part ; alors elle permettait de faire les mises que l'on voulait, parce qu'elle tenait la banque. Son plus grand plaisir était de gagner M. Pierlot, son intendant général, qui était fort mauvais joueur, et qui ne prenait pas la moindre peine pour dissimuler son humeur qui amusait Joséphine, et qui conséquemment excitait la gaîté de toute la société.

Madame d'Arberg désignait aussi les personnes qui devaient composer sa partie, les autres s'arrangeaient au hasard. Les jeunes personnes passaient ordinairement dans le salon voisin, où se trouvaient un piano et une harpe. On faisait de la musique ou on dansait. Nous faisions quelquefois un bruit affreux et des rires si éclatants, que madame d'Arberg voulait nous faire dire de nous modérer un peu ; mais Joséphine l'en empêchait, en assurant que cette joie si franche lui plaisait et l'égayait. A onze heures on passait dans un petit salon où était dressée une table à thé. Après la collation, les étrangers se retiraient ; l'impératrice restait encore une heure à faire des *patiences* et à causer avec nous. C'est dans ces entretiens qu'on pouvait le mieux juger de l'étendue de son esprit et de la bonté de son cœur ; elle se livrait entièrement. Quelquefois elle s'arrêtait tout à coup au milieu d'une narration intéressante, en nous disant que tout ce qu'elle nous contait serait répété à l'empereur ; ce qui, on doit le penser, lui était très-désagréable. Il savait en effet mot pour mot tout ce qui s'était dit dans cette intimité.

[1] Il était, je crois, procureur impérial.

A minuit, l'impératrice rentrait chez elle, et nous remontions dans nos chambres, où on restait encore à faire mille folies.

Joséphine n'avait aucun soupçon sur aucun membre de notre petit comité, ou du moins elle ne le témoignait jamais. Il est certain qu'il y avait quelqu'un chargé de l'espionner. Je ne sais si on a fini par découvrir qui pouvait être assez méprisable pour abuser de la confiance de l'impératrice.

CHAPITRE XXII.
1811.

Description du palais de Navarre. — Le Gros-Bouillon. — Ile d'Amour. — Charades en action. — La garde-robe d'atours. — Bal à Evreux. — Pelisses prêtées par Sa Majesté. — Le *camélia*. — Madame de Rémusat. — Essai sur l'éducation des femmes. — M. de Beaumont. — La maréchale Lefebvre. — Anecdotes sur elle. — Le gros diamant. — Tombeau du maréchal Lefebvre. — Madame de Sérent.

Navarre était, dit-on, avant la révolution, le lieu le plus enchanteur que l'on pût voir. Entouré et dominé par la magnifique forêt

Bienfaisance de l'impératrice.

d'Evreux, le parc était immense ; de superbes eaux se répandant dans des canaux formaient des cascades admirables ; celle nommée le *Gros-Bouillon*, située devant le palais, était réellement magique lorsque le soleil dardait ses rayons sur cette masse d'eau blanche d'écume. On en avait détourné une partie pour former une charmante rivière dans le parc particulier appelé *l'Ile d'Amour*. Un temple d'une architecture noble, mais un peu gothique, était décoré dans l'intérieur de la manière la plus élégante. D'énormes colonnes de cristal bleu, dans lesquelles on introduisait des milliers de lumières, produisaient le jour le plus doux et le plus agréable. Des peintures à fresques des grands maîtres, des statues superbes achevaient de rendre cet asile digne du dieu auquel il était consacré.

L'impératrice fut obligée de dépenser beaucoup pour le faire réparer. La révolution avait pénétré là comme ailleurs. Partout il existait des traces de ses ravages, et ce temple, au bout de cinquante ans d'existence, n'était plus qu'une ruine. Des mains plus cruelles encore que le temps avaient hâté sa destruction ! Quand je le vis, il était restauré, mais il fallait avoir recours aux traditions pour se faire l'idée de ce qu'avait été ce séjour.

Sa Majesté s'était principalement occupée de l'entretien des eaux, qui, négligées, croupissaient, et causaient des fièvres tous les automnes. Elles étaient maintenant magnifiques, dans plusieurs endroits tellement claires, qu'il fallait les troubler pour y pêcher.

On arrivait par une longue et magnifique avenue à ce que l'on nommait *le palais*, tandis que ce n'était, à bien dire, qu'un pavillon de chasse, beaucoup trop resserré pour l'impératrice, dont l'appartement était petit et incomplet ; la salle des gardes seule convenait à une habitation princière : elle était éclairée par une grande coupole de la hauteur de tout le palais. Les chambres que nous occupions étaient toutes dans le corridor qui entourait cette coupole. Leur distribution les rendait fort incommodes et d'un froid glacial, parce qu'elles n'avaient point d'antichambre.

Les valets de pied étaient entassés dans des espèces de greniers, ce qui n'empêchait pas Joséphine d'y monter chaque fois qu'il y en avait un sérieusement malade. Sa présence était inévitable là où on souffrait, et elle ne quittait jamais le lit de douleur sans y laisser des marques de sa magnificence.

Sa Majesté augmenta le bâtiment des écuries ; il était environné de marais infects, qu'elle fit assainir : ce qui fut un bienfait pour toute la contrée.

Nous eûmes la fantaisie de jouer des charades en action. L'impératrice donna l'ordre de mettre à notre disposition sa garde-robe d'atours. Nos costumes furent donc magnifiques ; ce fut peut-être tout ce luxe qui nous lassa de ce divertissement, dont le plus grand attrait est sans contredit la bizarrerie et le ridicule de toilettes improvisées.

Lorsqu'on put disposer de plumes, de fleurs, de cachemires, de robes couvertes d'or, on ne chercha plus qu'à être le mieux possible ; la prétention et la coquetterie remplacèrent la gaieté. On s'arrachait les rôles brillants de la scène, longuement préparée ; on y pensait dès le matin. On prenait une mine pincée si le personnage qui vous était destiné ne fixait pas l'attention, on boudait, on se faisait attendre s'il ne fallait être que dans l'ombre ; et si cela eût continué, nous eussions eu, j'en suis sûre, toutes les petites querelles qui désunissent les troupes de société. Heureusement madame d'Arberg observa que nous gâtions de belles choses. Les femmes de chambre se plaignirent, et la permission donnée fut retirée, ce qui nous arrêta à temps pour continuer à vivre en bonne intelligence. L'amour-propre blessé a souvent troublé des royaumes, faudrait-il donc s'étonner qu'il eût bouleversé un cercle de femmes ?

La ville d'Evreux offrit un bal à la maison de l'impératrice. Il eut lieu dans la salle de spectacle. Nous y allâmes tous, excepté Sa Majesté ; madame d'Arberg et ma mère restèrent pour faire la partie. Sa Majesté voulut que les jeunes personnes fussent bien mises ; elle fit descendre mesdemoiselles de Mackau, de Castellane et moi avant d'examiner nos toilettes, et comme il faisait un froid extrême, elle nous prêta de magnifiques pelisses de velours doublées de fourrures d'un grand prix.

Lorsque je fus montée dans une voiture traînée par six chevaux, que je me vis ensuite dans une loge décorée de draperies vertes et or, engagée à danser par les premières autorités de la ville, il ne tenait qu'à moi de me croire un personnage d'importance ; heureusement je me rappelai à propos notre modeste fortune, l'humble fiacre qui me conduisait à Paris dans les grands jours, heureuse de ce que j'étais lorsqu'une paille indiscrète n'ajoutait pas sa présence aux fleurs qui garnissaient ma robe. Je revis en imagination ma modeste chambre de jeune fille, et ma pauvre tête, ramenée à la vérité de la comparaison de ce qui serait toujours au lieu de ce qui n'était que passager, ne tourna pas au milieu de ces grandeurs éphémères !

Nous menions à Navarre un genre de vie qui me plaisait. On y était si bien qu'on désirait n'en jamais sortir ; cependant il y avait souvent *de la cour* dans notre intérieur. Les petites intrigues, les jalousies allaient leur train sans faire semblant de rien. Un sourire de plus accordé par Sa Majesté allongeait plusieurs mines ; mais on revenait vite à l'air gracieux de commande, jusqu'à ce qu'une nouvelle faveur fît reparaître un nouveau nuage. Un camélia, fleur alors fort rare, qui me fut donné par Joséphine, me suscita une ennemie que j'ai conservée depuis. Elle n'est plus ; ainsi je dois sacrifier cette petite histoire, qui a eu plus tard une grande influence, puisque cette femme, qui ne devait craindre personne, m'avait assez redoutée pour finir par refroidir Joséphine à mon égard.

Plusieurs personnes dans ce cercle n'ont jamais connu l'envie ; de ce nombre était madame de Rémusat, dont la perte a été si généralement sentie. A un esprit supérieur, aux idées les plus élevées, dont son ouvrage [1] si remarquable a révélé une partie, elle joignait une âme noble et généreuse ; si on sollicitait quelque grâce de Sa Majesté, c'était toujours à elle qu'il fallait s'adresser. On était certain qu'elle se chargerait de la demande de l'infortuné, qu'elle l'appuierait avec chaleur. Son long dévouement à Joséphine lui donnait un crédit qu'elle utilisait pour les autres. Je l'ai vue dans la même semaine obtenir trois ou quatre choses dont d'autres avaient refusé de parler à l'impératrice. « *On n'ennuie ni n'importune Joséphine lorsqu'on la met à même de secourir les malheureux*, disait-elle, *ainsi je n'ai aucun mérite à m'adresser à elle.* » C'est ainsi qu'elle cherchait à diminuer le prix de ce qu'elle faisait. La reconnaissance s'est chargée de publier ses actions, et l'estime de tout ce qui l'a connue en a été la juste récompense.

[1] Essai sur l'éducation des femmes.

L'impératrice nous parlait de l'ennui qui la dévorait aux Tuileries, et du plaisir qu'elle éprouvait lorsque quelque chose interrompait le fatigant cérémonial qu'il fallait y observer. A ce sujet, elle nous conta quelques anecdotes sur la maréchale Lefebvre, dont tout le monde sait que l'éducation avait été plus que négligée.

Un soir qu'il y avait cercle, elle arrive couverte de diamants, de perles, de plumes, de fleurs, d'argent, d'or, etc., car elle voulait avoir *de tout sur elle*, disait-elle. M. de Beaumont, chambellan de service, annonça madame la maréchale Lefebvre. — L'empereur vint au-devant d'elle, et lui dit : « Bonjour, madame la maréchale duchesse de Dantzick (titre que M. de Beaumont avait oublié). » Elle se retourna précipitamment du côté de ce dernier en riant, et lui cria à tue-tête : « Ah ! ça te la coupe, cadet ! »

Qu'èque c'est qu'ça ? demanda-t-elle au concierge.

Que l'on juge de l'hilarité générale et de l'embarras mortel de M. de Beaumont, qui avait le plus grand usage du monde et un sérieux qu'il croyait nécessaire à la dignité de ses fonctions. Il fut l'objet de tous les regards et de rires immodérés. Pendant cinq minutes il fut impossible de rétablir la gravité convenable à la réception, et l'empereur fut le premier à s'amuser de cette singulière sortie.

La maréchale cherchait à louer un hôtel ; elle parcourt l'appartement de l'un de ceux qui paraît lui convenir ; elle arrive dans une grande pièce autour de laquelle sont des armoires grillées, garnies de taffetas vert. « Qu'èque c'est qu' ça ? demanda-t-elle au concierge. — Madame la maréchale, c'est la bibliothèque. — A quoique c'est bon ? — A serrer des livres, madame. — Ah bah ! c'te bêtise ! Mon mari n'est pas *liseur*, je ne suis pas *lisarde*, ainsi j'en ferai mon fruitier, ça vaudra mieux. »

En effet cette pièce eut cette destination, ce qui donnait à tout l'appartement une odeur peu agréable.

Elle arriva un jour pour déjeuner avec l'impératrice, qui était aux Tuileries, entourée de toutes ses dames. Sa Majesté trouve à la maréchale un air effaré qui ne lui était pas ordinaire, et avec sa grâce habituelle lui demanda avec intérêt ce qui lui donnait de l'inquiétude ou du chagrin. « Oh ! madame, c'est une longue histoire que je veux bien raconter à Votre Majesté, mais pour cela il faut qu'elle fasse en aller ces *pisseuses* (les dames du palais), qui ricanent en me regardant. — Veuillez bien, mesdames, passer dans le salon de service, leur dit Joséphine, persuadée qu'il s'agissait d'un secret de famille. Eh bien, maintenant, madame la maréchale, contez-moi vos peines. — Je n'en ai plus, madame, mais, voyez-vous, je suis encore tout émue d'un malheur qui m'a menacée ce matin. — O mon Dieu ! votre fils s'est-il battu ? — Pas si bête ! — Le maréchal ? — Il n'est pas question de lui. J'ai cru avoir perdu mon gros diamant là ; j'étais sûre de l'avoir laissé dans ma chambre ; en y rentrant, je regarde :

filé, quoi! Je questionne sur les personnes qui *y sont été*, on me dit comme ça *qu'y gnia* que mon frotteur, un *noiricot de la Chine*. Il était dans le salon, qu'il finissait ; je le fais entrer chez moi, et je lui dis comme ça : Coquin, t'as mon *gros diamant*, j' veux l' ravoir parce que j'y tiens, quoi ! C'est le premier que m'a donné Lefebvre. Rends-le moi, je ne te ferai rien, foi d'honnête femme ! Mon gaillard me répond qu'il ne sait pas ce que je veux dire, qu'il ne l'a pas. Il était nègre, je ne vois pas s'il rougit ; mais je continue à *y* dire que je veux *mon gros diamant*, et lui ordonne de se fouiller. *Rien dans les mains, rien dans les poches,* qu'il me dit ; eh bien, *guerdin,* déshabille-toi. Il veut faire des difficultés, mais on ne me fait *pas aller comme ça*; déshabille-toi, gueux, nu, que j' te dis, ou je te ferai tuer par mes domestiques. Enfin il se met *nu comme un ver*, et j'ai trouvé mon gros diamant ; le v'là ; une mijaurée l'aurait perdu, tout de même ! »

Voici un trait qui honore son caractère et qui fait aimer une femme qui a tant fait rire à ses dépens des gens qui valaient beaucoup moins qu'elle. Madame de Walsh-Sérent étant de service près de Sa Majesté, se sent donner un grand coup sur l'épaule, et une voix un peu rauque lui dit : « Bonjour, *ma commère.* » Etonnée de ce ton, auquel elle était si peu habituée, madame de Sérent se retourne et reconnaît la maréchale. « Madame, je... — Bab, bah, pas de beaux discours ; est-ce que tu ne me reconnais pas, voyons ? Avant d'être une grosse dame bien *calée*, j'étais garde-malade. Ah ! ma foi ! ton pauvre bonhomme de mari était bien bas quand j'étais *auprès* de lui ! T'as été bonne pour moi et marraine d'un de mes enfants, t'es donc ma commère, embrasse-moi fort et ferme. »

Il faut convenir qu'il y a beaucoup de mérite à aller ainsi au-devant d'une reconnaissance qui ferait souffrir l'amour-propre de tant d'autres, et qu'une pareille bonhomie est bien préférable à la morgue insolente de tant de parvenus, qui par leur imperti-

Le prince Eugène.

nence obligent à se souvenir davantage de ce qu'ils étaient. Bonne mère, épouse dévouée, cette excellente femme est aimée de tous ses inférieurs, pour lesquels elle se montre toujours égale et généreuse.

Ce gros diamant auquel elle tenait tant a depuis été vendu par elle, avec plusieurs autres, pour ériger un monument au maréchal duc de Dantzick au Père-Lachaise. Madame Lefebvre est restée veuve avec peu de fortune ; elle a perdu aussi son fils, jeune homme de vingt-cinq ans, qui n'était pas un sujet remarquable. Le tombeau de ces deux êtres chéris a été pendant plusieurs années entouré de pots de fleurs apportés chaque semaine par la maréchale. Elle y attachait des petits billets de sa main. L'Académie eût certainement pu blâmer la pureté de l'orthographe, mais toutes les pensées étaient dictées par le cœur, et plusieurs d'une portée élevée.

CHAPITRE XXIII.
1811.

Jour de l'an à Navarre. — Bonbons. — Loterie de bijoux. — Harangues des autorités de la ville d'Evreux. — Distribution de boîtes. — Présents aux dames d'Evreux. — On tire les lots. — Bague de monseigneur de Barral. — Mécontentement de madame Gazani. — Ce que nous donne Sa Majesté. — Renvoi de madame Gazani par l'empereur. — Bonté de l'impératrice pour elle. — Encore un joli mot de madame de Flahault. — M. Mosselmann. — Madame Lehon. — M. Gazani.

Le matin du jour de l'an, tout le palais de Navarre était en émoi. Toute la maison de l'impératrice, y compris les gens des écuries, de la bouche et des cuisines, étaient rangés dans la salle des gardes, pour offrir leurs hommages à Sa Majesté. Elle reçut des maîtres d'hôtel un temple presque de grandeur à s'y tenir debout. Il était tout en bonbons exquis, qui nous furent distribués. Les femmes de chambre se trouvèrent dans le salon des huissiers, tenant de très-beaux bouquets. Enfin nous étions toutes réunies dans la galerie pour présenter nos félicitations à l'impératrice. Elle nous dit qu'elle nous donnerait ses étrennes le soir en faisant une loterie de bijoux, et que le sort seul déciderait. Nous en crûmes ce que nous voulûmes, et attendîmes avec impatience le moment où Sa Majesté jugerait convenable d'aider un peu à la fortune.

Après le déjeuner, les autorités de la ville d'Evreux et du département vinrent complimenter Sa Majesté et lui adressèrent une foule de harangues qui nous firent commencer l'année de la manière du monde la plus ennuyeuse. Tous les fonctionnaires civils étaient en grand costume et les officiers en grande tenue. Plusieurs furent engagés à dîner. Il y eut, au dessert, une distribution de boîtes et de sacs de bonbons pour ces messieurs. Le soir, les dames vinrent à leur tour, et reçurent de jolies bagatelles. A dix heures, l'impératrice se plaignit de la fatigue, et les congédia.

Alors nous entrâmes dans le salon à thé, et nous vîmes toute prête une grande table couverte de petits paquets enveloppés soigneusement : c'étaient les lots de la bienheureuse loterie. Sa Majesté s'assit, et le tirage commença. M. de Barral, archevêque de Tours, homme très-spirituel, mais assez distrait, ne s'aperçut pas de la manière dont on tirait les lots. Le premier fut pour lui ; c'était une superbe bague en rubis entourée de diamants. Il en fut enchanté de la meilleure foi du monde ; il répétait d'une façon fort amusante pour nous, qui voyions parfaitement clair, que cela s'arrangeait à merveille, puisqu'il pouvait la porter.

Quant à nous, n'étant rien dans la maison, nous n'avions droit à aucun présent ; nous en reçûmes cependant de charmants. Je garde précieusement des cheveux de l'impératrice, renfermés dans le médaillon qui m'échut en partage ; c'était sans aucun doute, après le portrait de Joséphine, ce qui pouvait me plaire davantage. Le médaillon et la chaîne étaient en belles perles fines. J'ai été forcée de les vendre depuis ; mais rien ne me séparera de ce que ce présent avait pour moi de plus précieux. Ma mère reçut une superbe opale entourée en émeraudes et diamants.

Madame la comtesse d'Arberg eut une très-grande croix de diamants ; toutes les dames du palais, même les absentes, de moins belles ; les chambellans, des épingles en saphirs entourées de brillants ; les écuyers, un trèfle composé de trois perles fines fort belles ; MM. Deschamps et Horeau, des carnets en or ; madame Gazani, un bracelet en pierres de couleur fort grosses, formant le nom de *Joséphine*. Ce qui eût dû lui paraître une attention charmante lui déplut ; elle voulait être traitée comme les dames du palais.

Puisque j'ai parlé de madame Gazani, je dois donner quelques détails sur cette beauté qui a fait tant de bruit. Elle était Génoise, fille d'une danseuse attachée au grand théâtre. L'empereur, dans un de ses voyages, fut ébloui de sa ravissante figure, la fit venir à Paris avec son mari, qu'il nomma receveur général, et elle fut admise auprès de l'impératrice comme lectrice, et dans une grande, mais courte faveur près du souverain.

La nouvelle favorite voulut marcher de pair avec les dames du palais : c'était contre l'étiquette. Madame de la Rochefoucauld s'opposa à plusieurs choses, par exemple de la voir se placer dans le même banc que ces dames à la chapelle. Madame Gazani fut se plaindre à l'empereur, qui donna ordre qu'elle y fût reçue. Il fallut se soumettre.

Elle était grande, et avait dans la tournure une grâce parfaite, quoiqu'elle fût un peu maigre. Son teint était brun, quelquefois échauffé, mais ses traits si ravissants, qu'on eût été fâché que rien fût changé à son extérieur. Ses yeux étaient les plus beaux que j'aie vus, exprimant avec promptitude tout ce qu'elle disait et tout ce qu'elle écoutait[1].

Les mains de madame Gazani n'étaient point jolies ; elle avait soin de porter presque toujours des gants. Ses dents, fort blanches, se montraient continuellement par un petit rire de côté qui rendait sa

---

[1] Madame de Flahault disait que *les yeux de madame Gazani étaient comme les nuages : qu'on pouvait y lire tout ce qui plaît.*

physionomie plus piquante encore. Elle dansait bien, mais avec un peu trop de prétention, et son pied n'était pas très-bien fait. Sans être musicienne, elle chantait agréablement quelques morceaux étudiés d'avance. Un grand usage du monde lui tenait lieu d'esprit ; et si sa conversation n'offrait rien de brillant, elle plaisait par le joli son de voix et les expressions choisies que l'on entendait sortir de cette charmante bouche.

Deux mois après son arrivée, l'empereur craignant, comme cela lui est arrivé souvent, d'être gouverné par une femme, rompit avec elle, et entrant chez Joséphine, lui dit brusquement : « Chassez madame Gazani, il faut qu'elle retourne en Italie. — Non, sire, je la garderai près de moi ; il ne faut pas livrer au désespoir une jeune femme que vous avez arrachée à ses devoirs. Je serai d'ailleurs bientôt peut-être aussi malheureuse qu'elle (on parlait sourdement du divorce) ; nous pleurerons ensemble, elle me comprendra. Je veux donc la garder, ce qui empêchera certainement pour la suite Votre Majesté de la rencontrer. — Eh bien, comme vous voudrez ; mais que je ne la voie plus ! »

Depuis ce moment, Joséphine fut bonne et gracieuse pour madame Gazani. C'est Sa Majesté qui a raconté toute cette scène à ma mère ; et elle avouait qu'elle avait regardé comme un bonheur dans cet affreux moment de sa séparation cruelle avec l'empereur, d'avoir avec elle une personne qui entendait parler de lui, avec le douloureux plaisir qu'elle avait à s'en entretenir, et qui éprouvait les mêmes sentiments de regrets qu'elle.

Lorsque j'ai connu madame Gazani, elle était livrée à un attachement qui devait avoir effacé de son cœur celui qu'elle avait eu pour l'empereur ; cependant elle paraissait continuellement de lui, et la vanité lui faisait, je crois, regretter la conquête du maître de tant de rois. Je ne pense pas qu'elle eût une grande sensibilité ; l'adulation perpétuelle dont elle avait constamment été l'objet l'avait fort émoussée.

M. de P... ayant une charmante figure, le plus aimable caractère, une grande fortune qui lui permettait de se livrer à la galanterie que lui inspirait la femme qu'il chérissait, fut souvent fort malheureux par elle. Sa coquetterie était extrême, et malgré le mal affreux qu'elle faisait à celui qu'elle disait aimer, et qui lui avait sacrifié de brillants mariages, elle ne négligeait pas avec lui aucune occasion de déployer tous ses moyens de séduction. Elle avait l'air de se jouer d'une douleur qu'on cherchait à cacher, mais qui perçait dans tous les mouvements de M. de P... Il a depuis rencontré une compagne charmante, digne de le dédommager de toutes les tribulations du temps dont je parle.

Madame Gazani ne désirant plaire qu'aux hommes, était douce et complaisante quand par hasard elle se trouvait seule avec des femmes qu'elle ne pouvait redouter ; mais si par malheur elle croyait un instant qu'on eût l'idée de pouvoir rivaliser avec elle, son caractère changeait et devenait dur et impertinent. Ces occasions étaient rares ; ainsi elle était en général d'une société agréable.

Madame Gazani n'a eu qu'une fille, qui a épousé M. Mosselmann, frère de madame Lehon, autrefois si belle. M. Gazani était un excellent homme, jouant malgré lui un rôle fort embarrassant. Il aimait tendrement sa femme, et vivait presque toujours loin d'elle, forcé de se soumettre aux volontés du maître qui eût su le joindre partout s'il eût résisté : il souffrait de sa position, sans que ses égards pour la belle infidèle fussent moins continuels. Il espérait qu'il n'obtînt jamais, un peu d'affection !

CHAPITRE XXIV.
1811.

Le vice-roi à Navarre. — Joie générale lorsqu'il arrive. — Présents qu'il apporte. — *Charivari*. — Présents faits par le vice-roi à la pêche ou au billard. — Horreur de Son Altesse Impériale pour l'étiquette. — Portraits peints par Isabey. — Lois qu'il établit à Milan. — Le vice-reine. — Friture de petits poissons. — La reine Hortense. — Uniforme des hommes à Navarre. — Le château de Chenonceaux. — Madame de Villeneuve. — Diane de Poitiers. — La reine Hortense chante ses romances. — *Griselidis* et *Partant pour la Syrie*. — Lettre de la reine Hortense qui m'est adressée. — Je l'ai conservée.

Le vice-roi vint plusieurs fois à Navarre. Son arrivée causait une joie générale. Les hommes de la société étaient sûrs de voir redoubler l'intérêt de la conversation, par le récit de faits curieux et de détails pleins de vérité des batailles glorieuses auxquelles il avait pris une part active. Les femmes se réjouissaient des jolies parties organisées par lui pour leur plaire, avec une galanterie chevaleresque, et de la réception d'une foule de petits présents, faits avec une grâce qui en doublait la valeur. Rien n'était plus comique que de voir l'espèce d'âpreté déployée, lorsque Son Altesse Impériale descendait ayant à la main un élégant coffret contenant de jolis colifichets sans aucun prix réel. Ce qui faisait désirer ces bijoux était le bonheur de dire bien haut d'où ils étaient venus.

On portait alors ce que l'on appelait un *charivari*. Le prince Eugène arrivait avec une provision de ces charmantes bagatelles, dont plusieurs inventées par lui, d'autant plus recherchées qu'elles étaient uniques dans leur genre, *Foncier* promettant qu'il briserait le moule. C'était au billard ou à la pêche qu'il faisait ces distributions si enviées. Il ne voulait point être remercié, et perdait exprès pour avoir le plaisir de se plaindre du sort; ainsi on obtenait en même temps un bijou désiré et un petit triomphe d'amour-propre, auquel une femme n'est jamais insensible.

Il est impossible d'apporter dans le monde plus d'amabilité, d'instruction et de bonhomie que le vice-roi ; il faisait, pour captiver, tous les frais qu'eût pu faire un simple particulier qui eût voulu paraître aimable. Ennemi déclaré de l'étiquette, il tâchait de s'y soustraire le plus possible, défendait aux huissiers de l'annoncer, afin de nous éviter l'ennui de nous lever tous chaque fois qu'il entrait. « C'est » bien assez, disait-il, d'être forcé de subir toutes les tristes consé- » quences du pouvoir quand je suis à Milan ; qu'au moins ici on me » permette de m'amuser un peu. C'est un rude métier que celui d'être » roi, quand on n'a pas été élevé pour cela. » Je l'ai vu à Malmaison, par une pluie battante, préférer passer par le jardin pour entrer par la galerie sans cette annonce qui lui déplaisait.

Sa figure fine et douce s'animait d'une manière extraordinaire lorsqu'il parlait de ses campagnes. Sa tournure était noble, élégante, et il eût été tout à fait bien sans des dents affreuses. Sérieux il était charmant, mais malgré de très-longues moustaches fort tombantes, il n'était plus bien lorsqu'il riait. Son Altesse Impériale ne voulait jamais se répandre de nombreuses aumônes. Le bon comte Méjan, chargé de distribuer les bienfaits du prince qu'il chérissait, le faisait bénir, et sur son passage les visages étaient rayonnants du bonheur de le voir, ce que Joséphine remarquait avec toute la fierté d'une mère.

Il ne savait pas la musique, mais il chantait bien le bouffe; il avait l'instinct et le goût de cet art. Après avoir entendu une ou deux fois la partie qu'il devait exécuter dans un duo ou un trio, il la savait parfaitement, et y mettait l'expression dans l'intention de l'auteur.

Personne ne poussa plus loin la tendresse filiale et paternelle[1]. Il ne pouvait parler de l'époque du divorce de sa mère, qu'il nommait *la plus affreuse de sa vie*, sans avoir les larmes aux yeux.

Le vice-roi portait toujours sur lui le portrait de ses enfants et celui de la vice-reine, peints par Isabey, et montés en chaîne de montre. C'était une réunion de figures célestes.

Il nous conta que lorsqu'il avait été nommé vice-roi, il ne se passait pas de jour où il n'y eût un assassinat à Milan ; que rarement alors on poursuivait les auteurs d'aussi atroces et fréquentes vengeances; elles étaient trouvées toutes naturelles : chaque famille puissante ayant depuis longtemps des sbires à ses gages, sur un mot ils commettaient les crimes les plus exécrables.

Plusieurs lois fort sages furent dictées par le vice-roi, entre autres la défense, sous peine d'une amende très-considérable et de la prison, de porter sur soi, d'acheter ou de vendre des couteaux qui ne se fermassent pas. Lorsque par hasard on arrêtait un assassin, il prétendait toujours avoir agi de premier mouvement, sans préméditation ; il ne pouvait plus donner cette raison, puisqu'il était obligé d'ouvrir l'instrument dont il se servait. On fouillait souvent dans les rues les gens dont la réputation n'était pas bonne.

Le vice-roi eut une gloire plus grande que celle à laquelle il était habitué sur le champ de bataille : ce fut de rendre ces tristes événements de plus en plus rares ; ils finirent par ne pas être plus fréquents que dans les autres pays. Il se fit adorer, par sa justice et sa bonté, d'un peuple en général peu attaché à ses souverains. Sa charmante et douce compagne fut un ange chargé du bonheur de l'homme qui s'occupait tant de celui des autres. La conduite parfaite de la vice-reine a été aussi célèbre que sa beauté.

Quand le prince Eugène était à Navarre, on ne lisait pas tout haut. Lorsque le temps le permettait, on allait pêcher dans les pièces d'eau de ce magnifique jardin. La dame qui prenait un plus grand nombre de poissons, et celle dont la pêche pesait le plus, recevaient un prix du vice-roi et en échange autre personne de la société. Rentrés au palais, nous envoyions notre butin aux cuisiniers, avec ordre de le faire frire tout de suite. Ils trouvaient fort désagréable de se voir ainsi dérangés pour la cuisson de misérables poissons, qu'ils n'eussent pas voulu servir même aux filles de cuisine ; mais Son Altesse Impériale s'amusait tellement de ce repas impromptu, qu'il se renouvelait tous les jours à quatre heures, et qu'il était convenu de le trouver préférable à tout ce que le dîner de Sa Majesté avait de plus recherché ; du moins il est certain que l'on y riait davantage.

Lorsque la pluie empêchait de sortir, on jouait au billard, et, comme je l'ai dit, de jolis colifichets étaient le prix du triomphe. Les hommes étaient exclus de ces concours. Le soir on faisait toujours de la musique, à laquelle le vice-roi prenait part.

La reine de Hollande s'y est trouvée avec lui, et comme le palais était trop petit pour loger tout ce monde, plusieurs dames de la maison cédaient leur chambre, et nous couchions trois ou quatre

dans la même ; loin de nous plaindre de ce dérangement, il nous paraissait très-amusant.

La reine de Hollande était moins gaie que son frère, ce qu'il fallait, je crois, attribuer à une santé extrêmement délabrée. Lorsqu'elle venait à Navarre on quittait l'uniforme permis[1]; les hommes reprenaient ceux de leurs places, et nous nous parions comme pour un bal. La présence de la reine gênait toujours un peu, parce qu'elle amenait des dames qui conservaient, il faut en convenir, toute la roideur de la cour, et qui eussent cru déroger à leur dignité en étant simples et naturelles. Il faut excepter de ce nombre madame la comtesse de Villeneuve, jolie, gaie, bonne et aimable.

Le beau château de Chenonceaux lui appartenait. Elle avait eu le bon goût de conserver aux meubles la couleur gothique du temps de François Ier. Des tapisseries aux armes de France ou au chiffre du roi remplaçaient les anciennes, et le salon avait pour ornement remarquable une suite de portraits originaux des siècles passés. Les portières étaient en harmonie avec le reste. Il semblait qu'elles allaient se soulever pour livrer passage au roi chevalier et à sa maîtresse Diane de Poitiers, à l'inamovible beauté. Madame de Villeneuve faisait les honneurs de ce séjour princier avec toute l'ancienne et gracieuse hospitalité de nos bons aïeux. Son mari était digne d'elle. Il était chambellan de la reine.

Quand la reine Hortense ne souffrait pas, elle consentait à chanter ses romances ; ses préférées étaient *Griselidis* et *Partant pour la Syrie*. Elle voulut bien me donner des avis pour les dire. Sa voix, sans avoir d'étendue, plaisait, et elle mettait une grande expression aux paroles. Je l'ai moins vue que le vice-roi, elle restait beaucoup dans son appartement, suivait un traitement assez rigoureux et se couchait de bonne heure. Elle ne pouvait enfreindre son régime sans éprouver de vives douleurs ; elle venait donc près de sa mère pour se reposer.

J'ai eu l'honneur de lui envoyer à Rome un exemplaire de cet ouvrage ; elle m'écrivit en retour une lettre pleine de remercîments et de bonté. Je la conserve très-précieusement.

CHAPITRE XXV.
1811.

Grand dîner chez le maire d'Evreux. — Naissance du roi de Rome. — Joie générale à Paris. — Nous retournons à Navarre. — Manière dont l'impératrice reçoit cette nouvelle. — Bal ordonné par Sa Majesté. — Le vice-roi arrive de Paris. — Il donne des détails sur ce qui s'est passé aux Tuileries. — Paroles de l'empereur. — M. de Saint-Hilaire, page de l'empereur, apporte une lettre à l'impératrice. — Présent qu'il reçoit. — M. de Béarn. — Parure en saphirs. — Diadème de sucre. — Migraines de Joséphine. — Gaucherie de M. Pierlot. — Malheur de M. de Clermont-Tonnerre. — La princesse d'Aremberg. — Son portrait. — Baronne de Folar. — Madame la comtesse de Bouberg. — Cœur de malachite.

Toute la maison fut engagée à un dîner chez le maire d'Evreux, et s'y rendit, laissant comme de coutume madame d'Arberg avec Sa Majesté, qu'elle ne quittait jamais.

Au milieu d'un magnifique repas, nous vîmes entrer un employé de la préfecture apportant une lettre au maire ; cet homme avait la figure animée, et criait à la porte : *Le roi de Rome est né !* C'était le 20 mars 1811...

Je ne puis rendre l'effet de ces paroles sur tous les convives, qui, se levant précipitamment, s'approchent du porteur de cette grande nouvelle, le questionnant tous à la fois sur cet événement, sur l'effet qu'il produit à Paris.

Pendant que le maire court donner les ordres qu'il reçoit, M. Portalès donne les siens pour que les voitures soient prêtes, afin de retourner tout de suite à Navarre où le préfet avait envoyé un courrier. Les équipages furent très-promptement préparés; cependant lorsque nous pûmes la ville était déjà illuminée, les feux de joie allumés, le canon tirait ; les cloches étaient en branle pour annoncer loin que les vœux de la France étaient comblés.

Il est certain que toutes les opinions cédaient alors au besoin de voir un héritier à celui qui avait tiré avec son épée victorieuse la couronne de France d'un torrent de sang. Ses triomphes si éclatants avaient rendu aux Français le rang que les horribles crimes d'une partie de la population leur avaient fait perdre. A force de victoires, on avait presque absous les fautes si peu partagées par la majorité. Si l'on ne s'aimait pas l'empereur, du moins fallait-il lui rendre grâce d'avoir réparé tant de mal, d'avoir rendu des lois et rétabli un culte qui faisait espérer de pouvoir se réconcilier entièrement avec un Dieu qu'on avait tant offensé par des fêtes odieuses, indignes prostitutions des cérémonies saintes. Les émigrés étaient rentrés en foule

---

[1] Il eut, dit-on, beaucoup de maîtresses ; mais il cachait si bien ses intrigues, que la vice-reine ne put s'en douter. Il disait qu'il eût sacrifié toutes les femmes du monde à celle qu'il chérissait par-dessus tout, et qui par ses qualités le rendait si heureux.

[1] L'impératrice avait ordonné un uniforme pour les hommes ; ils le portaient le soir ; c'était un *mezzo termine* entre le grand costume et le frac prohibé, et se composait d'un habit vert avec parements et collet de velours noir, légèrement brodé d'or, une épée simple et le plumet noir au chapeau. Cet uniforme était moins éclatant et moins cher que celui de chambellan et d'écuyer.

lorsqu'ils avaient vu Napoléon à la tête du gouvernement. Non-seulement ils jouissaient du bonheur de revoir leur belle patrie, qu'ils chérissaient encore plus depuis qu'ils avaient pu *comparer*, mais ils acceptaient desplaces, du service dans l'armée, espérant pouvoir être utiles à leur pays dont ils avaient été si longtemps exilés : Le retour des Bourbons, dont on bénissait toujours le souvenir, paraissait impossible; ils étaient tranquilles, loin du théâtre de leurs désastres, que l'on pensait devoir être irréparables; forcés de renoncer à être gouvernés par eux, on désirait conserver pour souverain celui qui avait su tout pacifier à force de gloire.

La France se réjouit donc franchement de la naissance du roi de Rome; je partageais l'espoir qu'elle consoliderait le repos dont on avait tant besoin. Elevée au milieu des tourments d'une cruelle révolution, je craignais de voir se renouveler ces terribles guerres civiles dont j'avais vu mes parents si profondément affectés; mais j'avoue que mon affection sans bornes pour Joséphine me fit éprouver un violent mouvement d'humeur en pensant que celle qui occupait sa place était complétement heureuse. Je lui en voulais de son bonheur.

Connaissant peu encore la grandeur d'âme de Joséphine, son entière abnégation d'elle-même, son dévouement absolu au bonheur de l'empereur, je me persuadais qu'il y aurait toujours *un peu de femme* en elle, et qu'un petit retour sur le passé lui ferait regretter amèrement de n'avoir pu être la mère de cet enfant, si bien reçu par tout un peuple. Je jugeais comme une personne du monde bien frivole, bien superficielle, et habituée à ne s'occuper que *des soins importants qu'entraîne un bal.*

En arrivant au palais, j'appris ce qu'était le caractère de celle qui fut longtemps la compagne chérie de son souverain, souvent son conseil et toujours son amie. En descendant de voiture, mes idées furent toutes changées; je voyais une telle satisfaction sur tous les visages, qu'il me fut aisé de deviner les sentiments de l'impératrice. Eût-on osé rire, si elle eût été sérieuse ?

A peine étions-nous entrés dans le salon, que Sa Majesté nous demanda si on avait quelques détails. « Je regrette d'être si loin de Paris, disait-elle à tout instant ; à Malmaison j'aurais des nouvelles si promptes ! Je suis bien satisfaite de voir que le sacrifice si pénible que j'ai fait à la France a été utile, et que son avenir est fixé. Que l'empereur doit être heureux ! Une seule chose m'attriste, c'est de n'avoir pas appris son bonheur par lui. Au reste, il a tant d'ordres à donner, de félicitations à recevoir ! Mesdemoiselles, il faut qu'ici comme ailleurs il y ait une fête pour solenniser l'accomplissement de tant de vœux. Je vous donnerai un bal. Comme les salons ne sont pas grands, je ferai planchéier la salle des gardes ; car toute la ville d'Evreux voudra venir se réjouir avec nous, et je n'aurai jamais trop de monde dans cette circonstance. Faites vos préparatifs, monsieur Pierlot, envoyez chercher une de mes parures, car je ne veux pas recevoir cette occasion en *bonnet de nuit*; quant à vous, messieurs, j'exige pour cette fois votre grand costume. » Je n'ai rien ajouté à tout ce qui a été dit par Joséphine ; seulement ces phrases ne furent pas prononcées de suite. La figure agréable de Sa Majesté était ouverte et franche en parlant; il était impossible de douter qu'elle ne fût de bonne foi en exprimant sa joie. Jamais, selon moi, elle ne se montra mieux à quel point elle était digne de la haute fortune qu'elle avait faite.

Le lendemain le vice-roi arriva ; il nous donna tous les détails que nous désirions. Il nous dit combien l'empereur avait été inquiet de l'état de l'impératrice, qui avait été en grand danger pendant le travail du plus pénible accouchement; qu'il n'avait cessé de recommander au célèbre Dubois de la traiter comme une *bourgeoise de la rue Saint-Denis*, et que, dans le moment où on avait craint d'être forcé de sacrifier la mère ou l'enfant, il s'était écrié : *Sauvez ma femme ! peu m'importe le reste !* Assurément le prince Eugène n'eût pas fait un tel récit, qui prouvait à l'amour de Napoléon pour Marie-Louise, devant Joséphine, s'il n'avait su que c'était *franchement* qu'elle avait sacrifié son existence aux besoins de l'Etat, et qu'elle désirait de même un héritier au trône dont elle était descendue, avec un extrême déchirement de cœur, puisqu'elle se séparait de l'homme qu'elle chérissait, mais sans le moindre regret d'ambition. C'est dont plusieurs écrivains ont semblé douter, et c'est ce qu'il importe de rectifier, parce c'est rendre à Sa Majesté un nouveau droit aux regrets. Les hommes qui ont écrit qu'elle regrettait l'*empereur* plus que le *mari* ne pouvaient connaître tout ce qui se passe dans le cœur d'une femme; ils n'avaient jamais approché celle qu'ils jugeaient si mal. Il faut donc leur pardonner leur erreur, qu'il m'est bien doux de relever.

Le vice-roi racontait fort plaisamment toutes les petites mines qu'il avait vu faire à la reine de Naples et à la princesse Pauline pendant la nuit qui précéda la naissance du roi de Rome. Toute la famille était réunie dans le salon qui touchait à la chambre à coucher, dans laquelle se trouvaient les grands dignitaires nommés comme témoins. On entendait les plaintes et les cris de l'impératrice. Les princesses, à chaque instant, faisaient ouvrir les fenêtres sous le prétexte qu'elles avaient besoin d'air, étant malades d'être obligées de rester là; *leurs nerfs si faibles* étaient crispés des souffrances de

leur sœur. Toutes ces simagrées de douleur, ajoutait Eugène, ne pouvaient faire des dupes ; car le visage frais de ces dames prouvait que jamais leur santé n'avait été meilleure. Il y régnait une expression qui n'était nullement celle des chagrins, mais bien celle d'une humeur extrême. Elles pensaient sans doute que leur crédit sur leur frère serait moindre, et que celui de l'impératrice irait en croissant. Voilà la cause des attaques de nerfs : elles ne furent pas assez *sœurs*, dans ce moment, mais beaucoup trop *reines*. On peut compter sur la fidélité de tous ces détails, qui me frappaient trop pour les oublier.

Le vice-roi assura Joséphine que l'empereur lui avait dit, lorsqu'il avait pris congé de lui : « Vous, allez voir votre mère, Eugène; dites-lui que je suis sûr qu'elle se réjouira plus que toute .autre de mon bonheur. Je lui aurais déjà écrit, si je n'avais été absorbé par le plaisir de regarder mon fils. Je ne m'arrache d'auprès de lui que pour des devoirs indispensables. Ce soir j'acquitterai le plus doux de tous, j'écrirai à Joséphine. »

En effet, à onze heures, au moment où nous allions prendre le thé, nous entendîmes un grand mouvement dans les antichambres ; les portes des salles de service s'ouvrirent avec fracas, les deux battants de celle de la galerie où se tenait Sa Majesté furent poussées brusquement par l'huissier, qui cria *de la part de l'empereur!* L'impératrice et le vice-roi allèrent au-devant d'un jeune page d'une agréable figure, mais qui paraissait harassé de fatigue; c'était, je crois, M. de Saint-Hilaire. L'impératrice le reconnut, quoiqu'il y eût deux ans qu'elle ne l'eût vu. Pour lui donner le temps de se remettre, elle lui adressa plusieurs questions avec cet air gracieux qu'elle mettait à tout.

Ce jeune homme, porteur d'une lettre de la main de l'empereur, avait une telle frayeur de la perdre, qu'il l'avait mise fort avant dans la poche de côté de son habit; il eut lui un peu de peine à la trouver. L'impératrice, s'apercevant de son embarras, continuait à causer avec lui de choses qui lui étaient personnelles. Elle lui témoigna toute la part qu'elle avait prise à la lettre de son oncle vue en Espagne; enfin cette lettre fut présentée. Sa Majesté se retira avec le vice-roi pour la lire, et y répondre après avoir donné l'ordre de faire souper M. de Saint-Hilaire, qu'elle voulait garder jusqu'au lendemain, afin qu'il pût se reposer; mais il répondit qu'il partirait aussitôt qu'il aurait la réponse de Sa Majesté, parce qu'il devait aller annoncer la grande nouvelle à Son Altesse Impériale la vice-reine [1]. Il était venu en six heures à franc étrier. Il y a de Paris à Navarre vingt-huit lieues.

L'impératrice rentra dans le salon une demi-heure après en être sortie; elle avait les yeux fort rouges, et le vice-roi paraissait fort ému. Nous n'osions questionner sur le contenu de cette lettre. Joséphine devinant notre curiosité, voulut bien la satisfaire, et nous dit qu'elle allait nous lire ce qui la touchait si vivement; elle nous montra d'abord la page sur laquelle étaient tracées huit ou dix lignes environ. Une quantité de *pâtés* en couvraient une partie. Je ne me souviens pas exactement du commencement ; mais voici la dernière phrase de la lettre, et *mot à mot* : « Cet enfant, de concert avec *notre* » *Eugène*, fera mon bonheur et celui de la France. — Est-il possible, remarqua l'impératrice, d'être plus aimable, et de chercher à adoucir ce que ce moment aurait eu de pénible pour moi, si je n'aimais si sincèrement l'empereur. Ce rapprochement de mon fils avec le sien est bien digne de l'homme qui, lorsqu'il le veut, est le plus séduisant de tous. » Nous trouvâmes en effet que cette phrase était charmante. La femme à laquelle elle s'adressait était digne d'en apprécier tout le charme.

Lorsque M. de Saint-Hilaire voulut prendre les ordres de Sa Majesté : « Voilà pour l'empereur, et voilà pour vous, » lui dit-elle en lui remettant sa réponse, et un petit écrin de maroquin rouge, contenant une épingle en diamants de la valeur de *cinq mille francs*. Elle l'avait fait faire pour l'annonce d'une fille, et en destinait une de *douze mille* pour l'annonce d'un garçon ; mais le vice-roi lui fit observer que ce présent était trop considérable ; que l'on croirait qu'elle voulait qu'on parlât de sa munificence ; qu'ainsi, il fallait réduire sa générosité, afin de ne faire que *juste ce qu'il fallait*.

C'est à ce voyage qu'elle donna au vice-roi une magnifique parure en énormes saphirs entourés de diamants, regardée comme unique, pour qu'il l'envoyât à la vice-reine, qui était accouchée quelque temps avant d'un garçon. J'ai eu le bonheur de faire voir aussi pour ses enfants plusieurs choses admirables, ce qui dément encore ce que disent quelques personnes, qu'elle était fort avare des pierreries qu'elle possédait. Elle n'en portait plus ; et pendant cinq mois je ne lui ai vu des diamants que deux fois : le jour du bal dont je parlerai tout à l'heure, et à Malmaison, lorsque le grand-duc de Wurtzbourg y vint dîner. Les autres jours, elle avait toujours un collier et des boucles d'oreilles en grosses perles fines, ou de petites parures sans aucune valeur, qu'elle donnait souvent dès qu'elles étaient trouvées jolies.

Sa toilette était fort recherchée, très-élégante, mais généralement

[1] Ce qui n'eut pas lieu. Ce fut M. de Béarn, chambellan, qui fut chargé de cette mission, sollicitée par plusieurs personnes. Il revint enchanté de la grâce et de la beauté de la vice-reine. Il reçut d'elle une magnifique tabatière avec son portrait entouré de gros diamants. Il vint la montrer à son retour à l'impératrice Joséphine.

sans magnificence; des robes de crêpe de tulle, doublées de satin, rarement du velours; de petits bonnets garnis de blondes, ou des diadèmes de fleurs formaient sa coiffure. Elle prétendait qu'elle préférait ces derniers à celui du sacre; elle le portait dans les jours de cérémonie, lorsqu'elle était régnante. Il pesait *trois livres*; et, malgré un velours fort épais qu'elle mettait dessous, elle avait en le quittant un profond sillon au front, et presque toujours la migraine. Elle était fort sujette à ce mal lorsqu'elle était aux Tuileries : ce qu'elle attribuait à la vie fatigante qu'elle y menait. L'empereur ne lui permettait pas de se plaindre; pour la guérir, il lui faisait faire des promenades en calèche. Elle fut souvent obligée de faire arrêter, pour se mettre quelques heures sur un lit, dans de mauvaises auberges de village, où elle prenait du tilleul avec du citron, ce qui la soulageait. Je ne lui ai pas vu une seule fois cette indisposition; aussi était-elle devenue fort grasse depuis qu'elle était libre de faire ce qui lui convenait.

Le vice-roi repartit le lendemain du jour où l'impératrice avait reçu la lettre de l'empereur. Nous fûmes alors tous occupés de la fête qui se préparait; je m'en réjouissais plus que personne, aimant passionnément la danse.

Le palais fut rempli d'ouvriers occupés à planchéier la salle des gardes, à orner les appartements, poser des draperies, des tables, des buffets, etc.; les fournisseurs arrivaient à la file, chargés de provisions de toute espèce, de cartons pleins de fleurs, de plumes, de crêpes, etc. Les femmes de chambre, accablées de travail, étaient toutes d'une humeur massacrante; tout le monde criait, se démenait : les maîtres d'hôtel surtout se donnaient un mouvement incroyable pour que rien ne manquât; nous essayions nos robes, ces messieurs leurs grands costumes. Plusieurs ne savaient plus les porter; d'autres ne le savaient pas.

M. Pierlot nous divertit beaucoup par l'embarras que lui causait son habit de velours, brodé en argent, sa toque à plumes, enfoncée sur la tête comme une coiffure de nuit *classique*, réprouvée maintenant par les hommes *romantiques*; le nœud énorme de son écharpe de satin blanc se trouvait placé sur le beau milieu de sa poitrine; son glaive s'accrochait à toutes ses robes; enfin c'était la plus burlesque figure que j'aie vue. Sa contenance contrastait singulièrement avec celle de M. Portalès, qui avait, sous cet habillement chevaleresque, toute la noblesse qu'il exige. Enfin tout le monde était affairé, bousculé, et le palais sens dessus dessous.

L'impératrice avait fait venir pour cette fête son cousin Henri de Tascher qu'elle aimait particulièrement, et qui méritait par le plus aimable caractère et un esprit plein d'originalité[1]. Étant lié intimement avec M. de Clermont-Tonnerre[2], aide de camp comme lui du roi Joseph, il l'amena. Celui-ci plaisait à l'impératrice, parce qu'à cette époque il lui rappelait extrêmement l'empereur. Il avait, disait-on, beaucoup d'instruction et de connaissances; mais, sans fortune, confondu dans l'armée avec une foule d'officiers de son grade, on ne pouvait faire supposer qu'il serait un jour appelé à une des plus grandes places de France. Il était sérieux, observateur, et enthousiaste de Joséphine, pleine de bontés pour lui.

La princesse d'Aremberg, sœur d'Henri de Tascher, était venue aussi pour assister au bal. Mariée malgré elle au prince d'Aremberg, elle n'avait jamais pu trouver le bonheur à la cour, opposée à tous ses goûts, quoiqu'elle eût pu y briller par une superbe taille et une figure fort agréable. La nonchalance créole qu'elle possédait plus que qui que ce soit au monde lui faisait trouver odieux les devoirs indispensables auxquels il fallait qu'elle se soumît. Il est impossible d'être plus aisée à vivre, et moins enorgueillie d'une fortune si inattendue. Sa douceur était inaltérable, on ne pouvait l'approcher sans l'aimer. Il était singulier de comparer son extrême simplicité avec le luxe et l'arrogance des autres princesses de la famille[3]. Elle n'était pas, di-

[1] Il s'est marié à mademoiselle Clari, qu'il aimait depuis longtemps. Une colique de *miserere* l'a enlevé en vingt-quatre heures à cette charmante femme. Les regrets universels ont dû adoucir la douleur causée par cette horrible perte.
[2] Depuis ministre de la guerre.
[3] Il faut excepter la princesse Stéphanie, grande-duchesse douairière de Bade, qui l'on dit être le modèle de tout ce que la grandeur peut offrir de plus aimable. Elle était grande et généreuse, et faisait des présents fréquents. Je reçus d'elle une charmante breloque représentant un petit navire. Sur la voile d'émail bleu se lisaient deux mots résumant toute la vie future de la princesse, *courage, espérance*.

Madame la baronne de Folar, sa dame de palais, était une excellente personne, aimée de tout le monde, des femmes surtout; elle était d'une laideur extrême, et son esprit était médiocre.

Sa sœur, madame la comtesse de Bouberg, gouvernante des enfants de la reine Hortense, avait absorbé le mérite de la famille. Elle apportait dans le monde beaucoup d'indulgence. La princesse d'Aremberg avait donné à chacun de nous un souvenir en malachite, avec son chiffre gravé d'un côté et le mot *Navarre* de l'autre. Le mien a été malheureusement cassé par un de mese nfants.

J'avais vu dans ma grande jeunesse, chez ma tante de Montesson, le beau-père de la princesse; il était aveugle de naissance, je crois, possédait une grande instruction et connaissait, en touchant le visage des personnes ayant l'honneur de lui être présentées, leur caractère d'après leurs traits, qu'il peignait d'une manière exacte par la parole. Il aimait fort sa belle-fille, qui le lui rendait bien.

sait-elle, qu'à Navarre, parce qu'il y avait peu d'étiquette. Elle avait eu, à ce qu'on l'on prétendait, une grande passion pour un des généraux attachés à l'empereur; mais on l'avait contrainte à faire un mariage brillant, qui ne fut jamais consommé[1].

Sa Majesté m'offrit de me prêter une parure pour le bal; mais je pensai que je n'oserais bouger si je portais sur moi quelque chose de prix ne m'appartenant pas : ainsi je refusai, et me décidai, quoiqu'à regret, à n'avoir que mon modeste collier de perles, qui au moins ne m'empêcherait pas de danser. Mesdemoiselles de Mackau et de Castellane, qui avaient accepté la proposition de l'impératrice, auraient bien voulu être à ma place, et avaient peur de les montrer dans le courant de la soirée. A chaque contredanse, elles demandaient s'il ne manquait rien à leur riche parure; et on voyait qu'elles osaient à peine remuer, tant elles avaient peur d'en perdre une partie.

L'heure du bal sonna enfin, à notre grande satisfaction; les dames d'Évreux arrivèrent en foule : plusieurs d'entre elles, parées avec tout le mauvais goût de la province, mais le plus grand nombre fort bien mises. Les hommes en habits habillés, comme aux jours ordinaires.

Lorsqu'il y eut beaucoup de monde réuni, les portes communiquant à l'appartement de Joséphine s'ouvrirent, et elle entra éclatante de parure et de diamants. Elle avait une robe lamée en argent, et elle portait un diadème superbe; elle était suivie de tous les officiers et des dames de sa maison. Ce cortège et son maintien étaient les mêmes qu'aux fêtes des Tuileries. Elle fit le tour entier de la salle, adressant quelques paroles obligeantes à toutes les dames; ensuite elle s'assit, et le bal s'ouvrit.

M. de Clermont-Tonnerre fournit un épisode qui fit rire tout le monde, excepté lui. Dansant devant Sa Majesté, il voulut faire de son mieux, et risqua un entrechat qui eut des suites fâcheuses. M. de Clermont-Tonnerre était fort gros; il retomba avec si peu de légèreté, qu'il enfonça le plancher haussé de six pouces du pavé de marbre; son pied se trouva tellement engagé, qu'il fallut faire venir un menuisier pour agrandir le trou où il était pris comme un renard dans un piège. Les peines qu'il s'était données pour se tirer tout seul d'embarras avaient fait grossir sa jambe; il souffrait beaucoup; mais ne voulant pas en convenir, il dansa encore deux ou trois contre-danses; on voyait très-bien les efforts qu'il faisait pour surmonter sa douleur et échapper aux plaisanteries toujours renaissantes. Pour le tourmenter un peu, nous affectâmes vingt fois dans la soirée de lui demander de ses nouvelles, avec un intérêt qui lui donnait beaucoup d'humeur, et qui nous amusa davantage encore. Cela n'est pas bien; mais on doit nous pardonner ces petites moqueries en songeant que nous étions alors fort jeunes, fort étourdies, et que rien ne nous paraissait plus ridicule qu'un *gros vieux homme de trente ans* dansant ! Trente ans ! bon Dieu ! mais c'est un vieillard ! disions-nous. Je parie que maintenant aucune de nous ne pense ainsi.

A deux heures du matin on servit un souper magnifique; il y avait trois tables; celle de l'impératrice était de trente couverts; nous y étions toutes, à l'exception de madame d'Arberg, qui faisait les honneurs de la seconde, et madame de Ségur ceux de la troisième. Les principales dames de la ville furent désignées pour celles de Joséphine; les hommes ne soupèrent qu'après nous. A quatre heures on se retira. Tout fut parfaitement ordonné, et je suis sûre que l'on s'en souvient encore à Évreux.

CHAPITRE XXVI.

1811.

La Saint-Joseph à Navarre. — Fête de Joséphine à Évreux. — On chante un *Te Deum*. — Feux de joie. — Députation de demoiselles. — Couplets de circonstance. — Mesdames d'Audenarde, Gazani, de Colbert, de Ségur, ma mère; mesdemoiselles de Mackau, de Castellane. — Moi. — MM. Horeau, Deschamps, Vieil-Castel. — Jeu de cartes peint par M. de Turpin. — Peur que me fait M. de Vieil-Castel. — Cachemires donnés par l'impératrice. — Ma joie. — L'impératrice lit toutes les pétitions. — *Ses bonnes fortunes*.

J'ai oublié de dire comment on célébrait la Saint-Joseph à Navarre : voici la description d'une fête qui eut lieu lorsque j'étais chez l'impératrice.

Dans la matinée, une députation de jeunes demoiselles distinguées de la ville d'Évreux vint au palais de Navarre portant sous un dais de fleurs le buste de l'impératrice. La fille du maire récita des vers à la louange de Sa Majesté, qui faisait tant de bien dans le pays[2]. On

[1] Depuis la restauration il a été cassé; elle a renoncé à son titre de princesse pour suivre le penchant de son cœur en épousant M. le comte de Guitry, ancien écuyer de l'impératrice Joséphine. On prétend qu'il n'apprécie pas comme il le doit le sacrifice que lui a fait une femme charmante qui lui a apporté une grande fortune, et qu'il ne la rend pas aussi heureuse qu'elle le mérite. Je ne sais si ces bruits sont fondés; mais je suis certaine que madame de Guitry trouvera dans ses devoirs maternels et sa piété sincère des consolations et du courage.

[2] Outre des aumônes considérables, elle avait fondé une école pour de pauvres orphelines. Elles y apprenaient à lire, écrire, compter, coudre et faire de la dentelle. Sa Majesté avait acheté un terrain considérable pour faire bâtir une salle de spectacle et agrandir la promenade, qui était fort petite et mal plantée.

leur servit un beau déjeuner auquel assista Sa Majesté, qui leur fit plusieurs jolis présents.

Elle défendit qu'il y eût aucune réjouissance publique à Évreux à l'occasion de sa fête. Malgré ses ordres, on chanta un *Te Deum* à la cathédrale, on illumina généralement, et des feux de joie s'élevèrent dans les carrefours les plus retirés aussi brillants que sur la grande place [1].

Le soir, M. Deschamps nous apporta des couplets que nous devions chanter à Sa Majesté. C'était la première fois qu'elle se trouvait à cette époque à Navarre ; elle y répandait de si nombreux bienfaits, qu'une partie de la société imagina de se déguiser en paysans des environs venant la remercier. Les autres personnes chantèrent en leur nom. Ces vers sont inédits ; l'auteur avait composé plusieurs jolis vaudevilles : il était depuis longtemps secrétaire des commandements de Sa Majesté, lui portait le plus sincère attachement, et elle l'aimait beaucoup. J'ai donc pensé que, quoique peu remarquable, cet à-propos devait trouver place dans les des souvenirs principalement consacrés à Joséphine [2].

Air : *Le Roi des preux, le fier Roland.*

CHŒUR GÉNÉRAL.

Comme nos cœurs, joignons nos voix,
Chantons l'auguste Joséphine ;
Aux fleurs qui naissent sous ses lois
Sa main ne laisse pas d'épine.
Partout la suit de ses bienfaits
Ou l'espérance ou la mémoire ;
De Joséphine pour jamais
Vive le nom ! vive la gloire ! (bis.)

MADAME D'AUDENARDE MÈRE.

Air : *Partant pour la Syrie.*

Longtemps d'un fils que j'aime [3]
J'enviai le bonheur ;
Mais près de vous, moi-même,
Rien ne manque à mon cœur.
Si tous les dons de plaire
Forment vos attributs,
Hommage, amour sincère
Pour vous sont nos tributs. (bis.)

MADEMOISELLE DE MACKAU.

Air : *L'Hymen est un lien charmant.*

Loin d'elle j'ai dû regretter
Une princesse auguste et chère ;
Manheim l'adore et la révère [4],
Et j'ai pleuré de la quitter ; (bis.)
Mais quand j'ai vu de son image
Le modèle dans votre cour,
Mon cœur sentit un doux présage ; (bis.)
Bientôt les charmes du séjour
Ont séché les pleurs du voyage. (bis)

C'est le bonheur le plus parfait
Qui règne ici sous vos auspices,
Mais de vos bontés protectrices
Qui mieux que moi ressent l'effet ? (bis.)
Le monde et la cour à mon âge
N'offraient que des bords inconnus ;
Mais près de vous, je prends courage, (bis.)
J'ai votre exemple et vos vertus
Pour guide et pour but du voyage. (bis.)

[1] Joséphine eût été heureuse de ces témoignages d'attachement ; mais elle craignait qu'ils déplussent à l'empereur. Elle savait que Marie-Louise était excessivement jalouse de l'affection qu'on avait pour sa rivale. Elle avait en horreur tout ce qui pouvait lui rappeler celle qui elle occupait la place. Pour aller à Saint-Germain elle faisait prendre la route de Chatou, afin d'éviter de passer devant Malmaison. Ce caractère envieux a dû lui causer de grands chagrins ; car, malgré sa faveur, elle n'a pu affaiblir les sentiments de son époux pour Joséphine ; il ne prenait pas la peine de les cacher, parlait d'elle souvent, et ne négligeait aucune occasion de faire valoir celle qu'il avait livrée au désespoir, poussé par son insatiable ambition. Il aura regrettée davantage encore à l'époque de ses malheurs. Si elle eût vécu, il eût au moins conservé une amie, prête pour lui à tous les sacrifices.
[2] On croit que M. Deschamps s'est noyé. Après la mort de Joséphine il fut dans une position d'autant plus fâcheuse, qu'il n'avait à sa charge une orpheline dont il prenait soin. Voyant qu'il était sans ressources, dans un âge où il est difficile de s'en créer, il disparut de chez lui, et n'y revint plus.
[3] Le général d'Audenarde était écuyer de l'empereur.
[4] La princesse Stéphanie de Bade, à laquelle elle était attachée comme dame du palais, avait voulu la rapprocher de M. de Mackau, son père, la demanda pour entrer dans sa maison, lors du divorce, époque où plusieurs de ses dames la quittèrent pour appartenir à Marie-Louise, ce dont l'empereur leur sut très-mauvais gré.

MADAME GAZANI.

Air : *A deux époques de la vie.*

Gênes me vit dès mon jeune âge
Brûler d'être à vous pour jamais.
Votre œil distingua mon hommage [1],
Votre cœur combla mes souhaits.
A vos bontés, à leur constance
Je dois tout ; et puissent vos yeux
Voir ici ma reconnaissance,
Comme à Gênes ils ont vu mes vœux.

MADEMOISELLE DE CASTELLANE.

Air : *Que ne suis-je la fougère.*

Vous dont les bontés chéries
Ont pris soin de mon bonheur [2],
Dans ces fleurs pour vous cueillies
Voyez l'hommage du cœur.
Marqués par la bienfaisance,
Tous vos jours vous font aimer ;
Laissez la reconnaissance
En prendre un pour s'exprimer.

MADAME DE COLBERT (AUGUSTE) [3].

Même air.

Dans les murs de Charlemagne
J'ai pu vous offrir mes vœux ;
D'une fête de campagne
Pour vous nous formions les jeux :
Ce temps, qu'ici tout rappelle,
Vient de ranimer mon cœur ;
En retrouvant tout mon zèle,
J'ai retrouvé le bonheur [4].

MOI.

Air : *A peine au sortir de l'enfance.*

Vos vertus, leur grâce et leurs charmes
Sont les premiers mots que j'appris ;
Une tante, objet de mes larmes,
Jusqu'au tombeau les a chéris [5].
Mon cœur, à ses soins, à son zèle,
Doit l'héritage le plus doux,
Celui de vos bontés pour elle,
Et de tout son amour pour vous. (bis.)

On annonça une députation du village d'Asnières, près de Navarre et en dépendant : elle était composée de mesdames Pierlot, Ségur, et de messieurs de Turpin, de Vieil-Castel, Deschamps, Horeau, etc.

RONDE.

Air : *Allons aux prés Saint-Gervais.*

COLETTE (MADAME DE SÉGUR).

De nos cœurs, de nos hameaux
Chantons l'auguste souveraine ;
Que les fils d'or les plus beaux
Lui forment longtemps des jours nouveaux.
Déjà dans tout son domaine
All' commande des travaux ;
J'aurons tous, au bout d'la s'maine,
La poule au pot.

MATHURIN (M. DE VIEL-CASTEL).

Sur les monts v'là qu'on amène
Des parures d'arbrisseaux,
Et que l'on fait de la plaine
Partir les eaux [6].

COLETTE.

Des chevreuils dans la garenne,
Des chamois sur les coteaux ;
Et dans la forêt s' promènent [7]
Des animaux.

[1] Ce ne fut point du tout l'impératrice qui l'appela à Paris, mais bien l'empereur, charmé de sa beauté. Joséphine ne l'aima que lorsqu'elles furent toutes deux malheureuses.
[2] Jusqu'au moment où mademoiselle de Castellane vint à Navarre, elle avait été chez madame Campan, où l'impératrice payait sa pension et celle de sa sœur.
[3] Le brave général Colbert fut tué en Espagne.
[4] Maintenant madame la comtesse de la Briffe.
[5] Madame de Montesson.
[6] Marais desséchés par l'impératrice : ce qui rendit un immense service à plusieurs villages voisins.
[7] Elle avait fait venir beaucoup de chamois de Chamouny, et avait rendu la

MATHURIN.

Nos jardins des terres lointaines
Lui doivent des végétaux [1];
Nos cités lui doivent la laine
Des mérinos.

COLETTE.

Dans Évreux ses mains soutiennent
Pour les arts d'heureux berceaux [2],
Ous'que les jeunes fill' apprennent
Mieux qu' leurs fuseaux.

MATHURIN.

All' veut qu' les promenades y prennent [3]
Des alignements nouveaux,
Et qu'on ôte à *Merpomène*
Ses vieux tréteaux.

COLETTE.

Si tous ceux qui, dans leur peine,
Ont eu part à ses cadeaux,
D'un' fleur lui portaient l'étrenne,
L' bouquet s' rait beau.

MADAME DE SÉGUR *s'avançant.*

AIR : *J'ons un curé patriote.*

Voulant de mon tendre hommage
Peindre la sincérité,
J'ai pris l'habit, le langage
Qu'adopte la vérité.
Vous connaissez dès longtemps
Mon zèle et mes sentiments,
Et pour vous (*bis*) ils seront toujours constants !
Toujours constants !
Toujours constants !

M. de Turpin, ensuite, lui offrit un jeu de cartes sur lequel étaient représentées toutes les personnes de la société. Non-seulement la ressemblance était parfaite, mais il avait saisi avec beaucoup d'esprit toutes leurs attitudes. Son ingénieux pinceau créa mille accessoires charmants. M. de Turpin a fait aussi à la *sépia* plusieurs vues de Navarre, remarquables par leur exactitude et leur fini.

M. de Vieil-Castel, chambellan de l'impératrice, vint un matin me dire que Sa Majesté me demandait dans son cabinet. Il avait un air si solennel, que, sans réfléchir que cette dignité lui était naturelle dès qu'il prononçait le nom de l'impératrice, ou qu'il exerçait les prérogatives de sa charge, je tremblai comme la feuille, m'imaginant que probablement j'avais fait quelque chose de ridicule ou d'inconvenant, et que Sa Majesté allait me gronder. J'étais si bouleversée de l'idée de lui avoir déplu, que je ne savais plus ce que je faisais. M. de Vieil-Castel fut obligé de me répéter l'ordre d'aller immédiatement près de l'impératrice. Je crois qu'il pensait comme moi que cette entrevue devait être peu agréable; car loin de me rassurer lorsque je lui témoignai ma crainte, il me répondit qu'il fallait obéir. Il mit tant de sécheresse dans sa manière d'être dans cette occasion, que je fus de plus en plus persuadée que j'avais mécontenté Sa Majesté.

Ma mauvaise tête fit beaucoup de chemin en peu de minutes; j'entrai chez Joséphine pouvant à peine marcher, n'osant lever les yeux, et d'une pâleur frappante. Elle m'en demanda la cause avec un son de voix si bienveillant, que je fus sur-le-champ rassurée, et repris avec elle mon ton ordinaire.

« Il n'est pas naturel que vous soyez si pâle, mademoiselle, vous êtes sans doute malade, et j'en sais la cause, me dit Joséphine en souriant; il fait ici un froid auquel vous n'êtes pas habituée. — Je puis assurer Votre Majesté que je ne m'en aperçois pas; une indisposition... — Non, je vous assure que c'est l'humidité de Navarre qui vous ôte vos belles couleurs; pour qu'elles reviennent, il faut vous vêtir chaudement. Tenez, ce châle vous sera utile, acceptez-le, et portez celui-ci à votre mère; elle est malade, j'irai la voir tout à l'heure. » Que l'on juge de ma joie, non-seulement de n'avoir pas été grondée, mais encore de me trouver en possession d'un *cachemire long à palmes*. Je perdis complétement la tête; sans remercier l'impératrice, je m'enfuis de son appartement avec vitesse et de toutes mes forces; je me précipitai chez ma mère pour lui remettre le présent de Sa Majesté, et sur-le-champ je courus dans le long corridor sur lequel donnait notre appartement, entrant chez toutes ces dames, leur disant : Regardez ce beau châle, il est à moi. Et puis, sans laisser le temps de l'examiner, je reprenais ma course. On me crut folle, et dans ce moment je l'étais vraiment un peu.

Le passage subit d'une crainte excessive au plaisir d'avoir une parure ambitionnée alors, encore plus qu'aujourd'hui, m'avait mise hors de moi. Lorsque je fus plus calme, je crus me rappeler que je n'avais pas remercié Sa Majesté, et me voilà de nouveau troublée, désolée de cet inconcevable oubli.

J'allai trouver madame d'Arberg pour lui conter mes peines ; elle était toujours la dépositaire de tout ce que je pensais ; sa constante bonté m'assurait de son indulgence. J'en avais souvent besoin, puisque, seconde *Ninotte*, je manquais sans cesse aux usages de la cour ; elle me rassurait, me conseillait, et j'étais trop heureuse de l'avoir rencontrée.

Je lui montrai ce châle, cause de tant d'agitations ; elle l'avait vu avant moi, et me dit que l'impératrice, loin d'être blessée de ma brusque sortie, s'en était amusée, en la considérant comme une preuve du plaisir qu'elle m'avait causé : « D'ailleurs, ajouta madame d'Arberg, il y a ici si peu de naturel, que Sa Majesté aime beaucoup les personnes qui en ont, et qui ne calculent ni leurs gestes ni leurs paroles. Continuez à être ce que vous êtes, et vous lui plairez. » Je ne répète ces phrases si obligeantes que pour prouver combien on était heureux à Navarre, puisqu'on y excusait toujours les torts et qu'on y faisait valoir les qualités qui pouvaient les atténuer.

Je fus charmée et fière de montrer mon châle à M. de Vieil-Castel, et de lui dire qu'il m'avait fait une belle peur avec son air grave. Il était moins bien pour nous que les autres, et voyait, je crois, avec peine que, sans être attachées par aucun titre à l'impératrice, nous fussions traitées comme les personnes de sa maison. Il n'était point riche, désirait toutes les faveurs et calculait la valeur des présents que nous recevions comme s'ils eussent été des vols qu'on lui faisait. Nous n'eûmes pas précisément à nous plaindre de lui; mais habituées aux manières si douces et si agréables de presque toute la société, les siennes nous paraissaient singulières : au reste, son caractère n'était point aimable. Flatteur, insinuant vis-à-vis de ses supérieurs, il avait avec ses inférieurs une dureté extrême. Il faisait *trop* pour Sa Majesté, qui s'impatientait quelquefois d'être *servie* en quelque sorte par lui. Elle aimait l'obligeance, la complaisance, détestait la servilité et la *flagornerie*. Ce mot seul peindre ce qu'employait avec elle M. de Vieil-Castel. Nous aimions tous sa femme, belle, jeune et douce comme un ange [1]. Nous savions qu'il ne la rendait pas très-heureuse, en était avec elle d'un extrême despotisme. L'impératrice avait pour elle une sincère affection, dont elle lui donna une preuve touchante.

Madame de Vieil-Castel, aimant tout ce qu'elle devait aimer, chérissait sa sœur aînée, qui l'avait élevée et qui était souffrante depuis quelque temps, sans que cependant on conçût l'idée qu'il y eût du danger. La maladie prit tout à coup un caractère grave; en peu de jours elle fut à l'agonie. M. de Vieil-Castel ne pouvant renoncer au séjour de Navarre, résolut de cacher à sa femme les nouvelles qu'il venait de recevoir; il les communiqua à Sa Majesté, en lui disant qu'il voulait éviter des scènes trop pénibles, et qu'il pensait qu'il valait mieux ne pas instruire madame de Vieil-Castel. « Vous avez raison, dit l'impératrice, madame de Vieil-Castel est si sensible, que je craindrais beaucoup pour elle le spectacle si affreux d'une sœur mourante. Puisqu'il n'y a plus d'espoir, envoyez chercher vos enfants, afin qu'ils soient ici lorsqu'il faudra annoncer la mort de leur tante; vous les amènerez chez moi, et je me chargerai de cette pénible commission. »

Peu de jours après, ces jeunes gens arrivèrent; ils étaient vêtus de deuil. Sa Majesté les prit par la main, et entrant avec eux chez madame de Vieil-Castel, préparée depuis le matin seulement à la perte qui la menaçait : « Pleurez, ma fille, dit Joséphine, vous » avez beaucoup perdu ; mais voyez que d'objets vous restent à » aimer. » Elle fut une grande partie de la matinée avec madame de Vieil-Castel. Joséphine ayant beaucoup souffert, savait parler aux cœurs malheureux ; elle adoucit les premiers moments d'une si juste et si cruelle douleur.

Ce trait, ce me semble, peint entièrement le caractère de l'impératrice. Cette touchante prévoyance de faire arriver la consolation en même temps que la peine ne pouvait être inspirée que par une âme comme la sienne.

M. Deschamps, dans lequel l'impératrice avait une extrême confiance, ne décachetait cependant point les lettres adressées à Sa Majesté. Sachant que beaucoup de malheurs se peuvent confier seulement à la souveraine, et pas à un homme surtout, si la suppliante était une femme, c'était une dame qui lisait la pétition. L'impératrice se réservait deux heures par jour pour examiner les signatures, et quand elle annonçait une personne peu faite pour être dans le besoin, cette lettre était mise à part pour la lire elle-même. Madame de Rémusat l'aidait souvent dans ce qu'elle appelait *ses bonnes fortunes*.

---

promenade du parc et de la forêt aux habitants d'Évreux, qui en avaient été longtemps privés.
[1] Serres entretenues à Navarre sous les yeux de M. Bonpland.
[2] L'école de jeunes filles fondée par elle.
[3] Terrains achetés par Sa Majesté pour agrandir la promenade et bâtir un théâtre.

[1] Elle était nièce de M. de Mirabeau.
[2] L'un d'eux est connu avantageusement dans le monde littéraire.

CHAPITRE XXVII.
1811.

L'impératrice parle de son divorce. — Lettre qu'elle écrit à l'empereur. — Lettre de Joséphine à Sa Sainteté. — Conduite du vice-roi et de la reine Hortense. — Ils veulent quitter la France. — Courage de Joséphine. — Le cardinal Fesch. — Bénédiction nuptiale. — Maréchal Duroc. — Réponse de Joséphine à Marie-Louise. — M. le duc de Rovigo. — Billets de Napoléon. — Il parle du roi de Rome. — Madame de Canisy. — Le duc de Vicence. — Lettre à madame Murat. — Lettre à Madame mère.

Tant qu'il fut vaguement question du divorce, l'impératrice était, nous dit-elle dans une agitation perpétuelle qui lui faisait un mal horrible.

Le roi de Rome.

Il y avait dans le salon où elle se tenait habituellement aux Tuileries une petite porte qui communiquait au cabinet de l'empereur par un escalier dérobé. Lorsqu'il voulait consulter Joséphine ou causer avec elle, il venait lui-même frapper à cette porte. Elle connaissait ce signal, descendait, et ses dames attendaient son retour. Son absence était quelquefois tellement longue (ces conférences n'avaient lieu que le soir), qu'en revenant elle trouvait tout le monde endormi, et riait beaucoup des positions gênées que prenaient ces dames pour ne pas gâter leurs toilettes. Dans les derniers temps, chaque coup donné à cette porte lui causait des battements de cœur si violents, qu'elle pouvait à peine respirer ; elle croyait toujours recevoir la confirmation de tout ce qu'elle redoutait.

Lorsque enfin elle sut son sort, elle versa une telle abondance de larmes, qu'elle fut plus de six mois sans voir clair ; ses yeux étant dans un état affreux, elle ne pouvait supporter la moindre clarté, elle ne distinguait aucun objet. Cependant son parti fut pris immédiatement ; et c'est elle qui rendit du courage à ses enfants atterrés par cette nouvelle.

Voici une lettre qu'elle écrivit à l'empereur cinq ou six jours après que le divorce fut prononcé.

A l'Empereur.

« Mes pressentiments sont réalisés ! Vous venez de prononcer le mot qui nous sépare ; le reste n'est plus qu'une formalité. Voilà donc le résultat, je ne dirai pas de tant de sacrifices (ils me furent doux, puisqu'ils étaient pour vous), mais d'une amitié sans bornes, de mon côté, et du vôtre des serments les plus solennels. Encore si l'État, dont vous vous faites un motif, me dédommageait en vous justifiant ! Mais cet intérêt, auquel vous feignez de m'immoler, n'est qu'un prétexte ; votre ambition mal calculée, tel a été, tel sera toujours le guide de votre vie, guide qui vous a mené aux conquêtes et au trône, et qui vous pousse maintenant aux défaites et au précipice.

» Vous parlez d'alliance à contracter, d'héritier à donner à votre empire, de dynastie à fonder ! Mais avec qui formez-vous alliance ? avec l'ennemie naturelle de la France, cette insidieuse maison d'Autriche, qui déteste notre pays par sentiment, par système, par nécessité ! Croyez-vous que cette haine dont elle nous a donné tant de preuves, surtout depuis cinquante ans, elle ne l'ait pas transmise du royaume à l'empire, et que les enfants de Marie-Thérèse, cette habile souveraine qui acheta de madame de Pompadour ce fatal traité de 1756, dont vous ne parlez qu'avec horreur, pensez-vous, dis-je, que sa postérité, en héritant de sa puissance, n'ait pas hérité de son esprit ? Je ne fais que vous répéter ce que vous m'avez dit mille fois ; mais alors votre ambition se bornait à humilier une puissance qu'il vous convient de relever aujourd'hui. Croyez-moi : tant que vous serez maître de l'Europe, elle vous sera soumise ; mais n'ayez jamais de revers.

» Quant au besoin d'un héritier, dût une mère vous paraître prévenue, en vous parlant d'un fils, puis-je et dois-je me taire sur celui qui fait toute ma joie, et qui faisait vos espérances ? C'était donc encore un mensonge politique que cette adoption du 12 janvier 1806 ! Mais ce qui n'est point une illusion, ce sont les talents, ce sont les vertus de mon Eugène. Combien de fois en fîtes-vous l'éloge ! Que dis-je ? c'est par la possession d'un trône que vous avez cru devoir les récompenser ; et souvent vous avez dit qu'il méritait davantage. Eh bien, la France l'a souvent répété après vous ; mais que sont les vœux de la France ?

» Je ne vous parle point ici de la personne destinée à me succéder, et vous n'attendez pas que je vous en parle. Ce que j'en dirais vous paraîtrait suspect. Ce qui ne peut jamais l'être pour vous, ce sont les

L'impératrice et le vice-roi allèrent au-devant d'un jeune page d'une agréable figure.

vœux que je forme pour votre bonheur. Qu'il me dédommage au moins de mes peines ! Ah ! qu'il sera grand s'il leur est proportionné !

» JOSÉPHINE. »

Le vice-roi et la reine Hortense voulaient tous deux quitter la France sans retour, et suivre leur mère en Italie, où elle devait aller. Ce fut elle qui leur dit que l'empereur était leur bienfaiteur, leur père ; qu'ils lui devaient une obéissance sans bornes, et que ce serait ajouter à ses maux que de donner des sujets de mécontentement à leur souverain. Enfin elle leur parla avec tant de force, qu'ils consentirent à rester, et plus tard à être témoins d'un mariage qui devait leur être odieux. Tout le monde sait quelle noble conduite le vice-roi déploya lors de la cassation de celui de sa mère. Personne n'en fut surpris ; tout ce qui était héroïque et grand lui était naturel.

Je n'écris que des souvenirs, et il n'entre pas dans mon plan de

Paris. — Typographie Walder, rue Bonaparte, 44.

rendre compte d'événements trop importants pour être écrits par une femme. Il faudrait, pour en parler, une force, une énergie que je n'ai pas; je dois me borner à peindre de petits tableaux de genre, dont le principal mérite est la ressemblance des personnages et la parfaite vérité de l'action. Je ne puis cependant m'empêcher de relever une erreur grave que M. le duc de Rovigo répète plusieurs fois dans ses Mémoires.

Il prétend que l'impératrice Joséphine n'avait épousé l'empereur que *civilement*. Je puis assurer qu'elle et le vice-roi ont plusieurs fois dit le contraire devant moi et les personnes de l'intimité de Navarre.

L'impératrice nous conta que trois jours avant le sacre, le cardinal Fesch, d'après la demande formelle du pape, donna la bénédiction nuptiale aux époux, à minuit, dans la chapelle des Tuileries : un très-petit nombre de témoins assistèrent à cette cérémonie[1].

Je crois me souvenir que le maréchal Duroc et le prince Eugène étaient au nombre des témoins. Je n'en suis pas assez sûre pour l'affirmer.

Le pape affectionnait beaucoup l'impératrice, dont il connaissait l'âme généreuse; elle lui écrivit plusieurs fois. Voici une de ces lettres, écrite peu de temps avant le sacre.

A Sa Sainteté Pie VII.

« Quelque habitude que la connaissance de notre religion ait donnée à Votre Sainteté des vicissitudes humaines, sans doute qu'elle ne voit pas sans étonnement une femme obscure prête à recevoir de ses mains la première couronne de l'Europe. Dans un événement aussi extraordinaire, elle sent la main de Dieu et la bénit, sans lui demander compte de ses desseins. Mais moi, Saint-Père, je serais encore ingrate, même en la glorifiant, si je n'épanchais dans le sein paternel de celui qu'elle a choisi pour représenter sa Providence, mes sentiments secrets. Le premier, celui qui domine les autres, est la conviction de ma faiblesse et de mon incapacité : par moi-même je suis peu, ou pour mieux dire je ne vaux un peu que par l'homme extraordinaire auquel je suis unie. Ce retour sur moi-même, qui m'humilie quelquefois, parvient à m'encourager par un examen plus réfléchi. Je me dis que le bras sous lequel tremble la terre peut bien me soutenir et doit me fortifier. Mais que d'autres écueils environnent le poste élevé auquel il me fait monter ! Je ne parle pas de la corruption, qui, parmi les grandeurs, atteint les âmes les plus saines; je présume assez bien de la mienne pour ne rien redouter. Mais de ce faîte, d'où les autres dignités doivent paraître misérables, comment distinguer les véritables misères? Ah ! je sens pourtant qu'en devenant impératrice des Français j'en dois aussi devenir la mère; toutefois, que serait-ce que les porter dans mon cœur, si je ne leur prouvais ma tendresse que par mes intentions ? Ce sont des faits que les nations ont droit de demander à ceux qui les gouvernent, et Votre Sainteté, qui répond si bien au respectueux amour de ses sujets par des actes continuels de justice et surtout de bienveillance, est mieux qu'aucun autre souverain capable de me démontrer, par son exemple, l'efficacité de cette doctrine. Puisse-t-elle donc, avec les onctions saintes qu'elle fera couler sur ma tête, non pas seulement me pénétrer de la vérité de ces préceptes, dont mon cœur est persuadé, mais me communiquer la facilité de les mettre en pratique !

» JOSÉPHINE. »

[1] L'impératrice voulut avoir son extrait de mariage, qui lui fut délivré. Elle le remit au vice-roi, qui l'emporta en Italie, dans la crainte qu'il ne fût ou égaré ou soustrait.

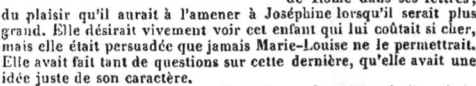
A peine Méhul est-il arrivé qu'il reçoit une députation d'amateurs.

Lorsqu'il fut question du mariage de Marie-Louise, elle fit demander à Joséphine si elle avait été mariée à l'église; qu'alors elle ne pourrait se décider à une union qu'elle regarderait comme sacrilége. L'impératrice lui fit répondre de s'en rapporter au *Moniteur*. C'était éluder la vérité sans la trahir, car elle savait parfaitement que Napoléon n'avait pas voulu que le journal officiel publiât une si tardive cérémonie. Voilà, du moins, ce que j'ai entendu *plusieurs fois* de la bouche de Sa Majesté. N'est-il pas possible que M. de Rovigo ignore tous ces détails, et parce qu'ils lui sont inconnus doivent-ils être faux?

Le caractère du vice-roi était trop éminemment franc et loyal, pour qu'il soit permis de douter de la vérité de ce qu'il assurait; ainsi je reste persuadée de l'exactitude de ce que je viens de dire, et tous ceux qui comme moi étaient près de Joséphine en seront de même convaincus. D'ailleurs le simple raisonnement porterait à cette conviction, puisqu'il paraît impossible d'admettre que le pape, chef de l'Église, eût consenti à sacrer une femme qu'il n'eût pu regarder comme mariée. Dans tous les temps, la politique des souverains a consacré le cruel usage de répudier leurs épouses lorsque le besoin de l'État semblait l'exiger ; mais du moins on ne leur contestait pas leur titre perdu !

J'ai cru devoir donner ces détails comme je les ai recueillis; mais je m'empresse de quitter un ton qui ne peut convenir qu'à des écrivains dignes d'écrire l'histoire ; j'abandonne un sujet qui affligea la France entière, et vais de nouveau me transporter à Navarre, où le calme était rétabli après de si longs tourments.

Chaque semaine l'empereur écrivait à Joséphine des billets courts mais aimables. Ils étaient reçus avec reconnaissance, et souvent elle nous en lisait quelques passages remplis d'une affection vraie. Ils étaient si couverts de taches appelées *pâtés*, que je crus, avec ma vue basse, que Napoléon se servait de papier à vignettes. Je le dis à madame d'Arberg, qui rit beaucoup de cette croyance, et me désabusa en m'apprenant que tout simplement Napoléon écrivait vite, secouait sa plume souvent avec violence, ce qui occasionnait ces *jolis dessins* dont j'avais été si étonnée.

Il parlait toujours du roi de Rome dans ses lettres, du plaisir qu'il aurait à amener à Joséphine lorsqu'il serait plus grand. Elle désirait vivement voir cet enfant qui lui coûtait si cher, mais elle était persuadée que jamais Marie-Louise ne le permettrait. Elle avait fait tant de questions sur cette dernière, qu'elle avait une idée juste de son caractère.

On n'a jamais cité un mot qui pût donner la mesure de l'esprit de cette jeune souveraine reçue avec tant de bienveillance; sa conduite depuis 1814 a donné l'étendue de sa sensibilité.

En arrivant en France elle fut accueillie de tous les partis, mais en même temps on regrettait vivement la femme dont elle prenait la place. On eût désiré trouver en elle cette obligeance inaltérable, cette pitié si tendre pour tous les genres de malheurs, cette protection accordée aux arts, cette générosité inépuisable qui soulageait tant de maux. On ne trouva qu'une dignité roide, un sentiment parfait de l'étiquette des cours, une grande douceur, de l'instruction comme en ont toutes les princesses du Nord. Les courtisans avaient bien une impératrice, les Français n'avaient plus de mère[1] ! Peu à peu l'enthousiasme excité par l'arrivée de cette nièce

[1] Le peuple, en parlant de Joséphine, disait toujours la *bonne impératrice*. On savait quelle était celle désignée ainsi, et on ne confondait jamais.

de Marie-Antoinette s'apaisa, et l'on s'empressa de retourner faire sa cour à celle qui savait pardonner à qui l'avait négligée ou offensée, et près de laquelle on se trouvait si bien.

Elle reçut beaucoup de lettres de personnes attachées à l'empereur, qui désiraient passer quelques jours à Navarre. Craignant que ces voyages ne leur fissent tort auprès de l'impératrice régnante, elle refusa toutes celles avec lesquelles elle n'avait pas été en intimité aux Tuileries.

Un matin la belle madame de Canisy, dame du palais de Marie-Louise après avoir été celle de Joséphine, arriva à Navarre pour supplier l'impératrice de s'intéresser à une affaire de laquelle dépendait le bonheur de sa vie. Elle demandait depuis longtemps à l'empereur de consentir à son union avec M. de Caulaincourt, duc de Vicence; elle était divorcée avec M. de Canizy. Napoléon répondit qu'il ne souffrirait plus ce genre de scandale, qu'on était libre de faire ce qu'on voulait, mais qu'alors il fallait donner sa démission de toutes ses places, et s'éloigner de Paris.

Madame de Canisy, retirée dans le fond de la galerie avec Sa Majesté, causait avec elle, et pleurait amèrement. Je n'ai rien vu de si beau qu'elle dans les larmes; je ne concevais pas qu'il fût possible de résister à une demande faite par une telle femme. L'impératrice refusa de se mêler de cette affaire, certaine, disait-elle, d'être refusée. « Il me serait trop pénible de lire que l'empereur ne veut pas de divorce à la cour. » *Un seul était donc permis!...*

Elle engagea madame de Canisy à prendre courage, lui témoigna une extrême bienveillance, et la renvoya presque satisfaite, quoiqu'elle n'eût pas fait ce qui lui était demandé. Je n'ai point oublié la figure admirable de madame de Canisy; aussitôt le retour des Bourbons elle contracta enfin le mariage qui devait la dédommager de ce que lui avait fait souffrir le premier. Elle épousa M. de Caulaincourt. Sa conduite a prouvé, jusqu'au moment où elle l'a perdu, quelle tendre affection elle avait pour lui.

Joséphine adressa quelques questions à madame de Canisy sur Marie-Louise. « Est-il vrai qu'elle soit fort sérieuse? demanda-t-elle ; ce n'est pas à elle à être mécontente. Je voudrais la savoir gaie, car l'empereur ne serait point heureux si elle était triste. Si elle l'eût voulu, nous nous serions vues. Napoléon lui en parla ; elle repoussa cette proposition avec une telle humeur, qu'elle m'en fut renouvelée. J'en suis fâchée ; sa présence n'eût point été pour moi un sujet de chagrin, et je lui aurais conseillé ce qu'elle devait faire pour plaire à l'empereur ; je serais bien à plaindre s'il était tourmenté dans son intérieur. Lorsque j'étais aux Tuileries, je l'ai souvent vu affligé des petites querelles de famille, qu'il ne réussissait pas toujours à calmer. J'ai plusieurs fois ramené la paix. Dites bien à Marie-Louise qu'elle agisse de même ; surtout qu'elle fasse d'être bien avec la reine de Naples, dont le caractère est difficile. » Madame de Canisy l'assura que l'empereur était fort content de sa nouvelle compagne ; ce qui parut faire plaisir à celle qu'il avait repoussée.

Voici une lettre que Joséphine adressa à madame Murat et une à Madame mère : elles donneront l'idée de son esprit conciliant.

« *A Madame Murat.*

» Vous n'êtes point une femme ordinaire, ma sœur ; c'est donc d'une autre encre qu'aux femmes vulgaires qu'il faut vous écrire. Je vous dirai franchement, et sans précaution, que je suis mécontente de vous. Quoi! vous faites pleurer ce pauvre Murat! Passe encore pour pleurer à vos pieds ses armes victorieuses : Hercule filait aux pieds d'Omphale ; il y filait, mais il n'y pleurait pas. Avec tant de moyens de plaire, pourquoi préférez-vous commander? Votre époux obéit à la crainte, quand il ne voudrait céder qu'à la séduction. En échangeant ainsi les rôles, vous faites d'un brave un esclave timide, et de vous un despote exigeant. C'est une honte pour lui ; ce ne peut être un honneur pour vous. Notre gloire, à nous autres femmes, est dans la soumission, et s'il nous est permis de régner, c'est par la douceur et la bonté. Votre mari, déjà si grand dans l'opinion par sa valeur et ses exploits, croit vous rabaisser toutes ses qualités quand il paraît en votre présence. Vous mettez votre orgueil à l'humilier devant vos prétentions ; vous faites d'un héros est un motif pour que vous vous croyiez une héroïne. Croyez-moi, ma sœur, cette qualification et le caractère qu'elle suppose ne nous conviennent pas. Jouissons modestement de la gloire de nos époux, et mettons la nôtre à adoucir leurs mœurs et à leur faire pardonner leurs exploits. Méritons que le public, qui applaudit à la bravoure des héros, applaudisse aussi à l'aménité que la Providence donne à leurs femmes pour la tempérer. »

« *A Madame Mère.*

» Usez, madame et très-honorée mère, de l'ascendant que vous donnent votre expérience, votre dignité, vos vertus et l'amour de l'empereur, pour rendre à sa famille la paix intérieure qui en est bannie. J'ai craint de mêler ma voix à ces discordes intestines, de peur que la calomnie ne m'accuse de les irriter en m'en mêlant. C'est à vous, madame, qu'il appartient de les calmer ; et pour cela, dites seulement que vous en êtes avertie. Votre prudence aura commencé l'ouvrage en signalant le mal ; le leur trouvera le remède.

» Je ne nomme personne, et votre sagacité devinera tout le monde. Les passions humaines ne vous sont pas étrangères, et ces vices qui ne vous ont jamais atteint, vous les découvrirez dans ceux qui vous sont chers, par l'intérêt que leur bonheur vous commande. Vous ne serez pas longtemps sans remarquer les progrès de l'ambition, peut-être ceux mêmes de la cupidité, dans plus d'une âme ingénue jusqu'alors, mais que les faveurs de la fortune commencent à gâter. Vous verrez avec crainte les ravages toujours croissants du luxe, et avec plus de peine encore l'insensibilité arriver à sa suite. Je n'insiste pourtant pas sur ce reproche, parce que peut-être est-il moins fondé que les autres, et il n'est pas impossible que j'aie pris pour dureté de cœur ce qui n'était qu'enivrement de l'esprit. Quoi qu'il en soit, cette ivresse, manifestée par la vanité, par l'insolence, par d'outrageants refus, produit sur ceux qui en sont témoins de déplorables effets. On rappelle aisément leur origine à ceux qui semblent l'oublier ; et le seul moyen de se faire pardonner sa fortune, est d'en partager les dons avec ceux qu'elle n'a pas favorisés. »

CHAPITRE XXVIII.
1811.

M. Horeau. — Envoi d'argent de l'impératrice. — Un charbonnier. — Ses enfants. — Promenades en traîneaux. — Fauteuils à roulettes. — Mademoiselle Avrillon se casse la jambe. — M. de Bonpland, ami de M. Humboldt. — Lit mécanique. — Le vice-roi et la reine Hortense. — Mémoires de mademoiselle Avrillon. — Proposition de me mettre en ordre faite par M. Ladvocat. — Mon refus. — M. de Villemarest. — Prince primat. — Princesse d'Aremberg.

L'impératrice demandait toujours à M. Horeau, son médecin, s'il y avait, dans sa maison, des malades de Navarre. Lorsqu'il répondait affirmativement, elle envoyait de l'argent pour adoucir les inquiétudes que pourrait éprouver le pauvre moribond.

L'homme chargé de distribuer le charbon dans les cuisines fut atteint d'une fièvre maligne qui mit ses jours dans un péril éminent. L'impératrice le sut, et le recommanda spécialement aux soins de M. Horeau, dont le talent égalait l'humanité. « Songez, mon bon docteur, qu'il a six enfants, disait Joséphine ; ne négligez rien, et dites à l'infirmière de redoubler de zèle pour cet infortuné. » M. Horeau annonça que la fièvre maligne avait pris une tournure moins alarmante, et qu'il espérait sauver ce charbonnier. Celui-ci, en effet, était sensiblement mieux. Un matin, sous différents prétextes, il éloigne sa garde et l'infirmière, se lève et se jette par la fenêtre. Sa chambre était au second, il se tua ; il venait d'être pris d'un accès de fièvre chaude. Sa singulière toilette le prouvait ; car, croyant s'habiller, il avait mis son chapeau, et l'avait attaché sous son menton avec un mouchoir rouge. Cet événement fit grand bruit dans le palais ; on voulait le cacher à Sa Majesté, mais elle l'apprit. Elle donna une pension à la veuve, et se chargea des six enfants, auxquels elle fit apprendre à lire, à écrire, etc.

Le froid était tellement vif, que toutes les pièces d'eau de Navarre, et même les cascades, étaient prises. L'impératrice, toujours empressée de fournir des amusements à la jeunesse qui l'entourait, fit venir de Paris deux traîneaux fort élégants, pour être poussés sur la glace par des patineurs. Nous désirions toutes y monter à la fois, ce qui n'était pas possible. Pour satisfaire tout le monde, on mit aussi de grands fauteuils ; je voulus m'y asseoir, ma mère s'y opposa, ce qui me contraria fort, puisque j'étais obligée d'attendre que les dames qui avaient été les premières dans les traîneaux fussent descendues. Ayant de l'humeur, je rentrai au palais. A peine étais-je assise dans le salon, que M. Bonpland [1] entre avec une figure si décomposée, qu'on pouvait deviner qu'il était porteur d'une mauvaise nouvelle. Dans le même moment des cris perçants se font entendre, et nous apprenons que mademoiselle Avrillon, femme de chambre favorite de Joséphine, vient de se casser la jambe, assise dans ce fauteuil qui m'avait fait tant d'envie : une roulette avait manqué, et la secousse l'ayant renversé, mademoiselle Avrillon était tombée à faux, et deux affreuses fractures lui arrachaient les cris que nous entendions. L'impératrice fit demander sur-le-champ M. Horeau, qui était déjà près de la blessée. Il vint dire qu'il fallait, avant tout, remettre la jambe, mais qu'il prévoyait que cette blessure serait fort grave. L'impératrice, désolée, envoya tous ces messieurs, les uns après les autres, afin de donner un peu de courage tant à cette cruelle opération, et annoncer sa visite sitôt qu'elle pourrait être faite sans causer trop d'émotion [2]. Elle savait que sa présence soulageait tous les maux de

---

[1] Ami de M. de Humboldt, célèbre par ses connaissances en botanique ; il était directeur des serres de Sa Majesté. Son caractère doux et modeste le faisait aimer généralement. Il est maintenant au Paraguay, sans qu'il soit possible de calculer l'époque où il sera rendu à la France, aux sciences et à ses amis.

[2] Sa Majesté fit venir de Paris un lit mécanique. C'est le premier que j'aie vu ; il évita des douleurs inouïes, et je suis étonnée que dans les villes de province il n'y en ait pas au moins un dans les hôpitaux. Quand donc voudra-t-on mettre les découvertes utiles à la portée de la classe si nombreuse des indigents?

ceux qui l'aimaient, et que mademoiselle Avrillon, plus que tout autre, était digne de son intérêt.

Dès que la jambe fut remise, Sa Majesté monta avec rapidité un petit escalier bien noir pour se rendre auprès de la malade, qui pleura beaucoup, en disant que ce qui la désolait était d'être si longtemps sans voir l'impératrice. « Oh! si ce n'est que cela, répondit celle-ci, calmez-vous, car je viendrai chaque jour savoir si vous avez tout ce qu'il vous faut; et quand vous aurez bien suivi les ordonnances du bon docteur, je resterai longtemps près de vous : la longueur de mes visites sera proportionnée à votre raison et à votre patience. »

En effet, elle n'y manqua jamais pendant deux mois que mademoiselle Avrillon fut forcée d'être dans la même position. Cet exemple fut suivi par toutes les personnes de la maison; lorsque le médecin le permettait, on se relayait pour monter auprès de la pauvre patiente, sa chambre était devenue la succursale du salon. Le viceroi, la reine Hortense y allaient exactement aussi. C'est ainsi qu'on adoucit les souffrances si longues de cette personne, qui méritait ce que l'on faisait pour elle par son dévouement à Sa Majesté, son esprit naturel et sa bonté. C'était elle qui m'avait rassurée d'abord sur mes frayeurs de paraître à la cour; aussi fus-je tout touchée de la voir dans cet état.

Sans la défense de ma mère, qui m'avait tant affligée, c'est à moi que fût arrivé cet accident. Lorsque les Mémoires de mademoiselle Avrillon parurent, je m'affligeai de l'injuste animosité qu'elle déployait contre moi. Je la concevais d'autant moins, que je l'avais fort soignée pendant les suites de l'accident dont je viens de parler, et je lui croyais, je l'avoue, trop de cœur pour supposer qu'elle pût m'en vouloir de mon refus de coopérer à la publication de cette compilation.

M. Ladvocat m'avait proposé de *mettre en ordre* la composition que mademoiselle Avrillon lui avait apportée pour être livrée à l'impression. La politesse du libraire à la mode lui faisait employer une expression qui manquait de justesse, c'était *mettre en français* qu'il fallait qu'il dit. Il m'avait remis comme essai quelques pages de cet incroyable manuscrit, il me fut absolument impossible de les déchiffrer. Une affreuse écriture, pas un mot d'orthographe, rendaient ce travail si peu agréable, que je ne voulus pas m'en charger. On le croira aisément, lorsque l'on saura que mademoiselle Avrillon écrivait ainsi le grand nom de Napoléon *Napoullion*: ainsi du reste. Tous les mots écrits dans ce genre n'étaient point séparés, et ne formaient qu'une ligne non interrompue de véritables hiéroglyphes, dont tout le talent de M. Champollion n'eût pu venir à bout de découvrir le sens. M. de Villemarest, plus hardi que moi, se chargea de cette tâche digne des Romains.

Dans ma jeunesse, je l'avais connu ayant de grandes prétentions à la danse. J'eus le malheur de rire en le voyant assembler difficilement des pas fort compliqués par suite de la grosseur démesurée de ses mollets; il ne l'oublia jamais. Pour comble de disgrâce, lorsque je fus décidée à écrire, je prévins M. Ladvocat que je ne voulais aucun de ses *faiseurs*, désirant répondre de ce que j'avançais, et prenant sous ma seule responsabilité tout ce qui sortirait de ma plume novice mais *vraie*. On saisit donc avec empressement l'occasion de se donner le plaisir d'une petite vengeance, et l'on m'*abima*, c'est le mot dont on se servit.

Mademoiselle Avrillon se donne dans cet ouvrage une importance qu'elle n'eut jamais. Les souveraines de naissance choisissaient autrefois leurs femmes de chambre dans la classe mitoyenne bien élevée. L'impératrice, avec sa bonté ordinaire, ne voulut pas en s'élevant renvoyer une personne qui l'avait d'abord servie comme *bonne*, puis comme femme de chambre quand elle n'était que madame Bonaparte; elle fut prise dans le rang des personnes destinées à servir. Mademoiselle Avrillon habillait Sa Majesté, causait avec elle pendant sa toilette; mais, hors de ces moments, elle était complètement étrangère à ce qui se passait hors de l'antichambre. Elle dansait au bal de son vice-roi, voyant mademoiselle Avrillon traverser le billard pour se rendre chez elle, se moqua si bien de ce luxe intempestif, que l'impératrice la pria de la garder pour le temps des vacances qu'elle prendrait pour aller à Paris.

M. de Villemarest a cherché à rendre les Mémoires de mademoiselle Avrillon supportables; mais pour leur conserver leur couleur locale, il a laissé quelques locutions de la dernière vulgarité; ainsi, par exemple, mademoiselle Avrillon en parlant d'un petit chien de la princesse d'Arenberg qui avait fait quelques dégâts dans l'appartement de sa maîtresse, dit qu'il avait mis *tout en bringue*. Je pourrais multiplier les citations semblables.

Certes, l'impératrice avait trop de délicatesse et de goût pour admettre auprès d'elle, autrement que pour des fonctions serviles, une personne s'exprimant de cette manière.

Ainsi tombe tout l'échafaudage chancelant qu'elle a élevé sur cette faveur fictive. Elle a osé dire que le prince primat, l'un des plus grands seigneurs d'Autriche, avait beaucoup d'*amitié* pour elle!

CHAPITRE XXIX.
1811.

M. Spontini vient à Navarre. — Opéras de lui que nous exécutons mal. — L'empereur n'aimait pas la musique française. — Secret gardé par les auteurs de l'*Iraio*. — Supercherie de Méhul. — Son succès. — MM. Paër, Paësiello, Cimarosa, Cherubini, Lesueur. — Mot cruel pour Paësiello. — Mademoiselle *** chantant. — Comment Paësiello juge son talent. — Belle conduite de Méhul. — Opéra des *Bardes*.

M. Spontini vint passer quelques jours à Navarre [1]. Nous avions ses partitions de la *Vestale* et de *Fernand Cortès*, que nous chantions tant bien que mal. M. de Monaco jouant bien du piano pour un amateur, était notre accompagnateur avant l'arrivée de M. Spontini ; il céda la place au compositeur des deux beaux ouvrages sur lesquels nous nous étions étudiés. La peur que nous eûmes en chantant devant lui, nuisit, je crois, beaucoup à notre ensemble : ce qui ne l'empêcha pas de nous dire, avec une franchise *tout italienne*, que nous chantions à merveille.

M. de Monaco n'aimait beaucoup que la musique qu'il faisait : aussi trouvait-il que les louanges exagérées de M. Spontini n'étaient que justes, appropriées à nos talents; électrisé par elles, il criait les chœurs plus que de coutume; insensiblement entraînés par son exemple, nous faisions de même ; c'était une véritable cacophonie. Comme il y avait peu de *dilettanti* qui ne fussent employés, tout le monde était satisfait ; aussi recommençâmes-nous si souvent, qu'il y avait de quoi dégoûter à jamais de ces deux opéras, si on pouvait l'être de deux chefs-d'œuvre. Malgré la mode du *rossinisme*, que je suis de loin, je persisterai toujours à dire que lorsqu'on entendra chanter la *Vestale* et *Fernand* autrement que nous ne faisions, ils auront un succès d'enthousiasme. Il est beaucoup d'ouvrages de Paër, Cimarosa, etc., qui obtiendraient le même honneur si on daignait les monter avec quelque soin ; mais il est convenu dans ce moment que, hors Rossini, il n'y a point de salut. Attendons.

Puisque je parle de musique, je vais répéter un trait conté par l'impératrice, et donner quelques détails sur les compositeurs célèbres que j'ai été à même de voir. Tout ce qui touche les arts doit avoir de l'intérêt pour une nation qui les cultive avec tant de succès. Voilà ce qui m'engage à interrompre quelques instants ma narration sur ce qui se passait à Navarre.

L'impératrice assistait à Saint-Cloud avec l'empereur à une représentation des *Zingari in fiera*, de Paësiello, qui était dans la loge avec Leurs Majestés. On avait intercalé dans cet ouvrage un air superbe de Cimarosa.

Napoléon, passionné de la musique italienne, qu'il voulait remettre à la mode, s'extasiait à chaque morceau, et faisait à Paësiello des compliments d'autant plus flatteurs qu'on savait que la bouche qui les prononçait n'en était pas prodigue. Enfin après le morceau dont j'ai parlé, l'empereur se retourne et dit avec transport en prenant la main de Paësiello : « Ma foi, mon cher, l'homme qui a composé cet » air peut se proclamer le plus grand compositeur de l'Europe. » Il » est de Cimarosa, articula faiblement Paësiello. — J'en suis fâché ; » mais je ne puis reprendre ce que j'ai dit. »

Pour réparer un peu le chagrin qu'il venait de causer, l'empereur, qui estimait le talent de Paësiello et aimait sa personne, lui envoya le lendemain un beau présent. Je doute qu'il ait atteint son but. L'amour-propre d'auteur est en général plus fort que l'amour des richesses ; et les honneurs reçus n'auront pu faire oublier les mots cruels de la veille.

Paësiello pendant son séjour à Paris allait beaucoup chez madame de Montesson. C'est là où je l'ai vu. Une jeune personne de la société, qui passait pour avoir un admirable talent pour le chant, se fit entendre un jour où il y était, elle lui mit une grande prétention à exécuter les morceaux difficiles de ce grand maître. Elle fut fort applaudie, et ses admirateurs voulant lui porter les louanges de Paësiello, s'approchèrent de lui pour le reconcilier. Surpris de son silence, ils le questionnèrent sur mademoiselle ***. — Elle a de bien beaux yeux. — Oh! sans doute ; mais ce n'est pas là le plus délicieux, n'est-ce pas ? — Ils sont bien expressifs. — Oui, sûrement ; mais sa méthode, qu'en pensez-vous ? — Je n'ai jamais vu de jeux si beaux. Il lui était impossible de la faire sortir de là, et les amateurs stupéfaits n'osèrent plus témoigner autant d'enthousiasme en écoutant mademoiselle ***.

Paësiello prétendait que pour chanter il fallait cent choses, quatre-vingt-dix-neuf fois de la voix et une fois de la méthode. Que de gens qui se passent de tout cela et croient faire merveille !

Sa figure était belle, noble et expressive. Il avait le sentiment de sa supériorité (qui à cette époque n'était pas contestée), mais il par-

[1] Il avait dédié l'opéra de la *Vestale* à l'impératrice, qui lui avait donné une épingle en diamants d'une grande valeur, et lui continuait les bontés dans toutes les occasions qui pouvaient lui être agréables. Il était pour elle, après le divorce, tout aussi empressé que lorsqu'elle était sur le trône, et lui consacrait tout le temps dont il pouvait disposer. Elle avait fait tant d'ingrats, qu'elle était heureuse de parler de la reconnaissance de M. Spontini.

luit de lui avec un orgueil si franc qu'il forçait presque à le lui pardonner. D'autres sont à meilleur marché bouffis d'amour-propre; ils le cachent et n'en sont que plus insupportables; ils se contentent de dénigrer tout ce qui n'est pas eux. J'aime mieux qu'on se loue tout haut, et qu'en même temps on rende justice aux autres. C'est ce que faisait Paësiello. Il pensait que *lui* composait *supérieurement*, et plusieurs autres *bien*. C'est toujours donner plus que la médiocrité n'accorde ordinairement.

La chute de l'opéra de *Proserpine*, qui contenait cependant de beaux morceaux, fut un coup terrible pour sa réputation. L'empereur en fut furieux, et répétait que les Français n'entendaient rien à la musique. Il trouvait fort mauvais que son protégé ne réussît pas, et que son goût ne fût pas celui des autres. L'ouvrage, malgré de grandes dépenses, de jolis ballets, de belles décorations, n'eut qu'un certain nombre de représentations. L'autorité s'obstinait à le faire jouer, le public n'y pas aller; il fallut y renoncer. Paësiello, dégoûté de la France, voulut retourner en Italie.

Sa place de maître de chapelle devenait vacante par sa démission. Napoléon voulut y nommer un homme digne de le remplacer. Il jeta les yeux sur Méhul, avec lequel il avait été lié longtemps avant l'expédition d'Égypte. Le talent, l'esprit, un caractère honorable rendaient ce choix excellent; tout devait faire croire que Méhul accepterait avec empressement. Quel fut donc l'étonnement de l'empereur lorsqu'il reçut un refus formel. Je ne puis, lui dit Méhul, accepter cette place qu'à la condition que vous me permettrez de la partager avec mon ami Chérubini. — Ne m'en parlez pas, c'est un homme tranchant que je ne puis souffrir. — Il a sans doute été malheureux de vous déplaire, général; mais c'est notre maître à tous en fait de musique sacrée; il est dans une position peu aisée, il a des enfants, et je voudrais pouvoir les rapprocher de vous. — Je vous répète que je n'en veux pas. — Dans ce cas, général, je refuse positivement, et rien ne me fera changer. Je suis de l'Institut; il n'est est pas; je ne veux pas que l'on puisse dire que je profite de la bienveillance dont vous m'honorez pour tout accaparer, et priver un homme illustre de tout ce à quoi il a droit de prétendre.

Méhul persista dans sa résolution, et Napoléon ne voulut pas fléchir; en conséquence, il chargea l'impératrice de chercher un compositeur qui pût remplir avec talent la place qu'il avait voulu donner à Méhul. Joséphine en parla à madame de Montesson, qui lui recommanda avec intérêt M. Lesueur, dont le mérite n'était point assez apprécié; il ne pouvait parvenir à faire jouer son opéra des *Bardes*, il était fort pauvre. Joséphine, toujours empressée de venir au secours de l'infortune, parla au consul avec chaleur de M. Lesueur, qui fut nommé. Son opéra, joué, réussit complètement.

Napoléon, n'étant encore que général de brigade, fit à Chérubini quelques observations sur sa musique, qu'il trouvait, peut-être avec quelque raison, trop savante et pas assez chantante. — « Général, » lui répondit Chérubini furieux, « mêlez-vous de gagner des batailles, » c'est votre métier; laissez-moi faire le mien auquel vous n'enten» dez rien. »

Cette réponse blessa Napoléon, qui ne put la pardonner.

Sous son règne, Chérubini n'a pu rien obtenir; son caractère peu traitable l'empêcha de tenter aucune démarche pour faire revenir de sa prévention le maître du monde. Il trouva piquant de lui tenir tête; il se brouilla presque avec Méhul, qu'il accusait souvent d'être intrigant, ce qui assurément était bien injuste, puisque celui-ci avait refusé à cause de lui une place lucrative et honorable; Chérubini fut par sa faute plusieurs années fort malheureux.

On ne conçoit pas trop que l'empereur ait pris tant d'humeur pour une réponse brusque, et non-seulement ait pardonné à Méhul une espèce de mystification dont il fut la dupe, mais qu'il lui ait conservé une affection réelle.

À l'époque où *Ariodant*, *Euphrosine*, *Stratonice*, obtenaient le plus de succès, le consul répétait sans cesse à Méhul que ses ouvrages étaient fort beaux, sans doute, mais qu'ils ne contenaient pas de chants comparables à ceux des maîtres italiens. « De la science et toujours de la science, voilà ce que vous nous donnez, mon cher ; mais de la grâce, des chants et de la gaieté, voilà ce que vous autres Français n'avez pas plus que les Allemands. » Méhul ne répondit rien, mais il alla trouver son ami Marsollier, et le pria de lui faire un petit acte bien gai, dont le canevas fût assez absurde pour pouvoir accuser un poëte *de libretto* de l'avoir fait. Il lui recommanda le plus grand secret.

Marsollier ayant une confiance parfaite dans le talent et l'esprit de son ami, se mit à l'œuvre, et fit très-promptement l'opéra de l'*Irato*. Il le porta chez Méhul, qui, immédiatement, composa la charmante musique que l'on applaudit encore avec transport. Marsollier se rendit au comité de l'Opéra-Comique, dit qu'il avait reçu d'Italie une partition dont la musique était si délicieuse, qu'il était certain du succès, malgré la faiblesse du poème qu'il s'était donné la peine de traduire de l'italien. (On avait fait copier la partition par une main inconnue.) Les acteurs l'entendent, en sont charmés, et veulent monter l'ouvrage. Ils se disputent les rôles, et tous les journaux annoncent avec emphase que bientôt on verra jouer un opéra *ravissant*, *enchanteur*, d'un auteur italien. La première représentation est annoncée.

Le consul dit qu'il ira, et engage Méhul à y assister avec lui. « Ce sera un crève-cœur pour vous, mon pauvre ami, mais peut-être, en entendant ces airs si différents de ceux de l'école moderne, reviendrez-vous de cette manie de faire du *baroque*. » Méhul eut l'air contrarié de tout ce que lui dit Bonaparte, et se refusa d'aller au spectacle ; on le pressa, il finit par céder.

Dès l'ouverture, les acclamations du consul commencèrent. Tout était charmant, naturel, plein de grâce et de fraîcheur, il applaudissait à tout moment, en répétant « Décidément *il n'y a que la musique italienne !* » La pièce s'achève au milieu des plus bruyants applaudissements, et les auteurs sont appelés avec enthousiasme. Martin vient demander à Marsollier s'il veut être nommé comme traducteur. « Non, répondit celui-ci, mais comme auteur des paroles, et vous annoncerez en même temps que la musique est de Méhul. »

La surprise fut générale au théâtre, car le secret avait été si bien gardé, qu'aucun des acteurs ne se doutait de la vérité. La toile se lève, les trois révérences d'usage faites, les noms des auteurs sont proclamés et couverts de *bravos* universels. Le consul prit le bon parti ; il avait ri, il était satisfait, il ne se fâcha pas. « Attrapez-moi toujours de même, dit-il à Méhul, et je m'en réjouirai pour votre gloire et mes plaisirs. »

Cette anecdote m'a été contée par Méhul lui-même ; il riait toujours en se rappelant l'étonnement de Napoléon, et l'espèce d'hésitation qui avait précédé le compliment qu'il en avait reçu.

Personne ne causait mieux que ce célèbre compositeur, enlevé sitôt aux arts et à l'amitié. Tour à tour sérieux et gai, il racontait avec une égale perfection les histoires les plus tragiques et les plus plaisantes. Je vais, dans le chapitre suivant, en citer un dont il était le héros, qui lui avait laissé un souvenir ineffaçable, et dont il s'amusait encore beaucoup avec ses amis. Je parlerai aussi du bon vieux Monsigny, que j'ai beaucoup vu, et conséquemment beaucoup aimé, car il réunissait les qualités qui font l'homme excellent et l'homme aimable.

CHAPITRE XXX.

1811.

Méhul à Givet, sa ville natale. — Fête qu'on lui donne. — Une Folie. — Faux nez. — Monsigny. — Elleviou. — Grétry. — Napoléon donne une pension à Monsigny. — Cordon de Saint-Michel sur son cercueil. — Le Mont Saint-Bernard. — Les Deux Journées. — Ariodant. — Helena. — Roméo et Juliette. — Montano et Stéphanie. — Aline. — Le Délire. — Félix. — Le Roi et le Fermier. — Joconde. — La Caravane. — Anacréon. — M. Auber.

Méhul était de Givet ; sa famille y étant établie, il y faisait de fréquents voyages ; ses compatriotes, fiers de l'illustration qu'il avait acquise, résolurent de lui offrir une fête la première fois qu'il viendrait. Ils se concertèrent d'avance, afin que rien ne manquât à la solennité qu'ils voulaient mettre à cet hommage dû à un grand talent et à un homme estimable.

À peine Méhul est-il arrivé, qu'il reçoit une députation d'*amateurs*, qui le prient d'assister à une représentation qui doit avoir lieu le lendemain au théâtre, où ses ouvrages sont joués, disent-ils, avec un ensemble surprenant pour une troupe ambulante ; « que ne peut la présence d'un génie comme le vôtre ! » ajoutèrent-ils. Méhul, étonné que l'on pût exécuter sa musique tant bien que mal avec de si faibles ressources, promet de se rendre aux vœux de ses concitoyens.

Le jour suivant, de grandes affiches sont placardées dans toutes les rues ; elles annoncent pompeusement et longuement que les habitants de Givet, désirant témoigner leur admiration pour M. Méhul, donneront le soir *une Folie*, suivie d'un divertissement et du couronnement du buste du grand compositeur. Celui-ci arrive, escorté de tous les gens marquants de la ville. Il est placé dans une espèce de niche décorée du nom de loge, elle était ornée d'un vieux tapis à personnages et de guirlandes de fleurs en papier. Des salves d'applaudissements l'accueillirent à son entrée, à peine est-il assis que la toile se lève. Un acteur s'approchant de la rampe, récite des vers sur le bonheur de posséder un tel spectateur, dont il réclame l'indulgence, et finit par annoncer que l'opéra d'*une Folie* va être commencé ; mais que comme il a été impossible de se procurer un orchestre, on passera *tous les morceaux de musique*. En effet, on joua la comédie de M. Bouilly, pour fêter Méhul.

Le reste de la soirée répondit au commencement. Le buste qui devait être couronné était en terre glaise ; pour que la ressemblance fût frappante, on avait allongé de beaucoup le nez, afin que, vu de loin, la proportion fût exacte, une actrice, en plaçant la couronne de laurier sur cette prétendue tête, eut le malheur d'accrocher ce nez énorme, qui tomba ; il fallut le replacer à l'aide d'une épingle noire. Toutes ces mésaventures n'empêchèrent pas le journal du lendemain de louer l'ordonnance parfaite de la *superbe* fête donnée par la ville au grand Méhul, de parler de l'enthousiasme qu'elle avait excité, et de l'attendrissement qu'il avait témoigné en recevant un hommage si flatteur. Pour cacher le rire inextinguible dont il fut saisi, il eut constamment son mouchoir sur sa figure ; ce qui fut attribué à son extrême sensibilité, et lui fit le plus grand honneur dans l'esprit de toutes les belles dames de Givet.

Méhul était généralement aimé, et connu dans la société sous le nom du *bon Méhul*. Il rendait justice aux talents même de ses ennemis, et fut constamment le même pour ses amis, qu'il obligea plusieurs fois de sa bourse. Ayant un ordre parfait, il trouvait toujours le moyen d'avoir quelques fonds à la disposition de ceux qui souffraient. Il éleva avec soin un de ses neveux (M. Daussoigne), qui n'eut pas pour lui toute la tendresse qu'il méritait.

Il était dans la destinée de Méhul de n'être pas heureux dans son intérieur; ayant épousé une femme agréable, il espérait le bonheur; mais elle le paya d'une grande ingratitude, l'abandonna quelques années avant sa mort, et ne revint auprès de lui qu'un mois avant qu'il expirât. Il lui pardonna franchement d'avoir troublé toute son existence, et lui laissa toute sa fortune, à l'exception de quelques legs faits à sa famille et à des amis qui l'avaient consolé dans sa longue et douloureuse maladie.

J'ai beaucoup connu aussi Monsigny, ami de mon père; le premier il changea le système de la *comédie italienne*, où on n'exécutait avant lui que des vaudevilles et des farces, que le talent de Carlin pouvait seul soutenir.

Les ouvrages de Monsigny obtinrent un succès fou; et en se reportant au temps où il les composa, il faut convenir qu'on devait y trouver un grand mérite. Elleviou en reprit plusieurs, et, par le charme de sa voix, la perfection de son jeu, il leur donna tout l'attrait de la nouveauté. L'orchestre paraît maintenant d'une pauvreté extrême, l'harmonie y est nulle; mais il y a dans *Félix* des chants charmants. Cet opéra fut sa dernière composition représentée au théâtre. Aussitôt qu'il entendit celles de Grétry, il quitta la carrière qu'il avait ouverte d'une manière brillante. Sa simplicité était extrême, et il nous dit que, persuadé qu'il serait écrasé par Grétry, il avait préféré se retirer. Quoique rivaux, ils ont toujours été bien ensemble. Dans les derniers temps de leur vie ils se rencontraient souvent, et s'abordaient toujours de la même manière. « Bonjour, seigneur, disait Grétry. — Que la paix soit avec vous, répondait Monsigny. — Ne fait pas du chant qui veut, seigneur. — Qui le sait mieux que moi ? » Les deux Nestors de la musique se serraient cordialement la main, et se séparaient jusqu'à la première entrevue, qui se passait exactement de même.

Lorsque Monsigny se maria, il épousa une jeune personne d'une dévotion extrême. Pendant qu'il était villa à Villers-Cotterets faire son service chez le duc d'Orléans, dont il était maître d'hôtel, sa jeune compagne jeta au feu trois ouvrages entièrement terminés, afin que son mari n'eût plus aucune relation avec le théâtre. Peut-être eussent-ils été supérieurs à ceux qu'il avait fait jouer.

Napoléon, étant un jour au spectacle, vit le *Déserteur*. Il en fut si content, qu'il demanda à M. Picard[1], qui était dans sa loge, de qui était cette musique. Apprenant que son auteur était entièrement ruiné par la révolution, et qu'il n'avait, pour lui et sa famille, qu'une faible pension que lui faisaient les comédiens de Feydeau, il lui accorda une de six mille fr., et le nomma chevalier de la Légion d'honneur. Il fut membre de l'Institut.

A la rentrée du roi il était très-âgé et vivait entièrement retiré du monde, ce qui n'empêcha pas qu'il ne fût nommé chevalier de Saint-Michel. Il ne put jouir de cette faveur de son souverain; le cordon, qui était une si honorable preuve de l'estime que Louis XVIII portait à son talent et à son caractère, arriva chez lui au moment où il venait de quitter une vie exempte de tout reproche. Cette décoration fut déposée sur son cercueil.

Je suis étonnée que les directeurs de nos théâtres lyriques ne cherchent pas à varier leurs spectacles, en mettant au répertoire plusieurs ouvrages d'anciens auteurs. Sans doute M. Auber a un talent immense, mais enfin *toujours des perdrix*!... disent les amateurs. Ils ne seraient pas fâchés d'entendre les opéras de *Chérubini*, *Méhul*, *Stubell*, *Berton*, *Monsigny* et *Grétry*, voire même de *Mozart*. Pourquoi sacrifier toujours le passé au présent? *Le Mont Saint-Bernard*, les *Deux Journées*, *Ariodant*, *Helena*, *Roméo et Juliette*, *Montano et Stéphanie*, *Aline*, le *Délire*, *Félix*, le *Roi et le Fermier*, *Joconde* de Nicolo feraient, j'en suis sûre, un grand plaisir, s'ils étaient montés avec soin à l'Opéra-Comique. Au grand Opéra, la *Caravane*, rajeunie par un beau spectacle, *Anacréon*, de *Chérubini*, remplaceraient avec avantage des compositions charmantes, mais usées jusqu'à la trame.

M. Auber est un trop grand artiste et possède une fortune trop considérable pour ne pas vouloir céder un peu du terrain qu'il envahit avec gloire depuis si longtemps!

CHAPITRE XXXI.
1811.

Un pauvre musicien à Navarre. — Il est entendu par l'impératrice. — Portrait de cet artiste. — Nos moqueries. — Justes réprimandes de Sa Majesté. — Madame Pollet joue de la harpe. — Présent que lui fait l'impératrice. — Bal

[1] Alors directeur.

donné à l'occasion du mariage de la princesse Stéphanie de Bade en 1806. — J'y suis invitée. — Plusieurs mots de l'empereur. — Mesdames Charpentier, Simon, de Chat... — La princesse de Ponte-Corvo. — Réponse de M. Clary, son père. — Singulière vengeance de Girodet. — Pension accordée à mon père. — Madame la baronne de Bourgoing et sa fille. — Les princes de Léon et de Wagram. — Le premier consul à l'Institut. — M. Decrès, ministre de la marine. — Cales flottantes. — Pension qui m'est accordée par l'empereur Napoléon III.

Je reviens enfin à Navarre. Je m'en suis peut-être éloignée trop longtemps; le plaisir de parler d'hommes célèbres m'a entraînée. Je demande pardon à mes lecteurs de mettre si peu d'ordre dans mes récits; mais il me serait impossible de prendre assez sur moi pour réfléchir longtemps afin de raconter bien; j'inscris les faits à mesure qu'ils se présentent à ma mémoire : je suis l'impulsion de mes idées. N'ayant, comme je l'ai dit, jamais pensé à écrire, je n'ai pu arranger le plan d'un ouvrage. Ce n'est pas, je le répète, pour briller que j'ai pris la plume; c'est uniquement pour faire connaître mieux plusieurs personnages historiques avec lesquels j'ai été en relation.

Il faut donc que l'on me pardonne des divagations perpétuelles en faveur du désir que j'ai de faire valoir de beaux caractères; ce n'est qu'à regret que je parle de ceux que je n'estime pas; je sens que je dois la vérité que j'ai promise : elle sera quelquefois pénible à tracer, mais la dissimuler sur certains points serait m'exposer au droit de douter des autres : ainsi je ne tairai pas plus le mal que le bien. Je reviens à mon sujet favori, et vais de nouveau m'occuper de Joséphine.

Un malheureux musicien fit demander la permission d'exécuter, devant l'impératrice, un quatuor *à lui tout seul*. Il annonçait devoir imiter les quatre voix de différents acteurs, de manière à produire une illusion complète. Sa Majesté consentit à l'entendre le soir.

Il arriva, et sa grotesque figure excita la gaieté générale ; son frac noir, devenu presque blanc tant il était vieux, un gilet brodé en soie de couleurs passées, une mauvaise épée d'acier rouillé, des boucles en *strass*, un énorme jabot qui avait dû être plissé, voilà sa toilette. Des cheveux gras mal bouclés, un gros nez rouge, de petits yeux louches, les jambes bancales, voilà son extérieur ; les bras croisés de manière que ses mains fussent sous les coudes pour cacher l'outrage qu'y avait fait un trop long frottement, les pieds en dehors, voilà sa contenance. J'avoue que je fus la personne que cette plaisante caricature amusa le plus.

Sa Majesté conserva un sérieux imperturbable, lui fit plusieurs questions sur son pays, *son genre de talent*, auxquelles il répondit avec esprit et mesure ; ce qui ne s'accordait guère avec sa tenue si étrange.

Il demanda un paravent, et se plaçant derrière, il commença le quatuor annoncé. Jamais chanteur de Bourbonnaise ne fut plus ridicule. La gravité de Joséphine nous imposa quelque temps, mais au moment où il prit la voix flûtée pour imiter madame Barilli, nous ne pûmes nous contenir, et les éclats de rire fort bruyants devaient déconcerter ce pauvre homme, qui cependant acheva le morceau.

L'impératrice, avec une grâce pleine de dignité, s'approcha de lui, et l'assura qu'elle avait été très-satisfaite ; que l'imitation était parfaite, et qu'il avait dû en juger par la gaieté générale. Elle lui fit servir à souper, ce dont il avait, je crois, grand besoin, et donna ordre de lui faire compter dix napoléons. « Vous êtes fort jeunes, mesdemoiselles, nous dit-elle ; il peut vous être pardonné de rire du ridicule partout où il se trouve; mais moi, je serais inexcusable si je n'eusse pu être frappée d'autre chose que de l'extrême misère de ce malheureux, qui se donnait tant de peine pour me plaire lorsqu'il mourait presque de faim. » Jamais leçon ne fut donnée avec plus de raison et de douceur, et ne fit plus d'effet. Pour ma part, j'en fus si profondément touchée que j'aurais volontiers pleuré d'avoir ri.

Madame Pollet, jouant agréablement de la harpe, vint aussi se faire entendre à Navarre. L'impératrice l'applaudit beaucoup et lui remit, avec une grâce parfaite, une charmante bourse contenant trois cents francs en or.

L'impératrice me rappela les deux occasions où j'avais parlé à l'empereur, et me reprocha avec raison de n'en avoir pas profité pour solliciter quelque chose pour ma famille. Voici pourquoi je ne l'osai pas.

Plusieurs personnes, qui pouvaient obtenir une place pour mon père, voulant s'éviter la peine de la demander, nous persuadèrent que Napoléon avait contre lui des préventions *affreuses*; qu'ainsi il fallait éviter de le nommer devant Sa Majesté. Habitués aux malheurs nous crûmes facilement à tout ce qui pouvait nous affliger, et loin de chercher à éclaircir ce que l'on donnait comme certain, nous nous résignâmes à vivre de cette faible pension faite par ma tante.

Mon père n'eût accepté aucune place à la cour; sa franchise lui rendait impossible l'emploi de courtisan royaliste. Ayant souffert longtemps pour la cause qui lui coûtait sa fortune, il n'eût jamais voulu être compté au nombre des valets dorés de l'empereur; mais je ne doute pas qu'il n'eût été heureux de remplir un emploi utile à son pays, auquel il eût désiré consacrer ses connaissances, acquises par de longues études et l'expérience que donnent de grands chagrins.

Servir sa patrie est le premier besoin de tout homme d'honneur; il n'est pas d'opinion qui ne cède à la considération de pouvoir contribuer à sa gloire ou à son bonheur. Persuadé que toute place du genre qui lui convenait lui était interdite, il se tint constamment éloigné du pouvoir.

A l'époque du mariage de la princesse Stéphanie, ma mère et moi fûmes engagées au bal donné aux Tuileries. Il fallait de grandes toilettes, ce qui empêcha ma mère d'accepter; mais ne voulant pas me priver d'une fête qui piquait vivement ma curiosité, je fus confiée à une de nos parentes, madame la baronne de Bourgoing, avec recommandation de ne pas dire qui j'étais, si par hasard l'empereur demandait mon nom. L'extrême simplicité de ma parure, qui contrastait avec le luxe qui m'environnait, mon air enfant, fixèrent l'attention du souverain, qui s'approcha de moi; un tremblement général s'empara de toute ma personne, c'est ainsi que je suis toujours dans les grandes occasions. Tout ce qu'on m'avait dit de l'antipathie de l'empereur pour mon père se présenta sur-le-champ à mon esprit, et je redoutai quelques-unes de ces bonnes brusqueries auxquelles on était souvent exposé dans ces fêtes. Heureusement Napoléon ne me parla que de danse, me fit un compliment obligeant, auquel je répondis spirituellement en l'appelant *Monsieur*.

Passant à ma voisine. « Qui êtes-vous? — Sire, je suis madame Charpentier. — La femme du général? — Oui, sire. — Ah, mon Dieu, comme ce costume de quadrille vous va mal. Vous êtes bien changée.! »

La femme qui suivait était éclatante, tant par sa rare beauté que par la quantité de diamants dont elle était surchargée. L'empereur en parut frappé, et s'adressant à elle avec un sourire : « Qui êtes-vous, madame? — Sire, répondit-elle en minaudant, je suis madame Simon. — Ah! oui, je sais... dit l'empereur. Et il la quitta en éclatant de rire.

Cette madame Simon avait été fort connue sous le nom de mademoiselle *Lange*, étant actrice à la Comédie française. Sa délicieuse figure avait séduit M. Simon, riche carrossier devenu banquier, qui l'épousa. Napoléon n'oubliait rien; il se souvint probablement de l'histoire du fameux portrait peint par Girodet[1], ce qui causa la gaieté qu'il avait témoignée en apprenant son nom.

C'est à ce même bal que Napoléon fut si ingrat envers madame de Chat..., qui lui avait été utile lorsqu'il n'était que lieutenant d'artillerie. N'ayant pour exister que ses appointements, il ne pouvait vivre que de privations, et souvent même il se trouvait manquer des choses les plus nécessaires. Madame de Chat..., qui lui était tendrement attachée, inventa mille moyens de lui fournir ce dont il pouvait avoir besoin. Elle lui offrit un logement chez elle, et lui persuada que l'accepter était lui rendre service, en lui disant que les meubles se gâtaient faute d'être mis à l'air. Elle lui dit qu'elle ne pouvait souffrir de manger seule, et que si sa société ne la fatiguait pas trop, elle serait charmée de pouvoir profiter du voisinage pour avoir quelqu'un qui partagerait ses repas. En un mot, elle lui rendit de longs et importants services.

Quelque temps après l'élévation de Bonaparte, elle fut totalement ruinée. Elle lui écrivit plusieurs fois pour lui demander quelques moyens de relever sa fortune; elle ne reçut point de réponse. Apprenant qu'il y aurait un bal pour le mariage de la fille adoptive de l'empereur, et imaginant qu'il serait ce jour-là mieux disposé que de coutume, elle fit ses efforts pour obtenir une invitation, espérant pouvoir adresser une pétition et parler à l'empereur. Elle pensait que quelque ennemi secret empêchait ses lettres de parvenir, et ne croyait pas possible que tant de bienfaits fussent oubliés. Elle se plaça dans la galerie de Diane sur le passage de Sa Majesté, et d'une main tremblante lui présenta le placet duquel dépendait son avenir. L'empereur la regarda, sa figure se rembrunit, et d'une voix forte il s'écria : *Par quel hasard chez moi?* La malheureuse n'en entendit pas davantage, elle se trouva mal, il fallut l'emporter. On assure que le lendemain elle reçut le brevet d'une pension de douze cents francs. Fallait-il donc lui faire acheter si cher ce qui n'était réellement qu'une dette de la reconnaissance?

Ce bal fut superbe, les quadrilles d'une magnificence inconcevable; chaque dame avait une parure complète, prêtée par la princesse qui

[1] Girodet avait fait de madame Simon un portrait frappant de ressemblance; elle ne le trouva pas assez beau; M. Simon marchanda sur le prix, et refusa de le prendre. Le grand artiste, persuadé qu'il avait imité la nature autant que possible, résolut de se venger de l'injustice qu'il éprouvait. Il changea plusieurs accessoires, conserva la figure, qui était représentée couchée, y ajouta une pluie d'or tombant sur elle, et plaça sur le premier plan un énorme dindon, se pavanant en regardant la belle Danaé. Ce tableau fut ainsi exposé deux jours au salon; tout le monde reconnut madame Simon, qui fit immédiatement demander à Girodet de lui envoyer son portrait, qu'elle le payerait ce qu'il voudrait. Le peintre satisfait refusa, mais profit de dérober son ouvrage à tous les regards : il a tenu parole. A sa mort, il est, je crois, passé entre les mains de M. Charpentier, son élève.

M. Simon ayant manqué il y a quelques années, sa femme a vendu tous ses diamants (même ceux qu'elle avait avant son mariage) pour satisfaire les créanciers. Cette conduite est d'autant plus honorable, qu'elle n'a pas été mise dans les journaux. Madame Simon vit pauvre à un cinquième étage! Elle était, dit-on, fort bonne. Ce qui le prouve, c'est qu'elle a conservé de vrais amis qui l'aident à supporter ce changement subit de la position la plus brillante à la plus précaire.

conduisait le quadrille, et les hommes portaient la ganse de leur toque en très-beaux chatons. La grande-duchesse de Berg (Murat) était particulièrement remarquable par sa toilette riche et de bon goût; sa robe était parsemée d'abeilles en diamants; sa ceinture, son collier et l'aigrette de sa toque étaient sans prix.

Je me trouvai pendant une heure auprès de la princesse de Ponte-Corvo, maintenant reine de Suède. Elle critiquait tout, se moquait de tout et paraissait de très-mauvaise humeur, ce qui m'étonna, tout le monde étant gai et content de cette belle fête. Je questionnai madame de Bourgoing, qui me dit que madame Bernadotte ne pouvait se consoler de n'avoir pas épousé l'empereur; il l'avait demandée quelques mois après le mariage de Joseph. M. Clari, peu satisfait de celui de sa fille ainée, avait répondu brusquement *qu'il avait assez d'un Bonaparte dans la famille*. Maintenant de tant de trônes conquis, il n'en reste plus qu'un[1], et madame Bernadotte y est assise! singulière destinée!

Je parlai encore à l'empereur dans la forêt de Fontainebleau, où j'avais été voir la chasse. Il fut plein de bienveillance, me questionna sur ce que je voulais et parut fort étonné que je ne demandasse que de jouir du spectacle de la curée. Je n'osai pas plus qu'aux Tuileries lui faire la moindre demande pour ma famille, toujours convaincue de cette prévention dont on m'avait étourdie; elle existait si peu, que quelque temps après Sa Majesté accorda à mon père une pension de mille écus, qu'il n'avait point sollicitée. M. Chaptal, ayant prononcé notre nom devant l'empereur, fut interrogé sur les talents de mon père : satisfait des réponses, il lui fit donner trois mille francs payables par mois sur les journaux.

Si j'avais eu plus de courage, peut-être aurais-je été assez heureuse pour rendre la position de mes parents aussi convenable qu'elle l'était peu. Le regret d'avoir manqué de pareilles occasions m'a poursuivie longtemps, et je ne me suis consolée que par la certitude du chagrin qu'eût éprouvé mon père, forcé de prendre un parti en 1814. Trahir son bienfaiteur ou renoncer aux Bourbons qu'il avait servis, qu'il aimait, eût été pour lui la plus cruelle des alternatives. La Providence lui a évité la peine de ce choix; il n'était rien lors du retour de la famille pour laquelle il s'était expatrié et ruiné; il ne fut point employé par elle; tous ceux habitués aux honneurs s'étant précipités dans les antichambres des ministres et ayant envahi tous les emplois. Sauf les habits, rien n'était changé aux Tuileries, les mêmes figures occupaient les mêmes places, ce qui fit dire un joli mot au prince de Léon, qui n'avait rien été sous l'empereur. Se trouvant dans le salon du roi avec le prince Berthier, celui-ci parla de leur dévouement mutuel pour la famille royale : « Il y a cependant une grande différence entre nous, répondit M. de Léon, vous êtes attaché comme les chats *à la maison*, et moi comme les chiens *à la personne du maître*.

Je ne comprends pas maintenant que nous ayons pu croire à cette prétendue malveillance de l'empereur.

Étant premier consul, Bonaparte assistait souvent aux séances de l'Institut. Il entendit faire trois rapports favorables sur trois découvertes importantes de mon père : la construction navale rien qu'en planches de sapin, utilisant ainsi de nombreuses forêts dont on ne tire peu d'argent; les *cales flottantes*, servant à radouber les vaisseaux sans les coucher sur le côté, opération toujours difficile; et enfin, une machine à élever l'eau. Frappé des éloges accordés par des hommes comme MM. de Laplace, Berthollet, Sané, rapporteurs, le premier consul ordonna de mettre à la disposition de M. Ducrest la somme nécessaire à des expériences sur ces projets.

Une chaloupe canonnière fut construite à la Rapée sur de grandes dimensions : elle remonta la Seine jusqu'aux Tuileries, aux applaudissements de la foule. L'ordre de la gréer au Havre ne fut point exécuté, M. Decrès s'étant déclaré l'ennemi de mon père. Pour les *cales flottantes*, il mit tant de lenteur à assigner des fonds, que mon père, découragé, ne s'en occupa plus. Ayant malheureusement peu de stabilité dans les idées, toujours les hommes à brillante imagination, il pensa à autre chose.

Ce qui a contribué à faire donner à mon père la réputation d'*homme à projets*, c'est une idée qu'il eut avant la révolution pour amuser les jeunes princes d'Orléans. A la suite d'un pari, il s'engagea à faire en *papier*, un *bateau allant sur l'eau*. En effet, en superposant trente ou quarante couches de papier, collées sur des moules en sens différents, chaque couche étant vernie, il obtint une petite chaloupe qui navigua sur la petite rivière du Raincy. Les ennemis de la *gouvernante* et ceux du nouveau chancelier s'amusèrent fort de mettre du *papier à l'eau*. Aujourd'hui le carton-pierre est-il beaucoup moins singulier? Les cales flottantes, avec de légers changements, existent maintenant dans les ports maritimes.

La pension de *trois mille francs* accordée à mon père lui fut retirée en 1814. Napoléon III apprenant que la pension que j'avais sur la maison d'Orléans ne m'était plus payée, a ordonné que j'en touchasse de pareille somme sur le ministère de l'intérieur. C'est un devoir pour moi de consacrer ici ma juste reconnaissance pour les petits-fils de ma bienfaitrice, qui n'a pas voulu que la nièce de madame de Genlis fût sans rien.

[1] Ceci fut écrit en 1828.

CHAPITRE XXXII.
1811.

M. de Chambaudoin, préfet. — Grand dîner. — Beau service. — Fleurs artificielles. — Poignées de cheveux. — Madame de Chambaudoin. — Promenade de mesdames Gazani, de Mackau et Castellane dans la forêt d'Evreux. — Aventure. — Horrible héros de roman. — Madame de Mongt...

M. de Chambaudoin, préfet à Evreux, nous engagea à un grand dîner; nous y allâmes tous. Le service était fort beau et le surtout charmant : c'était un immense plateau en glace, orné de bronze doré; il était couvert de jolis vases de Sèvres pleins de fleurs artificielles. M. de Portalès, avec son obligeance habituelle, fit remarquer l'élégance de la décoration de la table, en ajoutant qu'elle était sûrement due au goût parfait de madame de Chambaudoin[1]. « Vous avez raison, monsieur le comte, répondit le préfet, c'est en effet à *Minette* (c'est ainsi qu'il désignait toujours son agréable compagne) que je suis redevable de tout ce que vous voyez. Elle m'a rapporté les vases d'Italie; elle m'envoie tous les étés les fleurs dont elle s'est coiffée pendant l'hiver. Vous voyez que *ses pensées sont toutes pour moi*, » ajouta-t-il en nous désignant un paquet de ces fleurs. Ce bon mot, d'un goût si parfait, fut accompagné d'un sourire de satisfaction.

Nous nous regardâmes, fort étonnés de ces confidences de ménage; et M. de Portalès prétendit qu'il ne pouvait plus manger, croyant toujours voir *des poignées de cheveux* à chaque bouquet. Ce fut un sujet de plaisanterie de plus sur le préfet, qui ne sut sa place qu'à la faveur dont jouissait madame de Chambaudoin auprès de Joséphine et de la reine Hortense. Je ne l'ai pas connue : l'éducation de sa fille exigeait sa présence à Paris. Tout le monde s'accordait à louer la douceur de son caractère, l'amabilité d'un esprit cultivé et sans prétention.

Quelques jours après ce dîner, mesdames Gazani, de Castellane et de Mackau voulurent faire une promenade à pied dans la forêt d'Evreux. Je n'ai jamais aimé à marcher; la promenade sans but m'a toujours paru ennuyeuse. Je trouvai plus commode de la faire dans une charmante calèche, et je refusai d'être de la partie projetée. Comme de coutume, je suivis l'impératrice; nous rentrâmes de bonne heure. Je m'informai si ces dames étaient de retour de leur excursion, on me répondit que non.

Leur absence se prolongeant, on devint inquiet au palais. On envoya de plusieurs côtés au-devant d'elles, imaginant qu'elles s'étaient perdues. Enfin, elles arrivèrent exténuées de fatigue, mais enchantées d'une découverte qu'elles avaient faite, et qui était, disaient-elles, une véritable aventure de roman. Impatientes d'en avoir les détails, nous les questionnâmes toutes à la fois, et elles nous racontèrent qu'étant totalement perdues, elles avaient aperçu une jolie maisonnette entourée de fleurs entretenues avec un soin parfait. Embarrassées pour retrouver leur chemin, elles prirent le parti d'entrer dans cette charmante retraite, dont on n'avait jamais dit un mot au palais, et que dans nos bois elles n'avions pas aperçue. Une servante fort polie les pria d'entrer dans le salon, où elles trouvèrent une très-agréable femme bien mise, assise sur un canapé, ayant dans ses bras un enfant beau comme l'Amour, qui jouait avec un plus petit qui était à genoux devant sa mère.

Les voyageuses restèrent stupéfaites en contemplant ce tableau, et l'étrangère parut étonnée de recevoir la visite de trois personnes d'une remarquable beauté. On se fit mutuellement mille questions : la jeunesse est communicative; aussi la conversation fut-elle très-animée. Cependant la solitaire répondait avec une réserve extrême. Elle témoigna à ces dames le regret qu'elle éprouvait de ne pouvoir leur offrir *son mari* pour guide : il était à Paris depuis la veille. Elle dit à sa femme de chambre de montrer le chemin le plus court pour retourner à Navarre; et après avoir fait servir d'excellent laitage et des fruits, elle reconduisit nos belles égarées à quelques centaines de pas de son habitation. Les enfants, qui aiment vite, surtout les jolies figures, s'accrochaient à leurs belles amies; et, voulaient aller avec elles voir l'impératrice, *qui donnait du pain aux pauvres et des joujoux aux enfants bien sages*.

Madame Gazani dit qu'elle était certaine que Sa Majesté serait ravie d'apprendre qu'elle avait une telle voisine, et que sûrement elle la ferait prier de venir au palais. La jeune dame répondit avec politesse, mais froidement, et n'engagea point les voyageuses à renouveler la visite qu'elle avait reçue.

Pendant tout le dîner, il ne fut question que de cette rencontre. L'impératrice promit de faire prendre des informations, et d'engager toute cette intéressante famille.

Le lendemain elle apprit que cette maison avait été achetée par ces personnes, et je n'y étaient établies; qu'elles ne recevaient qui que ce fût; que l'on pensait que la jeune femme n'était point heureuse, parce qu'elle avait vu deux fois dans la forêt pleurant beaucoup. Sa Majesté fit inviter M. *** à dîner.

[1] Madame la comtesse de Chambaudoin était dame du palais de la reine Hortense ou de Madame mère, je ne sais trop laquelle des deux princesses.

Nous nous figurions qu'il devait être beau, spirituel, aimable, pour suffire ainsi à une personne que ces dames prétendaient être fort bien élevée. Elle causait à merveille; on la supposait musicienne, puisqu'une harpe était dans le salon, auprès d'un chevalet sur lequel était placé un tableau esquissé. Chacun de nous faisait à sa manière le portrait de ce héros séduisant, et nous attendions avec impatience le moment de le voir. Il avait accepté l'invitation de Sa Majesté, ainsi dans peu de jours notre curiosité serait satisfaite. Madame Gazani surtout désirait connaître celui que la *belle de la forêt* (nom que nous lui donnions, comme plus romanesque que celui de madame ***) avait appelé plusieurs fois le *plus charmant des hommes*. Que l'on se figure donc notre *désappointement* en voyant un gros homme fort marqué de la petite vérole, les cheveux plats, d'une tournure ignoble, que faisait mieux ressortir encore un habit bleu barbeau ayant des boutons à insectes. Nous crûmes, dans le premier moment, que c'était un mystificateur que Sa Majesté avait fait venir, et nous rîmes beaucoup de la caricature qu'elle avait prise. Madame d'Arberg et M. de Beaumont nous assurèrent si sérieusement que c'était bien l'homme que nous désirions voir, qu'il fallut le croire.

Ce qui acheva de porter notre étonnement à son comble, fut d'apprendre qu'il avait déjà inspiré une violente passion à une des femmes les plus célèbres de notre époque, madame de Montg.... Elle l'avait épousé, ce petit *séducteur* lui fut infidèle; il enleva cette jeune personne, qu'il laissait passer pour sa femme; et elle l'aimait si éperdument, qu'elle ne voulait pas retourner dans sa famille, qui lui pardonnait tout si elle consentait à renoncer à cette coupable liaison. M. *** était fort instruit, mais je n'ai pas moins surprise qu'il ait pu tourner la tête à deux personnes si remarquables. Il avoua tous les détails que je viens de donner à l'impératrice, qui lui demandait de lui amener sa compagne; en apprenant le scandale de sa conduite, Sa Majesté le reçut si froidement, qu'il ne revint plus.

CHAPITRE XXXIII.
1811.

Superstition de l'impératrice. — Ce qui lui a été prédit avant son mariage à la Martinique par une vieille négresse. — M. de Beauharnais. — Elle l'épouse. — Elle vient en France. — Elle est arrêtée. — Madame la duchesse d'Aiguillon. — Comment elles apprennent la mort de Robespierre. — L'empereur ne veut pas d'une femme *divorcée* à la cour. — M. Guillotin. — Madame du Barri.

L'impératrice était superstitieuse, mais pas à beaucoup près autant qu'on l'a dit. Elle n'aimait pas, il est vrai, que l'on s'entretînt devant elle de prédictions, celle qui lui avait été faite lui annonçant une fin funeste. Cependant elle satisfit l'ardent désir que nous éprouvions de savoir au juste ce qui lui avait été prédit à la Martinique. Voici ce qu'elle nous raconta.

Elle n'était point encore mariée. En se promenant elle vit plusieurs esclaves réunies autour d'une vieille négresse qui disait la bonne aventure, elle s'arrêta pour l'écouter. En l'apercevant la sorcière fit un cri, se jeta sur la main de mademoiselle de Tascher, en parut dans une extrême agitation.

Celle-ci s'amusait de ses simagrées, et la laissait continuer. « Vous voyez donc sur ma figure quelque chose de bien extraordinaire ? — Oui. — Sont-ce des malheurs ou du bonheur qui doivent m'arriver ? — Des malheurs !... Oh ! oui... du bonheur aussi... — Vous ne vous compromettez pas, ma chère sibylle, vos oracles ne sont pas clairs. — Je n'oserais les rendre plus intelligibles, dit cette femme en levant les yeux au ciel avec une expression singulière. — Mais enfin, que lisez-vous pour moi dans l'avenir ? dit Joséphine, dont la curiosité commençait à être piquée. — Ce que j'y vois !... vous ne me croirez pas si je parle... — Si fait, je vous assure. Allons, ma bonne mère, que dois-je craindre et espérer ? — Vous le voulez ? Écoutez ! Vous vous marierez bientôt; cette union ne sera point heureuse, vous deviendrez veuve, et alors... alors vous serez plus que *reine de France*, vous aurez de belles années, mais vous périrez dans une émeute. » En achevant ces mots, cette femme s'arracha du groupe qui l'entourait, et s'enfuit aussi vite que le permettaient ses jambes affaiblies par l'âge.

Joséphine défendit qu'on plaisantât cette prétendue sorcière sur sa *ridicule prédiction*, elle appuya sur l'absurdité de tout ce qu'elle venait d'entendre, pour bien prouver aux jeunes négresses combien elle y croyait peu; et elle ne s'en occupa plus que pour en rire avec sa famille.

En effet, il était peu probable alors de supposer possible un bouleversement comme celui que nous avons vu. Mademoiselle Tascher devait, suivant toute apparence, épouser un créole, et passer sa vie où elle était née.

Elle oublia toute cette histoire jusqu'au moment où elle perdit son premier mari, M. de Beauharnais, qu'elle aimait extrêmement. Il lui donna de graves sujets de jalousie; elle s'en plaignit d'abord avec douceur; voyant que loin de changer rien à sa conduite il affichait une grande passion pour la femme qui renversait son bonheur, madame de Beauharnais mit dans ses reproches une aigreur qui acheva d'éloigner d'elle celui qu'elle voulait ramener. Les deux parties s'obstinèrent à ne pas céder, il fallut en venir à une séparation. La révolution arriva, M. de Beauharnais fut arrêté. Lorsque sa femme le sut en prison, tous les torts furent oubliés; elle fit toutes les démarches imaginables pour adoucir sa position. Il fut touché de cette noble conduite, et lui écrivit plusieurs lettres fort touchantes, pour lui recommander ses enfants. Il regrettait vivement l'absence de son frère[1], qui eût pu servir de guide à la femme qu'il avait tant offensée; enfin sa dernière pensée fut pour elle.

À son tour mise en prison, elle y apprit la mort affreuse de M. de Beauharnais. « Malgré moi, nous disait-elle, je pensais sans cesse à ma prédiction; m'habituant ainsi à m'en occuper, tout ce qui m'avait été dit me parut moins absurde, et je finis presque par le trouver tout simple.

» Un matin le geôlier entra dans une chambre où je couchais avec la duchesse d'Aiguillon[2] et deux autres dames; il me dit qu'il venait prendre mon lit de sangle pour le donner à un autre prisonnier.

Noël.

« Comment le donner? dit avec vivacité madame d'Aiguillon; mais » madame de Beauharnais en aura donc un meilleur? — Non, non, » elle n'en aura pas besoin, répondit-il avec un atroce sourire, car » on va venir la chercher pour la mener à la Conciergerie, et de là » à la guillotine. »

» À ces mots, mes compagnes d'infortune poussèrent les hauts cris. Je les consolais du mieux que je pouvais; enfin, ennuyée de leurs éternelles lamentations, je leur dis que leur douleur n'avait pas le sens commun, que non-seulement je ne mourrais pas, mais que je

[1] M. de Beauharnais était digne de la tendre affection que lui portait son frère; d'une opinion entièrement opposée, rien ne put altérer leur attachement. Ils suivirent tous deux une route différente, avec une loyauté et une franchise qui ne se sont point démenties.

M. de Beauharnais, beau-frère de l'impératrice, lui était resté dévoué, et elle lui conservait une amitié que la mort seule a pu rompre. Il a occupé des places importantes avec autant de talent que de désintéressement.

Recherché par les vieillards qui retrouvent en lui la politesse exquise et les manières de l'ancienne cour, il l'est également par les jeunes gens, certains de toute l'indulgence et de la bonté imaginables. Il réunit toutes les qualités qui font plaire dans le monde, où il est toujours gai, spirituel et obligeant.

Il était père de trois filles, l'héroïque comtesse de la Valette, dont le courage et le sang-froid sauvèrent la vie à son époux, en lui faisant prendre ses habits et restant à sa place en prison. Sa tête se ressentit de cette secousse terrible. Depuis cette époque, madame de la Valette ne quitta pas un panier dans lequel elle mettait du pain, des fruits, *pour les lui porter*, disait-elle.

Madame Laity et mademoiselle de Beauharnais, chanoinesse, moururent il y a quelques années.

[2] Depuis madame la comtesse Louis de Girardin.

serais *reine de France*. « Que ne nommez-vous votre maison? me » demanda avec colère madame d'Aiguillon. — Ah! c'est vrai, je n'y » pensais pas. Eh bien, ma chère, je vous nommerai dame d'honneur, » je vous le promets. » Et les pleurs de ces dames de couler de plus belle, car elles me crurent folle en me voyant de sang-froid dans un pareil moment. Je vous assure, mesdames, que je ne jouais pas le courage, j'étais dans cet instant persuadée de la réalisation de mon oracle.

» Madame d'Aiguillon se trouvant presque mal, je la traînai vers la fenêtre, que j'ouvris pour lui donner un peu d'air; j'aperçus une femme du peuple qui nous faisait beaucoup de gestes que nous ne comprenions pas. Elle prenait à tout moment sa robe, sans que nous sussions ce que cela voulait dire; voyant qu'elle continuait, je lui criai : *Robe!* Elle fit signe que oui; ensuite elle ramassa une pierre, la mit dans son jupon, qu'elle nous montra de nouveau en élevant la pierre de l'autre main : *Pierre!* lui criai-je encore. Sa joie fut extrême en étant sûre que nous la comprenions enfin; unissant sa robe à la pierre, elle fit plusieurs fois avec vivacité le mouvement de se couper le cou, et se mit ensuite à danser et à applaudir. Cette singulière pantomime nous causait une émotion impossible à exprimer, puisque nous osions penser qu'elle nous apprenait la mort de *Robespierre*.

» Dans le moment où nous étions ainsi entre la crainte et l'espoir nous entendîmes un grand bruit dans le corridor et la voix formidable du porte-clefs qui disait à son chien, en lui allongeant un coup de pied : « Allons, marcheras-tu, S... Robespierre? » Cette phrase énergique nous prouva que nous n'avions plus rien à craindre et que la France était sauvée.

» En effet, peu d'instants après nous vîmes entrer nos compagnons d'infortune, qui nous donnèrent les détails de ce grand événement. Nous étions au 9 thermidor!...

» On me rapporta mon lit de sangle, sur lequel je passai la meilleure nuit du monde; je m'endormis, après avoir répété à mes amies : « Vous le voyez, je ne suis pas guillotinée, et *je serai reine » de France.* » Lorsque je fus impératrice je voulus tenir ma parole; je demandai madame de Girardin pour ma dame d'honneur; l'empereur ne le voulut pas, parce qu'elle était divorcée[1].

» Voilà, mesdames, l'exacte vérité sur cette prophétie si célèbre. La fin m'inquiète peu; je suis ici calme et retirée; je ne me mêle nullement de politique, je fais le plus de bien que je puis; ainsi j'espère mourir dans mon lit. Il est vrai que Marie-Antoinette!... »

Ici Joséphine s'arrêta, et l'on s'empressa de changer de conversation.

Puisque je viens de parler de l'horrible genre de mort auquel étaient destinés tous ceux qui, à cette époque, étaient assez malheureux pour avoir une existence dans le monde, je vais dire quelques mots de l'homme estimable dont le nom a acquis une si fâcheuse célébrité. M. Guillotin, médecin instruit, avait inventé, au commencement de la terreur, l'instrument de supplice qu'il pensait devoir abréger les souffrances des coupables condamnés à mort par des lois sévères. On s'empara de son invention pour *expédier* plus d'infortunés (ce fut l'expression d'un membre de la Convention).

M. Guillotin, que j'ai connu dans sa vieillesse, ne pouvait se consoler de ce qu'il appelait une tache involontaire dans sa vie. Sa vénérable figure portait l'empreinte d'une tristesse profonde; et ses cheveux, parfaitement blancs, témoignaient tout ce qu'il avait souffert. Il voulut soulager l'humanité, et contribua, sans le prévoir, à la destruction d'un grand nombre d'individus. Si leur mort eût été moins prompte, peut-être le peuple se fût-il fatigué plus vite de ces exécutions, auxquelles il courait comme à un spectacle, en voyant les victimes parées et souriantes en montant sur l'échafaud; Madame du Barri fut la seule qui se débattit avec le bourreau; et quoiqu'elle fût détestée par le peuple, quelques cris de *grâce!* se firent entendre dans la foule.

CHAPITRE XXXIV.
1808.

Fragment de la relation d'un voyage de l'impératrice en 1808. — Son arrivée à Étampes. — Présent qu'elle reçoit. — Opinion de l'empereur sur les Orléanais. — M. de Riccé, préfet du Loiret. — M. de Varicourt. — Bayonne. — Danse basque. — Costume des danseurs. — Don Pedro de las Torres. — Le vieux roi d'Espagne. — Manuel Godoï, prince de la paix. — Château de Marrac. — Mesdames de Bassano, de Montmorency. — Mademoiselle Guillebeau, lectrice. — MM. de Beaumont, de Monaco. — M. Sourdeau, consul à Tanger.

Voici quelques notes de Joséphine sur le voyage à jamais célèbre qu'elle fit avec l'empereur à l'époque des premiers troubles d'Espa-

[1] L'empereur se relâcha plus tard de cette sévérité. Madame de Girardin fut nommée dame d'honneur de la reine de Naples (madame Joseph). Elle était destinée à appartenir à une princesse bonne et aimable.

gne. Elles m'ont été confiées par un homme qui lui fut longtemps attaché. Je lui en laisse la responsabilité.

J'ai pensé que mes lecteurs seraient bien aises de voir sous quel point de vue Sa Majesté envisageait les lieux qu'elle parcourait. Je n'ai rien changé au style.

« Nous partons ce soir de Saint-Cloud pour visiter toute la partie occidentale de la France.

» Je tracerai quelques notes au crayon.

» A une lieue et demie d'Étampes, nous avons été arrêtés par une troupe de jeunes gens des deux sexes qui nous ont offert les uns des cerises, les autres des roses. L'empereur a fait arrêter dans leur village et a mandé le maire et le curé. Le premier est un paysan goguenard, qui a raillé ses habitants sur la nature des présents. « Il est certain, a dit l'empereur, que quelque beaux qu'ils soient, un épi ou un raisin eussent été plus rares. — En voici trois de chaque

Le chanteur de quatuor.

façon, a répliqué le magistrat campagnard, leur date est du 29 avril; avouez, sire, que ce n'est pas mal travailler. — La nature est bénie dans ce canton, a dit l'empereur en me présentant le bouquet : prenez, madame, et n'oublions jamais ceux que la Providence n'oublie point. — La Providence, a ajouté le curé, bénit toujours les hommes laborieux, parce qu'ils accomplissent la plus importante de ses lois. — Voilà, a répliqué l'empereur, en faisant fouetter les chevaux, voilà des gens qui réunissent les fleurs et les fruits, l'utile et l'agréable; ils méritent de réussir [1]. »

A Orléans.

» La garde nationale était sous les armes et les autorités en grande tenue. A ses sourcils froncés, j'ai vu que l'empereur n'était pas content. « Il m'est pénible, a-t-il dit, d'avoir à payer par des sévérités les témoignages d'allégresse; mais ce n'est pas au peuple que j'ai des reproches à faire; j'en adresse aux autorités. Elles administrent mal; elles n'administrent point. A quoi ont été employées les sommes que j'avais accordées pour le canal? Il faudra en recommencer le compte, qui ne me satisfait point. Pourquoi, sur les bordereaux de vente, y a-t-il eu deux mille arpents des ordinaires de 1805 et 1806 totalement supprimés? J'en exige la réintégration. Les domaines nationaux sont en baisse depuis dix-huit mois; c'est l'époque de votre gestion, monsieur le préfet; de ce moment, les transactions ont été difficiles; d'où vient cela? Je n'ignore pas qu'il existe ici deux opinions aussi opposées au gouvernement qu'elles le sont entre elles. Je ne veux pas qu'on leur fasse la guerre; mais s'il en résulte des faits, et que ces faits soient des crimes, point de pitié! »

[1] Je copie exactement ces notes, sans me charger d'expliquer comment en mai on pouvait avoir du blé et des raisins en maturité. Ils étaient probablement envoyés des serres impériales.

» Après cette mercuriale, l'empereur a repris un ton moins austère, et il a causé. Il s'est entretenu familièrement avec l'évêque, avec le maire, avec le président de la Cour impériale, même avec le préfet. Ce dernier a essayé de se justifier; mais si l'on peut combattre des faits, comment les détruire? Il est trop certain que, dans ces départements du Loiret, les jacobins et les émigrés, tour à tour, ont été protégés. Il faut une administration ferme et neutre qui ne protège que les bons, qui ne fasse peur qu'aux factieux, et assure enfin une tranquille liberté par le règne des lois [1].

A Bordeaux.

» Il y a ici deux esprits bien distincts et en sens inverse de ceux qui dominent dans la presque totalité de la France. Là, le peuple aime la révolution, et les classes privilégiées seules s'opposent à ses progrès, ou plutôt arrêtent ses résultats. Les résultats de la révolution sont des institutions fortes, libérales, et que le temps, qui use tout, achève au contraire de consolider. Pour fonder ces institutions sur les ruines des partis, il a fallu un conquérant devenu législateur, et ce législateur continuant d'être conquérant. Tout se lie dans la restauration d'un État. Enchaîner les factions en métamorphosant leurs passions en intérêts communs, ce serait peu; ce ne serait au plus que la moitié de la besogne, si à ces intérêts on n'attachait pas les voisins. Pour être maître chez soi, pour y être heureux et glorieux, il ne faut pas craindre que les voisins mettent le feu à votre habitation ou à la leur; il ne faut pas avoir à redouter des procès pour un mur mitoyen. Comment donc les forcer à être sages? En les forçant d'abord à être soumis; puis, après avoir reconnu et constaté votre supériorité, leur tendre une main tout à la fois fraternelle et protectrice, dont la tutelle les rassure sans les humilier. De cette position respective naîtront la confiance, le respect et l'amour.

Napoléon me fit un compliment obligeant auquel je répondis spirituellement en l'appelant monsieur.

Mais si dans l'intérieur des habitations quelques égoïstes, au lieu de se livrer à la défense commune, à la consolidation de l'établisse-

[1] Les vœux de Joséphine sont en partie exaucés; les Orléanais étant essentiellement spéculateurs, la stagnation du commerce est pour eux la plus grande calamité; les progrès de l'industrie et des arts les touchent peu. Ils se plaignent encore, comme ils le faisaient sous la république, le consulat et l'empire. Avides de bénéfices, ils ne sont jamais satisfaits de ceux qu'ils font, et aspirent toujours à un nouvel ordre de choses, qui pourrait peut-être amener des résultats plus brillants et plus prompts pour eux. Si le gouvernement changeait, ils gronderaient de même. Tel est leur caractère. — Écrit en 1828.
Cependant la sage administration du préfet (M. le vicomte de Riccé), les exhortations de leur ancien évêque, M. de Varicourt, dont la mémoire est justement en vénération, ont ramené une grande partie des mécontents; et tout porte à croire que cette ville, qui fut presque toujours fidèle en dépit de sa manie de fronder, reprendra les sentiments qui l'animaient autrefois.

ment commun, leur dérobaient leurs ressources pour les consacrer à de petits calculs privés, croit-on qu'ils ne seraient pas les ennemis du plan général qui dérangerait leur plan particulier ? Trop bornés pour voir au-dessus d'eux, trop imprévoyants, trop peu pénétrants pour percer l'avenir, ils se sacrifieraient tout au présent, au présent qui dévore l'avenir, quand, privé de prévoyance et d'économie, il ne l'assure pas. Cette doctrine, qui est celle dont l'empereur fait l'application à la France, a été accueillie par cette France dévouée, qui a compris qu'un moment de transition, d'épreuves et de réparations n'était et ne pouvait être l'époque des jouissances. On sème aujourd'hui, me disait l'empereur, dans les larmes et dans le sang ; on moissonnera la gloire et la liberté. Voilà ce que l'égoïsme mercantile empêche de comprendre à Bordeaux. Au rebours du reste de l'empire, le peuple est ici l'ennemi des institutions nouvelles : il n'y voit qu'un obstacle, non au commerce, mais à son *commerce*. Que lui importe le bonheur de demain ? c'est le gain d'aujourd'hui qu'il lui faut.

» Quelques faits ont confirmé ces observations. En allant à la comédie, les applaudissements ont été rares parmi la foule ; dans l'intérieur de la salle, ils étaient multipliés et continus.

» Le coup d'œil du port est magnifique : tous les vaisseaux étaient pavoisés et tiraient de minute en minute. A leurs salves répondaient celles du fort. Toute cette population agitée, et malgré son mécontentement, joyeuse, cette variété de cris, de chants, de mouvements et de costumes, présentaient un spectacle ravissant. Nous applaudissions beaucoup une charmante danse basque, exécutée par trois cents jeunes gens des deux sexes. Les hommes portaient de petites vestes brunes, des pantalons blancs, des ceintures rouges, des chapeaux de paille relevés sur le côté avec des rubans de taffetas tricolores, et de gros bouquets paraient leurs boutonnières. Le costume des femmes était analogue. Tous, au son des castagnettes, du tambourin et du fifre, s'élançaient, sautaient, s'enlaçaient avec autant de prestesse que d'élégance.

» A deux lieues de cette ville, on a donné à l'empereur un spectacle digne de lui. Sur le revers d'une montagne adoucie en différents endroits de sa pente, est assis un de ces camps que la providence de la patrie a créés pour la retraite de ses défenseurs. Il se compose de sept jolies habitations, de formes et d'aspect différents, toutes isolées, entourées d'un verger en plein rapport, d'une basse-cour bien peuplée, et auxquelles à, différentes distances, est attachée une quantité plus ou moins grande d'arpents labourables, que la diversité des terrains a fait ensemencer de céréales variées. L'un des flancs de la montagne est hérissé de roches coupées d'une manière bizarre, et auxquelles pendent de longues plantes saxatiles, dont leur verdure nuancée et leurs fleurs de toutes couleurs. L'autre côté de la colline semble tapissé de riches étoffes, dont les cultures colorées par leurs produits rappellent l'idée. Une forêt toujours verte couronne la crête de cette fabrique, dont une petite rivière, coulant tranquillement dans un lit étroit, profond et verdoyant, arrose le pied. Un pont élégant, jeté sur cette rivière, facilite la communication du camp à la ville ; et quelques tentes dressées sur la rive, du côté de Bayonne, servent à la fois de défense aux habitations et d'ornements à la prairie. C'est là, c'est en avant de ces tentes, que les vétérans qui les occupent ont donné à l'empereur une fête à la fois champêtre et militaire. Les femmes, les filles, les jeunes enfants de ces braves en faisaient le plus doux ornement, comme eux-mêmes en font le plus beau. Au milieu des faisceaux d'armes, on voyait des arbustes tout couverts de fleurs ; et tandis que la montagne retentissait du mugissement des troupeaux, les échos reproduisaient, en les multipliant, les chants guerriers d'une milice enivrée de recevoir son chef. L'empereur a mis le comble à l'enthousiasme qu'elle éprouvait, en s'asseyant à une table toute militaire et toute pastorale, et en buvant avec les braves qui tous avaient risqué leur vie pour lui.

» Des toasts ont été portés à tout ce qui fait l'honneur du nom français : à la patrie, à la gloire, à la liberté ! Je n'ose dire les attentions dont j'ai été l'objet. Elles me touchent vivement, parce que je les regarde comme le reflet de la vénération que la France a vouée à l'empereur.

» A Bayonne, un personnage important attendait l'empereur : c'est don Pedro de las Torres, envoyé particulier de don Juan d'Escoïquitz, gouverneur du prince des Asturies. A la suite des événements d'Aranjuez, ce dernier a été proclamé sous le nom de Ferdinand VII ; mais le vieux roi Charles, auquel la terreur avait arraché une abdication, proteste aujourd'hui contre cette abdication. Le nouveau monarque prétend que son père, mené par la reine, jouet elle-même du prince de la Paix, n'a jamais eu ni pu avoir de volonté. Cependant, la nation alarmée se divise entre ces deux chefs. Si les uns reprochent à Charles d'avoir livré ses volontés à Manuel Godoï (le prince de la Paix), les autres imputent à Ferdinand de n'en connaître d'autres que celles de don Juan d'Escoïquitz. Le premier, fier et imprudent comme un favori, opprime son maître et humilie la nation ; l'autre, doucereux et patelin, trompe à la fois la nation et subjugue son élève. Tous deux ont fait et font encore les malheurs de l'Espagne.

» Qu'y a-t-il de plus déplorable, en effet, que la situation respective des gouvernants et des gouvernés, les uns sans confiance, les autres sans amour ! Au milieu de ces factions, qu'on peut appeler parricides, il s'en glisse une troisième qui calcule leur mésintelligence, la favorise peut-être, et veut faire triompher la liberté. Mais l'ignorante et superstitieuse Espagne est-elle apte à revoir ce bienfait ? Avec ses nobles superbes, ses prêtres fanatiques, son peuple paresseux, comment exécuter une entreprise qui suppose l'amour de l'égalité, la pratique de la tolérance et une héroïque activité ?

» Voilà ce que l'empereur aura à examiner. Il est réclamé par tous les partis comme médiateur ; il arrive au milieu d'eux sans les connaître, et n'éprouve comme homme qu'une parfaite indifférence. Sa politique éclairée prendra conseil de la nécessité ; et lorsque le grand démêlé, dont on veut le rendre juge, il conciliera ce qu'il doit aux intérêts de la France avec ce qu'exige le salut de l'Espagne.

» Ce don Pedro de las Torres n'a pas été envoyé sans dessein. Don Juan, son patron, savait qu'il possède, à quelques lieues de Bayonne, une vaste métairie dans laquelle il élève de nombreux troupeaux de mérinos. C'est là que, sous un prétexte plausible, nous avons été conduits. A la suite d'un festin d'une champêtre magnificence, nous avons fait à pied le tour de l'habitation. Au fond d'une gorge verdoyante et bornée de tous côtés par des roches tapissées de mousses et de fleurs, tout à coup nous a comme apparu une chaumière pittoresque, légèrement suspendue sur une saillie de rocher, et autour de laquelle étaient épars sept à huit cents moutons de la plus belle espèce. Nous n'avons pu retenir un cri d'admiration ; et, sur les compliments que l'empereur adressait à don Pedro, ce seigneur lui a déclaré que ces troupeaux nous appartenaient. Le roi, mon maître, a-t-il ajouté, connaît le goût de Sa Majesté l'impératrice pour les exploitations rurales ; et comme cette espèce de brebis, peu connue en France, pourrait être le principal ornement et par suite la principale richesse d'une ferme, il la supplie de ne pas se priver d'une chose tout à la fois si utile et si agréable à sa nation. « Don Pedro, a répondu l'empereur d'un ton sévère, l'impératrice ne peut agréer un présent que de la main du roi ; et votre maître ne l'est point encore. Attendez, pour le lui offrir, que votre nation et moi ayons prononcé. » Le reste de la visite a été fort cérémonieux.

» Nous habitons le château de Marcac. Il vient de s'y passer une aventure qui m'a été fort désagréable, ne pouvant souffrir tout ce qui peut ressembler à une violence de l'empereur, dont tant de gens augmentent les défauts et les fautes, et cherchent à atténuer tout ce qu'il peut faire de bien. Ce que je vais vous conter fournira matière à une foule de contes qui m'affligent d'avance.

» J'ai amené ici comme dames du palais la duchesse de Bassano et la comtesse de Montmorency, et pour lectrice la belle demoiselle Guillebeau[1] : nouvellement nommée lectrice, enivrée de sa faveur, elle avait pris un ton d'impertinence fort déplacé avec ces deux dames ; elles se plaignaient à moi de manières auxquelles elles n'étaient point habituées. Je les engageai à pardonner les torts causés par une fortune inespérée et une grande jeunesse. Je promis de gronder mademoiselle Guillebeau. En effet, je lui fis quelques représentations qu'elle reçut assez bien, en me promettant de s'y conformer. Je ne sais comment l'empereur fut instruit de cette petite tracasserie ; elle lui déplut à tel point, qu'il ordonna à mademoiselle Guillebeau de retourner immédiatement à Paris avec MM. de Beaumont et Monaco. Je voulus lui donner au moins une femme de chambre, afin de rendre ce voyage précipité moins inconvenant ; mais l'empereur, avec humeur, me pria de faire *strictement* exécuter ses ordres. Je fus donc forcée de voir partir cette jeune personne seule avec ces deux messieurs. Elle n'a cessé de pleurer pendant toute la route. Elle n'a jamais, depuis cette époque, repris son service près de moi. »

―――

Je n'ai pu me procurer la fin de ces notes ; mais le peu que j'en ai recueilli prouve combien l'impératrice voyait juste, et à quel point elle chérissait l'empereur ; ce que l'on s'obstine à nier, en répétant avec assurance qu'elle n'aimait que la souveraine puissance où il l'avait élevée. Ceux qui tiennent ces discours n'approchaient probablement jamais Sa Majesté. Je l'ai toujours vue pénétrée de reconnaissance pour Napoléon, et prête à lui prouver son tendre attachement par tous les sacrifices qui eussent dépendu d'elle. J'ai l'intime conviction que si elle eût vécu, rien n'eût pu le retenir en France, sachant Napoléon malheureux ; elle ne se consolait de ne pas le voir qu'en sachant tout tout lui réussissait. Joséphine, admirée, estimée par les souverains alliés, eût obtenu la permission qu'une autre ne sut pas demander. Les qualités éminentes de la compagne répudiée

―――

[1] Mademoiselle Guillebeau était fille d'un banquier dont les affaires avaient mal tourné. Extrêmement belle, elle fut remarquée par l'empereur à un bal de la ville. Il s'informa de la position de ses parents, promit de leur être utile, et la nomma lectrice de l'impératrice. Sa sœur fut placée en la même qualité chez Son Altesse Impériale la princesse Élisa, sœur de l'empereur, qui la maria richement. Mademoiselle Guillebeau, lectrice de l'impératrice, avait épousé M. Sourdeau, consul à Tanger, et non à Smyrne, comme le prétend le contemporain. Madame Sourdeau est morte jeune.

de l'empereur eussent embelli même le rocher de l'exil, et du moins la grande âme du héros ne se fût pas exhalée sans quelque douceur!...

CHAPITRE XXXV.
1811.

Inconcevable désordre dans la maison de Sa Majesté. — Sa colère à ce sujet. — Vingt et une voies de bois par jour brûlées à Navarre. — M. Pierlot. — Mobilier de Navarre. — M. de Monaco. — Son caractère. — *Trois hommes pour armée.* — Quelques détails sur la mort de Mgr le duc d'Enghien, donnés par l'impératrice. — Le général Moreau. — MM. de Caulaincourt et de Colbert. — Machine infernale du 3 nivôse. — Le général Lauriston. — La *Création du monde.* — Madame Murat. — Madame de Nansouty. — Mot du général Moreau sur la Légion d'honneur.

L'impératrice entra un matin, presque en colère, chez madame d'Arberg, qui était malade. Nous étions si peu habitués à la voir sortir de sa douceur ordinaire, que nous fûmes tous surpris de son agitation ; elle nous conta qu'elle venait de disputer violemment avec le premier maître d'hôtel, qui prétendait qu'il était impossible d'avoir à Navarre moins de *vingt-deux tables* servies séparément, parce qu'il y avait une hiérarchie dans les classes inférieures bien plus sensible que dans le salon de Sa Majesté. « Concevez-vous, mesdames, rien de pareil au gaspillage dont je suis victime ? Comment! les cuisiniers ne veulent pas manger avec les filles de cuisine et les marmitons, les frotteurs avec les feutiers! Les dames d'annonce ne dînant pas avec moi, vos femmes de chambre ne croient pas de leur dignité de dîner avec les leurs! enfin, l'étiquette d'antichambre me ruine. Madame d'Arberg, il faut absolument mettre ordre à cela. »

Celle-ci promit d'y apporter tous ses soins ; elle ne put obtenir que la réduction de six tables ; il y en eut toujours seize, ce qui était énorme, les valets de pied et les gens de l'écurie n'étant pas nourris.

La consommation de bois était inconcevable à Navarre. Il s'y brûlait *vingt et une voies de bois* par jour en hiver, et douze voies de charbon. Nos chambres étaient d'une grandeur démesurée ; et les cheminées, restées comme avant la révolution, hautes et larges, de manière à s'y placer tout debout. On y mettait des arbres entiers ; l'impératrice nous engageait à ne pas nous laisser geler ; mais malgré des feux immenses on était transi de froid, excepté au rez-de-chaussée habité par Sa Majesté ; des tuyaux de chaleur, qui partaient de poêles posés dans les caves, y entretenaient une température douce et égale.

L'impératrice était constamment occupée des moyens de rendre le séjour du palais agréable, et craignait toujours que l'on n'osât pas demander ce qui pouvait être utile. Elle était fort contrariée que le mobilier fût si laid et si peu commode. Mais elle l'avait acheté sans le voir ; ayant une entière confiance dans M. Pierlot, elle n'avait fait aucune difficulté de s'en rapporter à lui. Le marché fut conclu pour la somme de cent mille francs, et lorsqu'elle arriva pour prendre possession, elle ne trouva que des fauteuils déchirés, des tables brisées et des rideaux en lambeaux. Il fallut faire venir de Paris des charrettes pleines de meubles ; mais il manquait encore beaucoup de choses, que l'on achetait peu à peu. L'appartement de Sa Majesté était joli mais sans luxe, et entièrement neuf.

M. de Monaco, aujourd'hui duc de Valentinois, s'était fait arranger le sien avec plus de recherche qu'aucune autre personne de la maison. Il était craint de tous ceux qui dépendaient de lui. Ses subordonnés l'appelaient toujours *mon prince* : ce qui était fort blâmé, puisqu'il n'avait droit qu'au titre de *comte*, accordé par l'empereur. Lorsqu'il partait pour Paris, il était dans une voiture de Sa Majesté attelée de six chevaux, précédé d'un piqueur et d'un courrier. Madame d'Arberg et M. de Beaumont étaient infiniment plus modestes, quoique ayant les premières charges. L'impératrice se moquait de cette fierté ridicule, mais ne prenait pas la peine de lui rappeler que sa famille n'avait plus la permission de battre quelques pièces de monnaie ni de mettre *Trois hommes* sous les armes. Elle se contentait de rire de ces petits travers, rachetés par une parfaite connaissance de tout ce qui tenait à son service. Elle savait qu'il souffrait de blessures graves reçues dans différentes batailles où il s'était distingué ; ce motif suffisait pour obtenir son indulgence, et lorsque plus tard elle fut forcée de l'éloigner d'elle, comme je le dirai, elle fut réellement affligée.

Punir était pour elle un véritable chagrin, dans les petites choses on abusait souvent de cet excès de bonté ; heureusement il ne pouvait en être ainsi pour les grandes, grâce à madame d'Arberg, qui avait acquis sur son esprit un ascendant mérité. Lorsqu'il ne suffisait pas pour empêcher ce qui était contre les intérêts de Sa Majesté, madame d'Arberg écrivait à l'empereur, qui toujours était de son avis, parce qu'il connaissait toute la faiblesse de l'impératrice lorsqu'il s'agissait de ses affaires personnelles ou d'un coupable à châtier. Quelquefois elle se fâchait d'être contrariée ainsi dans ses volontés, mais peu après, elle sentait combien elle avait tort de témoigner de l'humeur à une personne qui lui était dévouée ; alors, tout ce que la grâce à de plus persuasif était employé pour dissiper le nuage passager qui avait altéré la sérénité de madame d'Arberg. Celle-ci savait gré des frais de Joséphine pour lui faire oublier une légère injustice, et les deux *amies* s'aimaient plus que jamais. Ce n'est, je le répète, qu'à madame d'Arberg que Sa Majesté a dû l'ordre parfait établi dans sa maison.

On causa devant l'impératrice de l'événement à jamais déplorable qui plongea la France dans la douleur, et ternit la gloire de Napoléon... Nous étions en petit comité, et elle parla avec une profonde tristesse de l'impuissance où elle avait été de l'empêcher. « L'empereur fut cruellement conseillé, dit-elle ; de lui-même il n'aurait pas eu l'idée d'un tel projet. Une fois conseillé, rien ne pouvait s'opposer à son exécution, dans la crainte qu'avait l'empereur d'être taxé de faiblesse ; mais je suis persuadée qu'il a gémi plus d'une fois d'avoir été *trop vite* obéi. Il y a des choses que *je dois taire*, pour ne pas livrer à l'infamie les noms des vrais auteurs de la mort de M. le duc d'Enghien ; *l'histoire parlera*, et la vérité sera connue. C'est au reste le général Moreau qui a été la cause innocente de cette sanglante aventure.

» Napoléon, en causant avec lui, le questionnant sur les Bourbons, lui demanda si dans cette famille il se trouvait un homme de guerre. « Oui, général, ils sont tous braves ! Le duc d'Enghien est de plus » un excellent officier, adoré du soldat ; c'est un digne rejeton de la » branche de Condé. — A-t-il de l'ambition ? — Je l'ignore ; mais, à » la manière dont il se bat, il semble aspirer à une gloire qui ne peut » se borner à servir loin de sa patrie. » Cet éloge, ajouta l'impératrice, inquiéta l'empereur ; il y revint plusieurs fois. Pour le calmer, on lui proposa un crime, le détestons toujours ceux qui l'y ont poussé : *ils ont été ses plus grands ennemis.* »

Elle nous assura que M. de Caulaincourt ignorait absolument quels étaient les ordres dont il était porteur : ce ne fut qu'à Ettenheim qu'il les apprit. Il fut désespéré en arrêtant le duc d'Enghien ; il était si surveillé, qu'il ne pouvait reculer, il fallait obéir ; mais ayant un attachement d'enthousiasme pour son maître, il le croyait incapable d'une action qui pût affaiblir l'admiration générale qu'il excitait. Aussi, lorsque Napoléon lui dit dans son cabinet que le duc d'Enghien était fusillé, M. de Caulaincourt tomba sans connaissance.

Joséphine et le général Berthier étaient présents ; ce fut ce dernier qui, pour éviter les questions, lui chercher ce qu'il fallait pour le faire revenir. La douleur de M. de Caulaincourt fut extrême, et il accusa *durement* l'empereur de l'avoir chargé de cette cruelle mission. Elle avait dû être confiée à M. Auguste de Colbert, très-heureusement pour lui, était à l'Opéra. Il n'avait pas dit chez lui où il allait, on ne put le trouver ; et Napoléon, pressé de faire exécuter des ordres qu'on lui représentait devoir assurer son repos et celui de la France, voyant M. de Caulaincourt sur son chemin, lui donna cette funeste commission. Il y a eu pour lui dans toute cette affaire une incroyable fatalité. Tout ce que je viens d'écrire est presque le *mot à mot* de ce que nous dit l'impératrice.

Nous la questionnâmes aussi sur le 3 nivôse. La machine infernale était si bien calculée, que Napoléon dut son salut à l'extrême vitesse avec laquelle il fut mené par son cocher, qui était ivre. Madame Murat, dont la voiture devait suivre immédiatement celle de son frère, fut préservée par un motif tout contraire.

Le général Lauriston contait une histoire amusante. Voulant en entendre la fin, ces dames ne se pressèrent pas plus ; trois minutes s'écoulèrent, et, comme on entrait sur le Carrousel, l'explosion eut lieu. Toutes les glaces de la voiture de madame Murat furent cassées. Elle était grosse de son fils aîné ; elle éprouva une si affreuse frayeur, que cet enfant vint au monde fort délicat. L'explosion eut lieu entre le passage des deux voitures.

Napoléon continua sa route, et se rendit à l'Opéra, où l'on exécutait pour la première fois le superbe oratorio de la *Création du monde*[1]. Il fut accueilli par des applaudissements vifs et unanimes. Son inquiétude sur le sort de sa sœur fut extrême, car elle n'arriva qu'un quart d'heure après lui, son indisposition ayant forcé de retourner aux Tuileries. On savait déjà dans la salle la cause du bruit extraordinaire qu'on avait entendu ; madame Murat fut reçue avec enthousiasme.

Tout Paris fut révolté d'une pareille entreprise, qui menaçait non-seulement la vie de la famille Bonaparte, mais qui dévouait à une mort certaine une foule d'individus. A chaque instant on apprenait de nouveaux détails sur cette affreuse catastrophe ; les victimes se comptaient par centaines. Des arrestations sans nombre eurent lieu ; et la police, déjà sévère, le devint à un point si extrême, que l'on n'osait presque parler dans les rues. Je suis persuadée que plusieurs personnes inculpées dans ce procès ignoraient totalement par quel moyen on devait se défaire du consul.

Georges Cadoudal, homme dévoué, décidé à mourir pour affranchir sa patrie de l'usurpation et rendre le trône à son souverain légitime, ne put cependant se décider à être un assassin. Déguisé en invalide, attendant sur le pont des Arts le passage de Bonaparte, qui s'y rendait souvent pour examiner les travaux, il eut un jour la possibilité d'exécuter son projet, puisque le consul lui parla longtemps ;

[1] Par Haydn.

son poignard était prêt, il manqua de résolution. Cette hésitation coûta des larmes à plus de deux cents familles.

L'impératrice, aimant le général Moreau, et sachant combien il était chéri de l'armée, trembla que sa condamnation ne fût aussi prononcée; le tribunal n'osa pas étendre jusqu'à lui sa sévérité.

L'exemple des généraux Macdonald et Nansouty, qui, en pleine audience, n'avaient pas craint de donner à leur ami captif des témoignages publics d'une tendre affection, a été suivi par beaucoup d'autres frères d'armes. Il fallait ménager ceux dont on avait besoin à tout instant pour obtenir à force de gloire ce que refusait la justice et le bon droit. On se contenta donc d'exiler un grand capitaine, persuadé que la légèreté française le ferait promptement oublier. On sait que les gendarmes devant lesquels il passait pour se rendre sur le banc des accusés lui portèrent toujours les armes.

Quelque temps après ce funeste événement, lors de l'institution de la Légion d'honneur, on fut dire à Moreau qu'il était certain qu'on lui donnerait le grand cordon. « Je ne connais d'autre Légion d'honneur que l'armée, répondit le général, et il y a longtemps que j'en fais partie. Je ne mérite pas le ruban dont vous parlez plus que tous mes compagnons d'armes; ainsi je ne l'accepterais certainement pas. Je n'aime pas les priviléges. »

On rendit ces mots à Napoléon, qui dès cet instant entrevit qu'il trouverait un censeur des projets qu'il formait pour l'avenir; il ne lui pardonna point une opposition qu'il ne rencontrait dans aucun autre. Ceux qui sollicitèrent la décoration et l'obtinrent en voulurent à Moreau d'une conduite qui condamnait la leur; mais ceux qui ne l'eurent point se rangèrent à son opinion, ce qui forma une sorte de parti, que les ennemis de sa brillante renommée présentèrent au consul, comme pouvant devenir dangereux. C'est ainsi que Joséphine interprétait la zizanie établie entre deux hommes faits pour s'admirer mutuellement.

L'empereur conserva longtemps une impression défavorable des généraux Macdonald et Nansouty; ils furent sans emplois, et prouvèrent plus tard par leur conduite à l'armée combien il était malheureux qu'un mouvement d'humeur eût éloigné deux hommes si distingués. Lors de la formation de sa maison, l'impératrice demanda que madame de Nansouty fût dame du palais. « Son mari est trop pauvre, répondit l'empereur. — Sire, c'est son éloge que vous prononcez; il n'a tenu qu'à lui de s'enrichir en Hanovre, il ne l'a pas fait. — Tant pis pour lui, je l'y avais envoyé pour cela. Je veux autour de moi de jolies personnes qui embellissent ma cour par leurs figures et leur luxe. »

Il fut impossible de la faire changer d'avis. Madame de Nansouty ne fut point dame du palais. Elle était laide et bossue, mais aussi bonne et spirituelle que sa sœur la comtesse de Rémusat.

Quelques années après, rendant justice aux talents remarquables du général de Nansouty, à son caractère plein de noblesse, l'empereur l'attacha à sa personne comme premier écuyer. Cousin de mon père, il fut toujours parfait pour lui.

CHAPITRE XXXVI.
1811.

L'impératrice parle du temps de sa pauvreté. — Mesdames Dumoulin et de Montmorin. — Elle porte son pain chez ses amis. — Madame Tallien. — L'empereur défend qu'elle soit reçue aux Tuileries. — Lettre de Joséphine. — Les trois bichons. — Les bretelles anglaises. — Beau trait de mad.me Tallien. — Ingratitude de la marquise de ***. — L'impératrice paye l'éducation de mademoiselle Thermidor Tallien, devenue comtesse de Pelot. — Mot de Tallien. — Lettre de Lucien Bonaparte — Comtesse de Brady. — Madame Marie de l'Epinay, sa fille. — La princesse de *Chimère*.

L'impératrice parlait souvent du temps où elle avait connu la misère; elle se souvenait toujours avec reconnaissance des services qu'elle avait reçus à cette époque. Celui qui l'avait touchée le plus, et sur lequel elle revenait avec un sensible plaisir, lui avait été rendu par madame Dumoulin, femme fort riche et très-obligeante. Lors de la disette, madame de Beauharnais dînait tous les jours chez cette excellente personne, qui réunissait chez elle un petit nombre d'amis dont la fortune était peu considérable; chacun apportait son pain, qui alors était un objet de luxe.

Madame Dumoulin, sachant que madame de Beauharnais était plus pauvre encore que les autres, la dispensa de cet usage, ce qui fit dire à celle-ci qu'elle recevait positivement *son pain quotidien*. Madame de Montmorin, aussi de cette société, prit beaucoup d'intérêt à celle qu'il était impossible de ne pas aimer, et lui procura des robes et des jupons, dont elle manquait. Elle fut depuis traitée par l'impératrice avec une bienveillance qui dut lui prouver que Sa Majesté avait de la mémoire, et reçut d'elle de magnifiques présents.

Elle parlait souvent aussi de son amitié pour madame Tallien. L'empereur ne voulut jamais permettre à Joséphine de la recevoir aux Tuileries; mais je crois bien qu'elle la vit en secret à la Malmaison. Elle était obligée de mettre du mystère à ces visites, qui eussent déplu à Napoléon; s'il les apprit, il le laissa ignorer, content que l'impératrice ne lui désobéît point en public. L'intimité de ces deux femmes célèbres datait de loin. Voici une lettre de l'impératrice qui donnera une idée de sa gaieté, dans un temps où sa position n'était point heureuse.

A madame Tallien.

» Il est question, ma chère amie, d'une magnifique soirée à l'hôtel Thélusson ; je ne vous demande pas si y vous paraîtrez. La fête serait bien languissante sans vous. Je vous écris pour vous prier de vous y montrer avec ce dessous fleur de pêcher que vous aimez tant, que je ne hais pas non plus ; je me propose de porter le pareil. Comme il me paraît *important* que nos parures soient absolument les mêmes, je vous préviens que j'aurai sur les cheveux un mouchoir rouge noué à la créole, avec trois crochets aux tempes. Ce qui est bien hardi pour moi est tout naturel pour vous, plus jeune, peut-être pas plus jolie, mais incomparablement plus fraîche. Vous voyez que je rends justice à tout le monde. Mais c'est un coup de parti : il s'agit de désespérer le *trois Bichons* et les *Bretelles anglaises* [1]. Vous comprenez l'*importance* de cette conspiration, la nécessité du secret et l'effet prodigieux du résultat. A demain, je compte sur vous. »

Madame Tallien a rendu un immense service à la France, en contribuant à sa délivrance. Elle eut un grand crédit, dont elle se servit pour arracher à la mort une foule de personnes. Voici un trait qui prouvera jusqu'où elle porta le dévouement et l'obligeance.

Madame la marquise de *** fut cachée dans le boudoir de madame Tallien pendant *trois semaines*, sans que sa femme de chambre même fût dans la confidence; elle la servait comme aurait pu le faire une personne habituée aux emplois les plus répugnants. Elle était alors dans tout l'éclat d'une incomparable beauté, l'objet des adulations générales les plus outrées. Elle dérobait à sa table de quoi nourrir sa prisonnière, ou rapportait quelques provisions du dehors, qu'elle cachait avec soin sous son châle.

Après des précautions et des peines inouïes, elle eut le bonheur de rendre la liberté à madame la marquise de ***, et de lui faire restituer une partie de ses biens. Pendant quelque temps la reconnaissance de l'obligée fut extrême; elle la témoignait avec empressement, et ne craignait pas d'importuner par de fréquentes demandes *son amie*, *sa bienfaitrice*, lorsque Tallien était tout-puissant et que Barras était un des *cinq rois* gouvernant la France. Bonaparte s'empara du pouvoir, madame Tallien perdit le sien, et en même temps fut privée de la présence de la personne sur laquelle elle devait compter comme sur une sœur.

Elle fut fort sensible à une si révoltante ingratitude, et s'en plaignit à un ami, qui, la voyant affligée, alla chez madame la marquise de *** pour l'engager à trouver un prétexte à son absence, et lui conseiller de revenir chez la femme qui lui avait sauvé la vie. « Comment donc? mais c'est bien mon projet, monsieur, j'ai horreur des ingrats. Je dois beaucoup à madame Tallien, et suis prête à le lui prouver en allant chez elle. Cependant elle doit sentir que je dois quelques ménagements à ma famille, et par égard pour ma réputation je suis obligée à une réserve qui me coûte. Demandez-lui quelles sont les heures où je puis la trouver seule, je m'empresserai de m'y rendre. » L'homme officieux qui, sans y être autorisé, s'était permis la démarche dont il retirait si peu de fruit, voulut achever la mission qu'il s'était donnée ; il remplit compte à madame Tallien des intentions de madame de ***. « Dites-lui, répondit madame Tallien, que je suis désolée de ne pouvoir la recevoir ; mais que je ne suis jamais seule, étant entourée constamment de ceux auxquels j'ai eu le bonheur d'être utile. Madame de *** m'a pour dit ; elle ne revint pas dans la maison qui avait été son asile pendant un temps où la mort était presque toujours le prix de la pitié.

S'il est affligeant de citer de pareils traits, il est consolant d'avoir à leur opposer une conduite honorable. Madame de Boufflers, femme de l'un de nos plus spirituels chansonniers, eut à se louer de madame Tallien; elle fut toujours chez elle assidûment, et contribuait par son esprit à l'agrément d'une conversation aimable, elle était accompagnée de son mari et de son fils, M. Elzéar de Sabran, dont j'ai déjà parlé. Ils refusaient les invitations se rencontrant avec les soirées de madame Tallien, et ajoutaient encore au charme de réunions où se rencontraient les célébrités masculines. Madame Tallien était si belle, que le tint tout-fait pas fâchées de ne pas se trouver près d'elle. La conduite de cette famille si généralement estimée fut approuvée de tout le monde ; la reconnaissance ne doit se cacher dans aucune occasion ; c'est s'honorer soi-même, que de chercher à relever l'objet auquel on la doit [2].

[1] Noms de société. On désignait ainsi plusieurs jolies femmes de l'époque, et une charmante Anglaise.
[2] L'impératrice conservait avec soin une collection de lettres de madame Tallien et de plusieurs personnages marquants. C'est elle, je crois, qui de nos jours a mis à la mode les collections d'autographes.

J'ai vu de ce genre un recueil très-curieux; il contient entre autres une lettre de Lucien Bonaparte, datée des prisons d'Aix, où l'on venait de l'enfermer comme *terroriste*. Mesdames Letizia et Elisa Bonaparte joignent leurs supplications à celles de Lucien, dans deux lettres différentes, pour obtenir son élargissement.

Ces autographes, dont madame la comtesse de Bradi est en possession, doi-

L'impératrice paya plus tard l'éducation de mademoiselle Tallien, dont le nom de baptême était *Thermidor*. Elle est maintenant madame la comtesse de Pelet, et son esprit est aussi agréable que celui de sa mère, aujourd'hui la princesse de Chimay.

M. Tallien, en apprenant le mariage de cette dernière, dit : « Elle aura beau faire, elle sera toujours madame Tallien. Ce nom marquera plus que celui de princesse *de Chimère*. »

CHAPITRE XXXVII.
1811.

L'impératrice raconte l'histoire de la fortune de M. Portalès père. — Il est porteballe. — La pêche aux harengs. — Achat de barriques — M. Hottinger. — Les fils de M. Portalès. — Don qu'ils reçoivent de leur père. — Son avarice. — Sa générosité. — Hôpital qu'il fonde — Route de Neufchâtel. — Mot de lui sur la noblesse acquise de ses fils. — M. de Turpin de Crissé. — Mademoiselle de Meulan. — La comtesse de Grabowska. — Sa noble conduite. — Ses fils.

L'impératrice désira savoir comment M. Portalès, père de celui qui était son écuyer, était parvenu à acquérir une fortune si considérable, ayant commencé, comme on sait, par être *porteballe*. Elle apprit les détails suivants, qui sont assez curieux pour trouver place dans mes souvenirs. Tout ce qui a rapport à un homme de bien devient intéressant.

M. Portalès était de Neufchâtel, en Suisse. Né d'une famille honnête, mais peu aisée, il obtint de son père une petite somme avec laquelle il acheta une foule d'objets à l'usage des paysans. Il parcourut ainsi les campagnes; vivant avec une extrême frugalité, il augmentait son commerce à mesure que son gain le lui permettait.

Témoins de son intelligence, de sa probité à toute épreuve, de sa fidélité à remplir ses engagements et de la pureté de ses mœurs, quelques négociants s'intéressèrent à lui, lui confièrent des marchandises, et étendirent ainsi tellement les moyens d'exercer son industrie, qu'il fut obligé bientôt après de prendre un cheval pour porter le magasin, devenu trop lourd pour ses épaules.

Quelques années s'écoulèrent encore, et le petit marchand prit une carriole dans laquelle il se rendait à toutes les foires, gagnant toujours modérément, mais ne faisant que des spéculations certaines. Lorsque toutes les avances qui lui avaient été faites furent remboursées, il travailla avec ses propres fonds, et bientôt après il se trouva à la tête d'une fortune qui ne pouvait que s'accroître, par la réputation lui facilitant tout ce qu'il entreprenait. Les choses en vinrent au point que nulle part on ne terminait une affaire importante sans qu'il s'y trouvât. Il prit des commis, une maison de banque, mais n'en fit pas plus de dépense pour lui personnellement.

S'il était content d'un jeune homme travaillant chez lui, il lui donnait une part dans ses entreprises. Avoir étudié le commerce sous M. Portalès était partout une recommandation puissante; on trouvait immédiatement les moyens de s'établir convenablement. C'est lui que plusieurs banquiers ont dû leur fortune, entre autres M. Hottinguer.

Avant la révolution, M. Portalès était toujours à Amsterdam, pour la conclusion des grands marchés de la compagnie. Lorsque par hasard quelque événement retardait son arrivée, on l'attendait assez généralement un jour ou deux. Une fois, par hasard, on acheta sans lui la pêche entière de harengs, qui est dans ce pays une chose fort importante, puisqu'on en expédie dans toutes les parties du monde. M. Portalès arrive comme on vient de conclure; tous ses collègues s'excusent de ne l'avoir pas compris dans cette opération. « Oh! il n'y a pas de mal, messieurs, leur dit-il, une autre fois vous ne ferez pas de même, j'en suis sûr. » Sans perdre de temps, lui et quelques commis courent chez tous les fabricants de barriques, de tonneaux, etc., et les achètent. Les barengs arrivent, on va pour faire l'acquisition de barils pour les encaquer, partout on reçoit pour réponse que M. Portalès a tout pris et tout payé. Cependant les barques se succédant dans le port, on ne sait que faire de l'immense quantité de harengs qui se décharge sur les quais, et l'on est forcé d'avoir recours à l'accapareur de tonneaux. Il gagna cent mille francs dans cette affaire, qu'il racontait avec grand plaisir comme une espièglerie de jeunesse, qui avait été une leçon pour tous les négociants; ils ne firent plus rien sans lui.

Il épousa une jeune femme qui avait ses goûts; il en eut trois fils, auxquels il fit donner une éducation parfaite dont ils ont tous profité. Un

ent être publiés par elle avec de courtes notices. Amie de madame de Bradi[1], les éloges pourraient paraître exagérés, si je disais tout ce que je pense de son talent; je crois pourtant qu'il m'est permis d'assurer que personne ne saurait, plus qu'elle, donner de l'intérêt à la publication d'un semblable recueil. Je me consolerai de ne pas me livrer à ce que m'inspire mon amitié pour madame la comtesse de Bradi, en songeant que ses ouvrages étant dans les mains de tout le monde, le mérite de cette personne si modeste et si parfaite est apprécié comme il doit l'être.

Madame Marie de l'Épinay, auteur de plusieurs charmants ouvrages, est fille de madame la comtesse de Bradi, qu'elle continue.

[1] Morte il y a quelques années.

seul eut la vocation de la carrière qu'avait suivie son père. L'aîné ne quitta pas Neufchâtel. Le second se fixa à Paris, où il dépensait beaucoup d'argent pour satisfaire sa passion pour les arts, qu'il cultive et protège; ce n'était que pour complaire à son père qu'il s'était occupé de la tenue de livres, comptes courants, etc. Il préférait mille fois visiter les ateliers de nos grands peintres et de nos sculpteurs, parcourir l'Italie pour admirer les ruines de tous les monuments rappelant tant de glorieux souvenirs, s'entourer de poètes et de musiciens. En un mot, il fit le commerce en amateur, et s'occupa en artiste de tout ce qui élève et charme le cœur et l'esprit. Le plus jeune déclara vouloir être militaire; rien ne put le détourner de cette volonté inébranlable. Il fit avec éclat les campagnes les plus périlleuses de l'empire, obtint de l'avancement; et lorsque, fatigué de gloire, il désira un peu de repos, il fut nommé écuyer de Joséphine.

Ces deux derniers fils demandaient sans cesse de l'argent à leur père, qui, impatienté de fournir autant à ce qu'il appelait des *niaiseries*, assembla un jour ses trois enfants, et après un long sermon sur la nécessité d'économiser, de songer à l'avenir, et lorsqu'on avait le bonheur d'être toujours avec eux la bourse à la main, il préférait leur donner une bonne fois de quoi les mettre à même de se passer de lui pour longtemps. « Tenez, ajouta-t-il avec humeur, voilà un portefeuille contenant neuf millions en billets; partagez cela également entre vous, et que je n'entende plus parler de vous jusqu'à ma mort. »

Celui qui distribuait avec tant de facilité une somme énorme était chez lui d'une avarice incroyable, n'ayant qu'une cuisinière et un domestique pour soigner son unique cheval. Ses enfants étaient obligés de le faire prévenir lorsqu'ils voulaient dîner avec lui, parce qu'ils n'auraient strictement pas trouvé de quoi manger. En rentrant dans sa chambre il quittait sa redingote, de peur d'user les manches en écrivant; il n'était éclairé que par une seule chandelle; enfin tout ce que l'on conte de ridicule sur Harpagon paraît précisément ce que faisait M. Portalès. Ce même homme cependant n'hésita jamais à avancer à ceux qu'il jugeait dignes de sa confiance trente, quarante mille francs, et à leur ouvrir un crédit chez ses correspondants. Il aimait passionnément sa ville natale; jugeant combien un hospice était nécessaire pour la classe indigente, à laquelle il songeait toujours, il fit venir un architecte pour dresser le plan de l'établissement de ce genre le plus commode, acheta le terrain, et fit bâtir l'*hôpital Portalès*, qui lui coûta *neuf cent mille francs*, y compris les fonds déposés pour servir la rente qui devait payer les employés et les médicaments.

Une route de Neufchâtel à Saint-Gall fut trouvée indispensable; mais les cantons de Neufchâtel et de Saint-Gall n'étaient pas assez riches pour l'entreprendre, quoiqu'elle dût animer beaucoup leur commerce; M. Portalès se chargea seul des frais, et dépensa quinze cent mille francs. Il est assurément permis de vivre chez soi avec la plus grande parcimonie lorsqu'on emploie ses économies en *pareilles fantaisies*. La Suisse est aussi son Beaujon. Leurs biens, acquis par le travail, furent en partie destinés au soulagement des malheureux. De tels hommes sont rares; on ne les imite guère, mais au moins on vaut assez pour admirer leur noble conduite.

M. Portalès n'approuvait nullement ses fils d'avoir voulu anoblir un nom révéré dans toute l'Europe. « Je suis le premier commerçant du monde, disait-il à Joséphine, ils seront les derniers comtes de France! j'aime mieux mon titre que le leur. »

Il a laissé une fortune considérable, malgré de nombreux legs aux églises et aux pauvres de son pays. Je ne l'ai point connu; je tiens tous ces détails de la bouche de l'impératrice, qui avait pour lui la vénération la plus profonde; elle ne s'appesantissait autant sur l'avarice que l'on reprochait à M. Portalès, que pour avoir le plaisir de parler aussi de ses nombreux bienfaits. Lorsqu'elle avait de l'affection pour quelqu'un, elle éprouvait un grand bonheur à s'entretenir des qualités qui avaient fait naître ce sentiment.

M. James de Portalès, fils de ce bienfaiteur de la Suisse, a été furieux de ce que j'ai fait connaître la noble vie de son père. Je croyais au contraire devoir le remercier d'avoir publié ce qui était peu connu, grâce à la modestie de celui qui se privait pour laisser après lui une longue suite de bienfaits. Loin de rougir d'une origine qui a conduit si haut, on doit s'en enorgueillir.

L'impératrice nous parla aussi de l'admirable conduite de M. Turpin de Crissé, son chambellan, qui, par son talent si connu pour la peinture, avait fait vivre en émigration sa mère et sa sœur. Seules elles firent connaître ce qui fût resté toujours ignoré, n'eût-ce pas été malgré que M. de Turpin. Loin de s'enorgueillir de ce qu'il faisait, il était surpris et embarrassé chaque fois que l'on en disait quelque chose devant lui. Trouvant tout simple de s'imposer des privations pour en éviter aux objets de sa tendresse, il ne pouvait concevoir qu'on pût y faire attention, et citait immédiatement des exemples de dévouement de ce genre pour tâcher d'atténuer le mérite du sien.

Il parla particulièrement de mademoiselle de Meulan (depuis madame Guizot) qui, d'une santé faible et délicate, ne prenait presque pas de repos, afin de livrer à l'impression les articles qu'elle écrivait pour être insérés dans le *Publiciste*, journal fort à la mode il y a vingt ans pour tout ce qui était relatif à la littérature. Il fallait lire les ouvrages dont elle rendait compte, écrire, corriger les épreuves, et trouver le temps d'instruire ses jeunes frères et une sœur dont elle était la seconde mère, conduire le ménage, calculer toutes les dépenses, puisqu'une fortune considérable était perdue, et qu'il fallait travailler pour faire face à tout. Jamais un reproche, une plainte ne firent sentir à sa famille combien elle était fatiguée des devoirs qu'elle s'était imposés. Elle refusa plusieurs partis brillants, dans la crainte de ne pouvoir plus être utile aux êtres qui lui étaient chers. Ce n'est que lorsque le sort de tous fut assuré qu'elle songea au sien : M. Guizot lui fit trouver le bonheur dont elle était si digne, et dont elle a joui trop peu.

L'impératrice cita un autre trait remarquable de piété filiale, celui de mademoiselle de Béthisy[1]. Pour tâcher de sauver quelques débris de la fortune de ses parents émigrés, elle rentra seule en France à l'âge de seize ans, s'établit garde-malade de sa bonne vieille tante, madame Dumoulin, amie de Joséphine, fit des démarches nombreuses pour faire lever le séquestre, parvint à rentrer en possession de quelques biens, dont elle envoyait les revenus à son père, qu'il partageait avec son fils, le comte de Béthisy, mort gouverneur des Tuileries. Madame Dumoulin, touchée des soins si tendres de sa nièce, qui refusait tous les amusements qui lui étaient offerts pour tenir compagnie à une femme âgée toujours souffrante, lui laissa par son testament tout son bien. Mademoiselle de Béthisy renonça sur-le-champ aux deux tiers de ce dont elle héritait en faveur de son père et de son frère.

Un pareil désintéressement ne suffit-il pas pour faire connaître cette femme dont tout le monde loue l'esprit, parce qu'il lui est impossible de le cacher, tandis qu'il faut deviner toute la bonté de son cœur? Elle ne parle jamais d'elle, ni du bien qu'elle fait, ni des sacrifices nombreux qu'elle s'est imposés pour sa famille; elle fut toute sa vie occupée des moyens de plaire à ses parents : ils ont été loin de reconnaître comme ils le devaient tout ce qu'elle a fait pour eux.

On prétend qu'une préférence marquée pour leur fils a été pour madame de Grabowska une continuelle source de chagrins. Une pareille ingratitude me paraît si peu naturelle, que j'aime mieux la croire inventée par la calomnie. Dans tous les cas, j'ai la certitude que madame de Grabowska[1] a trouvé le bonheur dans la tendre affection de ses deux fils. Ils ont cherché à répandre sur sa vie toute la joie que causent à une mère les succès de ses enfants. Leur conduite dans le monde et à l'armée est une récompense des soins incessants qui furent prodigués à leur éducation.

Le cadet, Octavien de Grabowski, officier de la garde royale, bon et dévoué jeune homme, est mort de chagrin en 1830 du départ de la famille exilée, dont il était traité avec une grande bienveillance; l'aîné, M. le comte Charles de Grabowski, a servi avec distinction dans la campagne de Grèce, où il obtint un grade et une décoration. Il a été forcé de quitter le service étant déjà, quoique jeune, chef de bataillon, à la suite d'une chute grave qu'il fit en tombant de cheval à Lyon.

Son esprit est aussi original que son cœur est bon et ses sentiments élevés. Lorsque sa mère lui fut enlevée par une mort presque subite, il n'hésita pas à exécuter toutes les volontés dictées dans un testament *non signé*, conséquemment pouvant être regardé comme nul. Il constituait plusieurs legs à des amis peu heureux et à quelques parents pauvres, et ces dons étaient considérables relativement à sa fortune.

Il a gardé les vieux serviteurs de sa mère, et bien différent de tant d'autres, il a voulu conserver l'ancien mobilier qui lui rappelait l'amie parfaite qu'il a perdue. Comment s'étonner de la sympathie générale qu'il inspire quand on connaît ces détails?

CHAPITRE XXXVIII.
1811.

L'impératrice nous donne un congé d'un mois. — Paris est très-brillant. — La société. — Mode de fumer. — Les basses Brettes. — Les lionnes — Origine des différents parfums. — Les griffes. — Style romantique. — Les rats de l'Opéra.

L'impératrice voyant que ma mère et moi commencions à trouver que nous étions bien longtemps loin de mon père, nous donna une de ses voitures afin d'aller passer un mois à Paris; elle nous fit promettre de revenir à Navarre ensuite, pour n'en partir qu'avec elle lorsqu'elle irait à Malmaison, où elle nous pria de rester quelque temps. Nous profitâmes de ses bontés pour venir passer tout février à Paris.

Nous y fûmes reçues par tout le monde avec une bienveillance plus grande que de coutume, et engagées à tous les beaux bals. Ayant été près de deux mois entières avec Sa Majesté, nous étions sans cesse questionnées sur elle avec un intérêt qui prouvait combien on se rappelait le bien qu'elle avait fait, et surtout celui qu'elle avait désiré faire. J'étais un peu ennuyée d'être ainsi continuellement obligée de *répondre* quand je voulais *demander*. Je trouvai Paris très-brillant. La joie

[1] Comtesse de Grabowska, morte il y a peu d'années, regrettée universellement de la haute société et des artistes, dont elle était l'appui.

causée par la naissance du roi de Rome éclatait dans des fêtes splendides données par les princes, les ministres et les ambassadeurs. Les bals particuliers étaient nombreux, la paix donnait un peu de repos aux familles, les fils partis enfants revenaient un an après des hommes, glorieux de leurs noms cités dans les bulletins de la grande armée plus encore peut-être que de la croix brillant à leur boutonnière. Ils étaient heureux du bonheur de leurs mères, de leurs sœurs, et ne songeaient point à s'éloigner des salons, où on les accueillait avec empressement. Ils croyaient qu'on pouvait passer gaiement le temps sans se dégrader en allant chercher le plaisir dans une classe qui n'était pas invitée. La *lorette* effrontée, ne brillant que par l'excès de la dépravation, n'était pas connue; les séduisantes danseuses, les grandes actrices, les cantatrices célèbres pouvaient entraîner à des folies ruineuses, mais du moins le talent était une excuse qui atténuait les torts. Sans doute on n'était pas plus pur qu'à présent, seulement on n'affichait pas autant le vice. On ne l'adulait pas, et aucun homme de bonne compagnie n'eût osé se montrer en public, sous peine de se voir fermer tous les salons, avec une créature abjecte seulement connue par sa dépravation, et se faisant un jeu de ruiner son amant en le couvrant de honte. Il n'y eut pas sous l'empire un seul exemple des scandaleux mariages dont depuis quelques années Paris s'est ému comme une décadence complète de toute morale.

Les hommes n'avaient pas imaginé de se réunir dans des cercles, pour se livrer avec facilité à un jeu ruineux. Ils venaient dans le monde, prenaient la peine de s'habiller pour y paraître. Ils seraient rougi d'arriver le soir en bottes, apportant avec eux l'insupportable odeur d'une tabagie ou d'une écurie. Les abbés galants, les marquis musqués n'existaient plus, mais les *sportmen* n'avaient pas quitté l'Angleterre, et les Parisiennes, pour soutenir la conversation, n'étaient point obligées d'apprendre la science du *turf*. Peut-être le ton des jeunes gens était-il un peu trop soldatesque, mais la gloire acquise sous la tente faisait pardonner ce qui n'était qu'une suite presque nécessaire de l'époque. Je suis assez vieille pour qu'on me pardonne de médire un peu du temps présent pour rehausser le temps passé, mais en vérité, je ne crois pas avoir tout à fait tort de penser que le caractère *masculin* est changé en France. Autrefois la galanterie faisait faire beaucoup de frais pour plaire à une jolie femme, et la plus belle jument d'Angleterre ou d'Afrique ne l'eût point éclipsée. Une suprême élégance se déployait pour séduire celle qu'on aimait, tandis que maintenant on affiche un sans façon de toilette et de manières qui prouve parfaitement les nouvelles habitudes de nos *dandys* actuels. S'ils ont le malheur de se trouver dans leur antichambre en même temps que leur domestique, c'est certainement le dernier que s'adressera un étranger ayant affaire au maître de la maison. Le valet est le mieux mis.

Les femmes, en permettant de fumer devant elles, ont manqué à leur dignité, et ne peuvent se plaindre de l'extension qu'a prise le mauvais ton qui se déploie, même avec celles qui commandent le respect par leur conduite. L'auréole poétique qui devait toujours les entourer est perdue dans l'épaisseur d'un nuage de fumée, et cet encens bien indigne d'elles que celui qui s'échappe d'une pipe ou même d'un *panatellas*.

L'excès du sans gêne amènera-t-il un retour à la grâce d'autrefois? Je ne sais, je désire pour trouver de la politesse, il faut se résoudre à voir les étrangers, encore trop peu avancés dans le progrès pour être arrivés où l'on en est à Paris. Il y a environ quinze ans que pour la première fois j'eus la surprise désagréable de me trouver dans un salon empesté de la fumée de tabac. J'appris avec étonnement que les femmes à la mode, adoptant celle qui ne devrait être tolérée que par les hommes, ne craignaient pas de se joindre souvent aux fumeurs. Plusieurs assuraient gravement que c'était par *régime* qu'elles l'adoptaient; cette odeur, qui me déplaisait, convenant à des personnes nerveuses.

Le procès de monsieur de Bocarmé n'avait pas encore appris tout ce que la nicotine a de salutaire, je ne répondis donc rien aux réflexions hygiéniques de madame de L...; mais je confondis la jolie madame W..., qui disait qu'elle fumait parce que *c'était original*, en l'assurant qu'elle était dans l'erreur. « Je ne vois pas que les Parisiennes soient originales, madame, lui dis-je, puisque les Espagnoles sont depuis longtemps dans l'usage d'en faire autant; vous n'avez pas même droit à un *brevet d'importation*. — Comment? — Sans doute, les Basses-Brettes sont beaucoup plus habiles que vous, mesdames; depuis des siècles, elles se servent, non pas d'un modeste cigare emprisonné dans un élégant bout d'ambre, ce qui leur paraîtrait trop efféminé, mais d'une bonne grosse pipe, bien bourrée de caporal. Elles vont plus loin encore, dans leurs jours de coquetterie, elles acceptent avec un doux sourire une charmante petite chique, que leur offrent gracieusement leurs amoureux. Puis, pour achever de ravir ceux qu'elles veulent subjuguer entièrement, elles boivent avec eux, pas comme vous du pétillant vin de Champagne rosé mousseux, mais deux ou trois verres de genièvre ou d'eau-de-vie; enfin, pour mettre le comble à la séduction, elles enfouchent lestement, jambe de ci, jambe de là, un vigoureux cheval qui n'a d'autre allure qu'un trot dur et serré. Elles font ainsi, escortées de leurs robustes poursuivants d'amour, plusieurs lieues dans les landes. Vous voyez, ma chère, que les Bretonnes vous rendraient des points, et qu'elles sont réellement, sans s'en douter, plus *lionnes* que vous toutes. » Ma gentille interlocutrice parut fort affligée d'être si loin de la perfection excentrique et masculine, dont approchent les paysannes d'une province qui passe pour reculée. Elle est au contraire très-avancée dans les belles manières actuelles.

Sous le règne de Louis XV, le musc parfumait tous les appartements des petites-maîtresses; la poudre de mousseline et la maréchale embaumait leur chevelure: lors de la République, toutes les merveilleuses, transformées en Grecques, respiraient avec délices le parfum de l'encens, s'élevant des athénienses dorées, placées près de leurs ottomanes; la Restauration rendant les mers libres, le *patchouli* odorant et le *vetivert* arrivèrent de l'Inde pour charmer l'odorat des nobles dames du faubourg Saint-Germain; enfin la Révolution du peuple a donné du goût pour l'odeur préférée par les glorieux vainqueurs, celle du tabac!

Puisque les femmes élégantes tolèrent aujourd'hui qu'on les enveloppe d'un nuage peu romantique, et qu'elles se sont déjà habituées aux discours des palefreniers, il est tout naturel de penser qu'elles pousseront la complaisance jusqu'à permettre qu'on parle devant elles la langue argotique, que des auteurs d'un très-grand talent s'efforcent de mettre à la mode, en abaissant leur esprit supérieur à se nourrir de propos qui devraient rester enfouis dans la boue des bagnes ou des bouges infects de la canaille parisienne.

Tout ce qui est nouveau paraît charmant à des jeunes gens voulant à toute force se singulariser. Je ne doute pas que d'ici à peu de temps ils ne puissent être compris par les gens ne sachant que le français. Au reste, pour s'instruire dans cet infâme jargon, un dictionnaire sera inutile. Il suffira d'apprendre par cœur quelques livres nouveaux.

Autrefois on ornait sa mémoire de beaux passages de nos grands écrivains, qui traçant des pages sublimes donnaient des conseils et des exemples de la morale la plus pure. Maintenant nous avons changé tout cela; nos petits-fils ne sauront pas ce qui a illustré la France avant 1789, mais ils n'ignoreront rien de ce qui se dit dans les cabanons. Ils seront au fait de tous les usages des mauvais lieux, des tripots et des prisons. Il y a compensation!

Pendant que je suis en train de critiquer un temps qui n'est plus le mien, je suis à me demander ce qui a pu faire naître l'idée de ce nom de *lionne*, sorte d'hommage qu'ambitionne la femme qui veut donner le ton. Notre sexe devrait chercher ses succès dans des qualités appartenant à d'autres animaux, et les hommes seuls chercher à mériter le sobriquet de *lions*.

On conçoit à merveille qu'ils veuillent être forts, fiers comme le roi des déserts, mais nous, nées faibles, pourquoi prendre un emblème qui nous éloigne de notre nature? Je doute que la plus jolie femme du monde parût telle à son amant, si elle s'avisait de se montrer à lui les cheveux épars et mêlés, semblables à une crinière, les yeux flamboyants, injectés de sang, la bouche ouverte et écumante, tirant un pied de langue, et rugissant avec fureur la phrase si pleine de charme quand on la devine plutôt qu'on ne l'entend : *Je vous aime*. Ce ne peut être non plus pour se parer d'une jalousie frénétique, inspirée par l'une passion effrénée, qu'elle veut être *lionne*, puisque c'est aux tigres qu'est attribué cet affreux sentiment, invoqué souvent comme excuse du crime; ce n'est pas davantage par générosité de caractère que ce titre, car l'exception confirme la règle, et l'on ne cite que deux exemples de la magnanimité du lion, celui de la pauvre mère de Florence se voyant rendre son enfant par l'animal qu'elle croyait devoir le dévorer, et Androclès puéri par celui qu'il avait guéri! Dans toute autre circonstance la férocité du lion a fait des milliers de victimes! Pourquoi donc vouloir absolument prendre ce nom, ne présentant que des images de mort cruelle?... En y réfléchissant je crois qu'un mauvais jeu de mots peut seul expliquer cette manie du jour : *Ces dames se battent les flancs*... pour être ridicules.

Les femmes qui dans ma jeunesse n'avaient point de blason prenaient pour emblèmes de cachets une colombe, symbole de tendresse; un lis, image de pureté; un chien, attestant la fidélité; un serpent, signe de prudence et d'éternité; un pélican, touchant tableau de la tendresse maternelle; une fleur d'oranger, parure de la vierge; enfin une violette convenant si bien à la jeune fille ; maintenant une femme fait graver sur la bague qui doit fermer de doux billets une *lionne couchée*! Je persiste à croire que nos mères avaient meilleur goût.

La mode des *griffes* me paraît aussi très extraordinaire à expliquer. C'est sans doute comme complément de la précédente, car avec de tels ongles à quoi peut s'occuper une femme, si ce n'est à arracher les yeux? De nuit elle se peut soigner son ouvrage, qu'elle égratignerait, ni à jouer du piano ou de la harpe. Elle pourrait tout au plus gratter de la mandoline, elle accoucherait les cordes avec ces cure-dents, exigés pour tirer l'exécrable son de cet instrument, mais il lui porterait sur les nerfs. Travailler à l'aiguille lui serait impossible, le fil ou la soie s'accrocherait à tout moment; que faire donc du matin au soir quand le temps ne permet pas d'aller caracoler au bois ou d'assister à quelque chute mortelle au *steeple-chase*? faire une tournée de visites pour

médire de ses rivales? c'est bien monotone : lire, sans doute, mais les livres instructifs sont bien abstraits, et l'application donne la migraine. Il faut donc pour dépenser de longues heures, qui séparent de celle du bal, avoir recours aux romans. On dévore les plus noirs, les plus *déliramment passionnés*, les plus *échevelés d'amour*, d'accord avec le *tourbillon bouillonnant dans ces âmes d'élite*. Tout naturellement l'imagination excitée par des peintures exagérées de sentiments factices tracés avec talent, amène la pauvre désœuvrée à admirer l'héroïne se mettant au-dessus des faiblesses de son sexe; elle arrive à s'identifier, à penser de même, à ne plus s'effrayer de l'adultère, du suicide, ni même du meurtre! L'infortunée se crée un *héros*, croit le trouver dans le premier homme qui, profitant de ce délire passager, l'entraîne en s'amusant à flatter sa folie, pour la livrer ensuite aux remords les plus cruels. Elle lui écrit alors des pages pleines de *désinvolture*, qu'elle croit ad hoc, et qui ne sont qu'un souvenir ; elle court chez son séducteur, foule aux pieds tout ce qu'elle respectait naguère, et lui propose dans son délire de devenir mère dénaturée en abandonnant ses enfants pour le suivre dans quelque solitude où elle ne regrettera rien !... pauvre folle !... on en rit au nez, le *lion* lui donne des conseils sur les devoirs qu'elle doit remplir comme expiation d'un moment d'erreur, et court chez *Tortoni* raconter aux élégants tripoteurs qui s'y donnent rendez-vous son aventure avec une *femme incomprise*. C'est ainsi qu'elle *posera* (mot nouveau), et cette attitude sentimentale lui donnera dans le monde une position pleine d'intérêt.

Voilà où mènent les *griffes*, mesdames. Croyez-moi, coupez vos ongles. Vos mains seront plus jolies pendant votre jeunesse. Vous étudierez le piano non pour briller dans le monde, mais pour donner des leçons à vos filles ; vous verrez quelques-unes des jolies compositions de MM. Goria, Herz, Rhein ou Thalberg ; vous chanterez les romances de Schubert et Boulanger, les chansonnettes de Lhuillier ou de Nadaud. Vos maris charmés resteront pour vous écouter, et manqueront le cercle : puis point vous reposer de la musique vous ferez de beaux meubles en tapisserie pour ajouter à l'élégance de votre *villa*, ou, dans la vie, la destinerez à quelque loterie de bienfaisance ; vous aiderez l'institutrice de vos filles, dans les broderies qu'elle leur apprend ; vos journées s'écouleront vite, et vous arriverez sans inquiétude, sans trouble à l'époque où l'âge vous privera peut-être de la vue. L'habitude de vous occuper vous fera chercher une manière de ne pas être inactive ; vous ferez alors de la charpie pour les pauvres blessés, vous tricoterez des bas pour les orphelins, et vous reportant en arrière sans avoir un seul reproche à vous faire, vous serez bénie par tous, chérie de vos petits-enfants, pénétrés des exemples donnés par leur bonne vieille grand'mère, et vous vous endormirez paisible dans leurs bras du sommeil éternel, aussi tranquillement qu'ils s'endormirent souvent dans les vôtres ! Ainsi soit-il !...

Un de mes amis, témoin de mon indignation des choses et des mots adoptés par la mode, me dit que sûrement je trouvais aussi ridicule qu'on appelât *rats* les figurantes du corps de ballet de l'Opéra. Au contraire il est fort bien imaginé de comparer ces dames subsistant sans cesse, à la gent malfaisante, ne pensant à force de grignoter qu'à ronger et enfin à détruire complètement tout ce qu'elles approche. Les *rats* couleur de rose ne sont pas les moins dangereux assurément. Aucune souricière n'en préserve quand une fois ils se sont emparés d'une proie.

J'ai abusé de l'âge pour bavarder un peu ; si ces réflexions dictées par ma vieille expérience peuvent faire réfléchir quelque jeune et jolie tête sur l'abus qu'on fait de beaucoup de choses, qui bien dirigées peuvent amener le bien, je me réjouirai d'avoir assez vécu pour avoir le droit de conseil. Je retourne maintenant au Paris glorieux de 1812.

CHAPITRE XXXIX.
1811.

Fêtes données par le prince Kourakin. — Sa figure. — Son luxe. — Danse la Polonaise. — Récompense accordée par lui à Dubois. — Il porte ses ordres en robe de chambre. — Maréchal de Castellane. — Quelques anecdotes sur lui. — Chevaliers d'ambassade du prince Kourakin. — M. de Czernicheff. — Ses manières. — Bal de Saint-Joseph. — *Mazurk*. — Mémoires de M. le duc de Rovigo. — Princes de Saxe-Cobourg, Mecklembourg-Swerin, Guillaume de Prusse. — Léopold, roi des Belges. — MM. de Bassano, — de Cadore, — Chaptal, — Portalis.

Beaucoup de mariages s'étaient faits pendant mon absence, et au lieu de pouvoir me remettre au courant, il fallait instruire les autres de tout ce que l'on faisait à Navarre. Au bout de huit jours nous eûmes satisfait la curiosité des désœuvrés, et je me livrai au plaisir d'observer à mon tour, afin d'amuser l'impératrice par le récit des changements survenus dans la société.

Ce qui occupait le plus toutes les femmes étaient les fêtes données par le prince Kourakin, digne d'être Français par sa galanterie et le bon goût qu'il déployait dans ces occasions. Hôtel superbe, ameublement recherché, table servie avec un luxe sans exemple, tout était bien chez lui hors sa personne ; gros, horriblement laid, sa figure paraissait d'autant plus choquante, qu'il était toujours en habit de drap d'or couvert de diamants. Je ne l'ai jamais vu en frac. Cette parure lui donnait l'air, dans un salon où il était le seul vêtu ainsi, d'un acteur prêt à monter sur le théâtre pour jouer le rôle d'un Turcaret ridicule. Une fois accoutumé à son bizarre et désagréable extérieur, il était difficile qu'il ne plût pas par un esprit fort aimable et sa manière parfaite devenue rare de parler aux femmes ; qualité à laquelle la plupart des grands seigneurs de cette époque ne nous avaient pas habitués. Il suivait chez lui l'usage russe, qui fait ouvrir le bal au maître de la maison avec la femme la plus marquante de la société. Ordinairement le prince Kourakin conduisait madame la duchesse de Bassano *pour la polonaise*, espèce de marche par laquelle commencent toutes les fêtes à Pétersbourg.

Alors vous serez plus que reine de France.

Le prince Kourakin fut horriblement brûlé chez le prince de Schwarzenberg. On le foula aux pieds, et ses blessures très-graves demandèrent pendant plusieurs mois les soins de notre célèbre Dubois, qu'il récompensa avec sa magnificence ordinaire par l'envoi d'une tabatière d'or à son chiffre, contenant cent mille francs en billets de banque. On prétendait que le matin il portait chez lui une robe de chambre de bazin, sur laquelle étaient attachés toutes ses plaques et ses ordres, en diamants.

On raconte aujourd'hui à peu près la même chose de M. le maréchal de Castellane. Il a, je crois, douze ou quatorze décorations, cordons ou plaques de tous les ordres d'Europe. L'or attire l'or, et maintenant que la poitrine de M. le maréchal est couverte de tous les signes de la satisfaction des souverains, je ne vois pas trop où il pourra trouver place pour tout ce qui lui arrivera probablement de la Chine et du Congo. Enfin il est sûr qu'il est fort content de cette abondance de richesses, car on ne le voit jamais sans cette profusion de distinctions guerrières. On assure que dans son bain il les porte en fer-blanc peint. Tout ce qui est bizarre, excentrique ne saurait surprendre dans M. de Castellane, qui a du reste rendu de grands services à Lyon depuis la révolution de 1848.

Il m'est impossible de ne pas faire connaître quelques anecdotes sur cet étrange vieillard.

Nommé commandant en chef des troupes nombreuses formant la garnison de Lyon par le Président, aujourd'hui l'empereur Napoléon, le général de Castellane ne redouta jamais l'agitation qui régnait dans la ville, et se promenait à cheval du matin au soir dans les rues désignées comme les plus dangereuses. Il était instruit de tout ce qui se passait, et se po tait précisément dans les lieux indiqués comme des foyers de désordre.

On lui raconta qu'un démagogue forcené, perruquier à la Guillotière, avait dit dans un cabaret que s'il tenait *Guignol*, sobriquet donné par le peuple au général, *il lui couperait le cou comme à un poulet.*

Le général arrive un matin chez le terrible industriel, entre dans sa boutique, chamarré comme toujours de rubans de toutes les couleurs, défait tranquillement sa cravate, et dit en s'asseyant sur la classique chaise de bois servant ordinairement aux ouvriers venant se faire *accommoder.* « Eh bien, mon ami, tu désirais *Guignol? le voilà, fais-lui la barbe, mais pas de trop près!* » Le pauvre perruquier, pâle, muet d'étonnement et de peur, ne peut articuler un mot, et le général, remarquant le tremblement convulsif dont il était saisi, ne crut pas devoir pousser plus loin la leçon. Se levant, le général braqua sur lui son éternel lorgnon, et lui conseilla d'être plus prudent à l'avenir. Il sortit de la boutique après avoir jeté une pièce de cinq francs sur le comptoir.

Une foule nombreuse reconnaissant le cheval du général qui stationnait à la porte tenu par l'ordonnance, reçut M. de Castellane par des vivats réitérés. Le courage à froid impressionne toujours vivement. Depuis ce jour le féroce républicain est devenu fort silencieux.

M. de Castellane est un strict observateur de la discipline. Un colonel étant venu à son lever lui parler d'une affaire de service, fut retenu à déjeuner. En sortant de table il voulait partir, devant être à midi pour l'inspection au fort de Villeurbanne ; mais le général le questionnait, lui parlait, et il n'osait le quitter. Enfin son chef tirant gravement sa montre la lui mit sous les yeux, et lui dit : « Colonel, vous êtes en retard de cinq minutes ; en conséquence, je vous mets aux arrêts pour huit jours. Il ne fallait pas m'écouter, et partir. — Mais, général... — Vous répliquez, colonel, huit jours de plus. » Et il lui tourna le dos.

Dans ces temps d'inquiétudes journalières, tous les hommes des casernes avaient l'ordre d'être à l'état de prendre les armes en cinq minutes. La gendarmerie, particulièrement menacée d'être attaquée, devait se tenir plus en garde encore contre une attaque à main armée.

Le général Moreau.

Une nuit un coup de fusil se fait entendre près de l'hôtel de cette troupe, ayant rendu tant de services dans ces cruels moments d'anarchie ; officiers et soldats sont de suite sur pied, les chevaux sellés ; au moment où l'on s'apprête à partir pour explorer les environs, on aperçoit le général à la grille, appuyé sur le fusil qu'il vient de décharger, pour voir, dit-il, si ses ordres sont exécutés. Il témoigna sa satisfaction, et conseilla à tout le monde de retourner se coucher comme il allait le faire.

M. de Castellane donnait à Lyon de fréquents dîners, où l'on ne s'amusait guère ; aussi était-on ravi lorsqu'il donnait le signal du départ. A neuf heures précises, il se plaçait à la porte son chapeau à la main ; chacun savait ce que voulait dire cette pantomime, et s'empressait d'obéir.

Depuis qu'il est maréchal, M. de Castellane a pour le bâton la même tendresse que pour ses ordres ; il ne le quitte pas. On m'a as-

Paris. — Impr. Walder, rue Bonaparte, 44.

suré que lors du mariage de mademoiselle Arlès Dufour, il s'est rendu au bal avec son cher bâton dont il ne s'est pas dessaisi. A toutes les revues il s'en sert pour saluer le drapeau. J'ai vu M. le maréchal Bugeaud à une revue fort brillante, il n'avait à la main que son épée.

M. le maréchal de Castellane est maigre, voûté, extrêmement laid, ce qui ne l'empêche pas d'être ridiculement assidu auprès de jeunes et jolies femmes, et de se fâcher tout rouge quand elles ont le malheur de rire de ses assiduités. Plusieurs d'entre elles ont eu, dit-on, à se repentir d'avoir fixé l'attention du caduc Céladon.

Je reviens au prince Kourakin.

Ses chevaliers d'ambassade étaient tous bien de figure et d'une politesse recherchée; ils étaient cependant éclipsés par le fat et brillant comte de Czernicheff, auquel une tournure plus extraordinaire encore qu'agréable avait donné une réputation de beauté tout à fait usurpée, selon moi. Son visage était absolument celui d'un Tartare; il avait le teint jaunâtre, un nez aplati, une grande bouche souriant faussement, et des yeux très-relevés comme les Chinois; ils semblaient presque fermés et agités d'une sorte de clignotement perpétuel fort désagréable. Cet assemblage, peu fait pour plaire, était racheté par une suprême élégance, une taille de guêpe serrée par une riche ceinture à gros glands d'or, des cheveux très-noirs bouclés avec assez d'art pour laisser croire que le fer de l'*artiste* n'y était pas étranger, et des jambes bien faites, admirablement terminées par de jolis pieds. Le ton de M. de Czernicheff était parfait; il avait de l'instruction, parlait sept ou huit langues avec la plus grande pureté; il témoignait aux femmes un empressement continuel auquel elles n'étaient plus habituées, tous les jeunes gens étant à l'armée et ne faisant à Paris que de rares apparitions; sa qualité d'étranger l'avait rendu l'homme à la mode; il allait partout; on le croyait uniquement occupé du désir de plaire, tandis que son seul but était de servir son souverain, qu'il chérissait, en cherchant à découvrir les plans de Napoléon, afin de pouvoir les faire échouer. Sans titre aucun à l'ambassade, il était presque craint du prince Kourakin. Favori d'Alexandre, il fut plusieurs fois chargé de missions verbales des deux empereurs; ce qui prouvait la confiance qu'il inspirait, quoique fort jeune.

Je lui ai entendu dire depuis que c'est beaucoup plus au milieu des bals qu'il avait acquis la connaissance de tous les projets relatifs à la campagne de Russie que dans les bureaux de la guerre, et que, tout en dansant, il entendait à merveille ce qui se disait dans les différents groupes devant lesquels il se trouvait. En valsant, il avait soin de s'arrêter toujours auprès de quelques personnages marquants, qui, le supposant tout à la danse, laissaient échapper quelques mots, qui lui servaient de fil pour le conduire dans le labyrinthe d'où il fallait sortir avec honneur, pour justifier l'opinion que sa cour avait de lui. Il ne se *constituait amoureux* que des femmes de ministres ou de grands fonctionnaires, afin d'obtenir quelques éclaircissements de leur indiscrétion, qu'il excitait adroitement en flattant leur amour-propre. Il ne fut jamais, je crois, capable d'éprouver une passion véritable que celle de l'ambition. Il prétendait qu'il valait mieux passer pour être aimé d'une jolie personne sans que cela fût que de l'être réellement sans qu'on le sût, ce qui donne parfaitement la mesure de sa sensibilité.

Excellant dans tous les exercices du corps, il était surtout remarquable par son adresse au pistolet et par sa manière de danser la *mazurk*, qui fit fureur pendant un hiver [1].

[1] Cette danse fort difficile ne ressemblait nullement à celle qui porte ce nom.

M. Czernicheff vint à Paris pour la première fois en 1806; il n'avait que dix-huit ans; il était expédié en courrier auprès de Napoléon. Le jour de son arrivée, il fut amené par M. Demidoff à un magnifique bal donné par la loge de Saint-Joseph, qui rivalisait avec celle de Sainte-Caroline. Le hasard ayant laissé une place près de ma mère, il la prit très-cavalièrement, entra en conversation d'une manière fort singulière. « Vous ne me connaissez pas, madame? — Non, monsieur. — Je suis Czernicheff; je suis arrivé ce matin de Saint-Pétersbourg; je suis venu en quatorze jours; et ce qu'il y a de charmant, c'est que je suis parti en sortant d'une fête, et que j'arrive tout exprès pour danser à celle-ci. Cela n'est amusant, mais n'est guère en rapport avec l'importance du motif de mon voyage. Figurez-vous, madame, que j'étais très-amoureux à Pétersbourg; mon empereur le savait, quoique je crusse mon secret bien gardé. En rentrant du bal du grand maréchal, je trouvai l'ordre de me rendre tout de suite chez l'empereur. Lorsque j'entrai, il me demanda si je lui étais

Visite de l'empereur, à Joséphine, à la Malmaison.

assez dévoué pour partir, malgré ma passion. « Oui, » sire. — Eh bien, mon cher » Czernicheff, faites votre » paquet, vous allez à Paris, » vous verrez Napoléon, qui » vous recevra immédiate- » ment; vous lui direz ce » que contiennent les dépê- » ches que voici, vous al- » lez les lire attentivement » avant de monter en voi- » ture, et lorsque vous sau- » rez par cœur ce qu'elles » renferment, vous les brû- » lerez. Il est convenu avec » l'empereur des Français » que dorénavant vous se- » rez notre intermédiaire. » Je connais votre attache- » ment pour moi, votre es- » prit, votre discrétion, » ainsi votre fortune est » faite, adieu. » Je rentrai chez moi, je suivis les instructions de notre Alexandre; on attelait la voiture; pendant que je lisais ces importants papiers, mon valet de chambre préparait ma malle; je partis, voyageai nuit et jour; j'arrive aujourd'hui, je vois Napoléon demain, et je repars ensuite pour rendre une réponse reçue de vive voix. Convenez, madame, que je suis expédié? — Oui, lui répondit en riant ma mère, qui n'avait pu placer un mot, et surtout d'une réserve digne d'un diplomate. — Oh! soyez sûre, madame, que je ne dirai jamais que ce qui ne pourra nuire aux intérêts de mon maître. — J'en suis persuadée; mais enfin vous ne me connaissez pas, et vous me faites vos confidences. — C'est que vous avez l'air d'une excellente personne. Dites-moi un peu, qui est cette jolie petite demoiselle qui danse en face de nous? — C'est mademoiselle G... — Ses yeux feraient en vérité fondre toutes les glaces du Nord. Et cette belle femme qui parle à M. Demidoff? — C'est madame de Graville. — Elle me plaît beaucoup, et je vais me faire présenter à elle. » En effet, il quitta ma mère aussi brusquement qu'il l'avait abordée.

Le lendemain il eut son audience de Napoléon, qui fut si satisfait de son esprit, qu'il lui fit présent d'une magnifique boîte de pistolets de la manufacture impériale de Versailles.

A ce premier voyage on jugea M. Czernicheff un franc étourdi, et l'on fut fort surpris plus tard de le voir revenir avec une tenue et

Quatre couples, placés comme pour les quadrilles, dansaient sur des airs nationaux, faisant une foule de pas différents, pour lesquels le bruit des éperons était nécessaire. Avant la mazurka, dames et hommes allaient chausser d'élégantes bottines rouges éperonnées d'or. On faisait cercle autour de la *mazurka* comme pour admirer une *gavotte* ou le *pas du châle*. Peu de personnes parvenaient à la bien danser; aussi n'y en avait-il qu'une par bal. Mesdames Gazani, de Bassano, Augereau et mademoiselle Masséna étaient les danseuses citées; MM. de Faudoas, Labinski, Czernicheff et Perregaux étaient leurs dignes partenaires.

des manières toutes différentes. C'est, dit-on, à lui qu'est dû le fatal résultat de la campagne de Russie, pour laquelle l'empereur avait conçu des plans admirables; il fut obligé de les changer promptement lorsque M. de Czernicheff fut en possession de tous ses secrets. De là tous les malheurs que nous eûmes à déplorer. Il fut comblé des faveurs d'Alexandre, et il a, je crois, conservé toutes ses places près de l'empereur Nicolas. Son ambition doit être satisfaite; mais je ne sais s'il ne doit pas se reprocher quelquefois d'avoir si mal payé les Français de l'accueil flatteur qu'il reçut d'eux [1].

C'est à ce bal de Saint-Joseph que je vis réunis une foule de princes étrangers, qui briguaient l'honneur d'un regard de Napoléon. Ceux de Saxe-Cobourg, Mecklenbourg-Swerin, Guillaume de Prusse, etc.

Le prince Léopold était alors fort jeune, beau et d'une timidité excessive. Il ne prévoyait pas la haute fortune qu'il a faite depuis; mais il osait peut-être espérer le bonheur. Il l'a perdu pour toujours!... Son caractère était doux. Le voyant presque tous les soirs chez une Russe de mes amies, je fus à même de juger de la simplicité de ses manières; il y avait tant de brillant, rien qui pût faire supposer qu'il fixerait le choix de la plus grande princesse de l'Europe. Il semblait avoir bien plus les qualités d'un bon bourgeois que celles d'un homme appelé à gouverner les autres.

Son frère, le prince régnant, avait pris toute la noblesse et la fierté de la famille; sa belle figure était digne, froide, impérieuse, et on y lisait l'habitude de commander; je préférais l'expression de douceur de celle du prince Léopold.

Ils ont tous deux été bien différents dans leur intérieur; l'un a rendu sa femme fort malheureuse, il a fallu se séparer; tandis que l'autre gémit encore de la perte irréparable qu'il a faite!

Dans le monde, toutes ces petites altesses étaient les meilleures personnes que l'on pût imaginer; infiniment plus polies que la plupart des grands personnages de la cour, tout étonnés de se trouver en si bonne compagnie, et qui, pour cacher leur embarras, affectaient avec les princes une aisance voisine de l'impertinence. Il faut excepter de ce nombre MM. de Bassano, de Cadore, Chaptal, Portalis, qui pouvaient être cités comme des modèles de bon ton et d'esprit.

CHAPITRE XL.
1811.

Retour à Navarre. — Retour à la Malmaison. — On nous prend pour Sa Majesté. — Présent que me fait l'impératrice. — Château de Malmaison. — Chambre de l'empereur. — Son mobilier. — Magnificence du rez-de-chaussée. — Toilette d'or. — La ménagerie. — MM. Gros, Girodet, Guérin, Spontini, Méhul, Paër, Boïeldieu, Fontanes, Arnault, Andrieux, Lemercier. — Les kangurous. — Bois du Butard. — Vaches suisses. — Famille bernoise.

Revenue à Paris, j'étais tout étonnée de ne plus être entourée du luxe auquel je m'étais habituée, je l'avoue très-facilement; cependant, alors comme aujourd'hui, je sentais tout le bonheur d'être *chez soi*, et je ne regrettais rien près d'amis que je préférais à toute la pompe et les plaisirs de la cour de Navarre. Ce que j'aimais surtout dans ce lieu, c'était Joséphine; c'était elle que je regrettais, et je pensais avec joie au moment où je la retrouverais.

Nous retournâmes près d'elle comme nous l'avions promis; il ne se passa rien de remarquable pendant le mois que nous restâmes encore en Normandie.

Les préparatifs du retour à Malmaison se firent enfin; l'impératrice, voulant éviter d'être haranguée dans toutes les villes où elle devait passer, nous déclara que nous partirions dans sa voiture avec quelques personnes de sa maison, et qu'elle ne quitterait Navarre que le lendemain. Nous exécutâmes ses ordres, et trouvâmes toutes les autorités en grand costume, ayant l'écharpe, le chapeau à plumet; les troupes étaient sous les armes, les jeunes filles habillées de blanc tenaient des bouquets; enfin tout était prêt pour la réception de Sa Majesté. On fut déconcerté d'apprendre qu'elle était passée la veille *incognito* (ce que nous étions chargés de dire). Nous reçûmes dans la voiture tous les bouquets qui lui étaient destinés; comme heureusement nous ne pouvions lui porter les harangues, nous fûmes dispensés de les entendre. Nous nous rendîmes à Paris pour faire quelques emplettes obligées pour notre toilette, qui devait être beaucoup plus recherchée à Malmaison qu'à Navarre, puisque Sa Majesté recevait toutes les personnes du service de Napoléon et de Marie-

[1] M. de Rovigo, dans ses Mémoires, dit que M. de Czernicheff était encore en France lorsque l'on sut qu'il était possesseur de papiers importants; que le télégraphe aurait pu transmettre l'ordre de l'arrêter, mais qu'on ne le fit pas pour lui éviter trop d'humiliations. Je crois me rappeler que sa tête fut mise à prix, et qu'il eut deux heures d'avance sur le télégraphe.

Il n'est pas probable que l'on fut assez indulgent pour laisser échapper un homme comme lui, qui s'était rendu si coupable, surtout lorsque l'on sait la sévérité juste, mais extrême, qui fut déployée pour son complice. Je crois que tout simplement la police, moins adroite que M. de Czernicheff, perdit un peu de temps, ou fut instruite trop tard.

Ce qui est positif, c'est que j'ai revu M. de Czernicheff en 1814, et qu'il a dit qu'il n'avait échappé que par une activité miraculeuse au sort qui le menaçait.

Louise, et que nous n'avions plus d'uniformes. Nous devions rester huit jours à faire nos apprêts, et aller ensuite rejoindre l'impératrice.

J'étais de nouveau très-effrayée du genre de vie que nous allions mener, et j'étais persuadée que je regretterais plus d'une fois le beau lieu que nous quittions. Je connaissais peu les grands dignitaires qui allaient me passer sous les yeux, et j'étais sûre que, n'ayant aucune place près de Joséphine, je serais examinée avec curiosité par toutes les femmes qui viendraient à Malmaison.

Je n'ai jamais pu concevoir que l'on eût du plaisir à être ainsi observée par des indifférents, qui remarquent promptement les défauts et les ridicules; un amour-propre excessif peut seul faire supporter sans crainte un pareil examen. Il n'y avait pas à reculer, il fallait subir cette inquisition inévitable; et, pour me consoler, je pensais que je pourrais l'exercer aussi. Je me préparai donc au double rôle d'observée et d'observatrice; et pour que le premier ne fût pas trop désagréable, je mis à sec ma modeste bourse de demoiselle, en achetant les parures qui pouvaient m'aller le mieux.

Nous nous rendîmes le jour convenu près de Sa Majesté, et je fus bien contrariée de m'être si fort pressée de dépenser tout ce que j'avais d'économies, puisqu'aussitôt notre installation dans l'appartement qui nous était destiné, je vis entrer deux valets de pied chargés de pièces d'étoffes, de mousselines et de percales envoyées par l'impératrice. Nous allâmes immédiatement la remercier; elle nous dit que nous aurions bien dû nous attendre à ce petit dédommagement, pour l'ennui que nous avions éprouvé de passer tout un hiver à la campagne; que d'ailleurs elle aurait le plus grand plaisir à me voir parée de choses dont elle ne pouvait se servir, puisqu'elles étaient de *contrebande*; et qu'elle serait désolée de les brûler; en effet, il y avait plusieurs étoffes de l'Inde. Cette attention si aimable prouve à quel point Sa Majesté était occupée de ce qui pouvait être utile ou agréable à ceux qu'elle honorait de sa bienveillance.

Le château de Malmaison n'est point grand, tout y est sacrifié au rez-de-chaussée, qui, sans être magnifique, est cependant fort convenable pour un prince. Napoléon y avait un appartement commode, et il restait en outre plusieurs pièces très-bien distribuées pour de brillantes réceptions; le vestibule, le billard, le salon, la salle à manger sont charmants, et la galerie était sans aucun doute une des plus belles choses que l'on pût voir, lorsqu'elle était pleine de superbes tableaux et de statues admirables, puisqu'elles étaient de Canova.

L'impératrice, ayant conservé pour l'empereur un attachement qui tenait du culte, n'avait point permis que l'on dérangeât une chose du logement occupé par lui; et au lieu de l'habiter, elle avait préféré être fort mal logée au premier. Tout était resté exactement dans le même état que lorsque l'empereur avait quitté son cabinet; un livre d'histoire, posé sur son bureau, marqué à la page où il s'était arrêté, la plume dont il se servait conservait l'encre qui, une minute plus tard, pouvait dicter des lois à l'Europe; une mappemonde, sur laquelle il montrait aux confidents de ses projets les pays qu'il voulait conquérir, portait les marques de quelques mouvements d'impatience, occasionnés peut-être par une légère contradiction. Joséphine seule s'était chargée du soin d'ôter la poussière qui souillait ce qu'elle appelait ses *reliques*, et rarement elle donnait la permission d'entrer dans ce sanctuaire.

Le lit romain de Napoléon était sans rideaux, des armes suspendues aux murailles et quelques pièces de l'habillement d'un homme éparses sur les meubles. Il semblait qu'il fût prêt à entrer dans cette chambre, d'où il s'était banni pour toujours.

Le rez-de-chaussée, d'une extrême magnificence, contenait une foule de tables de mosaïques de Florence, de pendules en lapis et en agate; des bronzes d'un travail précieux et des porcelaines de Sèvres, données par l'empereur. Le meuble du salon était en tapisserie, c'était l'ouvrage de l'impératrice; le fond en soie blanche, et le double J enlacé en roses pompons; quand il y avait peu de monde ou le couvrait de housses de gros de Naples gris. L'appartement de Joséphine était d'une simplicité extrême, drapé de mousseline blanche. Il est vrai que la toilette d'or offerte par la princesse était comme le cachet de la personne qui l'habitait; rien n'eût été digne de rivaliser avec la richesse de ce meuble; aussi était-il là tout à fait isolé. Plusieurs fois Sa Majesté voulut l'envoyer à la vice-reine, le prince Eugène s'y opposa devant moi. C'était un don personnel qu'elle avait reçu à l'époque du sacre. Lors du divorce, Napoléon la lui envoya, ainsi que le déjeuner d'or, et plusieurs autres choses d'une grande valeur qu'elle avait négligé d'emporter.

La ménagerie était alors fort peu nombreuse; il fallait, pour l'entretenir convenablement, faire une dépense considérable, que Sa Majesté préféra économiser. « Il vaut mieux, disait-elle, donner à manger aux pauvres qu'à des bêtes. »

On a beaucoup parlé de ses fantaisies, qu'elle satisfaisait toujours, disait-on, avant de consulter si elle pouvait s'y livrer sans s'endetter. Aux Tuileries peut-être en était-il ainsi, n'ayant autour d'elle que de vils adulateurs et pas un ami qui osât lui donner un avis ou lui faire même la plus légère observation. Il est possible qu'elle ait alors suivi son goût pour tout ce qui était beau, grand et dispendieux; elle était impératrice régnante; et ce qui dans toute autre position eût été une prodigalité inutile et coupable, pouvait être excusable dans une souveraine, qui devait d'autant plus encourager les arts, que la France avait pendant longtemps été privée de tout ce qu'ils offrent d'enchanteur.

Les artistes, persécutés comme les nobles et les riches, songeaient à leur sûreté; et loin de chercher à faire briller leurs talents (dont ils se fussent enorgueillis avec raison quelques années plus tôt, et qui plus tard devaient contribuer à rendre à notre belle patrie sa supériorité sur les autres nations), se cachaient avec soin et se contentaient de travailler dans la solitude. Pour faire retrouver à ces hommes découragés par le malheur l'énergie et l'exaltation indispensables à la création de chefs-d'œuvre, il fallait non-seulement bien payer leurs ouvrages, mais encore entourer leurs auteurs de tous les égards dus au mérite; c'est ce que fit Joséphine. Heureux de ses suffrages, Gros, Girodet, Guérin, reprirent leurs pinceaux; Spontini, Méhul, Paër, Boïeldieu, leur lyre; Fontanes, Arnault, Andrieux, Lemercier, leur plume.

Descendue du trône, elle changea entièrement de conduite : confiante dans la tendre affection de plusieurs personnes, qui avaient préféré la suivre dans sa retraite que rester au centre de la faveur et des grâces, elle écoutait leurs conseils et les suivait. Je l'ai vue plusieurs fois renoncer à des projets nourris pendant plusieurs mois, sur le seul calcul qui lui était fait d'une dépense considérable. C'est ainsi qu'elle se priva du palais qu'elle devait faire élever à Navarre, celui qui existait étant beaucoup trop petit. L'empereur lui avait promis d'en payer la moitié. Le devis de M. Berthaut se montant à *trois millions*, elle ne voulut plus en entendre parler, et se résigna à être mal logée. Aimant les fleurs avec passion, elle voulut avoir des serres qui pussent en tout temps lui en fournir de rares et de belles; et pour ne pas diminuer les sommes consacrées au soulagement des pauvres ou aux présents destinés aux personnes qu'elle aimait, la ménagerie fut supprimée; excepté les kangouroos et quelques perroquets, tous les animaux furent donnés.

Le parc de Malmaison était charmant, et supérieurement tenu; mais on ne put jamais réussir à avoir des eaux claires, parce qu'elles étaient factices et retenues dans des lits de glaise. Des arbres étrangers, des fleurs partout, des gazons d'une beauté rare, rendaient ce séjour délicieux. L'impératrice avait fait bâtir une superbe bergerie près de l'étang qui touche au bois du Butard [1], et devait aussi y faire construire une étable pour des vaches suisses, qui eussent été soignées par une famille des environs de Berne; elle aurait trouvé là le repos, qui la fuyait dans son pays. Son histoire est trop confuse dans ma tête pour la raconter. Je ne veux dire que ce dont j'ai été témoin, ou ce que j'ai su d'une manière positive. Seulement je sais que cet épisode eût fourni une nouvelle preuve de l'excellence du cœur de Sa Majesté, ce qui me fait regretter de l'avoir écouté avec distraction, puisque je suis privée d'en parler avec détail.

CHAPITRE XLI.
1811.

Journées à la Malmaison. — Cour de Marie-Louise chez Joséphine. — Grands uniformes. — Promenade régulière à la serre. — Connaissances de l'impératrice en botanique.

Dès les premiers jours de mon arrivée à Malmaison, je regrettai vivement Navarre. Dès neuf heures il fallait être parée et coiffée, afin de descendre de bonne heure au salon, où se rendaient avec empressement tous les sénateurs, les conseillers d'État et les personnes des maisons de l'empereur, de l'impératrice Marie-Louise, et des princesses. Elles arrivaient en toilette, nous étions donc obligés d'être de même pour les recevoir. Tous les hommes étaient en uniforme ou avec le costume de leur charge; ceux attachés à Joséphine avaient repris l'habit de chambellan, d'écuyer, etc. Cette étiquette était peu agréable, surtout pour moi, qui n'en avais jamais éprouvé l'ennui.

Nous étions assises en cercle, causant avec nos voisines, mais ne pouvant travailler. Lorsque l'on était auprès d'une femme spirituelle et bonne, cela était tolérable; si, comme cela arrivait plus souvent, on se trouvait près d'une dame entichée de son titre, de ses diamants et de sa nouvelle fortune, la place n'était pas tenable. Plusieurs fois je suis montée dans ma chambre, pour pouvoir m'occuper; toujours, un quart d'heure après, un valet de pied venait me chercher de la part de Sa Majesté, qui tenait à ce que nous restassions avec elle, afin que sa cour parût nombreuse.

Le déjeuner était servi comme à Navarre. Il y avait ordinairement dix ou douze étrangers invités d'avance ou retenus après la visite qu'ils faisaient tout exprès de grand matin. En sortant de table, on rentrait dans le salon; l'impératrice causait une heure environ, et se promenait dans la galerie. Il fallait s'arrêter devant chaque tableau examiné la veille, l'avant-veille, et tous les jours précédents; écouter les observations que l'on savait par cœur, entendre les jugements des nouveaux venus, faits à tort et à travers, les juges quelquefois ignorant les traits d'histoire représentés par nos grands maîtres. On entrait ensuite dans le billard, où les parties offraient peu d'intérêt, étant d'avance gagnées par les personnes les plus marquantes de la société; le dénoûment prévu ôtait tout plaisir à la galerie, qui pouvait parier à coup sûr, d'après la qualité du joueur.

Il arrivait à la file une foule de personnes, auxquelles l'impératrice trouvait moyen d'adresser des paroles pleines d'obligeance et de grâce; elles prouvaient que Sa Majesté n'avait rien oublié de ce qui concernait ceux qu'elle voyait. Lorsque le temps le permettait on allait visiter les serres; on prenait tous les jours la même allée pour s'y rendre, on causait des mêmes choses, la conversation roulant sur la botanique, sur le goût de Sa Majesté pour cette science *si intéressante*, sur sa prodigieuse mémoire, qui lui faisait nommer toutes les plantes; enfin, on disait presque toujours les mêmes phrases, à la même heure, ce qui rendait ces promenades ennuyeuses et fatigantes. Dès que je mettais le pied dans cette jolie allée, que j'avais trouvée charmante le premier jour, des bâillements s'emparaient de moi avec une violence que j'avais peine à maîtriser pour répondre et soutenir un entretien fastidieux par sa monotonie. Après avoir examiné jusqu'aux étamines de la fleur la plus rare, nous allions admirer les cygnes noirs (infiniment moins beaux que les blancs; ces derniers ont le malheur d'être plus communs). Il était convenu que ces oiseaux, dont le plumage rappelle celui du dindon, étaient magnifiques; on entendait encore là le récit du chambellan de service sur la difficulté des naturaliser; il assurait gravement qu'ils ne pouvaient s'acclimater à Malmaison.

Après être rentrées, les personnes venues le matin étaient congédiées par l'arrivée des calèches de Sa Majesté, qui indiquaient qu'elle allait sortir. Rarement elle retenait les dames pour se promener avec elles; ainsi qu'à Navarre, elle désignait celles de sa maison qui devaient la suivre. Nous montions dans les autres équipages; on traversait le parc, et pendant deux heures on arpentait le bois du Butard; nous n'allions jamais d'un autre côté. Nous rentrions faire une toilette plus recherchée pour le dîner, auquel étaient toujours invitées douze ou quinze personnes. En sortant de table, l'impératrice se mettait au jeu; le reste de la société faisait de la musique dans la galerie, ou jouait au billard. Il venait régulièrement beaucoup de monde de Paris; à onze heures on servait le thé, des glaces et des gâteaux; à minuit Sa Majesté se retirait, et nous montions dans nos chambres. Le lendemain nous recommencions, et à moins d'événements extraordinaires, chaque jour se ressemblait exactement.

Rien n'était plus triste que ce genre de vie *amphibie*, si je puis m'exprimer ainsi. Nous n'étions pas assez solennels pour une cour, et beaucoup trop polices, trop gênés pour former une réunion agréable. Chacun s'observait; pas la moindre intimité n'était possible; toujours en représentation, on ne trouvait pas un instant pour causer avec les gens qui plaisaient; et au lieu de ces intéressantes lectures, de ces aimables entretiens de Navarre, il fallait supporter régulièrement l'ennui de cette foule de lieux communs en usage dans le monde, qui ne laissent après eux, pour souvenir, qu'un vif regret d'avoir passé son temps à les dire ou à les écouter.

CHAPITRE XLII.
1811.

Mémoires de M. de Beausset. — Le cardinal Maury. — Mot de lui. — Sa gourmandise. — Mesdemoiselles Délieu. — Leur chant. — Le vice-roi les traite en artistes. — Mademoiselle de Castellane. — M. Rilliet Huber. — École de cavalerie de Saint-Germain. — M. de Turpin. — Présent que lui fait l'impératrice. — Tableau commandé par elle. — Noble manière de le payer. — Les catacombes. — M. de Thury. — Plan du port Mahon. — M. Emmanuel Dupaty. — Vers improvisés par lui.

M. de Beausset, dans ses Mémoires, parle beaucoup de la sincère affection qu'il avait vouée à l'impératrice, et de celle qu'elle lui portait. Je ne sais trop jusqu'à quel point ses récits peuvent être vrais, car je n'ai pas, comme lui, fait des trous aux portes pour entendre ce qui se passe ; mais il *est* positif que je ne l'ai vu *qu'une fois* en six semaines venir à Malmaison avec sa femme, grande, et presque aussi grasse qu'il était gros. Pour qu'apparemment tout fût semblable entre ces deux époux, madame avait une robe de velours du même rouge que l'habit de monsieur; c'est ce qui m'a fait souvenir d'une visite qui n'avait par elle-même rien de remarquable; car un préfet du palais n'occupait pas une charge assez importante pour fixer l'attention d'une personne habituée, comme je l'étais alors, à voir des généraux, des maréchaux, des ducs, des princes et des souverains !

M. de Beausset fut froidement reçu par Joséphine; elle trouvait peut-être sa visite un peu tardive (il y avait trois semaines que nous étions à Malmaison). Il eut la maladresse de dire dans la conversation que l'empereur lui avait demandé si je pensais à lui. « C'est probablement cette question, observa l'impératrice d'un air sérieux, qui m'a valu l'avantage de vous voir. » Elle ne l'engagea ni à dîner ni à

[1] L'étang de Saint-Cucuphar.

déjeuner pour un des jours suivants, comme elle faisait ordinairement. Après mon départ, peut-être a-t-il été plus heureux, et aura-t-il regagné la bienveillance qu'il devait être si fâché d'avoir perdue.

Le cardinal Maury était du nombre des plus assidus à faire leur cour. J'éprouvais un grand désir de connaître cet homme si célèbre par son esprit, et surtout par la fermeté de sa conduite, lorsqu'il y avait tant de danger à manifester une opinion comme la sienne. Je pensais que sa figure devait être expressive, sa conversation brillante. Pour la centième fois de ma vie je fus tout à fait désappointée ; je ne vis qu'un gros homme sans noblesse, abîmé sous le poids d'une réputation qu'il avait cependant détruite en partie.

Il était habituellement peu occupé de ce qui se passait autour de lui, causait avec l'impératrice quand elle lui adressait la parole sur des sujets très-insignifiants ; il n'était même plus l'ombre de l'abbé Maury, qui répondait avec tant de sang-froid à ceux qui craignent qu'il fallait le mettre à la lanterne : *Eh bien, quand j'y serai, en verrez-vous plus clair ?* Absorbé maintenant par une ambition que la barrette n'avait pu satisfaire, il ne sortait de l'espèce de rêverie où il était plongé, que pour dévorer (c'est le mot) une quantité de petits gâteaux, pour avaler avec rapidité une foule de verres de punch et de glaces. Sa Majesté riait de cette gloutonnerie peu mesurée et encore moins convenable ; lorsqu'elle savait qu'il devait venir le soir, les officiers doublaient la dose de tout ce qui formait habituellement la collation. Voilà tout ce que j'ai recueilli de mon empressement à le trouver avec lui. Il vaut souvent mille fois mieux ne pas approcher ceux que l'on admire ; en les connaissant davantage, on risque de voir l'enthousiasme qu'inspire une belle conduite faire place à un sentiment de regret pénible, en acquérant la triste certitude qu'il est rare de mériter entièrement une grande renommée.

L'impératrice fit venir à Malmaison deux jeunes personnes intéressantes par de grands malheurs non mérités, et un beau talent pour la musique. Mesdemoiselles Délieu, filles d'un banquier qui avait manqué (a Rouen, je crois), trouvèrent dans la bienfaisance de Joséphine une réparation touchante d'un tel désastre. Instruite de la position où plus gênée de cette famille, qu'elle avait vue à son passage en Normandie, elle se chargea de l'éducation de l'aînée, et plus tard de celle de la seconde. Les meilleurs maîtres leur furent donnés, et elles en profitèrent assez bien pour prouver leur reconnaissance à leur auguste protectrice en devenant de charmantes personnes.

Il était impossible d'entendre une voix plus douce, plus pure, plus étendue que celle de mademoiselle Annette ; une méthode parfaite, jointe à ce don de la nature, la rendait une des cantatrices les plus agréables de Paris. La seconde chantait moins bien ; mais ayant un contralto très-franc, elle secondait sa sœur d'une manière délicieuse dans les duos, dis avec un ensemble très rare. Ces demoiselles logeaient toutes deux au château, ne dînaient point à la table de Sa Majesté ; servies dans leur chambre, elles ne descendaient que lorsqu'elles étaient demandées pour faire de la musique. Dans le commencement de leur séjour, elles étaient si douces, si modestes et si tristes, que je les pris dans une amitié d'autant plus vive, que les dames les traitaient avec un *air de protection* qui me semblait humiliant pour elles. Ma mère et moi nous nous occupions seules d'elles dans les intervalles des morceaux ; nous n'y avions pas grand mérite, puisque nous étions comme elles sans aucune place ; mais elles auraient peut-être dû nous savoir gré d'agir différemment que le reste de la société. C'est ce qu'elles firent d'abord ; plus tard, mieux traitées, elles prenaient le thé avec Sa Majesté. Le vice-roi leur faisait de beaux présents ; peu à peu elles devinrent plus froides avec nous, qui ne pouvions avoir que des égards pour elles, et se bornant aux complaisances des dames attachées à Sa Majesté, dont elles avaient à peine obtenu un regard à leur arrivée. Nous cessâmes de leur témoigner autant d'intérêt, et vers la fin du voyage de Malmaison, nous ne nous parlions que pour les choses relatives à la musique. Elles furent toujours traitées différemment que mademoiselle de Castellane et moi. Nous recevions du vice-roi et de sa mère de fréquents présents sans nulle valeur, tandis qu'on offrait à ces demoiselles des bijoux précieux et des diamants. C'était payer leur talent.

A la mort de Joséphine, n'ayant plus de ressources, elles passèrent en Angleterre, où elles obtinrent un brillant succès, en donnant des concerts dans des salons particuliers, qui leur étaient prêtés par de grandes dames, se déclarant *leurs patronnes*, qui prenaient l'engagement de tout tenter pour faire réussir ceux que l'on protège. Mesdemoiselles Délieu gagnèrent, dit-on, une somme considérable. Elles revinrent en France, et firent des mariages avantageux.[1] Elles étaient dignes de la fortune qu'elles ont faite, par leurs soins pour leur famille, à laquelle elles consacraient le fruit de leurs travaux. Des sœurs et une mère purent apprécier toute la bonté de leur âme. Leur petits torts envers nous ne peuvent m'empêcher de rendre hommage à leur admirable conduite pour tout ce qui leur appartient.

[1] L'aînée épousa un avoué, je crois, dont le nom est si obscur que je l'ai oublié. La cadette est aujourd'hui madame Dubignon, tant applaudie pour sa belle voix dans les salons. Elle est devenue grande dame, et moi artiste ; j'ai eu l'occasion de la rencontrer dans le monde, mais je me suis bien gardée de lui rappeler le passé, qu'elle semble avoir parfaitement oublié.

L'impératrice avait beaucoup vu, pendant son séjour à Genève, madame Rilliet-Hubert, dont j'ai déjà parlé ; la sachant désolée du départ d'un de ses fils, qui voulait absolument suivre la carrière des armes (la seule qui lui convint), Sa Majesté lui promit de le recommander vivement au général commandant l'école militaire de cavalerie établie à Saint-Germain. Aussitôt qu'elle fut à Malmaison, elle nous pria d'aller voir M. Rilliet, afin de savoir comment il s'y trouvait. Liées avec son excellente mère, nous fûmes heureuses de pouvoir saisir une occasion de lui être agréables, et de lui prouver notre reconnaissance pour la manière charmante dont nous avions été accueillies par elle à Genève. Nous nous rendîmes à Saint-Germain dans une voiture de Sa Majesté, ce qui aplanit toutes les difficultés que l'on éprouvait pour entrer. On eût craint qu'on nous fouillé, afin d'éviter que les élèves reçussent rien du dehors. Venus de la part de Joséphine, dont le nom était partout révéré et chéri, nous ne subîmes pas cette désagréable cérémonie, heureusement pour M. Alfred Rilliet, auquel nous portions quelques provisions envoyées par Sa Majesté. Son ardeur guerrière était toujours la même ; mais il eût mieux aimé être soldat qu'élève à cette école, où ils étaient tous assez mal. Le château, longtemps inhabité, était humide au point que l'eau coulait des couvertures lorsqu'on les tordait ; la nourriture détestable, et le pain de munition d'une qualité inférieure à celui de l'armée. Nous promîmes de rendre compte de tout cela à Joséphine, et nous fîmes espérer que sa bonté trouverait un moyen d'adoucir ce pénible noviciat de gloire. Si encore on eût pu s'essayer au feu et courir quelques bons dangers, M. Rilliet se fût consolé ; mais on se battait sans lui, et c'était là son plus grand chagrin.

Nous dîmes à Sa Majesté combien on était mal à l'école ; elle écrivit sur-le-champ au général pour lui demander d'accorder une permission par semaine à M. Rilliet. « Je ne puis faire changer son régime, nous dit-elle ; il faut qu'il mange de la vache enragée avant d'avoir le bonheur d'aller se faire couper bras et jambes ; au moins il fera bonne chère pendant douze heures tous les huit jours ; cela lui donnera de la patience. »

Il vint en effet régulièrement à Malmaison. Les chefs, voyant l'intérêt soutenu que lui témoignait l'impératrice, lui procurèrent quelques adoucissements à son ennuyeuse position, comme, par exemple, de dîner quelquefois avec eux. Il a mérité la faveur de la meilleure des femmes, par la manière dont il s'est toujours conduit à l'armée.[1]

M. de Turpin, lorsqu'il venait à Malmaison, s'y rendait dans un cabriolet fort laid et en mauvais état ; l'impératrice le sut, et, sans l'en prévenir, elle en fit acheter un charmant, ainsi qu'un fort beau cheval. Un matin, au moment où il disait à son domestique de faire avancer son modeste équipage pour retourner à Paris, il vit s'approcher celui qui lui était destiné par Sa Majesté. Il ne put se tromper sur le propriétaire auquel il appartenait, car ses armes étaient peintes sur les panneaux, et se trouvaient en cuivre sur les harnais. Non-seulement Joséphine donnait ce qui pouvait plaire le plus, mais elle ajoutait à ses présents tout une espèce de fantasmagorie qui savait le distinguer.

Elle avait commandé à M. de Turpin un tableau représentant une vue de Suisse, dont il avait fait le croquis sous ses yeux. Ce magnifique paysage fut apporté à l'impératrice, qui en fut enchantée. Après l'avoir fait admirer par toutes les personnes qui arrivaient, elle s'approcha de l'auteur, et l'entraînant dans une embrasure de fenêtre : « Ceci est pour vous, dit-elle en lui mettant dans la main les billets de banque formant le prix convenu. Ceci est pour votre bonne mère ; mais si je n'ai pas deviné son goût, dites-lui que je ne serai pas choquée qu'elle change ce faible gage de mon amitié pour ce qui pourra lui convenir ; elle verra du moins le désir que j'ai de lui donner le plaisir que me cause l'ouvrage de son fils. » Ce qu'elle offrait ainsi était un diamant de six mille francs.

Quelle noble manière d'accorder une gratification à un homme qui n'avait que son talent et sa place de commandant, plus honorable que lucrative ! C'est en récompensant ainsi que l'on obtient l'affection et le dévouement de l'argent seul ne peut atteindre.

J'allai un jour à Paris pour visiter les catacombes. Cette partie avait été indiquée avec plusieurs femmes de mes amies ; et je croyais que ce voyage souterrain me pénétrerait des mêmes sensations que la description des catacombes de Rome faite par Delille ou M. de Châteaubriand ; j'y pensai huit jours d'avance.

Arrivée avec mes compagnes dans ce séjour de la mort, que je me figurais devoir être si solennel, si religieux, je fus toute surprise de trouver mon cœur froid, de ne sentir autre chose que l'étonnement, et de ne pas éprouver une seule émotion. La régularité de ces murs d'ossements, si symétriquement arrangés, si bien alignés, éclairés par nos lanternes, me parut un contre-sens, car je n'y vis qu'une décoration de mélodrame d'une espèce de fantasmagorie. C'est sans doute une idée louable d'avoir recueilli ces dépouilles affreusement profanes ; mais l'exécution me semble absolument manquée. On n'est point ému aux catacombes ; ces autels grecs, ces colonnes composées de têtes de morts tout repoussants, et voilà tout ; en un mot, le dégoût est là le seul sentiment que l'on éprouve. M. de Thury n'aurait-

[1] Il est mort général.

il pas mieux fait de cacher dans des monuments simples et nobles ce qu'il a arraché au vandalisme de la révolution?

Quelques inscriptions touchantes tirées de nos poëtes, des proverbes religieux, des fragments de psaumes eussent été des inscriptions convenables. Il aurait fallu, je crois, les traduire en français, pour que toutes les classes et les deux sexes pussent les comprendre. La mort frappant indistinctement les hommes les plus forts et les femmes les plus faibles, les savants et les ignorants, ne devrait-on pas tâcher de mettre à la portée de tous les pensées qui peuvent en adoucir l'horreur?

Ce qui me toucha le plus dans ce lieu fut le fort du Port-Mahon, sculpté par un invalide, qui obtint la permission de demeurer dans ces souterrains en commutation d'une peine plus forte. N'ayant que son couteau pour outil, il employa vingt-deux ans à représenter le lieu témoin d'un de ses plus beaux faits d'armes. Ainsi cet infortuné, flétri par une peine infamante, enterré pour ainsi dire vivant, conservait encore le souvenir de la gloire, et n'avait de consolation dans son affreuse position que de s'en occuper sans cesse! On dit cet ouvrage informe d'une exactitude parfaite.

M. Emmanuel Dupaty, dont l'esprit était toujours aimable, se trouvait avec nous; il ne se démentit pas au milieu des tristes objets dont nous étions entourés, et improvisa avec une inconcevable promptitude les vers suivants. Je les ai recueillis, et suis charmée de pouvoir offrir au public une nouvelle preuve de la facilité d'un de nos poëtes les plus agréables. Je ne les crois pas imprimés.

> À peine aux portes de la vie,
> Pourquoi descendez-vous au séjour de la mort?
> La route des plaisirs, que vous offre le sort
> Au printemps de vos jours, doit seule être suivie!
> Du flambeau sépulcral les lugubres reflets
> Ne répandent sur vous qu'une faible lumière;
> Vos charmes sont perdus au séjour funéraire;
> Et les morts n'ont point d'yeux pour contempler vos traits!
> Ils ne pourront louer ce qu'en vous on admire :
> On devient insensible aussitôt le trépas;
> La beauté sur les morts a perdu son empire,
> Et quand vous paraîtrez, leurs cœurs ne battront pas!
> Si la mort peut offrir par ses métamorphoses
> Une leçon utile, attendez quelque temps;
> Vos pieds sont encor faits pour marcher sur des roses,
> Et non pour se heurter à de froids ossements.
> Croyez-moi, remontez pour toujours sur la terre,
> Et s'il faut renoncer à la clarté du jour,
> Ne perdez jamais la lumière
> Qu'on mettait sur vos yeux le bandeau de l'amour.

CHAPITRE XLIII.
1811.

Retour à Malmaison. — Visite de l'empereur. — Manière dont il est reçu par l'impératrice Joséphine. — Le grand-duc de Wurtzbourg. — Sa figure. — Son talent pour le chant. — Gageure que je fais avec le vice-roi. — Duo de Zingari in fiera. — Je perds mon pari. — Promenade à Longchamps. — Calèche de l'impératrice. — Accident arrivé au vice-roi. — Empressement de la foule pour voir l'attelage de Joséphine. — Lettre de Madame mère portée par M. de Caze. — Visite tardive du roi de Naples.

De retour à Malmaison, je fus bien contrariée d'apprendre que l'empereur y était venu le matin. Tout le château avait été en mouvement par cette visite inopinée, qui fit un extrême plaisir à Joséphine. Par une délicatesse digne d'elle, elle reçut Sa Majesté dans le jardin. Ils s'assirent tous deux sur un banc circulaire qui était placé devant la fenêtre du salon, mais à une assez grande distance, pour qu'il fût impossible d'entendre un mot de cette conversation, qui dut être si intéressante. Toutes les dames, cachées derrière les rideaux des croisées, tâchaient de deviner, sur l'expressive physionomie de Joséphine et par les gestes de Napoléon, de quels sujets ils s'occupaient. Deux heures s'écoulèrent ainsi; enfin l'empereur prit la main de l'impératrice, la baisa et monta dans sa calèche, qui était devant la porte du parc. Joséphine l'accompagna; et à son air heureux le reste de la journée, il fut facile de penser qu'elle était satisfaite de tout ce qui lui avait été dit. Elle répéta plusieurs fois que jamais elle n'avait vu l'empereur plus aimable, et qu'elle éprouvait un vif regret de ne pouvoir rien faire pour cet heureux de la terre (terme dont elle se servit). Quelques mois plus tard, cette épithète ne convenait plus à Napoléon !... le bonheur l'avait trahi : sa gloire seule lui restait !...

L'impératrice nous annonça la prochaine arrivée du grand-duc de Wurtzbourg, oncle de Marie-Louise. « Il est fort bon musicien, mademoiselle, dit-elle en s'adressant à moi, vous chanterez avec lui. — Mais, madame, vous croyez donc possible que mademoiselle achève un morceau avec lui? reprit le vice-roi; sachant combien elle est rieuse, j'en doute fort. — Moi, monseigneur, rire en faisant de la musique avec le frère de l'empereur d'Autriche ! Votre Altesse Impériale ne peut supposer que j'ose manquer ainsi à ce que je dois à son rang. — Je vous assure que vous rirez. — Oh ! je suis bien sûre que non. — Eh bien, parions une breloque[1], mademoiselle. — Je le veux bien, monseigneur, mon charivari sera donc augmenté. — Patience, nous verrons. »

Le surlendemain toute la maison fut ornée de fleurs, les housses des meubles ôtées, les allées ratissées, etc., pour attendre le grand-duc : il devait passer toute la journée avec Sa Majesté, qui, sachant combien le chant italien lui plaisait, avait donné ordre de faire venir le soir quelques acteurs des Bouffes.

Nos toilettes furent soignées, et nous fûmes dans le salon une heure plus tôt, pour recevoir Son Altesse Impériale, qui avait promis d'être arrivé à dix heures; il fut d'une exactitude extrême ; il était en uniforme blanc et rouge, tenue autrichienne dans toute sa rigueur. Grand, pâle, maigre, sérieux, se tournant tout d'une pièce, ayant dans ses gestes une roideur extraordinaire; cette figure sèche, laide, désagréable, me parut si peu comique, que je me réjouis d'avance du gain de ma gageure.

La journée se passa en promenades à la serre et en calèche; le grand-duc, toujours près de l'impératrice, répondait par monosyllabes, et n'offrait rien dans ses manières qui me semblât ridicule. À déjeuner et à dîner il eut un fauteuil, et s'assit à la droite de Sa Majesté ; il mangea et but beaucoup, parla peu; je continuai à me persuader qu'il n'y avait rien de plaisant dans cette Altesse, et que je n'aurais pas la moindre peine à m'empêcher de rire. Voilà bien la jeunesse, doutant toujours de ce qu'on lui dit, et préjugeant de ses forces ! Je payai cher cette confiance dans mon empire sur moi-même.

À huit heures l'impératrice fit passer le grand-duc dans la galerie en lui disant que sachant qu'il était mélomane, elle lui avait arrangé un petit concert. « Madame est bien bonne, car je suis fou de la musique, répondit-il avec un calme parfait; je suis tout à fait passionné pour elle. »

L'accent germanique au dernier degré que j'entendais pour la première fois (cette phrase étant la seule qui eût été prononcée tout haut par Son Altesse), le sang-froid qui contrastait avec les paroles de Son Altesse Impériale me firent sourire; je fis cependant bonne contenance, ayant toujours ma breloque en perspective.

On s'installe dans la galerie, le piano est ouvert, Porto et Tacchinardi chantent avec leur talent ordinaire un beau duo. Madame Gazani et moi exécutons un joli nocturne d'Azioli, et l'impératrice pria ensuite le grand-duc de vouloir bien me désigner un morceau que je pusse dire avec lui. Il indique Pandolfetto de Paësiello[2]. Je le savais parfaitement, et fus ravie du choix, imaginant que je m'en tirerais moins mal que d'un autre dont je serais moins sûre. Nous nous dirigeons vers le piano ; au moment où je m'apprête à commencer mon solo, le grand-duc m'arrête en me disant avec beaucoup de politesse : « Pardon, mademoiselle, vous comptez donc chanter la partie de femme ? — Mais, oui, monseigneur. — Oh ! mais ce n'est pas possible, car c'est précisément celle que je fais toujours. Soyez assez bonne pour prendre celle de l'homme. » Toute étourdie de cette proposition, je balbutie. Le vice-roi prend la parole et assure que je suis assez bonne musicienne pour que ce changement me soit indifférent; sa mère se joint à lui, et me voilà malgré moi obligée de chanter la basse-taille.

Mon amour-propre en souffrance me donna tant d'humeur que je fus sûre d'avoir gagné; j'eusse assurément dans ce moment préféré le contraire. Ce maudit duo commence; mais à peine une mesure est-elle exécutée que ma maussaderie disparaît et que le sourire me gagne avec une rapidité effrayante. Que l'on imagine une voix de fausset sortant de long corps du grand-duc, des yeux levés au ciel à tout instant, des mines agaçantes et coquettes sur un visage ordinairement impassible, une expression de sentiment très-prononcée, et surtout cet accent allemand donnant à l'italien toute la dureté de la langue hongroise, et l'on concevra la révolution subite qui s'opéra dans mon humeur. Je fis pendant une minute d'heureux efforts pour m'empêcher d'éclater ; mais au mot graziosetto la figure de Son Altesse devint si singulière, que je sentis que je ne pouvais plus me contenir, et quittant précipitamment le piano, je feignis d'un violent saignement de nez, et courus dans le billard donner un libre cours à ma gaieté.

Le vice-roi vint m'y joindre pour réclamer sa créance, et pour me dire que j'avais pris le même moyen qu'une autre dame dont je ne me rappelle pas le nom. Au voyage précédent du grand-duc, elle s'était trouvée dans le même embarras que moi, et en était sortie en prétextant une semblable indisposition.

Après avoir bien ri, il fallut cependant rentrer dans la galerie. Chaque fois que je faisais un pas de ce côté, je me représentais la figure de Son Altesse Impériale, et j'étais forcée de retarder mon re-

---
[1] Bijou fort à la mode à Malmaison. L'impératrice et le vice-roi en donnaient beaucoup de charmantes. J'en avais une collection précieuse venant d'eux; elle m'a été volée avec beaucoup d'autres choses que je tenais de la bonté de Sa Majesté.
[2] Dans le Zingari in fiera, opéra fort à la mode, dont la musique était sur tous les pianos.

tour près d'elle. Enfin j'y arrivai, et, avec une extrême obligeance, le prince me demanda de mes nouvelles, en ajoutant : « Il faut que Sa Majesté fasse trop chauffer sa galerie, car voilà plusieurs fois que je suis témoin de semblables accidents. » Sa bonhomie m'eût fait repentir de m'être moquée de lui, s'il avait dépendu de moi de faire autrement ; mais en vérité je n'avais pas été maîtresse de rendre fausse la prédiction du vice-roi.

Longchamps s'approchait. Joséphine demanda à mesdemoiselles Castellane, de Mackau et à moi s'il nous serait agréable d'y aller. Avec toute la sincérité de notre âge, nous répondîmes que oui. Elle ordonna à M. de Monaco de faire préparer pour le beau jour sa plus jolie calèche, afin que nous y allassions d'une manière convenable. Elle nous fit présent de charmants chapeaux blancs à plumes tout pareils, et nous partîmes à quatre chevaux conduits à la d'Aumont par des jockeys à la livrée de l'empereur ; deux piqueurs nous précédaient et deux autres nous suivaient. Arrivées au bois de Boulogne, nous attirâmes tous les regards, tant par l'élégance de l'équipage, la nôtre, que par la singularité de voir en public une voiture de Joséphine ; elle se distinguait de loin par un énorme parasol de taffetas blanc qui s'élevait du milieu de la calèche, et servait d'impériale. Mesdemoiselles de Mackau et de Castellane étaient très-jolies, et madame Gazani fort remarquable ; aussi obtenions-nous beaucoup de succès. J'étais ravie de ne pas suivre la file, et de parcourir avec rapidité le bois de Boulogne, dans le milieu de l'allée où les princesses et les ambassadeurs pouvaient seuls aller. Tous les jeunes gens à cheval se précipitaient sur nos pas, sans doute dans l'espoir de voir Sa Majesté.

Le vice-roi à cheval vint nous parler ; il nous suivit longtemps la main appuyée sur la portière, et penché du côté de la voiture pour que nous entendissions mieux ce qu'il disait. Sa selle était apparemment mal attachée, car tout d'un coup nous vîmes le prince par terre. Nous fûmes fort effrayées, heureusement il n'eut aucun mal ; et il fut le premier à rire de sa mésaventure, qui n'avait, disait-il, pas d'inconvénient, puisque dans le moment de sa chute, il n'y avait près de nous que d'ignobles fiacres, où sûrement il ne connaissait personne. « Autrefois, ajouta-t-il, je me fusse estimé heureux d'être salué par une personne assez favorisée du sort pour se trouver dans cette voiture, car j'étais trop pauvre pour y monter : ce qui vous prouve, mesdemoiselles, qu'il ne faut jamais désespérer de rien. » Ainsi que Joséphine il parlait souvent de sa mauvaise fortune, sans le moindre embarras : ce qui faisait trouver bien juste celle si éclatante à laquelle il était parvenu.

Nous revînmes à Malmaison ravies de notre course triomphale. Sa Majesté parut aise que l'on se fût empressé autour de la voiture, dans l'espérance qu'elle y serait. « On ne m'oublie donc pas entièrement, dit-elle ! On a bien raison, car j'aime les Français, et j'ai fait ce que j'ai pu pour le leur prouver. Si j'avais eu plus de crédit, j'aurais fait davantage ! » Elle n'a en effet négligé aucune occasion de donner aux infortunés, d'intercéder pour eux, d'obtenir la grâce des condamnés, et de placer les hommes estimables.

Un jour, au moment où nous allions monter en landau pour aller, comme de coutume, au bois du Butard, on remit à Sa Majesté une lettre de *Madame mère*. « Qui m'a apporté cette lettre ? — Madame, c'est M. de Caze, qui attend les ordres de Votre Majesté. — Je les donnerai à mon retour de la promenade. » M. de Caze attendit en effet dans la salle des huissiers. Il était alors secrétaire des commandements de Madame mère, ce qui ne lui donnait pas les entrées dans le salon de l'impératrice ; elle parla de lui en voiture, à ce que me dit ma mère qui y était avec elle, de son esprit, et assura qu'il irait très-loin. Il a vérifié cet horoscope.

Le roi de Naples vint un matin. L'impératrice avait plusieurs fois reçu la visite de toute la famille impériale, et pas la sienne ; aussi ne l'attendait-elle pas. « Par quel hasard, sire ? furent les premiers mots qu'elle lui adressa. — Madame, je n'osais venir voir Votre Majesté, craignant que l'empereur ne l'approuvât pas. Je gémissais de la contrainte que je m'imposais, car vous ne pouvez douter du respectueux attachement que j'ai voué à Votre Majesté. » Elle ne répondit rien. « Étant à Saint-Cloud, poursuivit-il, mes chevaux étaient attelés pour me mener à Paris ; l'empereur le vit, et me dit que sûrement je partais pour Malmaison. Heureux de ce que je regardai comme une permission, je me précipitai dans ma voiture, et je me suis empressé de me rendre ici. — Je suis bien sensible aux bontés de l'empereur, et je vous prie de vouloir bien le lui dire. » Joséphine changea aussitôt d'entretien. Elle fut froide et circonspecte avec le roi de Naples.

Lorsqu'il fut parti, l'impératrice nous dit qu'elle ne l'aimait pas. « Il est trop *servile* avec l'empereur pour être sincèrement dévoué à sa personne : s'il se trouve jamais en position de le trahir, il le fera. » Elle a vécu assez pour voir toutes ses pressentiments sur lui. Elle avait dans l'esprit un tact qui lui faisait juger promptement et presque toujours bien les personnes qu'elle prenait la peine d'étudier. Elle fit des ingrats sans doute, parce qu'elle n'étudiait plus le caractère dès qu'on était malheureux ; mais elle ne fut jamais dupe de fausses démonstrations d'attachement ni de vertus d'emprunt. Son entourage, depuis son divorce, prouvait avec quel discernement elle savait *choisir* quand elle en était la maîtresse. A un ou deux individus près qui lui avaient été imposés, tout ce qui composait son intimité réunissait les qualités les plus attachantes.

CHAPITRE XLIV.
1811.

Amateurs-artistes. — Madame la comtesse de Sparre. — L'impératrice paye mon maître. — Jalousie des courtisans. — Faillite de M. Pierlot. — M. de Monaco. — Madame Pierlot. — M. le Rey, marchand de modes. — Bonté de l'impératrice. — M. le comte de Montlivault. — L'impératrice nous montre ses diamants. — Ce que Sa Majesté dit à ce sujet. — Une vieille paire de souliers. — Joie qu'elle cause. — Brignolettes de la reine Marie-Antoinette.

Plus le temps s'écoulait à Malmaison, moins je m'y plaisais. La foule des courtisans augmentait, il fallait chaque jour voir de nouveaux visages, supporter leur examen, être témoin de la plus basse adulation, écouter des conversations sottes et décousues, et entendre de fades compliments sur mon talent pour le chant complètement nul alors. J'étais obligée bien malgré moi de le mettre chaque soir en évidence. Cette représentation de tous les instants m'était insupportable ; et sans le bonheur toujours nouveau d'approcher l'impératrice et d'en recevoir des témoignages d'affection, il m'eût été impossible de me résigner à un genre de vie si opposé à tous mes goûts. Il n'était pas d'usage encore de faire sortir une jeune personne des habitudes modestes qui lui conviennent, et chaque mère pensait avec raison que la devise qui devait être adoptée pour toutes les femmes, était celle-ci, que portait un cachet de madame Récamier :

MOINS CONNUE, MOINS TROUBLÉE.

Depuis vingt ans les choses sont bien changées !

La musique est devenue un des besoins de notre époque ; il est donc tout naturel que des amateurs s'en occupent, et fassent faire jouir leur intimité de talents souvent très-remarquables ; mais je ne comprends pas qu'ils consentent sans nécessité à se faire entendre dans de très-nombreuses réunions *payantes*, composées d'étrangers de toutes les nations, qui ne se font pas faute de les critiquer, plus que des artistes ne le seraient, puisqu'il se mêle souvent un peu d'envie aux observations.

Que de timides jeunes filles, d'élégantes femmes affrontent ainsi le public me paraît un fait une anomalie avec le rôle qu'elles sont appelées à jouer dans le monde. Elles affichent ainsi des prétentions qui ouvrent une large carrière à la médisance. C'est cependant une manie générale maintenant que cette recherche de la célébrité artistique, après laquelle courent ceux qui sont assez heureux par leur position de fortune pour pouvoir s'en passer.

On commence par se faire beaucoup prier pour chanter ou pour jouer du piano dans un salon ; plus tard on joue la comédie à la campagne pour passer le temps ou faire des surprises aux jours de fête des châtelains. Le succès comme de raison est immense, pyramidal ; il donne le désir de faire partie de la *compagnie de l'impresario*, comte de Castellane, ou de chanter avec les artistes du Théâtre-Italien. L'enthousiasme redouble à cette nouvelle tentative ; on se décide alors à organiser un concert ou une représentation au bénéfice des pauvres, des Polonais, des Grecs, des victimes du tremblement de la Martinique, de la Guadeloupe, n'importe, pourvu qu'en mettant en avant un motif de bienfaisance on puisse justifier cette soif d'applaudissements dont on est tourmenté. Les belles et nobles patronesses aidant, on fait des recettes monstres, qui tuent celles des bénéfices d'artistes, qui n'ont pour eux qu'un vrai talent, et une position difficile ; on obtient par ces moyens philanthropiques une réputation brillante de supériorité musicale, qui pose comme juge dans le monde sans avoir couru le danger d'une chute, ni même d'une critique dans les journaux. Qui oserait se permettre un mot par envers des femmes qui se sacrifient par bonté d'âme ?...

Je concevrais que privées de tous les maîtres, ne pouvant faire autrement le bien, ces dames consentissent à cette manière de soulager l'infortune, mais lorsqu'elles sont riches, elles atteindraient le même but en ouvrant leur bourse et en quêtant chez elles, où elles réuniraient les artistes aimés, qu'elles protégeraient en même temps. Je m'étonnerai toujours de ce ne soit pas ainsi qu'elles agissent pour satisfaire le besoin de leur cœur [1].

J'étais à la Malmaison, privée de tous les maîtres qui m'étaient encore nécessaires ; je voyais très-rarement mon père, dont la présence me manquait au delà de tout ; aussi je désirais vivement retourner à Paris. Quand nous en parlions, Joséphine s'y opposait, et

[1] Madame la comtesse de Sparre, autrefois mademoiselle Naldi, ayant été au théâtre pendant quelques années, est la seule qui ait aller ainsi sur les brisées de ses anciennes camarades. Habituée aux applaudissements, il lui est permis de les regretter, et l'on conçoit qu'elle désire en recueillir de nouveaux, ils lui sont assurés chaque fois qu'elle veut bien se faire entendre ; il faut la louer et la remercier de mettre son beau talent à la disposition des malheureux ; sa position est exceptionnelle, et elle doit se rappeler sa carrière artistique en accueillant avec bienveillance les jeunes artistes.

nous restions. Pour achever de décider ma mère, qu'elle aimait beaucoup, à prolonger son séjour près d'elle, l'impératrice voulut bien proposer de faire venir des maîtres de Paris, et pour ne pas blesser notre délicatesse, il fut convenu que je prendrais mes leçons en même temps que mademoiselle Delieu. C'est ainsi que je reçus les conseils du célèbre Crescentini. Quand il ne pouvait se rendre à la Malmaison, il envoyait à sa place quelque chanteur habile, qui nous donnait d'excellents avis.

C'est donc à l'impératrice que je dois le talent qui m'a permis de soutenir ma famille pendant vingt ans!

La faveur dont nous jouissions auprès de Sa Majesté commençait à donner de l'humeur à ceux qui, par leurs places, se croyaient le droit d'y prétendre seuls. Ils étaient encore en apparence bienveillants pour nous, n'ayant sûrement pas mûri un plan qui pût nous éloigner; mais lorsqu'ils ne pensaient pas être observés, leurs figures prenaient une expression de colère qui ne m'échappait pas. J'en parlai à ma mère, qui me dit que j'avais tort de croire que l'on fût changé; que les procédés étaient les mêmes, et que mon imagination se créait comme à l'ordinaire des motifs d'inquiétude.

J'avais déjà à cette époque le pressentiment que ma vie serait troublée par de grands chagrins. Mes parents avaient été malheureux pendant tant d'années, que je me croyais née pour souffrir. Quitter l'impératrice pour toujours me paraissait une peine au-dessus de mes forces; dès lors je la crus près de m'atteindre; il me devint impossible de jouir entièrement du plaisir d'être comblée de ses bontés, et souvent je montais dans ma chambre pour pleurer sur ces craintes de tous les instants qui me poursuivaient partout.

M. Pierlot éprouva dans ce temps une suite de malheurs qui le forcèrent à suspendre ses payements et à déposer son bilan, dans lequel l'impératrice se trouva comprise pour une somme considérable. Madame d'Arberg, toujours inflexible lorsqu'il s'agissait des intérêts de Sa Majesté, lui représenta qu'elle ne pouvait renoncer à cette créance comme elle en avait l'intention; M. Pierlot étant son receveur général, c'était inexcusable d'avoir compromis ses fonds.

M. de Monaco, avec une dureté extrême, insista sur tout ce que disait la dame d'honneur, et fit même plus loin qu'elle, en disant à l'impératrice que madame Pierlot, connaissant la bonté excessive de Sa Majesté, viendrait sûrement intercéder pour son mari; qu'il ne fallait pas la recevoir. « Mais, monsieur, je l'aime; épouse irréprochable, mère parfaite, elle mérite mon intérêt ; et je ne vois pas pourquoi vous voudriez que je fusse pour elle différente de ce que je suis pour le monde. — Votre Majesté est certainement libre de faire ce qui lui convient; mais un homme qui ne gère pas fidèlement ne doit inspirer aucune pitié; il mérite au contraire une punition sévère qui serve d'exemple à ceux qui seraient tentés de l'imiter. — Eh bien! n'en parlons plus, dit brusquement Joséphine, puisque lorsqu'on est souveraine on ne peut faire ce qui plaît, je ne verrai pas madame Pierlot. Pauvre femme! »

L'ordre fut en effet donné de ne pas la recevoir. Ayant toujours été bien traitée par l'impératrice, qui l'admettait souvent dans son intimité, elle dut compter, dans son malheur non mérité, sur la bienveillance qu'elle venait implorer; mais les portes lui furent fermées. Avec une persévérance égale aux vertus qui la faisaient généralement estimer, elle alla trouver M. le Roy, marchand de modes, sut l'intéresser vivement; il consentit à l'emmener à la Malmaison comme une fille de magasin. Arrivée dans ce séjour, où elle avait été souvent bien accueillie, elle alla trouver mademoiselle Avrillon, qui consentit à l'introduire voilée chez l'impératrice. M. le Roy la devançait; il portait un carton qu'elle s'empressa de jeter de côté pour se précipiter aux genoux de Sa Majesté, très-attendrie de la voir obligée d'employer une pareille ruse pour parvenir jusqu'à elle.

Madame Pierlot, avec une extrême chaleur et une éloquence partant du cœur, raconta les malheurs de son mari, peignit l'horreur de sa position si l'impératrice se montrait trop inflexible, et la supplia de le maintenir dans sa place. « Ce que vous demandez est malheureusement impossible, répondit Joséphine avec émotion, il ne dépend plus de moi de le garder; il existe ici des ennemis puissants, ils se sont hâtés d'avertir l'empereur, qui vient de me faire annoncer que M. de Montlivault était nommé mon receveur général. Je suis désolée de la promptitude qui a été mise dans cette affaire. Croyez bien, madame, que j'y suis étrangère. J'avais confiance en M. Pierlot; je porte beaucoup d'intérêt à vos enfants, et j'ai une véritable amitié pour vous; j'aurais voulu prouver tous ces sentiments autrement que par des paroles; mais que voulez-vous, j'ai les mains liées; je vous promets, au reste, de donner à M. Pierlot tout le temps nécessaire pour le remboursement du déficit de sa caisse. Venez me voir de temps en temps sans prendre le même moyen; je sais gré à le Roy de vous l'avoir procuré, et j'ai à bonne Avrillon de ne vous avoir pas repoussée : c'est ainsi qu'il faut servir les princes. On me plaît toujours en m'empêchant d'être insensible même en apparence. »

M. Casimir de Montlivault remplaça en effet M. Pierlot; je l'ai peu connu; sa figure protectrice et bouffie ne me plaisait pas; je lui trouvais un air capable, insoutenable, et une manière de s'écouter parler d'autant plus ridicule, qu'il ne disait en général que des choses fort ordinaires, craignant toujours de se compromettre.

Ce jugement, porté par une très-jeune personne, qui prend en déplaisance souvent sans savoir pourquoi, est peut-être tout à fait en opposition avec le caractère de ce fonctionnaire; il a sûrement beaucoup d'esprit, puisqu'il a toujours, dans tous les temps et sous divers gouvernements, occupé des emplois brillants. Aussi je ne donne pas mon opinion comme bonne; j'en rends compte, et voilà tout.

Nous demandâmes un jour à l'impératrice de nous montrer ses diamants, qui étaient enfermés dans un caveau secret dont madame Gazani et M. Pierlot avaient ordinairement la clef. Avec une complaisance parfaite pour le désir de jeunes filles bien indiscrètes, elle donna l'ordre d'apporter une énorme table dans le salon, plusieurs femmes d'atours y posèrent une foule innombrable d'écrins de toutes les formes. On les arrangea sur cette table, qui en était couverte; nous fûmes éblouies du brillant, de la grosseur et de la quantité de pierres composant ces parures. La plus remarquable, après celle de diamants blancs, était en poires de perles fines, toutes parfaitement régulières et d'un bel orient. Dans presque tous ses portraits, l'impératrice porte cette parure, qu'elle préférait à toute autre, n'aimant en général que les choses peu voyantes.

Des opales pailletées, des rubis, des saphirs, des émeraudes, étaient entourées de gros brillants qui n'étaient regardés cependant que comme monture, et dont on ne comptait pas la valeur. Dans l'estimation que l'on faisait de ces bijoux; collection, je crois, unique en Europe, puisqu'elle se composait de tout ce que les villes conquises par nos armées renfermaient de précieux. Jamais Napoléon n'eut besoin de les prendre; on s'empressait de les offrir à sa campagne; des guirlandes, des bouquets de toutes ces pierres précieuses rendaient justes les descriptions des contes de fées. Il faut avoir vu réunies toutes ces richesses pour s'en former une idée.

L'impératrice ne portait presque jamais ces parures de fantaisie; aussi le spectacle de cette boutique pour écrin surprit la plupart d'entre nous. Sa Majesté, jouissant de notre admiration muette, nous avons laissé toucher, tout examiner bien à notre aise : « C'est pour vous dégoûter de la manie des bijoux, nous dit-elle avec bonté, que je vais les faire apporter les miens. Après en avoir vu de si admirables, vous ne pourrez en désirer de médiocres; surtout en songeant que j'ai été très-malheureuse tout en en possédant de si rares. Dans le commencement de mon étonnante fortune, je me suis amusée de ces colifichets, dont un grand nombre m'ont été offerts en Italie. Je les aimais comme trophées de la gloire de l'empereur. Peu à peu je m'en suis si bien dégoûtée, que je n'en porte plus que lorsque en quelque sorte j'y suis forcée par mon rang dans le monde; d'ailleurs mille événements peuvent priver de ces superbes inutilités: n'ai-je pas les brignolettes de la reine Marie-Antoinette [1]? Est-il bien certain que je les conserve? Croyez-moi, mesdemoiselles, n'enviez pas ce luxe, qui ne fait pas le bonheur. Je vais bien vous surprendre lorsque je vous dirai que j'ai été beaucoup plus contente de recevoir une vieille paire de souliers que tous ces diamants étalés devant vous. » Nous nous mîmes à rire, croyant que c'était une plaisanterie de Joséphine; mais elle nous dit avec un air si sérieux que ce qu'elle avançait était vrai, que nous désirâmes vivement savoir l'histoire de cette fameuse vieille paire de souliers.

« Oui, mesdemoiselles, il est certain, reprit Sa Majesté, que le présent que j'ai reçu dans ma vie qui m'a causé le plus de plaisir est une paire de vieux souliers en gros cuir : vous le comprendrez lorsque vous m'aurez entendue :

» Quittant la Martinique avec Hortense, je me trouvais sur un vaisseau où nous fûmes traitées avec des égards que je n'oublierai jamais. Loin de mon premier mari, j'étais peu riche; obligée de revenir en France pour mes affaires, mon passage avait absorbé la plus grande partie de mes ressources; j'eus donc beaucoup de peine à faire les emplettes les plus indispensables à notre voyage. Hortense, gentille, gaie, dansant bien la danse des nègres, chantant leurs chansons avec une grande justesse, amusait beaucoup les matelots, qui, s'occupant constamment d'elle, étaient sa société favorite. Dès que je m'assoupissais, elle montait sur le pont, et là, objet de l'admiration générale, elle répétait tous les petits exercices, à la satisfaction des marins. Un vieux contre-maître l'affectionnait particulièrement; et consacrait le moment de repos, il le consacrait à sa petite amie, qui l'aimait à la folie. A force de courir, de danser et de sauter, les petits souliers de ma fille s'usèrent entièrement. Sachant qu'elle n'en avait pas d'autres, craignant que je ne l'empêchasse d'aller sur le pont, si je m'apercevais du désordre de sa chaussure, elle me cacha ce petit incident; je la vis un jour revenir avec les pieds en sang. Je lui demandai avec effroi si elle était blessée. — Non, maman. — Mais vois le sang qui coule de tes pieds. — Ce n'est rien, je t'assure. — Je voulus examiner le

[1] Joséphine parlait souvent de l'infortunée Marie-Antoinette, et toujours avec le respect dû à des malheurs supportés avec tant de courage! Les brignolettes dont il est question sont des poires d'un seul diamant, sans aucun entourage; elles ont été, je crois, rachetées par madame la Dauphine. Elles étaient estimées trois cent mille francs.

mal, et je découvris que ses souliers étaient tout à fait en lambeaux, et qu'elle était horriblement écorchée par un clou.

» Nous n'étions qu'à moitié chemin; il fallait en faire beaucoup encore avant de me procurer une nouvelle paire de souliers, et je me désolais d'avance du chagrin que j'allais causer à Hortense, en l'obligeant à rester dans ma vilaine petite cabine, et du tort que le manque d'exercice pourrait faire à sa santé. Je pleurais beaucoup et ne trouvais point de remède à ma douleur. Dans ce moment arrive notre ami le contre-maître, il s'informe avec sa brusque franchise de la cause de nos *pleurnicheries*. Ma pauvre Hortense en sanglotant se presse de lui dire qu'elle ne pourra plus aller sur le pont parce qu'elle a déchiré ses souliers, et que je n'en ai pas d'autres à lui donner. — Bah! ce n'est que cela? j'en ai une vieille paire dans mon coffre, je vais l'aller chercher. Vous la couperez, madame, et moi je la coudrai tant bien que mal; *pardi!* sur un vaisseau il faut s'accommoder de

M. et Mme Beausse

tout; on n'est pas *faraud* ni *muscadin*; pourvu qu'on ait le nécessaire, c'est *le plus principal.* » Sans nous donner le temps de lui répondre, il alla nous chercher ses vieux souliers, qu'il nous apporta d'un air triomphant, et qui furent reçus par Hortense avec de grandes démonstrations de joie.

» Nous nous mîmes à l'ouvrage avec un zèle extrême, et, à la fin de la journée, ma fille put se livrer de nouveau au plaisir de divertir l'équipage.

» Je le répète, jamais présent ne fut accueilli avec autant de reconnaissance. Je me reproche bien de n'avoir pas demandé le nom de ce brave marin, connu seulement à bord sous celui de Jacques. Il m'eût été doux de faire quelque chose pour lui, depuis que j'en ai eu les moyens. »

Ce récit, fait avec une simplicité admirable, nous intéressa et nous toucha vivement.

CHAPITRE XLV.
1811.

Madame la princesse d'Eckmühl vient à Malmaison. — Accueil de l'impératrice. — Refus du général Leclerc d'aller à Saint-Domingue. — Mariage de sa sœur. — Le général Davoust, prince d'Eckmühl. — Pressentiment du général Leclerc sur son voyage. — Madame Collard, grand'mère de madame Lafarge. — Madame Leclerc, princesse Borghèse. — M. Julia de Canouville. — Aventure de M. Bousquet, dentiste. — Bal chez la princesse Borghèse. — Inconvenance de M. de Canouville. — Modération du vice-roi. — Pelisse de martre zibeline. — Mort de M. de Canouville. — Médaillon entouré de diamants. — M. Ernest de Canouville.

Je revis à la Malmaison une personne avec laquelle je m'étais trouvée en relation assez intime avant son mariage : j'en conservais le plus doux souvenir : c'était mademoiselle Aimée Leclerc, devenue princesse d'Eckmühl. La haute fortune où elle était parvenue n'avait, disait-on, rien changé aux agréments de son aimable caractère. Belle comme un ange, elle était simple, modeste, indulgente. Ces qualités, qui la faisaient chérir quand elle était obscure et pauvre, charmaient encore en elle, après une élévation que tout le monde trouvait une justice de la Providence.

L'impératrice l'affectionnait particulièrement, et la reçut avec tous les témoignages de l'estime la plus grande. Lorsqu'elle fut partie, Sa Majesté fit d'elle un éloge qui eût pu sembler exagéré, si la franchise de Joséphine n'avait été connue. Elle nous dit comment s'était fait le mariage de mademoiselle Leclerc avec le général Davoust. Ces détails sont assez curieux pour trouver place ici, et prouveront combien les caractères les plus rudes, les plus indomptables cédaient aux volontés de Napoléon, lors même qu'il n'était encore que consul.

A l'époque de l'expédition de Saint-Domingue, Bonaparte voulut confier le commandement des troupes à son beau-frère, le général Leclerc (il avait épousé Pauline Bonaparte). Il le fit venir dans son cabinet, et lui déclara ses intentions. — « Je serais heureux de servir de nouveau la France ; mais, général, un devoir sacré me retient ici. — Votre amour pour *Paulette?* elle vous suivra, et fera bien ; l'air de Paris ne lui vaut rien ; c'est celui de la coquetterie ; elle n'en a pas besoin, et ira avec vous ; cela est convenu. — Sans doute, je serais désolé de m'en séparer ; mais cette raison ne suffirait pas pour me faire refuser un commandement honorable. Ma femme resterait entourée d'une famille qui l'aime ; je serais donc sans inquiétude pour elle ; c'est le sort de ma bonne sœur, qui me force à repousser ce qui ferait l'objet de mon envie dans toute autre circonstance. Elle est jeune, jolie ; son éducation n'est pas entièrement achevée ; je n'ai point de dot à lui donner ; dois-je la laisser sans appui, lorsque mon absence peut être longue, éternelle !... Mes frères ne sont pas ici ; il faut donc que j'y reste. Je m'en rapporte à votre cœur si dévoué à votre famille ; général, puis-je faire autrement ? — Non, certainement. Il faut la marier promptement... Demain, par exemple, et partir ensuite. — Je vous le répète, je n'ai pas de fortune, et... — Eh bien, ne suis-je pas là ? Allez, mon cher, faire vos préparatifs. Demain votre sœur sera mariée ; je ne sais pas encore avec qui... mais c'est égal, elle le sera, et bien encore. — Mais... — J'ai parlé, je crois, clairement, ainsi pas d'observations. » Le général Leclerc, habitué, ainsi que tous les autres généraux, à regarder comme un maître celui qui avait été si peu de temps avant son égal, sortit sans ajouter un mot.

Quelques minutes après, le général Davoust entre chez le premier consul, et lui dit qu'il vient lui faire part de son mariage. « Avec mademoiselle Leclerc ? je le trouve fort convenable. — Non, général, avec madame... — Avec mademoiselle Leclerc, interrompit Napoléon en appuyant sur ce nom. Non-seulement cette union est sortable, mais *je veux* qu'elle ait lieu immédiatement. — Mais depuis longtemps madame... ; elle est libre maintenant, et rien ne m'y fera renoncer. — Rien que ma volonté, répondit le premier consul en fixant sur lui son regard d'aigle. Vous allez vous rendre sur-le-champ à Saint-Germain, chez madame Campan ; vous demanderez votre *future* ; vous lui serez présenté par son frère, le général Leclerc, qui est chez ma femme, il ira avec vous. Mademoiselle Aimée viendra ce soir à Paris. Vous commanderez la corbeille, qui doit être belle, puisque je sers de père à cette jeune personne ; je me charge de la dot et du trousseau. Le mariage sera célébré aussitôt que les formalités exigées par la loi seront remplies ; j'aurai soin de les abréger. Vous m'avez entendu ; *il faut obéir.* »

En achevant cette longue phrase, prononcée vite avec un ton absolu qui n'appartenait qu'à lui, Napoléon sonna et donna des ordres pour que l'on fût chercher le général Leclerc. Dès qu'il l'aperçut : « Eh bien, avais-je tort ? lui dit-il ; voilà le mari de votre sœur. Allez ensemble à Saint-Germain, et que je ne vous revoie l'un et l'autre que lorsque tout sera arrangé ; je hais les discussions d'intérêt. »

Les deux généraux, également étonnés, sortirent pour obéir. Malgré toute la brusquerie du caractère le moins aimable, le général Davoust se soumit humblement. Arrivé chez madame Campan, il fut présenté à mademoiselle Leclerc, qui, probablement parce qu'elle lui était offerte sans qu'il lui fût permis de la refuser, ne lui plut nullement. L'entrevue fut, comme on peut croire, très-sérieuse ; mais enfin on convint de tous les arrangements. Très-peu de jours après, le mariage eut lieu.

Le général Davoust n'apprécia pas d'abord tout le prix de sa charmante compagne. Elle eut beaucoup à souffrir de scènes fort pénibles, de reproches injustes, puisqu'elle était bien innocente de la contrainte qui l'avait soumise à un joug si rude ; elle ne s'en plaignit pas, et n'opposa à tant de torts qu'une patience et une douceur inaltérables. Ne paraissant aux Tuileries, dont elle était un des plus beaux ornements, que lorsque son service l'y appelait, elle vivait fort retirée, entièrement occupée de l'époux qui la rendait malheureuse, et de ses enfants qu'elle chérissait. Elle en perdit plusieurs. Tous ces chagrins n'altérèrent point son angélique bonté. Tant de vertu toucha celui qui avait, de grandes qualités guerrières sans doute, mais aucune de celles qui font le charme de l'intérieur. Il se repentit de n'avoir pas aimé la femme que tout le monde admirait, et lui accorda enfin une tendresse véritable et une entière confiance.

Il y a longtemps que mes relations avec la duchesse d'Eckmühl sont finies; ainsi ce que je viens de dire n'est dicté que par le désir de faire apprécier davantage une personne dont la modestie égale le mérite. Je n'ai fait que répéter ce que nous dit l'impératrice, c'est avec un vrai plaisir que j'ai cité une femme qui honore mon sexe à tant de titres.

Je me rappelle parfaitement le général Leclerc, avec lequel j'ai été quelque temps à la campagne dans ma très-grande jeunesse [1]. Il était petit, d'une physionomie douce, d'un caractère bienveillant et bon; adorant sa femme, il supportait sans humeur des caprices continuels et insoutenables. Elle le tourmentait sur tout, et lui répétait à chaque instant qu'il était bien heureux d'avoir épousé une personne

Eh bien, quand j'y serai, en verrez-vous plus clair?

comme elle, et d'être devenu beau-frère du premier consul. Ce dernier titre, autant qu'on en pouvait juger, lui donnait précisément la mélancolie singulière qu'on remarquait en lui quand sa fortune semblait lui être favorable en tout point. Né fort indépendant, le général eût préféré devoir ses grades à lui-même et non pas à la faveur. Franchement républicain, il croyait entrevoir dans l'avenir des événements contraires à ses opinions. A l'époque de son mariage, la famille Bonaparte n'était ni puissante ni riche, et rien n'annonçait encore la puissance qui se préparait pour elle. M. Leclerc, passionnément amoureux de Pauline, ne voulait qu'elle. Aucun calcul ne décida son choix.

En partant pour Saint-Domingue, il vint prendre congé de madame de Montesson. Je me souviens qu'il répondit aux compliments qu'elle lui adressa sur les suites de cette expédition : « Elles ne peuvent être, madame, que fâcheuses pour moi. Si je réussis, on dira que je n'ai pas fait un mouvement qui ne m'ait été dicté par mon beau-frère. Si j'échoue et succombe, ma mémoire ne sera pas même exemptée de reproches. On assurera, pour flatter le premier consul, que son plan de campagne était excellent, et que mon incapacité seule a fait échouer ce qui avait été si bien combiné par lui. Je pars triste, madame, persuadé que maintenant nous ne sommes plus tous que des subordonnés; que nous sommes appelés désormais à obéir, ayant trouvé un maître là où nous ne voulions qu'un protecteur. »

Ma tante fit devant moi de grandes réflexions sur ce discours, exprimant ce que chacun pensait; c'est probablement d'avoir été ennuyée pendant toute une soirée d'une conversation si grave qui l'a fixée dans ma mémoire. A treize ans, être forcée d'entendre des dis-

[1] A Villers-Hellon, en Picardie, chez madame Collart, grand'mère de la trop célèbre madame Lafarge, chez laquelle nous passions tous les étés deux ou trois mois.

cussions politiques est assurément très-fatigant; je le trouvais alors encore plus qu'aujourd'hui, ce qui n'est pas peu dire. Presque élevée chez madame de Montesson, femme d'un esprit supérieur, elle voulait me déshabituer de m'occuper entièrement des futilités de mon âge; elle exigeait que je restasse dans son salon, véritable lanterne magique où tout Paris se succédait; que je suivisse la conversation. Pour être certaine que je l'avais bien écoutée, le lendemain j'étais questionnée sur tout ce qui s'était dit la veille. Ma tante m'expliquait avec bonté ce que je ne comprenais pas, redressait les erreurs, se ressentant souvent de mon humeur légère et étourdie, et me faisait sentir la nécessité de penser à autre chose qu'à des parures et des plaisirs, dont il ne reste presque toujours que de la fatigue et des regrets. Tout cela ne m'empêchait pas de préférer le bal ou le spectacle à ces cercles, où j'étais condamnée à rester immobile et muette derrière le canapé de madame de Montesson.

Les conseils que je reçus alors ont peut-être atténué mon extrême étourderie, mais ils ne l'ont pas corrigée tout à fait. J'ai malheureusement dans ma vie agi mille fois sans réflexion, entraînée par un premier mouvement, et me suis conséquemment souvent repentie de démarches inconsidérées; néanmoins, j'ai pris l'habitude de me rendre compte chaque soir de tout ce que j'avais fait et entendu dans la journée. C'est sans doute ce qui m'a permis de classer mes souvenirs, et de pouvoir, en les écrivant, faire aimer plus encore l'impératrice Joséphine. Ainsi, les avis de ma respectable tante n'ont pas été entièrement perdus, et je leur dois beaucoup.

Madame Leclerc était sans contredit la plus jolie personne que j'aie vue. La jalousie, l'envie, si promptes à découvrir un défaut dans ce qui est généralement admiré, n'ont jamais pu parvenir à trouver la plus légère imperfection dans cette délicieuse figure, à laquelle étaient jointes la taille la plus élégante et la plus parfaite et la grâce la plus séduisante. Critiquer rien de son extérieur était absolument

L'abbé Maury.

impossible; il fallait se taire si on était malveillant, ou joindre ses éloges à ceux excités partout par cette incomparable beauté. Heureusement pour les femmes viles qui se désolent du succès des autres, elles pouvaient se venger sur l'esprit, le caractère, et plus tard, sur la conduite de l'objet de leur antipathie.

Dépourvue de toute instruction, sa conversation était aussi insignifiante, aussi ennuyeuse que son visage était joli. Ne parlant que de toilette, l'affaire principale de sa vie, elle ne supportait pas que l'on s'entretint d'autre chose autour d'elle. Il fallait pour lui plaire n'être occupé que de chapeaux, de robes; si on avait le malheur de causer de musique, d'histoire, de peinture ou de littérature, etc., elle bâillait et vous prenait en grippe, parce que, ne comprenant rien à ce qui se disait, elle était forcée d'aller bouder dans un coin afin de ne pas montrer sa nullité, en véritable enfant gâté; c'est du moins ainsi que je l'ai vue dans le temps dont je parle. Devenue depuis princesse Borghèse, ayant habité cette belle Italie, où il semble qu'il suffise de respirer pour avoir le sentiment des arts et de la poésie, peut-être a-t-elle acquis quelques notions de ce qu'elle ignorait. Je ne dis pas ce dont j'ai été témoin, et que l'on se permettait encore d'exprimer tout haut. Plus tard la flatterie, portée jusqu'à la bassesse, aura trouvé moyen de persuader qu'une sœur de Napoléon le Grand était nécessairement une femme parfaite de toutes manières; mais à l'époque où je la voyais habituellement, on se bornait à louer avec justice et enthousiasme son adorable figure. On avait raison, tout ce qui se disait était encore au-dessous de la réalité.

Sans vouloir entrer ici dans les détails de sa vie privée, il faut pourtant convenir de la dissolution de ses mœurs. Des *mémoires contemporains* ne peuvent laisser complétement ignorer la conduite des personnages qu'ils mettent en scène, et doivent donner les éclaircissements qui les peignent. Il me répugnerait de suivre cette princesse pas à pas; et je doute qu'aucune femme pût se décider à souiller sa plume du récit d'erreurs si multipliées. Par pudeur, il est des sujets sur lesquels nous devons ne pas nous appesantir.

Madame Leclerc laissait prendre un extrême empire à ses favoris, et mettait une sorte d'orgueil à déclarer publiquement ses préférences. Tant que la fantaisie durait, l'homme qui en était l'objet pouvait exiger d'elle les choses les plus extravagantes; mais elle poursuivait avec acharnement ceux qui changeaient plus vite qu'elle ou se lassaient de ses caprices, ou d'être le point de mire de l'envie de leurs rivaux et de la colère de Napoléon, voyant avec un profond chagrin le scandale occasionné par une telle légèreté.

Lorsqu'elle partit pour Saint-Domingue, elle éprouvait pour Lafon, acteur de la Comédie française, alors Théâtre de la République, une affection si peu cachée, que mademoiselle Duchesnois, apprenant que le général Leclerc emmenait sa femme, s'écria étourdiment devant beaucoup de monde : « Oh! mon Dieu, que j'en suis fâchée, Lafon est capable d'en mourir; le pauvre garçon l'aime tant! » On eut beau lui faire des signes pour faire cesser ses inconvenantes doléances, elle continua pendant plusieurs minutes à plaindre le triste sort de son camarade infortuné.

Plus tard, madame Leclerc ne fut pas plus circonspecte. Entourée de toute la pompe de la cour la plus magnifique, elle se livra avec le même abandon à ses goûts passagers. Voici quelques preuves du peu de peine qu'elle mettait à les cacher.

M. Jules de Canouville fixait depuis plusieurs semaines tous les sentiments de la princesse; une charmante figure, une belle tournure, un cœur excellent et une bravoure à toute épreuve étaient les qualités qui le rendaient séduisant. Entré au service comme simple dragon, il était parvenu au grade de colonel dans un temps où la faveur pouvait faire tout accorder, hors des récompenses militaires, méritées par des officiers exposant chaque jour leur vie dans des batailles sanglantes : on n'avait que l'embarras de choisir dans cette foule héroïque, chaque élu justifiant par de belles actions ce qu'il obtenait. Il fallait donc un mérite réel pour être l'objet d'une distinction particulière de l'empereur, et M. de Canouville en reçut plusieurs.

Beaucoup de fatuité, une grande étourderie ternissaient un peu ces brillants avantages aux yeux des gens sensés; mais auprès des femmes, il faut bien avouer que des défauts mêmes étaient des titres de plus à leur bienveillance. Elles avaient la faiblesse de lui pardonner des manières compromettantes pour leur réputation, et eussent presque été tentées de le remercier de la célébrité acquise par des inconséquences, qu'elles voulaient prendre pour des preuves d'amour. Ces dames étaient assez bonnes pour mettre sur le compte de la passion ce qui simplement dépendait du caractère de M. de Canouville. C'est précisément ce qui eût éloigné de lui une personne raisonnable et sensible qui fit son succès près de la princesse. Fier de sa belle conquête, il demanda d'elle des preuves évidentes de son triomphe; plus elle accordait de distinctions flatteuses, plus il exigeait. Cette liaison eut un déplorable retentissement causé par une mutuelle inconséquence.

M. Bousquet, célèbre dentiste, fut appelé à Neuilly, résidence de la princesse Pauline, pour visiter la bouche et nettoyer les dents de Son Altesse Impériale. Introduit près d'elle, il se prépare à commencer son opération. « Monsieur, lui dit un charmant jeune homme en robe de chambre négligemment étendu sur un canapé, prenez garde, je vous prie, à ce que vous allez faire! Je tiens extrêmement aux dents de ma Paulette, et je vous rends responsable de tout accident. — Soyez tranquille, mon prince, je réponds de tout à Votre Altesse Impériale; il n'y a aucun danger à redouter de la chose la plus simple. » Pendant tout le temps que M. Bousquet fut occupé à arranger cette jolie bouche, les recommandations ne cessèrent pas. Enfin, ayant terminé ce qu'il avait à faire, il partit en passant par le salon de service où se trouvaient réunis les dames du palais et les chambellans, qui attendaient le moment d'être admis chez la princesse. On s'empressa de demander à M. Bousquet des nouvelles sur cette précieuse santé. « Son Altesse Impériale est très-bien, et doit être heureuse du tendre attachement que lui porte son auguste époux. Il vient de le lui témoigner devant moi d'une manière touchante par son extrême sollicitude. Son inquiétude était extrême; je ne réussissais que difficilement à le rassurer sur les suites de la petite opération. Je dirai avec bonheur à Paris ce dont je viens d'être le témoin. Il est doux, en effet, d'avoir de tels exemples à citer d'une tendresse conjugale, bien rare dans un rang si élevé. J'en suis vraiment pénétré. »

On ne cherchait point à arrêter l'honnête M. Bousquet dans les expressions de son enthousiasme; l'envie de rire empêchait de prononcer une parole. Il partit donc convaincu qu'il n'existait un meilleur ménage que celui du prince et de la princesse Borghèse. Le premier était en Italie, et le beau jeune homme était M. de Canouville!

De pareilles scènes scandaleuses se renouvelaient souvent. Toute cette cour était condamnée à subir la nécessité non-seulement de supporter le dégoût qu'elles inspiraient, mais même de louer leur principale héroïne. Vanter la vertu devant elle eût été la plus sanglante épigramme, on ne l'eût pas osé. En s'en montrant enchanté aujourd'hui, on peut craindre de paraître flatteur.

La princesse Borghèse donna un magnifique bal auquel assistait toute la famille impériale. Le vice-roi devait danser la contredanse avec la reine de Naples. Au moment d'offrir la main à sa danseuse, il s'étonne d'entendre jouer une valse. Il s'approche de Julien, chef de l'orchestre, il lui demande pourquoi ce changement: « Monseigneur, » s'écrie M. de Canouville, qui venait de le demander, c'est moi qui » l'ai *ordonné*. — L'ordre établi demande une contredanse, observe » le prince avec douceur. — C'est possible, monseigneur, mais » je voulais une valse, et tout de » suite. — Moi, monsieur, j'ai l'honneur de figurer avec Sa Majesté » la reine de Naples, et je prie M. Julien de vouloir bien jouer le » quadrille. » Ce qui fut fait. Plusieurs personnes entourèrent M. de Canouville pour lui faire sentir combien sa conduite était inconvenante. L'extrême modération du vice-roi dans cette circonstance fut connue promptement dans Paris, et augmenta l'affection qu'on lui portait. Il prouvait qu'il savait allier les vertus privées à celles si brillantes déployées à l'armée. Il se contenta d'opposer le sang-froid à une inqualifiable folie, quand il pouvait d'un mot nuire à celui qui affectait de se mettre en opposition avec lui. C'est par de semblables actions que les princes doivent en effet se distinguer et se venger, la postérité est là pour les recueillir.

Napoléon reçut en présent de l'empereur de Russie une pelisse d'un grand prix, doublée en peaux de martre zibeline. La princesse Borghèse fit de telles exclamations sur le bonheur d'avoir une si admirable fourrure, que son frère lui en fit le sacrifice : elle l'accepta avec joie. Arrivée à l'Élysée, elle ne parla que de cette pelisse. M. de Canouville, ennuyé de voir l'attention de la société se porter sur cette parure, prit l'humeur et la témoigna hautement. On voulut s'excuser; mais il persista à dire que ce présent était préféré à tout. Aussitôt la princesse le força de l'emporter pour s'en faire un dolman et une doublure de chabraque.

Sans réfléchir au mécontentement que pouvait éprouver l'empereur, M. de Canouville fit employer à cet usage cette magnifique fourrure, et se rendit quelques jours après à la parade revêtu de ce bel uniforme de hussard. Il montait un cheval un peu fougueux dont il ne fut pas tout de suite maître, et causa quelque désordre. Napoléon arrive à toute bride près de lui pour savoir ce que pouvait déranger un escadron manœuvrant ordinairement si bien; à peine a-t-il jeté les yeux sur M. de Canouville, qu'il aperçoit ce qu'il a peu de jours avant donné à sa sœur. Furieux, il s'écrie : « Monsieur de Ca- » nouville, votre cheval est trop ardent pour une parade, il faut le » dresser en allant en Russie; vous commanderez là un régiment avec » plus de gloire qu'ici; vous et votre cheval reviendrez plus calmes, » j'espère. »

M. de Canouville partit en effet laissant la princesse livrée au désespoir. Il se conduisit à merveille, s'attira l'affection de ses subordonnés, de ses camarades et l'estime de ses chefs; après une action brillante, il fut tué par le boulet d'une pièce qu'on déchargeait. L'armée entière le regretta.

On trouva sur lui un portrait fort ressemblant de la princesse : il était entouré de diamants; on le porta sur-le-champ au roi de Naples, qui le fit passer à sa belle-sœur. Celle-ci envoyait tous les quinze jours en Russie un courrier chargé de voir M. de Canouville et de lui *parler*, une lettre ne la rassurant pas assez.

M. Ernest de Canouville, maréchal des logis du palais de l'empereur, était le frère de celui dont je viens de parler; il ne se faisait remarquer que par la perfection de la danse, qui lui permettait de rivaliser avec le premier coryphée de l'Opéra : pendant qu'il dansait, son frère se battait en héros pour la défense de son pays. Le talent de la danse s'accordait peu avec la figure froide, sévère, et le pédantisme de M. Ernest. Il était à seize ans et ce qu'il est sûrement aujourd'hui, sérieux, convaincu de son mérite, que personne n'apercevait, et aussi *économe* que son frère était généreux et prodigue. J'ignore absolument ce qu'il est devenu; mais je trouve fâcheux pour lui que la mode ordonne de marcher simplement au bal, je ne vois pas trop ce qu'il peut faire maintenant dans un salon.

CHAPITRE XLVI.
1811.

Bal chez le prince de Neufchâtel. — Madame Foy. — Mon impatience. — Magnificence des costumes. — Domino bleu de ciel. — Je perds ma mère dans la foule. — M. Gazani. — La reine Hortense et l'empereur. — Ma brusquerie. — Détails sur madame Foy. — Le colonel Lamothe-Houdard. — Sa mort. — Le général Foy. — Le maréchal Baraguay d'Hilliers.

Les plus belles fêtes, à cette époque, étaient données par le prince de Neufchâtel : il habitait l'hôtel occupé maintenant par le ministre des affaires étrangères, à l'angle de la rue Neuve-des-Capucines, il avait fait ajouter l'aile qui donne sur le jardin. Elle formait une immense galerie communiquant aux appartements du rez-de-chaussée, consacrés à la danse; on servait le souper au premier. Les tables étaient de douze couverts, excepté celle de la princesse, à laquelle s'asseyaient les membres de la famille impériale, les princes étrangers qui venaient faire leur cour à Napoléon, et quelques grands dignitaires de l'empire.

Nous fûmes engagées à l'un de ces bals donné à l'occasion de la naissance du roi de Rome; l'impératrice nous permit d'aller passer quelques jours à Paris pour nous préparer à y paraître, nous y rendre et nous reposer d'y avoir été. Ce bal était masqué. Pour avoir un beau costume, il fallait faire de grandes dépenses. Nous convînmes, ma mère, madame Foy, une autre dame et moi, d'y aller en domino, ce qui était permis. N'ayant pas l'habitude de ce genre de plaisir, je me réjouissais fort d'en profiter, et ne crus pas possible de m'ennuyer. Madame Foy, accoutumée à toutes ces cohues, qu'on est convenu d'appeler délicieuses, me prédisait que je ne serais pas une heure dans cette foule sans être désolée de m'y trouver; que, n'osant dire un mot sous mon masque, la soirée me paraîtrait un siècle, et si elle n'était pas mariée elle s'y déplairait, puisque, ainsi que moi, elle ne pourrait intriguer personne. Malgré la confiance que j'avais dans son jugement, je persistai à soutenir que je m'amuserais beaucoup, et à supplier ma mère de ne pas me refuser ce plaisir.

Je m'habillai avec empressement; je me fis coiffer avec une guirlande : c'était alors l'usage, afin de n'être pas trop laide lorsqu'on se démasquait pour souper. Après avoir pressé les dames d'une manière insupportable, je montai en voiture avec une joie folle.

Nous partîmes de la rue Royale où logeait madame Foy. Arrivées au boulevard, nous prîmes la file, et mon impatience devint extrême de voir que quelquefois nous avancions deux pas pour en reculer trois. Je baissais la glace de devant, je pressais le cocher de couper les autres équipages, je me mettais à la portière pour voir si on apercevait l'hôtel; enfin je m'agitais inutilement, et je commençai à trouver que tout n'était pas couleur de rose dans les bals de la cour. Madame Foy riait, mais elle était trop bonne pour se moquer de moi et pour augmenter ma peine par le détail de ce qui allait m'arriver plus tard. Après une heure et demie qui me parut une éternité, nous arrivâmes poussées, pressées, étouffées, et je fus alors convaincue de la justesse des observations de mon aimable amie. Plus nous avancions vers la belle salle de bal, plus nous étions mal à l'aise; et ce ne fut qu'après des fatigues inouïes que nous parvînmes à trouver quelques places sur une banquette : j'avais besoin de m'asseoir, j'étais déjà lasse en entrant.

J'aimais beaucoup la danse : mais voyant que les dominos faisaient une fort triste figure auprès des ravissants costumes de toutes ces jolies personnes figurant devant moi, je me décidai à ne pas remuer. Masquée jusqu'aux dents, qui que ce soit ne m'adressait la parole : ma mère s'ennuyait, moi aussi, mais je ne voulais pas en convenir, et me mis à examiner, pour me distraire, la magnificence qui m'environnait.

Les femmes faisaient assaut de toilette. Toutes me paraissaient charmantes, chacune ayant choisi la parure la plus favorable à sa figure. L'or et les diamants étincelaient de toutes parts. Les glaces, éclairées par mille bougies, réfléchissaient ces brillantes images, et des caisses de fleurs, disposées avec art entre les colonnes, exhalaient les parfums les plus exquis. Je me croyais vraiment transportée dans quelque palais enchanté des Mille et une nuits, je témoignais vivement mon admiration à ma mère. Tout à coup, en levant la tête, j'éclate de rire d'une manière assez bruyante pour que mes voisins s'informent de la cause de cette gaieté peu ordinaire dans ce genre de réunion, où elle doit être soumise à l'étiquette, comme chaque mouvement en chaque révérence. Sans pouvoir répondre, je riais toujours; ma mère me grondait tout bas, en me disant que je *faisais scène*, que cela était du plus mauvais ton; je n'en continuais pas moins. Enfin je montrai du doigt une tribune, dans laquelle se trouvaient les musiciens; tous avaient le domino de rigueur, et leurs étranges figures eussent été dignes du pinceau spirituel des Vigneron, Charlet, etc. Le nègre Julien, avec un camail bleu de ciel, élégamment garni, était ce que j'ai vu de plus extraordinaire; un second violon, poudré à blanc, n'était pas moins singulier sous son capuchon hortensia. Je fus tout étonnée du sérieux de ceux auxquels je montrais ces caricatures qui me paraissaient si plaisantes; l'habitude les leur faisait trouver naturelles, et l'on se moqua de moi beaucoup plus que je ne m'étais moquée de cet orchestre si drôlement habillé.

Ma mère, pour me dérober aux observations que se permettaient mes voisins sur mon peu d'usage du monde, me proposa d'aller dans une autre salle : j'y consentis; nous nous levâmes, et nous nous dirigeâmes vers celle où l'on disait qu'était le quadrille des princesses. Arrivées à une porte encombrée d'allants et de venants, je fus tout à coup séparée de ma mère et portée en quelque sorte loin d'elle, sans qu'il me fût possible de la rejoindre. Je perdis complétement la tête; ne sachant ce que je faisais, j'ôtai mon masque et me mis à parcourir dans tous les sens la pièce où j'étais parvenue sans tant de peine. Rouge, effarée, je criais à tue-tête : « Mon Dieu ! où est donc maman? Avez-vous vu maman? » On me regardait, on riait; et comme l'on ne me connaissait pas, on passait près de moi sans daigner m'adresser la parole; enfin, après quelques minutes d'angoisses impossibles à décrire, M. Gazani me rencontra, et, avec sa bonté ordinaire, m'offrit son bras pour m'aider à retrouver cette mère que je demandais à tout le monde. Jamais service ne vint plus à propos et ne fut rendu avec plus d'obligeance.

Nous parcourûmes différents salons. Pendant que je regardais de tous côtés pour apercevoir l'objet de mes recherches, deux dominos noirs s'approchent de moi. L'un me dit que c'est sans doute par coquetterie que j'ai ôté mon masque, puisque ceux qui portaient un costume peu favorable le gardaient en général toute la soirée. « Il s'agit bien de coquetterie, vraiment ! m'écriai-je brusquement; je voudrais être loin d'ici, et ne cherche guère à y plaire, je vous assure. — Comment ! vous ne vous amusez pas, vous, mademoiselle, si gaie, si folle de la danse? continua mon petit masque en me tenant par le bras. — Mais non, je m'ennuie, vous dis-je; je cherche ma mère, et vos questions achèvent de me faire trouver cette soirée fatigante à l'excès, tout le monde m'excède aujourd'hui. — Je suis cependant décidée à ne pas vous quitter encore. — Allez-vous demain au concert de la reine Hortense ? — Hélas ! oui : pour peu que cette soirée soit aussi agréable, aussi amusante pour moi que celle-ci, j'aurai eu là une jolie semaine. » Je prononçai ces mots avec un redoublement d'humeur marqué; et, arrachant mon bras des mains du domino, qui semblait avoir pris à tâche de me tourmenter, j'entraînai M. Gazani dans un autre coin de la salle, où je retrouvai ma mère. M. Gazani, après quelques minutes accordées au récit de mes mésaventures, me dit qu'il pensait que je venais de faire une grande maladresse, en répondant si brusquement tout à l'heure. « Encore une ! demandai-je avec anxiété, et laquelle, mon Dieu ! Il me semble que jamais je ne fus si sotte ! — Je crois, mademoiselle, que ce domino si maltraité par vous était la reine de Hollande. — Oh ! pour le coup, il ne manquerait que cela ! — Je vous assure que j'ai reconnu sa voix et ses gestes. » Je voulus me persuader qu'il s'était trompé; mais cette voix mal déguisée retentissait à mes oreilles, et je ne pus m'empêcher de conserver une inquiétude que je combattis sans pouvoir parvenir à en triompher, et qui acheva de me faire désirer vivement de quitter le théâtre de tant de choses désagréables, accumulées avec une véritable fatalité.

Nous ne pûmes rejoindre madame Foy, qui, spirituelle, gracieuse, piquante, ayant l'habitude de bal masqué, s'amusait beaucoup, et intriguait tous ceux dont elle consentait à s'occuper. Nous partîmes donc sans elle. Avant de donner des détails sur le concert de la reine Hortense, où nous devions aller le lendemain, je veux dire quelques mots de la femme charmante dont je viens de parler. Elle m'a inspiré une amitié trop sincère pour que l'absence ait pu l'effacer de mon cœur.

Les circonstances nous ont éloignées l'une de l'autre ; mais le temps où elle me traitait comme une sœur, a été si heureux pour moi, que je veux m'y transporter un instant. Ce sera retrouver quelques-unes des douces illusions de ma jeunesse... La compagne de l'un de nos plus illustres orateurs, de l'un de nos généraux les plus distingués, doit d'ailleurs intéresser la France entière, qui s'est associée à ses justes douleurs ; c'est presque un devoir de dire ce que j'en sais, puisque ce sera assurer mes concitoyens que le général Foy dut être heureux pendant sa trop courte carrière.

Le général Baraguay d'Hilliers épousa par amour madame Daniel, veuve d'un officier, dont elle avait eu deux enfants, qui furent adoptés par son second mari, et traités par lui avec une tendresse qui ne s'est jamais démentie.

Mademoiselle Lise d'Hilliers l'aînée, était jolie, remarquable par son esprit, et par une facilité rare qui la faisait réussir dans tout ce qu'elle apprenait ; une grande vivacité, jointe à une douceur soutenue, rendait sa société agréable et sûre. Elevée par sa mère, femme d'un vrai mérite, elle réunissait des connaissances solides aux talents qui les embellissaient.

Elle fut fiancée au colonel Lamothe-Oudard, l'un des officiers les plus braves de l'armée ; tout se préparait pour son mariage, qui allait se célébrer à la terre du général d'Hilliers ; le trousseau était prêt, la corbeille donnée, les guirlandes de fleurs qui devaient orner la chapelle préparées, les voisins invités à assister à la cérémonie qui assurait le bonheur de cette jeune personne, objet de tous les vœux et de tous les hommages.

Un courrier arrive qui apporte à M. Lamothe l'ordre de rejoindre sur-le-champ la grande armée. Il savait qu'avec Napoléon une heure suffisait souvent pour assurer une gloire éternelle ; il ne la consacra pas même à l'amour, malgré les instances les plus vives pour avancer la célébration. Il s'arracha des bras d'une famille qui le chérissait déjà comme un fils. « Peut-être dans peu de jours, s'écriait-il, il ne restera de moi qu'un nom de plus à ajouter à la liste des hommes morts pour leur patrie. J'ai entrevu le bonheur, c'est beaucoup ! adieu ! »

Il partit, et courut rejoindre ce chef qui déjà tant de fois lui avait appris à vaincre. Toute cette joie fut changée en tristesse, et de cruels pressentiments, qui trompent tant de fois les amants, persuadés que tout doit être funeste dès qu'ils sont forcés de se quitter, furent cette fois cruellement réalisés. Le colonel Lamothe, après des actions dignes de sa belle réputation militaire, fut tué à Austerlitz.

Mademoiselle d'Hilliers sentit avec toute l'énergie de son caractère la perte qu'elle venait de faire. Sa santé fut même altérée au point de donner quelques inquiétudes. Les médecins pensèrent que le changement de lieu pouvait seul la guérir de cette consomption qui la minait. Elle suivit donc son père en Italie, où il avait un commandement : c'est là qu'elle connut le général Foy, dont elle reçut les soins d'abord avec indifférence. Peu à peu elle fut subjuguée par ses qualités éminentes, qui dès lors pouvaient donner l'idée de ce qu'il serait un jour ; pressée par sa famille, entraînée par l'ascendant irrésistible de tous les genres de mérite, elle consentit à une union trop tôt rompue !

Je l'ai vue fière de son choix, lisant avec orgueil les lettres pleines d'éloquence qu'il adressait de Portugal. Je l'ai totalement perdue de vue, ses relations différant des miennes. On a depuis essayé de me dire d'elle des choses qui eussent dû me faire changer d'opinion sur son compte. Je suis heureuse de pouvoir en douter et d'imaginer que l'esprit de parti seul a pu inventer ces calomnies. Puisse-t-elle, si elle me lit, trouver ici l'assurance que je suis toujours la même, et partager le plaisir que j'ai éprouvé à me rappeler notre ancienne liaison.

Son frère aîné est M. le maréchal Baraguay d'Hilliers ; sa sœur épousa M. de Danrémont, mort si glorieusement en Afrique. On la dit remariée à M. Vaïsse, sénateur ; elle était destinée à être toujours la compagne d'un homme de grand mérite.

CHAPITRE XLVII.
1811.

Soirée chez la reine Hortense. — Notre fiacre. — Conversation que j'eus avec Sa Majesté. — C'était l'empereur. — Bienveillance de la reine. — La belle duchesse de Coreglia no. — Madame Thibaudeau — La duchesse de Montebello. — La maréchale Soult. — M. de Flahault. — M. de Souza. — Caractère de M. de Flahault. — Son talent pour le chant. — Joli mot de lui. — Garat. — Je chante avec lui. — Mademoiselle de Bourgoing. — Son extrême bonté. — Mademoiselle Cochelet. — Madame de Broc. — Sa mort. — La duchesse du Bassano. — La vicomtesse Ducrest de Villeneuve.

Nous arrivâmes tard chez la reine Hortense, notre très-modeste équipage ayant eu peine à se faire place au travers des brillants voitures qui encombraient la rue. Les cochers, fiers de la livrée qui attestait leur servitude, sentant avec orgueil les rênes qui servaient à contenir l'ardeur de deux beaux et fringants coursiers, s'épuisaient en plaisanteries et en bons mots d'antichambre, dont le ton était trop élevé pour être compris par l'humble conducteur de pauvres chevaux maigris au service du public. Tous les coups de fouet des insolents gentilshommes de siège augmentaient notre embarras et il nous fallut une grande heure pour parvenir jusqu'à la porte cochère. Comme de raison, nous fûmes obligées d'y mettre pied à terre. Heureusement il faisait beau, et nous arrivâmes au vestibule sans l'accident que je redoutais pour mes souliers blancs. Le suisse, les valets de pied nous regardèrent bien avec un léger mouvement de dédain qui me fit rougir jusqu'aux yeux ; mais ce petit déboire d'amour-propre cessa si vite, que j'en étais consolée avant d'être au haut de l'escalier.

Les salons étaient pleins ; le piano se trouvait dans celui où se tenait la reine, il fallait en traverser plusieurs pour arriver jusqu'à Sa Majesté, coudoyer des hommes chargés d'ordres et de broderies, des femmes éblouissantes de parure. Je marchais sur les pieds des uns, j'accrochais les belles garnitures des autres. Saluant à droite et à gauche les personnes que je voyais à la Malmaison, je sentais que j'étais gauche, j'éprouvais un air et un embarras extrêmes, à mesure que j'approchais de la reine, et je finis par être totalement décontenancée. Ce qu'elle me dit n'était pas assurément propre à me remettre ; on va le juger par ce qui suit.

« Bonjour, mademoiselle ; êtes-vous plus gentille qu'hier ? Savez-vous que vous n'êtes pas du tout aimable au bal masqué ? Comment, je vais vous parler, et vous me répondez avec disgrâce, une brusquerie tout à fait éloignées de vos manières ordinaires. — Madame, je ne savais où était ma mère, et j'avoue... — Oui, je sais cela ; ce n'était pas cependant une raison pour me traiter ainsi. J'ignorais que Votre Majesté eût daigné... — Sans doute, vous ne pouviez deviner qui j'étais ; c'est une belle leçon pour l'avenir, qui vous engagera, j'espère, à être toujours bienveillante ; je suis affligée de cette petite scène d'hier ; je ne vous aborderai de peur vous faire valoir ; et en vérité, il faut avouer que vous ne pouvez être accusée d'avoir été mon compère. Voici le fait. Mon chevalier voulait vous connaître. Il sait combien ma mère vous aime ; il désirait savoir si son goût était bon. Pour cela il fallait juger de votre esprit, avoir quelques notions sur votre ton, enfin ne pas se contenter d'un joli visage. C'est pourtant tout ce qu'il a pu approuver en vous ; encore portait-il une expression d'humeur qui l'enlaidissait. Jugez du mon chagrin en vous entendant, car ce domino si curieux était l'empereur »

Je fus atterrée par ces paroles ; je ne pouvais avec la meilleure volonté du monde me dissimuler que jamais je n'avais été aussi maussade qu'au bal. C'était précisément ce jour la que j'eusse voulu être mieux que de coutume, pour justifier les bontés dont j'étais l'objet. Ne pas m'être montrée digne des faveurs de l'impératrice me semblait une ingratitude que je me reprochais comme si elle eût été volontaire. L'empereur dut être surpris de voir prodiguer ainsi des marques de bienveillance à une personne qui ne pouvait lui paraître qu'un enfant mal élevé.

La reine, voyant se peindre sur ma figure l'émotion la plus pénible, m'adressa quelques mots avec sa grâce accoutumée, et m'assura qu'elle avait dit à l'empereur tout ce qui pouvait atténuer l'impression défavorable causée par ma rudesse hors de propos. Il avait trouvé plaisante cette franchise de ton à laquelle il n'était plus habitué, et qu'il ne retrouvait qu'à l'armée, où les soldats la la conservaient avec lui, ce qui ne lui déplaisait nullement.

Je fus fort peu satisfaite qu'il fallût aller chercher au camp quelque similitude avec moi ; mais pour remercier la reine de la bonté qu'elle mettait à me consoler, je tâchai de reprendre ma sérénité ordinaire.

J'avouerai que ma légèreté habituelle effaça promptement de mon imagination cette scène désagréable, et je me livrai à mon plaisir le plus grand, celui d'observer ceux qui m'entouraient. Jamais je n'eus tant de facilité pour me livrer à mon goût, car près de la plus jolie femme s'en trouvait une affreuse ; à quelques pas de la gracieuse figure de la duchesse de Coreglia no, on remarquait la minaudière madame Thib...., non loin de l'élégante duchesse de Montebello, la jeune maréchale S.... était avec une énorme embonpoint et la ridicule toilette ; enfin, tout était contraste dans cette nombreuse assemblée.

Je retrouvai là M. de Flahault, avec lequel j'avais presque été élevée en émigration, et dont la charmante mère, amie de la mienne dans le temps d'adversité, était restée la même après la brillante fortune qu'elle avait faite, en épousant M. de Souza, ministre de Portugal. Elle nous reçut constamment avec une extrême amitié, et nous rendit plus d'un services importants, nous prouvèrent un peu mieux qu'en signant ses charmants ouvrages des âmes nobles et élevées, elle n'était pas obligée d'aller chercher bien loin son modèle.

M. de Flahault était de la plus agréable figure ; il avait un ton parfait, beaucoup de grâce dans l'esprit, une douceur de caractère qui n'annonçait pas la fermeté d'opinion qu'il a déployée depuis. Il chantait remarquablement pour cette époque, et sa complaisance extrême ajoutait encore à ce talent. La reine le pria de se mettre au piano, ce qu'il fit avec une simplicité pleine de grâce dont les amateurs se croient en général dispensés ; ils font presque toujours acheter le plaisir de les entendre par l'ennui mortel de leur demander pendant une heure ce que l'on sait qu'ils brûlent d'accorder, qu'ils ne refusent que pour se conformer à l'usage. Il serait en vérité temps que toutes ces minauderies d'un excessif amour-propre fussent proscrites ; que les talents médiocres, au lieu d'être sollicités de se mettre au jour, fussent au contraire obligés de demander qu'on voulût bien les écouter ; ce serait beaucoup plus naturel et plus franc de part et d'autre.

M. de Flahault avait toute l'étourderie qui sied à la jeunesse lorsqu'elle ne dégénère ni en fatuité, ni en licence.

Sa mère le grondant un jour sur une légèreté que la sévérité maternelle croyait devoir signaler. « Mon Dieu ! maman, lui dit-il, je crois que vous voudriez me voir à la barbe du pape Leur blanche. » Cette charmante réponse mit fin au sermon commencé.

Garat, qui se trouvait à cette réunion, fut à son tour prié de se faire entendre, et, par malice pour moi, à qui il avait donné des leçons, il annonça à la reine qu'il allait me demander de chanter avec lui le duo Crudel perché fin ora des Noces de Figaro ; je crois, battu si j'avais pu ; chanter devant cette assemblée si nombreuse, dans laquelle j'avais peu de connaissances et une seule amie que je nommerai tout à l'heure, me parut le comble du malheur ; cependant, voulant éviter de l'attention qu'il plus longtemps fixée sur moi, je me décidai à m'exécuter promptement, et avec un tremblement général, je suivis ma mère et Garat au piano ; assurément je ne pouvais ennuyer personne, car la peur me paralysait en un tel point, qu'il me fut impossible d'articuler un son, et ce duo fut un véritable solo dont Garat fit les frais.

Revenue à ma place, je me trouvai près de mademoiselle de Bourgoing, qui a depuis épousé le maréchal Macdonald; une mort prématurée l'a enlevée à la famille dont elle était l'idole, et à la société de laquelle elle était l'exemple. Son aimable caractère ne changea point; elle conserva jusqu'au dernier moment l'obligeance, la douceur qui en formaient la base. Liée avec elle dans mon enfance, nous fûmes longtemps séparées. Son immense fortune les honneurs dont elle était entourée, devaient nécessairement l'éloigner de moi, qui, restée dans une obscurité suite de ma modeste position, me fusse à voué fort ennuyée de n'être jamais libre ni seule avec une amie; pour que ce sentiment si délicieux de l'amitié répande des charmes sur les instants qui lui sont consacrés, il ne faut pas qu'il y ait trop de différence dans les positions de ceux qui l'éprouvent, sinon on ne se comprend plus, et mille émotions qui devraient être communes, mille sensations qu'il faudrait éprouver en même temps, ne trouvent plus accès que dans un seul cœur! Dès que mademoiselle de Bourgoing était, d chesse et maréchale, nous devions non devenir étrangères l'une à l'autre, mais ne plus nous voir.

Convaincue de l'impossibilité d'une confiance intime, lorsque les rangs ne sont plus semblables, j'ai toujours renoncé à mes amies, lorsque de brillants mariages les lançaient dans une route nouvelle dans laquelle je ne pouvais les suivre; n'ayant aucune ambition, je les fuyais dès qu'elles étaient heureuses par des avantages qui ne me paraissaient pas le bonheur, mais qui attiraient autour d'elles une foule d'indifférents. Je m'intéressais toujours à elles, je jouissais de tout ce qui leur arrivait de favorable, je m'affligeais de leurs peines, mais m'en tenais éloignée.

La duchesse de Tarente m'a prouvé que son âme avait été bien jugée par la mienne. Elle aprit que je venais de perdre mon père; elle m'écrivit à cette occasion la lettre la plus tendre et la plus aimable, dont je fus profondément touchée. J'eus plus tard encore une nouvelle preuve du souvenir qu'elle conservait de notre ancienne amitié. Je m'adressai à elle pour solliciter la protection du maréchal pour une pauvre orpheline, fille d'un sergent décoré, mort sur le champ de bataille. Je désirais son admission à Saint Denis; il ne fallait, pour intéresser la duchesse, que lui peindre l'infortune de cette enfant, restée à la charge d'une vieille grand'mère, obligée de travailler pour vivre. Peu de jours après ma demande, je reçus le brevet qui assurait à la petite l'honorable et une bonne éducation à cette infortunée; elle fut admise dans cette maison où les filles de tant de braves reçoivent la récompense touchante de la gloire de leur père [1].

Pourquoi faut-il que l'expression de ma reconnaissance pour un service rendu avec tant de grâce ne s'adresse plus qu'à une ombre!...

Je remarquai près de la reine Hortense une personne dont la toilette élégante et le maintien un peu hardi annonçaient une prétention qui contrastait singulièrement avec une grande taille sans aucun agrément, et une figure dont les traits fortement prononcés étaient sans charmes. J'appris que c'était mademoiselle Cochelet, lectrice, qui, d'une place inférieure, s'était élevée à celle d'amie de la reine; elle était sa favorite, et rien, disait-on, ne se faisait sans qu'elle fût consultée. Je m'étonnai de la faveur extraordinaire dont elle jouissait, et cela uniquement parce que son extérieur ne me plaisait pas. Ma légèreté me fit juger encore tout de travers dans cette occasion. Par sa fidélité à sa souveraine, son dévouement, elle a prouvé combien elle était digne d'inspirer un attachement sincère. Ceux qui la connaissent prétendent que son esprit et ses talents rendent sa société charmante; c'est une des mille occasions où mon jugement n'avait pas le sens commun.

Mademoiselle Cochelet, mariée avantageusement, habitait en Suisse près de son amie, à laquelle elle prodigua ses jours les moins.

C'est à ce cercle que je vis pour la première fois l'une des plus charmantes femmes de la cour; elle a été si généralement regrettée, que la nommer suffit pour indiquer qu'elle réunissait la perfection: c'était madame de Brocq [1]. Mise avec une simplicité de bon goût, elle me parut éclipser tout ce qui l'entourait; non qu'elle fût régulièrement belle ni qu'elle attirât tout de suite les regards, il était très-aisé peut-être d'avoir un plus joli nez, une plus petite bouche, un teint plus éclatant, mais il était impossible d'avoir de plus beaux yeux. On n'y vit y a de bon, d'fin s'y trouvait; il fallait aimer madame de Brocq. L'espèce de négligence de ses mouvements lui donnait quelque chose de particulier que je n'ai vu qu'à elle; l'intérêt qu'elle inspirait par l'expression touchante de son visage semblait se changer en amitié dès qu'elle voulait prendre la peine d'en inspirer; mais elle semblait en quelque sorte vouloir fuir tout sentiment tendre, comme si elle n'eût été à distance de sa vie habituelle, le souvenir de son mari, qu'avait perdu depuis deux ans, je crois. Avant cette époque, il était difficile d'être gai en causant avec elle; cependant elle n'était pas précisément triste, elle cherchait à prendre part à la conversation. Son sourire avait toujours l'air d'un effort pénible, et, lorsqu'on le pouvait l'obtenir, on s'affligeait presque de l'avoir excité.

[1] Madame la baronne de Bourgoing, surintendante de la maison royale de Saint-Denis, était la mère de la duchesse de Tarente, et M. le baron de Bourgoing, ancien ambassadeur, sénateur, homme aussi instruit que bon et aimable, est son frère.

C'était un contre-sens sur cette physionomie qui eût pu servir de modèle à la Mélancolie; madame de Brocq en avait toute le vague et le charme [1].

Plusieurs femmes citées pour leur beauté se trouvaient aussi à cette soirée, et y brillaient dans des genres différents. Madame la duchesse de Bassano, suivant moi, était la plus remarquable par sa figure régulière et sa belle taille. Je savais d'elle une infinité de traits touchants, qui peut-être prêtaient à sa physionomie mille perfections. Je croyais y découvrir toute ce qui annonce l'épouse irréprochable, la mère la plus tendre, l'amie la plus sûre et la plus dévouée; et je la regardais avec d'autant plus de plaisir, qu'elle avait été bonne au delà de toute expression pour une personne de ma famille [2]. Il m'a toujours été doux d'admirer une femme; elle semble que quelques-unes de ses qualités rejaillissent sur tout mon sexe, et que je dois en attraper quelque chose. Madame de Bassano était trop belle, son époux trop puissant, trop comblé des faveurs de son souverain, pour que la calomnie ne cherchât pas à l'atteindre; elle poursuit avec plus de persévérance tous les genres de mérite, et ne laisse en repos que ceux qui ne peuvent inspirer l'envie. Madame de Bassano n'opposa à ses traits acérés que le témoignage d'une conduite à laquelle l'empereur rendit justice dans plusieurs circonstances.

Habitué à réussir auprès d'un grand nombre de dames, qui allaient même au-devant de ses hommages, on prétend qu'il eut quelque temps l'idée de plaire à madame de Bassano. Il s'occupa d'elle avec assiduité; elle lui répondit avec une respectueuse froideur qui devait lui prouver qu'elle serait cette fois forcé de convenir qu'il avait échoué dans ses projets.

Étant à Fontainebleau, il rencontra madame de Bassano dans la galerie, la prit par le bras, et lui fit la déclaration la plus positive et la plus passionnée. « Sire, si j'instruisais mon mari de tout ceci, il ne croirait jamais que celui qui s'est avec tant de dévouement voulut troubler le bonheur de son intérieur. Est-ce vous, sire, qui devez chercher à y mettre un terme? Je me vois forcée de déclarer à Votre Majesté que vos poursuites ne cessent pas immédiatement, j'instruirai de tout ce qui sera toujours l'unique objet de toutes mes affections. Je le connais assez pour être certain qu'il donnerait sur-le-champ sa démission de toutes ses places et s'éloignerait avec moi de la cour. — Il ne l'osera pas, ma dame. — Votre Majesté est dans l'erreur; il osera tout pour se dérober au chagrin d'être convaincu de l'ingratitude de l'homme qu'il aime le plus. » En achevant ces mots, elle arracha sa main de celle de Napoléon et se mit à fuir avec rapidité. — « Tranquillisez-vous, madame, lui cria avec colère l'empereur; ne courez pas si fort. Vous êtes aussi sotte que belle; je suis guéri. » Il fut quelques semaines froid et maussade avec madame de Bassano; mais ensuite il retomba près d'elle d'égards et de respect, la citant comme un exemple à suivre, et la traita toujours avec la plus grande distinction.

Cette anecdote m'a été contée par une personne qui prétendait être sûre de son exactitude. Je ne la garantis pas; mais comme elle est honorable pour la mémoire de madame de Bassano, j'ai cru devoir la rapporter. Son invention serait encore un hommage à sa vertu.

CHAPITRE XLVIII.

1811.

Bal masqué aux Tuileries. — Marie-Louise en Cauchoise. — La reine de Naples. — Quadrille de la Reine Hortense. — Mesdames de Menou, de Graville, de Villeneuve, Duladoir, etc. — Md. Perceaux, De aix, de Fabaud, etc. — L'empereur force madame *** à sortir. — Madame de Goël — Minuit passé — Nous retournons à Malmaison. — M. et madame Vanberghem. — Place créée dans la maison de l'impératrice. — Refroidissement à notre égard. — J'en parle à Sa Majesté. — Elle me rassure, et me promet son portrait et 3 000 fr. — M. de Rohan Chabot. — M. de la Vauguyon. — Mademoiselle Personile.

Je ne sais trop à quelle occasion un bal masqué fut donné aux Tuileries; mais je sais qu'il y en eut un auquel furent engagées mille personnes de la société, non présentées. Elles étaient placées aux premières et secondes loges de la salle de spectacle, et ne pouvaient ni circuler ni être déguisées. Seulement la cour de l'empereur était en costume de caractère ou en domino. Le parterre élevé au niveau du théâtre servait de salle de danse. Des festons de fleurs, des lustres nombreux et magnifiques, les toilettes des femmes, formaient un coup d'œil enchanteur.

A dix heures précises l'impératrice Marie-Louise arriva suivie d'une grande partie de son service et de celui de l'empereur. Elle avait adopté le costume de Cauchoise, qui convenait parfaitement à

[1] Cette charmante personne périt en Suisse sous les yeux de la reine, qui la vit rouler dans un précipice horrible, d'où on ne retira qu'un corps affreusement mutilé. Le désespoir de Sa Majesté fut extrême, et ses vifs regrets, partagés par tous ceux qui avaient été à même d'apprécier les vertus, les talents et le caractère de madame de Brocq, elle était sœur de madame la maréchale Ney. La reine Hortense a fait ériger un monument en marbre à l'endroit de cette épouvantable catastrophe.

[2] Madame la vicomtesse Ducrest de Villeneuve.

sa grande et forte taille. Sitôt qu'elle fut assise, les quadrilles des princesses furent introduits au son d'une musique guerrière ; celui de la reine de Naples représentait tous les différents costumes d'Italie dans la plus scrupuleuse exactitude ; on y avait seulement ajouté quelques broderies et un grand nombre de pierreries. Il fut totalement écrasé par celui de la reine Hortense, représentant les Péruviens se rendant au temple du soleil ; mesdames de Menou, de Graville, de Villeneuve, etc., conduites par MM. Perregaux, Desaix, de Flahault, etc., et une foule d'autres, suivaient la reine, dont l'élégante tournure et le joli pied ressortaient admirablement sous un vêtement tellement léger qu'il semblait même alourdi par les flexibles plumes de marabouts dont il était orné.

La grande prêtresse, sous les traits de la belle madame Dulauloy, semblait faite en effet pour commander. Rien de plus majestueux, de plus noble ne pouvait ordonner l'adoration que sa vue suffisait pour inspirer ; je vis le moment où toute la salle suivrait l'exemple de ses sujets, qui avaient la permission de se jeter à ses pieds. Le mouvement d'admiration qu'excita cette incomparable beauté fut général.

Lorsque les quadrilles princiers furent finis, les contredanses commencèrent, et les conversations s'établirent entre les gens de la cour et le modeste public des premières. Il était impossible de distinguer l'empereur, perdu dans une nuée de dominos de toutes couleurs qui se plaisaient à nous intriguer, nous autres plébéiennes, toutes fières d'être remarquées par eux ; cependant, tout en suivant des yeux cette foule qui n'était jamais interrompue par aucun intervalle, je crus remarquer un domino gris suivi de deux grandes figures noires qui me parurent là pour surveiller *le maître*, et surtout ceux qui pourraient le trop approcher. Dès lors je ne regardai plus que ce groupe, et j'acquis la certitude que je ne m'étais pas trompée.

Le domino gris s'approcha d'une fort jolie dame, couverte de diamants ; elle était assise à quelques places de celle que j'occupais. Les bras croisés derrière le dos, Sa Majesté fut plusieurs minutes à la regarder attentivement sans prononcer une seule parole ; elle rougissait, tremblait, et finit enfin par dire d'une voix tremblante à l'observateur incommode qu'elle ne croyait pas le connaître. Toujours même silence de la part de l'inconnu, qui semblait cloué en face de cette femme si troublée. Tout à coup elle se lève avec précipitation, et s'écrie avec effroi : « *L'empereur peut seul avoir ce regard*. Que je me repens d'être venue ! » Elle sortit ensuite avec impétuosité. On murmura autour de nous que cette dame, célèbre par une aventure d'éclat qui avait entraîné un divorce, n'avait point été invitée ; qu'avec une audace sans pareille elle s'était introduite à cette fête avec le billet de l'une de ses amies. Napoléon, qui la détestait après l'avoir beaucoup aimée, la força ainsi de quitter une assemblée dont il l'avait repoussée. La conscience de la coupable avait rendu le silence de l'empereur aussi éloquent qu'un ordre émané de lui.

On blâma la hardiesse qu'elle avait eue de venir braver ainsi son souverain et l'opinion publique. L'on sut gré à celui qui pouvait commander de n'avoir mis en usage que l'ascendant irrésistible de la puissance d'un regard scrutateur et sévère.

L'empereur disparut après cette singulière aventure, qui, s'étant promptement répandue, mit un instant de confusion dans le bal, chacun s'abordant pour s'en entretenir. Bientôt la danse recommença et dura jusqu'au souper, qui se servit dans des salles où ne pouvaient entrer les personnes non présentées ; elles furent contraintes de partir sans avoir pris autre chose que des glaces qui circulèrent pendant la soirée.

Cette petite économie parut mal entendue ; elle fit beaucoup de mécontents, qui pensaient avec quelque raison que Sa Majesté ne devait pas inviter chez elle pour faire mourir de faim. Pour comble de disgrâce, il pleuvait à verse. Les voitures des ministres, des dignitaires, étaient placées devant les nôtres, qu'il fut fort difficile de retrouver, et que l'on put regagner sans être horriblement mouillé. Cette fête m'a laissé un souvenir peu agréable [1].

A notre retour à la Malmaison, nous y trouvâmes M. et madame Vanberghen, dont j'ai oublié, je ne sais pourquoi, de parler lorsque j'ai donné des détails sur la société de Navarre, dont ils faisaient partie. Ces deux personnes apportaient peu d'agréments dans notre cercle intime, peut-être est-ce la raison de mon omission à leur égard. Je vais la réparer, et ce sera avec joie, puisque j'aurai l'occasion de prouver de nouveau combien l'impératrice aimait à être utile à ses anciens amis.

M. Vanberghen avait assez d'esprit naturel, mais pas la moindre instruction. Je l'avais connu à Genève gai, amusant par l'espèce de décousu de sa conversation, qui n'était guère qu'une suite d'anecdotes plus ou moins plaisantes qu'il racontait d'une manière originale. Il avait fait quelques affaires avantageuses pendant la ré-

[1] A un autre bal en costume donné à la cour, on représenta les Heures dans un quadrille de douze dames. Madame de Croï, couverte de crêpe noir parsemé d'étoiles d'argent, avait été choisie pour *minuit*, ce qui donna lieu à mille mauvaises plaisanteries. Elle n'était pas jolie et fort bourgeonnée. En marchant près d'elle, quelqu'un dit tout haut : *Minuit passé*. Ce mot fit fortune ; le nom en resta à madame de Croï, dont le caractère peu aimable ne la faisait point aimer dans la société.

volution, époque où il connut madame de Beauharnais chez madame Tallien, avec laquelle il était lié. Sa tournure était celle d'un tambour-major suisse ; grand, gras, frais, blond, il eut une réputation de beauté auprès de quelques femmes à la mode : dès lors il y fut luimême. Obligeant et prodigue, il était entouré de flatteurs qui contribuèrent à manger une partie de sa fortune, que de mauvaises spéculations achevèrent de déranger. Dans le temps de sa prospérité, il avait rendu quelques petits services à madame de Beauharnais, pauvre et souvent obligée d'avoir recours à ses amis. Elle le vit en passant à Genève, se rappela immédiatement ce qu'il avait fait pour elle, se l'exagéra peut-être même pour avoir le plaisir de trouver un motif à ce qu'elle voulait faire pour sa femme et ses enfants. Sa Majesté le nomma capitaine de ses classes, lui accorda un logement partout où elle serait pour lui et sa famille, et lui assigna rendez-vous à Navarre. Il vint y passer quelque temps ; mais, plus âgé, occupé de sa fortune, il me parut entièrement différent de ce que je l'avais vu peu d'années avant.

Il était devenu posé, réfléchi, n'avait plus de naturel, et sa conversation guindée n'offrait pas le moindre attrait. N'ayant plus de franchise et d'abandon que les courtisans de profession, il leur était souvent inférieur par le peu d'habitude du monde où il se trouvait tout à coup lancé. Ce n'était plus de chevaux, de toilettes, d'anecdotes scandaleuses qu'il fallait s'entretenir : une gaieté un peu vive eût été blâmée ; pour l'éviter, M. Vanberghen tomba dans l'excès contraire : en un mot, l'ambition le rendit ennuyeux comme tant d'autres.

Sa femme avait de jolis traits, mais si entièrement dépourvus de mouvement et d'expression, qu'on se lassait bien vite de les regarder ; ils promettaient peu d'esprit, et malheureusement ils annonçaient juste.

Après un court séjour à Navarre, ils partirent pour Paris, et n'arrivèrent à la Malmaison que longtemps après nous. Loin d'ajouter au charme de la société intime, dont au reste on jouissait peu dans ce palais, qui semblait consacré à la représentation, ils y ajoutèrent plus de froid encore ; leur présence déplaisait à beaucoup de gens, qui craignaient de perdre leur faveur, tandis que M. Vanberghen ne savait pas en jouir, n'étant pas satisfait de ce qu'il avait obtenu, persuadé qu'il méritait davantage.

L'impératrice, avec sa sagacité ordinaire, n'avait pas jugé que M. Vanberghen pût remplir convenablement une place qui eût exigé de la tenue et l'usage de la cour ; elle lui avait accordé précisément celle qui lui convenait, elle avait été créée pour lui afin de ne blesser aucune prétention et de ne faire aucun passe-droit ; il ne fallait pour l'exercer que bien monter à cheval et savoir bien chasser, ce qui se rapportait aux goûts et aux connaissances de M. Vanberghen.

Nous fûmes, ma mère et moi, frappées du refroidissement pour nous de toutes les personnes entourant Sa Majesté ; sa bonté restait encore la même ; mais nous pensâmes aisément que l'on parviendrait tôt ou tard à obtenir notre éloignement. Une fois j'osai en témoigner ma crainte à l'impératrice, qui me rassura par les paroles les plus bienveillantes, et pour achever de me calmer elle me dit qu'elle allait ordonner de me faire remettre mille écus pour réparer le désordre qui sans doute existait dans mes petites finances. « Je vous donnerai aussi mon portrait, et l'on ne doutera pas de l'intérêt que je vous porte ; ce nouveau don vous prouvera combien je désire vous convaincre que je vous aime sincèrement, et que je veux vous garder près de moi. » Je crus tout ce qu'elle me disait, comme on croit à dix-huit ans ; je le désirais trop pour en douter ; je fus tranquille pendant quelque temps [1].

M. de Rohan-Chabot vint faire une visite à la Malmaison ; il était chambellan, et avait été longtemps à Naples, d'où il arrivait. L'impératrice lui adressa une foule de questions auxquelles il répondit avec esprit mais d'un air timide, surprenant chez un homme de son âge ayant longtemps vécu à la cour. Sa Majesté le retint à dîner, et fut pleine de grâce pour lui. M. de la Vauguyon, arrivant aussi de Naples, venait d'être nommé général de brigade par la protection spéciale de la reine Caroline ; il vint à la Malmaison le même jour que M. de Chabot. L'impératrice le reçut très-froidement, et me dit le soir, lorsque les étrangers furent partis, qu'elle ne concevait pas sa fortune rapide. « Il n'a pas la plus belle figure ; il se fie trop à ce fragile avantage pour devenir jamais un sujet distingué ; il a d'ailleurs, poursuivit Sa Majesté, le malheur de se déplaire dans la bonne compagnie. Dès qu'il peut s'échapper et se soustraire aux devoirs de sa place, il court se reposer chez les actrices de la contrainte qu'il s'impose par ambition ; son ton et ses manières se ressentent de ces habitudes, il ne saura jamais parler qu'à des femmes de théâtre ; la galanterie lui est aussi étrangère que la politesse ; il lui faut tout l'abandon, tout le laisser aller des foyers et des cafés ; dès qu'il en sort, il se trouve déplacé partout, quel dommage [2] !

» Quant à M. de Chabot, c'est différent : il a le sentiment inné de ce qui est noble et bien ; il réussira dans tout ce qu'il voudra entre-

[1] Cette somme ne me fut pas comptée ; je regrette encore le portrait.
[2] M. de la Vauguyon a, je crois, fini par épouser une ancienne actrice de l'Opéra, mademoiselle Persillié.

prendre, parce qu'avec un esprit qui porte à tout ce qui est élevé, il a en même temps la raison qui fait réfléchir, et décide toujours au parti le plus convenable. » Rien n'annonçait cependant alors que M. de Chabot dût se consacrer à la carrière ecclésiastique, dans laquelle il s'illustra par de grandes vertus, surtout par une charité qui ne s'est jamais démentie, et dont je citerais une foule de traits si je ne craignais de lui déplaire en les divulguant. Les pauvres, les malades, qu'il secourt si souvent, seront moins discrets, et la vérité sera sans doute connue ; la reconnaissance se chargera de la publier.

CHAPITRE XLIX.
1811.

L'archichancelier déjeune à Malmaison. — Lettres de l'impératrice qui lui sont adressées. — Le vice-roi arrange une partie de pêche. — Elle n'a pas lieu. — La fidèle Trouss. — Son histoire. — La guerre d'Espagne. — Le roi Ferdinand avait demandé d'épouser une princesse impériale. — Indignation de l'empereur. — Opinion de l'impératrice sur l'avenir. — Madame de Talleyrand.

L'archichancelier vint déjeuner à la Malmaison, et l'impératrice déploya avec lui toutes les ressources de son esprit gracieux, pour lui témoigner le plaisir qu'elle éprouvait de le voir. Il semblait qu'elle voulût le convaincre qu'elle était tellement satisfaite de son sort, qu'elle ne regrettait rien, et lui pardonnait la part qu'il avait prise à son divorce. Il parut touché de cette bonne réception, et prolongea beaucoup sa visite. « C'est un homme que j'estime, dit Joséphine lorsqu'il fut parti, parce que c'est un de ceux qui a le moins flatté l'empereur. Il m'a souvent donné de très-bons conseils ; ce n'est jamais en vain que je les lui ai demandés, ils m'ont été très-utiles. »

J'ai pu me procurer la preuve de ce que disait l'impératrice ; voici deux lettres qui lui furent adressées par cette femme, légère et superficielle lorsqu'elle voulait se mettre à la portée de jeunes personnes qui l'entouraient, instruite avec les savants, et qui prenait avec facilité le ton d'un homme d'État quand il s'agissait de la gloire du haut rang où elle était montée.

A M. l'archichancelier.

« C'est demain, monsieur, qu'en l'absence de l'empereur je donne audience au sénat et aux différentes autorités. Dans une conjoncture aussi délicate, j'ai besoin de deux choses : de vous dire quelles sont mes intentions, et de vous demander quels sont vos avis ; à qui pourrais-je mieux m'adresser qu'au personnage éminent qui a toute la confiance de l'empereur, et que la France regarde avec raison comme son digne représentant ? Voici mes réponses aux communications que j'ai reçues de divers discours qui me sont adressés.

» Je rappelle au sénat que, père de la patrie et conservateur de ses constitutions, c'est à lui seul qu'il appartient de maintenir la balance entre les pouvoirs sans se permettre d'empiéter sur aucun ; au corps législatif, que ses fonctions sont de juger et voter les lois, particulièrement celles de l'impôt, sans s'immiscer dans la marche du gouvernement, que ses prétentions entraveraient ; au conseil d'État, que c'est à lui qu'est réservé l'important devoir de préparer par la discussion de bonnes lois organiques et une législation durable ; aux ministres, qu'ils ne forment ni une corporation ni même une commission législative, ni l'administration, ni le gouvernement ; mais qu'au titre d'agents supérieurs de celui-ci, de premiers commis de son chef, ils exécutent et font exécuter ses ordres, lesquels ne sont que la conséquence immédiate des déterminations législatives ; au clergé, qu'il est dans l'État sans que l'État jamais ni ne puisse jamais se transformer en lui ; que son domaine unique et exclusif sont les consciences, sur lesquelles il ne doit agir que par des moyens des citoyens à la patrie, des soldats au territoire, des sujets au souverain, des pères de famille respectables ; aux corps de la magistrature, qu'en appliquant les lois avec interprétation, avec unité de vues et identité de jurisprudence, ils doivent saisir avec sagacité l'esprit de la loi, tant qu'il accorde le bonheur des gouvernés, avec le respect dû aux gouvernants ; aux savants, que le doux empire des arts, des sciences et des lettres tempère ce que celui des armes (inévitable à une époque de transition et d'épreuve) peut avoir de trop austère ; aux manufacturiers et commerçants, qu'ils ne doivent avoir des pensées, qui au reste n'en font qu'une : la prospérité de nos productions, la ruine des productions anglaises ; aux agriculteurs, enfin, que les trésors de la France sont enfouis dans son sein, et que c'est à la charrue et à la bêche à les en tirer. Je n'ai rien à dire aux braves des deux armées ; le palais est plein de leurs exploits, et c'est sous une voûte de drapeaux conquis par leur valeur, arrosés de leur sang, que je porte la parole. Dites-moi, monsieur l'archichancelier, si vous trouvez ces paroles convenables. »

Autre lettre à M. l'archichancelier.

« Permettez que j'use auprès de vous, monsieur l'archichancelier, d'un droit que je tiens de mes devoirs à secourir les infortunés, et du désir que je vous ai toujours vu de me seconder à cet égard.

» Il s'agit de faire obtenir un emploi dans la maison de l'empereur à M.***. C'est un homme sans naissance, sans fortune et sans appui ; il est malheureux !... Il faut donc, monsieur l'archichancelier, qu'il trouve tout en nous.

» Quant à la naissance, nous savons, vous et moi, qu'elle n'est souvent utile qu'à dispenser du mérite. L'empereur serait encore sous-lieutenant si, pour parvenir aux épaulettes de général, il eût fallu seulement prouver quatre quartiers. Je dirai peu de chose de la fortune, quoique pour entrer dans son service domestique, l'empereur exige qu'on en ait une assurée : le mérite réel, les connaissances acquises, les talents de M. ***, le recommandent à Votre Altesse, qui suppléera bientôt à cette erreur de l'aveugle déesse.

» Sur le chemin où je place cet honnête homme, il ne manquera pas de trouver des rivaux plus favorisés, plus intrigants, plus adroits ; il ne les craindra pas, et je ne les craindrai pas moi-même pour lui, s'il vous a pour guide. J'ai confiance de croire que vous voudriez bien le devenir ; puisqu'il souffre, il est digne de votre protection et de la mienne. Je fournis de nouveaux moyens à votre bienfaisance ; vous ajouterez de nouveaux motifs à ma gratitude. »

Ces deux lettres me paraissent des modèles de style noble et élevé. Elles contiennent ce qui devrait être dit par tous les souverains qui veulent sincèrement le bonheur de leurs peuples et la prospérité de leurs royaumes !... Oh ! qu'allais-je faire ? parler politique, moi qui n'y entends rien ! suivre cette manie du siècle, qui porte mon sexe à quitter l'aimable frivolité qui lui sied, pour essayer la gravité, qui lui convient si peu ! Je reprends bien vite le récit commencé d'événements passés devant mes yeux, de scènes journalières, peu saillantes peut-être, mais plus intéressantes, puisqu'elles concernent des personnages à jamais célèbres. Je suis tout effrayée d'avoir été au moment de succomber à la tentation générale (véritable épidémie de nos jours) de déraisonner sur des matières que peu de gens peuvent discuter avec les lumières nécessaires pour éclairer leurs semblables.

Je vais bientôt arriver aux temps de troubles, de malheurs, de divisions, où chacun plus ou moins était appelé à jouer un rôle ou à avoir une opinion ; la mienne, comme celle de toutes les femmes, étant entièrement de sentiment, je parlerai de ces années funestes qui ont amené le repos dont nous jouissons depuis tant d'orages, non en censeur austère, en politique profond, mais comme une personne qui a souffert des maux de sa patrie. Je raconterai ce que j'ai vu comme je l'ai senti ; j'ai recueilli quelques belles actions qu'il me sera doux de publier, vous devez croire que la vérité de mes récits ne sera contestée par aucun parti. Revenons à la Malmaison avant de m'en éloigner pour toujours.

Le vice-roi avait arrangé une partie de pêche, qui devait avoir lieu le lendemain. Ainsi qu'à Navarre, des bijoux de fantaisie sans aucune valeur devaient être le prix du vainqueur, ainsi qu'à Navarre, les hommes étaient exclus de ce concours d'adresse. Ce mot vainqueur n'a pas de féminin, ce qui prouverait assez que notre gloire doit se borner à remplir les deux devoirs que la nature nous a imposés ; contentons-nous-en ; elle est assez belle, puisqu'elle assure le bonheur de ce qui nous entoure.

Nous nous faisions toutes une fête de voir se renouveler un plaisir dont nous n'avions pas joui depuis quelque temps ; les bateaux furent pavoisés, et l'on convint de se lever à six heures, afin de pouvoir prendre assez de poisson pour en offrir un plat au déjeuner de Sa Majesté, toujours assez bonne pour paraître s'amuser de tout ce qui plaisait aux autres.

A six heures et demie nous étions réunies au salon en costume de combat, la ligne à la main, animées de l'espoir de triompher (car où l'amour-propre d'une femme ne se fourre-t-il pas ?) Nous attendions avec impatience l'arrivée du général dirigeant l'expédition ; nous faisions de beaux projets sur sa réussite, lorsque le vice-roi parut en habit de voyage, tenant un paquet de papiers. « Je suis désolé, mesdames, nous dit-il, de vous avoir fait lever si matin ; je comptais m'amuser à faire la guerre aux poissons de ma mère ; au lieu de cela je pars à l'instant pour Paris, où me mande l'empereur, et de là très-probablement pour l'Italie, où m'appellent les intérêts les plus majeurs. Un ordre reçu il y a quelques instants me force à prendre immédiatement congé de l'impératrice. Quel triste sort que celui qui nous condamne à ne jamais faire ce qui nous plaît ! Dans peu d'heures je serai sur la route de Milan ; je ne jouirai pas du bonheur de retrouver la vice-reine et mes enfants, car je ne resterai qu'un jour avec eux. Je n'emmène que le duc de Litta et ce fidèle Trouss qui ne me quitte jamais. Je n'ai pas le temps de faire des préparatifs, et du moins cette fois-ci j'aurai pour consolation, en m'éloignant d'ici, de voyager comme un bon bourgeois, de brûler les baraques, et de pouvoir me livrer au plaisir de penser à tout ce qui m'est cher. La Malmaison ne sera point oubliée. »

Ce Trouss, dont le prince parlait toujours avec attendrissement, lui avait sauvé la vie en Égypte ; par un de ces événements fréquents à l'armée, le bienfait avait été acquitté par celui qui l'avait reçu.

[1] Je n'ai pas vu les autographes, et je les transcris sans garantie positive d'aucune des lettres.

Quelques années après, dans une affaire très-meurtrière, le brave *Trouss*, cherchant tous les coups dirigés contre son maître, fut exposé de la manière la plus imminente : le vice-roi, dont le sang-froid ne se démenti jamais, s'aperçut du danger que courait ce serviteur zélé ; et sans consulter le nombre des ennemis, il donne un coup d'éperon à son cheval, qui part avec la rapidité du vent et entraîne le vice-roi au milieu d'une vingtaine d'Autrichiens, entourant le pauvre *Trouss* déjà blessé et près de succomber. Le secours qui lui arrive double ses forces, et après quelques minutes d'efforts inouïs, les ennemis sont contraints de fuir, les aides de camp du prince ayant eu le temps d'accourir pour le défendre ou mourir avec lui. *Trouss*, malgré ses souffrances, se précipite aux genoux de son libérateur, qui le presse sur son cœur en lui disant : *Mon ami, nous sommes quittes*. Ce trait m'a été raconté par un homme qui en fut témoin, et prit part à cette belle action. Sa modestie a exigé que je ne

Je feignis d'avoir un violent saignement de nez.

le nommasse pas ; je ne sais s'il existe encore, car depuis il a constamment été fidèle à son prince, et n'est pas, je crois, revenu en France. Dans cette incertitude je tiens la parole que je lui ai donnée de taire un nom qui ne pouvait acquérir plus de gloire, mais qui mérite la vénération de tous ceux qui savent apprécier un noble caractère.

L'impératrice parlait souvent avec chagrin de la guerre d'Espagne ; elle s'affligeait qu'elle eût été entreprise, le résultat pouvant en être funeste à la France. Elle n'estimait point le prince des Asturies, parce qu'il avait écrit à l'empereur des lettres dépourvues de la dignité qui convient au malheur. Elle nous assura qu'il avait demandé à Napoléon une épouse de sa famille, ce qui irrita ce dernier. « Est-il possible que l'on s'abaisse ainsi ! s'écria-t-il à plusieurs reprises ; moi lui donner quelqu'un qui m'appartienne ! Je lui refuserais votre femme de chambre, madame ; car je suis persuadé qu'elle aurait des sentiments trop élevés pour un tel époux ; aucune princesse ne voudra de lui, qu'il reste à jouer des proverbes chez Talleyrand à Valençay, qu'il s'amuse, moi je donnerai à son peuple un roi qui saura régner¹. »

L'impératrice nous dit que Napoléon était persuadé qu'il devait asservir tous les peuples de la terre. « Il a une telle confiance dans son étoile, qu'il serait demain abandonné de sa famille, de ses alliés,

[1] Ma tante de Talleyrand mit tous ses soins à rendre le séjour de Valençay agréable aux princes d'Espagne. Elle y parvint, puisqu'ils, peu occupés de l'affreuse position d'une malheureuse patrie en proie à tous les maux qu'entraînent une révolution et les horreurs d'une guerre civile, le plus grand fléau qui puisse peser sur un peuple. Leurs Altesses passaient leur vie dans les plaisirs et les fêtes. C'était une politique très-fine que de les entraîner ainsi à suivre une marche opposée à celle dictée par leur position. Madame de Talleyrand s'en remit pas coupable, elle suivit les mouvements d'un bon cœur, en tâchant d'adoucir de grandes infortunes, et elle outre-passa, je pense, dans cette circonstance, les désirs de ceux qui l'entouraient. Un ordre de Napoléon força la princesse de Talley-

errant, proscrit, qu'il supporterait la vie, convaincu qu'il triompherait de tous les obstacles, et qu'il accomplirait sa destinée en réalisant des projets sans bornes. Heureusement, ajouta en riant l'impératrice, nous ne pourrons jamais voir s'il a raison ; mais, croyez-moi, Napoléon est plus courageux moralement que physiquement, je le connais mieux que personne, il se croit prédestiné, et supporterait les revers avec autant de calme qu'il a mis de témérité à affronter les dangers des combats. »

On croira peut-être que tout ce que je viens d'écrire est de mon invention : je puis attester l'exacte vérité de tout ce paragraphe ; plusieurs personnes présentes aux entretiens intimes de Joséphine existent encore et peuvent assurer comme moi qu'elle jugea Napoléon comme il devait l'être, et qu'elle avait prévu sa conduite lors d'événements qui semblaient impossibles quand, au faîte de la puissance, il commandait aux rois auxquels il avait offert des trônes et à ceux auxquels il avait daigné les conserver.

CHAPITRE L.

1811.

Tendresse maternelle de l'impératrice. — Joujoux. — Désir du fils aîné de la reine Hortense. — *La belle boue*. — Maladie et mort prompte du prince Napoléon en Hollande. — Désespoir de la reine. — Corvisart étudie le premier la maladie du croup. — M. Horeau. — Le petit uniforme de lancier. — Le prince Oui, oui, Napoléon III. — Joli mot de lui. — C'est prédiction. — M. et madame de Sémonville. — Comment on se fait donner une chaîne. — M. le duc de Richelieu. — Visite qu'il reçoit. — Le général de Montholon. — Son mariage avec madame Bignon, Roger. — Mécontentement de l'empereur Napoléon Ier. — Noble conduite du général Montholon. — M. le comte de Sparre épouse mademoiselle Naldi, actrice du Théâtre-Italien.

L'impératrice avait dans le cœur tous les trésors de la tendresse

M. Deerzo.

maternelle, et cette affection si douce, poussée à l'extrême, se reportait naturellement sur ses petits-enfants ; il ne se passait guère de semaines où elle ne fit de nombreuses emplettes de joujoux, à l'emballage desquels elle présidait elle-même ; les caisses étaient expédiées pour l'Italie, non sans que chaque objet eût été examiné avec soin ; se représenter la joie que causeraient ces jolies bagatelles lui en procurait une très-vive. Vingt fois j'ai vu le salon de la Malmaison

rand à s'éloigner de Valençay. Elle emporta les regrets des nobles prisonniers, qui, pour lui témoigner leur reconnaissance, la prièrent d'accepter ce qu'ils avaient de plus précieux : leurs livres de prières !

Le roi Ferdinand lui a depuis envoyé d'Espagne l'ordre de la Reine, accompagné d'une lettre très-flatteuse.

Paris. — Impr. Walder, rue Bonaparte, 44.

semblable au magasin de la rue du Coq, et les dames, pour plaire à Sa Majesté, paraissant sérieusement occupées de poupées, de ménages, etc.; les hommes, de petits canons, de fusils, etc. Quant à moi, j'avoue que je m'amusais beaucoup les jours où il m'était permis de jouer; les marionnettes de bois me paraissaient infiniment plus drôles que celles avec lesquelles j'étais obligée de causer tous les jours.

Sa Majesté nous conta que la reine Hortense, se trouvant à la Haye, reçut pour le jour de l'an, de la part de sa mère, une immense caisse pleine de tout ce que le génie de *Groncher* et *Giroux* avait pu inventer de plus charmant en joujoux de toute espèce; elle était destinée au jeune Napoléon, premier fils de la reine, dont la mort prématurée mit le désespoir dans une partie de la famille impériale, et fut peut-être la cause de tous les événements qui se sont succédé depuis.

Cet enfant, assis près de la fenêtre donnant sur le parc, paraissait recevoir avec indifférence tous les présents qu'on étalait à ses yeux; il tournait continuellement sa vue du côté de la grande allée qui était en face de lui; la reine, impatientée de ne pas le voir aussi heureux qu'elle s'y attendait, lui demanda s'il n'était pas reconnaissant des soins que prenait sa grand'mère pour lui procurer ce qui pouvait lui être agréable. « Oh! si, maman; mais je ne m'en étonne pas, elle est si bonne pour moi que j'y suis habitué. —Tous ces joujoux ne vous amusent donc pas? — Si, maman, mais... — Eh bien? — Je désire vivement autre chose. — Dites-moi ce que vous voulez, je vous assure que je vous l'accorderai, mon fils. — Oh! maman, vous ne le voudrez pas. — Est-ce de l'argent pour les pauvres? — Papa m'en a donné ce matin; il est déjà distribué, c'est... — Achevez, vous savez combien je vous aime, ainsi vous devez être sûr que je veux commencer l'année d'une manière qui vous plaise; voyons, cher enfant, que voulez-vous donc? — Maman, c'est que vous me permettiez d'aller marcher avec tous ces petits garçons dans cette *belle boue* qui est dans cette allée; cela m'amusera plus que tout. »

La reine, comme on peut le croire, ne céda pas à cette singulière fantaisie, ce qui causa un violent chagrin au jeune prince, qui assura toute la journée que le jour de l'an était bien triste, qu'il s'ennuyait, et que tant qu'il ne ferait pas comme les petits garçons qui couraient en liberté par la pluie, il ne serait pas content. Heureusement la gelée vint sécher cette *belle boue* et les larmes du prince. Ce même enfant annonçant un caractère décidé, un goût prononcé pour l'état militaire; doué d'une grande intelligence, il avait une facilité prodigieuse pour tout ce qui demandait de la réflexion; on ne doit pas s'étonner de la vive affection que lui portait Napoléon, qui se plaisait à l'idée de le voir un jour digne de lui succéder.

Il fut attaqué par un mal aussi subit que violent; M. Latour, premier médecin du roi Louis, lui prodigua les soins les plus assidus; ils furent inutiles; en peu d'heures le prince fut enlevé à l'amour de sa mère, qui ne le quitta pas une minute; il fallut l'arracher de cette chambre de deuil, quand son malheur fut consommé; voulant y rester, elle avait passé ses bras dans ceux du fauteuil sur lequel elle était placée, avec une telle force, qu'on ne put l'en détacher, et qu'elle fut ainsi transportée dans son appartement; une insensibilité complète, ses yeux secs et fixes, sa respiration pénible donnaient les plus grandes inquiétudes sur les suites d'une douleur sans consolation: on lui parlait de la perte qu'elle avait faite, des souffrances du jeune prince, espérant provoquer les pleurs qui pouvaient la sauver : tout était vain, son état restait le même, et l'on craignait de la voir suivre de près cet enfant adoré! Ne sachant plus quel moyen mettre en usage pour obtenir cette crise si désirée, un chambellan — dont j'ai oublié le nom — alla prendre le corps du prince et le posa sur les genoux de sa malheureuse mère; rendue au sentiment de sa trop juste douleur par cette vue cruelle, elle fit un cri déchirant, ses bras roidis par une contraction nerveuse s'assouplirent pour serrer les restes chéris, et un déluge de larmes brûlantes tombèrent sur les joues froides et flétries du jeune Napoléon, quelques heures avant encore brillantes de jeunesse et de fraîcheur.

La reine fut hors de danger dès que la nature eut ouvert la source des pleurs qui devaient couler si longtemps; mais épuisée par des émotions si vives et si rapprochées, elle s'évanouit; on profita de ce moment pour lui enlever ce qui restait de son enfant, ravi pour toujours à sa tendresse.

On avait écrit à Corvisart sitôt que le prince était tombé malade : la réponse de ce célèbre médecin arrivait trop tard! les remèdes indiqués eussent dû être employés sur-le-champ; le *croup*, maladie alors inconnue, ne laisse que peu d'instants pour s'en rendre maître; s'ils sont perdus, tout espoir l'est aussi.

Corvisart est le premier qui ait fait des recherches sur ce mal, qui atteint l'enfance avec une rapidité effrayante; et ce titre à la reconnaissance des familles suffirait pour la gloire due à sa mémoire, s'il n'en avait pas accumulé une foule d'autres qui rendent son nom immortel.

Aussi bon qu'instruit, il ne refusa jamais ses conseils aux infortunés venant lui demander de les guérir, et souvent c'est lui qui payait les consultations qu'il donnait; les pauvres le bénissaient, et ses nombreux amis peuvent attester qu'il joignait aux connaissances utiles à son art les vertus qui l'ennoblissent, et les qualités qui font le charme de la société.

Il fut apprécié par Napoléon, qui lui témoignait une amitié sincère; il obtint une foule de grâces pour ceux qui s'adressaient à lui, souvent sans le connaître, enfin il fut regretté généralement.

M. Horeau était l'élève chéri de Corvisart, qui sembla lui avoir légué son talent, dont j'ai déjà parlé, et sur lequel j'aurai encore l'occasion de revenir.

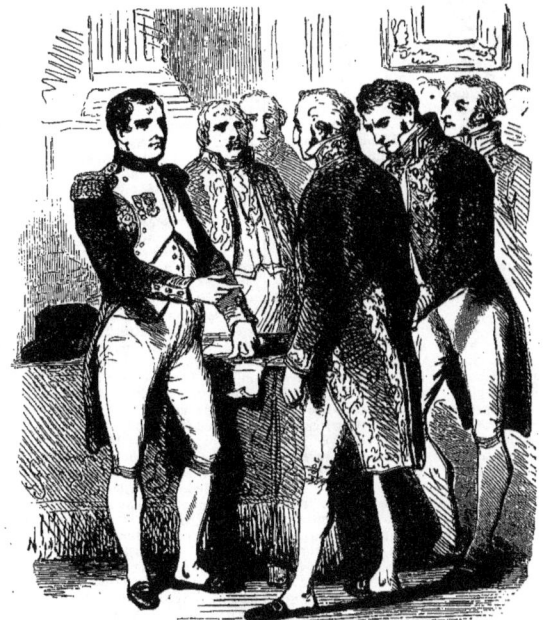

Il appela les questeurs et leur demanda combien ils avaient en caisse.

Le cadet des fils de la reine Hortense, Louis-Napoléon, moins vif que son frère le prince mort en Italie, avait quelque chose de sérieux et de doux, qu'on n'est pas habitué à trouver dans un enfant; la pâleur de son visage le faisait paraître souffrant; elle disparaissait qu'en entendant parler de soldats et de batailles, son teint s'animait alors, et tous ses gestes devenaient très-prompts et expressifs. Je ne l'ai vu que deux fois à la Malmaison.

En 1828, la censure ne m'eût pas permis de citer le mot suivant du petit *oui*, oui (l'empereur Napoléon III); le voici. L'impératrice lui donna en 1811, pour ses étrennes, un bel uniforme complet de lancier, il l'admira, essaya le shapzka, qui lui parut trop lourd. « Bonne maman, dit-il, donne-moi à la place un petit chapeau comme celui de mon oncle, ou bien une belle couronne comme la sienne. »

Tout le monde se mit à rire. Le roi de Rome vivait, et rien ne pouvait faire croire que la demande d'un enfant de quatre ans serait un jour accordée par la Providence.

Madame et M. de Sémonville venaient souvent à la Malmaison; la réputation d'esprit de l'une, les places brillantes occupées par l'autre, me les firent observer avec soin, et je fus persuadée de la vérité de tout ce que l'on disait du *savoir faire* de tous deux. Ils avaient été en faveur dans tous les temps; et depuis cette époque ils ont plus que jamais prouvé combien il est aisé d'obtenir sous tous les gouvernements, lorsque comme eux on a beaucoup d'esprit, de la fortune, et surtout une souplesse qui fait changer d'opinions aussitôt que les événements le commandent à la prudence.

Madame de Sémonville, petite brune, ne me parut pas avoir été jamais précisément jolie ; mais de la grâce dans la tournure, de beaux yeux un peu durs et hardis, une physionomie aussi mobile que ses pensées, devaient la rendre très-séduisante. Elle parlait haut et bien, se servant toujours avec un rare bonheur de l'expression juste, et ayant ainsi le temps de dire beaucoup en peu d'instants. Voici une anecdote qui me donna l'idée de sa manière de réussir dans ce qu'elle désirait.

J'avais, comme je l'ai dit, un très-beau *charivari* que je devais en grande partie aux bontés du vice-roi et de sa mère ; n'ayant pas une chaîne assez forte, je le cachais ordinairement dans ma robe, de peur d'en perdre quelques breloques. Madame de Sémonville me demanda de l'examiner ; après l'avoir admiré, s'être extasiée sur le bon goût ordinaire de Sa Majesté, elle me fit observer qu'il était fâcheux de dérober aux yeux de si charmants bijoux. « J'y suis forcée, madame, car ma chaîne est trop faible. — Eh bien, il faut en avoir une autre. — Je le voudrais, mais je ne suis pas riche, etc... — Il faut vous la faire donner. — Je n'ai jamais rien su demander, madame. — Ah ! oui, je comprends cela, une jeune personne est timide ; au reste, il n'est pas nécessaire de demander pour obtenir ; on met sur la voie, et voilà tout. Par exemple, le vice-roi, qui fait sans cesse des présents, n'hésiterait pas à vous offrir celui-ci, s'il pensait qu'il vous fût non-seulement agréable, mais utile ; il faut lui en donner l'idée. A votre place, mademoiselle, je porterais ce charivari à un large ruban noir ; le prince vous demanderait pourquoi, vous le lui diriez naturellement, et le lendemain vous auriez votre chaîne, soyez-en sûre. Ce n'est pas en se tenant à l'écart, et avec une discrétion dont les autres se moquent et profitent à vos dépens, que l'on réussit dans le monde et à la cour surtout. »

Je n'employai pas le moyen indiqué par madame de Sémonville, et je n'eus pas ma chaîne.

Cette conversation est la seule que j'aie eue avec madame de Sémonville. Roulant sur un sujet peu important, elle me parut cependant si bien peindre le caractère de la personne qui me conseillait, que je ne l'ai point oubliée.

M. de Sémonville, petit, gros, gai, cherchait à cacher, sous une apparence de bonhomie, une extrême finesse et ce génie d'intrigue pour lequel il ne connut pas de rival. Son regard perçant forçait les femmes à baisser le ton, et devait découvrir rapidement ce qui se passait dans le cœur des hommes en place, dont il était toujours le plus intime ami. Les personnes qui approchent M. de Sémonville prétendent qu'il a une certaine *candeur de fourberie* très-singulière ; il ne se cache pas de courir au secours du vainqueur ; avoue avec simplicité qu'il n'aime la faveur, ne craint pas de donner la recette, qu'il emploie pour être toujours sur ses pieds, persuadé que peu de gens auraient l'esprit et le talent de l'employer.

On m'a raconté que le duc de Richelieu crut un instant que le roi Louis XVIII accepterait la démission qu'il avait envoyée la veille. A sept heures du matin, il voit chez lui M. de Sémonville, qui se précipite dans ses bras avec émotion : « Je suis donc conservé, monsieur le marquis, puisque je vous vois ; j'ose espérer que Sa Majesté a bien voulu céder à ce que je demandais, pour qu'il me fût possible de garder avec honneur le portefeuille. Votre présence m'assure que je pourrai encore servir mon souverain et la France, confondus dans mon cœur. — Oui, monsieur le duc ; le roi s'est expliqué hier au soir très-franchement. — J'en étais certain, dit en riant M. de Richelieu ; votre vue est toujours d'un bon présage. »

Je crois cette anecdote vraie, parce qu'elle vient à l'appui de tout ce que j'ai entendu dire de M. le marquis de Sémonville. Ses qualités de courtisan, qu'il porte à un si haut degré, ne l'empêchent pas d'en avoir d'autres dont tout homme s'honorerait. Excellent époux, il a adopté les enfants de sa femme, qui avait été madame de Montholon ; les a élevés avec le plus grand soin, les a mariés, et se conduit avec eux en véritable père.

L'un doit succéder à sa pairie ; l'autre, comme personne ne l'ignore, a suivi l'empereur à Sainte-Hélène, et s'est fait depuis enfermer à Ham, lors de l'arrestation du prince Louis-Napoléon. Ce dévouement est d'autant plus extraordinaire, que Napoléon, furieux de ce que M. de Montholon eût épousé une femme divorcée deux fois[1], avait défendu qu'elle fût présentée ; il reçut si mal M. de Montholon, que celui-ci quitta la France pour aller en Westphalie. Les malheurs de son souverain le ramenèrent près de lui. Dès que l'exil fut le partage du vainqueur de tant de peuples, M. de Montholon ne vit plus que la gloire de le joindre ; il partit, et devint l'ami de celui dont il avait eu à se plaindre.

Madame de Sémonville eut aussi deux filles ; l'une, seconde femme du maréchal Macdonald ; elle avait épousé en premières noces le général Joubert. Je me rappelle l'avoir vue. Son charmant visage ne pouvait s'oublier, et répondait à la perfection de son caractère. La seconde épousa M. le comte de Sparre[2] ; elle mourut jeune.

[1] Elle avait épousé MM. Bignon et Roger.
[2] M. le comte de Sparre, pair de France, lieutenant général, gentilhomme de

CHAPITRE LI.
1811.

Opinion de l'impératrice sur la supériorité de l'empereur. — L'abbé de S... — Le livre de bois. — L'abbé d'Espagnac. — Vœu fait par lui. — Napoléon tient à l'étiquette. — Il fait consulter madame la duchesse douairière de Duras. — Ouvrage sur les usages à suivre à la cour. — La reine Julie. — Ses vertus. — Sa vie. — Morfontaine. — Mgr le duc de Bourbon. — Ses gens. — L'archipol. — Ermenonville. — M. le colonel Clari. — Mademoiselle Clary. — M. Henri de Tascher.

L'impératrice parlait souvent de l'empereur, de la flexibilité de son génie, qui embrassait tout avec une égale supériorité ; qui s'était montré avec le même éclat dans les camps, dans des positions presque désespérées, et qui se déployait avec plus de vigueur au fur et à mesure que ses devoirs augmentaient.

« Bien certainement, nous disait-elle, l'empereur est un homme unique ; dans les camps, au conseil, ils le trouvent extraordinaire ; mais c'est dans son intérieur qu'il me paraît encore plus remarquable. J'avoue que, malgré l'habitude du monde et la connaissance de ses usages, les premiers jours de l'étiquette impériale m'ont pas laissé que d'être embarrassants pour moi ; l'empereur, au contraire, s'en fait tout un jeu, un plaisir, et, de tout le palais, c'est lui sans contredit qui l'entendait le mieux. Lannes, avec son franc parler, se moquait beaucoup de ce qu'il appelait les hypocrisies du culte politique ; mais, en ne les estimant que pour ce qu'elles valent, l'empereur les considère sous des rapports plus élevés, et croit qu'aux yeux des peuples, elles suffisent pour rendre au pouvoir la majesté et l'ascendant que tant d'années d'anarchie lui ont fait perdre. Il convient, à la vérité, que leur principale influence vient des qualités personnelles de ceux qui en sont revêtus ; mais il soutient que, sans valoir ces qualités ni les remplacer, le cérémonial peut y suppléer avec avantage ; et, en soutenant un tel système, l'empereur se montre bien désintéressé, car, qui moins que lui a besoin de prestiges pour imposer aux hommes, qui semble né pour gouverner ! A l'appui de son sentiment, il citait une foule de princes qui ont régné, pour ainsi dire, plus assis ou couchés que debout, mais dont le lit, gardé par les barrières de l'étiquette, fut respecté comme un sanctuaire ; quoi qu'il en soit de ces vues que je n'approuvais pas généralement, mais auxquelles je me soumettais, nous avions un homme qui, sans les examiner à beaucoup près d'aussi haut, les exécutait avec une ponctualité et une précision très-remarquables. Vous avez son franc parler, et semblait façonné tout exprès pour les cérémonies. Toute sa personne empesée était, comme l'on dit, tirée à quatre épingles : il marchait à pas comptés, se mouchait en trois temps, et parlait toujours par sentences. Au moment de la Chapelle, il dominait, régnait, triomphait ; il fallait le voir, le livre de bois à la main[1], faire obéir et mouvoir la foule attentive, vous eussiez dit d'abord un chaos où tous les éléments étaient mêlés ; mais au signal, tantôt lent, tantôt précipité, du maître des cérémonies, tous ces éléments se divisaient, s'associaient, s'arrangeaient, et l'ordre naissait du désordre même. L'auteur de ces belles manœuvres s'applaudissait également du génie qui les inspire, et de la docilité obtenue, qu'il ne manquait pas d'attribuer à la perfection du commandement. L'empereur mettait le comble à son orgueil et le récompensait des peines incroyables qu'il se donnait, en l'assurant qu'il avait remarqué ses évolutions, dont plusieurs pourraient lui être utiles dans l'occasion[2].

» Dans ses moments de bonne humeur, Napoléon se plaisait à flatter l'amour-propre de ses serviteurs ; il prétendait que tel exagéré ou ridicule qu'il fût c'était le meilleur moyen de leur faire bien remplir leurs devoirs et de se les attacher. »

L'impératrice riait souvent des bévues de plusieurs dames, peu habituées aux usages de la cour. Napoléon, voulant que la sienne eût toute la dignité et la politesse qui s'étaient perdues sous les règnes de Louis XV et de Louis XVI, s'informa s'il n'existait pas encore quelqu'un qui pût lui donner des traditions exactes des anciens usages ; madame de Montesson en avait déjà indiqué plusieurs, mais elle était morte quelques mois après le couronnement. Madame la duchesse douairière de Duras, dont l'esprit, le ton et les manières avaient toujours été cités comme des modèles à suivre, fut consultée indirectement à plusieurs reprises par quelques personnes de la nouvelle cour, dont elle vivait éloignée. Ce qu'elle disait était recueilli avec soin, et fut, avec quelques autres recherches, imprimé dans un volume intitulé *Des Étiquettes de la cour de Napoléon*. Je ne suis pas

la chambre du roi, décoré de plusieurs grands cordons, s'est remarié depuis, comme je l'ai dit, à mademoiselle Naldi ; elle n'est pas présentée à la cour (1820).

[1] Sorte de claquette, avec laquelle un chef de cérémonies en commande les exercices.

[2] J'ai connu dans mon enfance, à Bruxelles, un homme qui eût très-bien fait le pendant de celui dont parlait Joséphine : il s'appelait l'abbé d'Espagnac. Méthodique en tout, il s'était enfui des chevaux en montant dans sa chaise de poste pour émigrer, et il jurait qu'il ne détruirait ses longues épingles noires qu'à la contre-révolution. L'attendant toujours, je l'ai vu plusieurs années avec cette singulière coiffure.

très-sûre du titre de l'ouvrage, mais je l'ai parcouru. Les plus minutieuses cérémonies y étaient mentionnées. On l'apprit sans doute par cœur, car au bout de peu de mois toutes ces puérilités des convenances, toutes ces importances niaises, attachées aux différentes charges de la couronne, furent exactement et régulièrement suivies. J'ai vu par moi-même combien il était alors essentiel de n'en ignorer aucune, puisque des femmes distinguées par leur esprit, leurs talents, se donnaient l'ennui de consacrer tous les jours plusieurs heures à cette monotone et fastidieuse lecture. Plusieurs de celles présentées avaient une grande gaucherie et fort mauvaise grâce sans doute avec leur gênant habit à grande queue; mais du moins elles avaient la consolation d'avoir fait le nombre de pas exigé, d'avoir remué les bras et la tête avec autant de précision qu'un conscrit : ce qui ne laisse pas que d'être agréable…

La reine Julie a été jugée par ses contemporains ce qu'elle était en effet : un ange de bonté et de vertu; il n'est pas un devoir qu'elle n'ait rempli non-seulement avec exactitude, mais avec empressement. Aimant avec passion un époux qui lui causait de grands chagrins par des infidélités nombreuses, quelquefois peu dignes de lui, elle ne se permit jamais une plainte, et ne se vengea que par des soins assidus et un dévouement sans bornes; mère parfaite, elle présidait elle-même à l'éducation de ses filles, qui ne pouvaient assurément avoir un meilleur guide, car elle joignait à l'âme la plus élevée des connaissances variées et étendues. Pour n'être pas distraite de la douce tâche qu'elle s'était imposée, elle habitait Morfontaine une partie de l'année, entourée de quelques amis choisis, et des pauvres, au milieu desquels elle conduisait souvent les infantes, afin qu'elles eussent l'habitude de les aimer et de les soulager. Plus on se livre au charme de la bienfaisance, plus on l'éprouve; quel bonheur en effet peut être comparé à celui de sauver du désespoir une mère qui voit sa malheureuse famille manquer du plus strict nécessaire; d'arracher un respectable vieillard, flétri par les peines de tout genre, aux horreurs des infirmités de son âge, qui s'augmentent par des privations continuelles; d'enlever à la séduction à laquelle porte presque toujours une affreuse misère, la jeune fille gémissant de se rendre indigne de guider de jeunes sœurs dont elle devait être l'exemple!

Pour se priver de jouissances si vives, il faut les avoir toujours ignorées. Ne blâmons donc pas avec amertume les gens riches assez malheureux pour placer leur félicité uniquement dans toutes les futilités d'un luxe exagéré ; n'ayant jamais rien désiré, ils ne pensent pas au plaisir ineffable de donner à qui n'a rien. Plaignons-les, et faisons des vœux pour qu'*une fois* ils soient à même de venir au secours de leurs semblables; ils seront dès lors plus heureux, et quelques infortunés seront consolés !

La santé de la reine servait de prétexte au genre de vie qu'elle avait adopté, et qui aux yeux de plusieurs de ses belles-sœurs était un vrai ridicule. Quel séjour que celui de la cour, puisqu'on a besoin d'excuse pour se livrer aux plus nobles mouvements du cœur !

Lorsque la reine Julie était forcée d'habiter Paris, le Luxembourg était le rendez-vous de quelques femmes aimables, d'artistes et d'hommes de lettres recommandables. L'étiquette en était bannie, mais le respect qu'inspirait le caractère de Sa Majesté remplaçait tout naturellement celui qu'on devait à son rang. Près d'elle, on oubliait qu'il fallût vénérer autre chose que la perfection.

J'ai vu Morfontaine lorsque la reine y était; rien ne m'a paru plus beau que ce séjour. A cette époque le revenu entier de la terre, s'élevant à deux cent mille francs, restait en entier dans le pays; on employait un nombre immense de bras à l'entretien du parc, et à celui d'eaux superbes, sur lesquelles il était impossible de trouver une mauvaise herbe. Les allées étaient ratissées tous les jours, enfin on eût pu croire, aux soins qui y régnaient dans ce beau lieu, que l'on y attendait les maîtres, après une longue absence.

Les étrangers avaient la permission de se promener partout; des guides polis se chargeaient de les conduire dans les endroits les plus remarquables ; souvent la reine leur envoyait des fruits ; enfin on ne sortait de cette magnifique habitation que pénétré de tout ce qu'on y apprenait de Sa Majesté, et ravi de l'aisance qui se voyait dans le village, dont les maisons semblaient habitées par des bourgeois aisés plutôt que par de simples paysans.

Ayant conservé de Morfontaine un agréable souvenir, j'ai voulu y retourner cette année [1]. J'avoue que j'ai vivement regretté de l'avoir vu précédemment, car je n'ai pu admirer qu'un beau reste de résidence qui autrefois avait peu d'égales en France.

Tout ce qu'on voit en entrant dans le parc est encore assez soigné; mais sitôt qu'on s'en éloigne un peu, on est affligé de trouver des eaux sales et couvertes de mousse ; des allées dont l'herbe s'est emparée ; des arbres dont les branches risquent d'aveugler les passants, s'ils ont le malheur d'avoir une distraction, et des fabriques en ruines.

Les guides, à la livrée de monseigneur le prince de Condé, sont en général fort grossiers, et ne daignent pas se déranger pour des étrangers ordinaires. Ils délèguent leurs fonctions à un petit garçon déguenillé, parlant fort mal; mais ils reparaissent au moment où l'on aborde, afin de demander le prix de la course que l'on vient de faire sur le grand lac : ils vous taxent à trois francs *pour l'entretien du bateau*. Cette espèce d'imposition est sûrement ignorée du prince, auquel je crois qu'il suffit de la signaler pour la faire cesser; il serait incroyable qu'il permît à ses gens de lever une contribution pour une dépense aussi faible, qui, comme de raison, doit être supportée par le propriétaire de cette embarcation. Je crois encore devoir éveiller l'attention de Son Altesse Royale sur l'inconvénient de laisser croupir des eaux dans un pays qui deviendrait alors extrêmement malsain. La partie appelée *l'archipel*, qui autrefois était des plus agréables, n'est maintenant qu'un cloaque dont les roseaux élevés cachent en partie les îles jadis plantées de fleurs et d'arbres odoriférants, et qui maintenant servent de refuge à une innombrable quantité de grenouilles. La bienfaisance du prince le portera sans doute à empêcher que cette charmante partie de son domaine ne devienne un marais infect et malfaisant.

Ce que je viens de dire peut s'appliquer à Ermenonville : ce lieu n'est plus tenu comme il l'était du temps de M. de Girardin ; sauf le désert, dont le mérite est précisément dans l'aridité, le pittoresque et le sauvage de sa position, tout est négligé d'une manière affligeante.

Notre pauvre France a vu détruire tant de monuments célèbres, tant de séjours admirables, que les amateurs devraient se réjouir de voir leurs terres, devenues historiques, passer en des mains conservatrices; leur espoir serait-il trompé ?

Je sais parfaitement qu'un prince ne peut diriger les travaux de ses nombreuses propriétés par lui-même; mais les personnes qui possèdent sa confiance, et payées pour le remplacer, ne sont-elles pas bien coupables de faire blâmer leur maître par une foule de voyageurs attirés par l'ancienne réputation des lieux qu'ils viennent visiter, et où ils ne trouvent plus que l'image de la destruction? Si cette négligence continue, dans quelques années il faudra encore renoncer à de glorieux souvenirs, puisqu'on ne les retrouverait plus où l'on irait les chercher. La maison où mourut Rousseau sera détruite, et son tombeau caché par des plantes parasites déjà en grand nombre dans l'île des Peupliers.

M. le colonel Clari, neveu de la reine Joseph, ami intime de M. Henri de Tascher [1], venait presque toujours avec lui à la Malmaison. Une figure assez régulière mais dépourvue de toute expression, une assurance qui n'était justifiée ni par son instruction ni par son esprit, lui donnaient une réputation d'homme à bonnes fortunes, dont il était lui-même étonné. Je l'ai peu connu, et ne sais de son caractère que ce qu'en disait l'impératrice, qui désapprouvait fort qu'il restât à Paris, lorsque son régiment était en Espagne, se battant pour les intérêts du roi Joseph son oncle; elle pensait avec raison qu'il devait se trouver à la tête de ce corps, au lieu de se promener sur le boulevard de Gand une rose à la boutonnière, et de courir les spectacles. Tout ce qui tient à la famille de Napoléon étant devenu historique, je crois devoir parler de toutes les personnes y ayant rapport; voilà pourquoi M. Clari se trouve avoir place ici ; je ne parle de lui que pour mémoire.

CHAPITRE LII.
1811.

Lettre de l'impératrice au prince Eugène. — Les quinze cent mille francs du sénat. — L'Odéon. — Chapelets donnés par le pape à Sa Majesté. — Madame Daru. — Nous quittons Malmaison. — Mon chagrin. — Fausseté des courtisans. — Motifs qui firent agir l'impératrice. — Amour prétendu du vice-roi. — Mariage qui m'est proposé. — La reine de Naples. — La reine de Westphalie. — Madame Bonaparte. — Robe de cotonnade. — Madame Collard. — M. de Montesquiou. — Madame Capelle. — Madame de Martens, madame Garat. — M. de Mornay. — M. de Montbreton. — Madame Lafarge. — Quelques traits de son enfance. — Mémoires de madame Lafarge. — Croix accordée à Jocko. — La Bourse de Bordeaux fermée.

L'impératrice se séparait toujours de ses enfants avec un chagrin qu'elle tâchait de surmonter, mais dont elle ne se rendait pas maîtresse, au point que nous ne nous apercevions pas des larmes dont les traces la trahissaient. Elle fut donc fort heureuse d'apprendre que le vice-roi avait reçu son contre-ordre de l'empereur, qu'il n'allait pas en Italie, du moins de quelques mois. « Le sort m'a été si favorable, disait Joséphine, que je crains continuellement quelque grand revers; le chagrin de perdre mes enfants étant le plus affreux de tous, c'est précisément celui-là que je m'imagine devoir éprouver. Tant qu'ils sont près de moi, il me semble que je veille sur eux et qu'il ne peut rien leur arriver de fâcheux; qu'ils s'éloignent, toutes mes terreurs reviennent. » Ses enfants étaient tous deux aux petits soins pour elle. Le vice-roi particulièrement lui témoignait une tendresse respectueuse, un véritable culte; lorsqu'il ne l'était pas auprès d'elle, il lui écrivait souvent. Dans ses réponses elle lui donnait tous les conseils qu'une raison par-

[1] Mademoiselle Clari avait épousé M. de Tascher, que l'impératrice affectionnait particulièrement, et qui le méritait à tous égards. Il a été enlevé par une maladie aussi douloureuse que prompte.

[1] En 1828.

faite, qu'un attachement passionné lui faisait deviner devoir lui être utiles. Voici une de ses lettres, modèle de grâce et de sentiment :

Au prince Eugène.

« En voyant s'agrandir vos destinées, vous n'aurez nul besoin, mon fils, d'élever votre âme avec elles, à quelque hauteur qu'elles atteignent. Les sentiments que je vous connais sont encore plus hauts. Tel est l'avantage d'un homme qui met sa conscience partout; en cela vous êtes le digne fils de celui dont vous me retracez, avec les traits, les principes et la conduite. Dans le gouffre de l'infortune il ne montra tant de courage que parce que dans une meilleure fortune il avait montré toute sa probité; c'est qu'il suffit des souvenirs d'une vertu sans tache pour fortifier les derniers moments, comme ils ont suffi pour illustrer toute la vie.

» Voilà la vôtre, mon fils, livrée aux prestiges de la grandeur; mais, ne vous séduisant pas, ils ne pourront vous corrompre. Au milieu des honneurs et de l'opulence, vous vous rappellerez Fontainebleau, où vous fûtes pauvre, orphelin et délaissé; mais vous ne vous le rappellerez que pour tendre aux malheureux une main secourable. J'apprends avec une vive satisfaction que votre jeune épouse partage tous vos sentiments : c'est la preuve qu'elle partage aussi toutes vos affections; et comme je suis intéressée à ce qu'elle les éprouve au même degré que vous, c'est en mère que je m'en réjouis, c'est aussi de même que je vous embrasse l'un et l'autre. »

L'impératrice assurait que le sénat, toujours prêt à imposer ce que désirait l'empereur, était cause de beaucoup de choses fâcheuses qui n'eussent jamais été proposées par Sa Majesté sans la certitude qu'il avait de ne jamais rencontrer de difficulté à faire passer les lois les plus absolues. « Si les sénateurs eussent rempli leurs devoirs, disait-elle, Napoléon eût été moins ambitieux de cette gloire dont il était affamé. Son peuple l'eût occupé davantage, il en eût été aimé comme il l'est de ses soldats. La basse flatterie du premier corps de l'État lui a persuadé, ou du moins l'a autorisé à croire que tous ses projets étaient justes, appropriés aux besoins de la France, et rien ne pourra désormais arrêter cet esprit entreprenant qui ne connaît aucun obstacle lorsqu'il s'agit d'agrandir son empire. Malgré cette soumission à ses moindres désirs, il n'estime pas les sénateurs, et je l'ai vu s'amuser beaucoup de ce qu'il appelait *une niche faite à ces messieurs*. La voici, mesdames :

» Il fut instruit en 1807 que les sénateurs possédaient une somme de 1,550,000 francs. Le sénat étant venu en corps lui présenter ses hommages, il appela les questeurs, et leur demanda combien ils avaient en caisse. « Sire, nous avons bien certainement des fonds, mais il nous serait impossible de déclarer au juste combien nous possédons. — Ah bah ! quelle plaisanterie, messieurs, vous avez trop d'ordre pour ignorer une chose de cette importance. Allons, dites-moi la vérité à peu près. — Nous le répétons à Votre Majesté, cela nous est impossible. — Eh bien, je suis plus avancé, et vais vous instruire de ce que vous ignorez, messieurs. Je sais positivement que vous avez à votre disposition 1,550,000 francs, et je ne doute pas que vous ne fassiez de cet argent l'emploi le plus convenable. — Sire, nous le destinons en effet à ce qui peut être le plus agréable à Votre Majesté; nous nous proposons de faire élever un monument à sa gloire. — Je suis touché de ces sentiments, dont je ne doute pas, dit en souriant l'empereur; mais ce monument est inutile, mes armées sont là pour prouver ma gloire, la défendre, la soutenir et l'augmenter encore. Mais je veux vous témoigner combien je suis satisfait du dévouement qui ne me surprend cependant pas; je vais vous indiquer le moyen d'utiliser la somme que vous possédez. Les habitants du faubourg Saint-Germain demandent le rétablissement de la salle de l'Odéon[1]. Vous seriez très-agréables à l'impératrice, et conséquemment à moi, si vous donniez son nom à ce théâtre en le rétablissant. Je vois que cette idée vous plaît, je vais sur-le-champ en faire part à Sa Majesté, qui en sera très-flattée. »

» La députation se retira et vint le lendemain chez moi pour obtenir mon agrément, que j'accordai, je vous assure, de très-bonne grâce, mesdames. Je les priai de hâter les travaux, ce qu'ils firent en effet; ils me donnèrent le bonheur de rendre service à une partie estimable de la population de Paris, en procurant un délassement utile aux études et aux graves études du pays latin. »

L'impératrice entra un matin dans le salon tenant une grande quantité de beaux colliers passés à son bras. « Figurez-vous, mesdames, que je ne sais pas au juste ce que contient ma garde-robe d'atours; ce matin voulant, pour obéir à madame d'Arberg, faire une revue de ce que renferment toutes ces armoires, je suis montée avec elle; en ouvrant un tiroir, j'ai trouvé ces colliers, que je vous prie d'accepter. Le pape m'avait envoyé une foule de chapelets qu'il devait bénir en arrivant; ceux-ci ayant été oubliés, j'ai eu l'idée de les faire monter; depuis ils sont restés dans le même endroit, veuillez les tirer de leur obscurité en les portant. »

Nous en reçûmes de plus ou moins précieux. Ils étaient en gros grains de pierres rares : de lapis, cornaline, sardoine et jaspe sanguin; le mien était de cette dernière nature, pareil à celui que reçut madame Daru, l'une des femmes les plus vertueuses de ce temps.

J'ai toujours ce bijou, et le léguerai à ma fille comme un des objets auxquels je tiens le plus. L'impératrice, quelques jours après le don de ce collier, annonça à ma mère avec un embarras visible et des regrets que je crois sincères, qu'elle était obligée de disposer de nos chambres pour deux de ses dames du palais, qui désiraient passer quelque temps avec elle; qu'elle était désolée que la Malmaison fût si peu vaste; mais que comme elle ne pouvait se priver d'une société qui lui était agréable, elle nous enverrait prendre trois fois par semaine, afin que nous nous vissions souvent; que jamais l'intérêt qu'elle prenait à moi ne cesserait, et qu'elle me le prouverait mieux que par des paroles.

Ma mère vint me rendre compte de cette conversation, qui ne me surprit pas, mais m'affligea au dernier point. J'étais désespérée, non assurément de quitter cette cour où je me déplaisais d'autant plus que la bienveillance générale que l'on m'avait d'abord témoignée était sensiblement diminuée; mais ne plus voir l'impératrice me causait un chagrin réel. Je ne doutais pas de la bonté de son cœur ni de la franchise de ses promesses; je la connaissais assez pour savoir qu'elle avait cédé à de fréquentes prières de nous éloigner, et j'étais sûre que la jalousie qui nous poursuivait mettrait tout en usage pour nous faire oublier de Sa Majesté, dont le seul défaut était peut-être de se laisser dominer par son entourage. Lorsque nous arrivâmes à Navarre, la curiosité, le désir d'une distraction nous fit accueillir. On espérait s'amuser à nos dépens, et l'on était loin d'imaginer que l'impératrice pût s'attacher à deux personnes qui devaient être dépourvues de tout agrément, puisqu'elles n'avaient jamais habité la cour : aussi fûmes nous très-bien reçues. Lorsqu'on vit que nous étions comme tout le monde et que Sa Majesté nous aimait, on se refroidit peu à peu; on s'étonna d'un crédit que l'on s'imaginait très-grand, et dès lors le projet de le faire cesser en nous éloignant fut formé et exécuté comme on vient de le voir.

Nous n'avions aucune place près de Sa Majesté. Aussi il est tout naturel qu'elle nous ait sacrifiées aux personnes de sa maison, qui prenaient de l'humeur de nous voir fixées près d'elle. Elle résista quelque temps à toutes les insinuations qui lui furent faites, et dont je gardera éternellement une vive reconnaissance. Du moment où l'on apprit que nous devions partir, les faussetés d'usage chez les courtisans reparurent de nouveau, ce ne fut que des assurances du chagrin de nous quitter, des protestations du plaisir que l'on aurait à nous revoir. Je reçus toutes les caresses mensongères avec une grande froideur : depuis cinq mois j'avais assez observé pour en apprécier toute la sincérité. J'excepte du nombre des personnes dont nous eûmes à nous plaindre dans cette pénible circonstance, l'excellente madame de Rémusat, qui m'a prouvé qu'elle avait quelque affection pour moi, puisqu'elle m'a rendu depuis, avec sa bonté ordinaire, un service important.

En disant adieu à Sa Majesté, je ne pus retenir un torrent de larmes qui parurent la toucher. Elle me répéta plusieurs fois que je la verrais le surlendemain, et que jamais elle n'oublierait la promesse qu'elle avait faite de nous envoyer une voiture trois fois par semaine. Elle ne me rassurait pas, car j'étais persuadée que l'on trouverait bientôt après mille raisons pour une de ne pas envoyer cette voiture; et mon infortune me rendait peu susceptible de la joie d'être louée souvent pour nous rendre près de la femme que l'on eût cherchée avec empressement, quand même elle n'eût été que d'une particulière. Je le répète, je n'ai jamais connu qui réunît tant de qualités attachantes, et qui se fît plus aimer pour elle-même.

J'ai cru longtemps que les motifs dont je viens de donner le détail avaient été les seuls qui nous eussent attiré la malveillance des personnes attachées à Sa Majesté, et j'imaginais qu'elles étaient bornées à témoigner à Joséphine le chagrin que leur causait une affection qui pouvait diminuer celle qu'elle devait leur porter, je pensais que là s'étaient bornées leurs menées contre nous, je connus plus tard que je les avais jugées favorablement, et que rien n'aurait coûté pour se défaire de ceux qui avaient le malheur d'être en rivalité avec elles.

J'ai appris, il y a trois ans seulement, que Sa Majesté avait déclaré qu'elle me garderait près d'elle jusqu'à un mariage avantageux auquel elle voulait contribuer, et qu'elle avait même dit que c'était mal la connaître, de penser qu'elle nous renverrait après nous avoir éloignées de notre famille et de mes études.

Voyant l'obstination à nous garder, l'on mit en jeu d'autres moyens, et l'on osa inventer la plus odieuse calomnie. On assura à l'impératrice que son fils avait conçu pour moi un sentiment que je partageais; que mon refus de me marier venait de cet amour. Je laissais répéter des duos à Son Altesse Impériale, je l'accompagnais souvent, j'en recevais des présents partagés avec les autres dames, il faisait asseoir ma mère à table auprès de lui, donc il était amoureux de moi. A force de répéter cette absurdité, l'impératrice, sans y croire, finit par penser qu'elle pourrait peut-être devenir vraie un jour, et dès lors elle se décida à se séparer de nous. Elle confia ces motifs à M***, qui m'est

---

[1] Elle avait déjà été brûlée une fois.

[1] Elle me parla en effet d'un mariage riche que je refusai positivement. J'avais vingt ans et M. de *** soixante-deux !

resté attaché et qui me les a répétés. La loyauté de son caractère me force à croire à tout ce qu'il m'a certifié; je dois donner ici ma parole que jamais le vice-roi ne m'a dit un mot qui ait pu même passer pour de la galanterie. Poli comme il l'était avec toutes les femmes, il l'a été pour moi; mais je proteste qu'il n'avait pas même l'idée de me préférer à des personnes qui m'étaient fort supérieures de toutes manières. S'il avait pu éprouver un sentiment si coupable, il se fût bien gardé de l'avouer et de risquer le bonheur d'une jeune personne à laquelle s'intéressait sa mère. Une action semblable eût été opposée à toute sa vie, exempte de tout reproche de ce genre. Je le répète, je ne fus pour lui qu'une indifférente, et mon amour-propre ne peut se glorifier d'une semblable conquête. Je l'admirais comme il était admiré de tout le monde; il reçut de moi quelques conseils pour son chant : voilà où se bornèrent toutes mes relations; il fallait assurément toute la méchanceté de l'envie pour y trouver rien de répréhensible.

La reine de Naples était en Italie; je ne la vis point à la Malmaison, mais souvent, quelques années avant, chez madame de Montesson; elle était jolie, moins cependant que sa sœur Pauline, quoiqu'elle eût un beaucoup plus beau teint : trop d'embonpoint gâtait des formes qui avaient, disait-on, été parfaites avant son mariage. Gaie, gracieuse, elle plaisait généralement dans les fêtes arrangées pour elle. On prétend que son caractère était inégal et violent lorsqu'elle était chez elle. Je n'en puis juger, puisque je ne l'ai connue que chez une femme à laquelle elle cherchait à être agréable, en étant aimable pour tout ce qui se trouvait à Romainville.

Je ne me souviens ni de la princesse Elisa, ni des rois d'Espagne et de Westphalie, voilà pourquoi je n'en parle pas; je ne pourrais en dire que ce qui est su de tout le monde, n'ayant eu aucune occasion de me trouver avec eux, et l'impératrice s'en entretenait rarement. Ils furent, je crois, peu bienveillants pour elle à l'époque du divorce.

Elle portait un attachement sincère à la reine de Westphalie, qu'elle croyait capable de tout ce qui est noble et bien.

Cette opinion a été justifiée depuis par la plus admirable conduite lors des malheurs de la famille à laquelle la princesse de Wurtemberg s'était alliée.

Je regrette vivement de n'avoir pas connu la vice-reine et la princesse Stéphanie de Bade, dont j'entends vanter les vertus et les qualités les plus aimables[1].

Je ne vis pas non plus *Madame mère* à la Malmaison; mais je l'avais beaucoup connue à Villers-Hellon, château appartenant à madame Collard : il était situé dans la forêt de Villers-Cotterets, et voisin de Montgobert, terre de madame Leclerc.

Tout ce qui se rattache à la trop célèbre madame Lafarge a de l'intérêt; je donnerai donc à la fin de ce chapitre quelques détails sur sa famille.

Madame Lætitia Bonaparte, mère du premier consul, nous paraissait alors une *bonne femme* sans prétention, plus que simple dans sa toilette; elle n'avait apporté que *dix jours* qu'une seule robe de cotonnade; madame Leclerc l'en plaisantait : « Taisez-vous, *dépensière* que vous êtes, lui dit-elle, il faut bien que je pense à mettre de côté pour vos frères; ils ne sont pas tous établis. Vous ne pens z qu'aux plaisirs de *votre âge*; moi, je m'occupe des *solidités* du mien. Je ne veux pas que Buonaparte — seul mon elle appelât le premier consul — se plaigne que nous lui *mangions* tout ce qu'il a ; vous *abusez* de sa bonté. » Elle se prêtait de fort bonne grâce aux parties proposées, se contentait de tout, s'arrangeait de dîner à des heures différentes, lorsque nous rentrions tard de quelque course amusante, dont elle voulait connaître les moindres détails. Le vrai moyen de lui plaire était de lui parler de ses enfants, et de les louer devant elle; elle enchérissait sur le bien qu'on en disait, sa figure, ordinairement froide, s'animait extrêmement en s'entretenant des objets qui lui étaient chers.

Je ne l'ai pas vue depuis qu'elle a eu le titre d'altesse impériale.

Je suis heureuse de saisir une occasion de rendre justice au caractère de madame Collard, et de démentir ce que toutes les biographies apocryphes ont dit de sa prétendue parenté avec la famille d'Orléans. Cette fausseté était une calomnie de plus contre ma tante, voilà pourquoi je crois devoir la relever.

Madame Collard était une Anglaise fille d'un major qui mourut en laissant sa veuve et son enfant sans aucune fortune. Elle était jolie, et fut amenée à *Belle chasse* pour parler anglais avec les princes. Madame de Genlis promit de lui faire assurer un sort; Elle était si gracieuse, si bonne, que ma tante la prit pour modèle dans *Adèle et Théodore*, pour le charmant portrait qu'elle fait d'*Hermine*, nom qui fut donné à l'orpheline. Lors de l'émigration, madame de Valence, qui s'y était attachée, la garda avec elle, et continua à veiller sur elle avec une tendresse vraiment maternelle.

Hermine, devenue jeune personne, était remarquablement jolie ; elle inspira une vive passion à M. Collard, riche fournisseur, qui l'épousa. Il acheta une belle propriété dans la forêt de Villers-Cotterets, et fit arranger d'une manière élégante le château de Villers-

[1] Plus tard j'eus ce bonheur, comme je le dirai.

Hellon, qui était en fort mauvais état. Le voisinage offrait une charmante société; et elle se réunissait alternativement chez madame Collard, chez monsieur Leclerc à Montgobert, chez madame de Montbreton à Corsy; ou à Longpont chez M. de Montesquiou. On s'amusait alors infiniment plus qu'aujourd'hui. Les préoccupations politiques n'absorbaient point. Sorti d'une longue et cruelle révolution, vaincue par un seul homme, on comptait sur lui pour maintenir le calme qu'on lui devait, et on jouissait en pleine sécurité du bonheur de ne rien redouter de l'avenir ! Les spéculations de Bourse n'occupaient que les gens d'affaires, et la crainte d'un renversement de fortune n'empêchait pas ceux qui en possédaient une d'en jouir et d'en rien craindre. La vie de château était douce et agréable, et chacun cherchait à en augmenter le charme. A Villers-Hellon, plus que partout ailleurs, les maîtres de la maison, affables, bons, paraissaient ravis que l'on s'amusât chez eux, et c'était un plaisir qu'on leur procurait souvent. Parfaitement libre le matin, on se dispersait pour suivre sa fantaisie, mais on se réunissait avec bonheur le soir. Pendant que les grands parents causaient ou jouaient gravement au whist dans le salon, la jeunesse dansait dans la salle à manger, ou composait quelque charade en action, s'inquiétant peu de bouleverser toute la maison, pour arranger des costumes grotesques ; puis quand, fièrement parés de casseroles transformées en casques, ces messieurs faisaient irruption au milieu des parties, et renversaient quelques tables dans leurs courses vagabondes, montés sur des manches à balais, figurant de fringants coursiers, le rire était général, et ce lieu où se répandirent depuis tant de larmes amères, retentissait alors des accents de la gaieté la plus folle.

Un soir que nous étions assez fatigués pour rester inactifs, on proposa de faire chacun son château en Espagne pour l'avenir. Caroline, l'aînée des trois filles de madame Collard, devenue la baronne Capelle, désirait un humble ménage confortable, un jardin, et une jolie petite fille pour faire le bonheur de sa vieillesse. Elle a été la mère de madame Lafarge !

Hermine, sa seconde fille, vive, piquante, spirituelle et coquette, ne concevait le bonheur qu'avec de la fortune, des diamants, une place à la cour, en un mot le tourbillon du monde. Elle a épousé M. le baron de Martens, officier prussien, depuis ambassadeur à Constantinople ; le luxe oriental entoura sa jeune compagne, et elle fut plus tard très à la mode à la cour de Berlin.

M. Léonce de Mornay n'avait que dix-huit ans ; il déclara avoir une volonté ferme de servir Napoléon, et d'être nommé général en passant par tous les grades, ne voulant devoir les épaulettes étoilées qu'à lui seul. « Le descendant d'un ami d'Henri IV, disait-il, doit prouver qu'il est brave, Il s'engagea comme soldat malgré sa famille, et se conduisit de manière à mourir général, sans que la faveur y fût pour rien. »

M. le comte Henri de Montesquiou ne désirait que d'être l'heureux époux d'une jolie femme. Il a épousé sa cousine, qui a pleinement exaucé son vœu.

MM. de Montbreton[1], cités pour leurs jolies figures, aspiraient à ne pas changer de genre de vie, qui se bornait à monter à cheval, à chasser pendant la belle saison, et à danser l'hiver. Ces modestes souhaits ont été satisfaits.

Née très-indolente, j'étais, dans ma jeunesse, paresseuse avec délices ; aussi, je ne trouvai rien de plus conforme à mes goûts que d'aspirer à la possession d'une maison entourée d'une prairie baignée par une rivière. Je pêcherais à la ligne des heures entières, et me laisserais vivre sans travail et sans trouble... Je n'ai pas l'habitation, et nulle existence ne fut plus agitée et plus occupée que la mienne.

A l'époque de tous ces souhaits, Louise, la troisième fille de madame Collard, était trop enfant pour n'être pas couchée à l'heure où nous les formions. Elle est aujourd'hui madame Paul Garat, et possède une grande fortune[1]. Depuis mes malheurs, mesdames de Martens et Garat, riches, lancées dans le monde, s'éloignèrent d'une personne peu amusante, obligée de gagner sa vie ; mais madame Capelle, dont le cœur était accessible à tous les nobles sentiments, n'avait pas cessé nos relations affectueuses. Suivant son mari dans les garnisons éloignées, nous nous perdîmes de vue par la force des choses, mais non par notre volonté ; nous nous écrivions toujours de loin en loin. Depuis son second mariage avec le baron de Cohorn seulement, je ne reçus plus de lettres. Elle aimait son mari avec passion, elle eut une grossesse pénible, je trouvai donc fort simple d'être négligée[2]. Mais, quoiqu'elle fût à Strasbourg et moi à Bordeaux, je continuai à m'intéresser beaucoup à elle et à ses enfants.

[1] Ils étaient si frais qu'on disait d'eux qu'ils ressemblaient à de la mousseline doublée de couleur de rose.

MM. de Montbreton étaient tous deux d'excellents garçons dans toute l'acception du mot, et cependant les hommes ne pouvaient les souffrir, leur trouvant un petit air de fatuité insupportable. Le général J... disait qu'il avait toujours envie d'en prendre un pour battre l'autre. Je ne pense pas qu'ils se fussent laissé faire par le bel queux général. Ils se sont fort bien conduits dans la garde nationale aux époques où cette milice citoyenne a rendu de grands services.

[2] M. et madame Collard avaient aussi un fils. M. Maurice Collard a épousé mademoiselle de Montaigu, fille du comte Auguste de Montaigu et de mademoiselle Blanche de Maillé. Il habite toute l'année Villers-Hellon.

Lors du premier article mis dans les journaux accusant madame Lafarge, je me révoltai ouvertement contre ce qui me paraissait impossible. Peu de temps avant son mariage, j'avais dîné avec elle chez ma cousine, madame la comtesse de Valence, qui lui portant une tendre affection, lui avait fait arranger chez elle une jolie chambre; elle y passait trois jours par semaine, et les autres chez sa tante, madame Garat, à la Banque.

J'avais été heureuse de revoir la fille de ma chère Caroline [1]. Elle portait encore le deuil de sa mère. Je ne la trouvai point jolie. Ses traits étaient gros; ses yeux petits, disparaissant sous un front très-prédominant, lui donnaient un air de fausseté qui me frappa. Je quittai Paris peu de jours après sans la revoir. Voyant l'extrême amitié qui lui était témoignée dans ma famille, et dont j'étais, je crois, un peu jalouse, je crus m'être trompée sur mes observations, qui ne lui étaient pas favorables.

Au mois d'octobre suivant, madame de Valence écrivit à ma mère, qui était avec moi à Bordeaux, pour lui faire part du mariage de Marie Capelle, épousant un maître de forges riche, beau et très-amoureux. Je m'en réjouis, comme de tout ce qui arrive d'heureux aux enfants de ceux que j'aime.

Que l'on juge donc de mon chagrin, en lisant l'article du journal annonçant que madame Lafarge était accusée de vol et d'empoisonnement !

Ma mère, comme la plupart des personnes âgées, avait la plus parfaite mémoire possible pour toutes les choses anciennes. Elle me rappela des traits de l'enfance de Marie Capelle auxquels je ne songeais plus. Ils me frappèrent peu autrefois, mais dans ce moment ils acquéraient de l'importance.

Sans vouloir assurément en induire qu'ils soient des preuves de son crime, il est permis de croire un mauvais naturel à la femme qui, petite fille, avait des idées si opposées à celles des enfants de son âge.

Marie Capelle venait jouer souvent avec ma fille aînée, que j'ai eu le malheur de perdre depuis. Elles avaient toutes deux quatre ans.

Un jour que j'étais sortie, Marie eut une singulière fantaisie, celle de brûler mon lit. Elle monta sur une petite table qu'elle roula près des rideaux de mousseline, et dit à Coralie qui ne se doutait pas de son projet, d'allumer au feu de petits morceaux de papier qu'elle roulait dans ses doigts, « ayant pris sous son bras deux ou trois journaux posés sur la table : « Tu verras tout à l'heure comme ce sera beau quand ça flambera. » Heureusement, ma femme de chambre entra au moment où elle lançait son premier brandon ; elle demanda à Marie ce qu'elle comptait faire : « Pardi ! répondit-elle, mettre le feu à la maison ! »

Un jour, étant à table entre ma mère et M. de A., elle voulut en jouant lui enfoncer dans la poitrine un petit couteau de nacre que je lui avais donné pour faire la dînette, parce que, disait-elle, M. A. parlait trop de sa mère. Enfin, une autre fois j'entendis ma fille pousser des cris si aigus dans le cabinet où jouaient ces demoiselles, que je crus à un accident; effrayée, je courus m'informer de ce qui était arrivé. Je vis Coralie en larmes, serrant contre elle avec force une belle poupée de cire, qui lui avait été apportée d'Angleterre, et Marie Capelle, rouge de colère, frappant du pied, disant qu'elle voulait cette poupée pour s'amuser. Je grondai ma fille de ne pas vouloir prêter ses joujoux à sa petite amie. « Mais, maman, me dit-elle pleurant toujours, Marie veut me casser ma jolie poupée. — Comment, tu veux briser cette charmante poupée ? — Du tout, madame, s'écria l'enfant avec vivacité, je veux seulement lui faire un trou à la tête pour voir s'il en sortira du sang. »

Cette réponse me confondit, et effraya ma mère, qui ne l'oublia pas.

Marie prit à ma fille plusieurs pièces d'un petit ménage en plaqué, qui lui avait été donné au jour de l'an. Madame Capelle me renvoya, et je ne pensai plus à ce que je regardais comme un enfantillage.

Sa mère partit pour Douai quelques jours après, et j'en fus bien aise, car cette liaison rendait ma fille difficile à conduire. Quand je la grondais ou voulais la mettre en pénitence, elle me disait qu'on ne l'en faisait pas autant à Marie.

Il y a certainement bien loin de ce que je viens de conter à l'épouvantable drame du Glandier, et j'en pense que c'est pourtant une raison de croire possible une action si atroce, commise par une femme dont la jeune imagination était si cruellement organisée. Nourrie depuis de la lecture des ouvrages les plus faits pour l'exalter, jouissant d'une entière liberté, et voyant l'intérêt qu'on affecte pour les grands criminels, est-il surprenant qu'avide de célébrité elle ait été entraînée en quelque sorte malgré elle à devenir l'héroïne d'une horrible histoire ? Se croyant victime d'une union mal assortie, à laquelle cependant personne ne l'avait obligée, et nourrissant un sentiment coupable pour ce Charles dont elle parle dans cette fameuse et incroyable lettre écrite le lendemain de son mariage, Marie Capelle calcule froidement la mort de cet homme, qui, pense-t-elle, troublera toute sa vie !

Poussée par un instinct naturel, peut-être est-elle moins odieuse

[1] La seconde fille de madame Capelle a épousé M. Devioleine.

qu'une autre. C'est pour la rendre moins criminelle que j'ai cité d'elle les tristes excentricités de son enfance. C'était, j'en suis convaincue, une créature d'une organisation heureusement exceptionnelle. Comment d'ailleurs sa famille l'eût-elle laissé marier par un agent de mariage, sans prendre de minutieuses informations, si on n'eût été pressé de se débarrasser d'une surveillance difficile ? Cette indifférence de ses tantes n'est-elle pas une preuve du peu d'affection qu'elle inspirait à ses protectrices naturelles, ayant certainement étudié son caractère ?

Quant à moi, après avoir lu ses Mémoires, j'avoue qu'il m'est impossible de la croire innocente. Ils ne contiennent pas l'expression d'un bon sentiment, et sont quelquefois repoussants par le cynisme dont elle s'accuse avant son mariage. Elle parle de sa mère, femme adorable, d'une manière presque inconvenante ; de ses tantes avec légèreté, et de presque toutes les personnes qui furent bonnes pour elle avec une ingratitude révoltante. Quand bien même son procès n'existerait pas, on aurait, après la lecture de ces deux volumes, une bien mauvaise opinion de son cœur.

Par exemple elle se moque de madame de Montbreton, pour sa foi au magnétisme, d'une manière très-blâmable. Elle prétend que M. Eugène de Montbreton reçut la croix de la Légion d'honneur pour avoir contrefait Joko dans le salon de madame la duchesse de Berry, lorsqu'elle sait qu'il fut décoré comme aide de camp du maréchal Oudinot, pour ce qui concernait le service de la garde nationale. Ce peut être un titre aux yeux des militaires ; c'en doit être un près des Parisiens, que cette institution sauva plusieurs fois de grands dangers. D'ailleurs madame Lafarge, dont l'oncle portait un ruban rouge à la boutonnière pour avoir pendant trente ans signé des billets de banque assis dans un bon fauteuil, ne devait pas se montrer si sévère pour une récompense accordée après la tant d'officiers d'état-major de notre garde citoyenne. M. et madame de Montbreton la reçurent à Corsy comme une fille, lorsqu'elle n'eut plus de mère : ils en ont été bien mal récompensés !

Madame Lafarge plaisante dans ses Mémoires sur le malheureux jeune homme, fils d'un pharmacien, avec lequel elle avait été en relation, qui s'est tué pour elle, et elle se livre à ces spirituelles moqueries après avoir raconté avec une franchise approchant de l'effronterie tous les détails de son intrigue avec lui ! Elle ne cache pas davantage sa liaison avec le comte de Cha...

Jamais affaire criminelle ne produisit une sensation aussi vive que celle de madame Lafarge. L'esprit déployé par l'accusée avait tellement fasciné les hommes, que presque tous soutenaient qu'elle était innocente, et devenaient amoureux du récit des audiences dans lesquelles elle déployait un si grand sang-froid.

A Bordeaux, où j'étais alors, on ne causait que du procès ; au spectacle, on s'abordait pour s'informer des nouvelles arrivées par des estafettes organisées sur la route. Ce fut une réelle consternation parmi les hommes lorsqu'on apprit par une lettre, qui circula promptement au théâtre, que l'arsenic avait été trouvé par M. Orfila dans les intestins du malheureux Lafarge. On alla jusqu'à dire que l'habile praticien aurait dû se taire ! Les jeunes gens étaient exaspérés contre lui.

Chose inouïe pour une ville de commerce, la Bourse fut fermée presque aussitôt son ouverture, le jour où de petits bulletins, délivrés par les journaux, y apprirent que madame Lafarge était condamnée. Les vieux négociants, les plus occupés en général de leurs affaires, coururent comme les jeunes apprendre cette nouvelle dans leurs familles. Il restait tout au plus trente personnes au parquet; les spéculations furent remises au lendemain, et la journée s'écoula en lamentations.

Madame Collard est morte bien avant le mariage de sa petite-fille ; elle a souffert longtemps, d'une maladie bien douloureuse, avec un courage et une résignation extrêmes. Elle devait cependant regretter la vie, car la sienne avait été heureuse, et rien dans l'avenir ne pouvait l'effrayer. La Providence a voulu la récompenser du bien qu'elle avait fait, en lui faisant quitter ce monde lorsque tout y était riant pour elle !

CHAPITRE LIII.
1811.

L'impératrice nous envoie chercher exactement. — M. de Monaco congédié. — M. Portalis remplit les fonctions de premier écuyer. — Il épouse mademoiselle de Castellane, dotée par l'impératrice. — Histoire absurde à ce sujet. — Madame Vambergben. — L'archevêque de Tours. — Discours maladroit. — Magnifique trousseau. — Mémoires de l'empire. — Madame Durand. — Son injustice envers l'impératrice Joséphine. — M. Maltourne. — Madame la duchesse d'Abrantès. — L'Abbaye-aux-Bois. — Les salons de Paris. — Mademoiselle de Mackau. — Le général Walther de Saint-Alphonso. — Son mariage. — M. l'amiral de Mackau. — Madame la marquise de Soucy, gouvernante de madame la Dauphine. — Nous cessons d'aller à Malmaison.

Pendant quelques semaines, l'impératrice nous envoya chercher avec exactitude. Nous partions de bonne heure et arrivions à la Malmaison pour déjeuner. L'impératrice nous recevait toujours avec une extrême bienveillance ; et ce genre de vie satisfaisait mes goûts, puisque je n'étais privée ni de la présence de mon père ni de celle de Sa Majesté. Je prenais mes leçons les jours où je restais à Paris, sauf celles de chant, prises à la Malmaison ; enfin j'étais heureuse, et préférais le temps actuel à celui passé en entier à la cour, je ne désirais rien ; mes amis, ma famille étaient bons et aimables pour moi, Sa Majesté parfaite ; et toute la société, contente de notre éloignement, avait repris avec nous l'ancienne obligeance dont je m'étais félicitée, et qui avait eu si peu de durée.

Un mois environ s'écoula de la manière la plus agréable ; un jour, en arrivant à la Malmaison, j'appris un changement important dans le service de Sa Majesté. M. de Monaco, qui avait été si sévère pour les autres, ne trouva personne qui voulût intercéder pour lui, lorsque, pour des raisons que je ne connais pas assez pour les dire, il reçut l'ordre de céder ses fonctions à M. de Portalès, qui, à partir de ce moment, sans avoir le titre de premier écuyer, en remplit les devoirs.

Tout le monde se réjouissait de cette mutation, parce que M. de Monaco, fier, dur et peu poli, n'était pas aimé ; tandis que les qualités aimables de M. Portalès le faisaient chérir de ses inférieurs et estimer de ses égaux.

L'impératrice, toujours bonne, regrettait que l'empereur se fût mêlé d'une affaire qui affligeait un de ses anciens serviteurs ; elle s'était soumise en gémissant à sa volonté, et avait obtenu que la destitution ne fût pas prononcée. Je crois que M. de Monaco eut ordre de rejoindre son régiment.

J'appris aussi que M. Portalès avait remarqué un peu tard la jolie figure de mademoiselle de Castellane ; que fatigué sans doute de la vie agitée qu'il avait menée, il voulait jouir enfin de sa grande fortune, en la faisant partager à une femme agréable qui serait privée ; qu'il avait demandé le consentement de l'impératrice pour un mariage qu'elle était charmée de voir se conclure ; et que dans peu de temps il épouserait mademoiselle de Castellane, à laquelle Sa Majesté donnait une dot de *cent mille francs* et un trousseau.

Cet événement, qui n'avait point été prévu (M. de Portalès ayant depuis longtemps un grand attachement que l'on croyait durer encore), fit beaucoup de bruit, surprit généralement, et ne plut pas de même.

Il semble que toutes les mères qui ont des filles à marier regardent comme un vol qu'on leur fait une union heureuse avec une autre, et que ce soit une grande injustice qu'elles supportent que de voir préférer une jeune personne à celles qui les touchent. Sitôt qu'un mariage brillant est assuré, ces dames presque toujours se déchaînent contre le caractère, la famille ou la figure de la future privilégiée. Si l'amour maternel n'avait en lui-même quelque chose d'assez touchant pour lui faire pardonner ce qui serait inexcusable en toute autre circonstance, cette basse envie ne pourrait être tolérée ; et l'on haïrait la femme capable de s'affliger du bonheur des compagnes de sa fille.

On se permit mille contes sur la manière dont s'était fait ce mariage ; on se donna beaucoup de peine pour trouver des raisons à ce qui était cependant très-simple, puisque mademoiselle de Castellane était jolie, spirituelle et très-aimée de l'impératrice. On chercha à persuader que M. Portalès avait été entraîné à cette *mauvaise affaire* par une suite d'intrigues employées pour l'y déterminer ; tandis qu'il n'avait été, comme beaucoup d'autres, que charmé des agréments de celle qu'il avait choisie. On alla jusqu'à mêler Sa Majesté dans ces histoires absurdes. La plus accréditée fut celle-ci.

M. Portalès, fatigué d'une longue liaison avec une femme légère et coquette, avait été, disait-on, adressé ses hommages à madame Vanberghen, et avait été surpris à ses genoux par Sa Majesté dans le moment d'une déclaration qui ne paraissait pas être repoussée. L'impératrice, prenant sur-le-champ la parole, avait déclaré savoir le motif de ces prières si vives ; qu'elle était sûre que M. Portalès demandait instamment l'appui de madame Vanberghen auprès de mademoiselle de Castellane, dont elle était l'amie, pour la décider à l'épouser, qu'elle approuvait cette recherche et se chargerait de tout arranger.

Toute niaise que fût cette histoire, mauvaise imitation de la calomnie inventée autrefois sur madame de Montesson, elle circula dans Paris, et, comme de raison, les désœuvrés, presque toujours malveillants, la répandirent en paraissant y croire. Je ne sais qui a pu l'inventer ; mais elle était aussi infâme que fausse. Madame Vanberghen était la personne la plus pénétrée de ses devoirs ; jusqu'à ce moment sa réputation avait été aussi pure que sa conduite. Peut-être était ce le motif qui avait donné l'idée de la compromettre dans cette occasion. Elle fut vengée par le redoublement d'égards que lui accorda l'impératrice, instruite de tous ces propos, et par l'estime de tous les honnêtes gens. Il suffisait de connaître mademoiselle de Castellane pour concevoir que la fortune lui fût inutile, et il était impossible de supposer Joséphine capable d'employer la ruse pour réussir dans un projet que l'attachement qu'on lui portait eût suffi pour faire approuver à M. Portalès, quand même son cœur n'eût pas été d'accord avec les vœux de Sa Majesté.

L'archevêque de Tours, premier aumônier de l'impératrice (M. de Barral), devait donner la bénédiction nuptiale dans la petite chapelle de la Malmaison. Il prononça un discours dans lequel on ne reconnut pas son esprit ordinaire : avec une gaucherie singulière dans un homme doué d'un tact infini, il dit à M. Portalès qu'il devait s'estimer heureux d'obtenir une jeune personne d'une grande naissance, puisque la sienne n'était point illustre ; et, s'adressant ensuite à mademoiselle de Castellane, il la félicita de rencontrer un époux assez raisonnable pour ne pas considérer la fortune de sa compagne. Il déplut ainsi aux deux familles, et extrêmement à l'impératrice, qui en témoigna son mécontentement.

Sa Majesté fit faire pour mademoiselle de Castellane un trousseau qui eût été digne d'être offert à une princesse : des châles d'une grande beauté et plusieurs parures y furent joints ; en un mot, l'impératrice accomplit avec magnificence la promesse qu'elle avait faite à une mère mourante de la remplacer près de ses enfants. Dans aucun ouvrage, on ne s'est assez appesanti sur la bienfaisance inépuisable, sur l'intarissable bonté de cette femme parfaite, déjà presque oubliée. Dans tous les Mémoires qui ont paru depuis sa mort, quelques mots paraissent suffire à son éloge ; cette espèce d'ingratitude envers cette princesse, qui ne fut occupée qu'à apporter des adoucissements à tous les genres d'infortune, s'explique, ce me semble, par la qualité et le rang des écrivains qui en ont occupés.

Les hommes d'État devaient surtout chercher à éclaircir tous les faits importants des événements qui se sont succédé depuis vingt ans ; la politique absorbant toutes leurs pensées, à peine trouvaient-ils nécessaire de s'entretenir d'une femme dont le plus beau titre était — pour eux — d'avoir été la compagne d'un héros. Les vertus naturelles à notre sexe, une sensibilité qu'ils ne peuvent concevoir, étaient presque imperçues à leurs yeux, toujours fixés sur les grandes et sanglantes scènes de notre histoire moderne.

Je ne puis, au contraire, être frappée et véritablement touchée que des choses à ma portée ; voilà pourquoi j'ai entrepris de peindre ce que je pouvais comprendre. Je sentais dans mon cœur tout ce qu'il fallait d'abandon pour faire connaître l'impératrice Joséphine : je pensais que n'ayant reçu d'elle aucun service important qui pût me faire douter de ma franchise, il m'appartenait plus qu'à une autre de lui élever un monument qui pût perpétuer le souvenir de tant de qualités attachantes ; que le goût général que l'on a pour le genre d'ouvrage que j'entreprenais le ferait beaucoup lire ; qu'ainsi l'éloge de Sa Majesté serait dans toutes les bouches. Je m'applaudis maintenant d'avoir fait ce qui me plaisait à tant de titres, puisque je puis rectifier quelques erreurs relatives à Joséphine.

Ce qui aujourd'hui paraîtrait une flatterie, était, en 1828, presque un acte de courage ; il n'était pas de mode alors de louer l'empire, et la censure existait dans toute sa force.

Après mes mémoires parurent ceux de madame la duchesse d'Abrantès, de M. de Bourrienne, le *pasticcio* de la Contemporaine, etc.

Madame Durand, dans ses Mémoires, assure que Marie-Louise faisait infiniment plus d'aumônes que l'impératrice Joséphine. La reconnaissance que porte madame Durand à une souveraine qui fut pour elle pleine de bonté, doit faire trouver tout naturel qu'elle cherche à la faire valoir ; cependant il faudrait avant tout ne pas vanter l'une aux dépens de l'autre, lorsque c'est injustement. Les manières françaises que possédait Joséphine pouvaient sans doute la faire aimer plus que sa rivale, par les personnes d'une cour où la grâce et l'amabilité devaient être appréciées : pour la classe malheureuse, il fallait autre chose que des mots spirituels et des sourires bienveillants ; or, c'est précisément les pauvres qui ont fait la réputation de bonté de l'impératrice Joséphine ; madame Durand assure qu'elle ne donnait que *cinq mille francs* par mois aux indigents. Il est possible que cette somme fût en effet allouée sur le fonds de ses dépenses, mais on ne compte certainement pas celles distribuées avec profusion sur les demandes de plusieurs de ses dames, celles sollicitées dans les nombreuses pétitions qui lui étaient remises par des malheureux, et qu'elle ne refusait jamais.

A Navarre, elle n'était pas regnante, et le respectable évêque d'Évreux m'assura qu'il recevait de Joséphine *plus de cent mille francs* par an pour les pauvres de cette ville, ce qui passe de beaucoup ce que madame Durand, et ce qui, sans doute, fut plus considérable lorsque Joséphine était sur le trône.

Je n'ai jamais remarqué qu'elle fût *uniquement* occupée à faire de l'effet, et encore moins qu'elle fût *peu aimée dans son intérieur* ; tout ce qui l'entourait n'ait voulu la quitter lorsqu'elle fut déchue de la puissance. Une telle conduite, honorable pour ceux qui l'ont eue, me semble la meilleure preuve de l'attachement sans bornes qu'ils portaient à Sa Majesté.

Je le répète, la reconnaissance me fait trouver toute simple la petite inexactitude de madame Durand, dans le parallèle qu'elle établit entre les deux femmes de Napoléon. La gratitude que j'ai vouée à la première me fera, j'espère, pardonner l'observation que j'ai crue nécessaire. Madame Durand, dont le cœur noble a été forcément le souvenir des bienfaits, sera, j'en suis sûre, la première à m'excuser.

J'ai ouvert une route suivie depuis par des écrivains ayant beaucoup plus de talent que moi, mais peut-être n'ont-ils pas toujours été aussi vrais. Tout le monde sait que le livre des Mémoires de la Con-

temporaine a été composé d'après quelques notes données par elle à MM. Malitourne et Villemarest, que Ladvocat appelait *ses faiseurs*. Faut-il donc s'étonner de la foule d'erreurs contenues dans cet ouvrage? Madame la duchesse d'Abrantès prétend dans ses Mémoires qu'elle était à Navarre lors de la fête donnée à Joséphine le jour dont je parle, cela n'est pas; et les couplets cités ont tout simplement été copiés sur mon manuscrit, que possédait Ladvocat; il en est de même de plusieurs autres faits rapportés par moi. Je n'ai pas vu *une seule fois* madame d'Abrantès chez l'impératrice, qui n'en parla jamais devant moi. Je la vis à l'Abbaye-aux-Bois, chez madame Récamier.

Sa juste réputation d'esprit m'effraya, et je fus près d'elle, comme je le suis encore lorsque je me trouve avec des personnes très-remarquables, embarrassée et gênée au point de ne pas dire un mot. Je répondis fort sottement à quelques mots pleins d'amabilité qu'elle voulut bien m'adresser sur mes ouvrages. J'ai donc été touchée et reconnaissante de ce qu'elle a écrit de bienveillant sur moi dans ses *Salons de Paris*.

Madame Lætitia, mère de Napoléon Ier.

L'impératrice aimant beaucoup mademoiselle de Mackau, qu'elle avait pour ainsi dire privée d'une sœur en la demandant à la princesse Stéphanie de Bade, — qui s'en était chargée et la comblait de bontés, — voulut assurer son avenir, comme eût pu le faire celle qu'elle remplaçait près de sa protégée; elle chercha donc un parti qui pût lui convenir, décidée à faire pour mademoiselle de Mackau comme pour mademoiselle de Castellane.

Le général Wathier Saint-Alphonse fut celui qu'elle chargea de la destinée d'une jeune personne qui n'avait qu'un tort, celui de se méfier d'elle au point d'être d'une timidité qui paralysait souvent tous les dons du plus aimable naturel. Cet hymen eut lieu, et le bonheur qui le suivit prouva combien le jugement de l'impératrice était juste sur deux caractères faits pour s'entendre. Mademoiselle de Mackau joignait à la figure la plus modeste et la plus régulière, des vertus et des talents remarquables. Fille et sœur parfaite, elle ne pouvait être qu'une épouse irréprochable [1]; c'est ce qu'elle est en effet.

M. Portalès voulant rétablir l'ordre dans tout ce qui avait rapport au luxe des équipages, fit plusieurs changements, quelques suppressions, qui amenèrent des économies; elles rendirent plus difficile l'envoie de la voiture qui devait nous conduire. Peu à peu nous ne l'eûmes que rarement, et enfin nous en fûmes totalement privées.

Pendant quelque temps, nous fîmes des sacrifices pour nous procurer les moyens de continuer à aller à la Malmaison, espérant toujours que l'on nous rendrait la facilité que nous avions eue, et qui

[1] Elle est sœur de M. le contre-amiral de Mackau, dont le prompt avancement pourrait étonner, si sa noble conduite et sa brillante valeur ne se chargeaient de l'expliquer: madame la marquise de Soucy, ancienne sous-gouvernante de Son Altesse Royale madame la Dauphine, était leur tante.

nous était promise. Enfin, le même état de choses continuant, il fallut forcément renoncer à ces voyages qui nous charmaient. Nous écrivîmes nos tristes raisons à l'impératrice; nous ne reçûmes pas de réponse: ce qui est tellement en opposition avec sa manière d'être ordinaire, que je fus convaincue, comme je le suis encore, qu'elle donna des ordres qui ne nous furent pas transmis; j'ai le droit de croire à cette négligence, — pour ne pas dire plus, — de la part de ceux qui les recevaient, ayant eu la preuve que déjà on avait désobéi pour une chose que Sa Majesté voulait faire pour moi.

Peut-être a-t-elle cru à notre peu de reconnaissance des bontés qu'elle devait penser nous avoir été offertes; cette idée a plusieurs fois mêlé une nouvelle amertume à celle des larmes que j'ai répandues à sa mort.

Je n'ai plus rien à dire de la Malmaison, du moins d'après moi-même; mais j'ai recueilli avec un extrême intérêt des *choses positives* que je transmettrai plus tard. Je vais, jusqu'au moment des événements de 1814, parler de quelques personnes célèbres que j'ai connues, particulièrement d'artistes remarquables avec lesquels j'ai été en relation assez intime pour donner sur eux des détails intéressants. Les arts honorent aussi la France, par cette raison je crois devoir en parler.

Tous les genres d'illustration doivent intéresser, et la gloire, sous quelque forme qu'elle se présente, sait plaire à nos compatriotes. N'est-ce pas d'ailleurs le meilleur moyen de prouver l'amour que je porte à mon pays que de donner des détails sur les hommes qui par leurs talents, leurs connaissances, leur caractère, augmentent l'admiration que l'on doit à la France?

CHAPITRE LIV.
1811.

Mon chagrin de ne plus voir l'impératrice. — Steibelt. — Madame Scherer, caprice d'un grand artiste — *Roméo et Juliette.* — M. Sostuenes de la Rochefoucauld, directeur des beaux-arts. — Ce qu'il dit à Cherubini. — Steibelt meurt à Saint-Pétersbourg. — MM. Herz, Lacombe, Rhein et Prudent.

Pour me distraire du chagrin d'avoir quitté Sa Majesté, je faisais beaucoup de musique avec quelques personnes qui voulaient bien me donner des conseils. Steibelt avait alors une réputation européenne, qu'il ne partageait guère qu'avec Clementi, Cramer et Dussek. La musique de piano de ces grands maîtres était à peu près la seule qui fût exécutée par les vrais amateurs, en y ajoutant les belles sonates de Mozart et d'Haydn. Beethoven étant ignoré, la musique de ces compositeurs était la seule à la mode pour ceux qui se croyaient un grand talent sur un instrument qui maintenant est porté à un degré de perfection désespérant pour les personnes qui n'ont que peu de temps à y consacrer. Pleyel était joué par les commençants, et quoiqu'une grande partie de ses œuvres soit oubliée, il faut convenir qu'elles avaient du mérite pour l'époque où elles furent composées. Peu d'années avant lui, l'insupportable *clavecin* ne retentissait que de *pièces classiques*, qui étaient en vogue depuis cinquante ans. Il eut donc un grand talent à composer des chants expressifs et agréables, et à sortir de la longue routine où l'on était habitué. Clementi, Dussek, Cramer, graves, savants et larges dans leurs compositions, sont encore sur tous les pupitres, où se trouvent en même temps les brillants morceaux de Czerny, Kalkbrenner, Thalberg, Lacombe, Rhein, Herz, etc.; mais Steibelt, qui s'était fait un genre à lui, plein de grâce, quelquefois de charme, et toujours original, languit abandonné d'une manière injuste, selon moi. Pour juger ses ouvrages, il fallait les entendre exécuter par lui: il leur communiquait le feu, le génie de son esprit; et en les entendant ainsi, on les préférait à tout. Une de mes amies, fort en état de le juger puisqu'elle était sa meilleure élève, me parlait si souvent de ce talent extraordinaire, que j'avais une envie démesurée de savoir si elle n'exagérait pas. Steibelt était si capricieux, si fantasque, qu'il avait promis vingt fois de venir à des soirées arrangées pour lui, et que vingt fois il avait manqué à sa parole, comme c'était son usage. Enfin madame Scherer, femme du banquier, avec laquelle ma mère était liée, l'engagea d'une manière si pressante à dîner en petit comité, qu'il accepta. Il donna la liste des personnes qu'il daignait admettre à cette solennité, et au jour fixé il fut exact, chose fort rare pour lui.

Pendant tout le dîner, Steibelt fut gai, aimable, et parla du plaisir qu'il aurait à se faire entendre. Au moment où il allait se mettre au piano, on annonce madame de B...., grande, droite et vieille femme, qui avait eu dans sa jeunesse une réputation de beauté tout à fait établie; on pouvait s'en douter encore à l'attitude de dignité qu'elle avait conservée comme preuve d'une supériorité reconnue. Il ne restait plus sur son visage qu'un pied de blanc recouvert d'autant de rouge; elle était en grand deuil, ce qui faisait encore ressortir l'éclat singulier de ce teint factice; ses mouvements étaient compassés, roides et apprêtés. Cette majestueuse personne s'assit dans une bergère près de la cheminée, et sachant que Steibelt devait jouer, elle resta. Il avait quitté le piano, s'en tenait toujours éloigné, et sa figure rembrunie me prouva qu'il n'était plus dans les mêmes dispositions. M. Scherer, devinant ce qui allait se passer, s'approcha, et lui demanda de prendre la place qu'il occupait si bien. « Cela ne se peut plus, monsieur. — Comment ! mais tout à l'heure vous vous disiez en train. — Sans doute, mais je ne suis pas habitué à faire de la musique pour des portraits de famille ; tant que celui-là, ajouta-t-il en montrant madame de B...., sera dans votre salon, mes doigts resteront glacés ; que la dame noire parte, et je ferai tout ce qui pourra vous être agréable. — En vérité, Steibelt, vous m'affligez : cette dame noire est une personne très-estimable, amie de ma femme ; elle est venue par hasard, mais à présent qu'elle sait que vous devez jouer, bien certainement elle restera. — Tant pis pour elle et pour nous ; car, je vous le répète, monsieur, je ne jouerai que lorsqu'elle n'y sera plus. »

On annonce madame de B...

Il fut impossible de lui faire changer d'avis, malgré les prières de toutes les femmes de la société, qui les unes après les autres furent le supplier d'être plus traitable. La sérieuse madame de B...., parlant peu, ne questionnant jamais, s'aperçut bien qu'il y avait un peu d'agitation dans le cercle ; mais elle se contenta de ce qu'on lui dit que Steibelt était souffrant, elle le crut. On espérait qu'elle continuerait le cours de ses visites ; mais elle avait renvoyé ses chevaux, et ne les avait demandés qu'à minuit : il fallut se soumettre. On lui proposa un whist, qu'elle accepta ; et l'on établit une *macédoine*, pour que Steibelt, retenu par la gaieté des jeunes personnes, reprît la sienne et consentît au vœu général. Tout fut inutile ; il rit, joua au vingt-et-un, au makao, etc. ; mais il persista dans son entêtement.

Enfin, à onze heures et demie, on vint annoncer que la voiture de madame de B.... était arrivée. Le *robber* heureusement finissait. Elle prit lentement son châle, salua méthodiquement, baisa au front la fille de la maison, et sortit à pas comptés de ce salon où elle était entrée si mal à propos. A peine était-elle dans l'antichambre, que Steibelt préludait déjà. A trois heures du matin il jouait encore, et tout le monde avait oublié qu'il fût temps de se retirer.

On ne peut, je crois, comparer son talent à aucun autre ; son jeu changeait de style aussi promptement que ses idées, et cette mobilité lui imprimait un caractère impossible à saisir. Tout le désordre de cette tête extraordinaire se trouvait aussi dans ses doigts : en une minute il faisait passer ses auditeurs de l'attendrissement où il les plongeait un chant suave et mélancolique à l'étonnement qu'excite la plus rapide exécution ; au moment où l'on regrettait une phrase touchante, il consolait par un trait inattendu ; en un mot, il était *lui*, et je doute que jamais on trouve réunis plus d'entraînement et d'expression. Nous possédons sans doute des pianistes jouant la difficulté infiniment plus correctement que lui, d'autres chantant mieux sur leur instrument ; mais on admirerait en lui la fusion de tous les genres, qui formait un ensemble difficile à retrouver.

Il ne composa qu'un opéra, dans lequel se trouvent des choses admirables. Il fut jugé à son apparition beaucoup trop savant ; les vieux amateurs, habitués aux accompagnements simples de l'ancienne école, étaient fatigués du brillant d'un orchestre dont les détails n'étaient pas compris par eux ; ils s'emportèrent contre ce *mauvais genre* qui bouleversait leur système, ce qui n'empêcha pas *Roméo et Juliette* de fournir une longue et brillante carrière. Il en serait de même de plusieurs ouvrages de Cherubini, dont les belles partitions se trouvent dans toutes les bibliothèques musicales, mais dont les morceaux ne sont pas assez connus par notre génération, digne de l'apprécier. Sans sa musique sacrée, sa réputation paraîtrait à nos contemporains d'une inconcevable exagération, puisqu'ils ne peuvent juger des titres qui l'ont établie. Ce que j'avance est si vrai, que l'on prétend que M. de la Rochefoucauld lui dit un jour qu'avec son admirable talent il devrait *essayer* de travailler pour la scène. Certes, si le directeur des beaux-arts n'a pas entendu parler de chefs-d'œuvre tels que *Médée*, le *Mont Saint-Bernard*, et *Lodoïska*, les jeunes amateurs sont bien excusables de les ignorer.

Steibelt avait des vices réels, trop connus pour en parler ici. Il est toujours affligeant d'avoir une ombre trop forte à opposer au portrait d'un homme célèbre. Contraint de s'expatrier, il alla en Russie. On m'a assuré qu'il avait été exilé en Sibérie, et je ne sais si c'est vrai : malheureusement sa conduite antérieure a donné le droit de croire à la possibilité de cet événement[1].

Il enseignait mal ; son impatience naturelle l'emportait souvent hors du sang-froid et du respect que l'on doit à des jeunes personnes ; au lieu de faire recommencer les passages qui les arrêtaient, il trouvait plus commode de se mettre au piano pour les leur jouer. Oubliant ce qui l'avait placé là, il se mettait à improviser ; on n'osait l'interrompre, et quelquefois plusieurs heures s'écoulaient sans qu'il songeât à ses élèves, charmées de l'écouter et de ne pas étudier. Il

Carle Vernet.

était d'une telle inexactitude, que, pour être sûr qu'il vînt régulièrement on ne lui donnait pas de cachet, mais on lui remettait vingt francs à chaque séance : c'était le seul moyen d'obtenir qu'il fût régulier et assidu.

Ce n'est pas ainsi que nous voyons agir nos professeurs actuels, qui joignent au talent un grand zèle pour leur profession, un ton parfait et une patience extrême. Je ne puis terminer ce chapitre sans indiquer les meilleurs maîtres de notre époque : MM. Herz, Rhein, Lacombe, Prudent, etc.[2], joignent à une exécution sans reproche l'art tout différent de bien enseigner, et de composer pour leur instrument des choses difficiles sans que la grâce en soit bannie. C'est

[1] Steibelt est mort à Saint-Pétersbourg.
[2] Après des voyages qui ont été pour eux une suite de succès, ils sont rendus aux amateurs de leurs beaux talents, et fixés à Paris.

lorsqu'on peut aimer ses professeurs, et leur accorder une confiance justifiée par une conduite honorable, que les progrès sont prompts et certains ; on ne peut donc assez s'informer des antécédents de ceux auxquels on confie une partie de l'éducation de la jeunesse.

CHAPITRE LV.
1811.

La reine Hortense. — Sa bonté. — M. Drouet. — Son caractère. — M. Brongniart. — Martin. — Sa reconnaissance. — Ciceri, Nicolo. — Quatuor bouffe. — Ciceri se casse la jambe. — Son courage. — Isabey. — Duport. — MM. Bohrer, Romberg. — Carle Vernet. — Anecdote sur lui. — Aventure arrivée au grand Vernet. — Coche de Marseille. — Paillasse du chez Nicolet. — Horace Vernet. — Sa femme. — M. le général Rabusson. — Présence d'esprit. — Ordre des Trois-Toisons.

N'allant plus à la Malmaison, nous avions négligé de faire notre cour à la reine Hortense, car ce n'était pas la puissance qui nous attirait, mais uniquement le bonheur de voir de près la mère et la fille élevées toutes deux au rang suprême sans avoir perdu un seul des agréments qui rendent aimable dans une condition obscure, et ayant acquis des vertus essentielles dans les personnes appelées à commander aux autres : la clémence et la générosité ! Cependant, ne doutant pas de la bonté de la reine, nous nous décidâmes à retourner chez elle ; voici à quelle occasion.

M. Drouet, jeune Hollandais, venait d'arriver à Paris. Jouant de la flûte d'une manière supérieure, il trouvait mille obstacles à se faire entendre, et faisait, disait-on, vivre son père et sa sœur. Il nous fut présenté, nous intéressa, et nous crûmes l'idée de lui obtenir la protection de sa souveraine, toujours accessible lorsqu'il s'agissait d'un malheureux. M. Drouet l'était beaucoup, puisque avec un magnifique talent il ne pouvait parvenir à s'en faire une ressource pour lui et sa famille.

Nous demandâmes une audience à la reine, qui nous l'accorda sur-le-champ. Après quelques excuses sur le temps que nous avions été sans paraître chez elle, nous lui parlâmes de M. Drouet avec un grand intérêt, que nous lui communiquâmes aisément. Elle nous assura qu'elle donnerait des ordres pour qu'il lui fût présenté ; qu'elle l'entendrait, et ferait tout pour lui être utile ; qu'en attendant il fallait qu'il annonçât un concert, pour lequel elle prendrait quatre-vingts billets.

Elle tint tout ce qu'elle avait promis ; c'est à elle que M. Drouet fut redevable de la prompte réputation qu'il acquit à Paris, et plus tard dans les différentes cours de l'Europe. Il a maintenant une grande fortune qu'il doit absolument à la reine ; peut-être l'a-t-il oubliée, comme ont fait beaucoup d'autres personnes auxquelles elle a prêté son appui. Je suis toujours heureuse de faire connaître des traits de bonté de tout ce qui a appartenu à Joséphine, et me félicite d'avoir de la mémoire pour ceux qui n'en ont pas.

J'appris plus tard que M. Drouet était loin d'être aussi intéressant que nous le supposions. Il avait, en effet, avec lui son père et sa sœur ; mais l'un était sa domestique, et l'autre sa cuisinière. Quelqu'un de ma connaissance allant le voir, le trouva déjeunant, sa sœur debout derrière lui, le servant, et son vieux père frottant ses bottes dans l'antichambre. Je regrettai presque nos démarches ; mais, comme il vaut mieux être dupe d'un bon cœur que de résister à ce qu'il conseille, par une défiance qui peut empêcher de soulager l'infortune. Tout bien considéré, je suis aise d'une crédulité qui m'a souvent rendue dupe de mensonges odieux, puisqu'elle m'a plus souvent encore procuré de véritables jouissances.

Nous allâmes à une soirée chez M. Brongniart, architecte distingué dont j'ai déjà parlé. Un grand nombre d'artistes célèbres s'étaient empressés de s'y rendre pour fêter l'anniversaire de la naissance de cet homme excellent ; Martin, élève lui, s'y trouvait. À l'époque de ses débuts, mon père lui avait été utile, et ils se retrouvèrent avec plaisir. L'un, avant la révolution, grand seigneur riche, protecteur des arts, qu'il aimait ; de tout cela il ne lui restait que sa passion pour le talent. L'autre, acteur gauche et chanteur médiocre, était devenu l'un des plus brillants soutiens du théâtre, où chaque rôle nouveau était pour lui un triomphe de plus. La roue de la fortune avait tourné pour eux en sens inverse, et c'était maintenant mon père qui allait être l'obligé. On me pria de chanter, ce que je fis, assez persuadée, je l'avoue, que comme à l'ordinaire j'allais être applaudie. En effet, toute la société se souciant fort peu de me donner de mon talent une idée juste ou fausse, me fit beaucoup de compliments, que je pris comme argent comptant. Quel fut donc mon étonnement, lorsque Martin s'approchant de mon père, lui dit : « Mademoiselle votre fille a une jolie voix, elle ne chante pas trop mal, mais elle prononce indignement le français surtout ; il faut lui donner un bon maître. — Cela est bien aisé à dire ; mais je n'ai pas de fortune, et suis forcé de calculer même pour la chose qui m'intéresse le plus, l'éducation de ma fille ! — N'est-ce que cela, monsieur ? je vous demande la permission de lui donner des leçons suivies, et je vous assure qu'avec ses dispositions elle aura bientôt un vrai talent. » Mon père voulut refuser ; mais Martin mit tant de grâce à le presser, qu'il fut convenu que tous les deux jours il viendrait me faire chanter pendant une heure. J'eus d'abord un peu d'humeur d'une sévérité à laquelle je n'étais pas habituée ; l'extrême complaisance, la patience inaltérable de mon maître, son beau talent, me désarmèrent et firent succéder la reconnaissance la plus sincère à un mécontentement passager. Pendant six mois, Martin continua la tâche fatigante et ennuyeuse qu'il s'était imposée ; s'il me lit, il verra que j'en garde un souvenir que le temps n'effacera pas. Si je n'ai pas mieux profité de pareils conseils, c'est qu'une excessive paresse a toujours été un de mes défauts marquants. Au lieu de travailler après le départ de M. Martin, je me contentais de me rappeler ses avis, ce qui n'est pas la même chose. Ses excellentes leçons devaient faire une meilleure écolière ; il est impossible d'en donner de plus parfaites. C'est une des choses qui me plaît le plus, en écrivant ces Mémoires, que d'y consacrer quelques lignes à ceux dont j'ai eu à me louer dans le courant d'une vie troublée par de cruels orages. Le nombre des personnes qui ont cherché à me nuire est beaucoup plus grand, sans doute, je n'en parlerai pas. Je plains plus encore que je ne blâme ceux qui éprouvent le besoin de divulguer ce qui peut nuire à des êtres qui leur furent chers, et dont ils ont éprouvé de mauvais procédés. La seule vengeance qui convienne dans ce cas, à une femme surtout, est de faire plus de bien encore. On pleuré l'ingratitude, mais on ne la raconte pas, et je n'augmenterai pas le chagrin que j'en ai ressenti en m'entretenant davantage.

Je vis chez M. Brongniart deux hommes d'un mérite éminent, Nicolo et Cicéri. Le premier est mort trop jeune pour nos plaisirs ; l'autre poursuit le cours de ses succès, et son nom se trouve toujours près de ceux de nos grands maîtres, et partage les applaudissements accordés à leurs ouvrages.

Nicolo était gros, d'une figure commune, et sa toilette plus que négligée achevait de le rendre fort peu séduisant ; on ne trouvait même pas dans ses traits les signes annonçant son facile et spirituel talent. Il exécuta ce soir-là de la manière la plus plaisante, à lui seul, un quatuor bouffe de sa composition : je n'ai rien entendu de plus amusant[1].

Cicéri, outre sa juste célébrité pour la peinture, chantait à merveille, avec une jolie voix, bien posée, et sans le mauvais goût du luxe des ornements ; il contrefaisait, avec une incroyable perfection, tous les chanteurs de l'époque et tous les acteurs à la mode ; ce qui, joint à beaucoup d'esprit et de gaieté, rendait sa société extrêmement agréable. Son humeur égale et douce ne se démentit même pas lorsque, quelque temps après, il éprouva un accident horrible qui le retint de lit pendant plus de dix mois dans l'alternative la plus cruelle, puisqu'on hésitait à savoir si on lui couperait la jambe. Ses nombreux amis se donnaient rendez-vous chez lui pour le distraire par des concerts, des conversations aimables ou quelques proverbes. Cette longue maladie fournit la preuve de la perfection de son caractère : toujours prêt à paraître s'amuser de tout ce que l'on faisait pour lui plaire, il ne lui échappa ni murmure ni plainte. Grâce aux soins de Dubois, il s'est parfaitement rétabli. Vivant très-retirée, je ne le vois plus ; mais je me rappelle toujours avec un grand plaisir les moments passés près de lui.

Isabey, son beau-père, ne contribuait pas peu à l'agrément de ces réunions, où il apportait à la communauté une gaieté intarissable et une collection d'histoires plus amusantes les unes que les autres. Un trait conté par lui était accompagné de gestes si expressifs, que l'on croyait voir les personnages dont il parlait. Dans ces soirées, où se trouvaient réunis les artistes les plus remarquables dans tous les genres, toute personnalité sérieuse, toute personnalité était interdite ; aussi était-ce à qui s'y ferait présenter. Et telle était l'urbanité qui y régnait, que ceux qui ne pouvaient que jouir des plaisirs de ces petites fêtes impromptu sans les augmenter y étaient reçus avec la même obligation que les autres.

Cette aménité générale et cette bienveillance de tous les instants me plurent d'autant plus que j'en sortais d'une cour où, malgré la bonté et la grâce de la souveraine, tout était compassé, calculé, sans que jamais une louange fût sincère ou accordée avec plaisir. Lorsqu'on y était forcé d'avouer une qualité marquante, on avait soin de l'accompagner d'une observation sur un défaut qui éclipsait le bien qui venait d'être dit. Chez Cicéri, au contraire, on ne taisait que le mal. Le charme que je trouvai dans cette société bienveillante influa certainement d'une manière fâcheuse sur tout le reste de ma vie, et je payai cruellement cher depuis les plaisirs que j'y goûtai.

J'y entendis le bon vieux et respectable Duport, forcé d'exercer de nouveau son talent sur la basse pour réparer la perte entière d'une fortune acquise par de longs travaux. Revenu dans sa patrie, après une expatriation d'un grand nombre d'années, il y obtint un succès d'enthousiasme justifié par une qualité et une pureté de son possédées à ce point par lui seul. Il se fit entendre à l'Odéon cinquante et un ans, pour pour jouer, après celui où, pour la première fois, il joua au concert spirituel. Il excita les mêmes transports, les mêmes triomphes lui furent accordés par trois générations.

[1] Plusieurs de ses ouvrages seraient sans doute revus avec plaisir s'ils étaient bien joués, particulièrement Joconde et Lulli et Quinault.

Il était complaisant et doux. Il appelait toujours sa basse *madame Duport*, parce qu'elle avait été la compagne fidèle de toutes ses tribulations. Il la soignait avec une tendresse infinie, s'informant toujours, en arrivant dans une maison, du lieu où il pouvait la déposer sûrement. J'ai entendu depuis MM. Bohrer, Romberg, Baudiot : ils ne m'ont point fait oublier leur doyen d'âge et de talents.

Carle Vernet, par la bizarrerie de son esprit et l'originalité de sa manière de raconter, était un homme fort intéressant quand il voulait bien renoncer aux calembours, mauvais genre dont il abusait souvent. Voici une jolie anecdote que je tiens de lui.

Il avait six ans, et ses dispositions pour un art dans lequel il a excellé depuis étaient si étonnantes, qu'il était engagé partout pour lui voir faire des croquis. Il fut un jour conduit par son père, le grand *Vernet*, chez M. le prince de Conti, qui, le prenant sur ses genoux, lui remit une ardoise, un crayon, et lui dit de faire un cheval. L'enfant aussitôt dessine très-correctement un beau cheval, et présente fièrement son ardoise au prince étonné, qui examine ce petit chef-d'œuvre. « Votre coursier est très-bien, mon cher ami ; mais cependant il lui manque des choses essentielles : ce sont des jarrets et des pieds ; vous avez mal pris vos mesures, et le bois de votre ardoise vous a empêché de faire les jambes ; il n'en n'a pas.

— Vous voyez bien, monseigneur, qu'elles sont dans l'eau, dit l'enfant en donnant quelques coups de crayon simulant un ruisseau.

Ce subterfuge spirituel fut fort goûté, et valut au jeune artiste beaucoup de compliments, un présent du prince, et, ce qu'il aimait mieux, une quantité de bonbons.

Il arriva à son père une plaisante aventure. La voici :

Il revenait de Marseille par le voiturin, espèce de coche, lourde machine dont les mouvements étaient si lents, qu'il lui fallait vingt-deux jours pour arriver à Paris. Parmi les voyageurs qui s'y trouvaient installés, Vernet remarqua un gros homme à face rouge et ignoble, paraissant aussi épais d'esprit que d'extérieur. Il résolut de s'amuser un peu de cette grotesque figure, lui fit beaucoup de politesses, auxquelles le gros homme répondit fort gauchement, mais avec bonhomie. Ils mirent pied à terre pour gravir une côte que les pauvres chevaux tout haletants et tirant un pied de langue ne montaient qu'avec grande difficulté. Chemin faisant, un fossé de peu de largeur se présente, et Vernet, qui avait la réputation de sauter parfaitement, parie qu'il le franchira. « O mon Dieu ! vous pourriez saut r ça ? lui demanda avec étonnement celui qu'il avait choisi pour victime. — Sûrement ; il est fort étroit. — Je voudrais voir comment vous vous y prendriez. — Mais ainsi, dit Vernet en s'élançant légèrement de l'autre côté. — Oh ! c'est vrai. Eh bien, moi, j'ai envie d'en faire autant ; votre audace me gagne, et je me sens le courage d'essayer. — Vous ! s'écria le grand peintre en éclatant de rire : je voudrais bien voir aussi comment vous vous y prendriez. Je parie le dîner que vous tombez au milieu. — N'allez pas me faire peur d'avance ; voyons. Le dîner ? c'est bien cher. — Un petit écu, je crois. — C'est beaucoup ; n'importe, je vais tâcher. » Après mille simagrées, le gros homme saute, et tombe lourdement à un pied plus loin qu'où avait été Vernet. « J'aurai ma revanche, dit celui-ci un peu piqué, vous ne me la refuserez pas, j'espère. — Oh non ! ce qui est arrivé par hasard n'arrivera peut-être plus ; cependant il faut être beau joueur ; demain nous sauterons à qui payera le dîner.

Le lendemain, en effet, une occasion se présenta d'essayer de nouveau leur agilité, et le gros homme, comme la veille, gagna d'une semelle, s'extasiant toujours sur l'*étonnant hasard* qui le favorisait ; et Vernet, de plus en plus choqué du triomphe de son adversaire, proposa plusieurs fois la même partie et perdit constamment.

Enfin, au dernier relai, le *pataud*, comme l'appelait le grand Vernet, s'approchant de ce dernier, lui dit : « Monsieur, je vous dois mille remercîments pour la bonté que vous avez eue de me payer généreusement mon dîner pendant presque toute la route de Marseille ici ; je veux vous le témoigner ma vive reconnaissance. Si quelques billets chez Nicolet peuvent vous être agréables, je serai heureux de vous les offrir, car j'y suis engagé *paillasse*, et je débute dans deux jours, ce qui doit vous consoler d'avoir été vaincu. Vous sautez parfaitement ; mais fussiez-vous encore plus agile, plus leste, j'aurais toujours gagné, car j'ai des réserves de talent que j'aurais mises en usage pour justifier le proverbe, que vous savez sans doute : *C'est de plus fort en plus fort, comme chez Nicolet.* »

Vernet trouvait un grand plaisir à raconter cette histoire ; mon père l'a entendue de sa bouche.

Lorsque je connus Horace Vernet, il venait de se marier. Sa femme, jeune et jolie, avait été élevée avec soin, mais elle était sans fortune, et celle de son mari était à faire ; par une fatalité réelle, son grand-père et son père avaient dissipé des sommes énormes. La réputation du descendant de ces deux peintres était à peine commencée. Il logeait à un quatrième étage, vivait avec une telle économie, que j'ai vu madame Vernet se désespérer de dépenser trois cents francs par mois, parce qu'Horace ne les gagnait pas. Il a depuis acquis tout ce qui lui manquait, et maintenant que le train de sa maison est égal à celui d'un très-riche particulier, il doit s'occuper d'augmenter, s'il se peut, sa réputation, ou, pour mieux dire, la fonder sur quelque composition importante, afin que, lorsque la mode des tableaux de chevalet sera passée, il se trouve au niveau de celle qui pourra survenir et qui exigera peut-être de grandes études. Pour réussir dans tous les genres, M. Horace n'a qu'à vouloir. Espérons donc que, dans son intérêt et dans celui de l'art, il consentira à travailler moins vite, afin de ne pas laisser de prise à la critique lorsqu'il entreprendra de représenter l'histoire autrement qu'en miniature. Jusqu'ici tous ses grands tableaux sont loin d'être parfaits ; mais entouré comme il va l'être des chefs-d'œuvre de l'école italienne, il aura la noble ambition de les imiter, et dès lors nous compterons un émule de plus de notre Gérard et de notre Girodet ! Jusque-là... désirons mieux que ce qui est, quoique ce soit déjà très-bien.

M. Horace mérite, au reste, sa fortune par l'excellent usage qu'il en fait : il est souvent venu au secours de plusieurs personnes de sa famille. Son bon cœur fait excuser quelques travers d'esprit, dont l'âge le corrigera sans doute. C'est cette foule d'admirateurs passionnés qui l'entouraient qu'il faut accuser des petits ridicules qu'il s'est donnés. Persuadé par leurs discours qu'il devait être l'un des chefs des mécontents (on ne sait trop pourquoi), il a affiché des opinions exagérées, que sa conduite n'a pas toujours justifiées ; car il a accepté et porté la croix de la Légion d'honneur donnée par Louis XVIII ; plus tard, celle d'officier du même ordre. Il a été aide de camp du maréchal Oudinot, pour le service de la garde nationale, sous les Bourbons, il a fait tous les tableaux commandés et *bien payés* par le gouvernement qu'il frondait ; il vient enfin de partir pour Rome, où le roi lui a accordé une belle place, ce qui doit le convaincre de l'attache beaucoup plus de prix à son talent qu'à son opinion. Il se rendra digne de l'éclatante faveur qu'il vient de recevoir en songeant plus à son art qu'à la politique : devant de la reconnaissance au roi, il la lui témoignera en s'appliquant à faire prospérer cette école française brillante d'espérance, et en envoyant à Paris des ouvrages dignes de son maître.

C'est, dit-on, M. Rabusson, beau-frère de M. Horace Vernet, qui eut avec l'empereur une présence d'esprit qui lui fit gagner deux grades, et prépara l'avancement qu'il a obtenu depuis.

Il était sous-lieutenant dans je ne sais quel corps. L'empereur, passant sa revue, laissa tomber son chapeau, que M. Rabusson s'empressa de ramasser. — Merci, capitaine, dit l'empereur sans faire attention au grade de celui auquel il s'adressait. — Dans quel régiment, sire ? — Ah ! c'est juste, dans ma garde, » répondit Napoléon riant de sa méprise et du sang-froid de son interlocuteur. Il demanda son nom, apprit qu'il était brave, que plusieurs actions d'éclat lui avaient mérité la croix. Depuis lors il eut toujours l'œil sur lui, lui donna des occasions périlleuses de se signaler dont il se tira toujours avec bonheur, et lui accorda successivement plusieurs récompenses.

Je ne sais s'il est certain que le général Rabusson soit le héros de cette anecdote, mais il est positif qu'il est digne de l'emploi qu'il occupe aujourd'hui, par une valeur froide et raisonnée qui lui a fait affronter les dangers tout en les calculant, et par un caractère généralement estimé.

Il était du très-petit nombre de braves ayant assez de blessures pour être nommé commandant de l'ordre des Trois-Toisons, qui devait être institué. L'empereur renonça à ce projet, ne pouvant trouver que très-peu d'officiers remplissant les difficiles conditions nécessaires pour être même simples chevaliers.

CHAPITRE LVI.

1812.

Nous partons pour aller en Picardie chez une amie de ma mère, madame Dubrosseron. — M. de Saint-Aulaire. — Son premier mariage avec mademoiselle de Soyecourt. — Mademoiselle Duroure, sa seconde femme. — Madame et mesdames Îles Duroure. — M. Joseph d'Estourmel. — Mademoiselle de Rosan-Chabot. — M. Alexandre d'Estourmel. — Son duel. — Mot piquant de madame de Coigny. — Pressentiment maternel. — Mademoiselle de Saint-Aulaire. — Son talent tragique. — M. Casimir Bonker. — Madame Delarue-Beaumarchais. — Son beau talent. — Quelques détails sur son père. — Nous jouons la comédie. — M. de Casteja. — Course à Manicamp. — M. de Brancas. — Son avarice. — La tour de Coucy. — Le comte de Lauraguais. — Singulier trait de sentiment.

L'été mit fin à ces réunions charmantes sur lesquelles je viens de donner quelques détails, et nous partîmes pour Sorel, fort belle terre située en Picardie. Elle appartenait à madame Dubrosseron, amie de ma mère, femme charmante, dont la mort fut une perte pour tous les habitants du village, consolés et secourus par elle. Une immense fortune la mettait à même de suivre son goût dominant, celui d'une bienfaisance éclairée, étendue à un tel point, que de plusieurs lieues à la ronde on venait près d'elle chercher des secours ou des conseils sur des désunions de famille. On la respectait, on la révérait ; ses avis étaient suivis ; il lui est arrivé mille fois de ramener la calme entre des fils et des pères, des sœurs et des frères, divisés par des affaires d'intérêt, qu'elle arrangeait avec sa bourse. Jolie, elle était sans coquetterie ; pieuse, elle était indulgente, comme toutes les personnes qui ne confondent pas la bigoterie avec la dévotion ; et spirituelle, elle n'avait aucune prétention.

Un château très-vaste lui permettait de recevoir un grand nombre d'amis, qui se faisaient un plaisir de lui consacrer tout le temps dont ils pouvaient disposer. Son excellent jugement discernait promptement ceux dignes de cette faveur, et sa société était un mélange de tous les genres de mérite.

M. de Saint-Aulaire, devenu remarquable par un esprit qui l'a rendu un des orateurs les plus marquants de la chambre des députés, bornait alors ses vœux à embellir une habitation qu'il possédait à trois lieues de Sorel, à élever deux filles qui lui restaient d'un premier mariage, à faire le bonheur de sa jeune et nouvelle épouse, à répandre de nombreux bienfaits autour de lui, enfin, à se livrer au charme de la plus douce amitié, qui l'unissait depuis plusieurs années à M. Joseph d'Estourmel.

M. de Saint-Aulaire avait éprouvé tous les malheurs de la révolution. Entièrement ruiné par elle, il avait su, par un beau talent sur la guitare, se créer une ressource lucrative, et d'autant plus honorable, qu'il contribuait par le produit de ses leçons au bien-être de sa respectable famille. Une de ses élèves, mademoiselle de Soyecourt (parente de la princesse de Nassau), possédait une grande fortune, fut touchée d'infortunes supportées avec courage, et ennoblies encore par tant de vertu et de mérite ; elle déclara qu'elle n'aurait jamais d'autre époux que M. de Saint-Aulaire, modèle des fils. On fit des observations ; mais elle fut inébranlable, et eut le bonheur de faire celui de l'homme qu'elle l'aimait. Peu d'années après cette union, elle succomba à une maladie de poitrine, pleurée de tous ceux qui avaient pu la connaître, regrettant la vie que M. de Saint-Aulaire lui faisait chérir par les soins les plus touchants et l'attachement le plus sincère. Il fut longtemps à se remettre de ce coup affreux ; les caresses de ses filles mêmes ne parvenaient pas à adoucir son chagrin ; ces enfants ressemblaient tant à leur mère, que ce n'était jamais sans amertume qu'il fixait ses yeux sur leurs traits enfantins. Peu à peu la mélancolie remplaça la tristesse dans laquelle il était plongé ; il revit ses amis, dont il s'était même éloigné pour ne pas les affliger de sa douleur, s'occupa de leur être utile ; commença l'éducation de ses filles, et jura que si jamais il se remariait, il choisirait une compagne qui n'eût que peu de fortune, afin d'avoir à son tour le plaisir d'enrichir l'objet de ses affections. Mademoiselle Duroure, douée d'une ravissante figure, d'un caractère doux, d'un esprit vif et solide, fixa son choix ; il la demanda à ses parents, et elle lui fut accordée. Il trouva dans la famille de sa femme tout ce qui devait convenir à un homme comme lui ; une belle-mère d'un mérite reconnu, d'une amabilité extrême, et des belles-sœurs charmantes. Passant une grande partie de sa vie dans sa terre, entouré de tous ces êtres chéris, il ne désirait rien, ne sollicitait aucun emploi, et paraissait alors dépourvu de toute ambition.

Il venait souvent à Sorel, et sa présence mettait tout le monde en gaieté ; il organisait des parties, des courses aux environs, et la journée finissait régulièrement par une veillée dans une de nos chambres, où il racontait de la manière la plus effrayante des histoires de revenants. On éteignait les bougies, on allumait un fagot, dont la flamme brillante s'éteignant peu à peu augmentait encore la frayeur, toujours croissante, qu'inspiraient les récits faits avec art.

Je suis sûre qu'au milieu de ses graves et nombreuses occupations, M. de Saint-Aulaire pense souvent à ces cercles autour du grand foyer d'une gothique cheminée ; et que quelquefois il regrette le temps où son éloquence n'était employée qu'à causer à des femmes des émotions violentes, dont il se moquait le lendemain avec grâce, et qu'il inspirait de nouveau le soir. Alors ses paroles étaient recueillies comme aujourd'hui, mais elles n'excitaient point de querelles, et des conséquences en étaient tout au plus un sommeil un peu agité. Sans l'idée qu'il est utile à son pays, je suis persuadée qu'il préférerait les causeries de Sorel aux discours de la chambre, trop souvent suivis de tumulte et d'aigreur.

M. Joseph d'Estourmel, lié intimement avec lui, ne le quittait presque jamais. Il avait peu de fortune, et trouvait, disait-on, près de son généreux ami tout ce qui pouvait rendre son existence agréable. Je n'ai jamais trop compris quelle sympathie avait pu exister entre deux hommes si différents l'un de l'autre ; et je ne l'explique encore aujourd'hui que par le lien qui attache le bienfaiteur à l'obligé.

M. de Saint-Aulaire, tout à fait hors ligne par l'étendue de moyens peu communs, de talents réels, était dénué de toute prétention ; tandis que M. d'Estourmel, faisant mal un peu de tout, se croyait un être supérieur. Il daignait rarement causer tout haut, persuadé sans doute que le vulgaire n'était pas digne de l'entendre ce qu'il disait. Il choisissait dans le salon une personne qu'il jugeait capable de l'écouter, et parlait à voix basse de choses très-communes, que nous eussions certainement pu tous comprendre.

On le dit instruit, je n'en sais rien, étant alors trop jeune pour apprécier son instruction, qui ne communiquait seulement qu'à ses privilégiés ; mais malheureusement je pouvais juger de sa voix, qui n'était point agréable, et de ses dessins, qui ne valaient guère mieux. Il avait dans ses manières quelque chose de *mielleux* qui m'a toujours déplu,

parce que je ne crois pas que cette continuelle douceur puisse être franche, et que je préfère mille fois un peu de brusquerie, qui m'assure que l'on ne me trompe point. M. de Saint-Aulaire évitait l'un et l'autre de ces inconvénients, en ayant le meilleur ton et la politesse la plus recherchée, sans aucune afèterie.

Au reste, M. d'Estourmel[1], fort jeune alors, peut être changé depuis. Remplissant d'honorables emplois, ayant fait un mariage brillant, il peut avoir enfin pris pour modèle celui qu'il aurait toujours dû imiter ; il n'avait qu'à ressembler à son ami pour être bien.

M. Alexandre d'Estourmel, frère de M. Joseph, lieutenant-colonel de cavalerie à l'époque de la guerre d'Espagne, ne put s'y rendre. Il prenait les eaux.

Je ne sais à quelle occasion il eut un duel, et fut blessé d'une balle reçue dans le ventre. Quelqu'un venant faire une visite à madame la marquise de Coigny[2], connue par plusieurs bons mots, lui raconta cet événement. Elle s'écria : « *Comment, il a une balle dans le ventre ? mais il l'a donc avalée ?* » Elle trouvait mauvais, sans doute, qu'un militaire fût loin de son poste dans un moment semblable.

C'est le même M. Alexandre d'Estourmel qui a composé la musique d'un petit opéra-comique intitulé le *Procès*, qui fut joué, sans être sifflé, au théâtre Feydeau. Les acteurs, au bout de quelques représentations, ne voulurent plus le représenter, parce qu'il ne faisait pas d'argent. M. d'Estourmel, indigné, dit devant moi : « Concevez-vous ces cabotins, qui ne veulent plus jouer mon ouvrage ? Il a eu dix représentations, personne ne le connaît. Eh bien, ils s'obstinent cependant à le laisser de côté ! »

On prétend que les musiciens de l'orchestre, voulant s'assurer si la musique était de M. le comte d'Estourmel, changèrent tous les accompagnements à la répétition générale, et qu'il ne s'en aperçut nullement.

La plus jeune des filles de M. de Saint-Aulaire[3] était alors âgée de quatre ans, et d'une singulière intelligence ; elle savait une foule de vers de nos grands auteurs, et les récitait non comme font en général les enfants, en véritable perroquet, mais avec toutes les intonations qui prouvaient qu'elle comprenait très-bien ce qu'elle disait ; les gestes qu'elle y joignait étaient justes et gracieux. Je n'oublierai jamais combien elle était gentille avec un costume exact de reine de théâtre, et répétant avec un sang-froid imperturbable les rôles de Cléopâtre et de Roxane.

M. Casimir Baëcker, élevé par madame de Genlis, était aussi à Sorel. Son incomparable talent, joint à celui de madame Delarue-Beaumarchais, faisait les délices de nos après-dînées. Il était difficile de rien entendre de plus parfait. M. Casimir a sur son instrument une réputation qui me dispense de rien dire, puisqu'il a obtenu en public les plus brillants succès à Paris, Londres et Vienne. Mais je veux parler de celui de madame Delarue ; son extrême modestie l'a portée à jouer rarement devant du monde. Dussek, son maître, assurait qu'elle et madame de Montgeroult lui avaient appris à jouer l'*adagio*, dont il ne se doutait pas avant de les avoir entendues. Un tel éloge suffit pour faire juger madame Delarue, que Baillot accompagne souvent ; et puisqu'il la trouvait digne de faire de la musique avec lui, il fallait que Dussek eût raison dans ses louanges.

Pour peindre madame Delarue, il suffit de dire qu'elle était la femme la plus aimable dans le monde, la plus estimable dans son intérieur. Tout ce qui fait plaire dans l'un, tout ce qui fait chérir dans l'autre, était possédé par elle. Elle avait dans l'esprit tout le piquant de son père, pour lequel elle avait eu l'attachement le plus passionné. Elle portait à sa mémoire la plus tendre vénération, et affectionnait particulièrement ceux qu'il avait aimés. C'est à cette piété filiale que j'ai dû les bontés dont elle a bien voulu m'honorer : mon père avait été l'ami du sien. Ils se rappelaient ensemble les *dîners du jeudi*, donnés par M. de Beaumarchais à tout ce que Paris renfermait de gens instruits, et, pour récompenser mon père de ces bons souvenirs, madame Delarue me comblait d'attentions. Je me souviens qu'elle nous conta que lorsqu'il se disait une chose spirituelle à ces dîners, Beaumarchais se levait, et disait : « Ce mot est joli, me le donnez-vous ? — Sans doute. — Non, mais sans plaisanterie, me permettez-vous de le placer quelque part, comme de moi ? — Mon Dieu oui. — Vous ne réclamerez jamais. — Jamais. — Eh bien, vous le retrouverez un jour. » En effet, plusieurs de ces saillies, admirées par l'au-

---

[1] M. Joseph d'Estourmel, qui on ne sache trop pourquoi, a été longtemps préfet à Chartres ; il a épousé mademoiselle de Rohan Chabot.

[2] Mère de M. le duc de Coigny actuel. Il était en Pologne, où il perdit un bras en se battant vaillamment. Madame de Coigny était venue passer la journée à Romainville chez ma tante. Nous travaillions dans la galerie, et la conversation n'avait aucun rapport à la guerre. Tout à coup madame de Coigny pousse un cri aigu en portant la main à son bras droit. « Qu'avez-vous ? lui dit-on. — Oh ! une douleur affreuse ; mon fils a, j'en suis sûre, une horrible blessure là, là ! » disait-elle en montrant l'avant-bras. On essaya de lui ôter cette idée ; tout fut inutile, elle resta persuadée qu'elle apprendrait la nouvelle de l'événement deviné par son instinct maternel. En effet, M. de Coigny eut le bras emporté ce même jour à la même heure. L'infortunée duchesse de Praslin était petite-fille de madame de Coigny.

[3] Aujourd'hui madame la duchesse Decaze.

teur, qui en eut lui-même tant d'heureuses, furent admises près des siennes dans le Mariage de Figaro et le Barbier de Séville. M. de Beaumarchais était le père le plus tendre, l'epoux non pas le plus fidèle, mais le plus plein d'égards pour une femme que j'ai connue encore très-spirituelle, très-bonne quoiqu'elle fût fort souffrante de violentes douleurs rhumatismales.

Madame Delarue, depuis l'époque dont je parle, s'est expatriée pour aller seule en Amérique, afin de tâcher de recouvrer des sommes énormes dues à son père. Sa santé déjà délicate a reçu de ce voyage une secousse bien cruelle; le bonheur d'avoir contribué à augmenter le bien-être de ses enfants la rétablira sûrement; avec un cœur comme le sien les remèdes moraux peuvent seuls opérer.

J'ai dit dans ce chapitre quelques mots de M. Casimir Baëcker; il est depuis quelque temps en butte à tant de calomnies, que je crois devoir donner quelques détails sur lui et sur l'espèce d'adoption de ce jeune homme par madame de Genlis. Faire connaître la vérité lorsqu'elle est honorable sera toujours le plus doux de mes plaisirs; je ne saurai me taire que lorsqu'il faudra accuser.

La méchanceté, la mauvaise foi poursuivent avec acharnement madame de Genlis depuis assez longtemps en butte à tant de calomnies, que je crois à la reconnaissance, à la justice de la faire mieux connaître; c'est ce que je ferai encore, dussé-je en la défendant m'exposer à l'animosité de ses détracteurs. Ma conscience me dit que je fais bien; elle me consolera d'une malveillance non méritée, dont je serais digne si je ne remplissais pas les devoirs qui me sont imposés envers une tante qui m'a été utile dans plusieurs occasions, et qui m'a toujours témoigné une affection tendre. Ses ennemis deviendront peut-être les miens; c'est un héritage que j'accepte, puisque aucun motif blâmable n'a pu les lui susciter. Il ne faut pas craindre d'avouer ses amis lorsqu'ils sont accusés faussement; c'est tout ce que l'on pourrait faire s'ils étaient réellement coupables de ce qui leur est reproché.

Madame de Genlis, émigrée, travaillait beaucoup pour subvenir à sa dépense personnelle, à celle que lui imposait le désir de soulager la misère de ses compatriotes privés de ressources, et pour secourir d'autres infortunés qui venaient implorer son appui. Aimant les enfants, ne voulant de personne celle que lui causaient leurs jeux, elle demanda qu'on lui envoyât M. Anatole de la Woëstine, son petit-fils, dont elle eût soigné l'éducation. Cultiver ses heureuses dispositions eût été pour elle la plus belle des jouissances; elle lui fut refusée. Elle désira aussi m'avoir près d'elle. Mes parents ne purent se décider à se séparer de moi; madame de Genlis resta seule, expatriée, livrée à un travail forcé, sans autre plaisir que celui de songer aux êtres qu'il fallut chérir.

Le jeune Casimir logeait à Berlin dans la même maison que madame de Genlis. S'il recevait quelque punition de son beau-père, il venait se réfugier près d'elle pour laisser passer l'orage qui le menaçait; il était sûr de trouver là des consolations et des caresses, dont son jeune cœur sut apprécier le charme, et qui lui faisaient oublier ses petits chagrins.

Lorsque madame de Genlis fut au moment de quitter la Prusse, ce pauvre petit se désola tant, qu'elle demanda à la famille Baëcker de lui céder tous leurs droits, et que l'avenir de leur fils serait assuré : on y consentit; il vint en France avec sa bienfaitrice. Une intelligence et une aptitude rares pour tous les arts lui firent faire de rapides progrès dans tout ce que voulut lui apprendre madame de Genlis, devenue sa seconde mère et son unique institutrice; des succès extraordinaires suivirent de près les leçons, et l'attachement s'accrut avec les bons sentiments qui se découvraient dans l'élève. Une des qualités qui attache le plus madame de Genlis fut celle d'une sincérité qui ne s'est jamais démentie; il n'a de sa vie fait une fausse caresse ni dit un mensonge. Comme beaucoup de jeunes gens, égaré par une imagination vive, entouré de séductions, il fit des étourderies, il eut quelques écarts, dont il se repentit vite, et dans lesquels il ne retomba jamais.

Une piété sincère et profonde remplaça dans son âme les illusions dont il était guéri, et lui valut le nom d'hypocrite de ceux qui, par leur conduite, devant craindre un Dieu juste, mais sévère, préfèrent douter de tout, afin sans doute de chercher à entraîner les autres dans leurs funestes erreurs.

On affecta la pitié pour madame de Genlis, dupe d'un nouveau Tartufe, qui n'affichait, disait-on, la dévotion que pour se faire donner par sa mère adoptive tout l'argent dont elle pouvait disposer, ses manuscrits, etc. On ne chercha point à savoir si les actions de M. Casimir étaient en rapport avec ses paroles, si aux dépens de sa vie il sauvait de pauvres vieillards et des enfants dans des incendies, s'il portait des secours dans des prisons infectées d'un air pestilentiel. Il allait à la messe, entendait des sermons, suivait les missions; donc, suivant l'opinion de certaines personnes, c'était un véritable cagot, sur lequel il était permis d'inventer et de débiter mille histoires plus infâmes et plus fausses les unes que les autres.

Madame de Genlis, qui l'avait privé des caresses maternelles, qui lui avait fait quitter une existence très-modeste, mais sûre, s'il eût suivi l'état de son beau-père, crut devoir lui en procurer une en lui vendant à très-bas prix ses manuscrits. Elle se trouvait autorisée à en disposer, n'ayant jamais reçu pendant sa longue absence aucun secours de sa famille, ayant abandonné son douaire à sa fille, et dernièrement encore, tout ce qui pouvait lui revenir des indemnités accordées par le gouvernement. L'acte de vente par-devant notaire était en règle; M. Casimir pouvait donc légitimement en profiter, et garder ce qui lui appartenait, ainsi que la propriété également assurée de la réimpression des œuvres de madame de Genlis, après elle, pour laquelle il avait déjà reçu des propositions très-avantageuses.

Pensant qu'il frustrerait les héritiers en conservant ce qui cependant n'était point un patrimoine qui dût leur revenir, il a renoncé formellement par un acte notarié à tout ce qu'il tenait, de la générosité de sa bienfaitrice, et l'a rendu en entier à madame de Genlis en recevant sa parole qu'elle laisserait par testament cette propriété à madame de Valence et à M. Anatole de la Woëstine. Madame de Genlis en parla à madame de Valence, qui accepta sans hésitation; M. Anatole de la Woëstine n'a pas voulu entendre parler d'une espèce de restitution à laquelle il ne se trouve aucun droit.

Cette conduite ne saurait étonner ceux qui connaissent les sentiments élevés de M. Anatole de la Woëstine, dont j'aurai occasion de parler plus tard.

Le désintéressement de M. Casimir Baëcker doit être publié, parce que ce seul trait fait tomber tous les sots propos tenus contre lui. Père de trois enfants, il est obligé maintenant de chercher dans ses talents les moyens d'élever sa jeune famille.

M. de Castéja, qui était avec nous à Sorel, était un homme fort spirituel, aimant la table et les plaisirs, et content de tout, pourvu qu'il y eût de bons dîners, et que l'on pût jouer au moins des proverbes. D'une taille élevée, d'une énorme grosseur, il avait une grande prétention à la déclamation; et, pour nous mettre à même de juger de la perfection de son jeu, il parvint à nous persuader de jouer la comédie. Nous n'avions pas de costume, peu d'acteurs, pas une actrice; cependant il fit si bien que nous nous décidâmes à représenter l'éternelle Gageure imprévue, Défiance et Malice, et le Dépit amoureux. Je fus chargée de différents rôles; une dame d'une extrême complaisance (madame Marlet, femme du peintre) consentit aussi à en accepter; ma mère se résigna à jouer les utilités, et nous fûmes bientôt dans tout le mouvement des rôles à apprendre, des répétitions, etc. M. de Saint-Aulaire joua parfaitement les amoureux, M. de Castéja les valets; je fus détestable dans les jeunes premières. Les paysans applaudirent, les personnes de la société critiquèrent sûrement; ainsi tout se passa comme à l'ordinaire dans les troupes de société.

M. Buffile de Brancas, personnage assez insignifiant, proposa cependant une partie intéressante que l'on accepta avec empressement: c'était d'aller coucher à Manicamp, beau château lui appartenant, situé à quatre lieues de Sorel, et à quelques portées de fusil de celui de Fayel et de la tour de Coucy, que l'on devait visiter. L'on partit à cheval, à âne, en charrette, et le grotesque de la caravane mit de très-belle humeur dès le commencement du voyage. Quelques chutes, qui n'eurent point de suites fâcheuses, augmentèrent la gaieté, et l'on arriva à Manicamp, mourant de faim, de fatigue, mais fort content de ce que l'on avait fait. On se préparait à faire honneur à un souper que l'on s'attendait à trouver délicieux, d'après l'annonce du châtelain, qui, étant fort riche, pouvait aisément tenir ses promesses. Il fallut bien vite changer d'opinion; car les domestiques, peu habitués à voir leur maître recevoir tant de monde, étaient effarés, ahuris, avaient négligé mille choses commandées (c'est du moins ce qui fut dit pour s'excuser): nous ne trouvâmes qu'un très modeste repas, à peine suffisant pour satisfaire notre appétit. Ces messieurs étaient révoltés d'une parcimonie d'autant plus ridicule, que nous n'avions fait en venant que céder aux instances réitérées de M. de Brancas. Ils proposaient d'envoyer à Noyon chercher des provisions pour le déjeuner suivant; ils offrirent d'aider la cuisinière; enfin ils persiflèrent horriblement notre amphitryon, qui se piqua de réparer ses torts, et dédommagea le lendemain par une abondance qui fit oublier la disette de la veille. Son air triste, en voyant disparaître les plats, vider les bouteilles enfouies depuis longues années dans sa cave, nous faisait rire aux larmes; et je conçois que pour tout le monde il n'ait pas été malade; car on faisait des efforts inouïs pour qu'il ne restât rien de tout ce qui paraissait sur la table.

Le château de Manicamp avait appartenu jadis au comte de Lauraguais, si connu par ses nombreuses aventures, son esprit, sa fortune dérangée et son originalité anglomane avec excès. Ayant dépensé des sommes considérables pour mettre son parc à l'anglaise, il avait réussi à faire quelque chose de très-beau. Il est vrai que de très-magnifiques eaux avaient aidé beaucoup à l'agrément de ce lieu.

Les ponts-levis, les énormes cheminées, les grandes tapisseries à personnages, les petites glaces de Venise, les portraits de famille, contrastaient singulièrement avec un jardin moderne. Tout était nouveau à l'extérieur, et, dès que l'on mettait le pied dans le manoir, on pouvait se croire au siècle de Henri IV, qui donnait un cachet singulier à cette habitation, du reste fort mal entretenue. L'avarice du propriétaire actuel se faisait sentir à chaque pas; cette parcimonie serrait principalement le cœur, lorsqu'on rencontrait les habitants misérables d'un pauvre village couverts de haillons, et portant sur leurs traits flétris tous les symptômes de la plus profonde misère!

En faisant travailler ces malheureux, ils eussent pu nourrir leur famille, cette propriété se fût embellie, eût produit davantage; tandis que, faute de soins, elle était en grande partie déchue de ce qu'elle avait été, et le propriétaire se privait des bénédictions de ces infortunés et d'une jouissance plus réelle que d'amasser dans des coffres une fortune dont il ne savait pas faire un noble usage.

M. de Brancas possédait une assez belle bibliothèque contenant quelques bons ouvrages, plusieurs manuscrits, et une foule de lettres autographes de Louis XIV, MM. de Louvois, de Lionne, Rabutin, de mesdames de Sévigné, Maintenon, des Ursins et autres personnages célèbres de ce beau siècle.

On eut beaucoup de peine à trouver assez de matelas pour nous coucher tous; il fallut mettre à contribution manteaux, pelisses et châles, pour tenir lieu de couvertures; enfin, c'était un vrai bivouac que notre installation dans ce séjour jadis si magnifique.

Le lendemain on se leva de bonne heure afin d'aller visiter la tour de Coucy et le château de Fayel, appartenant à M. de Castéja, qui nous en fit les honneurs avec sa politesse ordinaire. Sa charmante compagne était à Paris, ce qui n'empêcha pas que l'on ne nous servît un déjeuner qui n'eût pu mieux être ordonné, lors même que la maîtresse de la maison y eût présidé.

Les souterrains de Fayel ont été en partie murés pendant la révolution, les habitants du pays voulant détruire la prison d'une femme retenue prisonnière arbitrairement. On voit que les Picards ont pris les choses vivement et de loin; ils se sont trompés en imaginant qu'ils anéantiraient le lieu d'une dure captivité, car on assure que Gabrielle de Vergy fut enfermée dans le château d'*Autrey*, et non à Fayel, comme la tradition du pays l'affirme.

La tour de Coucy est une belle ruine, et voilà tout; il n'en reste que de gros murs très-épais, qui tombent d'un côté, et sont couverts de lierre de l'autre. Ces vestiges antiques plaisent surtout par les idées qui s'attachent à tout ce qui rappelle un amour malheureux. Les femmes dirent là beaucoup de lieux communs; les hommes, par des plaisanteries qui me parurent de mauvais goût, cherchèrent à mettre fin aux réflexions sentimentales de ces dames; l'on revint à Manicamp beaucoup moins satisfait qu'on ne s'y attendait; les unes mécontentes de n'avoir pas attendri par leurs réflexions *romantiques*, les autres contrariées de n'avoir pas pu faire rire par leurs bons mots sur la constance, la jalousie, etc. Je ne prenais part à aucune de ces petites humeurs; mais je ne concevais déjà pas que l'on pût éprouver autre chose qu'un sentiment pénible en face des monuments témoins de tant de gloire et presque entièrement abattus par le temps qui entraîne tout. Depuis quelques années, nous en avons vu disparaître en si grande quantité, que notre sol sera bientôt veuf de tout ce qui marquait nos plus grandes illustrations. Qui nous assure que dans deux ou trois siècles nos neveux respecteront davantage ce qui devrait perpétuer le souvenir de nos dernières et éclatantes victoires?

M. le comte de Lauraguais, à qui appartenait Manicamp, avait connu beaucoup mon père, qui nous raconta de singulières anecdotes sur ce grand seigneur; il ne se plaisait qu'avec la plus mauvaise compagnie, et se vantait de ce goût.

Il le rencontra un jour, se désespérant et s'écriant qu'il était un homme perdu, déshonoré. « Mais qu'avez-vous, monsieur le comte, que vous est-il arrivé? — Une chose affreuse, horrible. — Avez-vous perdu quelque forte somme au jeu? — Bah, je suis habitué à cela. Bien pis, vous dis-je, un malheur épouvantable. — Vous m'effrayez, je ne sais qu'imaginer, car les chagrins de cœur ne vous touchent guère, et,.... — Oh! si ce n'était que la mort d'une maîtresse! mais, hélas! c'est plus fort que tout cela. Il y a vingt ans que je fais tout ce que je puis pour me ruiner. J'ai déclaré, il y a dix-huit mois, une petite banqueroute *fort honnête*, fort raisonnable, dont tout Paris parlait; eh bien, ne voilà-t-il pas que ce polisson de Guémené s'avise d'en faire une de quatorze millions! Je suis coulé bas; je passerai inaperçu, à présent; il ne parle plus de moi que d'un bourgeois de la rue Saint-Denis. Il faut convenir que je suis bien malheureux! »

Quel temps que celui où un pair de France, portant un nom illustre, faisait presque gloire d'afficher de tels principes!

Ce même M. de Lauraguais perdit une femme dont il était amoureux; elle mourut de la poitrine. Je ne sais comment il parvint à conserver son corps, qui ne fut point enterré, mais que l'on réduisit par des procédés chimiques, et qui devint une espèce de pierre, que M. de Lauraguais fit monter en bague, et qu'il porta toujours depuis. Que l'on dise, après cela, que le dix-huitième siècle n'était pas romanesque!

CHAPITRE LVII.
1813.

Projet de mariage pour moi. — Le vice-amiral Sercey, mon cousin. — Un requin — Sang-froid de l'amiral. — Son fils *Eole* découvre une île. — Il ramène le prince royal. — Fierté de Son Altesse. — Son adresse à l'arc. — Son portrait. — Le comte Edouard de Sercey. — Le colonel Henri de Sercey. — Madame Catalani. — Mesdames Pasta, — Pisaroni, — Malibran. — Goethe, — *Werther*. — Potier. — Bienfaisance de madame Catalani. — Madame Anna de la Grange. — M. de Valabrègue. — Leurs fils — M. Paul de Valabrègue. — Son frère épousa la fille adoptive de M. le marquis de la W. Catine. — Madame Grassini. — Des brigands m'arrêtent — *Portrait du gouvernement*. — Girodet. — Sa manière de peindre. — Paër. — Rossini. — Caraffa. — Paccini.

Nous prolongeâmes encore quelque temps notre séjour chez madame Dubrosseron, et nous revînmes ensuite à Paris. On s'y occupait d'un mariage pour moi qui me déplaisait souverainement; je le dis à mes parents, qui, avec leur tendresse accoutumée, me permirent de le refuser.

S'il eût été conclu, j'eusse évité de grands malheurs; mais, détestant l'homme que l'on me destinait, je n'aurais pu me décider à l'épouser uniquement pour sa fortune et son rang dans le monde, fort au-dessus de ce que je pouvais espérer. Comme toutes les jeunes personnes j'avais des idées exagérées et fausses sur la nécessité d'avoir de l'amour pour mon mari; et, sans rien calculer, je refusai avec opiniâtreté celui qui joignait l'esprit au caractère le plus honorable. Quelque temps après, je contractai une union, que je croyais capable de faire mon bonheur. Des événements affreux ont tout bouleversé, et des larmes amères ont été longtemps mon partage. Ce qui m'est arrivé ne peut avoir d'intérêt pour personne, ce qui me fait négliger de donner aucun détail sur des chagrins heureusement sans exemple. Qu'il me soit permis cependant d'assurer ici que j'ai tout pardonné, et de témoigner ma reconnaissance au petit nombre d'amis qui me sont restés fidèles.

Je retrouvai à peu près à cette époque un de mes parents, l'un de nos meilleurs officiers de marine, qui par son courage, et aux dépens de sa fortune, a conservé l'Ile-de-France à la république française. M. le vice-amiral de Sercey avait été parfait pour moi dans mon enfance. Ayant entendu louer généralement son admirable conduite dans des moments difficiles, où tant de gens furent entraînés à agir, en quelque sorte, malgré eux et contre leur volonté, j'étais heureuse des bontés qu'il me témoignait. Froid, sérieux et grave, il racontait cependant fort bien des choses gaies; son honorable caractère ne s'est jamais démenti. Voici un trait qui donnera une idée de sa présence d'esprit dans le moment du plus grand danger.

Etant fort jeune, commençant la carrière dans laquelle il s'est illustré, il se baignait dans la mer, son vaisseau était à l'ancre près de terre. Tout à coup il voit l'équipage se précipiter à genoux sur le pont et entend qu'on lui crie : « *Sercey, un requin!* » Il se retourne du côté indiqué par les gestes de ses camarades, et aperçoit en effet le monstre, qui, assez éloigné encore, se dirigeait vers lui. Ayant l'habitude de sonder les endroits où le vaisseau mouillait, il savait qu'à quelques brassées de là le sable rendait la mer moins profonde, il savait aussi que le requin nage par saccade, et qu'il a besoin de beaucoup d'eau. Il calcula que le seul moyen de lui échapper était de se diriger du côté de la terre, et non du côté de la frégate, du bord de laquelle on lui jetait des cordes. Il nagea avec force; le requin le poursuivit; mais bientôt trouvant le sable il s'étourdit à chaque plongeon, ce qui fit gagner du terrain à M. de Sercey, qui, redoublant de zèle, arriva sain et sauf sur le rivage, et s'évanouit dans les bras d'hommes accourus pour le secourir, et dont les efforts impuissants s'étaient bornés à des vœux ardents pour sa conservation. S'il n'eût pas connu parfaitement la plage, qu'il eût été au-devant des cordes qui lui étaient jetées, il était dévoré; car le requin eût trouvé assez de profondeur pour vaincre son obstacle. Cet homme, si calme lorsqu'il s'agissait de lui, était accessible à toutes les émotions dès qu'il était question de ses enfants.

Son fils aîné, Eole de Sercey, voulant perpétuer la gloire que son nom avait acquise dans la marine, se destina à suivre la vocation qui le portait à cette carrière, dans laquelle il n'avait pu réussir qu'à imiter la conduite de son père. M. de Sercey était encore à l'Ile-de-France; et, pour lui complaire à ses projets, son fils s'embarqua sur un vaisseau de guerre français qui s'y rendait. Il fut en route attaqué par une frégate anglaise. Des deux côtés on se battait avec acharnement; les blessés étaient descendus en grand nombre, et les canonniers français furent particulièrement maltraités. Le jeune Eole, ayant observé les manœuvres, voyant que les pièces étaient mal servies faute d'artillerie, se mit en devoir de les remplacer, et à lui seul parvint à charger avec rapidité plusieurs canons. Après des prodiges de valeur, la frégate fut prise, et le vaisseau vainqueur entra avec sa capture dans le port où résidait M. de Sercey, qui, espérant recevoir des nouvelles de son fils, vint questionner le capitaine, qui lui donna des détails sur les dangers qu'ils avaient courus. « On doit en partie la victoire à un petit enragé qui nous a aidés avec une bravoure et un sang-froid rares. Il a un nom qui doit réussir à la mer : il s'appelle *Eole*. » M. de Sercey ignorait absolument que son fils dût venir à l'Ile-de-France; mais un pressentiment subit s'empara de l'heureux père, qui en tremblant demanda le nom de famille de ce jeune brave. Il acquiert la certitude que son cœur a deviné juste; il retrouve son fils avec un plus grand plaisir encore, en le sachant digne de lui dans un âge où en général on ne peut que concevoir des espérances.

M. Eole de Sercey a obtenu depuis un avancement mérité par une conduite toujours parfaite; il a découvert dans l'Inde une île, dont il a ramené à Paris le *prince héréditaire*, qui avait conçu pour lui une extrême amitié. J'ai vu cette Altesse chez M. de Sercey, qui l'avait accueilli avec une telle bonté, qu'il se soumettait aux petites exigences que dictait à ce mulâtre une inconcevable fierté. Il ne voulait, par exemple, jamais prendre ses repas avec la respectable famille chez laquelle il était traité comme un fils. Il disait, dans un langage dur et désagréable que comprenait M. Eole, qu'un souverain ne devait jamais s'abaisser à manger avec ses inférieurs. En conséquence, pour ne pas le tourmenter, M. de Sercey avait donné l'ordre de le servir dans sa chambre.

Son teint était cuivré, ses traits aplatis, mais moins cependant que ceux des nègres; ses cheveux noirs, gras et plats, assez longs; sa taille peu élevée, mais fortement prise. Ses yeux vifs et pénétrants prenaient une grande expression de douceur lorsqu'ils s'arrêtaient sur les personnes qui lui étaient chères. Il comprenait vite ce que son jeune ami lui expliquait, témoignait une curiosité extrême et un grand désir d'apprendre, et voulait être instruit dans la religion catholique, qu'il admirait d'après ce qu'on lui disait des vertus qu'elle ordonne. Le pardon des injures était principalement ce qui lui paraissait le plus difficile et le plus admirable dans nos préceptes.

Il était d'une adresse extrême. Voulant tirer de l'arc, et mécontent de ceux qui se vendent ici, il s'en était fait un avec lequel il atteignait toujours juste à une grande distance: le meilleur moyen de lui être agréable était de témoigner de l'admiration pour le talent, le plus recherché dans son pays. Eole devait le reconduire à *la reine* sa mère au bout de quelques années, afin qu'il prît les rênes d'un empire dont la population était de *six cents âmes*: je ne sais si ce projet a été exécuté[1].

Madame Catalani arriva dans ce temps à Paris, et causa un enthousiasme universel. Sa voix était sans contredit le plus bel instrument que la nature ait jamais accordé. Elle exécutait avec facilité des difficultés inouïes, ainsi que le fait aujourd'hui madame Anna de la Grange, comtesse de Stankowich.

Madame Catalani était magnifique dans le rôle de Sémiramis; elle en avait la beauté et la fierté.

Un visage noble, une taille élevée, rendaient madame Catalani une fort belle actrice; sa bienfaisance, sa bonté, la placent au rang des femmes les plus estimables. On cite de plusieurs actions qui doivent la faire généralement respecter, quand on les joint à une réputation qui n'a jamais reçu la plus petite atteinte.

On disait son esprit peu saillant; on cite à l'appui de ce jugement plusieurs traits qui le justifient. On m'a conté qu'étant à Berlin, on l'engagea à dîner avec l'illustre et vénérable Goëthe. Elle demanda de quel instrument il jouait. — D'aucun, madame, lui répondit-on; mais c'est un auteur extrêmement distingué, il a composé des ouvrages admirables, entre autres *Werther*. — Oh! celui-là, je le connais, il m'a fait le plus grand plaisir. Je serai charmée de voir M. Goëthe, et de lui exprimer la satisfaction qu'il m'a causée.

Le salon se remplit, et on annonce enfin l'écrivain célèbre, que le maître de la maison, grand seigneur prussien, s'empressa d'aller recevoir et de faire placer près de madame Catalani. Elle reçoit de lui des compliments flatteurs sur l'extrême désir qu'il a de l'entendre, sur tout ce qu'on lui a dit de son talent. Ne voulant point être en reste avec un homme remarquable, elle lui parle sur-le-champ de l'effet qu'a produit sur elle l'incomparable *Werther*. « Il m'a intéressée au delà de toute expression, monsieur, et je regrette bien que vous ne l'ayez pas vu jouer à Potier, votre digne interprète. »

Un éclat de rire général suivit cette singulière phrase. Goëthe parlait mal le français, et ignorait probablement que l'on se fût avisé de parodier la *sentimentalerie* de son roman favori. Je n'atteste pas la vérité de l'anecdote. Je la rapporte, et voilà tout.

Madame Catalani étant italienne, n'était pas obligée de connaître la littérature allemande.

Ce que l'on sait d'une manière très-positive, c'est qu'elle ne refusa jamais l'appui de son talent aux malheureux; dans toutes les villes elle laissa de grandes aumônes, donnant toujours sa dernière représentation pour les pauvres. Aucune cantatrice n'a eu cette réputation européenne. Elle fut surnommée *chanteuse des rois*, étant appelée à tous les congrès, comme la plus agréable distraction aux graves préoccupations de la politique.

Madame Catalani avait épousé M. de Valabrègue.

Je l'ai peu entendue, et me rappelle seulement que sa voix était prodigieuse[2].

Je vis dans le même salon madame Grassini. Toutes deux étaient belles, mais ne pouvaient être comparées l'une à l'autre. La première éblouissait par l'éclat de son chant, l'autre touchait profondément.

Madame Grassini avait beaucoup d'esprit et de grâce dans sa manière originale de parler le français. Son accent italien prêtait un charme infini à ce qu'elle racontait, et l'on eût été en vérité fâché qu'elle parlât autrement.

Arrêtée près de Naples par des brigands qui la dévalisaient, elle essaya d'abord de les toucher; voyant que tout était inutile, et qu'ils fouillaient toujours dans tous les coins de sa voiture: « Oh! je vous en prie, mes bons brigands, leur disait-elle, prenez tout ce que je *poussède*; mais laissez-moi, je vous en prie, *oune chose* que j'aime plus que vous ne pouvez faire, c'est le *pourtrait de noutre cher gouvernement*. Ils brisèrent et gardèrent en effet l'entourage du médaillon qui contenait le portrait de Napoléon, et lui rendirent cette image chérie, ce qu'elle citait comme le plus beau trait du monde.

Je voyais aussi très-souvent Girodet, dont le talent a été sitôt perdu pour sa patrie, qu'il illustrait aussi par un beau caractère, un esprit vif et brillant et une instruction peu commune. Assez heureuse pour avoir reçu chez moi dans une grande intimité, je puis attester que je ne lui ai jamais entendu dire du mal de ses rivaux; il rendait justice à tous, et discutait avec une rare impartialité le mérite de chacun d'eux. Il parlait peu de lui, moins encore de ses tableaux, mais en revanche causait avec plaisir de musique et de son exécution sur le violon. Passionné de musique, il en faisait chez lui tous les dimanches, et avouait que rien ne pouvait être comparé à ces concerts dont il voulait être le plus brillant virtuose. « Venez-y un jour, me dit-il en riant, et si vous avez le courage de rester jusqu'à la fin du premier quatuor, je vous déclarerai la plus intrépide femme du siècle. » On m'assura qu'en effet rien n'était si pitoyable que le charivari qui s'entendait pendant quatre heures de suite dans cet atelier plein des chefs-d'œuvre du *premier violon*. Je préférai conserver ma réputation de poltronnerie, et n'entrer chez Girodet que pour admirer.

Il nous expliqua pourquoi, dans quelques-uns de ses plus beaux tableaux, on a critiqué avec justice un coloris sombre et verdâtre. Rarement content de ce qu'il faisait, il réfléchissait constamment au moyen de faire mieux. Au milieu de la nuit, saisi d'une espèce de fièvre inspiratrice, il se levait, faisait allumer des lustres suspendus dans son atelier, plaçait sur sa tête un énorme chapeau couvert de bougies, et dans ce comique costume, peignait des heures entières. Peut-on le blâmer de cette bizarre manie, lorsqu'on sait que le *Déluge* et *Endymion* furent peints ainsi? Cette défiance de lui-même, qu'il portait à l'extrême, lui a causé des chagrins très-vifs, qui, dit-on, commencé à détruire sa santé. Il ne croyait jamais avoir atteint la perfection que tout le monde reconnaissait dans ses immortels ouvrages, et le regret de n'y pas parvenir empoisonnait sa vie. Quelle leçon pour la médiocrité qui à chaque exposition assomme le public de tableaux détestables!

Je rencontrais fréquemment le célèbre compositeur Paër, dont on admirait alors un véritable enthousiasme, le beau caractère, pour la composition, la manière dont il accompagnait, et l'inépuisable complaisance qui l'empêchait de se faire jamais prier, quoiqu'il fût souvent bien importuné par d'indiscrètes demandes, de se faire entendre.

Paër me dit qu'il continuait à aller à la Malmaison; que l'impératrice Joséphine l'avait prié de donner des leçons suivies aux demoiselles Delieu[1], et que leurs dispositions lui faisaient trouver cette mission fort amusante; qu'il allait tous les mercredis passer trois heures avec elles, et que bientôt ces élèves seraient citées également pour la perfection de leur méthode et la beauté de leur voix.

Il trouvait piquant d'avoir donné des leçons à la mère de Marie-Louise, d'être le maître de chapelle de l'impératrice régnante, et de rester l'ami de Joséphine, qui le traitait avec une faveur particulière. En sortant de Saint-Cloud, il se rendait à la Malmaison; la douceur de ses manières, son esprit, le faisaient également bien recevoir par les deux souverains. Il me donna beaucoup de détails sur ce qui se passait autour de celle que je regrettais, et j'eus un grand plaisir à entendre parler un juste appréciateur de ses nombreuses qualités. Nos conversations n'étaient interrompues qu'avec peine; c'était un bonheur si grand pour moi de m'entretenir de Sa Majesté, que je me rapprochais toujours de Paër pour en parler. Il comprenait mon tendre attachement, car il l'éprouvait aussi, et ne changea rien à sa conduite avec la princesse déchue de sa puissance; sachant très-bien cependant que ce n'était pas un moyen d'être en faveur près de Marie-Louise.

Paër chantait le *bouffe* mieux que personne, et savait faire valoir les amateurs qui exécutaient avec lui des morceaux de tous les grands maîtres, dont il était un des admirateurs le plus passionné. Il est fort rare de voir un compositeur prêter ainsi son appui aux ouvrages des autres, et ne pas se borner aux siens. C'est ce que j'ai toujours vu faire à Paër, rendant parfaitement justice au mérite de ses rivaux. Il eût donc été juste qu'il eût trouvé la même bienveillance pour lui; au lieu de cela, il a constamment été l'objet d'une basse jalousie;

---

[1] Eole de Sercey est frère de M. le comte de Sercey, ministre de France à Darmstadt, et de M. le colonel Henri de Surcey, dont la déplorable affaire a eu un si triste retentissement.

[2] Madame Catalani est morte à Paris du choléra laissant trois enfants: madame Deslandes, qui a épousé en secondes noces un Russe dont il m'est impossible d'écrire le nom, tant il me paraît difficile; M. Paul de Valabrègue, officier fort distingué, écuyer commandant de l'empereur; et M. de Valabrègue, qui vient d'épouser la fille adoptive du marquis de la Woëstine.

---

[1] Crescentini était parti pour l'Italie.

et maintenant, les admirateurs de son génie piquant, de ses chants tendres et gracieux, sont obligés de se contenter de les avoir sur leur piano ; car le Théâtre Italien, qui pourrait varier agréablement son répertoire en représentant l'*Agnes*, *Camilla*, *Achille*, etc., s'obstine à ne jouer que les opéras qui depuis si longtemps ont senti le privilége d'être chantés devant une assemblée souvent fatiguée d'applaudir les bons chanteurs dans des airs sus par cœur.

Rossini ne peut être pour rien dans ces petites tracasseries de coulisses, qui sont sûrement suscitées par des vengeances particulières de quelques subalternes. Il serait digne de lui de prouver à quel point il est étranger à ces viles intrigues, en employant son crédit à faire monter les opéras de Paër, Carafa, Paccini, etc., et en mettant le public à même d'approuver son caractère, autant qu'il applaudit ses belles productions musicales. La médiocrité peut seule envier les succès des autres ; c'est être assuré que le grand maestro écoutera un conseil dicté par l'amour de l'art qu'il a cultivé si brillamment[1].

Le gros homme saute et tombe lourdement à un pied plus loin qu'où avait été Vernet.

CHAPITRE LVIII.
1814.

Campagne de Russie. — Poste de gardes nationaux. — Les bizets. — Feu de cheminée. — Musique de l'état-major de la garde nationale. — Méhul, Cherubini, Berton, Paër, capitaines. — Boïeldieu, *chapeau chinois*. — Nicolo, *triangle*. — Nadermann, *grosse caisse*. — Le 30 mars. — Le roi Joseph. — Les élèves de l'Ecole polytechnique. — Je pars avec mon fils. — Calme du faubourg Saint-Germain. — Soldats blessés. — Dureté des Parisiens. — Chirurgien qui vient au secours d'un dragon. — Lettre que je reçois. — Cosaque faisant la police. — Entrée de l'empereur Alexandre. — On arrache les aigles. — Je m'inquiète pour l'impératrice.

Toutes nos réunions agréables furent suspendues par les nouvelles arrivant du Nord. A peine se réjouissait-on de voir nos armées s'être avancées par une suite de succès, jusque dans les murs de Moscou, que l'on eut l'affreuse certitude de l'incendie de cette ville. On présagea tout ce qu'allaient souffrir nos soldats ; ce désastre inattendu força à la retraite des héros étonnés de trouver des obstacles. Chacun tremblait à Paris pour quelque être cher faisant partie de la campagne de Russie ; les bulletins se succédaient sans rassurer ; dès lors

[1] M. Paër a composé un grand opéra français qu'il ne parvint pas à faire représenter, quoique l'on en fût fort belle. On a pu en juger en entendant les morceaux principaux exécutés au grand couvert du roi. Il faut convenir cependant qu'un accompagnement de fourchettes, assiettes et couteaux, est peu propre à faire valoir cette grande composition ; et qu'il est affligeant pour les amis des arts de voir un homme aussi justement célèbre que M. Paër, contraint à user de pareils moyens pour faire connaître ses ouvrages.

tous les plaisirs cessèrent, et les Parisiens furent plongés dans une sorte de stupeur ; les ministres, les gens attachés à la cour donnaient encore des fêtes, pour afficher une sécurité qu'ils n'avaient pas ; et essayer d'imposer à la multitude, les yeux tournés vers les dépositaires de l'autorité ; mais, malgré tous leurs efforts, l'affreuse vérité parvenait par des lettres particulières, et des familles en deuil prouvaient assez les pertes que nous avions à pleurer.

Toute cette année de 1813 ne me rappelle que des inquiétudes et des regrets qui me sont personnels, et dont je n'entretiendrai pas mes lecteurs. Je vais me transporter au moment cruel où la France, accablée par la masse de toutes les puissances, succomba après tant de victoires.

J'habitais à cette époque un quartier très-éloigné ; en face de ma porte on avait établi un poste de gardes nationaux, occupé principalement par des bizets qui ne me paraissaient pas très-propres à repousser de notre capitale une invasion, si, comme on commençait à le croire, on était forcé de se défendre contre les armées alliées. Ces braves gens s'amusaient, riaient, buvaient, chantaient, faisaient des rondes avec un zèle dont il fallait leur savoir un véritable gré, puisqu'ils maintenaient l'ordre dans Paris privé presque de troupes ; mais leurs armes étaient en mauvais état, tellement qu'un jour le feu ayant pris dans une cheminée, il fut difficile de trouver un fusil qui pût tirer dans le tuyau enflammé.

Pour se dispenser de monter la garde, les artistes les plus remarquables de la capitale, s'engagèrent dans la musique de l'état-major, dont Méhul, Cherubini, Berton et Paër étaient capitaines. Nicolo était *triangle*, Boïeldieu *chapeau chinois*, Nadermann *grosse caisse*, Tulou *fifre*, etc. Tous ces admirables talents frappant et soufflant à qui mieux mieux, formaient une sorte de cacophonie épouvantable, applaudie par les bons badauds, persuadés que de tels musiciens ne

Visite aux ruines de la tour de Coucy.

pouvaient qu'exécuter admirablement. En entendant ces sons discordants, on eût été loin de croire que les parties fussent confiées aux hommes les plus distingués dans l'art musical. J'ai entendu dans ma maison étudier, avec un zèle infatigable, *le serpent*, par un harpiste remarquable. J'ai pris pour cet instrument une antipathie véritable ; il me rappelle un des temps les plus cruels pour la France !

Plus les alliés approchaient, plus les inquiétudes devenaient vives, malgré toutes les protestations prodiguées par les journaux pour assurer que les mesures étaient prises pour repousser l'ennemi. Tous les jours les gardes nationaux offraient de mourir ou de contribuer à la délivrance de la patrie ; et nous étions en quelque sorte persuadés qu'en effet l'empereur avait pris les moyens de fondre sur les troupes étrangères, au moment où elles se croiraient sûres du triomphe. Depuis tant d'années on était habitué à voir réussir Napoléon, que la défiance eût été presque une ingratitude.

Le 30 mars nous fûmes réveillés par l'effrayant bruit du canon qui

Paris. — Typographie Walder, rue Bonaparte, 44.

grondait avec force près des hauteurs de Montmartre, dont ma maison était peu éloignée. Hors de moi, je prends dans mes bras mon fils qui dormait dans son berceau, et je descends éperdue dans la rue pour savoir des nouvelles. Tous les habitants, pâles, défaits, questionnaient les gardes nationaux, que l'on croyait mieux instruits, et qui faisaient encore bonne contenance. « Le roi Joseph est à Montmartre ; il vient de nous faire dire que tout allait bien, que les Cosaques était peu repoussés par nos troupes occupant les hauteurs. Les élèves de l'École polytechnique se sont offerts pour servir l'artillerie ; leur ardeur augmentera celle de nos soldats ; cette défense donnera le temps à Napoléon de venir à notre secours ; dès qu'il paraîtra nous serons sauvés ; ainsi soyez tranquilles, et vive l'empereur ! vive l'empereur ! » s'écria-t-on avec force.

Peu d'heures après, plusieurs obus tombèrent dans la rue ; les gardes nationaux s'empressèrent de quitter leur poste, jetèrent même leur guérite dans un puits, et s'enfuirent chacun chez eux pour rassurer leurs familles et défendre du pillage leurs propriétés.

Effrayée au-delà de l'expression d'être si près du lieu du combat, je me décidai à aller demander un asile à des amis que nous avions au faubourg Saint-Germain. Je recommandai aux domestiques de ne rien refuser aux ennemis, qui allaient sans doute commencer leurs vexations par les faubourgs ; je laissai les clefs de tout, convaincue que moins on leur résisterait, moins ils feraient de mal ; et je partis la mort dans l'âme, à pied, en camisole, en bonnet de nuit, sans réfléchir que j'allais traverser ainsi tout Paris, portant dans mes bras mon enfant, qui s'amusait beaucoup de tout le mouvement qu'il observait autour de lui. En disant adieu à des lieux où j'avais connu le bonheur, où je ne comptais plus revenir sans y trouver une dévastation générale, je pleurai amèrement ; alors les petites mains de mon fils essayèrent d'essuyer mes larmes ; voyant qu'il ne pouvait réussir, il sanglotait aussi en répétant : « Mais, maman, Dieu est bon ; il tuera les méchants, et nos bons soldats battront ces vilains Cosaques, qui mangent les petits enfants[1]. »

Au moment où il achevait cette phrase, nous arrivions à la rue de Rochechouart, où le plus horrible spectacle s'offrit à nos yeux. Notre malheureuse armée rentrait dans Paris. Les figures vénérables des anciens soldats portaient l'empreinte du plus sombre désespoir. Blessés, harassés de fatigue, ils tombaient de cheval, implorant un morceau de pain, un verre d'eau ; et, le croirait-on ? des femmes refusaient de leur accorder ce faible secours, et s'empressaient de fermer précipitamment leurs portes ! Ces héros trahis par la gloire l'étaient aussi par l'humanité ; et leurs compatriotes mêmes les contraignaient à sentir davantage le malheur d'une défaite.

Je gémis alors d'être partie si précipitamment ; quelques pièces de monnaie m'eussent, dans cet instant, paru un vrai trésor ; mais je n'avais que des pleurs à offrir : du moins je ne les refusai pas à l'infortune.

Un pauvre dragon languissait à terre, épuisé par le sang qui s'échappait à gros bouillons d'une blessure profonde ; son manteau blanc en était couvert ; j'ai toujours eu la faiblesse de ne pouvoir supporter la vue d'une plaie sans me trouver mal ; dans ce moment, je me sentis au contraire une force extraordinaire, je me précipitai tout près du blessé ; j'arrachai le fichu qui couvrait le cou de mon fils

[1] Un grand nombre de proclamations de ce temps contenaient ces mots.

pour en faire une bande ; je chargeai ce pauvre enfant, qui tremblait horriblement, de soutenir ce bras désarmé, ouvert en plusieurs endroits, et je me préparais à panser le mieux possible ce jeune soldat, lorsqu'un homme âgé prend la batiste dont j'allais me servir, et me dit brusquement : « Vous vous y prenez mal ; je ferai mieux, c'est mon métier. » Sans perdre de temps il coupe la manche, pose un appareil sur cette blessure, fait avaler quelques gouttes spiritueuses à mon protégé, lui glisse une pièce d'or dans la poche, et disparaît aussi promptement qu'il s'était approché, sans doute pour aller porter ailleurs ses utiles soins et ses secours. Le dragon ouvrit les yeux, me remercia du regard de la pitié que je lui témoignais, et fut placé par les ordres d'un officier sur une charrette qui devait le conduire à l'hôpital.

Je regrette de ne pouvoir désigner d'une manière précise le chirurgien dont je viens de parler ; j'étais trop troublée pour lui demander son nom ; et à la précipitation avec laquelle il nous quitta lorsqu'il n'eut plus rien à faire, je suis persuadée qu'il eût refusé de se nommer. Il lui suffisait de faire le bien, sans chercher à recueillir le fruit d'une bonne action. Son exemple changea les dispositions de plusieurs des habitants témoins de sa bienfaisante compassion ; et avant de quitter cette scène d'horreur, j'eus la consolation de voir plusieurs soldats secourus et soignés.

Entrée des alliés à Paris.

J'étais si fatiguée, si émue, que je pouvais à peine me soutenir ; heureusement, je trouvai un cabriolet, qui me conduisit chez mes amis ; j'y arrivai dans un état impossible à décrire, et tellement effrayée, que je ne remarquai pas le calme qui régnait dans cette partie de la ville. Je ne fus pas frappée davantage de l'air tranquille de l'honnête famille chez laquelle je venais demander un refuge. « Que vous est-il arrivé ? me demandèrent à la fois les trois filles de la maison. Vous avez du sang à votre jupon, à votre camisole, à vos mains ; vous êtes d'une inconcevable pâleur ; au nom du ciel, parlez, qu'avez-vous ? » J'écoutais sans entendre, je regardais sans voir, et je serrais mon fils avec une violence telle, qu'on ne pouvait l'ôter de mes bras.

N'obtenant point de réponse de moi, on s'adressa à lui, qui raconta d'une manière enfantine mais expressive les événements qui me causaient cette terreur si vive. Son langage naïf apprit que les ennemis étaient à nos portes ; et ce fut la bouche d'un enfant de trois ans qui annonça le bombardement de Paris, ignoré encore au bout de la rue de Bourgogne !

Peu de minutes après arriva le reste de ma famille, qui nous apprit que l'on pensait qu'une capitulation allait être signée ; nous aurions des détails le soir, mon domestique devant m'apporter une lettre d'un de nos voisins, qui m'écrirait positivement ce que l'on aurait appris.

Toute la journée s'écoula dans l'incertitude la plus affreuse. Plusieurs personnes qui vinrent voir madame de R... apportèrent des nouvelles contradictoires toutes plus effrayantes les unes que les autres ; elles ne s'accordaient que sur un point, c'est que les Français étaient battus. En fallait-il plus pour autoriser le désespoir où nous étions plongés ?

Enfin, à huit heures, je reçus de mon obligeant voisin la lettre suivante, que je copie textuellement :

« Le sac de Paris n'est pas présumable, madame ; tout est calme autour de nous. On assure que le duc de Raguse a signé une capitulation avantageuse avec les souverains alliés. Montmartre est couvert de leurs troupes, nous voyons leurs feux, nous entendons leurs cris

7

de hourra. Ils ont fait demander des violons pour danser ; ils payent tout, et l'on prétend que la discipline la plus sévère leur est ordonnée sous peine de punitions graves. Vous avez à votre porte vingt-cinq Cosaques couchés par terre. M. de Fontvanne, qui est venu ce soir savoir de vos nouvelles, en a heurté plusieurs ; ils se sont paisiblement dérangés. A chaque bout de la rue, on a placé une pièce de canon, braquée sur la ville, afin d'intimider le peuple ; il ne songe qu'à se remettre d'alarmes bien vives. On prétend encore que demain matin quarante mille hommes entreront dans Paris, ayant l'empereur Alexandre à leur tête. Je vous le répète, madame, tout est tranquille ; vos gens soignent votre maison, que vous retrouverez intacte. Revenez demain près de vos amis, qui comprennent vos frayeurs maternelles, heureusement sans fondement. Ma femme est aussi revenue, et vous attend.

» Paris, ce 30 mars soir 1814. »

Cette lettre nous rassura, et nous décidâmes qu'en effet nous retournerions le lendemain dans notre faubourg.

Nous prîmes congé de la respectable famille qui voulait encore nous retenir, et, montés en fiacre, nous nous dirigeâmes par la rue Montmartre vers la rue de Rochechouart, devenue aussi paisible qu'elle était la veille animée et bruyante par le passage d'une partie de notre armée. Arrivés au boulevard, nous éprouvâmes un serrement de cœur bien pénible en voyant s'avancer à toute bride un Cosaque irrégulier d'une hideuse figure, qui, dans un baragouin inintelligible, nous défendait de passer. Notre cocher, ne le comprenant pas, voulut continuer sa route ; mais une longue lance, dirigée sur lui, lui fit entendre très-clairement qu'il ne devait point avancer : il s'arrêta. L'armée russe défilait ; sa tenue était belle ; tous les schakos ornés de rameaux verts, et chaque soldat portant une écharpe blanche au bras gauche, en signe de paix. Les fenêtres étaient garnies de femmes élégantes, les allées en étaient pleines, et des cris de joie se faisaient entendre là où n'eussent dû être recueillis que des gémissements ! car enfin ces vainqueurs, que l'on applaudissait avec enthousiasme, avaient peut-être plongé le fer brillant de leurs armes dans le sang des frères, des époux, des fils de ces admiratrices d'un jour !

On devait sans doute savoir gré à l'empereur Alexandre du caractère qu'il montrait, de la protection qu'il accordait aux vaincus ; mais il eût souillé sa victoire s'il eût agi autrement, et cette population tout entière qui se portait en foule sur ses pas pouvait se révolter en masse si elle eût été accablée par de mauvais traitements. Il fallait bénir en silence la magnanimité du souverain qui savait contenir ses troupes avides de pillage ; mais c'était chez soi, dans le sein de sa famille, qu'il était permis de lui adresser des actions de grâces, et non en faisant de son entrée dans la capitale de la France un triomphe, dont le peuple était l'instrument et le plus bel ornement. Attristés de voir notre police faite par des étrangers, nous étions tous enfoncés dans la voiture ; le cocher jurant, et très-énergiquement, donnait de fort bonnes leçons aux Parisiens, qui couraient comme des fous aux lieux qu'ils eussent dû fuir.

Nous vîmes des peintres effacer promptement les aigles, les abeilles placées sur les boutiques des fournisseurs de l'empereur ; des menuisiers abattaient à coups de hache les signes d'une puissance à peine déchue ; on ne savait encore quelle serait celle qu'il faudrait encenser ; mais on n'ignorait pas ce qu'il fallait détruire.

A midi, les troupes étant toutes défilées, nous pûmes rentrer chez moi ; plusieurs amis nous attendaient, et nous apprirent que l'on parlait du retour des Bourbons. Mes parents désiraient la confirmation de cette nouvelle. Vingt ans de malheurs leur donnaient le droit d'espérer la voir. Revoir la famille pour laquelle ils avaient tout sacrifié devenait le prix d'un long dévouement ; je partageais leurs espérances sans oser trop m'y livrer ; et, au milieu de ce bouleversement général, je songeais à l'impératrice Joséphine. J'allai aux informations, et je recueillis quelques détails rassurants, que je donnerai dans le chapitre suivant.

CHAPITRE LIX.
1814.

Nouveau trait de bonté de l'impératrice. — Sœur grise. — C'est la pauvre Joséphine. — On fait de la charpie à la Malmaison. — Marie-Louise à Blois. — Joséphine part pour Navarre. — Sa voiture casse. — Son effroi. — Lettres de l'empereur à l'impératrice. — M. de Beaumont. — Les souverains alliés prient l'impératrice de revenir à la Malmaison. — Monseigneur le duc de Berry. — Il envoie le comte de Mesnard à l'impératrice.

Joséphine allait souvent au-devant des occasions qui pouvaient lui procurer les moyens d'être utile aux personnes même les plus pauvres ; enchantée de pouvoir leur rendre service, elle jouissait ensuite de tout le bonheur qu'elle leur avait procuré.

On était à la fin du mois de mars 1814, peu de jours avant le voyage qu'elle fit au château de Navarre. Se trouvant un matin dans un des pavillons de la Malmaison qui bordent la route, elle vit passer sous la fenêtre une de ces femmes généreuses qui font vœu de s'ensevelir dans un hospice pour y consoler les pauvres et soulager les malades. Joséphine l'appelle : « Ma sœur, d'où venez-vous de si bonne heure ? — De Saint-Germain, madame, lui répond la modeste religieuse, tenant un chapelet à gros grains noirs, qu'elle semblait dire avec ferveur. — Vous avez déjà fait bien du chemin, vous en reste-t-il encore beaucoup à faire ? — Je compte aller jusqu'à Paris, mais peut-être resterai-je à Nanterre, parce que je crois que ma démarche serait inutile, ne connaissant personne à la direction. — Quelle direction ? vous avez donc des affaires avec quelques directeurs généraux ? — Mes affaires sont celles de notre hôpital, qui est fort au dépourvu dans ce moment. J'ai ouï dire à nos médecins qu'on avait saisi des toiles anglaises, et que M. Coustard Saint-Lô les faisait distribuer dans les hôpitaux militaires : je désirerais bien qu'on nous en cédât quelques pièces pour faire des draps ; nos malades n'en ont pas dans leur lit. — Comment donc ! ce serait une fort bonne action, mais vous ne connaissez pas M. Coustard ; si vous le voulez, je vais me charger de votre commission auprès de lui. — Je n'oserais, madame, prendre la liberté de vous en prier, mais sans doute votre recommandation fera plus que la mienne, et vous rendrez un grand service à nos blessés, on nous en amène tous les jours. — Eh bien comptez, ma sœur, que je vais m'occuper de suite et de l'hôpital et de vous ! »

La religieuse continue sa route pénétrée de reconnaissance pour l'aimable inconnu qui vient de lui témoigner tant de bonté, mais a-t-elle fait quelques pas qu'elle se reproche de n'avoir pas cherché à savoir son nom. Elle se retourne, voit Joséphine qui était restée à la fenêtre du pavillon et qui la suivait des yeux : « Pardonnez, madame, lui dit la sœur, mais la curiosité qui me ramène, le désir bien savoir qui est celle qui nous honore d'une protection si généreuse ? Je crois le deviner... — Oui, lui dit l'impératrice en souriant d'un air plein de douceur : c'est la pauvre Joséphine... mais n'en dites rien à personne. — Oh ! non, madame, nous savons depuis longtemps que vous n'aimez pas qu'on parle de bien que vous faites. Puisque c'est à la mère des affligés que je m'adresse, je ne crains plus d'être indiscrète par les demandes que les êtres qui souffrent. Nous avons bien peu de charpie, si Votre Majesté daignait... — Je vous en promets ; nous en ferons.

Depuis ce temps, les soirées de la Malmaison furent employées à faire de la charpie, et l'impératrice ne fut pas une des ouvrières les moins actives.

Depuis plusieurs jours Joséphine n'avait reçu aucune lettre de l'empereur. Elle prévoyait mille malheurs ; elle interrogeait avidement tous ceux qui arrivaient de Paris : il lui semblait qu'elle allait recevoir d'eux quelques renseignements importants. Elle faisait des questions sans suite ; se répondait pas à celles qui lui étaient adressées ; toute son âme était bouleversée, et ses yeux humides de larmes.

Lorsqu'elle eut connaissance des préparatifs de départ que faisaient son beau-frère Joseph et l'impératrice Marie-Louise pour Blois, où il avait été décidé dans le dernier conseil que la régence devait être établie, elle ne douta pas un seul instant que de nouvelles catastrophes ne menaçassent Paris. Elle résolut de fuir au plus vite ; mais troublée mortellement par la crainte d'être livrée aux ennemis du Napoléon, elle flottait incertaine sur la retraite qu'elle devait choisir. Enfin elle se détermina à prendre le chemin de Navarre.

Le 29 mars, après avoir donné l'ordre aux gens de sa maison de tout préparer pour se rendre à ce château, elle partit en toute hâte à huit heures du matin, par un temps froid et pluvieux.

Joséphine quitta sa demeure chérie de la Malmaison dans un tel état de désespoir, que tous ceux qui l'environnaient eurent toutes les peines du monde à calmer ses craintes ; déjà elle avait entendu les cris d'alarme : Voici les Cosaques ! En effet leur arrivée dans un village était toujours suivie de sa ruine et de la désolation de ses malheureux habitants.

A dix lieues de la Malmaison l'essieu de la voiture de Sa Majesté se rompit au milieu de la grande route ; il fallut absolument s'arrêter. Tandis que l'on réparait la berline, Joséphine aperçut de loin un détachement de hussards, qu'elle prit pour une colonne de Prussiens ; s'imaginant que ces soldats étaient envoyés pour suivre ses pas, elle s'effraya à tel point, qu'elle se mit à fuir à travers champs, croyant qu'on voulait l'enlever de force ; mais un de ses valets de pied, l'Espérance, qui avait reconnu dans cette petite troupe l'uniforme du 3e régiment de hussards, courut après elle, et l'atteignit à une distance de trois cents pas, livrée à toutes les angoisses du désespoir, et la tête presque égarée. On continua cependant le voyage sans aucune fâcheuse rencontre.

Quelles durent être les tristes et douloureuses réflexions qui agitèrent en franchissant le seuil d'un château où elle croyait avoir tout à craindre. « Hélas ! dit-elle à madame de Rémusat, qui était assise à côté d'elle, Bonaparte ignore sans doute ce qui se passe aux portes de Paris ; s'il le sait, son âme doit être dans un cruel état. »

Ses dames remarquèrent qu'une fois arrivée à Navarre, elle recherchait la solitude ; et s'enfermait souvent seule pour relire des lettres soigneusement enfermées dans son grand nécessaire de voyage.

Une de ces lettres ne la quittait pas, et lorsqu'elle avait cessé de la lire et de la regarder attentivement, elle la cachait dans son sein [1].

Si le bruit de l'approche des troupes alliées avait pénétré à la Malmaison, il ne retentit pas moins dans l'enceinte du château de Navarre, où tout le monde gémissait sur les désastres survenus à Napoléon. Cependant tout espoir n'avait point abandonné Joséphine ; elle comptait sur la bravoure et les talents du duc de Raguse, à qui la défense de Paris avait été confiée. La situation de Sa Majesté devenait à tout moment de plus en plus fâcheuse ; elle ignorait ce qu'elle avait à craindre ou à espérer. Les personnes qui l'avaient suivie ne purent enfin lui cacher que la capitale avait cédé, que les trois monarques y avaient fait leur entrée, et que Napoléon s'était retiré à Fontainebleau [2].

En apprenant la terrible catastrophe qui venait de décider de la fortune à venir de l'empereur, Joséphine se trouva mal, un morne silence régna autour d'elle ; toutes ses dames, pâles et consternées, semblaient succomber d'abattement et de douleur. Peu à peu revenant à elle et reprenant ses forces : « Ce n'est pas ici que je dois rester, s'écria Joséphine, c'est auprès de l'empereur que ma présence est nécessaire ; je dois remplir ce qui était le devoir de Marie-Louise plus que le mien ; l'empereur est seul, abandonné... eh bien... je lui resterai. Je ne savais être séparée de lui que lorsqu'il était heureux. Maintenant je suis sûre qu'il m'attend. » Et des pleurs s'échappèrent de ses yeux et vinrent soulager son âme abîmée par tant de souvenirs et de chagrins amers. « Cependant, dit-elle à M. de Beaumont, vous resterez ici avec moi jusqu'à ce que les souverains alliés m'aient fait savoir leur intention à mon égard ; je les connais, ils rendront à l'épouse délaissée de Napoléon les hommages qu'elle a droit d'en attendre. »

Pendant le court séjour qu'elle fit à Navarre, elle écrivit beaucoup sans prendre aucune espèce de délassement ; elle faisait ordinairement deux promenades par jour dans le parc : le matin elle était toujours seule ; l'après-dînée accompagnée d'une de ses dames. La conversation roulait habituellement sur la situation politique de la France, et sur Napoléon, dont elle se plaisait à raconter des anecdotes qu'elle seule connaissait ; mais à la fin de sa promenade elle paraissait accablée sous le poids d'une douleur concentrée, et finissait toujours par ces mots prononcés avec un soupir : *Ah ! s'il m'avait écoutée !*

Quelques jours après son arrivée à Navarre, elle reçut une invitation de se rendre aux vœux que les souverains alliés manifestaient de la voir à la Malmaison. Ces marques d'une considération si méritée l'émurent jusqu'aux larmes : elle hésita cependant à partir, persuadée que la première épouse de Napoléon devait désormais rester invisible à tous les yeux. De hautes et puissantes considérations, celles de l'intérêt et de la conservation de sa famille, la firent quitter sa retraite pour revenir faire les honneurs de la Malmaison [3].

---

[1] C'était le dernier billet que l'empereur lui avait écrit de Brienne, dans lequel il lui disait entre autres choses : « ..... En revoyant ces lieux où j'ai passé » ma première enfance, et comparant l'état paisible où j'étais alors à l'agitation » et aux terreurs que j'éprouve aujourd'hui, je me suis dit bien des fois : J'ai » cherché plusieurs combats à rencontrer la mort ; je ne puis plus la re- » douter ; elle serait aujourd'hui un bienfait pour moi... ; mais je voudrais revoir » une seule fois Joséphine ! »

[2] Voici une lettre que Napoléon lui écrivit de cette ville :

A l'impératrice Joséphine à Malmaison.

» Fontainebleau, 16 avril 1814. »

» Chère Joséphine,

» Je vous ai écrit le 8 de ce mois (c'était un vendredi), et peut-être n'avez-vous pas reçu ma lettre : on se battait encore, il est possible qu'on l'ait interceptée ; maintenant les communications doivent être rétablies. J'ai pris mon parti, je ne doute pas que ce billet ne vous parvienne.

» Je ne répéterai pas ce que je vous disais ; je me plaignais alors de ma situation, aujourd'hui je m'en félicite, j'ai la tête et l'esprit débarrassés d'un poids énorme ; ma chute est grande ; mais au moins elle est utile, à ce qu'ils disent.

» Je vais dans ma retraite substituer la plume à l'épée. L'histoire de mon règne sera curieuse ; on ne m'a vu que de profil, je me montrerai tout entier. Que de choses n'ai-je pas à faire connaître ! Que d'hommes dont on a une fausse opinion !... J'ai comblé de bienfaits des milliers de misérables, qu'ont-ils fait dernièrement pour moi ?...

» Ils m'ont tous trahi, oui, tous ; j'excepte de ce nombre ce bon Eugène, si digne de vous et de moi. Puisse-t-il être heureux sous un roi fait pour apprécier les sentiments de la nature et de l'honneur !

» Adieu, ma chère Joséphine ; résignez-vous ainsi que moi, et ne perdez jamais le souvenir de celui qui ne vous a jamais oubliée et ne vous oubliera jamais. Adieu, Joséphine.

» Napoléon.

» P. S. J'attends de vos nouvelles à l'île d'Elbe ; je ne me porte pas bien. »

[3] M. le duc de Berry, en arrivant à Caen, songea que l'impératrice devait être inquiète des événements qui se succédaient avec si grande rapidité, et pour la rassurer, il envoya sur-le-champ M. le comte de Mesnard (qui ne l'avait pas quitté en émigration) à Navarre, afin de demander à Joséphine si elle voulait

---

Son émotion fut extrême en revoyant ces lieux qu'elle chérissait à de si justes titres. Déjà une garde d'honneur veillait autour d'elle ; ses propriétés avaient été respectées, et le lendemain de son arrivée, elle se trouva, pour ainsi dire, au milieu d'une nouvelle cour, embellie par les personnages les plus marquants de l'Europe.

CHAPITRE LX.

1814.

Entrée de Mgr le comte d'Artois à Paris. — Enthousiasme qu'elle excite. — Celle de Louis XVIII et de madame la duchesse d'Angoulême. — Réflexions à ce sujet. — M. le duc de Rovigo. — *Vive la vieille garde !* — Le prince de Carignan. — Épaulettes de laine. — L'empereur Alexandre. — Le roi de Prusse. — L'empereur d'Autriche. — Représentation au Théâtre-Français. — Armes royales posées sur la toile. — Insulte à la loge impériale. — Talma. — *Vive le roi !* — Anecdotes sur l'empereur Alexandre.

Peu de jours après l'entrée des alliés, il fut connu que la famille des Bourbons régnerait de nouveau sur la France ; un enthousiasme extrême se manifestait pour elle, on attendait avec impatience l'arrivée de M. le comte d'Artois, qui eut lieu le 12 avril, par le plus beau temps du monde. Je partageais la joie générale : depuis ma naissance, j'avais vu mes parents regretter leur souverain légitime ; le désir de retrouver pour moi une partie de leur fortune, qu'ils imaginaient pouvoir être rendue, avait pu seul les déterminer à rentrer en France. N'ayant occupé aucune place sous l'empire, mon père avait conservé ses opinions : il jouissait des succès de la France, de son affranchissement, de la gloire de nos armées, mais il gardait ses affections aux Bourbons. Ils allaient donc être rendus ; toutes les peines de l'exil étaient oubliées ; le sort de ceux que j'aimais allait être tel que je le désirais ; déjà j'étais heureuse, puisque j'espérais.

Mon père et moi trouvâmes une fenêtre dans le faubourg Saint-Denis, de laquelle nous pûmes admirer le brillant cortège qui entourait M. le comte d'Artois, et jouir de l'expression de bonheur répandue sur la noble figure de ce prince, dont les manières affables gagnaient tous les cœurs. On remarquait près de lui des maréchaux, les généraux les plus marquants de la nouvelle France ; et cette entourage annonçait ce que nous avons vu depuis, la réunion de tous les partis. M. le duc de Rovigo, dans ses Mémoires, prétend que la curiosité seule attirait une foule innombrable dans toutes les rues dans lesquelles devait passer Son Altesse Royale. Je crois peu à la reconnaissance que porte M. de Rovigo à son bienfaiteur, et le regret de le voir si vite oublié par ceux qu'il avait comblés de faveurs, lui a fait mal envisager la scène du 12 avril. L'ivresse fut universelle. Je crois aussi qu'il s'est trompé en assurant que les gens des équipages portaient encore la livrée de Napoléon ; car je me souviens que je m'étonnai de la promptitude avec laquelle on avait pu peindre des voitures aux armes royales, et faire des habits de tous ceux qui devaient servir le prince. La livrée était verte en effet ; mais celle de *Monsieur* était de couleur amarante. Les acclamations les plus bruyantes suivirent partout Son Altesse Royale, et les couplets de circonstance furent accueillis par les spectacles avec des transports unanimes. On était de guerre ; fatigué, en quelque sorte, d'une gloire qui coûtait des milliers de Français, moissonnés presque dans leur enfance, on voulait la paix ; les Bourbons l'apportaient, on les bénissait donc.

Le roi arriva le 3 mai (et non en avril, comme le dit M. de Rovigo). Sa belle tête, blanchie avant l'âge, inspira un profond respect. Madame la duchesse d'Angoulême était près de celui qu'elle avait consolé dans le malheur, sa vue imprimait à cette entrée un caractère de solennité sévère, qui comprimait l'élan du peuple. Comment oser se réjouir en pensant que la fille du roi entrait dans le tombeau de son père, qu'elle allait passer devant la prison de sa mère, et que des fenêtres de son appartement elle découvrirait la place où se commit le plus grand crime de la révolution !

La profonde tristesse empreinte sur ses traits se communiquait à tous ceux qui se souvenaient des malheurs sans nombre qui l'avaient accablée, et que les lieux qu'elle parcourait allaient lui rappeler. Le vieillard témoin de tant de souffrances les contait avec attendrissement à ses voisins plus jeunes et plus heureux que lui, puisqu'ils n'avaient point vu des cruautés dont le récit suffisait pour les faire frissonner. Il y eut donc beaucoup moins de témoignages bruyants de la satisfaction publique, ce jour-là, qu'à l'arrivée de Monsieur ; mais

---

une garde d'honneur, et l'assurer qu'il serait charmé de faire tout ce qui pourrait lui être agréable, ayant pour elle autant de respect que d'admiration.

M. le comte de Mesnard, mon ami, m'a raconté cette preuve de bonté d'un prince dont les brillantes qualités sont appréciées plus encore depuis sa héroïque mort. M. de la Féronnays envia à M. de Mesnard d'être chargé d'une mission qui le mettait à même de voir une femme généralement aimée. A quelques lieues de Navarre, M. de Mesnard apprit qu'elle était partie pour la Malmaison ; il eut, m'a-t-il dit, un véritable regret de n'avoir pu s'acquitter d'une commission également honorable pour celui qui la donnait, et la personne à laquelle elle s'adressait.

l'expression douloureuse de toutes les figures témoignait, ce me semble, autant les sentiments du peuple, que les acclamations tumultueuses dont, depuis vingt ans, il s'était montré si souvent prodigue. Il est beaucoup plus aisé d'exciter son admiration, son enthousiasme, que de le toucher. De belles actions, des fêtes agissent sur l'imagination vive des Français, excitent facilement ces cris de bonheur ; mais ce respect dû au malheur, cette vénération pour la vertu viennent du cœur ; voilà pourquoi il est plus difficile de l'obtenir des personnes que leur éducation endurcit et rend inaccessibles aux douces émotions dont les gens du monde sont si susceptibles.

Des détachements de la vieille garde précédaient la calèche du roi ; ils furent accueillis par des applaudissements redoublés et les cris mille fois répétés de *vive la garde!* Ces vieux et braves soldats étaient sérieux, calmes, ils regrettaient leur chef qui les avait associés à ses nombreux triomphes ; il eût été injuste de leur demander autre chose alors que de la soumission et du respect. On devait être sûr que de tels hommes redeviendraient dévoués dès que la France les réclamerait de nouveau. La campagne d'Espagne[1] a prouvé la vérité de ce jugement. Là, comme en Italie, comme en Allemagne, comme en Russie, ils ont tout oublié, hors le désir de se distinguer encore, comme si leur réputation eût été à faire.

Tous les théâtres firent jouer des pièces de circonstance qui obtinrent un succès prodigieux. Le roi et sa famille assistaient à ces représentations ; il serait impossible de décrire les transports causés par leur présence. Les allusions étaient saisies avec un empressement qui ne se ralentit dans aucune des occasions où il fut permis de voir réunis les objets d'un amour qui semblait devoir être durable. Des ministres inhabiles gâtèrent en peu de temps les dispositions générales, et furent les premières causes des malheurs que nous eûmes à déplorer plus tard ; mais dans ce temps, les hommes les plus attachés à Napoléon voulaient franchement le règne des Bourbons ; ils ne pouvaient plus en effet désirer que le repos, dont ils étaient privés depuis si longtemps. Ils avaient fatigué la victoire!...

L'empereur Alexandre se faisait généralement aimer par une bonté soutenue, et une affabilité qui séduit les Français plus que toutes les autres nations. Sa modération lui attirait la reconnaissance d'un pays que lui seul sauva des horreurs qu'il eussent, hélas! été que des représailles. On lui savait également gré du bien qu'il faisait et du mal qu'il avait empêché. Le roi de Prusse n'ayant pas la même grâce dans la tournure, la même aisance dans les manières, plaisait infiniment moins, et semblait plutôt l'aide de camp que l'égal d'Alexandre. Quant à l'empereur d'Autriche, sa présence à Paris avait quelque chose de si révoltant, qu'il y fut reçu très froidement.

S'il lui était impossible de se dispenser de venir dans cette ville, de laquelle sa fille était sortie d'une manière si cruelle, il eût au moins dû y arriver *incognito*, et non à midi, entouré d'un brillant état-major. A peine le regardait-on. Pas un cri ne se fit entendre, pas un chapeau ne fut ôté. On oublia absolument l'entrée d'un souverain, l'on ne vit qu'un mauvais père, profitant du malheur de son enfant. Son extrême ressemblance avec le grand-duc de Wurtzbourg me dispense de parler de son extérieur. Jamais *menechmes* ne furent plus semblables. On s'entretenait peu dans la société de ce qui faisait ces deux souverains ; mais on recherchait les personnes qui pouvaient donner quelques détails sur Alexandre, qui réussit également dans toutes les classes ; celle des indigents eut les meilleures raisons de l'aimer, car il distribua de nombreuses aumônes.

J'étais au Théâtre-Français la première fois que l'empereur Alexandre et le roi de Prusse s'y rendirent : on jouait *Iphigénie en Aulide* et la *Partie de Chasse*. La salle était pleine jusqu'aux cintres ; les femmes en grand nombre, toutes fort parées, plusieurs portant des couronnes de lis et d'énormes cocardes blanches. Celles-ci en général avaient eu soin de se placer de manière à être en vue. Il était aisé de deviner qu'elles allaient là bien plus pour être regardées que pour voir elles-mêmes. Quant à moi, qui étais fort modestement aux quatrièmes, je n'eus qu'un désir, celui d'observer comment se passerait cette représentation.

Les souverains étaient placés aux premières, l'empereur de Russie à droite ; la loge était ouverte, et seulement gardée par des jeunes gens de la société, ayant au bras une écharpe blanche. Les femmes obstruaient la porte, et des enfants plus indiscrets encore entraient dans la loge de Leurs Majestés ; l'empereur en embrassa quelques-uns. Au moment où on allait lever le rideau (après avoir joué des airs nationaux qui furent fort applaudis), un jeune homme bien mis s'élança sur le théâtre, et attacha à la toile les armes royales. Aussitôt les cris de *Vive le roi! vive les Bourbons! vive Alexandre!* partirent de tous les coins de la salle. L'aigle aux ailes déployées surmontait encore une loge d'avant-scène vers laquelle tous les yeux se portaient avec admiration de peu de moments avant. Le parterre tout entier se leva avec fureur, et désignant cette loge s'écria : *A bas le dindon!* Un tapage affreux suivit cette ridicule et lâche expression. La saine partie

[1] Le 3e régiment de la garde royale, qui a pris le *Trocadéro*, comptait dans ses rangs un grand nombre de soldats de la vieille garde.
C'est dans ce régiment que M. le prince de Carignan a reçu ses épaulettes de grenadier, qu'il a su honorer par un si brillant courage.

du public se prononça contre ; on pouvait se réjouir franchement de la paix qui devait être prochaine, éprouver des sentiments d'amour pour les Bourbons, sans vouloir permettre que l'*aigle* qui conduisit si souvent nos pères, nos frères, nos fils à la victoire fût avili par une troupe de jeunes fous. *A bas le dindon!* criaient-ils toujours. Après une demi-heure de bruit, un garçon de théâtre jeta un voile blanc sur cet emblème de notre gloire, qui en effet n'eût jamais dû reparaître, puisqu'il causa de si grands malheurs[1].

La tragédie commença. Talma jouait le rôle d'Achille ; le parterre saisit plusieurs allusions flatteuses pour l'empereur Alexandre, vers lequel il se tournait en masse. Sa Majesté fut souvent obligée de se lever pour saluer. Le roi de Prusse paraissait embarrassé de la contenance qu'il devait avoir, puisqu'on ne disait rien pour lui. Après la pièce, on demanda *Talma*. Après s'être un peu fait attendre, il parut en frac, et fut fort bien reçu. Tout à coup on lance sur le théâtre plusieurs papiers, dont le despotique public exige la lecture par Talma. Il hésite, on insiste, on siffle, on crie, on frappe du pied, on applaudit, personne ne s'entend plus ; mais dès que Talma a l'air de vouloir se retirer, le bruit augmente. Dans un moment de silence, une voix forte s'écrie : *Que Talma lise les vers!* Pâle, tremblant, il ramasse le papier, qui était ému des invectives rimées contre l'*usurpateur* et des louanges pour les Bourbons. *Criez vive le roi, Talma!* articule distinctement la même voix. « Eh bien, oui, messieurs, vive le roi » dit faiblement Talma en retournant dans la coulisse.

Je ne conçois pas, je l'avoue, l'acharnement que l'on mit dans cette occasion à chercher à humilier notre grand tragédien. Napoléon avait beaucoup fait pour lui ; ainsi la reconnaissance était non-seulement pardonnable, mais elle était même un devoir. Il eût été généralement blâmé d'oublier des bienfaits nombreux. Il y avait donc une véritable cruauté à exiger que ce fût lui qui lût les imprécations lancées contre un homme qu'il fallait ne pas outrager, puisqu'il était malheureux. Dans le temps de la révolution, on fit éprouver à plusieurs acteurs des persécutions de ce genre ; mais ils avaient trempé dans les horreurs qui s'étaient commises, on avait lieu de se réjouir des exécutions nombreuses qui se succédaient. On pouvait donc les punir en leur prouvant qu'ils étaient connus et, pour ainsi dire, faire amende honorable publiquement, tandis que Talma n'avait d'autre tort que celui de conserver et d'avouer un attachement, un enthousiasme que personne ne voulait plus convenir avoir éprouvé. Assurément les circonstances étaient fort différentes, quoique la vengeance fût la même.

La *Partie de Chasse* fut jouée avec une rare perfection par mesdemoiselles Mars, Leverd, Michot et Fleuri. On ne laissa échapper aucun des mots qui pouvaient se rapporter aux événements du jour, et Alexandre fut toujours le premier à les faire remarquer. Il parut apprécier le mérite des comédiens, et envoya, dit-on, des présents fort beaux à plusieurs d'entre eux. Il sortit tard du spectacle, suivi par toutes les femmes jusqu'à sa voiture, et comblé des bénédictions de la foule qui se pressait autour de lui.

Cette soirée est sans aucun doute la plus remarquable et la plus flatteuse qu'il ait passée à Paris. Plus tard ne fit que partager ce qui ce jour-là ne s'adressait qu'à lui.

M. de M... l'avait beaucoup vu avant son arrivée à Paris. Nous le priâmes de nous raconter quelques anecdotes recueillies par lui, ce qu'il fit avec une grande complaisance.

« J'étais à Aix-la-Chapelle, nous dit-il, à l'époque du congrès. L'empereur Alexandre se promenait souvent de grand matin dans les environs de cette ville. Je le rencontrai un jour dans le joli bois appelé *Bois-Pauline*, promenade favorite de la princesse Borghèse, sœur cadette de Napoléon, lorsqu'elle venait prendre les eaux.

» Il était vêtu d'un simple frac vert. Après m'avoir abordé familièrement, il me demanda si je pouvais lui dire le nom du propriétaire d'un grand bâtiment remis à neuf, peu éloigné du bois, qu'il m'indiquait avec sa cravache. Je satisfis ce lui demandait aisément que c'était une filature de laine, et que le propriétaire, que je connaissais assez, s'appelait B... Il me demanda alors s'il lui serait possible de voir cet établissement, en ajoutant qu'il était *aide de camp de l'empereur de Russie*. J'offris de l'y conduire ; il accepta avec empressement ma proposition.

» Comme nous approchions du bâtiment, nous fûmes rencontrés par M. B..., à qui je demandai la permission de voir sa fabrique pour l'étranger qui m'accompagnait. M. B..., qui savait tout aussi bien que moi que cet étranger n'était autre que l'empereur Alexandre lui-même, respecta son *incognito*, et nous conduisit à sa filature, dont il nous fit voir successivement tous les ateliers, ce qui prit environ deux heures.

» M. B... nous dit en riant que s'il ne craignait pas que M. l'aide de camp ne fût appelé par son service près de son souverain, il nous offrirait de déjeuner à sa façon. L'empereur répondit qu'il était parfaitement libre, et, s'emparant du bras de M. B..., il ajouta qu'il lui ferait honneur au repas offert et accepté de si bon cœur ; mais qu'il ne voulait absolument pas que l'on ajoutât la moindre chose pour lui.

[1] Il est redevenu l'emblème d'une tranquillité chèrement achetée!

Nous n'eûmes en effet que du café, du beurre et des œufs frais, sur lesquels l'empereur prouva qu'il avait fort bon appétit.

» La pièce dans laquelle nous fûmes servis était tapissée de gravures retraçant diverses victoires de Napoléon. L'un de ces tableaux représentait son entrevue avec Alexandre sur le Niémen : il fixa particulièrement l'attention de l'empereur. Après l'avoir considéré pendant quelques moments, il dit : « C'est vrai, c'est vrai; mais pourquoi n'en fit-il pas autant en 1815 sur la Loire, au lieu d'aller se livrer aux Anglais? il le pouvait; et, s'il l'avait fait, qui sait... il serait peut-être encore empereur des Français. — Mais, observa M. B***, la maison de Bourbon? — La maison de Bourbon! répondit vivement l'empereur ; oui, vous avez raison; c'était alors un obstacle, et je n'y réfléchissais pas.... Mais, reprit-il aussitôt, il l'aurait pu en 1814, quand les Bourbons n'étaient encore pour rien dans la guerre. »

» Lorsque l'empereur prit congé de M. B***, il le remercia affectueusement de l'accueil qu'il en avait reçu. En traversant la grande cour pour retourner à la ville, il fut rencontré par une douzaine d'ouvriers, qui, l'ayant reconnu, le saluèrent à trois reprises différentes par les cris de *vive l'empereur!* Alexandre parut contrarié de ces exclamations, et s'y déroba le plus vite possible, comme un homme pressé par le temps.

» Deux heures après arriva à la fabrique un de ses aides de camp, M. de Czernischeff, chargé d'une lettre de l'empereur pour M. B***, laquelle était accompagnée d'une bague magnifique, d'une charmante boîte pour moi, et de cent ducats à distribuer aux ouvriers [1].

» L'empereur vivait à Aix-la-Chapelle d'une manière excessivement simple, il n'avait qu'une suite peu nombreuse. Lorsqu'il ne faisait pas ses visites à pied et tout seul (c'est ainsi que je le rencontrai souvent), il se servait d'une voiture de louage, dont, par parenthèse, le cocher était toujours ivre; c'est par cette raison sans doute qu'il le menait, même dans les rues les plus étroites de la ville, du train le plus rapide. Il était parvenu plusieurs fois à l'empereur des plaintes contre ce cocher, bien qu'Alexandre lui recommandât sans cesse de mener plus sagement.

» Cet homme, en le conduisant une fois par la rue Saint-Aldebert, accrocha le cabriolet qu'il fit verser. L'empereur outré s'élança hors de sa voiture, arracha lui-même cet homme de dessus son siège, et l'obligea de conduire ses chevaux par la bride, afin d'éviter de nouveaux accidents.

» Un jour, ayant rencontré le roi de Prusse dans la *rue des Trois-Rois*, peut-être la plus étroite d'Aix-la-Chapelle, puisque deux voitures ne peuvent y passer de front, Alexandre descendit promptement de la sienne, et s'avançant vers celle où était le roi : Allons, mon frère, lui dit-il, exécutons-nous de bonne grâce, et laissons faire nos cochers. Puis ayant pris le bras du roi, qui de son côté s'était empressé de venir au-devant de lui, ces deux princes s'en allèrent à pied, au grand étonnement des assistants.

Dans une autre occasion, Alexandre s'étant écarté dans le *Quartier-Vieux*, s'approcha de l'échoppe d'une marchande de légumes, et lui demanda si elle pouvait lui dire où demeurait l'empereur Alexandre : « Eh! me croyez-vous aussi bête que vous autres Russes, lui répondit-elle dans son langage énergique, vous êtes l'empereur vous-même, et vous ne savez pas où vous demeurez? » Il rit beaucoup de cette réponse, lui donna quelques pièces d'or, et raconta cette anecdote devant moi. »

Nous remerciâmes M. de M*** de sa complaisance. J'écrivis le soir ce que j'avais entendu, je le transcris ici.

CHAPITRE LXI.
1792-1805-1814.

Affection de l'impératrice pour son beau-frère. — Lettre écrite par lui au président de la Convention. — M. Desèze. — M. de Malesherbes. — Lettres autographes de Louis XVIII et Charles X. — M. de Beauharnais est un des otages de Louis XVI avec M. Malhouet. — M. Morozzo. — M. de Lakerswerth. — Portrait et médaille d'or donnés à M. de Beauharnais. — M. de Coli. — Bourriche étrange. — M. le marquis de Branciforte. — Le duc de Cadore. — En Sologne.

L'impératrice, comme je l'ai dit, portait toujours un extrême attachement à monsieur François de Beauharnais, son beau-frère, dont elle nous parlait fort souvent avec les éloges que mérite le si noble caractère. En 1792, il avait écrit la lettre ci-jointe au président de la Convention nationale, après le décret qui permettait à tout Français de défendre Louis XVI. Joséphine avait conservé ce papier comme un honorable monument de famille ; elle voulut bien le confier à ma mère, et j'éprouve un vrai plaisir à transcrire ici la copie que j'en ai faite alors.

---

[1] On m'a assuré que dans les premiers jours d'avril 1814 l'empereur Alexandre alla chez M. J. Laffitte, qui ne l'avait jamais vu, et lui dit : « J'ai désiré, » monsieur, connaître le plus célèbre et le plus bienfaisant banquier de Paris, et » je viens lui demander à déjeuner. »

Depuis trente ans tant de traits de bassesse, d'ingratitude, de lâcheté, de trahison, ont été recueillis et publiés, qu'il est d'autant plus doux d'avoir à en citer un de dévouement et de loyauté. Il serait oublié, grâce à la modestie de M. de Beauharnais, si je n'étais là pour le rappeler. Il met à cacher le bien qu'il a fait, autant de soin et d'empressement qu'il emploie à faire valoir les autres, ce qui n'est pas peu dire.

Lettre adressée au président de la Convention nationale par M. François, marquis de Beauharnais, député par l'ordre de la noblesse de Paris aux états-généraux.

« Monsieur,

» J'apprends, avec l'Europe étonnée de ce forfait nouveau, qu'on veut attenter à la personne sacrée du roi, en voulant prononcer son jugement. Je demande à être son défenseur, à plaider la cause de mon maître, de mon roi, de l'homme le plus vertueux de son royaume.

» Vous voudrez bien faire connaître à la Convention mon vœu. Vous voudrez bien me faire savoir sa réponse.

» Ce n'est point dans cette lettre que j'indiquerai mes moyens de défense. Ce n'est point ici que je démontrerai quel est le droit politique des peuples sur leur souverain légitime , et , respectivement, quel est le devoir des souverains envers leurs sujets.

» C'est moins devant une assemblée factieuse et usurpatrice, qui s'est arrogé tous les pouvoirs, que devant le peuple français, que je dénoncerai des faits qui lui feront connaître et les crimes de ces zélés sectateurs d'une liberté destructive de tout ordre social, et les vertus de Louis XVI, de ce monarque infortuné, fait pour être l'objet de la vénération de ses sujets; qui, triste jouet du sort, et coupable peut-être de trop de bonté, s'est trouvé tour à tour persécuté, trahi et enfin lâchement abandonné par ceux qu'il avait comblés de ses bienfaits.

» C'est à cette tribune publique que je dévoilerai les complots criminels de ces fourbes politiques, qui se sont emparés des rênes du gouvernement sous le voile du bien public, pour cacher plus adroitement leurs desseins ambitieux.

» Je désignerai les grands criminels , je ferai voir les replis tortueux de cette politique dangereuse pour tous les gouvernements.

» La Convention nationale pourra juger si j'ambitionne la faveur insigne de défendre mon roi, puisque je ne crains pas d'abaisser mon front devant les rebelles; puisque je ne rougis point de supplier ce tribunal d'inquisition de m'accorder cette grâce spéciale.

» L'anarchie dans laquelle est plongée ma malheureuse patrie depuis la révolution, les crimes dont s'est souillée une partie de la nation française, ses attentats envers la famille royale, ses persécutions envers les ministres des autels, et , plus que tout , le désir si naturel à tout sujet fidèle de sauver son roi et de l'arracher de ses bourreaux, voilà les motifs qui m'ont fait quitter ma patrie. Ce dévouement volontaire, que je partage avec un grand nombre de mes vertueux concitoyens, est un titre dont je me glorifie hautement. Vous pouvez, monsieur, en instruire l'assemblée.

» Après m'être opposé de tout mon pouvoir à la destruction de la monarchie, *avec cette minorité de l'assemblée nationale de laquelle je fais gloire d'avoir été constamment,* je suis venu me rallier aux drapeaux de l'honneur pour mourir en soldat, après avoir protesté solennellement contre cette même constitution, que vous avez juré de maintenir, et que vous anéantissez de votre propre autorité.

» J'attends de vous, monsieur, une réponse simple et précise : couvrez vos attentats de la justice que je réclame, et que tout accusé doit attendre.

» Si vous oubliez que *Louis XVI est roi*, souvenez-vous qu'il est homme; montrez votre impartialité et donnez à cette cause qui intéresse tous les gouvernements, sur laquelle l'Europe attentive suspend son jugement, et dont la postérité recueillera précieusement toutes les circonstances.

» J'ai l'honneur d'être... »

» François, marquis de Beauharnais,

député par l'ordre de la noblesse de Paris aux états généraux de France, aide-major général de l'armée de Condé. »

Deux autres hommes [1], dont les noms à jamais célèbres et révérés passeront d'âge en âge, obtinrent la faveur sollicitée avec tant de fermeté et de courage par M. de Beauharnais, qui n'en aura pas moins des droits éternels à l'estime de tous ceux qui ont en horreur le crime épouvantable qu'il voulut empêcher. Le prix de sa belle action était la mort!... Un miracle seul a pu préserver M. Desèze de la vengeance des barbares; mais sa conduite lui fut aussi la plus critique. Il a échappé au supplice auquel il devait s'attendre, il a vu la restauration! Comblé des faveurs de son souverain, de la fille de Louis XVI, il a joui de tout le bonheur qu'il avait mérité, tandis que M. de Beauharnais, aussi généreux que lui, vit oublié de la cour, uniquement

---

[1] MM. Desèze et le vertueux Malesherbes.

occupé de ses enfants, et livré aux souvenirs qui doivent embellir le reste de sa vie[1].

Deux lettres *autographes* de Leurs Majestés Louis XVIII et Charles X prouvent combien les services de M. de Beauharnais furent appréciés. Il n'a point cependant de pension comme officier général (quoiqu'il ait été blessé deux fois à l'armée de Condé et dans la Vendée), il n'en a pas non plus comme ambassadeur en Italie et en Espagne; il est, je crois, le seul dans ce cas.

Le beau-frère de l'impératrice Joséphine est un personnage trop historique pour que je ne doive pas lui accorder une place dans le tableau que j'ai essayé d'esquisser sur tout ce qui a rapport à elle. Ses détails suivants, qu'un ami sûr a bien voulu me communiquer, peindront mieux M. le marquis de Beauharnais que toutes les phrases que pourrait me dicter mon estime pour ses rares qualités.

Nommé en 1804 envoyé extraordinaire et ministre plénipotentiaire de France près de Sa Majesté la reine régente d'Etrurie (Marie-Louise de Bourbon, sœur du roi d'Espagne Ferdinand VII), il remplit avec l'honneur qu'il apportait à toute cette mission difficile.

La France était en guerre avec les principales puissances de l'Europe. A l'exception du nonce du pape, M. Morrozo, tout dévoué à l'Autriche, M. de Beauharnais ne pouvait recevoir officiellement aucun de ses collègues ambassadeurs ou ministres étrangers. Ses instructions l'empêchaient de suivre le désir de son caractère bienveillant, de vivre en harmonie avec le corps diplomatique. Il avait reçu l'ordre impératif de faire quitter la Toscane au ministre de Suède à cette cour (le comte Lakerswerth), et celui de prendre le pas sur le ministre d'Espagne[2].

M. de Lakerswerth était l'ami de M. de Beauharnais, qui sut, à force de politesses et d'égards, réussir dans cette pénible affaire. Le ministre de Suède quitta Florence; celui de France prit le pas sur celui d'Espagne, en dépit de la reine et du ministre M. de Labrador, et sans se brouiller avec personne.

Au bout de quatre mois de séjour en Toscane, M. de Beauharnais était tout-puissant près de la reine régente, par l'ascendant qu'avait acquis un homme franc sans rudesse, poli sans flatterie, spirituel sans prétention, et du commerce le plus sûr. Les ministres de Sa Majesté ne faisaient plus aucune démarche sans consulter celui de France[3].

Voici à cet égard une anecdote que je puis garantir, l'ayant apprise par un des membres du corps diplomatique.

Le vieux feld-maréchal Coli, ministre d'Autriche à Florence, était l'un des plus redoutables adversaires de M. de Beauharnais. Général expérimenté, M. de Coli était aussi négociateur habile. La Toscane était alors cernée par les Autrichiens. La France n'avait à Livourne que quelques mille hommes, commandés par le général comte Verdier.

L'un de ces hommes, pour qui l'argent est tout, et qui immolent leur honneur, leur conscience à une poignée d'or, un espion du général Clarck, prédécesseur de M. de Beauharnais à Florence, demande à lui parler sans intermédiaire. M. de Beauharnais ordonne qu'on fasse ouvrir cet inconnu qui lui apporte une bourriche, elle contenait (il en avait la certitude) des papiers importants, venant de Vienne, pour le ministre Coli, qui craignait toujours les moyens ordinaires de recevoir les dépêches les plus essentielles.

M. de Beauharnais, détestant tout moyen illégal, paya bien l'espion, le renvoya et garda la bourriche; mais, loin de profiter de la facilité qui lui était offerte pour lire les papiers tombés dans ses mains, il envoya son secrétaire particulier à M. de Coli, muni de cette bourriche qui lui avait été livrée par la perfidie, et il lui dit dire

---

[1] M. de Beauharnais fut l'un des otages de Louis XVI; il a été chargé de les défendre à l'assemblée constituante avec feu M. Malouet.

[2] Le pacte de famille n'existait plus par suite de l'élévation de l'empereur Napoléon sur le trône de France.

[3] A son départ de Florence, la reine régente lui remit son portrait et une médaille d'or que Sa Majesté avait fait frapper en témoignage de sa satisfaction; sur l'un des côtés on lit : *Le roi et la reine à Son Excellence le marquis F. de Beauharnais*; de l'autre, est gravée une couronne de laurier, avec ces mots : *Regno ultima sinceriesima*.

A l'avénement de Sa Majesté Ferdinand VII, M. de Beauharnais reçut de Sa Majesté le grand cordon de Charles IV, qui donne les entrées de la chambre et du cabinet du roi, et le portrait du roi entouré en diamants, avec une lettre autographe portant pour inscription : *A notre cher et estimable ami le marquis François de Beauharnais*.

M. de Beauharnais est aussi décoré des ordres de Saint-Louis, de la Légion d'honneur, de Saint-Jean de Jérusalem, et grand'croix de la Couronne de fer d'Autriche.

L'article V du règlement de la chambre des pairs porte que lorsqu'un pair de France meurt sans postérité masculine, le roi se réserve le droit de choisir dans la famille du même nom celui de la famille qui lui convient. Le comte de Beauharnais (ancien chevalier d'honneur de l'impératrice Marie-Louise) étant mort, il y a quelques années, sans enfants mâles, M. le marquis de Beauharnais est le seul de ce nom avec ses deux petits-neveux les ducs de Leuchtenberg, fils de feu le prince Eugène.

On doit donc s'étonner que Sa Majesté n'ait pas accordé la pairie à un homme qui porte un nom à jamais célèbre, et qui par ses talents, son dévouement, était digne d'occuper une place dans la chambre héréditaire.

---

que si les nations étaient en guerre, les particuliers n'y étaient pas; qu'il s'empressait donc de lui faire remettre ce que la trahison lui avait livré; mais il ne lui laissa pas ignorer qu'il savait parfaitement ce que contenait ce panier, qui n'était pas même décacheté, ne voulant pas employer auprès d'un ministre estimable des moyens vils pour surprendre un secret.

Le feld-maréchal, touché d'un procédé que son âme pouvait comprendre, fut depuis lors l'ami le plus dévoué de M. de Beauharnais, au grand étonnement des Toscans, qui ne surent jamais les motifs d'un changement si prompt.

M. de Beauharnais, nommé à l'ambassade d'Espagne avant l'abdication de Charles IV, voulut vainement, dans sa correspondance, éclairer Napoléon sur le véritable esprit de la nation; on s'obstina à croire qu'il se trompait, et le cabinet impérial agit d'une manière entièrement opposée aux conseils de l'ambassadeur, qui se fit adorer par le peuple le moins disposé à aimer les Français.

La France à cette époque était en guerre avec la Prusse. M. de Beauharnais ne pouvait avoir aucune relation avec le chargé d'affaires de cette puissance, ennemie de celle qu'il représentait. Il apprend par un de ses collègues qui voyait M. Henri (le chargé d'affaires), que ce dernier, ne recevant pas son traitement, se trouvait dans la position la plus gênée, et qu'il ne pouvait fournir aux besoins d'une femme et de deux filles, qui étaient avec lui à Madrid.

M. de Beauharnais se rend un soir chez madame Henri, la questionne avec un intérêt si sincère et lui fait des offres de services si obligeantes, qu'il en obtient l'aveu d'un véritable dénûment des choses les plus indispensables. M. de Beauharnais, pénétré de ce qu'il entend, donne des ordres à une personne sûre de sa maison, pour que madame Henri*** reçoive immédiatement tout ce qui pouvait lui être utile. Pendant deux mois, toute cette estimable famille vécut des bienfaits de M. de Beauharnais.

Après l'insurrection d'Aranjuès, dirigée contre le prince de la Paix et ses parents, plusieurs de leurs maisons furent pillées, démolies ou incendiées. M. le marquis de Branciforte, grand d'Espagne, beau-frère du prince de la Paix (ennemi juré des Français, et qui les avait très-maltraités lorsqu'il était vice-roi au Mexique), craignant pour ses jours et ceux de sa famille, envoya chez l'ambassadeur de France pour le supplier de venir à son secours, et l'assurer que la protection de Son Excellence pouvait seule le sauver du sort qui l'attendait; M. de Beauharnais, oubliant les torts du marquis de Branciforte pour ne songer qu'aux moyens de le secourir, envoie sa voiture aux pieds de son généreux bienfaiteur, qui, humilié pour lui d'une démarche si peu convenable, s'empresse de le relever, en lui disant : « Je sais tout ce que vous avez fait contre les Français; vous allez apprendre comment ils se vengent. Soyez tranquille, monsieur, je vous réponds qu'il ne vous sera rien fait. »

Un bel appartement fut donné à cette famille, qui fut servie par les gens de l'ambassadeur avec la même recherche que lui. Ils restèrent tous chez M. de Beauharnais jusqu'au moment où tout redevint calme. Leur palais fut entièrement pillé.

Le peuple, apprenant que la sœur et le beau-frère du prince de la Paix étaient réfugiés à l'ambassade de France, s'y porta en masse, et réclama hautement ceux qu'il regardait déjà comme sa proie; M. de Beauharnais, comptant avec raison sur l'affection des Espagnols, descend seul au milieu de cette foule avide de pillage, craignant d'avoir manqué une capture importante : « Mes amis, leur dit-il, vous demandez le marquis Branciforte, il est chez moi; s'il est vrai sous ma sauve-garde, je dois le protéger, malgré le mal qu'il a fait à mes compatriotes. Je m'en rapporte à vous, braves Espagnols; à ma place le rendriez-vous? prononcez! » Non! s'écria-t-on de toutes parts; *Viva Excelencia Beauharnais!* » répétèrent tous ces forcenés, s'éloignant rapidement pour aller porter ailleurs le désordre et la flamme. De tels traits se passent de commentaires, et peignent M. de Beauharnais.

Rappelé pendant que l'empereur était à Marac, il ne put obtenir de le voir en arrivant. M. le duc de Cadore (Champagny) le reçut avec quelque embarras lorsqu'il lui demanda si l'empereur consentirait à le voir. « Sa Majesté est mécontente de votre obstination à contrecarrer ses projets; vous savez combien ses premiers mouvements sont quelquefois impétueux, monsieur, ainsi je vous conseillerais de laisser passer quelque temps avant de vous présenter devant elle. — Je n'ai jamais, monsieur le duc, craint de rendre compte de ma conduite; dans cette circonstance, comme dans toutes les autres de ma vie, je suis prêt à donner sur elle tous les renseignements qui me seront demandés. C'est pourquoi je tiens à voir l'empereur. Me recevra-t-il oui ou non? — Mais... non. — Eh bien, je vais joindre ma famille à Paris; veuillez assurer Sa Majesté qu'on la trompe sur tout ce qu'on lui dit de l'Espagne. Je n'ai pas à me reprocher d'avoir employé d'espions, et cependant je suis mieux informé que qui que ce soit des désirs de cette nation, aussi courageuse que superstitieuse. Quand on voudra m'entendre, je serai prêt à dire ce que je sais. — Pardon, monsieur, je suis forcé de vous annoncer que l'empereur désire que vous n'alliez pas à Paris, mais en *Pologne*. — En

Pologne, bon Dieu! Qu'irai-je y faire? Je n'y ai aucune propriété, je n'y connais personne. C'est sûrement en *Sologne* que vous voulez dire. Eugène y a des terres où je pourrais me retirer. — Eh bien, soit; en *Sologne*. »

M. de Beauharnais fut en effet en Sologne, où il resta huit ans. Cet exil ne finit qu'à la rentrée des Bourbons en France.

Étant à Madrid il avait reçu l'ordre de tenir un grand état, d'avoir souvent des dîners diplomatiques, de donner des fêtes, etc. N'ayant point de fortune, il fut obligé de faire des dettes que l'on promettait toujours de payer. Revenu en France, il sollicita les sommes pour lesquelles il s'était engagé. Pendant trois ans il fut remis de jour en jour. Enfin, lassé des retards qui lui donnaient auprès de ses débiteurs les torts qu'il n'avoit pas, il écrivit au ministre qu'il était décidé à se laisser *actionner* et *arrêter*, et qu'il serait curieux autant qu'inconvenant de voir un ambassadeur en prison pour des sommes dues par le gouvernement. Peu de temps après, il reçut les cent mille francs demandés tant de fois [1].

Une partie du son argenterie était restée à Madrid; l'autre, en route pour revenir en France, fut totalement pillée *par les Français*. Celle restée sous la garde des Espagnols lui a été fidèlement remise.

Madame de Lavalette, dont le dévouement a excité l'admiration générale, est fille de M. de Beauharnais. Avoir élevé ses enfants dans de si nobles sentiments prouve qu'il est aussi bon père que loyal militaire et bon négociateur; et l'on a quelque droit, je le répète, de s'étonner qu'un tel homme soit oublié par un gouvernement qui cherche à mettre tous les genres de mérite en évidence. Je demande pardon à M. de Beauharnais d'avoir trahi l'obscurité où il a cherché à se placer. Tôt ou tard la vérité doit être connue, et dans cette occasion il m'est doux de la publier.

CHAPITRE LXII.
1814.

M. de Langeac. — Le comte de Mesnard, aide de camp du duc de Berry. — Mgr le duc de Berry. — Bévue que je fais. — Le général Beauvais, sa femme. — M. H***. — Il va à la Malmaison. — L'impératrice veut vendre ses diamants. — L'empereur de Russie à Saint-Leu. — La reine Hortense. — Le prince Eugène, Bayard du siècle. — MM. Lecouteulx, de la Woëstine et Jacqueminot. — Leur déguisement. — M. Anatole de Montesquiou. — Mon père chez Mgr le duc d'Orléans. — Arrangement avec son conseil. — MM. Badouix et de Broval.

Nous revîmes avec un extrême plaisir plusieurs amis de notre exil, revenus en même temps que nos princes; entre autres le bon comte de Langeac, toujours prêt à obliger et à s'oublier pour les autres; le comte de Mesnard, attaché comme aide de camp à monseigneur le duc de Berry. Tous deux, liés intimement avec ma famille, parurent aussi heureux de nous revoir que nous de les retrouver.

Apprenant un matin par les journaux que M. de Mesnard devait descendre aux Tuileries dans la journée même, nous nous y rendîmes pour le voir sur-le-champ. Sa voiture était encore chargée; pressées de nous retrouver auprès de lui, nous montâmes l'escalier avec une telle rapidité, que nous coudoyâmes un garde national, qui nous barrait le passage, et nous ne nous arrêtâmes pas même pour lui faire des excuses. Après les premiers mots de reconnaissance, nous demandâmes à M. de Mesnard des nouvelles de son prince, et le questionnâmes sur son extérieur, dont nous n'avions aucune idée, n'ayant pu assister à son entrée. « Mais, nous dit M. de Mesnard, vous avez dû le rencontrer, car il descendait de chez Les Feronnays. — Non, répondit ma mère, nous n'avons vu qu'un garde national qui parlait à un valet de pied. — Eh bien, c'était lui. » Je regrettai bien alors de n'avoir pas pris le temps d'être polie.

Un grand maître était offert aux gardes nationaux, dont monseigneur le duc de Berry avait revêtu l'habit. M. de Mesnard n'ayant point avec lui ses uniformes, ne savait comment faire pour se procurer immédiatement ce qui lui était nécessaire pour sa toilette. Nous lui offrîmes de le conduire au Palais-Royal, il accepta, ainsi que son collègue M. de Clermont-Lodève, qui se trouvait dans le même embarras. Ce fut dans notre modeste fiacre que ces deux messieurs firent leurs premières emplettes. Pendant le trajet, ils nous dirent de monseigneur le duc de Berry tout ce que leur attachement leur dictait sur cet excellent prince, dont l'on ne sut apprécier que lorsqu'une mort sublime révéla ce qu'il possédait de qualités et de vertus. On s'accordait dès lors à lui reconnaître une bravoure extrême, un cœur excellent, un esprit cultivé, et le goût des arts, qu'il cherchait à encourager; mais on exagérait fort sa violence, afin d'avoir le droit de critiquer ses actions. De longs et cruels malheurs avaient irrité une grande vivacité naturelle, à laquelle il se livrait sans calculer que, reprenant le rang qui lui appartenait, il devait l'exemple à ses nombreux subordonnés; il sentit promptement qu'il ne fallait pas donner prise à la malveillance, toujours prête à saisir le côté faible d'un prince. Il se modéra, et, dans les derniers temps de sa vie, il était impossible de citer de lui autre chose que de bonnes actions.

[1] Et pendant trois ans une pension de dix-huit mille francs.

J'avais pour voisin à cette époque le général Beauvais, homme de beaucoup d'esprit, dont la société était très-agréable pour moi; il vivait très-retiré, dans un quartier éloigné, dont je ne sortais que rarement moi-même pour me rendre à quelques réunions auxquelles on est forcé d'assister pendant l'hiver. Madame Beauvais était une femme excellente, dont l'intimité était pleine de charmes. Nous nous voyions beaucoup. Son mari parlait très-bien des princes, faisait souvent sa cour, et nous lui croyions les mêmes opinions que nous. Il travaillait à l'important ouvrage des *Victoires et Conquêtes*, ce qui ne nous paraissait point en opposition avec les sentiments que nous lui supposions. Louer son pays, faire connaître les belles actions de ses compatriotes, est de tout bon Français. Nous admirions comme lui les hauts faits de nos guerriers; et jamais alors une discussion ne nous éclairait sur la différence de nos manières de penser.

Je voyais aussi un homme dévoué à l'impératrice Joséphine; il me parlait souvent d'elle, et je m'intéressais trop à tout ce qui la concernait pour ne pas préférer la société de M. H. à toute autre. Il me dit que dans les premiers jours de mai 1814 il alla faire une visite à la Malmaison. Il causa avec S. M. dans la galerie des tableaux. Elle témoigna de l'humeur contre Napoléon, qui ne lui faisait point payer la pension qui lui était accordée. Cependant l'empereur était malheureux, et l'ancienne affection de Joséphine semblait lui être revenue. Elle parla même de vendre ses diamants pour lui envoyer de l'argent. Elle était vivement offensée d'un paragraphe inséré dans le *Journal des Débats*; le voici :

« L'empereur de Russie s'est rendu il y a deux jours au château de Saint-Leu, près de Montmorency. Sa Majesté y a dîné avec le prince Eugène, sa mère et sa sœur. — Ne pouvait-on pas parler de moi avec un peu plus de respect, disait Joséphine, dois-je être ainsi à la suite de mon fils? cela est de la dernière inconvenance. J'ai un nom, je suis montée sur le trône, j'ai été couronnée et sacrée, l'empereur Alexandre m'a protégée spécialement; aussitôt qu'il a été maître du pont de Neuilly il a envoyé une sauvegarde à la Malmaison, pourquoi donc ne m'appeler que la *mère du prince Eugène*? Ce titre sans doute ne m'est plus cher que tous les autres, mais un journaliste ne doit pas oublier que je fus sa souveraine. »

À peine finissait-elle ces mots que l'empereur Alexandre lui fut annoncé. M. H. s'éloigna un peu, mais observa les personnages illustres qui étaient devant ses yeux, et me fit part de ses remarques.

Joséphine, avec sa grâce accoutumée, exprima à Sa Majesté combien elle était flattée de sa visite. Alexandre répondit que c'était un hommage qu'il était heureux de lui rendre. « Je brûlais du désir de vous voir, madame : depuis que je suis en France, je n'ai entendu que votre nom. Dans des chaumières comme dans les châteaux, j'ai recueilli des détails sur votre angélique bonté, et je me fais un plaisir d'apporter à Votre Majesté les bénédictions dont je me suis chargé pour elle. »

M. H. voyant que Leurs Majestés s'éloignaient pour causer plus librement, se mit encore plus à l'écart. La conversation devint sérieuse autant que l'on pouvait en juger par l'expression des visages, et au bout de quelques instants Leurs Majestés passèrent au jardin. Pendant qu'elles y étaient, la reine Hortense arriva en toute hâte de Paris. Elle fut rejoindre sa mère, et elles se promenèrent assez long-temps avec l'empereur, qui donnait le bras à toutes deux.

L'impératrice devait être présentée de nuit quelque temps après. Le prince Eugène avait été parfaitement reçu. Louis XVIII l'avait embrassé; et l'on disait dans le monde qu'il lui avait dit qu'il le nommerait maréchal de France, que la paix allait être faite; mais que, dans l'occasion, on emploierait avec confiance le prince dont la conduite pouvait être citée comme l'exemple de l'armée, et qui serait surnommé le *Bayard du siècle*.

La reine Hortense avait été aussi fort bien accueillie, et les honneurs de son rang lui étaient continués.

On parlait beaucoup à Paris dans ce moment d'une étourderie de trois jeunes gens, également connus par leur noble conduite à l'armée et leur position dans le monde.

MM. Lecouteulx, de la Woëstine et Jacqueminot, n'ayant pas sans doute réfléchi que dès que leurs chefs donnaient l'exemple de la soumission au nouveau gouvernement, ils devaient aussi se résigner à un ordre de choses qui ne leur plaisait pas, imaginèrent de ridiculiser les serviteurs dévoués qui arrivaient avec le roi. Ils s'habillèrent comme eux, se vêtirent de vieux habits d'une forme gothique, se poudrèrent, mirent une épée à leur côté, un petit chapeau à trois cornes sur leur tête, une énorme croix de Saint-Louis à leur boutonnière, et dans cet équipage se rendirent chez Tortoni, où ils tinrent des propos fort inconvenants sur le bonheur d'être décoré sans avoir vu d'autre feu que celui de la cuisine, etc.; ils imaginaient que la plaisanterie ferait rire les oisifs, et que l'on se moquerait de ceux qu'ils croyaient représenter. Au lieu de cela, on ne vit qu'une caricature de mauvais goût, puisqu'elle cherchait à atteindre des hommes estimables qui pendant vingt ans avaient souffert tous les genres de maux pour rester fidèles à leur maître malheureux. On plaignit les jeunes gens attachant quelque importance à un vêtement qu'une honorable pauvreté empêchait de renouveler; et l'on s'étonna que des militaires cherchassent à attaquer par une arme dangereuse, celle du ridicule, des vieillards qui ne pouvaient se venger d'aucune manière.

Le ministre de la guerre se mêla de cette affaire ; il eut, je crois, grand tort, car il se priva, par une rigoureuse sévérité, de deux braves officiers, MM. Jacqueminot et de la Woëstine, dont le caractère décidé se refusa à toute excuse. Il valait mille fois mieux paraître ignorer ce qui ne pouvait réellement faire aucun tort aux émigrés.

M. Lecouteulx, plus calme, témoigna le regret de ce qui s'était passé, avoua franchement qu'il avait agi trop légèrement, et resta au service du roi, où il s'est distingué.

M. Jacqueminot, n'aimant pas le nouveau gouvernement, a fondé une manufacture qui prospère, et le met à même par son industrie de servir son pays.

M. de la Woëstine quitta la France pour des motifs étrangers à la politique ; il se retira en Belgique, et ne revint qu'en 1830, où il reprit du service. Je suis persuadée que maintenant il ne se moque plus des vieux militaires honorables.

Ma sœur, d'où venez-vous de si bonne heure?

Je revis dans le monde M. le comte Anatole de Montesquiou, et ce fut avec un vrai plaisir que je le retrouvai ; je craignais que, comme beaucoup d'autres jeunes gens, il n'eût, par une exaltation exagérée, porté ailleurs ses talents et son esprit : la faveur dont ses parents avaient joui sous l'empire eût été son excuse, mais avant tout il était Français ; sans flatterie, sans bassesse, il est devenu chevalier d'honneur de madame la duchesse d'Orléans. Cette place le met à même de demander souvent pour les autres, ce qu'il ne refuse jamais de faire. C'est par des hommes comme lui que les princes devraient être entourés. Ils pourraient alors être sûrs que leurs bienfaits sont bien placés.

Mon père avait une créance sur monsieur le duc d'Orléans. Il alla le voir, en fut parfaitement accueilli à ses deux premières visites; mais dès qu'il parla de ses affaires la porte se trouva toujours fermée. Il écrivit en vain au prince, il ne reçut aucune réponse, et se vit contraint, bien malgré lui, après trois ans d'attente, de faire imprimer un mémoire détaillé de ses droits. Il prévint le prince que six mille exemplaires paraîtraient dans Paris, s'il n'obtenait dans trois jours une audience du chef du conseil de Son Altesse ; et qu'il se verrait forcé de plaider, sa position étant si pénible que son devoir de père était de chercher à l'améliorer.

Le lendemain un homme à cheval apporta une lettre qui assignait le rendez-vous demandé. Après de longs pourparlers un arrangement fort désavantageux à nos intérêts fut conclu entre le prince et mon père. Ses longs services, son âge, sa fortune totalement perdue devaient le faire mieux traiter par le fils d'un homme auquel il avait été si longtemps attaché. Ce n'est point Son Altesse Royale que j'accuse : son cœur, dont on peut citer tant de traits de bienfaisance, eût sans doute agi différemment, sans les avis de ses gens d'affaires, qui ne consultent que le *droit*, bien strictement, sans s'inquiéter le moins du monde des motifs qui doivent porter un prince à agir autrement qu'un particulier [1].

Monseigneur le duc d'Orléans est le plus riche des Bourbons, et c'est cependant celui contre lequel il faut souvent avoir recours aux tribunaux. Quel malheur qu'il suive d'autres inspirations que les siennes ! Au lieu de plaintes, on n'entendrait alors que des bénédictions: ainsi que les autres membres de son auguste famille, il eût payé intégralement ses dettes, sans invoquer le titre d'héritier bénéficiaire, d'autant plus singulier que Son Altesse Royale a retrouvé tous ses biens ; que ses forêts sont d'un rapport plus considérable qu'avant la révolution, et que sa maison n'étant point à beaucoup près aussi nombreuse que celle de feu le duc d'Orléans, ses dépenses doivent être moins considérables : plusieurs grandes charges sont encore à nommer dans son service. On dit que de nombreuses aumônes sont distribuées par lui, et que madame la duchesse et ses enfants le secondent souvent dans le soin qu'il met à soulager l'infortune. Raison de plus de croire qu'il est totalement étranger aux injustices commises en son nom. La nécessité, le besoin, la crainte de son rang, font accepter des réductions énormes dans des créances qu'il eût été digne de lui de ne pas contester, puisque les titres étaient en règle, et que ceux auxquels il devait étaient malheureux depuis longtemps.

CHAPITRE LXIII.

1811.

Commencement de la maladie de l'impératrice. — Lord Beverley et ses fils. — Désirs de Joséphine de rejoindre l'empereur. — Elle reçoit la visite de l'empereur Alexandre. — Partie de barres. — Les souverains alliés viennent à la Malmaison. — M. Horeau. — *Redouté*. — Le prince Eugène. — L'impératrice est administrée. — Sa mort !...

Ce fut en revenant de Saint-Leu-Taverny, le jour où la reine Hortense avait donné un grand dîner aux souverains, que Joséphine éprouva un malaise universel en rentrant chez elle. Son médecin ordinaire, M. Horeau, crut devoir prendre quelques précautions : il lui donna l'émétique et la purgea. L'impératrice se sentant un instant soulagée, reprit ses habitudes ordinaires; mais il était facile de s'apercevoir qu'elle souffrait.

Lord Beverley et ses deux fils déjeunèrent quelques jours après avec elle. Ce fut dans cette circonstance que Joséphine leur dit que depuis la chute de Napoléon, les Anglais étaient les seuls qui eussent assez de générosité pour parler de lui d'une manière convenable. Elle critiqua avec raison ceux qui, loin de respecter un malheur sans exemple, osaient non-seulement relever les torts de l'empereur après les avoir voulu justifier, mais en inventaient même dont il ne s'était jamais rendu coupable ; elle s'étonna aussi de ce que Marie-Louise avait pu être retenue par des considérations secondaires loin de l'époux qu'elle disait aimer si tendrement. « Quoique je ne sois plus sa femme, ajouta-t-elle, je partirais demain pour aller le joindre, si je ne craignais de lui causer quelque désagrément avec cette compagne qu'il m'a préférée. C'est surtout dans ce moment qu'il est presque généralement abandonné, qu'il me serait doux d'être auprès de lui, pour l'aider à supporter l'ennui du séjour de l'île d'Elbe, et pour prendre la moitié de ses chagrins. Jamais je ne gémis autant d'un divorce dont je fus toujours affligée. »

De telles expressions pour qui a connu Joséphine, étaient sincères et nullement dictées par le désir de faire ressortir les torts de sa rivale. Les femmes surtout comprendront le redoublement d'attachement que lui inspirait la position de Napoléon; elles sont souvent inconséquentes, légères, mais rarement elles changent, lorsque les objets de leurs affections ont besoin d'elles. Il suffit souvent d'une grande infortune pour ranimer un amour presque éteint, et pour rendre capable de tout sacrifier au bonheur de procurer quelques consolations à l'homme dont peu de jours auparavant on évitait la présence; la pitié, la compassion ramènent le plus, que ne pourraient faire toutes les faveurs de la fortune ; aussi n'expliquerai-je jamais l'étonnant abandon de Marie-Louise dans ces douloureuses circonstances. Comme épouse, comme mère, sa place était à Sainte-Hélène. Elle eût été la plus puissante, plus respectée que près de son père, entourée de toute la pompe d'une cour qui ne convenait plus à la femme d'un proscrit. Ses apologistes les plus zélés ne parviendront jamais à la justifier, et je doute que la postérité lui accorde d'avoir été digne du grand homme auquel elle fut unie ; tandis que Joséphine sera jugée ce qu'elle était en effet, la meilleure des femmes, et la plus faite pour partager un trône qu'elle affermit autant par l'attachement qu'on lui portait, que Napoléon s'y maintint par la gloire de ses armes.

L'empereur Alexandre alla voir l'impératrice Joséphine le 10 mai, et dîna à la Malmaison. Elle resta dans le salon malgré des souffrances réelles qu'elle cherchait à combattre. On fit une partie de barres après le dîner sur la belle pelouse qui est devant le palais ; elle essaya

---

[1] J'excepte du nombre de ceux qui nous furent contraires MM. Badouix et de Broval, dont nous eûmes toujours à nous louer,

d'y prendre part, mais ses forces la trahirent, et elle fut contrainte à s'asseoir. Sa figure altérée fut remarquée; on lui fit mille questions auxquelles elle répondit en souriant; elle assura qu'un peu de repos la remettrait; on se retira, espérant qu'en effet elle serait mieux le lendemain.

Le jour suivant, cherchant à calmer les inquiétudes que faisait naître son état, elle voulut faire sa promenade accoutumée; mais elle se trouva complétement mal, et fut ramenée dans sa chambre dans un état de faiblesse fort alarmant.

La journée ne fut pas bonne. Elle eut plusieurs évanouissements. La nuit fut plus mauvaise encore, une sorte de délire s'était déjà emparé d'elle; fortement agitée, elle parlait beaucoup, bien que son médecin le lui eût défendu expressément.

Voici les Cosaques!

Le 24 mai (c'était un vendredi) elle éprouva en s'éveillant un cuisant mal de gorge. Le roi de Prusse et l'empereur Alexandre étaient attendus ce jour-là à la Malmaison, où ils devaient dîner. M. Horeau trouvant un peu de fièvre à Sa Majesté, lui ordonna de rester dans son lit et d'éviter le plus petit froid, d'autant qu'ayant été purgé, il pouvait être d'un vrai danger de prendre l'air. Voyant que l'impératrice ne paraissait pas disposée à suivre ses avis, il crut devoir prévenir madame d'Arberg, qui essaya d'obtenir que Sa Majesté ne se levât pas. Tout fut inutile, elle voulut s'habiller comme à l'ordinaire, et descendre faire les honneurs aux souverains alliés. Elle se mit à table, assista au cercle; mais enfin ses maux augmentant, elle fut forcée de se retirer et de charger la reine Hortense de la remplacer.

Dès ce moment sa maladie prit un caractère extrêmement sérieux. Le lendemain, 25 mai, l'empereur Alexandre lui fit une visite, et la trouvant fort changée depuis la veille, il lui proposa de lui envoyer son médecin particulier, ce qu'elle refusa, de crainte de désobliger M. Horeau, dans lequel elle avait une grande confiance. Il avait été près de l'empereur médecin par quartier. Depuis le divorce, il était attaché à l'impératrice, qui estimait son talent et son caractère.

Il avait l'habitude de ne la voir que le matin. Dès que sa consultation était faite, il partait pour Paris. N'ayant qu'une fort petite chambre à Boispréau, il ne restait jamais; ainsi, c'est une grande injustice de l'avoir accusé de négligence dans la fatale journée du 25. Il avait voulu rester à la Malmaison; mais l'impératrice, craignant qu'il ne l'empêchât de se lever, comme elle en avait l'intention, le pressa de partir pour Paris comme de coutume. Son état n'avait alors rien qui pût inquiéter, il céda et partit.

Le soir, on envoya chercher le docteur de Rueil, qui fut effrayé du danger de l'impératrice, dont l'imprudence avait des suites si funestes. Il jugea nécessaire d'appliquer immédiatement vingt-cinq sangsues derrière le cou et entre les deux épaules. Il ne crut pas devoir prendre sur lui un remède si violent, il se contenta de l'indi-

quer. On envoya chercher M. Horeau à Paris; on fut quelque temps sans le trouver. Enfin il arriva. Il fut désespéré en trouvant Sa Majesté dans une situation qu'il pensa ne laisser que bien peu d'espoir. Elle avait toute sa connaissance, mais ne parlait que difficilement. Ses yeux interrogeaient ceux de M. Horeau, qui faisait des efforts inutiles pour cacher son profond chagrin. Elle lui serra la main pour lui faire comprendre qu'elle connaissait son état; et elle eut dans cet affreux moment tout le courage que l'on devait attendre de son caractère.

M. Horeau s'entretint avec M. Lamoureux (le médecin qui avait été appelé). Ce dernier dit qu'il avait pensé qu'une application de sangsues eût pu sauver l'impératrice; qu'il n'avait pas osé employer ce remède sans être approuvé par le médecin ordinaire de Sa Majesté. « Eh! monsieur, s'écria celui-ci, dans un cas pareil, il ne fallait pas m'attendre : deux heures perdues sont mortelles. »

On posa un vésicatoire entre les deux épaules et les sinapismes aux pieds; mais hélas! il était trop tard, et les progrès de ce mal affreux étaient aussi rapides qu'effrayants.

Cette femme angélique, craignant toujours d'affliger ceux qu'elle aimait, ne se plaignait point, prenait tous les remèdes ordonnés, et, par des regards doux et tendres, cherchait à rassurer toutes les personnes qui l'entouraient.

Elle apprit que le célèbre peintre de fleurs *Redouté*, dont elle admirait le talent, était à la Malmaison, où il venait dessiner deux belles plantes de la serre. Elle fit signe qu'elle voulait le voir. Dès qu'il parut, elle lui tendit la main, puis elle le repoussa doucement, en lui disant qu'elle avait peur que sa maladie pût se gagner. « La semaine prochaine, dit-elle, j'espère aller vous voir travailler à un chef-d'œuvre nouveau. »

Ils furent accueillis par des applaudissements redoublés et les cris mille fois répétés de Vive la garde!

Dans la nuit du 27 au 28, elle eut un sommeil léthargique qui dura cinq heures. A dix heures du matin, M. Bourdois arriva. Il jugea, comme M. Horeau, qu'il n'y avait plus de ressources. Il crut devoir prévenir la reine Hortense et le vice-roi, qui, effrayés de la promptitude des ravages s'opérant sur ce visage adoré, qu'ils contemplaient avec un effroi toujours croissant, la firent préparer à recevoir ses sacrements, et envoyèrent chercher le curé de Rueil pour l'administrer. Il n'était pas chez lui, et ce fut le gouverneur des jeunes princes de Hollande, qui était prêtre (mais depuis longtemps n'exerçait plus), qui la confessa. Elle répondit avec beaucoup de peine, sa langue devenant de plus en plus embarrassée; mais sa figure ne perdit rien de son calme ni de sa bonté.

L'empereur Alexandre arriva à la Malmaison. A sa vue, Joséphine sembla se trouver mieux, et le regarda avec gratitude. Le prince Eugène, à genoux près de son lit, recevait la bénédiction de sa mère ainsi que la reine Hortense. Ils ne purent ni l'un ni l'autre adresser un mot à l'empereur, leurs sanglots seuls exprimaient leur douleur. « Au moins, dit Joséphine d'une voix expirante, je mourrai regrettée ; j'ai toujours désiré le bonheur de la France ; j'ai fait tout ce qui a été en mon pouvoir pour y contribuer ; et je puis vous dire avec vérité, à vous tous qui êtes présents à mes derniers moments, que la première femme de Napoléon n'a jamais fait verser une larme. » Ce furent les dernières paroles qu'elle prononça, et le lendemain, 29 mai 1814, à onze heures et demie, tous ses maux étaient finis et ceux de sa famille sans remède ni consolation[1]!....

CHAPITRE LXIV.
1814.

Comment j'apprends la mort de l'impératrice. — Affluence à la Malmaison. — Exposition du corps de Joséphine. — Funérailles. — Les coins du drap mortuaire. — Le général Sacken. — Ingratitude de MM. de Rivière et de Polignac. — L'archevêque de Tours.

Vivant, comme je l'ai déjà dit, entièrement retirée, je ne sus pas la maladie de l'impératrice Joséphine ; mon fils, âgé de quatre ans, vint tout essoufflé dans ma chambre, et me dit : « Maman, fais-moi prier le bon Dieu pour quelqu'un qui est mort. Tu l'aimais bien ; elle était bonne, elle est au ciel, mais c'est égal, je veux faire ma prière pour elle. » En achevant ces mots auxquels je ne compris rien, mais qui me causèrent cependant un saisissement extrême, cet enfant se jeta à genoux, joignit ses petites mains, leva les yeux, et attendait ainsi que je lui dictasse ce qu'il devait demander au bon Dieu. « Mais, cher petit, qui donc est mort, lui demandai-je une vive émotion ? — Ta Joséphine dont tu parles toujours. — Comment, l'impératrice ! — Je ne sais pas ; mais c'est la femme de Bonaparte, l'épicier l'a dit à ma bonne, et je suis vite venu te le dire pour que tu me fisses faire ma prière comme pour les autres morts. »

Je sonnai, pour savoir la vérité d'une nouvelle que je voulais croire être un des mille et un contes inventés dans Paris. Ma femme de chambre qui était avec nous à Navarre et à la Malmaison, entra chez moi avec une expression de tristesse si profonde, que je ne pus douter que l'impératrice ne fût en effet enlevée à ce monde, où les dernières années de sa vie avaient été si pénibles. J'appris peu de détails sur cette mort cruelle et subite. Je sortis sur-le-champ, et me rendis près d'une personne qui me faisait tout ce que je viens d'écrire.

Il est peu d'événements qui m'aient autant frappée, et surtout affligée à ce point. J'éprouvais le plus vif regret de n'avoir pas su la maladie de Sa Majesté ; j'eusse été à la Malmaison essayer de lui faire savoir que ses bontés n'étaient point oubliées par moi ; je l'eusse moins regrettée, si j'avais eu la certitude qu'elle ne me croyait pas ingrate ; mais je ne me sentis pas le courage d'approcher d'un lieu qui n'était plus qu'un tombeau. Ma famille partagea la douleur que j'éprouvai alors, et nulle part peut-être cette perte, sentie vivement, ne le fut autant que dans notre intérieur.

Depuis ce jour fatal de la mort de l'impératrice jusqu'au 2 juin, que devait avoir lieu l'enterrement, plus de vingt mille personnes revirent Joséphine pour la dernière fois. Je ne parle pas des centaines de curieux qui profitèrent de l'occasion pour venir visiter la Malmaison : ceux-ci, après avoir salué le lit de parade[2], demandaient où était située la Gronde Serre, et allaient en riant agacer les animaux étrangers ; ou beaucoup plus grand nombre venaient simplement autour du corps ou prier en s'agenouillant. Ensuite, ils visitaient avec recueillement ces berceaux que Joséphine avait plantés ; ces champs qu'elle avait fait ensemencer ; les arbustes qu'elle avait arrosés de ses mains délicates. Partout on admirait son ouvrage, et l'on semblait chercher à ce qui pouvait ajouter aux regrets que chacun éprouvait. Les jeunes filles attirées dans ce lieu de douleur, pleuraient beaucoup ; elles savaient que plusieurs de leurs compagnes avaient dû à l'impératrice de voir aplanies des difficultés élevées par l'intérêt pour empêcher un heureux mariage. Les vieillards gémissaient en pensant qu'ils perdaient les pensions qui leur procuraient quelques petites douceurs ; les mères versaient des larmes en songeant aux fils que la bienfaisance de Joséphine leur avait rendus, soit en les rachetant de la conscription, soit en les faisant réformer, soit enfin en obtenant leur congé. On s'abordait sans se connaître, pour se raconter mutuellement ce qui honorait la mémoire de Joséphine. Rien ne rapproche comme la douleur ; aussi plusieurs ennemis se réconcilièrent dans ce jour solennel où tout était oublié, hors les bontés de celle que l'on pleurait : ils s'abordèrent pour parler d'elle, et son souvenir amena que'qu'il avait suffi pour un raccommodement. Était-il possible de s'en vouloir près de la tombe de celle qui eut tant à pardonner ? Ainsi son

[1] Elle est morte de ce que les médecins appelaient autrefois esquinancie gangréneuse, et nomment aujourd'hui angine couenneuse, maladie peu connue alors.

[2] Le corps de Joséphine, placé sur un lit de parade dans un petit salon qui précédait la chambre où elle est morte, a ainsi été entouré de cierges nombreux. Un autel richement décoré était élevé à droite de la porte d'entrée, et entouré de chaises et de fauteuils. Ce salon était drapé de noir, mais sans chiffre et sans blason. Deux desservants appartenant à des villages voisins, le curé de Rueil, et quatre valets de chambre, gardaient le corps de Joséphine, dont le visage avait été recouvert d'un mouchoir de batiste. (Note de l'éditeur.)

souvenir suffisait pour opérer ce que sa présence eût pu faire. Le tintement des cloches de toutes les paroisses environnantes appelait les fidèles à aller au pied des autels déposer l'hommage de leur juste reconnaissance.

A midi, les funérailles eurent lieu avec la plus grande pompe dans la modeste et petite église du village de Rueil, paroisse de la Malmaison.

Les coins du drap mortuaire étaient portés par le grand-duc de Bade (époux de la grande-duchesse Stéphanie de Beauharnais, nièce de l'impératrice), le marquis de Beauharnais, ancien ambassadeur, beau-frère de Sa Majesté ; le comte de Tascher, son neveu ; et, je crois, le comte de Beauharnais, chevalier d'honneur de Marie-Louise.

Le cortège sortit par la grille d'entrée de la Malmaison et suivit la grande route jusqu'à Rueil. Le général Sacken, représentant l'empereur de Russie, et l'adjudant-général du roi de Prusse, remplaçant son souverain, se rendirent à pied à la tête du convoi, ainsi qu'un grand nombre de princes étrangers, de maréchaux, de généraux et d'officiers français[1]. Les bannières des différentes confréries de la paroisse, et vingt jeunes filles vêtues de blanc, chantant des cantiques, faisaient partie du cortège, dont la haie était formée par des hussards russes et des gardes nationaux. Deux mille pauvres de tout âge fermaient la marche[2].

Le général Sacken fut chargé, de la part de son maître, d'annoncer aux parents de l'impératrice, réunis à la Malmaison, qu'affecté trop profondément de la mort de Sa Majesté, il voulait consacrer les trente-six heures qu'il aurait encore à rester à Paris à l'excellent prince Eugène et à sa sœur. Il ne les quitta en effet que pour retourner dans ses Etats.

On compte plus de quatre mille habitants des communes voisines qui s'étaient assemblés pour rendre un dernier hommage à la mémoire d'une princesse qui avait si bien mérité le titre de mère des pauvres et des affligés. M. de Barral, archevêque de Tours, son premier aumônier, assisté de MM. les évêques d'Evreux et de Versailles, célébra la messe : après l'évangile, il prononça une courte mais touchante oraison funèbre.

Le corps de Joséphine, placé dans un cercueil de plomb, renfermé dans une caisse de bois, fut ensuite déposé provisoirement dans une partie du cimetière où les ossements de ce corps des trois personnes qui avaient été écrasées dans la rue Royale en revenant du feu d'artifice, tiré sur la place Louis XV, à l'occasion du mariage de Louis XVI avec Marie-Antoinette.

En arrivant au cimetière, la reine Hortense, qui était constamment restée dans une des chapelles de l'église de Rueil, se précipita sur la tombe de sa mère, où elle demeura quelque temps comme absorbée. On fut obligé de l'arracher de ce funeste lieu. La cérémonie ne fut terminée qu'à cinq heures du soir.

Toute la maison de l'illustre défunte fondait en larmes, et plusieurs étrangers qui se trouvaient présents, et qui cependant ne l'avaient connue que depuis la restauration, mêlèrent leurs pleurs à ceux de toutes les personnes heureuses ou consolées par elle.

CHAPITRE LXV.
1815.

Le général Beauvais. — Le nain jaune. — Réception des chevaliers de l'Eteignoir. — Nouvelle du débarquement de Napoléon à Cannes. — Arrestation de M. de Labédoyère. — La marquise de la Valette. — Ma demoiselle Dechesnois. — Le colonel Duchamp. — Le comte de Vaudreuil — Sa femme. — Singularité relative à son mariage. — Fête donnée au Louvre. — Madame Prineteau, sœur du duc Decaze. — J'obtiens une audience du duc de Berry. — Voyage sentimental à Gand. — Béranger. — Plantons la crémaillère...

Les Mémoires sur l'impératrice Joséphine devaient finir ici ; mais j'ai éprouvé le besoin d'y joindre quelques traits honorables dont j'ai

[1] MM. les ducs de Rivière et de Polignac avaient été invités par la famille de l'impératrice. Ils ne rendirent pas ce dernier hommage à la femme bienfaisante qui leur avait sauvé la vie !

[2] L'amie dont je tiens ces détails assistait à cette cérémonie ; elle ne quitta la Malmaison qu'à six heures du soir, et voulut encore une fois revoir l'église de Rueil, qui devait à Joséphine ses murailles nouvelles et le rétablissement de son sanctuaire.

Une vaste draperie de deuil couvrait encore ce temple, qui venait de perdre sa bienfaitrice, qui devait lui être rendue plus tard[*]. Lorsqu'une tête couronnée tombe aux pieds de la mort, la vanité s'empresse de relever la couronne pour en décorer le cercueil. A Rueil on ne voyait aucun ornement, on ne lisait aucune inscription, mais les pleurs et les sanglots des souverains de l'Europe se joignirent aux pauvres de la France pour prononcer l'oraison funèbre de la bonne Joséphine !...

[*] Le corps de l'impératrice Joséphine est maintenant dans un magnifique tombeau en marbre blanc, élevé par ses deux enfants. Sa Majesté y est représentée en costume impérial : elle est à genoux, et semble prier pour la France. Eugène et Hortense à Joséphine sont les seuls mots qui soient gravés sur ce beau monument placé dans une chapelle, et l'on doit au talent supérieur de M. Cartelier. Je ne sais si la critique peut trouver quelque défaut. J'avoue que j'ai trop pleuré en regardant cette statue pour ne pas la croire parfaite.

été témoin en 1815. J'ai connu beaucoup de personnes qui ont joué un rôle pendant cette année et celles qui l'ont suivie ; j'ai surtout voulu raconter plusieurs faits qui méritent d'être consignés dans des Mémoires historiques ; et j'ai conservé la plume, que je ne quitterai que lorsque je n'aurai plus qu'à parler de moi.

Le général Beauvais nous parla du *Nain Jaune* comme d'une brochure amusante sans aucune conséquence. Il nous prêta même les premiers numéros, qui, beaucoup plus modérés que ceux qui suivirent, nous firent rire et ne nous parurent pas dangereux.

Je devais donner un bal en costume, et M. Beauvais me proposa de recevoir un chevalier de l'éteignoir, ce qui serait une jolie mascarade. Avec mon étourderie ordinaire j'acceptai, enchantée des préparatifs qu'il faudrait faire pour cette cérémonie, à laquelle je n'attachais aucune idée politique. Mes parents, plus prévoyants, me dirent que l'on ne désignait sous ce titre que des royalistes, et que conséquemment ce n'était pas chez moi, fille d'émigré, qu'il fallait que cette plaisanterie eût lieu. Je cédai à ces observations, et renonçai à ce projet.

Peu après, le *Nain Jaune* devint tout à fait séditieux, et je m'applaudis d'avoir suivi de bons conseils. Au risque d'être gratifiée du *double éteignoir*, je voulais conserver le titre honorable de dévouée aux Bourbons.

Notre attachement extrême pour l'impératrice Joséphine n'était point une contradiction, car nous ne l'avions témoigné que lorsqu'elle n'était plus, pour ainsi dire, qu'une riche particulière devenue étrangère au gouvernement.

Quelques jours après le bal dont je viens de parler, j'étais aux Variétés ; le général Beauvais entra dans notre loge avec un air rayonnant que je ne lui avais jamais vu. « Eh bien, nous dit-il, savez-vous la nouvelle ? — Non ; mais c'est sûrement une chose heureuse, car vous me paraissez fort gai. — Oh ! ce n'est point une certitude, et d'ailleurs que m'importe ? On prétend que Napoléon est revenu de l'île d'Elbe avec ses *grognards*, qu'il est débarqué à Cannes et qu'il s'avance sur Paris. — Ce serait assurément un grand malheur ! Croyez-vous possible qu'il ait la folie de s'exposer à des dangers certains ; et le croyez-vous capable de manquer à sa parole ? — Je ne crois rien ; je vous répète seulement ce que l'on assure. »

La conversation finit là, et nous crûmes que le général n'avait voulu faire qu'une plaisanterie. Deux jours après, cette funeste nouvelle fut publiée comme officielle, et les mesures les plus sévères ordonnées pour s'opposer aux progrès de Napoléon. Sa tête fut mise à prix, et l'on pensa que cette inconcevable témérité serait sans succès.

Des événements impossibles à prévoir (beaucoup trop connus et trop bien tracés par des plumes habiles pour que je les raconte) bouleversèrent de nouveau ma patrie, forcèrent nos princes à s'éloigner une seconde fois, causèrent une suite d'infortunes dont nous nous ressentons encore, et firent mourir sur un rocher le vainqueur du monde !... Pour lui comme pour nous, il faut gémir de ce retour, qui replongea la France dans la plus cruelle anarchie, et la priva de plusieurs hommes qui savaient l'honorer. Un voile lugubre doit être jeté sur cette époque fatale où tant de larmes furent répandues ; qu'il me soit permis cependant d'en soulever un coin pour montrer l'héroïsme d'une femme qui se dévoua complétement pour sauver un parent malheureux. Elle n'est plus !... Mais elle a laissé des enfants pour lesquels la noble conduite de leur mère est un bel héritage.

Lors de l'arrestation de M. de Labédoyère, plusieurs de ses compagnons d'armes voulurent le sauver ; ils s'entendirent avec madame la marquise de Lavalette[1] sa cousine, pour faire réussir le plan arrêté pour son évasion. Elle risqua des démarches d'une difficulté extrême, et vendit une propriété afin de se procurer l'argent nécessaire. Dénoncée à la police, elle fut obligée de se cacher ; une de nos plus célèbres actrices, mademoiselle Duchesnois, qu'elle connaissait beaucoup, ne craignit pas de se compromettre en la recueillant chez elle. Madame de Lavalette y fut cachée six semaines, entourée de soins les plus tendres, et lorsque après un jugement qui l'acquitta elle alla en Amérique, elle chargea sa généreuse amie de veiller sur ses enfants qui restaient en pension à Paris.

Mademoiselle Duchesnois leur rendit mille services, et fit pour eux ce qu'une mère eût pu faire. Ce n'est pas la seule fois que son excellent cœur l'a portée à s'exposer pour être utile à des amis proscrits et malheureux. On pourrait citer d'elle une foule de traits de ce genre. Dans ses voyages, elle a presque toujours donné des représentations au bénéfice des pauvres, et jamais elle n'a refusé de coopérer à une bonne action.

En 1815, les mêmes témoignages d'amour furent prodigués à nos princes, lorsque après une hésitation de quelques heures, ils se décidèrent à quitter Arnouville, pour faire leur entrée dans Paris. Des gardes nationaux avaient bivouaqué dans la plaine Saint-Denis pour les précéder. Toutes les légions étaient confondues, et six mille hommes impatients de contempler plus tôt leur roi, servirent d'escorte. On fut un peu surpris de voir à leur tête plusieurs officiers supérieurs qui avaient signé la proclamation à la garde nationale, dans laquelle ils déclaraient que Louis XVIII ne devait rentrer dans sa capitale qu'avec la cocarde tricolore. On ne fallait ne pas proposer une chose semblable au frère de Louis XVI, ou il fallait soutenir son opinion, et ne pas se montrer les premiers devant la voiture royale avec la cocarde blanche. Je conçois que chacun ait sa manière de penser, de sentir en politique ; mais je ne m'explique pas que d'un jour à l'autre on puisse changer totalement de sentiment. E-t-il possible d'estimer des hommes aussi légers, aussi inconséquents dans leur conduite ? On pourrait pardonner cette versatilité à une femme, dont l'opinion n'est d'aucun poids ; mais on doit se montrer sévère pour ceux qui, appelés à servir d'exemple à leurs concitoyens, varient, balancent et compromettent ainsi la tranquillité publique, en entraînant les gens faibles et irrésolus.

Je citerai pour exemple d'une belle conduite, dans ces temps difficiles, celle du colonel Duchamp, qui, devant sa fortune à l'empereur, ne voulut pas servir les Bourbons. Il donna sa démission dès qu'ils furent sur le trône. Au retour de Napoléon, il reprit du service ; en juillet 1815, on lui offrit de conserver son régiment ; mais il déclara, avec la franchise d'un soldat, qu'il ne voulait pas servir les successeurs de son bienfaiteur. Voilà une loyauté qui doit être admirée de tous les partis. Elle a été récompensée, puisqu'une jeune Anglaise fort jolie, très-riche, l'a épousé depuis, et qu'il trouve dans son intérieur autant de bonheur qu'il avait de gloire à l'armée. Suivant moi, l'un vaut encore mieux que l'autre.

M. le comte de Vaudreuil, gouverneur du Louvre, avait beaucoup connu ma famille en émigration ; il nous engagea à une très-belle fête qu'il donnait à M. le duc de Berry. Cette soirée devait commencer par un concert et des proverbes, et se terminer par un bal. Madame de Vaudreuil était encore jolie ; sa toilette verte et amarante était une attention aimable pour le prince, elle portait ainsi les couleurs : on aurait pu croire qu'il y avait un peu de coquetterie dans le choix de cette parure, qui lui allait à ravir. Elle fit les honneurs de chez elle avec une aisance parfaite ; son spirituel mari, après avoir été le jeune homme le plus à la mode de la cour, était alors le modèle des aimables vieillards. Indulgent, gai, contant bien, sa société plaisait à ceux qui préfèrent à tout une conversation instructive et agréable ; quoique souffrant des douleurs continuelles, son humeur égale et son obligeance ne se démentaient jamais ; pour rendre service, il savait retrouver ses forces, qu'il perdait dès qu'il ne s'agissait que de lui. Madame de Vaudreuil, plus jeune que lui de quarante ans[1], je crois, consacrait sa vie à le soigner, à rendre sa maison gaie afin qu'il s'amusât. Ne sortant que pour aller à la cour, elle prodiguait ses soins alternativement à son époux et à sa vieille mère, devenue exigeante, et n'ayant jamais été qu'une bonne femme sans esprit, dont l'accent languedocien très-prononcé lui était resté dans toute sa pureté, et rendait son langage très-trivial.

Le prince arriva exactement à l'heure convenue. Il parla à tout le monde pour adresser des choses aimables à chacun. Il parut s'amuser beaucoup, fit des compliments aux artistes, et partit tard.

On me raconta qu'avant que nous arrivassions, le valet de chambre avait fait une singulière bévue. Habitué à annoncer au moins des barons, des chevaliers, il ne pensait pas qu'il fût possible que M. le comte reçût des personnes qui n'eussent point de titres. Une dame paraît, il s'empresse de lui demander son nom, qu'elle dit assez bas. Il entend mal, et crie à tue-tête *madame la princesse Tot*. Cette dame était madame Princeteau, sœur de M. le duc Decaze. Je n'ai point été témoin de cette scène, qui me fut racontée par quelqu'un qui détestait le ministre, dont la faveur était alors excessive. On assurait que sa sœur la partageait.

Je pense que l'on a fort exagéré sur ce dernier point, car madame Princeteau vit maintenant fort simplement ; si elle eût été si comblée des bontés de Louis XVIII, elle serait encore riche et recherchée, tandis qu'elle est oubliée même de ceux auxquels elle fut utile. Sa figure était douce et intéressante, et son caractère, dit-on, aussi aimable que son esprit. Je ne l'ai point connue, mais je l'ai souvent vue très-entourée, très-flattée, et toujours gracieuse et bienveillante. Elle chantait avec une grande complaisance ; ces avantages ne la préservent pas de l'ingratitude et de l'abandon, ce qui paraît simple dans ce siècle : il faut être plus riche !

J'examinai beaucoup monseigneur le duc de Berry, et je vis qu'en effet c'était bien le garde national que j'avais heurté sans façon sur l'escalier des Tuileries en allant voir M. le comte de Mesnard. Sa figure n'était point belle, sa taille manquait d'élégance ; mais ses yeux et son sourire étaient expressifs et agréables ; tout ce qui l'entourait s'accordait à louer ses excellentes qualités, son esprit et la bonté de son cœur. Il a depuis prouvé à un haut degré il portait les vertus qui doivent se remarquer dans un prince ; son héroïque mort a appris tout ce qu'été été sa vie ! Deux défauts lui étaient reprochés par les ennemis de toute sa famille, empressés d'en découvrir dans tout

---

[1] Ce n'est point celle qui prit courageusement la place de son mari à la Conciergerie. Ce nom était destiné à porter des deux femmes héroïques. Madame la marquise de la Valette était mère de M. le marquis de la Valette, sénateur, ancien ambassadeur. Son cœur est digne de sa noble mère.

[1] Il fut son parrain, et dit en plaisantant le jour de son baptême en montrant sa filleule : Je n'épouserai jamais que cette petite fille-là. Heureusement pour lui, cette plaisanterie devint une réalité.

ce qui portait le nom de Bourbon. On l'accusait d'une excessive brusquerie; on en citait des traits sans doute exagérés par la haine, et l'on y joignait le récit d'une foule d'aventures galantes. Sans doute il eut des mouvements d'une trop grande vivacité; mais dans les dernières années de sa courte existence il s'était sensiblement corrigé de ce qui était bien plus la suite d'une éducation entravée par des voyages continuels qu'un vice de l'âme. Quelle plus grande preuve peut-on donner de la noblesse de la sienne que cette insistance qu'il mit à demander la grâce de son infâme meurtrier¹?

J'eus besoin de sa protection pour obtenir une chose que je désirais vivement et qui souffrait de grandes difficultés. Je lui fis demander une audience qui me fut accordée le soir même à six heures. J'arrivai aux Tuileries fort intimidée par l'idée de me trouver avec un *fils de France*. Malgré moi je craignais qu'il ne me refusât un peu brusquement, car j'avais été étourdie de tous les contes faits sur cette imperfection de son caractère. Arrivée dans le salon de service, où j'attendis le moment d'être introduite, je fus plus décontenancée encore par les plaisanteries que me firent quelques-uns de ses officiers, avec lesquels ma famille était en intimité. Lorsque l'huissier vint m'annoncer que je pouvais passer chez Son Altesse Royale, je sentis ce tremblement dont je n'ai pu me défaire dans aucune des occasions de ce genre; et j'entrai dans un grand salon éclairé médiocrement par quatre bougies, ne sachant plus ce que je venais demander, et au moment de m'en retourner ne me sentant pas le courage d'ouvrir la bouche. En apercevant le prince, ma crainte cessa, car sur ce visage que je m'étais représenté devoir être sérieux et sévère, je ne vis qu'une expression de douceur et d'indulgence. Il me prit par la main, et me faisant asseoir près de lui, il me demanda en quoi il pouvait m'être utile. Je lui expliquai en peu de mots ce que je désirais. « Comment, madame, vous voulez mon apostille? En vérité, vous avez tort; je n'ai aucun crédit, car j'ai fait le *voyage sentimental de Gand*, et mon nom n'est point une recommandation près du ministre auquel vous avez affaire; cependant, si vous pensez que je puisse quelque chose, je veux au moins vous prouver que j'ai de la bonne volonté. » En achevant ces mots, il s'approcha d'une table sur laquelle était une écritoire, et il mit quelques mots fort pressants au bas de la pétition que je lui avais présentée; puis, revenant à moi : « Je pense, dit-il, qu'il vaut mieux que je la remette moi-même au ministre; votre famille a tant souffert pour nous, madame, que je serai heureux de lui être utile. » Il me fit plusieurs questions auxquelles je répondis le plus brièvement possible, et voulus ensuite m'en aller. « Pourquoi donc vous tant presser de me quitter, madame? c'est un *revenant bon* rare que de recevoir des visites agréables, ainsi veuillez ne me pas priver si vite de la vôtre. » Il me demanda quelques détails sur madame de Genlis, dont il aimait le talent; me pria de lui dire combien il l'estimait, et enfin voyant que je me levais de nouveau pour prendre congé : « Je ne vous retiens plus, madame, me dit-il; je vois que vous brûlez d'être chez vous, et je sais pourquoi; les femmes qui aiment leurs maris, ne sont bien qu'avec eux. Si je puis encore vous être utile, employez-moi. » Il me reconduisit jusqu'à la porte du salon avec une politesse pleine de grâce, que n'ont assurément pas toujours nos ministres.

J'obtins ce que monseigneur le duc de Berry voulut bien demander pour moi; et je dois ici consigner la profonde reconnaissance que m'a inspirée la bienveillance dont j'ai été honorée par cet infortuné prince.

A l'époque du retour de Napoléon de l'île d'Elbe, j'habitais rue de la Tour-d'Auvergne une maison appartenant à des partisans très-chauds des changements politiques. Il était dans leur caractère de se réjouir à chaque révolution, espérant en tirer parti; ils furent donc ravis du renvoi des Bourbons, et pour en donner une preuve éclatante, ils coupèrent dans la nuit tous les lis décorant leur jardin, dont nous avions la jouissance. Nous voyant nous y promener, ils descendirent, et en passant près de nous ils dirent en se frottant les mains : *Ainsi périront tous les nobles*. Nous pûmes nous croire en 93, surtout en entendant chanter à pleins poumons dans la rue, par une bande de fédérés, la *Marseillaise* et le *Chant du départ*. Heureusement, ces sombres idées ne furent que passagères. Des refrains joyeux se répétaient en chœur au second étage de la maison, dont les fenêtres étaient ouvertes. De nouveaux locataires emménageaient et célébraient leur installation par de charmants couplets composés par un homme encore inconnu; c'était Béranger!... Le refrain de *Plantons la crémaillère* était articulé par lui, avec une voix qui n'était pas bonne, et qui cependant plus tard fut aussi forte que celle de la renommée.

Béranger venait presque tous les jours, des amis, et je le vis souvent étendu sur le gazon du jardin, jouant avec mon fils, auquel il apprenait à crier *vive l'empereur!* en lui donnant des bonbons. Le grand poète était alors ce qu'il est encore aujourd'hui, gai et simple.

¹ Tout le monde sait que Mgr le duc de Berry fut le premier prince de Bourbon débarqué en France. Il reçut à Cherbourg un accueil enthousiaste. Quelques vieux soldats crièrent *Vive l'empereur! On voulut les arrêter. — Laissez-les*, dit le prince, *c'est une vieille habitude; à force de bonté, nous la leur ferons perdre*.

CHAPITRE LXVI.
1816 - 1820 - 1828.

Arrivée de la duchesse de Berry à Paris. — Joli mot d'elle. — Sa bonté. — Inscription touchante. — Madame la duchesse de Berry prend des maîtres. — Vente des ouvrages des princesses pour les pauvres. — Bouquet à des sœurs grises. — Madame la duchesse de Reggio. — Inhumation du duc d'Enghien. — Représentation de la tragédie de *Germanicus*. — M. de Fitz-James. — Mort du duc de Berry. — Louvel. — M. Cauchy lui lit sa sentence. — Le marquis de Pérignon. — Draps fins. — Poulet rôti.

On parlait beaucoup du mariage de monseigneur le duc de Berry. Chacun lui choisissait une compagne; enfin, l'on sut que la princesse de Naples devait être demandée pour lui. Les grands politiques de salon critiquèrent ce choix, qui, disaient-ils, n'augmentait pas la puissance de la France; ils désiraient la sœur de l'empereur de Russie, et murmurèrent longtemps de ce que leurs judicieux avis ne fussent pas suivis, et de ce que le roi de France et monseigneur le comte d'Artois osassent marier le prince sans le consentement de profonds et savants hommes d'État.

La princesse débarqua à Marseille, où elle charma tout le monde par une affabilité qui n'a fait qu'augmenter, et qui la rend l'idole de la France. Les personnes désignées pour faire partie de sa maison écrivirent mille détails sur Son Altesse Royale qui plurent généralement. Les dispositions bonnes bienveillantes pour elle cessèrent; tout impatient de voir cette princesse si jeune, si bonne, et sachant si parfaitement l'art de se faire aimer. On se racontait les réponses spirituelles qu'elle faisait aux fastidieux discours qui lui étaient adressés. On cita un mot qu'elle dit à M. le duc de Levis. Dans toutes les harangues, on s'empressait de lui parler des enfants qu'elle allait donner à la France; ces éternelles répétitions la frappèrent. « Mon Dieu, dit-elle à son chevalier d'honneur, les Français aiment donc terriblement les enfants? il ne me parlent que du désir que j'en aie beaucoup; ils ne me disent jamais rien du bonheur du duc de Berry. *C'est cependant pour le rendre heureux que je suis venue, n'est-ce pas? Oh! oui, et puis encore pour faire du bien. Je remplirai ces deux devoirs avec grand plaisir.* » En effet, elle a su embellir l'existence de celui qu'elle aimait tendrement, et chaque jour qui s'écoule prouve davantage qu'elle remplit même la seconde tâche qu'elle s'était imposée.

Son Altesse Royale fit son entrée à Paris dans une calèche découverte dans laquelle se trouvaient le roi, madame la Dauphine et monseigneur le duc de Berry. Une pluie battante durait depuis le matin, mais le soleil se montra au moment où le cortège passait la barrière, et le temps se soutint pendant le reste de la journée. On regarda cet événement très-simple comme un présage de bonheur; hélas! il a été cruellement trompeur!...

La population tout entière semblait s'être portée au-devant de Son Altesse Royale, dont la douce figure et l'air enfantin gagnèrent tous les cœurs. Les fenêtres étaient ornées de drapeaux, de guirlandes; des femmes élégamment parées jetaient des fleurs au moment où la voiture passait, et l'on remarqua plusieurs inscriptions fort ingénieuses. Celle qui décorait l'hospice de Berry fut aussi simple que touchante. « *Elle sera notre mère.* » C'était presque une prédiction, car madame la duchesse de Berry a fondé l'hospice des Enfants de la Providence; institution précieuse, qui chaque année reçoit un nouvel accroissement, et soutient l'existence d'une foule d'infortunés qui n'ont en effet que Dieu pour père et la princesse pour mère.

Les fêtes les plus brillantes se succédèrent pour célébrer l'heureuse union qui devait donner des héritiers au fils de saint Louis. On admira de plus en plus la grâce et l'amabilité de Son Altesse Royale, et le duc de Berry parut jouir des succès qu'elle obtenait. Il sut lui inspirer le goût de l'étude. Les malheurs des princes de Naples avaient mis beaucoup d'obstacles à ce que son éducation fût terminée : avec une persévérance bien rare dans une princesse entourée de toutes les distractions d'une cour, et livrée à toute la séduction d'un premier amour, elle prit des maîtres, étudia avec constance, et parvint en peu de temps à acquérir plusieurs talents agréables et une véritable instruction.

Elle ne souffrait pas que l'on fût chez elle sans rien faire. Pour plaire à Son Altesse Royale, il fallait rivaliser d'application avec elle. Je ne sais trop si toutes ces dames s'amusaient de ce goût de la princesse; mais forcées de s'y soumettre, plusieurs gagnèrent peut-être beaucoup à la suivre. Madame la duchesse de Berry fait avec une vraie perfection une grande quantité de beaux ouvrages qu'elle donne aux églises, ou qu'elle fait vendre au profit des pauvres, à des expositions annuelles. Les courtisanes mettent une part considérable à ce que font les princesses, qui trouvent ainsi un moyen de plus de soulager la classe malheureuse, et savent faire tourner au profit de l'indigence une flatterie qui s'ennoblit par ses résultats¹. Madame la

¹ Habitant une fort petite ville de province (Meung-sur-Loire) dans laquelle se trouve un hospice dirigé avec un zèle extrême par des sœurs hospitalières, j'ai

duchesse de Reggio, dont le nom rappelle de grands talents militaires, et m'aidant toutes les vertus qui honorent une femme, seconde parfaitement les intentions de la princesse, en l'aidant à chercher des infortunés à soulager. Confidente de toutes ses actions, elle n'a que l'embarras de choisir lorsqu'il faut les citer; et si elle ne raconte pas plus, c'est que sa modestie lui défend de divulguer ce que sa bonté a conseillé. MM. de Levis, de Mesnard, étaient tous deux bien dignes aussi d'être attachés à la princesse. Quel plus bel éloge est-il possible de faire d'eux?

Le 22 mars 1815, on exhuma M. le duc d'Enghien du fossé où il fut si cruellement traité. Une messe en musique fut exécutée par les artistes les plus célèbres, dans la modeste église de Vincennes, dont le curé avait été aumônier de monseigneur le duc d'Enghien. Il prononça un discours touchant, qui eût produit un grand effet, s'il n'eût été récité avec un accent normand insupportable. Tous les officiers de la maison du roi et des princes assistaient à cette cérémonie, ainsi qu'un grand nombre de pairs, de généraux, et le corps d'officiers du régiment d'artillerie de la garde royale. Une quête abondante fut distribuée aux pauvres; c'était la meilleure manière de solenniser ce jour.

Nous allâmes visiter les restes de monseigneur le duc d'Enghien, déposés provisoirement dans la salle, où un prétendu conseil de guerre l'avait jugé. Je ne puis exprimer le saisissement qui s'emparait de tous ceux qui entraient dans ce lieu, devenu un sanctuaire expiatoire. On ne parlait pas; mais, les yeux fixés sur le catafalque, on s'agenouillait machinalement, comme forcé de s'incliner devant ce monument renfermant un héros, dernier des Condé! Je n'ai éprouvé une émotion semblable qu'en allant visiter la chapelle ardente de monseigneur le duc de Berry. Une mort presque pareille unissait ces deux jeunes princes; car peut-on ne pas regarder comme un assassinat celle de monseigneur le duc d'Enghien?

Nous retrouvâmes à cette époque avec un véritable plaisir madame la comtesse de Bradi, absente depuis longtemps. Pour achever l'éducation de ses enfants, dont elle fut la seule institutrice, elle s'était fixée dans une belle terre qu'elle possède près d'Orléans. Recherchée dans le monde pour sa belle figure, son esprit vif et brillant, son instruction, et surtout son angélique bonté, elle avait renoncé sans effort à tout ce qui séduit ordinairement une jeune femme, afin de se livrer sans distraction aux sentiments les plus chers à son cœur. Ses amis la regrettaient, et se consolaient de sa longue absence, qu'en lisant les ouvrages charmants qu'elle écrivait dans ses moments de loisir, et en songeant qu'elle était heureuse, puisqu'elle voyait réussir au delà de ses désirs le plan qu'elle suivait, pour faire de ses filles des femmes qui pussent un jour lui ressembler, et qu'elle soulageait les maux de tous les paysans du village trouvant en elle une garde assidue, une bienfaitrice, une mère.

Ramenée à Paris par les événements de 1815, elle y employa l'ascendant qu'elle doit avoir partout pour rendre de nombreux services. Elle a depuis lors été pour moi l'amie la plus parfaite; il m'eût été impossible de ne pas m'en vanter.

La représentation de *Germanicus*, tragédie de M. Arnault, servit de prétexte à des scènes affligeantes entre les officiers de la garde et ceux de l'ancienne armée [1]. Les opinions opposées amenèrent des duels fréquents, entre ceux qui applaudissaient et ceux qui sifflaient la pièce, qui fut retirée alors du répertoire, où elle a été remise depuis. Ils avaient également tort, car c'était sans écouter que l'on s'érigeait en juge; par je ne sais quelle calomnie, on me compta au nombre des femmes qui s'étaient donné le travers de se mêler de ces querelles; j'ai su que M. Arnault l'avait cru. Je n'ai jamais cherché à me mettre en avant pour rien, et certes, si j'eusse dû changer de manière d'être, ce n'eût point été dans cette circonstance. L'auteur de *Germanicus* ne m'eût point laissé heureux, je l'avais beaucoup connu dans mon enfance, il fut lié avec une tante pour laquelle j'ai conservé un tendre attachement; ainsi, bien certainement, j'aurais évité tout ce qui aurait pu augmenter ses chagrins. Au reste, pendant qu'il éprouvait celui d'une chute, j'étais en proie à une douleur tellement vive, qu'elle ne me permettait même pas de songer à ce qui se passait au Théâtre-Français. Je repousserai toujours les accusations injustes; voilà pourquoi j'ai parlé de celle-ci.

La naissance de *Mademoiselle* vint consoler de la mort de sa sœur, et bientôt après, celle de monseigneur le duc de Bordeaux

---

demandée à madame la duchesse de Berry, par l'entremise de M. le comte de Mesnard (toujours prêt à se charger de semblables requêtes), un bouquet d'autel pour une chapelle qui venait d'être restaurée nouvellement. Son Altesse Royale a daigné envoyer des fleurs superbes *faites par elle*, accompagnées d'un mot obligeant pour les respectables religieuses, qui n'ont qu'une occupation, celle de soulager tous les maux. On a inauguré ce bouquet reçu avec une vive reconnaissance le jour de la fête de Son Altesse Royale.

[1] Le colonel de Fitz-James, alors lieutenant dans la garde, se battit trois fois le même jour; il prouve à quel point les têtes étaient exaltées, car personne n'était moins querelleur que cet officier si distingué. Il est mort général à Mostaganem. Convalescent du choléra, les médecins répondaient de lui, pourvu qu'il ne quittât pas son lit de quelques jours. Apprenant que l'épidémie était en recrudescence à l'hôpital, et que les malades se démoralisaient, il s'habilla pour aller voir *ses enfants*; deux heures après on priait sur sa tombe!...

---

eût comblé tous les vœux, si le plus affreux événement n'eût comprimé douloureusement tous les cœurs. Les regrets que causait la perte de monseigneur le duc de Berry, loin de diminuer par la vue de son fils, prenaient encore une nouvelle force. « Comme son père eût été heureux! s'écriait-on en contemplant ce jeune prince orphelin avant de voir le jour! — Quelle amertume doit se joindre au bonheur de sa courageuse mère! » répétait-on avec attendrissement en songeant à tout ce qu'elle venait de souffrir. On se portait en foule devant les fenêtres de la nouvelle accouchée, qui, faible, pâle, soulevait cependant son fils pour le montrer au peuple avide de le voir; elle trouvait la force de sourire lorsque son cœur était déchiré. On répondait à ce sourire par des larmes, seule expression de reconnaissance qui pût le toucher.

Je n'oublierai jamais l'effet que produisit sur moi madame la duchesse de Berry entourée de ses deux enfants, à la croisée de cet appartement encore drapé de deuil! c'était la douleur consolée par l'espérance!

Essayer de parler de la mort de monseigneur le duc de Berry, serait de ma part une témérité aussi sotte que ridicule. M. de Chateaubriand, dont la plume vaut le meilleur pinceau, s'est chargé de nous retracer toute cette scène affreuse, avec l'énergie et l'éloquence qui semblent lui être naturelles. Je veux seulement dire quelques mots du sang-froid inconcevable que déploya le féroce Louvel, lorsque M. Cauchy, archiviste de la chambre des pairs, fut lui lire sa sentence de mort.

M. le marquis de Pérignon[1] demanda au grand référendaire la permission de suivre M. Cauchy, ce qui lui fut accordé, pourvu qu'il quittât l'habit de pair.

Lorsque ces messieurs arrivèrent, Louvel *dînait*. On le fit appeler; et, sans se troubler, il salua profondément ceux qui venaient lui annoncer la mort! Pendant tout le temps que dura la lecture de cette fatale sentence, il se rongeait les ongles, et paraissait écouter assez indifféremment; il eut seulement une très-légère contraction de lèvres au mot *mort*; mais il se remit promptement. M. Cauchy lui demanda avec douceur s'il ne désirait pas voir un prêtre. « Pourquoi faire, monsieur, dit Louvel? un malade fait demander un médecin parce qu'il souffre et qu'il désire être soulagé; mais ma conscience étant tranquille, je n'ai pas besoin pour le docteur que vous me proposez : il faut laisser cela aux femmes. — Voulez-vous que l'on fasse venir votre famille? — Non, monsieur, toute réflexion faite, cela m'attendrirait. Je lui écrirai, cela vaudra mieux. Ainsi, messieurs, je vous remercie, j'ai été jugé en bonne compagnie, voilà ce qu'il y a de sûr. Je vais achever de dîner[1]. »

M. de Pérignon, en sortant de la Conciergerie, nous répéta ces paroles, qui se graveront dans ma mémoire, et dont je garantis la vérité.

CHAPITRE LXVII.
1815.

Lettres de Joséphine : Au citoyen Barras, membre du directoire exécutif. — A M. de Sansal. — A madame Fanny de Beauharnais. — Du général Bonaparte à sa femme. — Du colonel Eugène Beauharnais à sa mère. — A mademoiselle Hortense. — Au général Bonaparte. — A l'impératrice Joséphine. — A mademoiselle Lenormand. — Billet trouvé dans la serviette de l'impératrice. — Réponse de mademoiselle Lenormand à Sa Majesté l'impératrice-reine. — A M. F. de Cb. — A mademoiselle Aubert, femme de chambre de l'impératrice. — A M. Achille de Villedeuil. — A M. le duc d'Otrante, ministre de la police. — A l'impératrice Marie-Louise. — A l'empereur Alexandre.

Au moment de terminer ce volume, j'ai reçu d'un homme aussi respectable par sa conduite privée qu'honoré par sa gloire militaire, un recueil précieux de lettres de Sa Majesté l'impératrice Joséphine. Je désirais vivement pouvoir les intercaler toutes dans cet ouvrage; mais elles eussent trop interrompu ma narration : j'ai donc préféré les réserver pour un autre moment, où elles paraîtront ensemble. Après les avoir parcourues, toutes les autres lectures paraîtront insignifiantes; il faut donc qu'elles ne soient pas séparées. J'ai une obligation véritable à celui qui a bien voulu me juger digne d'un dépôt si précieux : me mettre à même de faire juger mieux encore l'étendue de l'esprit de l'impératrice, la noblesse de ses sentiments, et surtout la parfaite bonté de son cœur, c'est me rendre un service qui excite ma gratitude. Que ne puis-je révéler le nom de celui auquel je le dois! Pour prix de son bienfait il a exigé le silence.

---

[1] M. le marquis de Pérignon, fils du maréchal de ce nom, est pair de France, gentilhomme de la chambre du roi. Il fait rarement son service, et n'assiste pas à toutes les sessions; il est aussi chef d'escadron. On s'étonna avec raison qu'il n'eût pas fait la campagne d'Espagne, puisque c'est dans ce royaume que son père s'est le plus illustré. Il donna sa démission en 1830.

[1] On sait qu'étant prisonnier au Luxembourg, il demanda une bouteille d'excellent vin et un poulet rôti, afin de faire une fois en sa vie un *bon repas*, et qu'il sollicita une paire de *draps fins* pour la dernière nuit qu'il devait passer dans le palais, pour connaître les jouissances du luxe. Ces demandes lui furent, dit-on, accordées.

Puisse l'effort que je fais pour obéir lui prouver toute l'étendue de ma reconnaissance !

Il m'est impossible de ne pas placer ici quelques-unes de ces lettres, qui feront regretter sans doute celles qui plus tard seront livrées au public. Elles sont sans dates précises.

Madame de Beauharnais au citoyen Barras, membre du directoire exécutif.

Fontainebleau.

« Rien ne m'est plus agréable que ce que vous m'annoncez, mais rien ne me surprend moins. Je connais votre influence et surtout votre zèle ; j'étais sûre de vous intéresser ; je ne l'étais pas moins que vous réussiriez. Me voilà donc certaine de posséder un asile ; et, grâce à cette bienveillance qui augmente le bienfait par la délicatesse, cet asile est selon mes souhaits, et je pourrai m'y livrer à mes goûts ; goûts paisibles et purs, qu'aux jours de la prospérité j'avais cultivés par fantaisie, et que je caresse aujourd'hui par prédilection. Je les ai inspirés aussi à mes enfants, qui y ont déjà trouvé l'amusement de leur premier âge, et qui bientôt y chercheront le charme du second. Héritiers d'un proscrit, la modestie sied à leurs vœux, et l'obscurité à leur existence. Celle dont nous allons jouir à la Malmaison remplit toutes ces conditions ; et malgré des pertes énormes, si le père de mes enfants vivait, je n'aurais plus de désirs à former. Mais s'il vivait, vous aurais-je connu ? aurais-je été malheureuse ? et tant de bienveillance se serait-elle réunie sur une infortunée ? Il faut prendre chaque situation de la vie avec toutes ses chances : la plus pénible en a peut-être quelques-unes encore de favorables ; et c'est à les mettre à profit que consiste le bon sens ; voilà ce qu'il est facile de se dire, lorsque la passion ne nous agite pas. J'ai subi une épreuve où durant quelques mois je n'ai pu soupçonner un beau jour : je n'avais alors que le choix des malheurs ; je les crois passés, et ce que vous faites aujourd'hui pour moi recommence ma vie. En la consacrant à la solitude, à l'étude, à l'éducation de mes enfants, ce sera la consacrer au bonheur tranquille et à notre inaltérable reconnaissance. »

Tout le monde sait que ce fut M. Barras qui décida madame de Beauharnais à épouser le général Bonaparte, qui, en faveur de cette union, reçut le commandement de l'armée d'Italie. La Malmaison fut achetée à cette époque à M. Lecouteulx du Moley pour la somme de quatre cent mille francs.

L'impératrice Joséphine y fit depuis des dépenses énormes, et embellit extrêmement ce séjour, qui n'était avant remarquable que par plusieurs beaux points de vue.

A monsieur de Sansal.

« Votre pétition, arrivée le 12 à la Malmaison, a été remise le soir même, et par moi, au citoyen Barras ; le lendemain, envoyée au bureau des émigrés, elle a été mise au rapport le 14, dès le 16, le premier examen avait été fait ; et hier 20, la décision définitive a été soumise au gouvernement. J'ai le plaisir de vous annoncer, monsieur, qu'elle vous a été favorable, et que, rayé de la liste fatale, vous rentrez dans tous les droits de citoyen français. Mais en vous transmettant cette communication, qui m'est aussi agréable qu'à vous-même, permettez-moi d'en augmenter le prix en vous répétant les propres paroles dont l'a accompagnée le directeur : « J'ai peu à vous refuser ordinairement, madame, m'a-t-il dit en me remettant le paquet qui la contient, et je ne puis rien à objecter quand il s'agit de servir l'humanité. Mais la pitié pour le malheur n'exclut pas la justice, et la justice est inséparable de l'amour de la vérité. Cet amour me prescrit de donner à M. de Sansal un conseil salutaire. Comme infortuné, M. de Sansal mérite des égards ; comme émigré, il n'a droit à aucun. Je dirai plus : si j'étais sévère, il en aurait à de rudes représailles d'un gouvernement aux bontés duquel il répond par des insolences. Quoique je dédaigne les siennes, je les apprécie ; elles prouvent un cœur ingrat et un esprit borné. D'autres ont fait le mal, nous le réparons ; ce n'est pas un motif pour être détesté. Si c'en est un pour que M. de Sansal baisse, qu'il renferme dans son âme cette lâcheté ; en la montrant il s'exposerait à de fâcheux retours, et tous mes collègues ne sont pas aussi indulgents que moi. »

» Ne vous en prenez qu'à vous-même, monsieur, du peu d'aménité de ces conseils ; ils sont durs, peut-être, mais utiles, et vous les rendrez efficaces. Voyez d'ailleurs, dans ma fidélité à vous les transmettre, tout l'intérêt que vous m'inspirez, et qu'il ne tient qu'à vous de justifier. »

A madame Fanny de Beauharnais.

« Êtes-vous heureuse, me demandez-vous, ma chère tante ? A cette question on peut faire plusieurs réponses : oui, je le suis et comme mère et comme épouse. Fut-il des enfants plus aimables, plus chéris et plus dignes de l'être ? Est-il un mari qui m'ait fusse plus d'honneur à celle qu'il décora de son nom ? Pourtant c'est lui, c'est ce mari qui fait toute ma gloire, qui fait aussi mon tourment. Ah ! que d'insomnies me coûtent ses victoires ! Peut-être serait-il moins avide de lauriers, s'il voyait chaque feuille des siens arrosée de mes larmes. Mais que dis-je ? femme d'un Français, dois-je ne pas porter un cœur français ? Avant que d'être épousé, avant que d'être mère, j'étais citoyenne, et Alexandre ne m'apprit-il pas à faire marcher ce titre avant tout ? Son digne successeur, possesseur de ma tendresse, est aussi l'héritier de tous ses sentiments ; méritons, en les partageant, le titre honoré de la veuve de Beauharnais, et le titre honorable de l'épouse de Bonaparte : c'est une belle association de gloire, une noble communauté d'illustration. Puisse le sort heureux qui s'éloigna de l'un l'accompagner toujours l'autre !

» Voici la lettre que je viens de recevoir de celui-ci. J'y joins celle de mon fils, que je tiens de lui, et que vous lirez avec des yeux de mère. Les journaux ont altéré l'une et l'autre ; je les rétablis.

» JOSÉPHINE. »

Je me souviens très-bien d'avoir vu une fois madame Fanny de Beauharnais, pour laquelle l'impératrice conservait la plus grande affection et le plus tendre respect. Il était impossible de juger de ses traits recouverts d'une couche épaisse de toutes les couleurs. C'était une vraie palette que sa figure. Elle causait bien, mais avec un peu trop de prétention, cherchant presque toujours à *faire effet*, et rarement avec l'abandon qui fait le charme de la conversation. Elle était, disait-on, parfaitement bonne et obligeante, et ne refusa jamais de se servir de son crédit pour obtenir de nombreuses grâces. Qui ne connaît l'épigramme faite contre elle :

Églé, belle et poëte, a deux petits travers :
Elle fait son visage, et ne fait pas ses vers.

On prétend que ce dernier hémistiche est faux, puisqu'elle a jusqu'à sa mort composé d'autres jolies choses en vers et en prose.

Du général Bonaparte à sa femme.

« MA CHÈRE AMIE,

» Mon premier laurier dut être à la patrie, mon second sera pour vous. En poussant Alvinzi, je pensais à la France ; quand il fut battu, je pensai à vous. Votre fils vous remettra une dragonne que lui a offerte le colonel Morbach, fait prisonnier de sa main. Vous voyez, madame, que notre Eugène est digne de son père. Ne me trouvez pas moi-même trop indigne d'avoir succédé à ce brave et malheureux général, sous lequel je me serais honoré d'apprendre à vaincre. Je vous embrasse.

» BONAPARTE. »

Du colonel Eugène Beauharnais à sa mère.

« Retenu à Lyon, pour y terminer quelques affaires, je ne puis résister à l'impatience que j'ai de vous entretenir, ma chère et digne mère ; j'ai eu le bonheur de faire, sous les yeux du général Bonaparte, une action qui m'a valu son approbation, et qui m'a donné de moi-même une honorable idée. En faisant prisonnier un colonel autrichien, je pensais à mon père, j'étais vu du général et je savais que vous m'applaudiriez. Que de motifs pour servir son pays ! ces encouragements seront toujours les mêmes, et ils auront sur mon cœur la même influence. Suspendez cette dragonne dans votre cabinet, au-dessous du portrait de mon père, auquel j'en fais hommage aussi bien qu'à vous. Quant à celle que m'a donnée Hortense, et dont elle a tissu le chiffre, dites-lui bien qu'elle ne me quittera pas facilement. Nous avons le projet de rendre les Autrichiens prodigues envers nous, nous avons aussi celui de rester avares avec eux.

» Au revoir, ma bonne et tendre mère ; encore huit jours ici, puis je piquerai mon gris pommelé, pour aller, tout d'un temps, me mettre à vos pieds. »

A mademoiselle Hortense.

« MA BONNE AMIE,

» Il y a dans les bois de Fontainebleau une plante de la famille des chénopodées, qu'on appelle blète effilée : c'est l'épinard-fraise des jardiniers. Tu la distingueras par sa singularité d'avoir ses fruits faits et colorés exactement comme des fraises : comme c'est une plante sédentaire et qui n'aime point à être transplantée, tu auras soin de faire enlever une forte et profonde portion de gazon qui l'entoure, et qui sera encaissé avec la terre légère dont elle se nourrit. Le tout sera expédié, bien conditionné, par la voiture du bonhomme Phédart, qui revient à petites journées ici. Mon jardinier Spire dit qu'il a transplanté des blètes, de leur local natif, dans une terre peu meuble mais appropriée, et que la culture de la plante il en résulte une véritable fraise : je n'en crois pas un mot, mais l'expérience coûtant peu, je veux la tenter.

» EUGÈNE. »

L'impératrice de tout temps s'occupa beaucoup de botanique ; aimant passionnément les fleurs, elle encourageait tous ceux qui les cultivaient, entre autres M. Celse, dont les belles serres étaient le rendez-vous de la bonne compagnie, comme le sont aujourd'hui celles de M. Boursault. Joséphine passait plusieurs heures chaque jour avec ses jardiniers, auxquels elle adressait de nombreuses questions; elle acquit des connaissances très-étendues dans une science qui sied particulièrement aux femmes, puisqu'elle leur fait trouver un charme extrême dans l'habitation de la campagne, et les éloigne ainsi du monde où tant de dangers les entourent.

Au général Bonaparte.

« Mon ami,
» Pour la dixième fois peut-être je relis votre lettre, et j'avoue que l'étourdissement qu'elle me cause ne cesse que pour faire place à la douleur et à l'effroi. Vous voulez relever le trône de France, et ce n'est pas pour y faire asseoir ceux qui ont fondé la révolution en a renversés! C'est pour vous y placer vous-même! Que de force, dites-vous, que de grandeur dans ce projet, et surtout que d'utilité! Et moi je vous dis : Que d'obstacles pour le faire agréer! que de sacrifices pour l'accomplir! quelles incalculables suites quand il sera réalisé! Mais admettons qu'il le soit : vous arrêterez-vous à la fondation du nouvel empire? Cette création, disputée par des voisins, n'entraînera-t-elle pas la guerre avec eux, et peut-être leur ruine? Leurs voisins, à leur tour, la verront-ils sans terreur, et n'essaieront-ils pas de la repousser par la vengeance? Et au dedans, que d'envieux, que de mécontents! Que de complots à déconcerter, que de conspirations à punir! Les rois vous dédaigneront comme parvenu, les peuples vous haïront comme usurpateur, vos égaux comme un tyran. Aucun ne comprendra la nécessité de votre élévation; tous l'attribueront à l'ambition ou à l'orgueil. Vous ne manquerez pas d'esclaves qui ramperont sous votre puissance, jusqu'à ce que, secondés par une puissance qu'ils croiront plus formidable, ils se relèvent pour vous renverser. Heureux encore si le poignard, si le poison!... Une épouse, une amie peut-elle fixer son imagination tremblante sur de si funestes images?

» Ceci m'amène à moi, dont je m'occuperais peu s'il ne s'agissait que de moi-même; mais le trône ne vous inspirera-t-il pas le besoin de nouvelles alliances? Ne croirez-vous pas devoir chercher dans de nouveaux liens de famille de plus sûrs appuis à votre pouvoir? Ah! quels qu'ils soient, vaudront-ils ceux que la convenance avait tissus, que les affections les plus douces semblaient devoir éterniser? Je m'arrête à cette perspective, que la crainte, faut-il le dire, que l'amour trace dans un avenir effrayant. Vous m'avez alarmée par votre essor ambitieux; rassurez-moi par le retour, par l'assurance de votre modération. »

A l'impératrice Joséphine.

« Madame,
» Votre Majesté va prouver à l'Europe qu'elle est digne du rang où le bonheur des circonstances l'a fait monter : elle n'a pour cela qu'à jeter les yeux sur le nom qui décore cette demande, et agir en conséquence.

» Dans la société que fréquentait madame la vicomtesse de Beauharnais, ce nom n'a pas manqué de frapper souvent ses oreilles : cela suffit sans contredit pour le recommander à l'impératrice. Quant à la personne qui a l'honneur de le porter, comme l'élévation de son existence lui permit rarement d'avoir celui de se rencontrer avec madame la vicomtesse, elle se voit obligée d'entrer à cet égard dans quelques détails avec Votre Majesté.

» Lorsqu'un usage plus long de la puissance souveraine aura fait connaître à Votre Majesté les illustres maisons avec lesquelles elle est appelée à la partager, elle apprendra que, de toutes celles que l'Allemagne révère comme antiques, et redoute comme puissantes, la mienne, une des plus antiques et jadis la plus puissante, compte des alliances sur tous les trônes et des hommes d'État dans tous les cabinets.

» Issue d'une branche collatérale de la maison de Lorraine, alliée par les femmes aux Bourbons de Naples, il n'est pas de rang auquel je ne puisse monter, il est peu de prétentions que je ne doive raisonnablement avoir.

» Les miennes cependant se bornent à demander à Votre Majesté la place de sa dame d'honneur : comme c'est la première de la cour, et qu'elle fut offerte à une personne qui depuis devint reine de France, je ne crois ni m'avilir en la sollicitant ni déroger en l'exerçant.

» Si cet emploi n'eût été promis par la feue reine, nul doute que je ne l'eusse rempli auprès d'elle : elle eût acquitté ainsi la dette des convenances et du sang.

» Plus heureuse que cette souveraine infortunée, Votre Majesté accomplira ses intentions en m'accordant une place à laquelle j'ai tant de droits; je jouirai sans doute de tous ses avantages, mais Votre Majesté en aura tout l'honneur.

» J'ai celui d'être,
» Alexandrine, duchesse de la R. B., *née* princesse de D... »

En marge, est écrite cette apostille :
« Recommandée à l'empereur. « Signé Joséphine. »

Et de la main de Napoléon : « La requérante étant trop grande princesse pour être dame d'honneur, nous la nommons *dame d'annonce du palais* de l'impératrice. »

Et plus bas, au crayon : « *Ce qu'elle a accepté.* »

J'ai vainement cherché quel pouvait être l'auteur de cette absurde lettre. La place de dame d'annonce était tellement subalterne, qu'elle n'eût pu être offerte à une personne alliée aux familles souveraines d'Allemagne, que Napoléon avait intérêt à ménager, et qu'il eût humiliées par une proposition semblable. Je pense donc que l'impératrice ne fit point part à madame la duchesse de la R. B., née princesse de D..., de l'apostille de l'empereur, et que les mots au crayon furent une plaisanterie.

A mademoiselle Lenormand.

« Hier, en me plaçant à table, je trouvai sous ma serviette un petit *poulet* doré et parfumé, que je lus sans y comprendre un mot, et que je vous envoie, vénérante sybille. C'est le moment de monter sur le trépied sacré et d'évoquer le diable ou Apollon. On dit que pour certains poëtes c'est la même chose; je n'en crois rien quand il s'agit de vous ou de votre Apollon; du moins, c'est un diable bien aimable. »

BILLET TROUVÉ SOUS LA SERVIETTE DE L'IMPÉRATRICE.

« Qui tente le Seigneur succombera à la tentation. L'arc trop tendu se brisera aux mains du chasseur. La glace ne vaut pas mieux pour le gibier que le feu. Qu'il se garde du 23 et du 31 : c'est un ambe de malheur. Heureuse sa compagne si elle échange sept cailloux contre trois brins de fougère et de paille! Ainsi dit le prophète. »

Réponse de mademoiselle Lenormand.

« Que Votre Majesté, au lieu de me donner à deviner des énigmes dignes de l'almanach de Liége, m'adresse au moins des oracles proposés par le sphinx. Pour interpréter celui-ci, il ne faut pas être Œdipe : une simple tireuse de cartes suffirait. Voici mon explication : on la trouvera, je m'en flatte, claire, naturelle et concluante.

» *Tenter le Seigneur*, c'est-à-dire projeter, essayer, ébaucher une entreprise, c'est s'exposer à *succomber*; mais la commencer avec une immuable volonté, la suivre avec des moyens proportionnés, et soutenir ces moyens par des ressources qui en sont comme l'arrière-garde, c'est s'assurer le succès. Appliquez ceci à Sa Majesté l'empereur.

» Quand *l'arc trop tendu se brise aux mains du chasseur*, et que le cerf se rapproche de lui, il périt sous ses éclats. Qu'importe qu'il soit percé de flèches ou qu'il succombe sous les coups de l'arc! L'important, c'est que le chasseur, assez adroit pour n'être pas atteint, soit assez proche de lui pour l'atteindre. Tel est, je crois, le caractère de la tactique de Sa Majesté.

» Il est hors de doute que *la glace ne vaut pas mieux pour le gibier que le feu*. La brûlante Syrie et la Hollande gelée en rendront d'éternels témoignages. Cela n'a besoin d'aucun commentaire : faisons seulement à l'avenir l'application du passé.

» A force d'être vague et de pouvoir s'étendre, cet ambe du 23 et du 31 ne signifie rien. Est-ce une date, le nombre des princes coalisés, le chiffre de leur traité, le jour qu'il fut signé, le numéro d'ordre des affaires, celui de la maison qu'ils habitaient, la quantité de voix données à la diète, au sénat, au conseil, le quantième de la semaine et du mois? Je raisonnerais, ou plutôt je déraisonnerais à l'infini sur des données aussi peu précises. A des problèmes tant et si peu compliqués, Cagliostro lui-même n'eût pas offert de solution. C'est à la destinée, à *l'étoile*, ou plutôt au génie de l'empereur qu'il est donné de les résoudre.

» Votre Majesté a facilement compris que les *sept cailloux* sont les palais qu'elle habite, et qu'elle est en effet heureuse d'échanger ces demeures somptueuses contre le toit *de paille et de fougère* du pauvre, du malheureux, chez lequel elle va prodiguer les consolations et les bienfaits. Si toute la France connaissait cette partie de la prédiction, elle en pénétrerait aisément le sens, applaudirait à l'explication que j'en donne, et qui n'est que l'écho de son admiration, de son amour et de sa reconnaissance.

» Je demeure avec un très-profond respect, » etc.

J'ai déjà dit que Sa Majesté n'aimait pas que l'on parlât de prédictions, de sorciers devant elle. Elle eut la faiblesse de consulter quelquefois mademoiselle Lenormand, mais pas plus souvent que beaucoup de femmes de la société, qui, ennuyées de tout, blasées sur tout, allaient chercher des émotions et des distractions rue de Tournon.

Au reste, la sibylle du faubourg Saint-Germain a conservé pour Sa Majesté une vénération de reconnaissance qui ferait douter de son art, car elle aurait dû prévoir qu'en affichant un attachement qui lui fait honneur, elle risquait de déplaire à un grand nombre de ses clientes, qui eussent rougi d'avoir été *consulter* pour savoir si elles seraient en faveur près de *madame Bonaparte*.

A Sa Majesté l'impératrice et reine.

« MADAME,

» Tout retentit des louanges de Votre Majesté ; serais-je le seul qui n'y pourrais joindre les miennes?

» On dit que c'est sur la recommandation de Votre Majesté que les lycées ont obtenu des bibliothèques. Cela est certainement très-heureux pour les lycées ; mais cela ne laisse pas que d'être fort triste pour les institutions qui n'ont que le titre de collége.

» Quant à eux, voici le petit raisonnement que je me suis fait : si l'instruction des lycées, me suis-je dit, est aussi supérieure à celle des colléges que la qualification de ceux-ci est inférieure à celle de ceux-là, en quoi ont-ils besoin de bibliothèques, et pourquoi porter de l'eau à la rivière? pourquoi en refuser au terrain fertile, mais desséché, qui ne demande qu'à être arrosé pour produire ?

Alexandre 1er, empereur de Russie.

» De là, pourtant, je n'en conclus pas qu'il ne faut plus de livres aux lycées, mais il en faut aux colléges.

» L'importance de ce petit syllogisme ne vient pas de sa régularité; elle vient de celle que Votre Majesté aura la bonté d'y mettre.

» Il est surtout un homme qui se connaît aussi bien en logique qu'il se connaît en tout ; s'il trouve mon raisonnement concluant, je m'en rapporte à lui pour l'explication.

» Au surplus, je ne suis pas exigeant, et voici de quoi le mettre à l'aise ; s'il n'estime un collége que la moitié d'un lycée (n'importe dans quel sens), qu'il nous donne une moitié de bibliothèque, mais une moitié numérique, et qu'il me charge de compenser la qualité par la quantité. Il faut bien peu d'or pour beaucoup de billon.

» Au moyen d'un arrangement si raisonnable, nous promettons de ne pas augmenter le nombre des puissances armées contre l'empereur, et, toute raillerie cessante, cette considération n'est pas à dédaigner : n'est-ce pas d'un petit collége de province qu'est sorti le héros qui fait trembler l'Europe?

» Je suis avec un très-grand respect, madame, de Votre Majesté,
» Le très-humble et petit sujet,

» *Signé*, ISIDORE DEMANGIN,
» Étudiant en philosophie au collége de Bar, ce 7 février 1805. »

En marge de cette lettre est écrit, de la main de l'empereur :
« Renvoyé au travail de la commission chargée de l'organisation de l'instruction publique. En attendant, accordé au collége de Bar quinze cents volumes au choix de M. Isidore Demangin.

» *Signé* NAPOLÉON. »

J'ai cru devoir faire connaître cette lettre, qui par son style pouvait déplaire à Napoléon. L'impératrice, sachant combien il aimait à se rappeler l'époque de son enfance, n'hésita pas à mettre sous ses yeux une demande qui n'eût peut-être point été accordée faite en d'autres termes, et privée d'une phrase ayant rapport à la première éducation de l'empereur. Il s'entoura toujours de tous ses anciens camarades, dont plusieurs furent ses amis les plus intimes : s'en souviennent-ils encore?...

A monsieur F. de Ch...

« Profitez de mon absence, mon cher F., et hâtez-vous de déménager le pavillon des acacias, pour transporter mon cabinet dans celui de l'orangerie. Je veux que la première des pièces qui la composent, et qui servira d'antichambre, soit tendue de vert-gris, avec la bordure lilas. Au centre des panneaux vous placerez mes belles gravures d'Esther, et sous chacune d'elles le portrait des généraux célèbres de la révolution. Au milieu sera une énorme jardinière, toujours garnie des fleurs de la saison ; et dans les encoignures, autant de gaines, avec les bustes des philosophes français. Je vous recommande celui de Rousseau, que vous placerez entre les deux croisées, de manière que les pampres et les liserons échappés de la treille viennent se jouer sur sa tête. C'est une couronne naturelle digne de l'auteur d'*Émile*. Quant à mon cabinet particulier, faites-le décorer de lilas uni, avec une bordure de renoncules et de scabieuses. Dix grandes gravures de la galerie du Musée et vingt médaillons occuperont les panneaux. La tenture des croisées sera blanche et verte, avec des baguettes dorées mais unies. Mon piano, un canapé vert, quatre chaises longues et le meuble correspondant, un secrétaire, un petit bureau, et la grande glace de toilette. Voilà ce que vous n'oublierez pas. Au milieu une grande table couverte de fleurs toujours fraîches ;

Le duc de Berry.

et sur la cheminée une simple pendule avec deux vases d'albâtre et des girandoles unies. Joignez l'élégance à la variété, mais ni recherche ni profusion ; rien n'est plus opposé au bon goût. Enfin, mon cher F., je m'en rapporte à vôtre pour faire de ce lieu chéri une agréable retraite où je pourrai rêver, sommeiller même, et lire le plus souvent ; ce qui vous dit assez que vous n'oublierez pas trois cents volumes de mes petits formats. »

A mademoiselle A..., femme de chambre de l'impératrice.

« Je vous prie, ma chère mademoiselle A., de passer chez Biennais en revenant, et de voir s'il veut enfin m'apporter mes boîtes à rouge. Je n'en ai pas une seule, vous le savez. Informez-vous donc aussi auprès de lui si les métiers que je lui ai commandés sont prêts ; ces dames restent les bras croisés, et moi-même je n'ai rien à faire. » même temps au *Père de Famille*, et prenez de ma part un

Paris. — Typographie Walder, rue Bonaparte, 44.

assortiment complet de chenille, avec quelques douzaines d'aiguilles anglaises.

» Voilà bien des commissions à la fois ; pour ne pas les oublier, pensez à moi. Je suis certaine que vous vous en acquitterez bien. Revenez vite.

» JOSÉPHINE. »

Aux Tuileries, comme à la Malmaison et à Navarre, l'impératrice faisait beaucoup de tapisserie, et les dames travaillaient auprès d'elle à des meubles qui figurèrent plus tard dans différentes résidences impériales.

Joséphine n'était jamais oisive ; elle suivait l'exemple donné par toutes les princesses de France. Le garde-meuble de la couronne contient plusieurs preuves non-seulement de leur adresse, mais aussi de leur persévérance.

Madame la Dauphine avait un merveilleux talent pour la broderie au passé. J'ai vu un meuble complet fait par elle d'une beauté réelle. Elle le mit en loterie pour les inondés de la Loire en 1823.

Le soir, au cercle intime des Tuileries, elle découpait tous les cachets des pétitions qui lui étaient adressées ; ils étaient remis à une pauvre femme, qui, par leur fonte, voyait sa position adoucie. Ne jouant pas, madame la Dauphine avait trouvé ce moyen de n'être pas oisive pendant la partie de Charles X. C'était une occasion de plus de faire un peu de bien, et tout le monde sait que cette princesse n'en laissait échapper aucun.

A monsieur Achille de Villedeuil, rue de Grenelle-Saint-Germain, n° 118.

« MONSIEUR,

» La demande que vous m'avez adressée dernièrement concerne M. l'archichancelier. Si vous voulez faire un mémoire pour lui et me l'apporter, je prends l'engagement sincère de le faire apostiller par l'empereur, qui a plus de crédit que moi.

» Je m'estimerai heureuse, monsieur, de pouvoir vous donner cette marque de l'estime que j'ai toujours eue pour vous et votre généreuse famille, que j'ai beaucoup connue lors de mon arrivée en France. Croyez autant à mes promesses qu'à la justice de l'empereur. »

M. de Villedeuil fut un des émigrés auxquels l'impératrice accorda une protection qui lui fut fort utile. Quelques-uns, tout en étant sincèrement attachés aux Bourbons, ont conservé le souvenir des bienfaits de Joséphine. M. de Villedeuil est de ce nombre.

A monsieur le duc d'Otrante, ministre de la police.

« MONSIEUR LE DUC,

» Je veux que le jeune Dutertre soit placé d'une manière ou d'une autre tandis que je suis encore impératrice ; vous l'oublieriez bien vite quand je ne le serais plus.

» Je vous salue. »

L'impératrice, pour employer un ton si opposé à celui qu'elle employait ordinairement, croyait sans doute avoir quelques raisons de se plaindre du duc d'Otrante ; cependant la demande qu'elle lui faisait prouve qu'elle comptait encore sur l'empressement du ministre à faire ce qu'elle désirait.

Le duc d'Otrante a rendu de fréquents services aux émigrés pendant la durée de son ministère ; ma famille eut à s'en louer. Tant de gens le déchirent, maintenant qu'il est bien positif qu'il ne pourra plus rien pour eux, que j'éprouve du plaisir à publier une reconnaissance qui devrait être partagée par beaucoup de personnes qui affectent de ne se souvenir que de ses torts ; il me semble que ses obligés ne peuvent se rappeler que les services rendus ; la mort, pour eux, a dû effacer tout le reste.

On m'a raconté une anecdote que je transcris, parce qu'elle me paraît piquante, sans toutefois en garantir l'exactitude.

Après la rentrée des Bourbons, M. le duc de Rovigo se rendit aux Tuileries pour expliquer à Louis XVIII plusieurs actes de sa vie politique. A son arrivée dans le salon précédant le cabinet du roi, il vit tous les courtisans s'éloigner de lui avec une sorte d'affectation. — Ah ! dit tout haut le duc, c'est comme cela ! eh bien, j'ai dans ma poche un petit livre où sont inscrits les noms de tous mes anciens employés. Je vais en amuser le roi. »

Un grand nombre de personnes se rapprochèrent vivement du ci-devant ministre de la police.

Visite des enfants de M. de Beauharnais à leur père dans sa prison.

A l'impératrice Marie-Louise.

« MADAME,

» Tant que vous n'avez été que la seconde épouse de l'empereur, j'ai dû garder le silence avec Votre Majesté ; je crois pouvoir le rompre aujourd'hui, que vous êtes devenue la mère de l'héritier de l'empire.

» Vous auriez cru difficilement à la sincérité de celle que vous regardiez peut-être comme une rivale ; vous croirez aux félicitations d'une Française, car c'est un fils que vous avez donné à la France.

» Votre amabilité, votre douceur, vous ont acquis le cœur de l'empereur ; votre bienfaisance vous mérite les bénédictions des malheureux : la naissance d'un fils vous vaudra celle de tous les Français.

» C'est un peuple si aimable, si sensible, si admirable que ces Français ! et pour me servir d'une expression qui les peint à merveille, *ils aiment à aimer*. Oh ! qu'il est doux d'être aimé d'eux !

» C'est sur cette facilité, et pourtant cette solidité d'affection que les partisans de ses anciens rois ont longtemps compté pour les faire regretter ; et en cela ils ont eu raison. Quelque chose qui arrive, par exemple, le nom de Henri IV sera toujours béni. Il faut avouer pourtant que la révolution, sans gâter les cœurs, a beaucoup étendu les intelligences et rendu les esprits plus exigeants. Sous nos rois, on se contentait du repos ; maintenant on veut de la gloire.

» Voilà, madame, les deux biens dont vous êtes appelée à donner l'avant-goût à la France : votre fils les lui fera goûter complètement, si aux vertus glorieuses de son père il joint celles de son auguste mère qui sait les tempérer.

» JOSÉPHINE. »

J'ai donné le détail exact de ce que fit l'impératrice Joséphine à l'époque de la naissance du roi de Rome. Elle ne nous parla point de cette lettre.

A l'empereur Alexandre.

« SIRE,

» Mon cœur éprouve le besoin de témoigner à Votre Majesté toute ma reconnaissance. Je n'oublierai jamais qu'à peine arrivée à Paris (car je ne veux pas dire *entrée*), vous avez daigné vous souvenir de moi. Au milieu des malheurs qui affligent ma patrie, ces égards, me seraient presque une consolation, s'ils pouvaient s'étendre à une personne qu'il me fut jadis permis de nommer avec orgueil. Vous-même, sire, la nommiez alors avec les expressions d'une auguste amitié. En vous rappelant un sentiment qui fut partagé, c'est vous rappeler à ce que son souvenir demande. Dans une âme telle que la vôtre, il ne sera jamais effacé.

» JOSÉPHINE. »

CHAPITRE LXVIII.
1815.

Pension accordée à ma fille par une princesse. — Elle est supprimée. — M. Ladvocat. — Madame de Genlis, MM. de Châteaubriand, de Barante, Villemain, Casimir Delavigne. — Dernière visite à la Malmaison.

Lorsque je me décidai à publier les Mémoires sur l'impératrice Joséphine, je cédai, comme je l'ai dit, aux instances réitérées de quelques amis persuadés que les faits concernant cette personne si parfaite, intéresseraient vivement s'ils étaient racontés simplement, mais avec toute la chaleur d'une affection que le temps, la mort, l'oubli cruel dont j'avais tant souffert après mon départ de la Malmaison, n'avaient pu altérer. Mon peu d'habitude d'écrire me donnait des craintes sur le succès de cet ouvrage ; et si le sujet n'expliquait pas l'accueil qu'il a reçu, je serais encore à le concevoir. Quoi qu'il en soit, j'avouerai que je suis maintenant très-heureuse de l'avoir publié, non que mon amour-propre soit flatté des éloges qu'il a reçus ; car j'ai le bon esprit de ne les attribuer qu'à l'indulgence qu'excite toujours le début d'une femme qui ne cherche pas la célébrité, puisqu'elle ne se nomme pas, mais parce que j'ai montré dans tout son jour la perfection du caractère le plus aimable ; que j'ai rendu justice à plusieurs personnes que l'on ne connaissait pas assez ; et qu'enfin, par M. Ladvocat, j'ai trouvé un moyen de réparer un malheur qui arrêtait l'éducation de mes enfants.

Une princesse [1] qui autrefois eut à redouter pour elle-même ce qui me menaçait, m'avait depuis trois ans accordé une rente de huit cents francs, pour que je pusse choisir une pension pour ma fille aînée : ma fierté naturelle, loin de repousser un semblable bienfait, le recevait au contraire avec plaisir et reconnaissance. Il ne me paraissait qu'une juste récompense de services importants rendus par mes parents à une famille qui, plus heureuse que la mienne, avait retrouvé sous ses honneurs et sa fortune qui pouvait soulager tant de malheureux ! Pénétrée d'amour pour les Bourbons, il m'était doux d'avoir de nouvelles raisons de les bénir ; chaque progrès de ma fille me causait une double jouissance ! Habituée à souffrir, je n'aurais pas dû m'étonner de voir cesser ce qui dans ma position était un grand bonheur ; cependant j'ai été douloureusement surprise en recevant la lettre qui m'annonçait que cette faible somme de huit cents francs était supprimée, et que la princesse regardait apparemment l'éducation à laquelle elle paraissait s'intéresser, comme entièrement terminée. Ma fille n'ayant que quatorze ans et demi, il était impossible de lui faire quitter ses maîtres ; mon peu de fortune rendait ce surcroît de dépense une véritable calamité. M. Ladvocat, avec sa générosité ordinaire, a mis à mes faibles travaux un prix qui me permet d'espérer que je pourrai finir ce qui est si bien commencé ; malgré la fatigue, la peine que me promet la carrière dans laquelle je débute, il me sera doux, grâce à lui, de voir réaliser par moi les espérances qu'il ne m'est permis de concevoir. Je veux donc, avant de finir mes mémoires, lui témoigner ici [2] publiquement la gratitude que je lui ai vouée. Tous ceux qui ont eu des relations avec ce *roi de la librairie* (comme se plaisent à l'appeler ses ennemis par dérision, et ses nombreux amis par justice) se sont empressés de faire connaître les qualités qui le distinguent : ainsi, je ne veux point ajouter aux éloges qu'il a reçus ; ceux que je lui prodiguerais pourraient maintenant sembler dictés par un sentiment bien naturel, qui en atténuerait la sincérité aux yeux des personnes qui ne le connaissent pas ; d'ailleurs, les suffrages et l'amitié que lui accordent madame de Genlis, MM. de Châteaubriand, de Barante, Villemain, Casimir Delavigne, etc., parleront mieux et plus haut que moi ; qu'il me soit seulement permis de l'assurer que je n'oublierai jamais la manière désintéressée dont il a agi avec moi, dans un des moments les plus pénibles de ma vie.

Je demande pardon de ce long article qui m'est personnel, les mères trouveront naturel que je n'aie pu résister à l'écrire, leur cœur m'approuvera : c'est surtout d'elles que je désire être comprise.

[1] Madame Adélaïde d'Orléans.
[2] M. Ladvocat vient de mourir dans un état voisin de la misère. Mon absence de Paris, qui s'est prolongée plusieurs années, m'avait fait perdre de vue, et quoique j'aie eu à m'en plaindre relativement à un ouvrage commandé par lui *, et dont je n'ai jamais rien reçu, je veux rendre à sa mémoire l'hommage de quelques mots de reconnaissance. Sans lui je n'eusse jamais essayé d'écrire ; mes sentiments pour l'impératrice, conservés religieusement dans mon âme, fussent restés ignorés, et j'aurais pu être confondue avec tous les ingrats faits par l'impératrice. M. Ladvocat. Des plumes plus éloquentes ont dit ce qu'il a fait pour les hommes de lettres ; je me borne à prouver que je n'ai pas oublié ce qu'il a fait pour moi.

*. *Paris en province.*

Il ne me reste plus maintenant qu'à parler de ma dernière visite à la Malmaison.

Depuis plusieurs années, je désirais et je craignais également de revoir ce séjour. Plusieurs fois j'avais dû y aller ; toujours cette course avait été dérangée par ma volonté, chancelant dès qu'il fallait me décider à parcourir ce lieu cher à Joséphine, qui y trouva souvent le bonheur, puis les chagrins les plus amers, puis enfin le repos éternel !...

Je prévoyais tout ce que j'éprouverais en y entrant, et, par une faiblesse que je me reprochais comme un tort envers sa mémoire, je tremblais de ne me retrouver là, où j'étais certaine de ne me plus avoir que de douloureux souvenirs ! Apprenant que ce beau domaine venait d'être vendu partiellement, et que probablement bientôt tout ce que j'avais admiré serait ou changé ou détruit, je pris enfin le parti de m'y rendre : c'était encore un douloureux adieu que j'allais faire !

Je partis seule de Paris, le cœur horriblement serré ; il m'eût été odieux de parcourir la Malmaison avec des indifférents qui n'eussent pu comprendre aucune de mes impressions.

Arrivée à la première grille, un homme à jambe de bois vint m'ouvrir. Je commençai dès ce moment à remarquer la différence qui allait me frapper à chaque pas entre ce qui avait été et ce qui était. Au lieu des nombreux grenadiers de la garde impériale, en grande tenue que j'étais habituée à voir dans ce pavillon, il n'y avait plus qu'un vieil invalide, comme si un reste de cette brillante armée devait seul garder les ruines d'un palais impérial !...

En avançant à pied dans l'avenue qui conduit au château, je cherchai malgré moi dans les prairies qui bordent ces troupeaux que j'y avais admirés tant de fois, et qui, fuyant au bruit des voitures qui se pressaient, animaient ce paysage maintenant si triste et si désert. Parvenue dans la cour, je fus presque étonnée de n'apercevoir qu'un concierge mal vêtu, assis sur un banc dégradé, fumant sa pipe tranquillement, en attendant les voyageurs qui devaient le dédommager de l'ennui qu'il semblait éprouver. Où donc étaient les équipages entassés, les valets dorés qui obstruaient le passage ? Qu'était devenue cette foule empressée de contempler les traits de la souveraine ? Pouvant à peine parler, je demandai au concierge de me faire voir les appartements. « Oh ! madame, me répondit-il, ce ne sera pas long, car il n'y a plus rien. — Quoi, rien ? m'écriai-je d'un ton si affligé que cet homme en fut étonné. — Rien ! » prononça-t-il tristement. Je le suivis sans proférer une parole, et je vis qu'il avait eu raison.

Tous les meubles étaient enlevés, et quelques chaises d'un vieux lampas sale et déchiré étaient placées de loin en loin dans le salon, beaucoup plus, je crois, pour reposer les visiteurs que pour parer une pièce dans laquelle ces meubles n'eussent jamais dû entrer : c'était remplacer la magnificence par une misère que l'on était surpris et choqué de trouver là. Mon émotion augmentait et devenait de plus en plus pénible ; elle fut extrême en entrant dans cette galerie jadis si pleine de chefs-d'œuvre. Au chagrin que j'éprouvais en voyant abandonnée cette demeure qui, peu d'années auparavant, était un modèle de goût et d'élégance, se joignait celui de penser que tous ces admirables tableaux se trouvaient perdus pour la France ! [1]. Ces superbes statues de Canova étaient aussi parties ! Cependant leurs places étaient encore marquées par la différence de couleur du magnifique parquet de marqueterie, où reposeront si longtemps leurs socles de marbre. Un cygne noir empaillé, plein de poussière, dont toutes les plumes se détachaient au moindre mouvement, était le seul ornement de cette immense salle, où se remarquait encore le fauteuil de velours de Sa Majesté, dont la couleur n'était plus reconnaissable.

L'appartement de Napoléon n'avait pas été respecté davantage. Je me tournai promptement du côté où se trouvait le portrait de Joséphine, peint par Gérard [2]. Hélas ! il avait aussi disparu.

J'entrai dans la bibliothèque. Le bureau était couvert de livres, et j'appris que l'on faisait un catalogue très-exact, parce que, quelques jours après, on devait vendre publiquement tous ces ouvrages. Il est tout naturel que la vente de Malmaison ait eu lieu, puisque quelques-uns des héritiers sont mineurs. Ce que je conçois moins, c'est que quelque particulier riche ne se soit pas rendu acquéreur unique de cette bibliothèque, qui dans quelques années serait une collection d'un grand prix. On peut en juger par celui que l'on met déjà à tout ce qui a appartenu à un homme que l'on pouvait certainement ne pas aimer, mais qu'il est impossible de ne pas admirer comme le génie le plus extraordinaire que puisse offrir l'histoire. Je découvris dans un coin de cette pièce un modèle de la cathédrale de Strasbourg en filigrane d'argent. Il était cassé en plusieurs endroits, les alliés s'étant amusés à en emporter quelques morceaux. Ils avaient aussi imaginé de couper fort proprement le tapis neuf du billard.

[1] La plupart ont été, dit-on, achetés par des étrangers ; les autres envoyés à la reine Hortense et à la duchesse de Leuchtembourg.
[2] Ce beau portrait est à Munich. Le plus ressemblant que je connaisse de l'impératrice Joséphine, appartenait à madame la duchesse de Rovigo. Il est peint par M. Massot de Genève, dont j'ai déjà eu l'occasion de louer l'agréable talent. M. Ladvocat le fit demander à madame de Rovigo, afin de faire graver la tête, pour être placé en tête de ces Mémoires. On le lui refusa.

Pouvant prendre des choses d'une plus grande valeur, détruire des objets précieux, il est heureux que ces messieurs se soient bornés à ces aimables espiègleries.

Nous montâmes dans la chambre où Joséphine avait rendu le dernier soupir. Je ne saurais dire ce que j'ai regardé, car mes yeux obscurcis de larmes ne pouvaient rien voir de ce qui m'entourait dans cet appartement. Il m'était impossible, sans passer pour folle, de pleurer tout à mon aise en approchant de cette place, où fut un lit de mort, qui eût dû être consacrée par quelque signe de deuil. Je sortis donc vite, et me précipitai dans le jardin, espérant que l'air me remettrait, et que j'y serais moins affligée entourée d'une verdure semblable à celle que j'admirais lorsque j'habitais la Malmaison. Les arbres grandis devaient être plus beaux que dans le temps que je regrettais; ainsi la nature allait me dédommager de tout ce que je venais de souffrir. Ce fut donc avec avidité que je parcourus ce parc, que je m'imaginais devoir être embelli. Je ne le reconnus pas. Les arbustes rares qui s'y trouvaient à chaque pas avaient été vendus sur pied; à la place d'un bel ombrage de rhododendron, je ne trouvais plus qu'un trou profond, plein de mauvaises herbes; au lieu de ces jolis massifs de fleurs, je voyais de hautes luzernes; des eaux vertes et croupissantes exhalaient une odeur infecte; enfin je fus contrainte de préférer encore le château au parc, car du moins les murs étaient tels que je les avais laissés! Jamais destruction ne fut si prompte et si complète.

Il existe en France un grand nombre d'hommes honorables, qui ne rougissent pas d'avouer leur reconnaissance pour Napoléon, qui les enrichit et les associa à sa gloire, dont ils furent dignes, puisqu'ils s'enorgueillissent; comment n'ont-ils pas eu l'idée d'acheter la Malmaison afin d'y fonder une maison d'orphelines? C'eût été ennoblir encore un lieu plein de grands souvenirs; les conserver en y ajoutant tout ce que la bienfaisance a de touchant était une manière noble et délicate de préserver la Malmaison d'une ruine totale (qui sera peut-être hâtée par la cupidité de quelque acquéreur de la bande noire), et de rendre un hommage éternel à l'impératrice Joséphine, dont le nom ne peut jamais être cher à la France.

Après avoir visité pour la dernière fois la fameuse serre chaude, transformée en maison particulière, je m'éloignai pour toujours de ce lieu, ayant été beaucoup plus peinée encore que je ne m'y étais attendue. Je croyais en arrivant que je trouverais partout des traces du respect et de la vénération que l'on devait à Sa Majesté; au lieu de cela il semblait qu'une bonne fée, après avoir embelli cette délicieuse retraite, eût voulu en la quittant emporter avec elle tout ce qu'elle offrait d'agrément; et je répétais douloureusement avec mon guide : Maintenant *plus rien !... rien !* Le beau domaine de la Malmaison a été divisé, vendu par lots, et a changé souvent de propriétaire; enfin la reine Christine a fait l'acquisition du château et du petit parc. Je désirais fort visiter cette habitation, avant cette nouvelle publication des Mémoires. J'ai eu l'honneur d'écrire à Sa Majesté pour lui en demander la permission. Je n'ai point été assez heureuse pour en obtenir une réponse. Je ne puis donc rien dire de l'état actuel de ce palais, destiné à recevoir des grandeurs déchues ! Puissent les pauvres le croire encore habité par la bonne Joséphine !

CHAPITRE LXIX.

1814.

Rétractation de quelques erreurs relatives aux détails donnés sur la mort de l'impératrice Joséphine. — MM. Horeau, Bourdois, Laserre. — M. de M... — La croix du lis.

Voulant tenir la promesse que j'ai faite au public, de dire avec une scrupuleuse exactitude tout ce qui a rapport à l'impératrice Joséphine, je m'empresse de transcrire une note qui vient de m'être adressée par une personne qui, attachée à Sa Majesté, ne l'a pas quittée un instant pendant ses derniers moments. Plusieurs des détails qui me parviennent sont en opposition avec ceux que j'avais recueillis précédemment. La source où je puise aujourd'hui est trop pure, pour qu'il soit possible de douter de la sincérité des faits que je vais rétablir tels qu'ils me sont communiqués.

« La santé de l'impératrice s'altérait depuis longtemps. Les chagrins qu'elle ressentait des événements qui se succédaient, en était la cause évidente.

» En revenant de Saint-Leu, elle prit en effet une légère dose d'ipécacuanha, et n'eut besoin d'aucune purgation.

» Le 25, M. Horeau, qui avait toujours un appartement à la Malmaison, ne s'en absenta que deux heures pendant le dîner que Sa Majesté donnait aux princes de Prusse, et cette absence avait pour objet de convenir avec MM. Bourdois et Laserre, médecins de la reine Hortense, d'une consultation à laquelle le vice-roi avait consenti pour le lendemain. De retour de la Malmaison, quand une l'impératrice fût forcée, par le malaise qui augmentait, à quitter le salon, la présence de M. Horeau dispensa d'avoir recours au médecin de Rueil, auquel par conséquent M. Horeau n'eut point à reprocher son hésitation.

» Le lendemain 26, la consultation arrêtée la veille eut lieu entre MM. Horeau, Bourdois et Laserre; on convint du traitement à suivre, et de se réunir les jours suivants à dix heures du matin. M. Laserre partagea même pendant les deux derniers jours, avec M. Horeau, les soins et les veilles que demandait l'état de la malade.

» L'impératrice ne fut point exposée sur un lit de parade dans la pièce qui précède la chambre à coucher, et personne n'a pu la voir avec un voile sur le visage. Cette circonstance a sans doute été inventée pour appuyer des bruits absurdes qui furent répandus à cette époque. Sa Majesté fut embaumée deux jours après sa mort par M. Béclard, en présence de M. Horeau; placée ensuite dans un cercueil de plomb, renfermé dans un étui d'acajou, portant une plaque d'argent doré, destinée à recevoir une inscription, qui exerça longtemps l'esprit des courtisans. Mais on pouvait s'y attendre : ces messieurs décidèrent, à l'unanimité, que les circonstances, la prudence, etc., etc., voulaient qu'on ne mît aucune inscription; la plaque resta tout unie !

» Le catafalque sur lequel le corps fut exposé jusqu'au moment de l'inhumation, était placé dans le grand vestibule du palais.

» L'impératrice ne fut point inhumée dans le cimetière, mais bien dans l'église de Rueil, à l'endroit même où le monument a été élevé dernièrement. On eut beaucoup de peine à obtenir la permission de l'autorité de faire l'inhumation dans l'intérieur de l'église; elle fut cependant accordée, après beaucoup de pourparlers. »

J'ai cru devoir, d'après les informations positives, et dont je puis maintenant garantir l'exactitude comme si j'eusse été présente, rétablir ainsi l'exposé de ce qui s'est passé dans les journées du 25 et du 26. Connaissant l'affection profonde et l'entier dévouement que M. Horeau portait à l'impératrice, qui, depuis dix ans, l'honorait d'une entière confiance, je n'ai jamais pu croire à un instant de négligence, que je savais aussi éloignée de son cœur que de son noble caractère. Je regrette de n'avoir pu apprendre plutôt l'exacte vérité.

Éloignée de la Malmaison à l'époque fatale de la mort de Sa Majesté, je m'en suis rapportée à ce que m'a dit une amie, livrée à une douleur vive, qui l'a sans doute empêchée de voir les choses de sang-froid, et qui lui aura fait accueillir tout ce qui pouvait accroître ses regrets. Les bruits aussi absurdes que ridicules qui circulèrent alors, comme dans chaque occasion semblable, n'auront point été repoussés par cette amie, et elle a rendu compte de ce qu'elle supposait, plus que de ce qu'elle a vu. Au reste, il n'est jamais trop tard pour avouer que l'on s'est trompé; madame *** en conviendra sans doute en lisant ce que je viens d'écrire.

L'impératrice, peu de temps avant de tomber malade, parlait de se retirer en Suisse, où une terre qu'elle y avait acquise. Elle demanda à M. Horeau s'il voudrait l'y suivre. Sans hésiter il consentit à quitter son pays, pour ne pas abandonner sa souveraine, déjà délaissée par plusieurs de ses plus *fidèles serviteurs*, courant faire leur cour aux Tuileries à Sa Majesté Louis XVIII, qui, avec son esprit et sa bonté si connus, consentait à tout *oublier*. Plus tard il eut tout à *pardonner*, et ce fut une sincérité dont la postérité perpétuera le souvenir.

M. de M.... arriva à la Malmaison le jour de l'entrée du roi à Paris; exerçant une place importante dans la maison de l'impératrice, il en portait, comme de raison, l'uniforme; l'impératrice s'approcha de lui et dit qu'elle le vit, pour lui demander des nouvelles; elle aperçut à sa boutonnière, à côté de la croix de la Légion d'honneur, un grand ruban blanc. — Quel est ce nouvel ordre, monsieur? dit-elle en regardant fixement M. de M...... — Madame, c'est peut-être un ordre, c'est un signe de ralliement, que beaucoup de gens portent à Paris; j'ai cru devoir le prendre aussi. — Vous conviendrez, monsieur, dit Sa Majesté, qu'il ne s'accorde pas avec votre habit. » En achevant ces mots elle s'éloigna avec humeur, et ne lui parla plus de la journée.

Cette anecdote est parfaitement *vraie*, et peut être attestée par tous ceux qui se trouvaient à la Malmaison dans ce moment.

Il fallait compter beaucoup sur la bonté de l'impératrice pour oser lui témoigner si promptement les nouveaux sentiments que l'on adoptait. De pareils caméléons méritent le mépris; mais leurs familles exigent que l'on ne nomme pas les personnes qui se conduisirent ainsi ! Le respect pour le malheur sera constamment le premier devoir d'une âme généreuse ; braver une puissance déchue sera toujours une action vile. Ne servez pas ceux que vous n'aimez pas, mais ne prenez pas, pour abandonner à leurs ennemis, le moment où il y aurait peut-être quelque danger à l'exercer.

Les Bourbons se sont entourés des hommes qui ont servi Napoléon ; nos excellents princes ont approuvé les regrets témoignés à l'époque de la mort d'un bienfaiteur ; ils auraient hautement blâmé des traits comme celui que je viens de citer. Peu après, M. de M......, qui s'en était rendu coupable, occupait une préfecture !... Heureusement pour lui on ignora sans doute de quelle ingratitude il avait payé les bontés d'une femme aimée, même des détracteurs de son époux.

Les lettres que l'on va lire intéresseront sans doute, par les détails piquants que donne Joséphine sur des faits relatifs à son premier mari, le vicomte Alexandre de Beauharnais, dont le noble caractère fut honoré de ses ennemis autant que ses douces qualités furent chéries de ses nombreux amis. Cette correspondance, antérieure à

8.

l'époque à laquelle j'ai connu l'impératrice, n'étant nullement dans le cadre du sujet que j'avais choisi, j'ai cru devoir les isoler entièrement; mais j'ai pensé que je pouvais y ajouter des incidents peu connus sur les personnages dont il est question, et quelques réflexions suggérées par les événements, racontés avec tant de charme, de chaleur, de sensibilité par l'impératrice. J'ai pris toutes les informations imaginables pour ne rien dire que de vrai; et j'ai supprimé dans ces lettres plusieurs choses pouvant compromettre l'honneur de différents acteurs de ce drame terrible que la mort a épargnés.

Une moquerie peut m'échapper, mais du moins je n'ai pas calomnié des gens estimables, ni augmenté les remords des coupables, en dévoilant les forfaits ignorés; leur conscience est là pour les punir, et le supplice d'un reproche continuel m'a paru assez cruel pour les y laisser livrés sans l'aggraver encore. J'ai dit du bien de plusieurs personnes, qui m'ont fait du mal, parce qu'elles le méritaient réellement. Un tort qui m'était personnel, n'ôtait rien à leurs qualités; j'ai donc dû le rendre publiques. Je ne me suis vengée que par l'éloge de ceux dont j'avais à me plaindre, et bien rarement des plus mauvais procédés, en donnant un ridicule reconnu; certes, c'est être fort modérée, dans un temps où chaque jour on voit naître des ouvrages contenant des faits injurieux entièrement dénués de fondement, et avancés avec une imperturbable assurance. On les contredit sans doute, mais le premier effet reste, et lorsque la réclamation arrive, il est trop tard; le coup est porté.

Il faut craindre d'accuser légèrement sur des choses graves, puisque l'on peut troubler toute une existence par un mot inconsidéré; heureusement, je n'ai rien de ce genre à me reprocher. Les mémoires écrits par une femme sont d'ailleurs si peu importants qu'on les lit sans y chercher des documents d'histoire, on ne désire y trouver que des anecdotes amusantes, des portraits ressemblants, beaucoup de *noms propres*, et la peinture de la société. Si nous sommes assez heureuses pour réussir en partie dans le genre qu'il nous est permis d'aborder, nous devons être satisfaites, et le point envier la gloire plus grande, plus durable des hommes. N'est-elle pas trop achetée par la nécessité où ils se trouvent de peindre des scènes sanglantes, de révéler des crimes atroces, et de déchirer souvent le voile qui couvre l'horrible peinture de tous les vices !

Une femme destinée à consoler, à adoucir tous les maux, doit n'écrire que pour peindre les tendres sentiments, pour faire briller des vertus ignorées, et tirer de l'obscurité de belles actions ; voilà leur douce mission, lorsqu'elles prennent la plume : elles sortent des limites qui leur sont marquées par la nature, lorsqu'elles osent davantage.

On voulait connaître l'impératrice, s'introduire dans son intérieur, la suivre dans sa vie privée, afin de savoir si elle était réellement digne de cette admiration qui lui survit; j'étais sûre que je la consoliderais en racontant tout ce dont j'avais été témoin, et je l'ai fait avec franchise ; puissé-je avoir réussi !

Les lettres suivantes, que je dois à la bonté la plus grande, prouveront mieux encore toute la perfection de l'âme si belle de Joséphine, les avoir obtenues pour moi une bonne fortune. Leur lecture attestera la sincérité de mes éloges. Je n'ai point en ma possession les originaux ; mais les copies font trop d'honneur à l'esprit et au cœur de l'impératrice, pour que je veuille douter de leur vérité. J'ai cru devoir cette explication, afin de ne pas prendre sur moi une responsabilité qui m'est étrangère, car tout ce que je désire, est de n'être jamais accusée de mauvaise foi.

LETTRE PREMIÈRE.

A MADAME FANNY DE BEAUHARNAIS, SA TANTE.

Elle raconte l'arrestation de M. de Beauharnais. — Fanatisme d'un jeune cordonnier. — Réflexions de M. de Beauharnais sur la révolution.

« Ah, ma tante! plaignez-moi, consolez-moi, conseillez-moi : M. de Beauharnais est arrêté ; au moment où je vous écris, on le conduit au Luxembourg !

» Dès avant-hier, un homme de mauvaise mine rôdait autour de la maison. Hier, vers trois heures, on vint demander au portier si le citoyen Beauharnais était revenu de Saint-Germain. Or, mon mari n'est point à Saint-Germain depuis le mois de mai. Vous étiez avec nous, ma tante, et Cubières, si vous ne l'avez pas oublié, nous lut des vers sur le pavillon de Luciennes. Le même homme reparut dans la soirée ; il était accompagné d'un grand vieillard sec et brusque qui fit quelques questions : « C'est bien Beauharnais le vicomte ? — Ci-devant, répondit le portier. — Qui a été président de l'assemblée ? — Je crois que oui. — Et qui est officier-général ? — Oui, Monsieur. — Monsieur ! interrompit aigrement le questionneur ; tu vois, ajouta-t-il, en se tournant vers l'autre qui ne disait rien, tu vois que la caque sent toujours le hareng. » Là-dessus ils disparurent.

» Aujourd'hui, à huit heures, on demanda à me parler : c'était un jeune homme d'une figure douce et honnête ; il portait un tablier de cuir, dans lequel étaient quelques paires de souliers. « La citoyenne » a demandé des chaussons de prunelle grise ? » dit-il. Victorine était là, quand il me fit cette question, à laquelle je ne comprenais rien.

Je regardais ma femme de chambre, qui n'en savait pas plus que moi. Le jeune homme avait un air peiné ; il tournait un soulier dans ses mains, et fixait sur moi des regards douloureux. Enfin, il me dit à demi-voix, et en s'approchant : J'ai à vous parler, madame. Son ton, ses regards, un soupir qu'il réprima me causèrent de l'émotion. — Expliquez-vous, lui dis-je vivement, Victorine n'est pas de trop. — Ah ! s'écria-t-il comme malgré lui, il y va de ma tête ! Je me levai brusquement, et renvoyai Victorine, après lui avoir ordonné d'avertir mon mari.

» Madame, dit le jeune ouvrier quand nous fûmes seuls, vous n'avez pas un moment à perdre pour sauver M. de Beauharnais. Le comité révolutionnaire a pris cette nuit la résolution de le faire arrêter, et à l'heure qu'il est, on en rédige l'ordre. Je me sentais pâlir et défaillir : Eh ! comment savez-vous ?... demandai-je en tremblant. — Je suis du comité, répondit-il en baissant les yeux, et comme je suis cordonnier, j'ai pensé que ces souliers seraient un bon prétexte pour avertir madame.

» J'aurais embrassé cet honnête jeune homme. Il s'aperçut que je pleurais, et je crois que les larmes lui vinrent aux yeux. En ce moment Alexandre entra, et je courus dans ses bras. Vous voyez que c'est mon mari, dis-je au cordonnier. — J'ai l'honneur de le connaître, répondit-il.

» Votre neveu apprit le service qu'on lui rendait ; il voulait le récompenser sur-le-champ ; mais le jeune homme s'en défendit d'une manière à augmenter notre estime. Alexandre lui tendit la main, et le jeune homme prit avec respect, mais sans embarras. Ah ! ma tante, ne vous faites plus chausser par d'autres que par lui !

» Malgré nos sollicitations, Alexandre ne voulut pas fuir. Que peut-on me reprocher ? disait-il ; j'aime la liberté, j'ai servi la révolution, et si cela avait dépendu de moi, elle serait terminée au profit du peuple. — Mais vous êtes noble, répondit le jeune homme, et c'est un tort aux yeux des révolutionnaires. — C'est un malheur irréparable. — Que l'on peut changer en crime, ajoutai-je ; et puis ils vous reprochent d'avoir fait partie de la Constituante. — Mon ami, répondit Alexandre d'un air noble, d'un ton ferme, c'est mon plus beau titre de gloire, c'est même le seul que je réclame. Qui ne serait fier d'avoir proclamé les droits de la nation, la chute du despotisme et le règne des lois ? — Quelles lois ! m'écriai-je. C'est avec du sang qu'elles sont écrites ! — Madame, dit le jeune homme avec un accent que je ne lui avais pas encore vu, quand l'arbre de la liberté est planté dans un mauvais terrain, c'est avec le sang de ses ennemis qu'il faut l'arroser.

» Nous nous regardâmes M. de Beauharnais et moi ; et dans ce jeune homme, que la nature a fait sensible, nous reconnaissions le révolutionnaire que les nouveaux préjugés pourraient rendre cruel.

» Cependant l'heure s'écoulait, il prit congé de nous, en réitérant à mon mari que dans une heure il ne serait plus temps de se soustraire aux recherches. J'ai voulu vous sauver parce que je vous crois innocent, dit le cordonnier, par devoir envers l'humanité ; mais si j'étais commandé pour vous arrêter... pardonnez !... je ferais mon devoir, et vous reconnaîtriez un patriote. Je verrai toujours dans vous un honnête homme, un cœur sensible et généreux, il est impossible que je n'y trouve pas un bon citoyen.

» Quand il fut sorti : « Voilà, me dit Alexandre, les nouveaux préjugés dont ils abreuvent cette jeunesse. Le sang des nobles, même les plus dévoués aux nouvelles idées, peut seul rassasier la liberté. Ils n'étaient que cruels et turbulents, cette soif sanguinaire, cette ardeur du despotisme s'éteindraient ; mais ils sont systématiques, et Robespierre a réduit l'action révolutionnaire en doctrine. Son mouvement ne s'arrêtera que quand ses ennemis réels ou présumés seront anéantis, ou lorsqu'aucun auteur ne sera plus. C'est un opiniâtre qui croit que pour fortifier la liberté il faut lui faire *cuver* du sang. — Vous me faites frémir, dis-je à Alexandre ; pouvez-vous parler ainsi, et ne pas fuir ? — Où fuir ? répondit-il. Est-il une cave, une mansarde, un réduit où ne pénètre l'œil du tyran ? Songez qu'il voit par les yeux de quarante mille comités animés de son esprit et forts de sa volonté. Le torrent est débordé, le peuple, en s'y jetant, le grossit. Il faut céder : si je suis condamné, comment me soustraire ? si je ne le suis pas, libre ou détenu, je n'ai rien à craindre.

» Mes larmes, mes sollicitations furent vaines ; à midi moins un quart, trois membres du comité révolutionnaire parurent, et la force armée s'empara de l'hôtel.

» Vous pensez que mon jeune cordonnier était au milieu d'elle ? vous ne vous trompez pas ; et quoique les fonctions qu'il exerçait me fissent de la peine, je vous avoue que je ne les lui vis pas remplir sans une sorte de satisfaction.

Il se chargea de signifier à Alexandre l'ordre qui le mettait en arrestation; ce qu'il fit avec autant d'égards que de fermeté. Au milieu d'une crise si douloureuse pour moi, je ne pus m'empêcher de remarquer l'air d'autorité et le ton décent que conservait ce jeune homme, que sa condition semblait devoir rendre étranger à tout emploi, mais qui s'en rapproche par beaucoup d'élévation dans l'âme, jointe au tact des convenances. Ses deux confrères, qui en ignoraient jusqu'aux éléments, formaient avec lui le plus choquant contraste. L'un, ce vieil inquisiteur qui la veille s'était inquiété de la présence et des occupations de mon mari, est un ancien planteur de la Martinique; lequel, en dépit de l'égalité, n'a jamais vu dans l'espèce humaine que deux classes : celle des maîtres et celle des esclaves. Son opinion est qu'on ne terminera la révolution que lorsqu'on aura réduit ses ennemis à la condition des nègres exportés du Sénégal en Amérique; et pour atteindre à ce but, il demande que la traite des prêtres, des nobles, des riches, des savants et de toutes classes aristocratiques aille remplacer à Saint-Domingue celle des noirs, que la révolution a supprimée. Par cette mesure, ajouta-t-il, vous obtenez deux grands résultats : l'un, c'est la tranquillité de la métropole et l'objet de la révolution, c'est-à-dire l'égalité; l'autre, c'est le renouvellement de la population des colonies et la restauration du commerce. De plus, vous rendez hommage à la nature innocente en maintenant l'abolition de la traite sur les côtes d'Afrique, et punissez la nature orgueilleuse et corrompue, en transportant cette traite sur les côtes de France. C'est ainsi que les vrais républicains assurent, par des mesures d'une haute et profonde politique, le triomphe de la morale.

» Ces derniers mots me furent adressés par les regards méchants que me lança l'œil creux de ce vieillard féroce. Son troisième collègue, brutal et grossier, inventoriait bruyamment les principaux meubles et les papiers. De ces derniers il choisit ce qu'il voulut, en fit une liasse qui fut scellée dans un carton et envoyée au comité. Ce sont pour la plupart des rapports et des discours prononcés par Alexandre à l'Assemblée constituante. Cette assemblée est en horreur aux révolutionnaires; elle n'est pas moins odieuse aux aristocrates de tous rangs et de toutes nuances. Cela ne prouverait-il pas qu'elle a résolu tous les problèmes de la révolution, et qu'en matière de liberté elle avait fondé tous les établissements ? Au régime de 89, elle a ôté tous moyens; à celui de 93, elle enlève toute espérance. Alexandre m'a souvent répété qu'à l'une comme à l'autre il ne restait pour naître ou pour ressusciter que la violence et les attentats. Pourquoi faut-il qu'il prédise si juste, et qu'au titre de prophète il veuille joindre encore celui de martyr? »

LETTRE II.

A VICTORINE, SA FEMME DE CHAMBRE.

Secrétaire à secret. — La mère Marguerite. — Bienfaisance de madame de Beauharnais.

« Ce serait faire injure à ma bonne Victorine que de lui recommander le zèle, la promptitude et le secret. Dans l'apposition des scellés faite sur les meubles de l'appartement de mon mari, on n'a pu les mettre sur un des côtés de son grand secrétaire en marqueterie, parce que le tiroir qui y est pratiqué a son ouverture perdue dans les veines de l'acajou, perpendiculairement à celle de ces veines qui simule un losange nuancé de brun et de mort-doré, à un demi-pouce du recouvrement intérieur, et un orifice garni d'une ligature de fer non saillante et carrée, parfaitement semblable, mais en creux, à une cheville de piano. Effectivement, au centre de cette ouverture, est une petite broche de fer que fait mouvoir et tourner la clef de ce meuble. Victorine prendra celle du mien, ouvrira le secret, et, ayant trouvé dans le tiroir un rouleau de papiers lié par un ruban bleu, elle mettra ce rouleau en lieu de sûreté. Il y a aussi dans le tiroir une tabatière avec mon portrait qu'elle pourra joindre au premier envoi pour le Luxembourg. Dans celui que j'attends, ma bonne Victorine n'oubliera pas les nouveaux ouvrages que Desenne a fait remettre chez moi; je lui en recommande surtout un qui a pour titre : le *Vieux Cordelier*.

» Je suppose que mon absence n'a rien dérangé dans l'ordre des distributions : je veux qu'elles aient lieu comme à l'ordinaire. Victorine donnera deux portions à la mère Marguerite, parce que j'ai appris qu'il lui était survenu un petit-fils, ce dont elle ne me parlerait pas. »

Cette lettre prouve combien Joséphine s'occupait des malheureux, même dans les moments où elle était le plus tourmentée par ses dangers personnels. La mère Marguerite, dont il est ici question, était au nombre des pauvres qui recevaient à domicile des secours de madame de Beauharnais.

Persuadée que la meilleure manière de faire l'aumône est de donner en nature, elle économisait sur sa pension, peu considérable, afin de pouvoir disposer de quelque argent pour nourrir les infortunés, qui, trop fiers pour oser avouer un malheur non mérité, eussent péri de misère dans un grenier si la bienfaisance n'avait su les y découvrir. Du pain, du bouillon, du vin, distribués à propos, rétablissaient des forces épuisées par le besoin; et la sollicitude de madame de Beauharnais procurait ensuite de l'ouvrage, qui mettait à même de n'être plus à sa charge. Des âmes s'empressaient de la seconder, certaines que c'était le vrai moyen de lui prouver leur attachement; et des familles entières lui durent une existence tranquille.

Quelques années après, elle fut elle-même en proie aux chagrins qu'elle avait pu alléger, et la Providence lui fit trouver des âmes semblables à la sienne : digne récompense de son ingénieuse et constante charité.

LETTRE III.

A MADAME FANNY DE BEAUHARNAIS.

Caractère français resté le même dans les prisons. — Madame de Montesson. — Ses guichetiers. — Mesdemoiselles Contat, Devienne et Raucourt. — Mademoiselle Raucourt à Navarre. — L'impératrice me donne un *camélia*.

« Pourquoi votre mauvaise santé et les bons procédés de vos amis vous retiennent-ils à la campagne, chère tante? j'aurais grand besoin de vous. Voilà ma maison seule, et moi plus seule, plus délaissée. Depuis cinq jours *qu'il*[1] n'y est plus, tous ses amis ont disparu peu à peu. Il est six heures au moment où je vous écris, et personne n'est venu. Personne, je me trompe : mon brave jeune homme ne se rebute point ; il vient deux ou trois fois par jour avec lui, du Luxembourg; tant que son devoir n'est pas engagé, il se soucie peu d'engager sa personne : la peste du malheur ne le rebute point. C'est à lui qu'Alexandre confie celles de ses lettres qu'il veut que je lise seule : les geôliers, le comité, ont la primeur des autres. En voici une dont je vous transmets la copie : l'original doit reposer toute ma vie sur mon cœur et mourir avec moi.

« Eh bien, pauvre petite, vous n'êtes pas raisonnable, et il
» faut que ce soit moi qui vous console; je le puis aisément, car c'est
» ici le séjour de la paix, lorsque la conscience est tranquille, et où l'on
» peut puiser pour soi et pour les autres tous les bons sentiments du
» cœur, toutes les bonnes idées de l'esprit, toutes les douces affec-
» tions de la nature, je serais troublé par notre séparation, si elle
» devait être longue; mais je suis soldat, et loin de vous, ma douce
» Joséphine, loin de nos chers enfants, il me semble que je fais la
» guerre; en effet, un petit événement est une campagne contre la
» malheur. Ah ! si vous voyiez comme on sait le combattre ici, vous
» rougiriez d'être affligée. Chaque détenu, ceci est à la lettre, laisse
» les chagrins à la porte, et ne montre ici que bonne humeur et sé-
» rénité. Nous avons transporté au Luxembourg la société, moins la
» politique; ainsi vous m'avouerez que nous avons laissé les ronces
» pour ne garder que les fleurs. Il y a des femmes charmantes qui ne
» sont ni coquettes ni prudes; des vieillards qui ne frondent et ne
» moralisent pas, mais reprennent avec douceur; des hommes mûrs
» qui ne spéculent point; des jeunes gens presque unanimement des
» artistes[2] polis, sobres, sans orgueil, nous égayant par une foule
» de traits plaisants et d'anecdotes amusantes; et, ce qui vous étonn-
» nera plus que tout, des financiers devenus aussi doux, aussi bien
» élevés, qu'ils étaient en général impertinents et grossiers[3]. Nous
» avons donc ici ce qu'il y a de mieux, excepté pourtant ma José-
» phine et nos chers enfants : oh ! c'est encore du choix, du bon et du
» meilleur que ce trio chéri. Je dois excepter aussi notre bon ami
» Nevil; celui-là n'a de tort que de se croire un parent de Brutus.
» Quant à son titre du comité, je ne le lui reproche point : je m'en
» trouve trop bien. C'est lui, ma chère amie, qui vous remettra cette
» lettre, dans laquelle j'enferme mille baisers, jusqu'à ce que je
» puisse vous les prodiguer plus réellement et sans les compter. »

[1] M. Alexandre de Beauharnais, prisonnier au Luxembourg.
[2] Plusieurs artistes furent en effet arrêtés, apparemment pour les punir d'avoir été reconnaissants de la protection qui leur était donnée par l'élite de la noblesse; on se faisait alors un devoir, non-seulement d'encourager les arts, mais on recevait avec la politesse la plus recherchée les hommes dont on admirait les talents ; il est vrai que l'on choisissait ceux dont le ton et les manières annonçaient une éducation soignée ; Gluck, Piccini, Sacchini, Dusseck, Pradher, Duport, Garat, Vernet, Ménageot, étaient partout entourés d'égards et de soins. Si maintenant beaucoup d'artistes s'est énervé ou perdu dans des sociétés dangereuses, dans des cafés, les talents qui eussent pu les illustrer, il faut peut-être en accuser le peu de frais que l'on fait pour les attirer dans la bonne compagnie. On peut en citer un nombre considérable ; Liszt, Allard, Dancla, Herz, Thalberg, Vogt, Triebert, Godefroid, Cherubini, Auber, Fétis, Paër, Boieldieu, Baillot, Kalkbrenner, Zimmermann, Rhein, Gérard, Gros, Isabey, Cicéri, etc., etc., s'y trouvent bien placés; c'est une occasion de considération que les arts prospèrent et s'étendent!
[3] De tout temps l'insolence de l'argent fut la pire de toutes, et, de nos jours, on pourrait citer mille traits qui viennent à l'appui de cette opinion. Nous ne voyons plus, il est vrai, les originaux des Mondor, des Turcaret d'autrefois, mais si nous pouvons citer avec orgueil plusieurs de nos compatriotes, riches banquiers, qui font de leur fortune le plus noble usage, et qui, par l'aménité de leurs manières, ajoutent à leurs bienfaits, nous aurions aussi des modèles de l'orgueil, démesuré que peuvent faire naître les millions. Voici un trait qui vient à l'appui de cette vérité.

On assure que M. M., l'un de nos plus riches capitalistes, causant, il y a huit ans, avec le prince de Danemark, exprima l'étonnement qu'il éprouvait de ce que Son Altesse Royale eût choisi ce moment pour visiter la France : « Car, dit-il, » Paris est d'une tristesse affreuse, monseigneur; ma chute en tilbury et la mort » de Mgr le duc de Berry ont jeté un voile funèbre sur la société, qui ne saurait » être jugée à présent par Votre Altesse Royale. »

J'ai peine à croire cette anecdote vraie; mais, enfin, il faut que la suffisance et la sottise d'un personnage soient poussées à un grand degré, pour que l'on ose lui prêter une telle absurdité. Qui que ce soit n'eût eu l'idée de la mettre sur le compte de MM. Lafitte, Perrier ou Lapanouze, tandis que l'on inventera peut-être sur eux une foule d'actions honorables.

Tous ceux qui ont été en prison à cette affreuse époque tiennent le même langage que M. de Beauharnais. Il est certain que le caractère français ne changeait même pas sous les verrous des tyrans. Menacés à tout instant de sortir de ces tristes séjours pour marcher à la mort, il semblait que l'on voulût s'étourdir par le bruit d'éclats de rire, et toute la folie de l'inconséquence poussée à l'excès. C'était au milieu d'une histoire plaisamment contée, d'une scène de proverbe jouée avec esprit, que les geôliers venaient annoncer la sentence de l'un de ces infortunés, qui ne paraissaient tenir à la vie que par le plaisir d'être réunis !

Ce courage me paraît inconcevable, car enfin on voyait disparaître connaissances, amis, parents. On restait entouré de personnages nouveaux, venant remplacer ceux qui peu de jours avant partageaient votre captivité, et qui bientôt devaient vous précéder ou vous suivre ! Comment alors pouvait-on se *distraire* lorsqu'on avait ou à regretter ceux qui vous étaient chers ou à trembler pour leurs jours ! Je comprends beaucoup mieux l'insouciance des condamnés qui marchaient à l'échafaud, calmes, résignés, parés comme pour une fête. Ils allaient recevoir le martyre pour la cause qu'ils chérissaient ; ils pouvaient à ce dernier moment prononcer hautement les vœux pour leur roi et leur patrie ; ils cessaient de craindre pour les objets de leurs affections, et ils allaient rejoindre ceux qu'ils avaient perdus !

Madame de Montesson a conté souvent devant moi des traits de ce temps qui sembleraient exagérés à notre génération, déjà si éloignée des atrocités de la terreur. Madame de Montesson ne partageait pas la gaieté qui régnait autour d'elle. Pieuse, soumise aux décrets d'une Providence qu'elle révérait, elle n'était jamais découragée, mais elle s'éloignait des plaisirs qui lui paraissaient, avec raison, des contresens dans ces lieux de douleur.

Les guichetiers admiraient sa douceur, sa patience ; ils lui disaient fréquemment en la regardant avec pitié : « C'est dommage que tu ailles bientôt *figurer* avec les autres, t'es bonne femme ; mais t'as un chien de nom qui te perdra, vois-tu ? *Orléans*, ça mène tout droit... » Et ils faisaient un geste énergique pour peindre le but de cette *course* annoncée.

C'est dans de pareilles angoisses qu'elle est restée dix-huit mois. Sa santé depuis lors fut toujours chancelante, et elle s'éteignit après de longues souffrances.

Toutes les femmes n'étaient pas aimables ; cependant, comme le dit M. de Beauharnais, plusieurs étaient devenues aigres, acariâtres et méchantes ; d'autres fort impertinentes en se trouvant tout à coup les égales des dames de la cour. De ce nombre était, dit-on, mademoiselle de Contat, qui se donnait tous les airs d'une duchesse mal élevée.

Mademoiselle Devienne (aujourd'hui madame Gévaudan), dont le talent laisse une place vide à la Comédie française, était au contraire polie, charmante, et fort recherchée par toutes ses compagnes, qui la trouvaient toujours gracieuse et obligeante. Il est singulier que ce soit précisément la *soubrette* qui ait donné une leçon de bon ton.

Mademoiselle Devienne, lorsqu'elle fut sortie de prison, n'oublia pas ceux qui languissaient encore dans les fers. Elle fit de nombreuses démarches en leur faveur ; plusieurs furent suivies d'un plein succès.

Mademoiselle Raucourt, devenue libre, rendit aussi de grands services aux prisonniers. Elle obtint pour eux des sursis qui les sauvèrent. Dans je ne sais quelle occasion, elle obligea madame de Beauharnais, qui s'en souvint toujours.

Entrant un jour dans la salle à manger de Navarre pour déjeuner, je vis une dame que l'impératrice fit placer auprès d'elle, et de laquelle elle s'occupait beaucoup. Je dis à M. de Viel-Castel que je trouvais une grande ressemblance entre cette dame et mademoiselle Raucourt. « Je le conçois, répondit-il, car c'est elle. »

Elle était venue de Paris pour voir de nouvelles plantes, dont l'impératrice était fort avare. On visita la serre, moins belle que celle de la Malmaison. Sa Majesté expliqua les moyens de culture, et fit empailler devant elle plusieurs des fleurs admirées par mademoiselle Raucourt, afin qu'elle pût les emporter comme un souvenir de reconnaissance.

Mademoiselle Raucourt possédait près d'Orléans une belle terre, et soignait une foule de plantes exotiques très-rares. J'y ai vu un *camélia* venant de Navarre, et l'entretenais avec un soin particulier. C'est à Joséphine qu'est due la naturalisation de cette belle fleur. Cette fleur fut la principale cause de mon éloignement de la Malmaison. La première branche venue dans la serre avait été posée sur mes cheveux par l'impératrice. Cette faveur ne me fut pas pardonnée. — On s'en vengea cruellement ! On parvint à nous empêcher de rester près de Joséphine.

LETTRE IV.

A MADAME FANNY DE BEAUHARNAIS.

« Il faut, ma bonne tante, que je recueille toutes mes forces pour vous faire part de la catastrophe qui vient de nous frapper ; il faut que vous rassembliez toutes les vôtres pour l'entendre.

» Les réflexions que fit mon mari devant ses enfants, et que je vous ai transmises, ne vous ont point échappé : « Il est permis de » résister à l'oppression, c'est même un devoir ; mais la prudence » doit guider la force, et qui veut déjouer la tyrannie » doit bien se garder de l'avertir. » De vous expliquer comment ces mots, que nous croyions entendus de nous seuls, ont été recueillis par des oreilles d'espions, c'est ce qui me serait difficile ; et aujourd'hui que j'y réfléchis encore je ne m'explique pas cette révélation. Nous avions d'abord cru à un horrible abus de confiance, en imaginant que N...., devant lequel mon époux pense tout haut, était un fourbe, un traître, un ingrat ; en un mot, que sous les apparences les plus attrayantes et les plus honnêtes il cachait l'âme la plus atroce : car enfin ce ne sont plus de simples relations officieuses qui nous lient, mais l'accord sympathique du cœur, la réunion des sentiments, l'ascendant du bienfait et le poids si doux et si léger de la reconnaissance. Vous sentez avec quelle indignation contre nous-mêmes nous rejetons une hypothèse qui pourtant s'est présentée à notre imagination inquiète ; l'une des plus tristes misères du malheur est de rendre injuste, et de faire surtout douter de la sincérité de l'amitié, accordée rarement à l'infortune. En pensant bien de la conduite de cet excellent jeune homme, et en repoussant toute idée qui lui fût désavantageuse, j'ai eu raison, car c'est encore à lui que je dois les détails que je vais vous transmettre. J'ignore donc absolument par qui et comment nous avons été trahis.

» Aussitôt que le comité révolutionnaire eut connaissance du discours de mon pauvre Alexandre, il interrompit toute communication entre lui et les autres détenus, et, ce qui nous consterna davantage, entre lui et sa famille. Le lendemain il fut renfermé dans sa chambre, qui heureusement ouvre sur un petit corridor communiquant à une seconde pièce maintenant inoccupée, ce qui augmente du triple l'espace dans lequel il peut se promener. Deux jours après, ses portes furent ouvertes, et il reçut la visite bien imprévue d'un membre du comité de sûreté générale : c'était M. V...., son collègue à l'assemblée constituante, vieillard farouche et défiant, qui prend conseil de sa misanthropie habituelle, et pour qui les soupçons équivalent à des preuves. Au ton qu'il prit avec mon mari, celui-ci reconnut la prévention, devina l'animosité personnelle, et craignit de pénétrer plus avant. Pour moi, l'idée seule me fait frissonner, et si je m'y arrêtais un moment, je sens que l'effroi glacerait ma plume et mes esprits.

» Sans demander par quel moyen vous avez connu mes pensées, lui dit Alexandre, je suis fort éloigné de désavouer la maxime que vous me répétez ; les principes que vous me supposez. De telles pensées ne sont-elles pas toute la théorie de la révolution ? n'enseignent-elles pas une pratique à votre usage ? ces principes ne sont-ils pas les vôtres ? — Je conviendrai de tout cela, répondit V...; mais le temps, les lieux, les personnes, changent tout ; et telle vérité, excellente en spéculation, devient un poignard quand on ne sait pas s'en servir. Les vôtres sont de ce nombre : c'est une arme à deux tranchants, qu'on a bien fait de diriger contre les ennemis de la liberté ; mais s'il arrivait qu'eux-mêmes blessés et non hors de combat, essayassent de la retourner contre ses défenseurs ; si dans cette manœuvre rétrograde et criminelle, ils étaient guidés par une de ces mains qui la combattit, et qui, en les protégeant aujourd'hui, voulût les venger des blessures qu'ils reçurent autrefois... cette main, dites-le-moi, serait-elle innocente ? Les intentions auxquelles elle obéirait seraient-elles pures ? et y aurait-il trop de sévérité à en prévenir l'effet, plutôt que d'avoir à en punir les conséquences ? — Je reconnais à ces inductions dangereuses et peu méritées la doctrine du maître, répondit M. de Beauharnais : sur des hypothèses perfides on élève comme on veut l'échafaudage de toutes les suppositions ; et concluant du possible au positif, on livre l'innocent au supplice pour l'empêcher de devenir coupable. — Quiconque est soupçonné, mérite qu'on le soupçonne. — Parlez plus franchement, répliqua votre neveu ; quiconque est innocent est aujourd'hui bientôt soupçonné, et dès qu'il est soupçonné, il périt ; on imagine qu'il puisse cesser d'être innocent, on le punit bientôt en criminel. — Vous pressez la conséquence avec plus d'humeur que de raison, reprit V...; nous n'appelons criminel, nous ne traitons comme tel que celui qui intervertit, arrête ou corrompt les principes de la révolution. N'auriez-vous parlé que parce que, malgré nous, et même à notre insu, cette doctrine vous atteint ? malheur au coupable qui se livre lui-même ! — Malheur plutôt, s'écria mon époux, malheur aux tyrans qui expliquent, ou plutôt qui embrouillent par une métaphysique obscure et insidieuse leur système homicide ! On repousse aisément le glaive tout nu ; et, comme disait le président du Harlay, il y a loin du cœur de l'homme de bien au poignard du scélérat ; mais comment éviter une arme cachée ? il faut se taire et tendre la gorge.

» A ces mots, que je blâme beaucoup, le vieux président du comité de sûreté générale sortit ; et N..., qui écoutait dans le corridor, put remarquer sur sa physionomie naturellement sévère je ne sais quelle expression équivoque d'un très-mauvais augure.

» Je vous tiendrai au courant, jour par jour, des suites de cette affaire, qui me livre aux plus dévorantes inquiétudes. »

LETTRE V.

A LA MÊME.

Conspiration supposée, découverte dans la prison du Luxembourg. — Le citoyen Laflotte. — Madame Fanny de Beauharnais se charge des enfants de sa nièce.

« Un article du journal du matin m'a glacée d'effroi ; et comme il vous parviendra demain, je me hâte de le faire précéder de son correctif. Vous y lirez : « Qu'une grande conspiration a été découverte » dans la maison de réclusion du Luxembourg : l'avoir découverte et » la signaler, ajoute le journaliste, c'est l'avoir déjouée et même » anéantie. L'un des chefs paraît être le ci-devant vicomte de Beau- » harnais, membre de l'assemblée dite constituante, et l'un de ses » présidents. Par ce qu'on a démêlé dans les lettres interceptées, les » papiers saisis et les interrogatoires subis, on peut comprendre qu'il » ne s'agissait de rien moins que d'opposer une résistance à l'action » du gouvernement révolutionnaire. Cette résistance, d'abord d'in- » tention, n'attendait vraisemblablement qu'une conjoncture favo- » rable pour devenir armée. Telle était la doctrine, telle eût été la » conduite des conjurés. Ils étaient servis, dans leurs coupables ma- » nœuvres, par un jeune homme attaché à Beauharnais, et qui paraît » avoir été placé au comité révolutionnaire de la section pour servir » de patron aux conspirateurs. Grâces au citoyen Laflotte, ceux-ci » voient déjà rompre leur trame liberticide : sous peu de jours, l'œil » du gouvernement l'aura totalement démêlée, et la main, armée » pour consolider la république, n'aura pas tardé à punir ceux qui » semblent ne vivre que pour la renverser. »

» Ma chère tante réduira ces grandes phrases à leur expression simple et vraie. La conspiration est imaginaire ; la dénonciation attribuée en effet à un ex-ambassadeur en Toscane, a produit les mouvements que je vous ai racontés, et qui probablement vont s'arrêter. Pourquoi continueraient-ils ? On n'a rien découvert, parce qu'il n'y avait rien à découvrir ; on n'aura point à punir des conspirateurs, parce qu'il n'y a pas eu de conspiration. Il eût été possible que, par défaut de renseignements, l'article du journal vous eût épouvantée ; c'est le premier effet qu'il a produit sur moi ; mais après un quart d'heure de réflexions, et depuis que j'écris cette lettre, je me rassure. A-t-on recours aux exagérations de l'imposture, lorsque l'exposé seul de la vérité suffit pour persuader ?

« P. S. Je rouvre ma lettre pour vous annoncer que le citoyen N... est arrêté. C'est ce qu'il me mande verbalement par une jeune personne qu'il doit épouser. Cet incident bannit ma sécurité, et me rend mes terreurs. »

Madame Fanny de Beauharnais se chargea des enfants de madame Alexandre de Beauharnais, pendant la captivité de cette mère si parfaite, qui conserva de ce bienfait le plus tendre souvenir. Elle prodigua à sa tante les témoignages de sa reconnaissance avec une assiduité que les embarras de son haut rang ne lui firent jamais négliger ; elle l'appelait toujours sa *seconde mère*, titre accordé justement à celle qui lui portait une tendresse vraiment maternelle.

Il est impossible de douter de la perfection du caractère de Joséphine, lorsqu'on voit la famille de son premier mari lui être restée attachée avec une constance inébranlable. Elle eut à s'en louer dans le temps de son malheur le plus grand, et ne connut pas la douleur de voir s'éloigner d'elle les parents qui semblaient l'avoir adoptée. J'ai déjà parlé de l'amitié sincère que lui portait son respectable beau-frère, le marquis de Beauharnais.

L'empereur adopta deux demoiselles de Beauharnais, que l'impératrice affectionnait particulièrement ; elles eurent le titre d'Altesses Impériales et un million de dot. Ce furent les princesses Stéphanie de Bade et d'Aremberg. La comtesse de Lavallette, plus âgée, était mariée sous le consulat.

LETTRE VI.

A LA MÊME.

Sévérité exercée contre les prisonniers.

« Des mesures de rigueur, d'abord commencées contre Alexandre, se sont ensuite étendues sur cinq à six des principaux détenus avec lesquels on le suppose en relations ; elles ont fini par envelopper toute la partie du bâtiment qu'une cloison sépare du reste du palais. La cour a été interdite aux habitants de cette portion, lesquels ont été interrogés à plusieurs reprises. Depuis hier, ils ne reçoivent personne, et comme cette interdiction n'était pas connue, il en est résulté que le greffe et les deux corridors qui y conduisent ont été remplis tout aujourd'hui de leurs parents et de leurs amis, profondément alarmés sur leur sort. Un bruit sinistre a bientôt circulé parmi les premiers, qui, tremblants pour les jours de ceux qui leur sont chers, ont rapporté dans leur famille les terreurs qui les tourmentaient.

» Je ne sais ce qui arrivera de tout ce mouvement : il me semble qu'un gouvernement qui se livre à ce qu'on pourrait appeler des convulsions se croit bien peu solide ; et tant de précautions décèlent plus de faiblesse et de peur qu'elles ne montrent de force et de sécurité.

» Ah ! ma tante, au milieu de ce trouble, que je vous sais bon gré d'être malade ! Quelque pénible que me soit votre absence, continuez à la prolonger. Votre tranquillité, qui m'est si chère, me dédommage un peu de mes souffrances ; et Alexandre me fait dire qu'il supporte patiemment toutes ces vexations, tant qu'il sait que nous ne les partageons pas. »

LETTRE VII.

A LA MÊME.

Ses inquiétudes sur son mari. — N... au secret.

« C'est dommage que je ne sois pas plus disposée à rire, car les choses qui se passent, outre leur côté atroce, en ont un bien risible. Cette misérable affaire, qui n'existe que dans la tête et probablement dans les intérêts de ceux qui l'ont imaginée, prend une consistance dont j'ai lieu d'être effrayée : on commence à dire la conspiration du Luxembourg, comme on a dit la conspiration de la Gironde, de Sainte-Amaranthe et de Danton. Par les affreux résultats qu'ont eus celles-ci, que ne dois-je pas redouter pour l'affaire qui m'intéresse ? On a mis à l'arrestation de ce pauvre N... une sorte de solennité scandaleuse, on attache aux motifs qui l'ont déterminée une importance qui ne semble que ridicule, et que je crois très-calculée. Je n'ose appuyer ma pensée sur des conjectures que peut-être la peur a inspirées ; mais où il n'y a rien, comment quelques yeux ont-ils découvert tout ? Depuis un certain temps on a parlé de l'embarras que causaient les prisonniers, des inquiétudes qui les tourmentaient, des désirs qui les agitent, de leurs projets présumés, de leurs opinions devinées et des moyens de correspondance prémédités ou établis entre eux et leurs parents. Des articles de gazettes, perfidement officieux, ont insinué l'idée que peut-être l'époque allait arriver où la sévérité de la politique, tempérée par l'indulgence, permettrait l'ouverture des prisons ; et sur-le-champ des libelles aussi atroces par leur doctrine soudoyée que grossiers dans leur style, ont répondu qu'il y avait pour diminuer le nombre des prisonniers des moyens plus expéditifs. Voilà où nous en sommes : jugez si je dois trembler.

» Depuis cinq jours, pas de nouvelles directes d'Alexandre ; je sais seulement par un porte-clefs que sa tranquillité ni sa santé ne paraissent point altérées, et que pour charmer la solitude où l'on continue à le tenir, il lit beaucoup. Il a demandé un grand nombre de livres qui ont passé sans difficulté ; il n'en a pas été de même du papier blanc, dont on a compté les feuilles : il faudra qu'il rende compte de leur emploi.

» N..., dont, en qualité de membre du comité, le gouvernement n'a pas dédaigné d'ordonner l'arrestation, N... est encore tenu plus sévèrement. Depuis quarante-huit heures il est au secret, et l'on n'a de lui aucun signe d'existence. Comme il a été surpris par ce coup impossible à prévoir, il n'a rien emporté avec lui, et l'on ne sait où lui envoyer ce dont il a besoin, car on ignore absolument le lieu de sa détention. Sa mère, la femme du monde la plus respectable, montre dans cet événement une résignation qui n'exclut point la douleur, mais qui la tempère. La jeune et tendre amie de N... s'abandonne à la sienne : prête à l'épouser, elle ne rougit point de montrer son amour en montrant son chagrin. Je leur ai promis de prendre des informations sur un homme qui m'intéresse presque autant qu'il les intéresse elles-mêmes. Pourquoi faut-il que je lui rende une partie des services que nous en avons reçus ? »

LETTRE VIII.

A LA MÊME.

On écrit à madame Alexandre de Beauharnais pour la prévenir qu'elle doit être incessamment conduite en prison. — Elle ne veut pas profiter de cet avis. — Elle est arrêtée.

« Je commence cette lettre à l'aventure, et sans savoir si elle vous parviendra. Avant-hier mardi, la mère de N... entra chez moi, avec l'expression de la douleur sur la physionomie ; sur-le-champ mon idée se porta sur son fils. Ce n'est pas pour lui que je pleure, me dit cette bonne femme en sanglotant ; quoiqu'il soit au secret, je ne tremble pas pour ses jours ; il est d'une classe à laquelle on pardonne, ou plutôt qu'on oublie ; d'autres sont plus exposés que lui. D'autres ?... Ma pensée sauta tout à coup au Luxembourg : Alexandre est-il au tribunal ? m'écriai-je. — Rassurez-vous, il n'est pas question de monsieur. — Je ne voyais pas alors pour qui il fallait m'alarmer. Ma pauvre bonne femme, avec beaucoup de précautions, m'expliqua que c'était pour moi : je devins tranquille sur-le-champ. Après avoir tremblé pour ce qu'on aime, mon Dieu, qu'il est doux de n'avoir plus peur que pour soi !

» Hier soir, je trouvai une lettre anonyme qui m'avertissait du danger. J'aurais pu fuir ; mais où aller, sans compromettre mon mari ? Décidée à attendre, je m'entourai de mes enfants, et dans leurs innocentes caresses, j'aurais presque oublié mes adversités, si leur présence même ne m'avait plus vivement retracé l'absence de leur père. Le sommeil les arracha de mes bras, dont il semblait qu'un instinct plus tendre les rapprochait encore davantage. Hélas ! l'amour qui unit une mère à ses enfants a aussi ses superstitions ; et je ne sais quel pressentiment invincible me plongeait dans une terreur stupide. Jugez si, restée seule, je pus écarter ce pénible sentiment ! Le ciel m'est témoin cependant que les trois êtres chéris, qui font tout mon bonheur, font aussi toute ma peine : comment songer à moi, dès qu'ils sont menacés ?

» Je continuais à me plonger dans ces réflexions, quand un grand bruit se fit entendre à la porte de l'hôtel. Je compris que mon heure était venue ; et trouvant, dans l'inévitable coup qui m'allait frapper le courage nécessaire pour le souffrir, je me résignai. Tandis que le tumulte croissait, je passai dans la chambre de mes enfants : ils dormaient ! et ce contraste de leur sécurité avec le trouble de leur mère fit couler mes larmes. Hélas ! je déposai sur le front de ma fille peut-être mon dernier baiser, elle sentit les larmes maternelles ;

Mademoiselle Lenormant.

et, tout endormie, passant autour de mon cou ses bras caressants : Couche-toi, me dit-elle à demi-voix, et ne crains rien ; ils ne viendront pas cette nuit ; je l'ai demandé à Dieu.

» Cependant on entrait en foule dans mon appartement, où, à la tête d'hommes farouches et armés, je trouvai ce même président, que sa faiblesse rend inhumain, et auquel la paresse donne tant de préventions. Celles qu'il avait contre moi lui parurent justifier mon arrestation ; sans examen, comme sans probabilité, je vis qu'il croyait fermement ce que c'est qu'on a l'audacieuse bêtise de nommer la conspiration du Luxembourg. Quand la sottise est réunie à la méchanceté, mon Dieu, qu'elle fait de mal !

» Je vous épargne des détails inutiles, en voilà déjà trop de douloureux. Qu'il vous suffise de savoir que, les scellés apposés sur les meubles fermant à clef, j'ai été conduite dans la maison de détention des Carmes. Oh ! quels frissons j'ai ressentis, en franchissant ce seuil encore teint du sang des victimes ! Ah ! ma respectable tante ! que de crimes sont prêts à commettre les hommes qui n'ont pas puni ces crimes exécrables ! »

LETTRE IX.

A MADAME PARKER, A LONDRES.

Ce qui se passe dans la prison de madame de Beauharnais. — Sa conduite dans ce lieu de douleur.

« Voici, ma chère amie, deux contrastes qu'on ne remarque guères, quoiqu'ils se présentent tous les jours, et dont il me prend fantaisie de causer un moment avec vous. Hier au soir, de bonnes nouvelles de la santé de mes enfants ; aujourd'hui, des espérances dans l'affaire de mon mari : quoi de plus favorable à l'appétit, au sommeil, à la bonne humeur ? aussi la mienne n'est-elle pas si maussade ; et pour la rendre tout à fait agréable, je vais m'entretenir avec vous.

» Vous êtes jeune, riche, belle, spirituelle, adorée d'un époux aimable, et recherchée par une société qui applaudit à vos talents et sait en jouir ; pourquoi donc n'êtes-vous pas heureuse ? J'ai peu de fortune, moins encore de beauté, nulles prétentions, peu d'espérances !... comment donc puis-je goûter quelque félicité ? De graves philosophes disserteraient longtemps pour résoudre cette question, et le problème se compliquerait si j'ajoutais : l'une est dans le pays de l'indépendance, de la liberté, cependant elle pleure ; l'autre végète sur une terre de servitude, et, quoiqu'en prison, elle est tranquille. Expliquer cette opposition par la différence des caractères, c'est moins détruire la difficulté qu'en reculer l'éclaircissement ; car, d'où vient la différence des caractères ?

» Ma chère Clara obéit au sien en ne contant ses chagrins, qu'elle exagère ; moi, je cède à mon cœur, en l'entretenant de ce qu'une autre appellerait ses peines, et que depuis deux jours un léger espoir revenu dans mon âme me fait qualifier de plaisirs.

» Savez-vous, ma bonne amie, ce qui dans un lieu tel que celui-ci les produit sans cesse, ces plaisirs presque toujours doux, et vifs quelquefois ? Deux petites combinaisons qui se sont arrangées d'elles-mêmes : la parodie de la vie du grand monde et la simplicité de la retraite ; ceci demande une explication.

» Dans les commencements, cette maison, occupée par de grands seigneurs, avait vu transférer sous ses verrous toute la majesté des salons de l'ancienne cour, et par conséquent tout l'ennui qui l'accompagne. L'augmentation des habitants amena celle des visites, des assemblées priées, des étiquettes, et de tout le cérémonial inventé pour cacher les dégoûts de la grandeur.

» A la vue de ces pompes mesquines et de cette dignité en miniature, de nouveaux venus imaginèrent de les faire tomber en les livrant au ridicule. Il ne fallait pour cela que les exagérer : en conséquence une gravité de commande enveloppa les actes les plus indifférents ; on s'abordait à pas comptés ; on se donnait le bonjour en déclamant ; et le ton montant peu à peu jusqu'au diapason de la morgue, s'il est permis de parler ainsi, on en vint à donner à ce qu'il y a de plus commun dans la vie domestique, l'importance du roman et l'emphase de la tragédie. Toute cette assommante prétention eût déjà été bien ridicule à Versailles ou au faubourg Saint-Germain ; jugez si elle dut sembler extravagante dans le réduit d'une étroite prison.

» Quelques bons esprits comprirent que pour en bannir l'ennui, qui n'avait pas manqué d'escorter ces chimères, il ne fallait que rappeler la raison, mais une raison aimable, accompagnée d'esprit, guidée par le bon goût, et d'où naîtrait celui de la modestie et de la simplicité. Les coiffures à crochets, les habits brodés sur toutes les tailles, se liguèrent contre la révolution naissante, établirent une lutte qu'ils soutinrent quelque temps avec avantage, et ne cédèrent qu'après avoir fait la plus belle défense. C'était l'époque de leur défaite, lorsque j'arrivai.

» Alors, la plus grande liberté succéda à l'esclavage de l'étiquette ; on s'occupa moins des convenances et beaucoup plus d'égards mutuels. On sentit que pour trouver des gens aimables, il fallait faire quelques frais pour l'être ; on fit quelques concessions de ses goûts à ceux de ses compagnons d'infortune, on entra dans leurs vues ou on les combattit avec douceur, au lieu de se quereller avec fureur. Les noms antiques, les titres fastueux continuèrent à recevoir des hommages d'habitude ; mais ceux du sentiment furent décernés aux qualités sociales, aux talents dont profitait la réunion, aux vertus qui avaient ses modèles. Il ne faut pas demander si ceux à qui il ne restait que des prétentions, traitèrent de révolutionnaires les novateurs à qui le mérite avait acquis des droits.

» Telle est aujourd'hui la situation des esprits. Parmi cent soixante détenus qui composent la maison, cinq à six sociétés particulières se sont associées par la ressemblance des opinions et des caractères ; quelques-unes, plus intimes, sont unies par des affections plus tendres ; et celles-là, isolées et silencieuses, se mêlent peu aux plaisirs des autres, qu'elles ne troublent jamais. Pour moi, indépendamment d'un certain nombre de connaissances et d'amis que j'ai retrouvés, je vois tout le monde, et rencontre partout des cœurs à consoler et des infortunés à plaindre. Cela me rappelle que vous vous croyez du nombre de ces derniers, ma chère Clara, et qu'à ce titre vous avez le droit d'exiger ce que je prodigue aux autres. Pourtant, vous n'aurez aujourd'hui de moi que la certitude d'une amélioration très-prochaine dans ma destinée : n'en est-ce pas assez pour rendre la vôtre heureuse au moins quelques instants ?

» Ai-je besoin de vous assurer que je partage vos maux, même imaginaires ; et ne savez-vous pas bien que dès que vous souffrez je souffre aussi ? Le plus grand des malheurs est de douter de ce que l'on aime, et celui-là du moins nous ne l'éprouvons ni l'une ni l'autre. Adieu, mon amie ; courage ! ce mot devrait-il être prononcé par celle qui languit sous les verrous, et ne devrait-elle pas garder pour elle les exhortations qu'elle vous envoie ? Mes enfants se portent bien; l'affaire de M. de Beauharnais prend une meilleure tournure; comment n'aurais-je pas de force? Pour cette fois, adieu. »

Madame de Beauharnais, comme je l'ai déjà dit, ne fut jamais abattue par une captivité dont les autres prisonniers gémissaient plus qu'elle.

En connaissant ce cœur dévoué aux autres, ce perpétuel désir d'obliger, on s'affligeait de l'impuissance où se trouvait cette femme excellente de pouvoir faire des démarches pour toutes ses connaissances privées de la liberté; elle regrettait surtout d'être enfermée parce qu'elle n'était, disait-elle, *bonne à rien*. Elle oubliait que par sa douceur, le charme de son esprit et sa gaieté, elle consolait tout ce qui l'entourait.

Ennemie de toute discussion, étrangère à tout parti extrême, détestait les conversations politiques, elle vivait en bonne intelligence avec tous ces cercles divisés d'opinions, et disputant entre eux avec

Vous conviendrez, dit Sa Majesté, qu'il ne s'accorde pas avec votre habit?

une aigreur qui fut souvent calmée par les soins conciliants de madame de Beauharnais; bienveillante avec ses inférieurs, égale et aimable avec ses égaux, polie avec les personnes qui se croyaient plus qu'elle, elle obtint l'affection générale. Elle fut aimée en prison comme elle l'était sur le premier trône du monde, de toutes les classes avec lesquelles elle se trouvait occuper toujours la place qui lui convenait. Le tact des convenances était inné chez elle, aussi ne fut-elle pas écrasée par l'insolence des autres, lorsqu'elle n'était point heureuse; et devenue impératrice, elle ne fit pas sentir combien elle était au-dessus de tous.

Je n'ai jamais entendu nommer par Joséphine madame Parcker, qui, sans doute, était morte; mais ce ne pouvait être une personne médiocre, ayant inspiré une sincère amitié à madame de Beauharnais, dont elle appréciait les éminentes qualités. Savoir distinguer le mérite, c'est prouver qu'on en a soi-même, surtout lorsque riche et dans une position brillante, on s'attache à quelqu'un de pauvre, ce qui arrive rarement.

LETTRE X.
A MADAME FANNY DE BEAUHARNAIS.
Madame de Fontenay en prison. — La manière dont elle annonce à Talien qu'elle doit être incessamment jugée.

« Avec les beaux fruits que vous m'avez envoyés, ma bonne tante, j'ai reçu l'ingénieux billet renfermé dans l'un d'eux. Mes enfants sont donc avec vous ! Dieu soit loué, c'est pour mon cœur un grand point de repos. Pourquoi mon mari n'est-il pas avec eux ! Je n'ai point de ses nouvelles, je n'en ai point de N., et la mère de ce dernier n'a pu obtenir encore la permission de me voir. Jugez de mes inquiétudes ! Tout s'empresse autour de moi pour me les faire oublier. Mais le cœur d'une épouse, d'une mère, quand il est meurtri, peut-il s'ouvrir si aisément à l'espérance et aux consolations ? »

Pour donner ou recevoir quelques avis importants, les prisonniers étaient obligés d'inventer des moyens extraordinaires pour tromper la surveillance active s'exerçant sur tous les objets qui entraient ou sortaient des prisons.

On assure que madame de Fontenay (devenue depuis madame Talien [1]), ayant appris d'une manière certaine que peu de jours après elle serait mandée à la Convention, écrivit un billet à Talien, le cacha dans un cœur de chou qu'elle-lui jeta par la fenêtre au bas de laquelle il venait souvent pour tâcher de l'apercevoir au travers des grilles. Elle lui apprenait le sort qui lui était réservé, et finissait par ces mots : « Si vous m'aimez autant que vous le dites, employez tout pour sauver la France, et moi avec elle. »

L'amour excessif de Talien le porta au projet qui mit fin aux crimes de Robespierre; ainsi la destinée de notre belle patrie dépendit d'un morceau de chou, plus ou moins adroitement jeté par la faible main d'une femme!

LETTRE XI.
A LA MÊME.
Interrogatoire de M. de Beauharnais.

« Alexandre a été interrogé hier, et j'aurai ma permission demain. Le président du comité est un homme assez honnête, mais apathique et nul, auquel je ne sais combien de quintaux d'embonpoint ôtent le mouvement, les idées, et presque la parole. Avec les meilleures intentions du monde, il a moins d'autorité que le dernier garçon de bureau. Il arrive tard, gagne son fauteuil en geignant, s'assied pesamment, et, quand il est assis, reste un quart d'heure sans parler.

La citoyenne a demandé des chaussons de prunelle grise?

Pendant ce temps, un secrétaire lit des rapports qu'il n'entend pas, quoiqu'il ait l'air de les écouter; quelquefois il s'endort pendant la lecture, ce qui ne l'empêche pas de se réveiller justement pour signer ce qu'il n'a ni écouté ni compris. Quant aux interrogatoires qu'il commence et que chacun de ses confrères continue, il y en a quelques-uns d'atroces, un plus grand nombre de ridicules : tous sont plus ou moins curieux.

» Qu'a-t-il de plus singulier, en effet, que de voir l'élite de la société expliquer ses pensées à ceux qui, malgré leur élévation, en sont encore la boue? Quand je parle ainsi, ma tante pense bien qu'il n'est question ni de naissance, ni de fortune, ni de priviléges, mais de principes, de conduite, de sentiments.

» Par exemple, le président du comité est, par son existence, un

---
[1] Aujourd'hui madame la princesse de Chimay.

homme comme il faut; c'est un propriétaire aisé, qui ne laisse pas d'avoir reçu une certaine éducation. Le calcul le fit révolutionnaire; et, jusqu'à ce que la présidence ait assuré la tranquillité de ses digestions, il a maigri de peur. Maintenant, indifférent au sort des victimes qu'il aide à faire, il engraisse de lâcheté. Je crois l'avoir qualifié d'honnête homme : est-ce l'être cependant que de garantir son repos en sacrifiant les gens de bien? Oh! que j'aime bien mieux, que j'estime davantage ce bravo, cet excellent N..., qui a peut-être le ridicule d'outrer les principes d'une politique déjà exagérée, mais qui exagère aussi son amour pour l'humanité! Quel dévouement quand il vous croit innocent! quel zèle s'il vous voit malheureux! nous lui devons tout. Et savez-vous d'où vient son attachement pour Alexandre? de celui qu'il a pour ses principes. Une lecture assidue des journaux lui a donné pour l'Assemblée constituante la plus haute estime. Quand il a su qu'un membre de cette assemblée allait tomber sous la griffe de son comité, il a demandé à s'en emparer, et il l'a facilement obtenu : vous savez le reste.

» Ci-joint l'interrogatoire de mon mari, dans lequel, comme vous le remarquerez, le ridicule le dispute à l'horrible : ce sont les deux couleurs de l'époque.

Extrait sommaire de l'interrogatoire du citoyen Alexandre Beauharnais.

» LE PRÉSIDENT. — Qui es-tu?
» M. DE BEAUHARNAIS. — Homme et Français.
» LE PRÉSIDENT. — Pas de mauvaise plaisanterie; je te demande ton nom?
» M. DE BEAUHARNAIS. — Eugène-Alexandre de Beauharnais.
» UN MEMBRE. — Pas de *de*, s'il vous plaît, c'est trop aristocrate.
» M. DE BEAUHARNAIS. — Vous voulez dire féodal. Il est certain qu'un nom sans particule est plus raisonnable. La faute, s'il y en a une, vient du temps et de mes aïeux.
» UN AUTRE MEMBRE. — Ah! tu as des aïeux! L'aveu est franc, cela est bon à savoir. Remarquez, citoyens, qu'il a des aïeux, et qu'il ne s'en cache pas.

» Ici neuf membres du comité, sur douze dont il est composé, se mettent à rire. L'un des neuf, qui au milieu de la gaieté générale a gardé son sérieux, dit d'une voix recueillie :

» Imbécile, qui ne sait pas que des aïeux sont de vieux parchemins? Est-ce sa faute, à cet homme, si l'on n'a pas brûlé ses brevets? Citoyen, tu auras soin de les déposer au comité, et je t'assure qu'un bon feu de joie nous fera bientôt raison de tes aïeux.

» A ces mots, un rire fou s'empare de l'honorable conseil, dans lequel le gros président a beaucoup de peine à rétablir le calme. Toutefois, cette explosion d'hilarité l'ayant rendu plus facile, il dit poliment au prévenu :

» — Asseyez-vous, citoyen.

» UN MEMBRE *se levant avec vivacité*. — Je demande la parole. Je demande que le citoyen président soit rappelé à l'ordre pour avoir *vouvoyé* le citoyen suspect. Pour être suspect il n'est pas dit qu'on soit coupable. Tant que le tribunal ne vous a pas mis hors la loi, on n'est pas indigne d'être tutoyé.

» Il faut que M. Violette soit censuré pour n'avoir pas été poli.

» A la qualification de *monsieur* donnée au président, les rires, le bruit, le tumulte recommencèrent. Celui qui les causait eut beaucoup de peine à comprendre pourquoi on les lui attribuait. Enfin l'ordre se rétablit, et mon mari saisit le premier moment de silence pour féliciter le comité des innocents motifs de ses discussions et pour se féliciter lui-même d'avoir pour juges des magistrats d'une humeur si joyeuse.

» LE PRÉSIDENT *avec une importante gravité*. — Prendras-tu nos opérations pour des farces? Tu te tromperais prodigieusement. Le citoyen suspect a raison, mes collègues, en nous appelant ses juges; cette qualification doit nous rendre à la gravité. Il était permis de rire jadis, aujourd'hui l'on doit être sérieux.

» M. DE BEAUHARNAIS. — C'est ce qui distingue le nouveau régime de l'ancien.

» LE PRÉSIDENT. — Procédons sérieusement, et continuons l'interrogatoire. Citoyen Jarbac (l'un des secrétaires), y es-tu? (*A M. de Beauharnais.*) Tes titres et qualités?

» M. DE BEAUHARNAIS. — Citoyen français, général au service de la république.

» UN MEMBRE. — Président, il ne dit pas tout : c'est un ci-devant,...
» UN AUTRE MEMBRE. — Un prince ou un baron.

» M. DE BEAUHARNAIS *souriant*. — Vicomte, si vous le permettez, c'est bien assez.

» LE PRÉSIDENT. — C'est beaucoup trop. Ainsi, tu avoues que tu es noble?

» M. DE BEAUHARNAIS. — J'avoue qu'on le disait de moi, et que je l'ai cru quelque temps sous le régime de l'ignorance, des habitudes et des préjugés.

» LE PRÉSIDENT. — Conviens que tu n'es pas entièrement désabusé.

» M. DE BEAUHARNAIS. — L'obstination de quelques hommes, bornés à combattre une chimère, lui conserve une sorte de réalité. Il y a

longtemps que, pour moi, cette illusion s'est dissipée. La raison m'avait enseigné qu'il ne pouvait exister de distinctions que celles qui résultent des vertus, des services et des talents; une saine politique m'a démontré qu'il n'en devait point exister d'autres.

» LE CITOYEN NÉVIL. — Voilà ce qui s'appelle raisonner principe.
» LE PRÉSIDENT. — Sans préjudice des conséquences, celles dont le citoyen se fait gloire, où les a-t-il prises? A l'Assemblée constituante.
» M. DE BEAUHARNAIS. — Je me fais honneur d'en avoir fait partie.
» LE PRÉSIDENT. — Vous l'avez même présidée?
» M. DE BEAUHARNAIS. — Oui, citoyen, et à une époque à jamais mémorable.
» LE PRÉSIDENT. — C'était lors de la fuite du tyran?
» M. DE BEAUHARNAIS. — C'était lors du voyage de Louis XVI à Varennes et de son retour.
» UN MEMBRE. — Je parie que le citoyen ne croit pas que Louis Capet ait été un tyran?
» M. DE BEAUHARNAIS. — L'histoire l'expliquera, et la postérité prononcera.
» LE CITOYEN NÉVIL. — Il n'est pas question de ce que le citoyen Beauharnais pense, mais de ce qu'il a fait.
» LE PRÉSIDENT. — C'est juste, on ne peut pas plus juste. Voyons donc ce qu'a fait le citoyen Beauharnais.
» M. DE BEAUHARNAIS. — Rien, et dans ces temps orageux c'est, je crois, ce qu'il y avait de mieux.
» LE PRÉSIDENT. — Ainsi, tu ne t'es prononcé pour aucun parti?
» M. DE BEAUHARNAIS. — Non, si vous entendez par parti les factions qui se haïssent, déchirent l'Etat, et empêchent le règne des lois et l'affermissement de la république; mais si, par parti, vous concevez l'immense majorité des Français qui veut l'indépendance et la liberté, je suis de ce parti-là.
» UN MEMBRE. — Reste à savoir par quels moyens?
» M. DE BEAUHARNAIS. — J'aimerais mieux qu'on employât pour persuader ceux de la raison, pour convaincre ceux du sentiment; contre l'anarchie tour à tour rusée et violente des factions, je crois cependant qu'il n'est pas défendu d'employer la force. Mais je demanderais qu'on en usât sans en abuser, qu'on s'en servît rarement, et qu'on rendît à l'humanité tout ce qu'on peut ôter à la rigueur sans compromettre le salut de l'Etat.
» UN MEMBRE (c'est le méchant vieillard chargé de l'arrestation de mon mari). — L'humanité! l'humanité! dans certaines bouches ce langage est suspect.
» M. DE BEAUHARNAIS. — Et doit l'être s'il signifie la pitié pour les criminels d'opinion; mais il est respectable si on l'invoque en faveur de l'inexpérience et de l'erreur.
» UN MEMBRE. — Voilà comme parlent tous les modérés.
» M. DE BEAUHARNAIS. — La modération est fille de la raison et mère de la force; pourquoi serais-je violent et convulsif, si dans l'état de santé je me sens vigoureux par le calme et puissant par la sagesse?
» LE CITOYEN NÉVIL. — Je vous assure, citoyens, que ni Rousseau, ni Mably, ni Montesquieu n'ont rien dit de plus sensé.
» UN MEMBRE. — Quels sont ces gens là? sont-ils de la section?
» UN AUTRE MEMBRE. — Ne vais-tu pas que ce sont des feuillants? Tout cela est de la clique modérantiste, et ne vaut pas le diable.
» LE PRÉSIDENT. — Vous tombez dans l'erreur, citoyens, ce sont des auteurs du siècle de Louis XIV, et dont on joue journellement les tragédies au Théâtre-Français.
» Ici le club révolutionnaire se partage en railleurs, qui croient avoir le droit de se moquer de leur président, et en raisonneurs qui appuient ou combattent la découverte que vient d'enrichir l'empire littéraire. M. de Beauharnais eût souri de la méprise, s'il ne soupirait en songeant à quels hommes est remis le sort des citoyens.

» N..., en ramenant l'interrogatoire sur la droite ligne du bon sens, essaye de terminer une séance également ridicule et pénible. Après quelques questions ou divergentes ou oiseuses, le président, ne trouvant aucun fait à la charge de mon mari, conclut à son arrestation provisoire. — On aura alors le temps de découvrir les griefs, dit-il dans la prévoyance révolutionnaire; et toi, citoyen, tu auras aussi le temps de te défendre. Si tu aimes ta patrie, tu la serviras aussi bien par la résignation que par ton activité; et si la liberté t'est chère, elle te le deviendra encore plus en prison. En conséquence, je t'y envoie non comme coupable, Dieu m'en garde! mais comme pouvant le devenir. On t'écrouera sur les registres du Luxembourg, seulement avec cette apostille favorable : *Prévenu d'être suspect.* »

Rien ne prouve davantage la noblesse, le sang-froid, et la modération du caractère de M. de Beauharnais, que l'interrogatoire absurde que l'on vient de lire. Pourra-t-on jamais imaginer dans l'avenir, que des hommes aussi ignorants soient restés pendant plusieurs mois les juges de leurs semblables? supposera-t-on que cette froide et affreuse cruauté qui *s'amuse* au moment de *condamner*, ait pu être tolérée par une nation éminemment généreuse? Née trop tard pour être témoin de telles actions, à peine puis-je me persuader que mes compatriotes n'exagèrent pas. Ce qu'ils racontent me semble de sanglantes tragédies, inventées par des esprits fanatiques, qui ne trouvent d'intérêt qu'aux émotions les plus douloureuses. Hélas! ce sont des vérités dont chaque famille a eu à pleurer les déplorables conséquences ; la mienne n'en a pas été exemptée !... il faut donc malgré moi ne pas douter de ces récits que nos neveux repousseront sans doute avec indignation. Ils ne voudront ajouter foi qu'à ce qu'ils trouveront de conforme aux nobles sentiments de leurs compatriotes. Pourquoi sommes-nous si près d'événements qu'il faudrait effacer de notre histoire, vierge encore de semblables crimes ! Il faut les croire tous !... c'est là le malheur de notre époque, d'ailleurs si brillante de gloire et d'espérances.

LETTRE XII.
AU CITOYEN ALEXANDRE DE BEAUHARNAIS.

Le citoyen Saint-Just. — M. de Saint-Just, auteur du *Calife, Jean de Paris*, etc. — Madame de Saint-Just. — Pension à mademoiselle Robespierre.

« Serait-il vrai que le ciel s'adoucit, et que le gouvernement, devenu plus fort, mit un terme à la sévérité, et lui fit succéder la clémence ? Depuis avant-hier, les précautions de rigueur se sont relâchées, et non-seulement on communique au dehors, après une inspection fort superficielle. Le bruit s'accrédite que Saint-Just [1] a eu une altercation fort vive avec plusieurs membres du comité, au sujet de Robespierre : celui-ci, ajoute-t-on, veut changer de système ; sa politique, lasse de supplices, trouve, dans celle de certains collègues, un obstacle invincible. Saint-Just est un jeune homme plein de ce mérite rare, qu'on remarque une fois en vingt ans ; et nous avons mille fois déploré la fatalité qui l'entraînait dans une route aussi dangereuse que cruelle. Rien de moins étonnant non plus que de voir Robespierre revenu à des sentiments plus doux. Celui qui, à la suite d'un long égarement, a osé proclamer un Dieu à la face des impies, ne saurait porter un cœur féroce.

» On dit qu'à la suite de cette querelle, qui lui fait beaucoup d'honneur, il s'est banni des comités, rejetant par là sur ses collègues tout l'odieux d'une sanguinaire administration. Mais l'influence de cet événement n'a été perdue ni pour ceux qui espèrent ni pour ceux qui souffrent. On a d'abord éprouvé ici une joie qui participait autant de la surprise que de l'enthousiasme. Peu à peu les premiers transports se sont calmés, et je ne sais quelle sécurité plus tranquille, quoique aussi douce, leur a succédé. Ne partagez-vous pas, mon ami, ces espérances ? les miennes seront plus vives et plus entières si vous les approuvez.

» On annonce comme un événement l'apparition d'une brochure de Camille Desmoulins, et peut-être déjà en avez-vous connaissance. » On dit que sous l'allégorie transparente de la cour de Tibère, il peint les cruautés de nos jours : c'est bien hardi ; mais on ajoute qu'il écrit sous la dictée de Robespierre, et dans ce cas sa témérité n'est pas dangereuse.

» Desenne a fait remettre à l'hôtel deux exemplaires de cet ouvrage, et il y en a un pour mon cher Alexandre. Puisse-t-il vous faire passer une bonne nuit ! »

Madame de Beauharnais, ainsi que toutes les personnes qui souffrent, saisissait avidement tout ce qui pouvait calmer ses vives inquiétudes. Voilà sans doute pourquoi elle s'est trompée si complètement sur le caractère de Robespierre, qui sûrement était un composé de tous les vices. Des hommes jeunes, timides, entraînés par des doctrines séduisantes, purent s'égarer, et par crainte de devenir peu à peu presque aussi cruels que leurs chefs ; mais celui qui pendant tant de temps vit couler des flots de sang versés par ses ordres, celui qui pouvait trouver le repos après avoir signé de continuelles proscriptions, était un monstre qu'on ne peut essayer de justifier. Sa mémoire sera à jamais en exécration.

On prétend que sa sœur a obtenu une pension sous les divers gouvernements qui ont suivi celui de 93, et que même elle lui est continuée sous celui des Bourbons. J'ai peine à le croire ; sans doute les

---

[1] Il ne faut point confondre le Saint-Just dont il est ici question avec M. de Saint-Just, le spirituel auteur d'une foule de charmants opéras-comiques, tels que le *Calife de Bagdad, Jean de Paris*, etc., dont il y a deux ans. Ce dernier, d'une humeur douce et paisible, ne s'occupait nullement de politique ; il bornait ses soins à employer une grande fortune au bonheur de toutes les personnes qui l'approchaient. Sa conversation fine, amusante, attirait chez lui l'élite des artistes, qu'il se plaisait à encourager et à aider de sa bourse, lorsque leur position n'était pas satisfaisante. Indulgent, aimable, il a été regretté unanimement, lorsqu'une maladie inflammatoire l'a enlevé aux lettres et à ses amis. Il m'a témoigné une affection que je n'oublierai jamais, et j'ai saisi avec empressement une occasion de rendre à sa mémoire l'hommage que je lui devais. Il sera loué, sans doute, avec plus de talent, plus d'éloquence, mais jamais par une plume plus vraie.

M. de Saint-Just avait épousé en secondes noces mademoiselle Tourette, belle-sœur du célèbre Chérubini. Ce choix honore également celui qui le fit et celle qui en fut l'objet, car, excepté la fortune, mademoiselle Tourette possédait tout ce qui doit faire rechercher une femme. Son désintéressement, à l'époque de la mort de M. de Saint-Just, la rendit encore plus digne d'être la compagne de l'homme qui ne calcula jamais que la possibilité de faire des heureux.

fautes doivent être personnelles, et il faut éviter de punir les familles des coupables, mais est-il bien nécessaire de *récompenser* les parents du sanguinaire tyran de la France ? ne vaudrait-il pas mieux employer ces fonds à secourir les veuves et les orphelins des braves morts au champ d'honneur, ne laissant qu'un nom honorable aux objets qui leur étaient chers ?

LETTRE XIII.
AU DOCTEUR PORTAL.

MM. Magendie, Auvity, Prunet, Heurteloup, etc., M. Horeau.

« Eh ! vite, docteur, courez au comité de surveillance, où l'on vous délivrera une permission pour entrer au Luxembourg. Là, vous trouverez l'un de *vos abonnés*, qui, malgré sa situation, n'a pas oublié qu'il a pris avec vous l'engagement d'être malade au moins quinze jours par année. La maladie est arrivée, et l'engagement va être rempli ; mais pas plus de quinze jours, entendez-vous, docteur ; vous m'en répondez sur votre tête. Ce serait beaucoup trop, s'il était libre ; mais en prison, la maladie fait passer le temps, quand elle ne tue pas le malade, et un médecin aimable amuse l'un et l'autre. »

M. Portal était alors ce qu'il est toujours, l'homme le plus savant, le plus serviable et le plus estimé. Il rendit beaucoup de services dans un temps où la pitié était regardée comme un crime, puisqu'elle pouvait dérober une victime à la hache des bourreaux. Aucun danger n'effraya le doyen de la faculté, qui dans un âge très-avancé conserve encore toute la gaîté de la jeunesse. Honoré de l'affection de son souverain, il a constamment à s'applaudir d'avoir suivi la carrière la plus belle, lorsqu'on sait, comme lui, l'ennoblir par toutes les vertus.

Plusieurs de nos jeunes médecins doivent être comptés parmi ceux destinés à suivre un si noble exemple, particulièrement MM. Magendie, Auvity, Prunet, Heurteloup, Orfila, etc. [1]. Je suis heureuse de les citer comme l'espoir de la génération qui s'élève ; elle trouvera en eux ce que nous avons rencontré dans leur vénérable devancier : science et bonté.

Je ne parle pas ici de M. Horeau, dont il est souvent question dans le cours de cet ouvrage : retiré dans une terre, il n'exerce plus la médecine.

LETTRE XIV.
M. DE BEAUHARNAIS A SA FEMME.

Son opinion sur Robespierre. — Son courage. — Mademoiselle de Sombreuil. — Mesdames de Bellegarde. — Bayard, François Ier, du Guesclin, Turenne, Condé, Vauban, le maréchal de Saxe, Napoléon, Ney, Murat, Victor, Masséna, Suchet, Macdonald, Pérignon, Kellermann, MMgrs les ducs d'Orléans et Montpensier. — Les comtes de Forbin d'Oppède, de Juillac, de Marin, d'Aubenton. — MM. de Sainte-Marie, Ducrest, de Caqueral. — Mesdames de la Rochefoucauld, Sainte-Aldegonde, de Kerselun, de Goisson, de Fougy. — Mesdames de Flahault, de Genlis. — Belle conduite d'un intendant. — Mort du valet de chambre de mon père. — M. Detchement. — Avarice du marquis d'A.... — La Ferté-Lowendal. — Belle conduite d'un vieux serviteur. — Le serin.

« Pauvre amie, quelle erreur est la vôtre ! L'espérance vous abuse ; mais au temps où nous vivons, l'espérance trompe et trahit. J'ai lu attentivement l'ouvrage de Camille ; c'est celui d'un homme de bien, mais d'une dupe. Il écrit, dites-vous, sous la dictée de Robespierre, c'est possible ; mais après l'avoir poussé, le tyran le sacrifiera. Je le connais, moi, cet opiniâtre, qui ne recule devant aucune difficulté, et qui, pour le triomphe de son détestable système, jouera, s'il le faut, le rôle d'un homme à sentiments.

» Robespierre, dans la conviction de son orgueil, se croit appelé à régénérer la France, et comme ses vues sont courtes et son cœur froid, il ne voit de régénération réelle que dans un bain de sang : c'est la plus facile, car ses victimes sont parquées, et le boucher n'a qu'à étendre la main pour les traîner à la boucherie. Cependant quelques-unes, avant d'expirer, ont jeté un cri lamentable, et c'est ce cri que le crédule Camille est chargé de reproduire, pour tâter l'opinion. Quel que soit son vœu, elle trouvera une opposition, dont le tyran s'emparera pour immoler de nouvelles victimes. A quelques détails près, voilà sa tactique.

» Il m'est affreux, ma chère Joséphine, de détruire l'illusion de votre cœur ; mais puis-je en conserver, moi qui ai vu de si près les manœuvres de la tyrannie ? Quand on ne peut lui opposer une force qui la brise, il n'est plus qu'un moyen de lui résister : c'est de recevoir ses coups avec une vertu qui la déshonore. Nos successeurs, au moins, profiteront de l'exemple, et le testament des proscrits ne sera pas perdu pour l'humanité. »

---

[1] Ceci fut écrit en 1828 avant que le fléau terrible du choléra vînt apprendre tout le dévouement dont devaient s'honorer nos dévoués praticiens. Chaque année la liste des glorieuses victimes d'un zèle que rien n'arrête s'augmente de noms honorables. Parmi les survivants de ces désastres, on doit citer MM. Jules Cloquet, Dubois, Boys de Loury, Gueyrard, Wolesky, et beaucoup d'autres.

M. de Beauharnais suivit le précepte qu'il indiquait à sa femme. Toutes ses actions prouvèrent qu'entraîné comme tant d'autres par la séduisante philanthropie du commencement de la révolution, il pouvait désirer des changements dans le système du gouvernement; mais que la noblesse des sentiments, l'amour du bien et de la patrie furent toujours ses plus chers devoirs. Il mourut avec un grand courage, regretté des personnes les plus éloignées de partager ses opinions.

Tel sera toujours l'ascendant d'un caractère franc et loyal. L'estime sera sa récompense, surtout dans les temps de trouble, où l'on saisit avec empressement tout ce qui repose l'esprit, souvent et douloureusement affecté par des actions basses ou cruelles. Au milieu des horreurs commises pendant la terreur, n'était-on pas consolé par le sublime dévouement de mademoiselle de Sombreuil[1]? par la noble conduite de mesdames de Périgord et de Monaco, et de tant d'autres s'exposant à une mort presque inévitable pour sauver les objets de leurs affections? Admirer de tels traits, c'était se raccommoder avec l'humanité, que tant de raisons devaient faire haïr. Sans ces actions héroïques et la valeur surprenante de nos armées, défendant leur pays, mais ne souffrant dans leur sein rien que de juste, il eût été par trop pénible alors d'être Français. La vertu des uns, l'honneur et le courage des autres nous ont conservé le rang dû à notre nation, dont les lois sages assurent désormais le repos et le bonheur.

Je ne puis me refuser le plaisir de citer ici le dévouement de mesdames de Bellegarde[2], qui chaque jour portaient à une amie prisonnière tout ce qui pouvait adoucir sa position. Spirituelles, jeunes et belles, elles trouvaient le moyen d'attendrir les farouches gardiens, et réussissaient presque toujours dans leur généreuse entreprise. Rarement elles s'éloignaient sans faire parvenir quelque consolation à leur amie. Témoigner un tel intérêt à un prisonnier, c'était s'exposer à des persécutions cruelles, ce qui n'arrêta point ces dames, qui échappèrent, comme par miracle, aux dangers qui menaçaient alors tout ce qui était noble et bon.

Dans aucun temps, on ne contestera la bravoure remarquable de nos armées; nos annales prouvent que les Français furent toujours sur le champ de bataille ce qu'ils sont encore aujourd'hui. Les noms de Dunois, Bayard, François Ier, Duguesclin, Turenne, Condé, Vauban, Napoléon, les maréchaux Ney, Murat, de Nansouty, Victor, Masséna, Pérignon, Suchet, Macdonald, Kellermann, et tant d'autres sont associés à des victoires de toutes les époques de notre histoire; mais en vantant notre gloire et notre mérite militaire, les étrangers affectent d'exagérer la légèreté de ce peuple vainqueur[3].

A côté du mal est presque toujours le bien; ainsi la révolution, ce fléau de notre siècle a, donné la mesure du courage français sous toutes les formes et dans toutes les positions. Les malheureux condamnés subissaient en France leur honorable supplice avec une force d'âme que l'on ne peut assez admirer. Les émigrés ne déployèrent pas moins de noblesse et d'énergie dans la longue agonie qu'ils eurent à souffrir; pendant leur trop long exil, leurs dangers étaient moins éminents, moins immédiats que ceux des personnes restées en France, mais y avait-il moins d'héroïsme à supporter les privations de toute espèce, la misère, la faim, qui menaçaient de terminer lentement de cruelles souffrances? Loin de se laisser abattre par des infortunes de tous les genres, la noblesse, habituée en général à ne s'occuper que de plaisirs, trouva des forces dès qu'il fallut se soustraire à la dure nécessité d'implorer la charité publique; les vieillards seuls et les infirmes recoururent à des moyens repoussés par la masse de cette peuplade fugitive, errante, abandonnée: les talents, l'industrie tinrent lieu de fortune, et les plus grands seigneurs ne rougirent pas de prendre un métier pour s'épargner la honte de demander.

M. le duc d'Orléans entra comme professeur de géographie dans un collège de Suisse. Mon frère, qui l'avait suivi, y donna des leçons de dessin; le duc de Montpensier se créa une honorable ressource par son talent pour la peinture.

Plusieurs de ses tableaux étaient au Palais-Royal.

MM. les comtes de Forbin d'Oppède[4], de Juillac, de Marin, d'Aubenton se firent musiciens, avec plus ou moins de succès. Mesdames les marquises de Sainte-Marie, Ducrest, de Caquerai donnèrent des concerts et des leçons de chant et de piano; MM. de la Rochefoucauld, de Sainte-Aldegonde devinrent marchands de toiles; MM. les comtes de Kersalun, de Fumel, de Quatrebarbes, de Goisson établirent des hôtels garnis et des cafés; M. le comte de Fougy utilisa un goût parfait, et se fit marchand de modes; d'autres enseignèrent le français, l'histoire, etc., firent des cartons, des broderies; mon père fut constructeur de vaisseaux, M. de Mortefontaine donnait des leçons de violon; mesdames de Genlis et de Flahault se servirent de leur plume élégante et facile pour composer un grand nombre d'ouvrages charmants; enfin une foule de jeunes gens se placèrent comme commis dans des maisons de banque. Cette conduite fut admirée comme elle devait l'être; l'estime générale suivit de grands efforts pour l'obtenir, et devint la juste récompense de tant de persévérance et de vertu!

La plupart de ces familles, persuadées de la bonne foi des puissances alliées à la France, étaient tellement certaines de les voir se coaliser pour rétablir Louis XVI sur le trône, qu'elles partirent avec fort peu d'argent, convaincues qu'un prompt retour leur rendrait leur fortune, leurs pierreries et leurs titres! *Demain* tout sera rentré dans l'ordre, disait-on, et l'on quittait son pays, sa famille avec fort peu d'argent et une grande sécurité. Ce *demain*, qui devait terminer les voyages et tous les maux, se fit attendre dix ans!... et même pour une foule de ces familles les voyages sont finis, mais les maux durent encore, car elles n'ont pas retrouvé le foyer paternel!...

On a malheureusement à opposer à ce tableau d'énergie, d'honneur et de courage, quelques traits de faiblesse, de manque de foi, mais ils ont heureusement été en petit nombre, et les soins que prenaient les émigrés de cacher les torts de leurs compatriotes devaient laisser dans l'oubli tout ce qui n'était pas louable: les Français se soutenant, s'entr'aidant entre eux, se défendant mutuellement, les faits peu honorables devaient nécessairement sembler rares, étant ensevelis dans le secret. Voici deux petites histoires qui furent cependant contées partout, parce qu'elles ne frappaient de ridicule qu'un homme ayant pu sauver une immense fortune, et cité comme un modèle de l'avarice la plus sordide.

Loin de chercher à soulager les maux de ses compatriotes, M. le marquis d'A... y ajoutait en quelque sorte en leur avançant de petites sommes à gros intérêts, dont il obtenait le remboursement souvent de la manière la plus cruelle, quoique la plus légale. Le besoin faisait qu'on s'adressait à lui, mais on était dispensé de la reconnaissance, dont, au reste, il se souciait fort peu.

M. Detchement, célèbre dentiste français, avait à cette époque une grande réputation en Angleterre, où il gagnait assez d'argent pour ne jamais demander aux émigrés ceux de ses déboursés toutes les fois qu'ils s'adressaient à lui; il excellait surtout dans la manière de poser de faux râteliers en porcelaine, qui imitaient parfaitement la nature, et n'avaient aucun des inconvénients des dents postiches.

Un jour il voit entrer chez lui un petit vieillard dont l'habit, le chapeau et le reste de la toilette offraient l'apparence d'un dénûment absolu; il paraissait d'ailleurs souffrant et malheureux; c'en fut assez pour toucher M. Detchement, qui lui demanda en quoi il pouvait le servir. « O monsieur! répondit-il d'une voix faible et cassée, je suis bien misérable, bien à plaindre! — Vous faut-il quelque secours, monsieur, je serai trop heureux de... — Non, je ne réclame que les soins de votre état. J'ai depuis plusieurs années un faux râtelier qui est totalement détruit; ne mangeant guère que du pain de l'exil, je ne puis que difficilement le broyer avec ces dents fausses toutes brisées; et je viens vous demander de vouloir bien m'en faire de nouvelles; ne me prenez que le moins possible, car il faudra m'imposer encore plus de privations pour faire face à cette nouvelle dépense, toujours trop considérable pour moi. »

Pendant cette longue litanie de doléances, M. Detchement préparait ce qui lui était nécessaire pour prendre la mesure de la bouche qui la proférait. Quand cette opération fut faite, il dit qu'il livrerait le nouveau râtelier au bout de huit jours pour la somme de dix guinées. « Dix guinées, bon Dieu! mais où voulez-vous que je les prenne, dix guinées! je vis deux mois avec cela! — Je suis désolé de ne pouvoir rien rabattre sur le prix, monsieur; c'est celui que je fais à tous les émigrés, et je ne peux demander moins, je vous jure, que strictement ce que je dépense pour leurs fournitures. Il faut chauffer un four trois fois, et je dois quelquefois avant de réussir, je recommence vingt fois. Les Anglais me payent plus du double, ce qui me met à même de favoriser les pauvres Français. — Je vous donnerai cinq guinées. — Vous me connaissez mal, monsieur, si vous pensez que je sois capable de surfaire ainsi des malheureux, dit M. Detchement son air de bon humeur; j'espérais être mieux jugé. — Pardon, eh bien, six. — Non, monsieur, on ne marchande point ici ainsi. Veuillez vous adresser ailleurs. — Allons, ne vous fâchez pas, je vous donnerai les dix guinées, balbutia le marquis en poussant un soupir. Je vous les apporterai d'aujourd'hui en huit. » Il sortit en gémissant de nouveau sur l'obligation de faire une telle dépense.

Le comte de *** le rencontra dans l'escalier. Celui-ci avait quelques raisons d'en vouloir à M. d'A..., ayant payé fort cher son obligeance. « Je vous fais mon compliment, mon cher Detchement, dit le comte en entrant, vous avez affaire à de bonnes pratiques. — Oui, n'est-ce pas? Que voulez-vous, ce pauvre homme a besoin de moi; et je me repens même de l'avoir un peu rudoyé tout à l'heure. — Comment? — Sûrement, il marchandait un râtelier avec tant d'a-

---

[1] Mademoiselle de Sombreuil, mariée à Avignon, y vit entourée des soins que réclame une santé détruite sans retour, par son courage sans exemple, et le caractère le plus aimable et le plus doux.

[2] L'une d'elles avait épousé son cousin, général au service d'Autriche, venu à Paris en 1814.

[3] Les guerres d'Afrique et de Crimée désigneront à la postérité une foule de braves dignes de leurs devanciers.

[4] M. Forbin d'Oppède, avec une bonté parfaite, me donnait en émigration des leçons gratuites de piano, dont il me récompensait par beaucoup d'impertinence, qu'il supportait avec autant de patience que mes fausses notes; ce n'est que depuis quelques années que j'ai compris toute la reconnaissance que je lui dois, et que je me plais à consigner ici.

charnement, que j'ai pris de l'humeur, j'ai eu tort ; aussi quand il viendra je lui ferai encore une réduction. — A qui ? — A ce vieux homme que vous avez rencontré, et sur la pratique duquel vous me plaisantez. — Je ne plaisante pas du tout, il est millionnaire. Ne le connaissez-vous pas? C'est le marquis d'A... un ladre, un cancre, qui nous prête à la petite semaine. — Ah ! ah ! il a cherché à me tromper, il me le revaudra. »

Au jour convenu, le marquis d'A... se présente. M. Detchement le fait asseoir, lui ôte son vieux ratelier, qu'il brise et jette au feu ; lui pose le nouveau, qui va supérieurement, et dont le marquis est enchanté. Celui-ci tire avec effort d'une petite bourse de cuir, bien sale, dix guinées, qu'il recompte deux fois une à une. « Voilà, monsieur, dit-il tristement, ce que je vous dois. — Non, monsieur, ce n'est que la moitié de la somme. Celle-ci était demandée à un *pauvre Français;* mais M. le marquis d'A... doit payer pour ceux qui ne le peuvent pas; ainsi il me faut vingt guinées. — Monsieur, c'est une tromperie insigne qui... — Que mérite celle que vous avez employée à l'égard d'un homme obligé de travailler. Je vous conseille dans votre intérêt de payer les vingt guinées, sinon je publierai cette histoire, qui ne vous fera pas honneur. »

Après beaucoup d'injures, de menaces, M. le marquis s'exécuta ; il ne pouvait d'ailleurs faire autrement, puisque *sa vieille mâchoire* était en cendres. M. Detchement ne fut pas très discret, et toute l'émigration s'amusa aux dépens de l'homme que l'on avait surnommé le *vieux juif*.

Madame la marquise d'A... mourut dans je ne sais plus quelle ville d'Allemagne. Il est d'usage de faire annoncer les décès par des hommes attachés aux inhumations. Ils vont de porte en porte apprendre la mort, le lieu et l'heure de l'enterrement. M. d'A..., pour se dispenser de cette petite dépense, demanda à son vieux valet de chambre, qui était son maître Jacques, s'il savait l'allemand. « Très-certainement, monsieur le marquis, répondit celui-ci chargé de joindre la charge d'interprète à toutes celles dont il était investi. — Cela est heureux, car tu vas aller partout annoncer la mort de madame la marquise. Tu n'oublieras personne, entends-tu ? — Oui, monsieur le marquis. »

Le valet de chambre s'affuble d'un mauvais habit noir râpé de son maître, déchire un peu du crêpe noir d'une vieille robe de *madame*, qu'il met à son chapeau, prend un air piteux, et frappant à toutes les maisons, il avance la tête, et crie à pleine voix : « Hier, à six heures du soir, la marquise d'A... *caput*, » referme la porte, et continue à courir la ville en répétant la même phrase. Le soir aux assemblées chacun s'abordait en se disant : Eh bien, madame la marquise d'A... est donc *caput*[1] ?

Cette économie maritale parut si indigne et si ridicule, que des plaisanteries continuelles contraignirent M. le marquis d'A... à aller exercer la sienne dans une autre ville.

La classe destinée à obtenir le plus cette révolution qui devait tout *égaliser*, et qui ne fit presque que *détruire*, fournit, aussi bien que celle des privilégiés, des actions sublimes, parmi lesquelles il n'y a qu'à choisir. En voici une que j'ai recueillie dans le lieu même qui en fut témoin.

M. le marquis de C***, possesseur de la belle terre de la Ferté-Lowendal, près d'Orléans, fut forcé d'émigrer laissant au château un vieux serviteur, qui, pour prix de ses longs services, d'un attachement éprouvé, était devenu intendant ; place qu'il exerçait avec une rare probité : elle lui donnait une grande autorité sur les domestiques et même sur les habitants du village, habitués à le respecter et à lui obéir.

Son maître parti, il fit un inventaire exact de tout ce qui était confié à sa garde, cacha avec soin les choses précieuses, et affecta une démocratie exagérée.

S'entourant de tous les cerveaux brûlés du pays, criant, gesticulant plus qu'eux, et adoptant leurs manières, leurs discours et leur costume, il parvint à se faire nommer municipal, et rien ne se faisait plus sans son consentement. M. de C*** avait déposé dans un lieu sûr une somme assez forte, l'intendant s'en empara, et ne l'envoya point à M. de C*** comme il en était convenu, mais il l'employa à faire l'acquisition des biens de ce maître adoré.

Devenu propriétaire d'une fortune considérable, il trouva le moyen d'améliorer la terre, et de faire parvenir quelque argent à M. de C***, qui ignorait absolument d'où lui venaient ces secours.

Lorsque le calme fut rétabli, M. de C*** rentra en France, et apprit avec indignation que tous les biens étaient passés dans les mains de cet intendant dans lequel il avait une confiance entière ; il partit précipitamment pour se rendre sur les lieux, espérant obtenir quelques débris de ce domaine si étendu, vendu à vil prix.

Il arrive sans être annoncé, entre dans le château, et aperçoit le vieux serviteur, dont les cheveux entièrement blancs et la démarche chancelante l'affligent malgré lui, en lui faisant calculer le long espace de temps écoulé depuis que ces lieux ont été abandonnés par le légitime propriétaire !

Surmontant ce premier mouvement d'attendrissement, il s'approche, et se prépare à accabler de reproches l'infidèle serviteur qui l'a dépouillé ; le bruit de ses pas fait retourner le vieillard, qui tombe à genoux les bras tendus vers son maître en s'écriant : « Ah ! je puis mourir maintenant, puisque je vous revois, et que je vais vous rendre ce que je vous ai conservé. »

Ce peu de mots rend toute explication inutile ; le geste, le regard de ce héros de la reconnaissance ont tout appris à M. de C***, qui presse dans ses bras son généreux ami, car dès ce moment ce titre était le seul qui lui convînt.

Tout fut exactement remis par ce dépositaire, à l'exception d'une *fourchette d'argent*, qu'il lui fut impossible de retrouver, et qu'il se désespérait de voir perdue.

M. de C*** a laissé en mourant toute sa fortune à sa nièce, aujourd'hui madame la comtesse Auguste de Talleyrand, digne de toute son affection par les qualités les plus aimables.

La terre de la Ferté-Lowendal a été vendue par elle au jeune prince d'Essling[1].

Voici deux autres exemples d'attachement de serviteurs envers leur maître, qu'il doit m'être permis de citer.

Lorsque nous rentrâmes en France, l'ancien valet de chambre de mon père vint le voir, et fut tellement heureux de retrouver son maître, qu'il lui fut impossible d'exprimer sa joie, autrement que par des mots sans suite. En quittant mon père, il descendit sur le boulevard, et rencontrant un ami, il le pria de lui faire avoir un verre d'eau parce qu'il étouffait ; l'extrême rougeur de son visage effraya cet ami, qui lui demanda la cause de l'état où il le voyait. « Mon maître est revenu, ça m'a donné un coup... là... » dit-il en montrant son cœur. Et il expira.

Nous apprîmes ce cruel événement deux jours après par sa veuve, qui vint éplorée le raconter à mon père ; il joignit ses larmes à celles de cette pauvre femme. Hélas ! il ne lui restait plus que des pleurs à offrir !...

Le jour de mon mariage (en 1812), nous rentrions tard d'un dîner de famille, et comme j'avais voulu éviter toute dépense extraordinaire, qui eût été une folie avec notre peu de fortune, *madame la mariée* était modestement en fiacre ; mon père ne sachant pas être heureux seul, donna au cocher beaucoup plus qu'il ne lui fallait, en lui disant : « Tiens, mon ami, bois à la santé de ma fille, et à son bonheur. — Oh ! monsieur le marquis, je bois avec vous que j'entends, s'écria avec émotion notre conducteur. — Comment me connais-tu, brave homme ? Pourquoi me donnes-tu un gage de fidélité qui m'appartient plus ? — Je vous le dirai demain. » Il fouetta ses maigres chevaux, et nous laissa étonnés de cette rencontre. Mon père était devenu un personnage si obscur, qu'il ne concevait pas que l'on pût se souvenir de ce qu'il avait été.

Le lendemain on vint nous dire qu'un homme *singulièrement mis* demandait à offrir un bouquet à la jeune dame mariée la veille ; qu'il avait l'air vieux et respectable.

Nous étions à table ; nous dîmes de le faire entrer. Il vint ; son air fier et content me frappa, je l'avoue, infiniment moins qu'un habit jaune, ayant des parements et le collet bleu clair d'une forme gothique. « Eh bien, monsieur le marquis, reconnaissez-vous maintenant votre fidèle Carpentier, concierge de Gennevilliers? Voilà cette robe livrée que j'étais si heureux de porter chez vous. Il a fallu ôter les galons, car les brigands me l'eussent pris sans cette précaution. Pour être sûr de le conserver je l'ai caché bien soigneusement ; quelque chose me disait que je vous reverrais. Ils se moquent de moi dans les rues, m'appelant serin, qu'est-ce que cela me fait ? C'est mon brevet de fidélité que j'ai là sur mon dos. Madame, ajouta-t-il en s'adressant à moi, acceptez ce bouquet comme un gage de mon amour pour votre famille, et recevez mes vœux pour votre bonheur ; Dieu veuille accorder à monsieur le marquis celui qu'il a si souvent répandu autour de lui. »

Je crus que ce souhait était une *prédiction* ; j'osai compter sur l'avenir !...

Une tête vénérable, de longs cheveux blancs, donnaient à cet homme une expression touchante qui nous attendrit tous. Mon père surtout était ému au dernier point, et recueillait dans ce moment la récompense d'une bonté qui est bien plus précieuse dans le bonheur que dans le malheur. Il serra ce serviteur dans ses bras, le fit déjeuner avec nous, et lui demanda à quoi nous pourrions tâcher de lui être utiles. Les vœux de ce vieillard se bornaient à être placé aux Incurables.

A force de démarches[2], mon père réussit à lui obtenir la faveur d'y entrer, et pendant plusieurs années nous recevions régulièrement de ses nouvelles : au jour de l'an, pour la fête de mon père, et le 5 septembre, anniversaire du jour où il avait retrouvé ce maître chéri.

A l'une de ces époques sa lettre manqua, et nous pensâmes qu'il n'existait plus. Les informations nous prouvèrent que nous avions eu raison de croire que la mort pouvait seule empêcher l'expression de la reconnaissance dans un cœur si parfait. Dix ans après, je perdis celui qui avait su l'inspirer ! et les pleurs de tout un bourg attestèrent

---

[1] Mot qui, en bas allemand, signifie *cassé, détruit, brisé.*

[1] L'empereur Napoléon III en a fait l'acquisition.
[2] Près de M. le duc de Bassano.

que, déchu de son rang, de sa fortune, mon père avait encore trouvé le moyen d'être utile à ses semblables.

De tels traits donnent l'assurance que les nobles si décriés, si calomniés depuis quelque temps, étaient bons, affables, humains avec leurs inférieurs. Pour inspirer un tel attachement, il fallait assurément posséder toutes les qualités de l'âme. On pourrait sans doute citer beaucoup d'autres anecdotes de ce genre. Je n'ai raconté celles dont je connaissais toute l'exactitude, et celles surtout qu'il m'était doux de publier, comme un hommage à la mémoire de celui que je regrette si amèrement!

LETTRE XV.

MADAME DE BEAUHARNAIS A SA TANTE, MADAME FANNY DE BEAUHARNAIS.

« Le croirez-vous, ma tante, mes enfants viennent de subir un long et minutieux interrogatoire! Ce vieillard méchant, membre du comité, et duquel je vous ai déjà parlé, s'est transporté chez moi, et, sous prétexte de s'inquiéter de mon mari et de m'en entretenir, il a fait causer mes enfants. J'avoue que d'abord j'ai été la dupe du stratagème : seulement je m'étonnais de l'affabilité du personnage; mais bientôt elle s'est trahie par la malignité, par l'aigreur même qu'il témoignait lorsque les enfants répondaient de manière à ne pas donner la moindre prise contre leurs infortunés parents. La ruse m'a été connue promptement.

» Lorsqu'il a vu que je l'avais pénétré, il a cessé de feindre, et m'avouant qu'il était chargé d'obtenir de mes enfants des renseignements d'autant plus certains qu'ils seraient moins ingénus, il a procédé à un interrogatoire en forme. Alors il s'est passé en moi une révolution inexplicable ; j'ai senti que je pâlissais d'effroi, que je rougissais de colère, que je tremblais d'indignation. J'allais exprimer au vieux révolutionnaire toute celle qu'il m'inspirait, lorsque j'ai songé que je ferais plus de mal encore à M. de Beauharnais, contre lequel cet homme exécrable paraît déchaîné; j'ai donc modéré ma colère. Il m'a invitée à le laisser seul avec mes enfants. J'ai voulu résister, mais j'ai remarqué tant de fureur dans ses yeux, que j'ai été contrainte de lui obéir.

» Il a enfermé Hortense dans un cabinet, et a commencé à questionner son frère. Le tour de ma fille est venu : oh ! pour celle-ci, dans laquelle il a reconnu une finesse prématurée et une pénétration fort au-dessus de son âge, il l'a tenue longtemps. Après les avoir sondés sur nos discours, nos opinions, les visites et les lettres que nous recevions, surtout sur les actions dont ils avaient pu être témoins, il aborda la question capitale, je veux dire le propos tenu par Alexandre. Mes enfants, chacun selon leur caractère, ont très-bien répondu, et malgré la subtilité d'un méchant qui veut trouver des coupables, l'ingénuité de mon fils et la spirituelle adresse de sa sœur ont déconcerté la fourberie, s'ils ne l'ont pas confondue.

» Que fera-t-on de cet interrogatoire, qui a servi de la vérité le dicta à des bouches sincères? Il ne pourra servir qu'au triomphe de l'innocence et à la honte de ses accusateurs : oseront-ils le produire s'il doit causer ce double échec ?

» Toujours le même silence sur ce malheureux N... : malgré ma répugnance, je me suis décidée à demander audience à un membre du comité de sûreté générale, Louis (du Bas-Rhin), dont on dit moins de mal que de ses collègues. Votre neveu m'avait expressément défendu de voir ces hommes, qu'il regarde comme les bourreaux de notre patrie, et pu me défendre de solliciter par reconnaissance et en faveur de l'amitié. S'il l'eût fait, j'aurais eu la force de lui désobéir. J'ai l'horreur des ingrats, et n'en grossirai certainement jamais le nombre. »

LETTRE XVI.

MADAME DE BEAUHARNAIS A SA TANTE.

Louis (du Bas-Rhin). — Insolence de l'homme chargé de la police des prisons. — Réflexions sur les prisons et les bagnes. — M. de Clermont-Tonnerre

« Louis (du Bas-Rhin), que je n'ai fait qu'entrevoir, m'a paru honnête, et je ne le crois pas insensible. L'accent de la pitié semble ne pas trouver chez lui d'accès inaccessible. Il ne repousse pas le malheur, et ne s'irrite pas des reproches arrachés à la douleur ; mais précisément ces qualités, qui le recommandent auprès des opprimés, paraissent des vices, et lui nuisent auprès des oppresseurs. Il a peu de crédit ; et après avoir écouté ma réclamation, il n'a pu y faire droit, et m'a conduite près de son collègue chargé de la police des prisons. Celui-ci, la malice dans les yeux et la moquerie sur les lèvres, m'a fait un compliment ironique sur l'intérêt que je témoignais à N.... « C'est un jeune et joli garçon, a-t-il ajouté, il est dans l'ordre qu'il » soit protégé par une femme jeune et jolie. Si elle lui montre de la » sensibilité, le temps viendra peut-être où il pourra lui prouver sa » reconnaissance. Au surplus, son interrogatoire étant fini, mon affaire » ne me regarde plus. Vous allez, citoyenne, vous transporter dans » les bureaux du citoyen Prosper S..., qui jugera si l'on peut vous » accorder une permission. Je vous y invite, car c'est vraiment un » crime de tenir si longtemps éloignés l'un de l'autre deux jeunes » gens qui ne demandent qu'à être réunis. »

» Après ces impertinences, auxquelles je ne répondis rien, il me donna une carte pour le chef de bureau qu'il venait de nommer. Oh! pour ce dernier, ce fut autre chose : à ma satisfaction et à mon grand étonnement, je trouvai dans M. S... toute l'urbanité qu'on peut désirer dans un homme du monde, jointe à toute l'instruction de détail qu'on a le droit d'attendre d'un commis. Il m'apprit que malgré l'interrogatoire qu'il avait déjà subi, le citoyen N... était encore au dépôt du comité de sûreté générale. « Comme on suppose, a-t-il dit, » qu'il a des révélations à faire, on a jugé convenable de l'y garder, » afin de l'avoir sous la main. J'en suis peiné, pour lui d'abord, qui » en souffre plus que personne ; ensuite pour vous, madame, dont il » paraît avoir le bonheur d'exciter l'intérêt. Voilà votre permission » pour communiquer avec lui : vous remarquerez qu'elle ne tolère » ces communications qu'en présence d'un témoin ; mais cette échan- » crure que j'ajoute donne le pouvoir ou de rendre le témoin invi- » sible, si d'ailleurs la circonstance s'y prête, ou de le rendre aveu- » gle et sourd, s'il s'y refuse. » Avouez, ma bonne tante, qu'on ne saurait être plus aimable que M. Prosper S... ! Il est bien déplacé dans ce repaire, et pourtant ce serait un meurtre qu'il n'y fût pas.

» Des bureaux du comité je descendis à l'hôtel de Brionne, sous la porte duquel est placé le dépôt. Vous croirez difficilement qu'on a poussé la négligence, je devrais dire l'atrocité, jusqu'à établir ce dépôt dans une loge basse, étroite, obscure, qui, par une lucarne maillée, reçoit à peine un jour douteux, et qui, ayant pour voisinage immédiat une fosse d'aisance, est dominée par les conduits d'une pompe sans cesse jaillissante. C'est dans ce réduit humide, ténébreux et infect, que dix à douze malheureux, inconnus les uns aux autres, sont entassés sur une surface de quinze pieds carrés ; ils n'ont d'autre lit que quelques planches exhaussées de trente pouces sur le sol, et s'empoisonnent de leurs émanations sans cesse repompées, tandis qu'ils s'enveniment les maux de leur âme par des confidences douloureuses. Là gémissait N..., qu'on en fit sortir à son grand étonnement, et qui me reconnut à sa vive satisfaction.

» Il est bien vrai qu'il a été interrogé, mais moins sur ce qui concerne mon époux que sur ce qui se passe au Luxembourg ; et comme il ne s'y passe rien, il en résulte que si les questions ont été multipliées, les réponses ont été rares et courtes. Il s'attend à de nouvelles demandes. »

On ne peut s'étonner que des hommes cruels aient si peu songé au bien-être des malheureux, qu'un atroce arbitraire plongeait dans des cachots ! on ne pouvait d'ailleurs trouver des prisons commodes, lorsque le nombre des victimes forçait à s'emparer de caves infectes, aussi bien que d'hôtels magnifiques pour enfermer les suspects, c'est-à-dire les condamnés ; car leur sort était fixé dès qu'ils entraient dans ces tristes lieux.

Maintenant que le gouvernement est assez fort pour suivre le vœu du roi, de ne punir qu'un petit nombre de vrais coupables, ne devrait-on pas s'occuper un peu plus de la salubrité des prisons ? On parle beaucoup du désir de traiter avec humanité tous les prévenus, et cependant plusieurs lieux de détention sont encore privés d'air, et d'une saleté révoltante, non-seulement en province, mais à Paris même. Les bagnes sont, dit-on, infiniment plus propres, plus aérés que les prisons où se déposent les prisonniers qui ne sont pas encore jugés.

Est-ce là ce qui devrait être la suite de tous les rapports qui se font journellement? Des hommes tels que MM. de Laborde, Pastoret[1], etc., ont sûrement les intentions les plus droites et les meilleures ; ils donnent leurs avis dans l'intérêt de cette bienveillance qu'ils ont pour tous ceux qui souffrent ; mais ces ordres donnés s'exécutent-ils ?

Je me souviens d'avoir été avec ma mère à l'Abbaye voir des militaires estimables, enfermés pour de légères fautes de discipline ; ils languissaient dans des chambres obscures, étroites et pleines de vermine ! une fort petite cour, entourée de hautes murailles, leur donnait à peine le moyen de dégourdir leurs membres fatigués d'un repos inaccoutumé.

Ne pourrait-on pas trouver un autre local pour de semblables délits, qui peuvent se rendre coupables des hommes pleins d'honneur, de courage, utiles à la patrie qu'ils servent, et qui doit les protéger ?

Les prisonniers pour dettes, à Sainte-Pélagie, lorsqu'ils ne sont pas riches, sont condamnés à geler dans des chambres sans feu[2]. Ainsi donc,

---

[1] Père du sénateur actuel.

[2] Un de mes amis, le comte de Gr..., allant voir, dans un des jours les plus froids de cet hiver, un jeune homme arrêté pour des dettes contractées avec des usuriers, qui avaient su profiter de sa triste position, trouva cet infortuné dans son lit ; il n'en sortait pas afin de ne pas être transi et glacé dans sa petite chambre, dont la porte et la fenêtre fermaient à peine. M. de Gr... apprit que toutes les choses indispensables aux nécessités de la vie étaient vendues dans la prison quatre fois ce qu'elles valaient ; comme le prisonnier était loin de sa famille qui habitait la province, il n'avait pas assez d'argent pour s'acheter du bois. M. de Gr... lui en avança, et il eut le plaisir avant de quitter son obscur réduit de voir une flamme bien claire dans la cheminée de cet obscur réduit : elle avait jusque-là été bouchée par de vieux linges et des fragments de vêtements pour en inter-

un père de famille, ruiné par la confiance qu'il a eue dans un homme adroit, peut gémir ainsi, dénué de tout, tandis que le vrai coupable, grâce à son argent, jouit dans la même enceinte de toutes les commodités que procure le luxe.

Serait-il donc impossible d'éviter les infirmités qui peuvent résulter d'un long séjour dans cette prison, en ayant de grandes salles chauffées, où ceux qui n'ont d'autre tort que celui d'être pauvres, pourraient se dérober à l'humidité et aux rigueurs de l'hiver ? Faudra-t-il absolument avoir des millions pour ne pas mourir à Sainte-Pélagie, ou souffrir en sortant des suites d'une captivité si rigoureuse ? Ne serait-il pas juste de fixer un tarif pour tous les objets vendus aux prisonniers par le geôlier ? Le prix excessif qu'il met à tout ce qu'il fournit est un abus qu'il faudrait, ce me semble, réformer ; sans doute il doit gagner sur ce qu'il cède, mais faut-il qu'il quadruple ses bénéfices, qu'il prive ainsi des infortunés de quelques adoucissements, auxquels il les force de renoncer?

Le bagne militaire est un vrai service rendu à l'humanité ; mais est-il bien nécessaire de priver des malheureux qui y sont enfermés du mince matelas qui leur avait été accordé [1] ; et ne doit-on établir aucune différence entre les soldats punis pour des fautes commises souvent dans un état d'ivresse et des assassins ? »

LETTRE XVII.
A LA MÊME.
Visite des enfants de M. de Beauharnais à leur père. — Leur conversation avec lui.

« La journée d'hier fut à la fois bien douce et bien pénible. Mon mari avait désiré voir ses enfants, et par les soins de notre ange tutélaire, il l'avait obtenu ; mais pour épargner leur jeune sensibilité, je résolus de les lui envoyer sans moi, et N*** se chargea de les introduire. On leur avait dit, depuis quelques jours, que leur père était malade, mis entre les mains d'un médecin fameux, lequel, à cause de la salubrité de l'air et de l'abandon des bâtiments, s'était logé au Luxembourg. La première entrevue se passa très-bien : seulement, Hortense remarqua que les appartements de son papa étaient bien réduits et que les malades étaient bien nombreux. Quand j'arrivai à mon tour, ils n'étaient pas chez leur père ; un honnête porte-clefs, gagné par N***, ayant eu la précaution de les tenir écartés. Ils étaient en visite chez des voisins, touchés de leur jeunesse, de leur position et de leur ingénuité. Je craignais le spectacle de notre mutuel attendrissement ; il eut lieu sans qu'ils en fussent témoins. Alexandre, qui supporte sa captivité avec courage, n'en eut pas d'abord contre mes larmes ; cependant, moi-même, effrayée de le voir trop ému, je parvins à me calmer, et je le consolai à mon tour. Nos enfants reparurent, et ce fut une nouvelle crise, d'autant plus pénible qu'il fallut en dissimuler la cause.

» Hortense, qui est la sincérité même, en fut la dupe assez longtemps, et, dans toute l'effusion de son cœur, vivement attendri, elle voulut nous persuader que nous avions tort de nous affliger, que la maladie de son papa n'était pas dangereuse. Hortense avait ce petit air boudeur et négatif que vous lui connaissez et qui lui va si bien : « Est-ce que tu crois que papa est malade ? dit-elle à son frère ; ce n'est pas au moins d'une maladie que les médecins guérissent. — Que voulez-vous dire, ma fille, dis-je alors, et pensez-vous que votre père et moi nous nous entendions pour vous tromper ? — Pardon, maman, mais je le pense. — Oh ! ma sœur, que tu dis là est bien singulier, interrompit vivement Eugène. — Cela est au contraire tout simple et tout naturel. — Comment, mademoiselle, dis-je à mon tour en affectant de la sévérité ? — Sans doute, continua la petite rusée, n'est-il pas permis à de bons parents de tromper leurs enfants, quand il s'agit de leur épargner des chagrins ? » A ces mots, elle se jeta dans mes bras, et passa l'un des siens au cou de son père. Le sourire et les larmes se mêlèrent à cette petite scène, que mon Eugène acheva de rendre touchante par ses caresses.

» Aimable et doux enfant, il a autant de sensibilité que sa sœur a de pénétration dans l'esprit : tous deux ont fait jusqu'ici notre joie ; pourquoi faut-il que, dans la crise actuelle, ils causent nos plus vives inquiétudes, et me donnent, à moi personnellement, je ne sais quel inexprimable chagrin, que je ne puis vaincre et que je puis à peine combattre ? Je ne crains rien pour moi ; mais pour eux, pour Alexandre, je suis peureuse et pusillanime !

cepter l'air. M. Octavien de Grabowski, frère du comte actuel de ce nom, me raconta en sortant de Sainte-Pélagie ce qui l'avait si fort ému. Il est mort regretté de tous. Je puis donc maintenant divulguer un des mille traits de sa vie, qui le rendait digne de sa famille.

L'autorité ne devrait-elle pas ordonner aux geôliers de se contentasent du gain que font les fournisseurs ordinaires, et ne pas tolérer une spéculation d'autant plus odieuse, qu'elle s'exerce toujours aux dépens du malheur ?

[1] En passant à Lorient, M. de Clermont-Tonnerre, alors ministre de la guerre, ordonna, dit-on, de brûler tous les matelas du bagne, qu'une souscription avait, je crois, accordés aux militaires qui y languissaient. Ces prisonniers couchent maintenant sur le bois, comme les galériens de Brest, Toulon et Rochefort !...

» Dans les visites que mes enfants avaient faites, et par les discours que ma fille entendait et recueillait, elle avait deviné que son père était prisonnier. Nous avouâmes qu'il n'était plus possible de cacher. Et le motif ? demandait Hortense. Son frère, moins timide qu'à l'ordinaire, voulait aussi connaître la raison de cette rigueur. Il eût été bien difficile de les satisfaire. Étrange abus de la force ; coupable et méprisable excès de l'arbitraire, qu'un enfant peut dénoncer, que tout le monde devrait avoir le droit de punir, et dont on n'ose même se plaindre !

» Oh ! quand nous le pourrons, nous punirons tes dénonciateurs ! s'écriait Hortense. — Taisez-vous, ma fille, lui dit son père, si l'on vous entendait parler ainsi, je serais perdu, vous le seriez vous-même, aussi bien que votre mère ; et nous n'aurions pas la consolation de l'être tout à fait injustement. — Ne nous avez-vous pas dit souvent, remarqua Eugène, qu'il était permis de résister à l'oppression ? — Je vous le répète encore, répondit mon époux, mais la prudence doit accompagner la force ; qui veut vaincre la tyrannie, doit bien se garder de l'avertir. — Eh bien, ce sera pour plus tard, s'écria Eugène.

» Peu à peu la conversation prit un tour moins sérieux. On oublia le malheur présent, pour se livrer à de doux souvenirs et à des projets. Vous comprenez que dans ces derniers vous étiez pour beaucoup. « Je veux infiniment de bonheur à ma tante, dit en riant Alexandre ; cependant, comme on dit que les muses ne sont jamais si intéressantes que quand elles sont affligées, je souhaiterais à celle de ma tante quelques jours de captivité : il nous en reviendrait une belle élégie, et la gloire du poète, en immortalisant sa prison, le consolerait aisément du chagrin de l'avoir habitée. »

» Que direz-vous de ce souhait, ma chère tante ? Peut-être le jugerez-vous dans vos véritables intérêts ; pour moi, qui aime encore plus votre personne que vos vers, je ne puis m'empêcher de faire un vœu contraire ; et dussiez-vous ne jamais joindre votre nom à celui d'Ovide et de madame de la Suze, continuez d'écrire en prose, et demeurez libre, pour être heureuse, en vous livrant au besoin de votre cœur, celui de faire le bien. »

LETTRE XVIII.
AU CITOYEN DORAT CUBIÈRES.

« C'est à vous, mon ami, que je dois la primeur d'un récit auquel vous êtes intéressé, puisque ce sont vos sollicitations qui ont amené l'événement qui en est le sujet.

» M. ***, nommé depuis cinq jours adjoint au ministère de la guerre, avait obtenu que mon mari fût entendu en plein comité ; il ne voulait pas que son innocence, appuyée par sa présence, fît un effet décisif sur les membres du gouvernement, qui sont, pour la plupart, ses anciens collègues. Vous, mon ami, de votre côté, vous aviez demandé que le même comité m'interrogeât, votre demande n'avait pas été vaine. Remarquez toutefois, que je ne savais pas le succès de l'une et de l'autre, et qu'Alexandre ignorait jusqu'à leur existence. Transférée des Carmes dans les bureaux du comité, j'attendais dans une antichambre qu'on m'appelât, lorsque, à mon inexprimable étonnement, je vois entrer Alexandre ; lui, de son côté, n'éprouva pas moins de surprise ; mais ni lui ni moi ne savions encore s'il fallait nous livrer à l'espérance. Pourtant, le bonheur d'être réunis nous procura un de ces rares moments de félicité qui suffisent pour adoucir, pour faire oublier une année d'infortune. Nous en jouissions avec une ivresse que les indifférents nommeraient puérile ; elle fut interrompue par celui même qui, sans s'en douter, l'avait occasionnée. C'était le citoyen ***, dont les nouvelles fonctions ont amené, dans les bureaux du comité, un changement qui nous fut momentanément défavorable.

» Ce n'est plus *** qui est chargé du rapport ; et il eût été imprudent de paraître devant un nouveau rapporteur peu instruit et mal prévenu. C'est ce que venait apprendre à mon mari le nouvel adjoint de la guerre. Je fis de cet avertissement mon profit personnel, et me promis de ne solliciter aucune audience que dans un moment plus opportun. Celle-ci du moins n'avait pas été tout à fait inutile, puisqu'elle nous avait réunis. Mais dans quels lieux, et dans quels moments ! Je ne sais ce qu'aura pensé de moi mon pauvre Alexandre ; pour moi, je l'ai trouvé bien pâle, bien maigre et bien changé. Quant à son humeur, c'est toujours la même : il est le plus aimable et le plus noble des hommes ; de la résignation, du courage, des discours héroïques, et une conduite plus magnanime encore. Il avait pleuré de joie en me revoyant : quand il a fallu se séparer, ce ne fut plus que calme et fermeté. Il m'embrassa en ami plus qu'en époux, et me recommanda ses enfants. Tant de tranquillité va bien à tant d'innocence. Pourtant je m'afflige que ces gens du comité ne l'aient pas vu : auraient-ils résisté à cet ascendant de la vertu ? »

LETTRE XIX.
AU CITOYEN PROSPER S.

« J'apprends, citoyen, que vous êtes chargé de préparer le rapport que le représentant Louis (du Bas-Rhin) doit faire au comité de sûreté générale, sur l'affaire du général Beauharnais : j'en remercie le ciel ; et si je connaissais celui qui vous a remis cette besogne, je l'en remercierais plus expressément. Si l'on m'eût donné le choix d'un juge, c'est sur vous, citoyen, qu'il serait tombé. J'avais ouï parler de vous ; et toujours votre nom avait été accompagné de ces épithètes honorables, mais senties, que la flatterie ne trouverait pas, qui ne peuvent être inspirées que par la reconnaissance, et qui ne sauraient être trompeuses. Depuis, le hasard, ou plutôt le ciel moins sévère pour moi, m'a mis un instant en relation avec vous : cet instant m'a suffi pour comprendre que le témoignage de vos obligés s'accordait avec la vérité. Et moi aussi, je suis devenue une de celles dont vous avez cherché à adoucir les maux. J'ai à joindre ma voix à celle des malheureux auxquels vous auriez voulu faire oublier leurs calamités. Toutefois, vous n'ignorez pas que les miennes s'augmentent et s'enveniment d'autant de jours que mon époux n'est point jugé. Car ce n'est

Hélas ! je déposai sur le front de ma fille peut-être le dernier baiser.

plus sa liberté qu'il sollicite, c'est son jugement qu'il demande : un brave militaire en a le droit, lorsqu'il est accusé d'un délit qui compromet son honneur.

» Alexandre de Beauharnais conspirateur ! Un des fondateurs de la liberté méditant sa ruine ! celui qui, parmi cent autres, fut distingué pour préparer la république essayant de la renverser ! vous ne l'avez jamais cru, citoyen, et ceux qui l'accusent ne le croient pas plus que vous ; mais l'important est que ses juges ne le croient pas davantage. Qu'ils vous entendent, et ils seront dissuadés. Ne leur dites même pas que sa femme, aussi innocente que lui, gémit loin de lui, sous les verrous des siens ; je ne parle de moi que pour vous faire apprécier l'injustice des persécutions exercées contre Alexandre. Oubliez la mère persécutée et ses enfants dispersés, pour ne vous occuper que du père, de l'époux, ou plutôt du soldat, du citoyen, digne de recouvrer l'honneur et la liberté. »

LETTRE XX.

A EUGÈNE ET HORTENSE SES ENFANTS.

« Vos deux billets, quoique sous la même date, me sont parvenus à trois jours de distance l'un de l'autre. Ils sont jolis, mes bons enfants, car ils disent bien que vous m'aimez, et si votre tante ne m'assurait qu'elle n'y est pour rien, j'aurais cru y reconnaître la main de la Fée. Mais si elle n'a pas écrit les billets, c'est elle au moins qui m'assure de votre excellente conduite ; à la vôtre je reconnais son amabilité et sa bonté. Votre père sera aussi charmé que moi. Vous trouvez juste de nous donner des consolations, tandis que les méchants nous persécutent : ceux-ci passeront et seront punis ; vous, mes bons enfants, serez récompensés de votre bon cœur par notre félicité.

» Mettez-vous aux deux côtés de la Fée bienfaisante, et baisez-la pour votre père et pour moi à qui mieux mieux. »

LETTRE XXI.

AU CITOYEN ALEXANDRE BEAUHARNAIS.

M. de Chéverus, évêque de Montauban. — Le duc de Laforce. — M. de Chéverus, cardinal. — Le bien qu'il fait. — La Juive. — Le pauvre père de famille. — Lettres anonymes. — Mort du cardinal. — Son prédécesseur Mgr Daviau. — Sa bienfaisance. — La vieille culotte. — Madame Carayon Latour. — La montre volée. — M. Gergerès. — Les deux bénédictions. — Mgr le cardinal Donnet.

« Nous n'avons point oublié cette malheureuse fille d'auberge des environs de Rouen, laquelle, abandonnée par l'amant qui l'avait séduite, devint folle, et s'en allait chaque jour redemandant son ingrat aux voyageurs sur la route. Le bon Marsollier nous fit bien pleurer, il y a quelques années, sur les infortunes de la pauvre délaissée ; et notre aimable Dalayrac les a popularisées dans des chants qu'on redira toujours. Eh bien, mon ami, il y a dans cette maison un jeune homme qui, mieux que Nina, je crois, pourrait devenir l'intéressant héros d'un drame. C'est un Anglais nommé Tomy.

» On a souvent à déplorer les fatales suites d'un amour malheureux, qui ôtent à l'infortuné qui l'éprouve le sentiment même de sa vive douleur, en le privant de sa raison ; mais la reconnaissance est rarement assez profonde pour amener de pareils résultats. Le malheureux Tomy est un exemple touchant de l'excès de cette affection dont on parle sans cesse, et que l'on sent rarement. Cette histoire me parait si intéressante que je veux vous la conter. Votre âme l'appréciera ; et en vous occupant quelques moments des chagrins des autres, vous oublierez les vôtres. Plaindre ses semblables, s'attendrir sur leurs maux, est, hélas ! la seule distraction que l'on puisse avoir dans un temps d'épreuves.

Camille Desmoulins.

» Un respectable prêtre de Saint-Sulpice avait pris Tomy en affection, et lui donnait les principes d'une éducation chrétienne. Je dis chrétienne dans toute l'étendue du mot, car le digne abbé C***, aussi tolérant que pieux, n'avait fait du jeune homme que son élève, et n'avait pas même songé à en faire son prosélyte ; persuadé que la religion, dans une conscience pure, s'insinue doucement par l'exemple, et ne se prescrit point par les maximes. Celles qu'il inculquait à Tomy étaient puisées dans une charité universelle, dont d'ailleurs il était lui-même le touchant modèle.

» Témoin de nombreuses aumônes distribuées avec autant de bonté que de discernement, Tomy ne pouvait douter que la première base de la religion ne dût être la charité ; il était de même certain que l'indulgence et la tolérance devaient aussi être ordonnées par ce Dieu qu'il voyait si bien représenté par le respectable abbé. Ce prêtre ne se réservait pour lui que le plus absolu nécessaire ; prodigue pour les autres, il se refusait tout ce qui pouvait presque être regardé comme indispensable, dans un âge aussi avancé que le sien. Le calme et la sérénité de ses traits témoignaient que son cœur avait constamment été tranquille. On n'y remarquait quelque nuage que lorsqu'il était dans l'impossibilité de secourir son semblable, ou d'adoucir les remords de la conscience d'un coupable.

» Tomy, doué d'une pénétration prompte et d'une ardente sensibilité, conçut pour son bienfaiteur un attachement d'autant plus vif, qu'il n'avait jamais eu rien à aimer! Il avait perdu sa mère avant de pouvoir la connaître, et il n'avait que huit ans lorsque la Providence lui fit rencontrer cet ange protecteur : orphelin, délaissé, il avait été recueilli, soigné, instruit par M. C***; lui obéir lui semblait si doux, qu'il réussissait à tout, il suffisait que *son père* (c'est ainsi qu'il le nommait) lui dît de faire une chose, pour qu'une application soutenue lui fît surmonter toutes les difficultés avec une incroyable promptitude. Cet aimable et bon jeune homme avait pour la musique une aptitude remarquable. Sa voix douce, quoique sans éclat, s'unissait à plusieurs instruments, et les progrès qu'il faisait chaque jour sur la harpe permettaient de présager que bientôt il enseignerait aux autres ce qu'il savait si bien lui-même.

» M. C***, ayant une grande instruction, se chargeait de la communiquer aux enfants de plusieurs artistes, qui se faisaient un plaisir de lui témoigner leur gratitude, en enseignant à leur tour l'élève de leur ami; ainsi, sans dépenser ce qu'il croyait devoir aux pauvres, cet homme excellent trouvait le moyen de procurer à son cher Tomy les meilleurs maîtres; et il jouissait avec orgueil, lui si modeste pour tout ce qui lui était personnel, des succès de l'enfant de son adoption. Hélas! ce bonheur qu'il éprouvait devait durer bien peu!

» Les suites du fatal 10 août poussèrent dans les prisons presque tous les prêtres qui n'avaient pas fait le serment à la constitution. L'abbé C***, persuadé que les prêtres doivent obéir aux puissances ainsi que le prescrit l'Évangile, avait juré, et s'était soumis, sinon de cœur, au moins par devoir, à l'autorité. Il n'avait donc à redouter aucune mesure à cet égard. Mais diocésain du vénérable archevêque d'Arles, toujours protégé par lui, comment

Sa Majesté prit des ciseaux, coupa sa robe et en distribua les morceaux.

l'aurait-il abandonné dans cet éminent danger? Par suite de ce dévouement, les révolutionnaires de la section, qui n'y avaient vu ou voulu voir que de la complicité, avaient prononcé sa réclusion aux Carmes, où, quelques jours après, Tomy avait sollicité d'être enfermé avec son bienfaiteur; ce pauvre jeune homme se vit refuser la grâce qu'il sollicitait avec ardeur, celle de soigner à son tour le vieillard qui avait soigné son enfance!

» Des hommes cruels lui refusèrent quelque temps ce qu'ils appelaient *une faveur*, quand ce n'était pas une cruauté. L'un des membres du comité, ayant eu quelques obligations à M. C***, parvint à exaucer les vœux de Tomy : il fut enfin enfermé.

» Je veux vous épargner, mon ami, le tableau de l'horrible massacre qui eut lieu le 2 septembre dans cette prison, qui sera à jamais illustrée par la sublime résignation des nombreuses victimes qui y furent immolées. La chapelle fut particulièrement choisie par les bourreaux comme le lieu du supplice des prêtres [1]. Ils semblèrent

[1] D'énormes taches de sang, imprégnées dans la pierre, se voient encore dans la chapelle du couvent des Carmélites. Un de ces prêtres, l'honneur du sacerdoce, avait dans une poche de côté un livre d'Évangiles, qui, pendant quelques instants, le sauva de la mort, mais soudain les assassins immolèrent cette victime que Dieu semblait vouloir sauver.
Ce livre est percé de vingt-deux coups de poignard, et tout couvert de sang. Madame de Soyecourt, respectable supérieure de ce couvent, en étoit propriétaire.

entraînés là, afin, sans doute, que les derniers regards des mourants pussent se porter sur Celui qui, persécuté comme eux, sut pardonner de même, et les derniers soupirs de ces infortunés furent en quelque sorte des hymnes de gloire : ils imploraient pour leurs assassins lorsque cette horde frénétique entra!...

L'archevêque d'Arles, assis dans un fauteuil à cause de son grand âge, donnait sa dernière bénédiction à ses compagnons prosternés; l'abbé, à genoux, récitait d'une voix calme et sonore les prières des agonisants, auxquelles répondaient en dedans de cet édifice sacré un chœur de martyrs, et au dehors les vociférations et les hurlements d'une troupe furieuse prête à s'enivrer de sang!

» Tomy, violemment agité, parcourait la maison dans tous les sens, s'arrêtant pour écouter, pleurant par intervalles, et poussant des cris lugubres. Quelques voisins, qu'une pitié courageuse avait fait entrer, voulurent le sauver et favoriser sa fuite; mais, revenu près de son maître, ou plutôt de son ami, il s'y fixa obstinément, et refusa de s'en séparer. Les brigands, ayant enfoncé les portes et brisé des vitraux, pénétrèrent par plusieurs points; et bientôt le pavé de la chapelle et les degrés du sanctuaire furent inondés de sang.

» C***, frappé immédiatement après son archevêque, tomba à ses pieds, et tendant une main à demi fracturée à Tomy, il expira en le regardant. Ce regard était une dernière bénédiction...

» Déjà ce jeune homme, ou plutôt cet enfant, puisqu'il n'a pas seize ans aujourd'hui, venait de donner des signes non équivoques d'aliénation; à la chute de son ami, sa démence parut complète. Le malheureux C***, séparé de ses compagnons de martyre, avait la tête appuyée sur une marche supérieure de l'autel, le corps étendu sur les autres; la main gauche sur le cœur, et comme je l'ai déjà dit, la droite étendue vers son élève. Le coup qui lui avait donné une mort rapide n'avait pas effacé l'expression habituelle de bienveillance répandue sur sa douce physionomie. Il semblait sourire et sommeiller; de manière que, je ne sais par quelle subite altération de jugement, Tomy fut convaincu qu'il dormait.

» Aussitôt, comme par un enchantement soudain, toute cette scène de carnage disparut pour lui; et il s'agenouilla près de ce corps sanglant et attendit son réveil. Après trois heures d'attente, comme le soleil quittait l'horizon, Tomy alla chercher sa harpe, et s'établit auprès des restes de son ami, en chantant des airs mélancoliques, afin de hâter son réveil qu'il ne trouvait pas assez prompt. Cependant le sommeil le gagna lui-même, et les mains charitables qui soustrayèrent aux spoliateurs les corps des martyrs, enlevèrent Tomy, et le portèrent sur son lit. Il y demeura quarante-huit heures dans un sommeil léthargique, dont pourtant il sortit avec toutes les apparences de la santé et du bon sens; mais si l'une lui était conservée, l'autre ne lui fut jamais rendue.

» Par commisération pour sa pieuse démence, on lui a accordé une résidence libre dans cette maison, où il est silencieux, jusqu'à ce que chaque journée ramène la troisième heure du soir. Aussitôt qu'elle sonne, Tomy, qui se promène ordinairement avec lenteur, court chercher sa harpe, et sur laquelle, appuyé contre les débris de l'autel, il joue les airs qui plaisaient à son ami. Sa figure annonce l'espoir; il a l'air d'attendre un mot de celui qu'il chérit toujours, et cette espérance ne cesse qu'à six heures; alors il termine brusquement : « Allons, pas encore, dit-il... mais bientôt il parlera à son enfant. » Il s'agenouille, prie avec ferveur, se lève en soupirant, se retire doucement sur la pointe du pied pour ne pas réveiller son bienfaiteur, et tombe dans un complet absorbement jusqu'au lendemain.

» Prisonnière dans cette maison, je n'avais point encore eu l'occasion de voir ce malheureux jeune homme. Je viens d'apercevoir pour la première fois cette figure, où se peignent tant de douleurs et de vertus. Il me serait impossible aujourd'hui de vous entretenir d'autre chose. Adieu donc, mon ami, *à demain*, mais plus heureuse que Tomy, je suis sûre de pouvoir répéter à l'objet de ma sollicitude tout ce qu'il m'inspire de tendre. »

Il est difficile de trouver un prêtre plus parfait que M. C***, d'après le portrait tracé par Joséphine. Plusieurs ecclésiastiques donnèrent des preuves de vertu aussi remarquables dans le temps de la révolution, où ils s'exposèrent mille fois à la mort, non-seulement pour sauver la vie de leurs semblables, mais encore pour leur procurer les consolations de la religion, en exerçant leur saint ministère malgré tous les dangers qui devaient suivre l'accomplissement de ce devoir sacré.

De nos jours, plusieurs membres du clergé méritent l'admiration qu'ils cherchent à éviter, en tâchant de cacher les actions les plus honorables. On pourrait citer une foule de traits qui détruiraient les calomnies auxquelles sont en butte presque tous ceux qui sont dans les ordres. Il suffira de donner quelques détails sur M. de Cheverus, ancien archevêque de Bordeaux, pour prouver que la vraie piété inspire tout ce qu'il y a de plus sublime!

M. de Cheverus, nommé évêque de Montauban, se fit également chérir des catholiques et des protestants, qui sont nombreux dans cette ville. Dès qu'il y avait des chagrins à calmer, il oubliait la différence de religion, parvenait à adoucir les peines de ses frères, sans jamais prononcer un mot qui pût faire supposer que, pour prix de ses services, il eût la moindre idée de les forcer à embrasser une autre croyance. Ce véritable apôtre priait avec ferveur pour la conversion des hérétiques; mais il se contentait de l'attendre sans l'imposer! Ses exemples devaient plus que tout attester de quel côté était la vérité.

Apprenant que le maire de M***, petite ville près de Montauban, était brouillé avec le curé depuis quinze ans, M. de Cheverus se rend chez le premier sans se faire annoncer. Les pauvres, qui, chaque jour, recevaient des témoignages de la charité de leur évêque, et qui plusieurs fois avaient été admis près de lui, le reconnurent, se rendirent en foule devant la porte de leur maire, et firent retentir l'air de leurs bénédictions.

Le maire arrive précipitamment au-devant du prélat, qui se jette à son cou en lui disant : « S'il est vrai que j'aie fait un peu de bien à vos administrés, récompensez-m'en donc en vous réconciliant avec le curé. Je ne veux pas savoir de quel côté sont les torts dans cette affaire; votre désunion est nuisible aux intérêts des habitants de cette commune, et occasionne une espèce de schisme qui m'afflige. Prouvez-moi que vous m'aimez en lui rendant le baiser de paix que je vous donne. »

La vénérable figure de l'évêque, ces paroles suppliantes touchèrent si vivement celui auquel elles s'adressaient, que, sans répondre, il s'arracha des bras de M. de Cheverus et courut chez le curé; il avoua avec franchise qu'il avait tort, s'engagea à oublier le passé, et le pria de consentir à venir partager le modeste repas offert à monseigneur; depuis ce temps ces deux hommes vivent dans la meilleure intelligence, et le bien public est la suite de ce bon accord.

Une affreuse inondation, qui désola une partie de la France, ravagea principalement le département dont Montauban est le chef-lieu. Le Tarn, entièrement débordé, couvrait de ses eaux plusieurs villages, tanneries et moulins. Les cris des malheureux qui périssaient déchiraient le cœur de ceux qui, du rivage, n'osaient pas tenter d'aller secourir plusieurs chaumières bâties dans de petites îles devant la ville empêchait qui que ce fût de risquer cette action périlleuse.

M. de Cheverus s'était rendu aux lieux de cet horrible désastre; il aidait à jeter des cordes, à tirer ces infortunés qui s'y attachaient, leur faisait respirer des sels, conseillant ce qu'il fallait faire; mais son âme se brisait de douleur en regardant ces maisons entourées et presque couvertes d'eau, vers lesquelles personne ne songeait à se diriger. Il offrit des sommes considérables pour déterminer les bateliers à secourir ces familles éplorées, menacées à tout instant d'être englouties; aucun ne voulut se mettre dans une barque, assurant qu'elle serait immédiatement renversée. « Eh bien! s'écria M. de Cheverus, c'est donc à moi que la Providence réserve le bonheur de sauver mes enfants. »

Malgré les supplications et les efforts des assistants, ce saint évêque se jette dans un bateau, il est suivi par M. le duc de la Force, qui, depuis plusieurs heures, prodiguait ses secours les plus efficaces; plusieurs hommes, entraînés par ces exemples de courage, veulent affronter une mort qu'ils redoutaient peu de minutes avant; partager la gloire d'un tel dévouement est maintenant le vœu de tous, et l'évêque se voit forcé de refuser des bras devenus trop nombreux. On essaye encore de le détourner de son projet, mais il persiste, s'arme d'une rame avec toute la vigueur de la jeunesse, et les barques s'éloignent rapidement, aux cris multipliés d'une foule à genoux, priant pour celui qui semble un envoyé de Dieu.

Après des peines incroyables et des dangers qui paraîtraient exagérés si je les détaillais ici, on sauva vingt individus qui croyaient leur perte inévitable. Lorsqu'ils furent à terre, M. de Cheverus leur adressa ces paroles touchantes : « Mes chers enfants, je suis bien heureux d'être entouré comme je le suis dans ce moment; je n'ai qu'un regret, celui de ne pouvoir réparer vos pertes; mais le roi est bon, il fera ce que je ne puis faire. En attendant ses bienfaits, venez à l'archevêché, vous y trouverez un asile et du pain. Vos compatriotes, moins à plaindre que vous, viendront à votre secours, venez. »

Pendant plusieurs semaines, l'archevêché servit de refuge à cette population désolée. M. de Cheverus, pour pouvoir nourrir ces pauvres gens, se priva de toute l'aisance dont il jouissait, et se contenta de leur ordinaire. De nombreuses aumônes, sollicitées par lui, vinrent adoucir le sort de ces infortunés. M. le duc de la Force écrivit au roi, qui envoya six mille francs, et plus tard d'autres sommes qui calmèrent la plus affreuse misère.

M. de Cheverus fut nommé à l'archevêché de Bordeaux, qu'il refusa d'abord afin de ne pas quitter Montauban. On conçoit qu'il aimât une ville où il avait fait tant d'heureux! Mais le roi lui ayant écrit qu'il voulait qu'il fût à Bordeaux, afin d'avoir plus de moyens et d'occasions de faire le bien, M. de Cheverus obéit. Les regrets les plus vifs le suivirent; il continua à Bordeaux ce qu'il a fait à Montauban. Que peut-on dire de mieux!?

La terrible inondation dont je viens de parler eut lieu aussi dans le département du Loiret. Des moulins entiers furent entraînés; cent bateaux chargés brisèrent leurs câbles à Orléans et détruisirent par leur passage des habitations dans lesquelles périrent un grand nombre de personnes.

J'habitais alors Meung, petite ville sur les bords de la Loire, et je n'oublierai jamais la scène de désolation que présenta le port, dont toutes les maisons étaient remplies d'eau. Les femmes, les enfants, montés sur les toits, imploraient des secours qu'il était dangereux de leur porter, car la Loire ayant un courant très-rapide, on était exposé à chavirer dès qu'on osait entrer dans un bateau. Plusieurs habitants se dévouèrent et portèrent de la nourriture aux malheureux inondés, qui fussent morts de besoin sans le courage de ces braves gens. Une misère excessive fut la déplorable suite de cette inondation.

J'eus l'idée d'écrire aux princesses, qui ne refusèrent jamais l'indigence, et je fus assez heureuse pour en obtenir une somme qui calma bien des douleurs. Puisqu'une particulière obscure comme moi reçut des secours dans un moment où, de tous les points de la France, on en sollicitait de Leurs Altesses Royales, on doit se faire une idée de l'étendue de leurs bienfaits. Je doute que nulle part ils aient été plus nécessaires et reçus avec une plus vive reconnaissance.

Encouragée par le succès, j'eus, dans une autre occasion, recours aux mêmes bontés, et j'eus lieu de m'applaudir de n'avoir pas craint d'importuner, en implorant pour des malheureux, madame la Dauphine, madame la duchesse de Berry et mademoiselle d'Orléans.

M. le duc de Doudeauville, alors ministre de la maison du roi, m'envoya deux cents francs, qui furent demandés à ma sollicitation, par M. Anatole de Montesquiou, son neveu. Ces sommes réunies permirent de rebâtir entièrement la chaumière de deux intéressantes orphelines, complètement détruite par un incendie.

Les ouvriers que je demandai pour la rétablir refusèrent de recevoir le prix de leurs journées; ce beau trait doit trouver place dans les mémoires d'une femme.

Puisque j'ai nommé M. le duc de la Force, je ne veux pas finir ce chapitre sans donner quelques détails sur sa noble conduite pendant nos troubles politiques.

Il émigra, espérant approcher et servir son auguste parrain (Louis XVIII). Après avoir combattu avec une brillante valeur dans l'armée de Condé, il rentra en France en 1800, où il vécut fort retiré jusqu'en 1809, époque à laquelle il fut nommé député du département de Tarn-et-Garonne. Il reprit du service, voulant partager les dangers et la gloire des campagnes qui se préparaient. Il se distingua aux batailles d'Essling et de Wagram et de la Moscowa. Il fut blessé à cette dernière, eut deux chevaux tués sous lui, et obtint la croix d'officier de la Légion d'honneur.

L'empereur nomma M. le duc de la Force l'un des officiers du bataillon sacré, lors de la funeste retraite de Moscou. Aimant son pays avec passion, il voulut le servir non dans une antichambre, mais sur le champ de bataille : il en fut récompensé par l'estime et l'affection de l'armée.

Nommé, à la restauration, inspecteur général de cavalerie, il re-

---

[1] Appelé dernièrement comme témoin à la cour d'assises de Saint-Omer, département du Pas-de-Calais, M. de Cheverus s'y est rendu, et les journaux ont cité une réponse de lui qui fait trop apprécier son noble caractère pour ne pas la reproduire ici.

« L'accusé ayant fait adresser un grand nombre de questions à Mgr l'archevêque par l'organe du président : Monseigneur, lui dit ce dernier, c'est à l'accusé qui demande une réponse à toutes ces questions, et à ce titre je dois vous les faire. — Monsieur le président, répondit l'archevêque, il est de mon devoir d'y répondre : dans la position trop élevée où je me trouve, je dois l'exemple du respect à la loi. » (*Journal des Débats*, 26 février 1829.)

joignit monseigneur le duc d'Angoulême à Nîmes, dans les cent-jours. Étant désigné pour prendre le commandement civil et militaire de plusieurs départements, des avis lui furent donnés sur la fermentation des esprits à Cahors, où l'on était décidé à se soustraire à l'autorité royale; il s'y transporta accompagné seulement de son secrétaire, ayant la cocarde blanche à son chapeau, quoiqu'il sût que le drapeau tricolore eût été arboré pendant la nuit sur tous les monuments de cette ville. Arrivé à la préfecture, il fut arrêté et traîné aux casernes. Toutes les baïonnettes furent dirigées sur sa poitrine, de jeunes soldats, qui, se joignant à une populace effrénée, voulaient le forcer à crier *Vive l'empereur !*

Son sang-froid le sauva de cet éminent danger, sans le faire manquer au serment qu'il avait fait à son roi. D'une voix forte et calme il s'écria : « Quand vous auriez comme moi prononcé ce cri, étant blessés sur le champ de bataille, vous auriez le droit de me dicter des lois. Jusque-là, *conscrits*, taisez-vous, et n'assassinez pas lâchement un officier qui se battait pour la France avant que vous fussiez au monde. » A ces mots, les baïonnettes se relevèrent, la foule s'écarta, mais une espèce de conseil de guerre fut assemblé; deux heures après M. le duc de la Force fut, sur la route de Paris, escorté de brigade en brigade par un officier de gendarmerie, un maréchal des logis et quatre gendarmes. Le maréchal Davoust, alors ministre de la guerre, le priva de sa liberté, qu'il ne recouvra qu'à la seconde restauration.

Il s'est toujours fait remarquer à la chambre des pairs par des opinions sages et modérées. Appelé en 1820 au commandement du département de Tarn-et-Garonne, il s'y est fait chérir par une bienveillance inépuisable et un dévouement que l'on ne peut assez louer lors de l'inondation dont j'ai parlé plus haut. En un mot, M. le duc de la Force a su conserver sans tache un nom aussi honoré qu'il est ancien, et dont il eût commencé l'illustration, si ses aïeux lui avaient laissé autre chose à faire que de la continuer.

Voici quelques nouveaux détails sur monseigneur de Cheverus, devenu cardinal. Je les ai recueillis à Bordeaux, où j'ai habité quelque temps; ils sont donc de la plus scrupuleuse exactitude.

Peu de jours après mon installation, l'archevêque tomba gravement malade, le peuple se portait en foule à sa porte, demandant des bulletins sur cette santé si chère, intéressant toutes les classes. Il n'avait pas été nécessaire d'ordonner des prières des quarante heures, les églises ne désemplissaient pas de fidèles ; ils invoquaient avec tant de ferveur, pour la conservation de leur prélat, qu'ils osaient espérer. Mais Dieu ne permit pas qu'il souffrît plus longtemps, et le rappela à lui. Poursuivi par une abominable exagération d'esprit de parti, monseigneur de Cheverus recevait depuis quelque temps une quantité de lettres anonymes, lui reprochant d'avoir manqué à ses devoirs en acceptant la pourpre, et de reconnaître le gouvernement de Louis-Philippe. L'humble et saint prêtre, sondant sa conscience, n'y trouvait aucune ambition et se disait qu'il fallait mépriser de pareils écrits ; mais l'ombre d'un blâme l'affligeait, et il avait peine à penser qu'il ne l'eût pas mérité, tant sa modestie et sa défiance de lui-même étaient grandes. Le pape l'avait jugé digne de la seconde dignité de l'Eglise, il l'avait acceptée, non par orgueil, mais pour avoir le moyen de faire de plus nombreuses aumônes. Voilà ce qu'il se répétait.

Les lettres devenaient de plus en plus véhémentes. Ces odieux messages troublèrent son repos au point de lui causer une maladie à laquelle il succomba. Reproche éternel pour les hommes qui privèrent l'Eglise d'un exemple et les pauvres d'un père !

Lorsqu'il fut exposé sur son lit de parade, les mères portèrent leurs petits enfants à l'archevêché pour leur faire toucher *papa cardinal*, comme on l'appelait dans la classe indigente; les jeunes filles voulurent que leurs livres de piété eussent effleuré ses mains, on déposait à ses pieds des couronnes dont on détachait quelques fleurs pour les garder comme des reliques. Son portrait se vendit par milliers; enfin le jour de ses funérailles, la ville entière était en deuil, on s'abordait dans les rues sans se connaître, pour déplorer une mort vraie calamité publique, et pour se raconter quelques traits de cette vie si belle, dont chaque heure fut marquée par un bienfait. Les jeunes gens de la haute société bordelaise sollicitèrent l'honneur de le porter à sa dernière demeure. Ils se relayaient dans ce pieux devoir avec les séminaristes et les hommes du peuple. Il fut inhumé dans la cathédrale de Saint-André, vis-à-vis de monseigneur Daviau, son prédécesseur. Les monuments sont fort simples. Monseigneur de Cheverus a laissé un neveu, M. Georges de Cheverus : élevé par son oncle, il est digne de porter ce nom glorieux. Il est évêque de Périgueux; et pour remplir dignement la grande mission qui lui impose le sacerdoce, il n'a qu'à se rappeler ce qu'il a vu lorsqu'il était vicaire de son oncle.

M. de Cheverus, passant un jour à pied avec un de ses vicaires dans une des plus misérables rues de l'*ancien Bordeaux*, fut abordé par une vieille femme en larmes, qui s'écria : *Ah! monseigneur, du pain pour mes six enfants !* Sur-le-champ il lui donne dix francs. Le vicaire voulut lui arrêter le bras en disant : « Monseigneur, c'est une juive !

— Vous avez raison, monsieur, répondit le cardinal, ce n'est pas assez, elle a le malheur de n'être pas catholique, » et il ajouta deux pièces de cinq francs à son offrande. Quelle leçon de tolérance reçut là le jeune vicaire !

Une autre fois, seul dans un quartier pauvre, où il supposait que sa présence pouvait être nécessaire pour l'adoucissement de quelque infortune, il vit sur la porte d'une chétive maison une assez grande foule assemblée. A sa vue, on s'écarta avec respect, car, malgré une simple soutane, il fut reconnu; on répondit à ses questions qu'une honnête famille, se trouvant dans une profonde misère par suite de la longue maladie du chef, chargé seul du travail qui nourrissait cinq personnes, allait être expulsée, n'ayant pu payer deux termes du loyer. M. de Cheverus entra dans la maison, paya ce qui était dû, laissa encore quelque argent sur une table et s'échappa sans donner le temps de le remercier. Tous les pauvres le connaissaient, et il fut suivi des bénédictions de tous ceux qui assistaient à cette scène rapide.

Plusieurs jeunes filles durent à sa persuasive intervention de voir leur faute réparée. Si l'une d'elles repentante désirait vouer sa vie à la prière, l'archevêque payait ce qui était nécessaire pour la faire entrer dans un couvent.

Il allait rarement dans le monde, jamais au bal ; il n'était point dans les salons un juge sévère, mais un homme parfaitement aimable. Le respect qu'il inspirait lui donnait la certitude que jamais un mot qui eût pu l'embarrasser, encore moins le blesser, n'y eût été prononcé; il aimait à voir rire la jeunesse : quand on voulait devant lui comprimer une joie trop bruyante : *Laissez-les s'amuser*, disait-il, n'ont-ils pas tout le temps d'être sérieux !

Un violent incendie eut lieu pendant le carnaval. Plusieurs familles furent totalement ruinées. Le cardinal avait si souvent quêté pour les malheureux, qu'il craignit de ne pas recueillir assez pour venir en aide d'une manière suffisante par ses moyens ordinaires. Il conçut un projet qu'il ne communiqua à personne.

Un beau bal se donnait le lendemain chez la jolie madame S... Il s'y rend revêtu de ses habits pontificaux, à minuit, au moment où les danses étaient le plus animées, et se fait annoncer. L'étonnement est général, mais on devine qu'il s'agit d'une bonne action, puisque monseigneur déroge à ses habitudes d'une si singulière façon. Il se dirige en souriant vers la gracieuse maîtresse de la maison, et lui présentant une bourse de velours brodée d'or, lui offre son bras en lui disant : « Je vous connais assez, madame, pour être certain que vous voudrez bien faire avec moi le tour de vos salons. Le plaisir dispose à la bienveillance, et j'ai besoin de celle de ces dames pour *mes pauvres enfants brûlés.* » Les hommes donnèrent tout ce qu'ils avaient sur eux, plusieurs arrachèrent des feuilles de leur carnet de bal pour souscrire des bons payables au porteur, les joueurs firent de même sur des cartes. Quant aux jolies danseuses, elles déposèrent des bijoux de prix dans cette bourse, présentée sous les emblèmes les plus séduisants de la charité : une jolie femme et un vénérable vieillard !... la quête fut fort abondante. Lorsqu'elle fut terminée, le cardinal remercia l'assemblée avec effusion en disant que le reste de la nuit devait être d'autant plus consacré à la danse, qu'on avait fait beaucoup de bien. La belle bourse fut offerte à madame S... comme souvenir de sa grâce à venir en aide au malheur.

Le lendemain de cette fête, M. de Cheverus reçut de nombreuses offrandes de personnes n'étant pas au bal. Saint Vincent de Paul eût-il mieux fait?

Monseigneur de Cheverus avait eu, pour tout autre que lui, une tâche difficile en venant occuper le siège de Bordeaux. M. Daviau, son prédécesseur, portait la bienfaisance jusqu'à l'excès, s'il pouvait y en avoir dans le bien. Ne calculant jamais avec lui-même, il se dépouillait souvent de manière à se priver des choses les plus indispensables. Lorsque son vieux valet de chambre le *grondait*, liberté qu'il prenait souvent, sur sa prodigalité, l'archevêque disait qu'il avait raison, *qu'il ne le ferait plus*, et il recommençait le lendemain. Le grand âge du serviteur, l'attachement sans bornes qu'il portait à son maître lui donnaient son *franc-parler*, qui ne servait pas à grand'chose, puisqu'il ne *corrigeait* pas, et que monseigneur s'en laissait toujours entraîner à sa passion.

Un jour ce brave homme, désespéré d'avoir essayé vainement de décider M. Daviau à remonter un peu sa garde-robe, en fort mauvais état, s'aperçut que, malgré ses soins pour raccommoder la culotte de l'archevêque, elle ne pouvait plus guère servir, une déchirure nouvelle se déclarant auprès de celle réparée. A sa dernière demande de moyens d'en avoir une neuve, il lui avait été répondu qu'en y mettant une pièce elle irait encore, et qu'il ne fallait plus parler d'une acquisition qui pouvait se différer. N'osant insister davantage, le brave Jean, ne sachant comment faire, se décide à aller conter son embarras à madame de Carayon-Latour. Par sa piété, sa douce et constante charité, elle avait été jugée digne par l'archevêque de l'aider dans les distributions journalières. Elle promit de faire faire l'emplette tant désirée.

Madame Carayon se rend à l'archevêché, et dit en riant : « Savez-vous, monseigneur, que je viens vous demander de l'argent pour un homme excellent qui manque d'une chose que j'ose à peine nommer,

— Qu'est-ce donc ? — Je suis vraiment embarrassée de m'être chargée de cette commission ; une Anglaise s'y fût certainement refusée. — Dites toujours. — Il faut en effet que je parle, car enfin mon protégé ne peut se passer d'une... culotte, voilà le grand mot lâché ; et je viens, monseigneur, vous supplier de me remettre trente francs pour l'acheter. — Comment donc, je vais vous les donner, dit M. Daviau en s'approchant de son secrétaire. Pauvre homme, pas de culotte ! Comment le laisse-t-on manquer d'une culotte ! » murmurait-il en apportant la somme.

Madame Carayon porta l'argent au valet de chambre ; lequel fit son emplette, qu'il porta triomphalement sur le lit de son maître. Celui-ci l'apercevant, en entrant, pompeusement étalée, s'écria avec vivacité qu'il ne la payerait pas, ayant défendu de faire cet achat. « Elle est payée, monseigneur. — Et par qui, s'il vous plaît ? — Par madame Carayon ; car le *pauvre homme* sur lequel Votre Grandeur s'attendrissait, *c'était vous*. »

L'archevêque ne put s'empêcher de rire de tout ce qu'il avait fallu faire de diplomatie pour réparer le désordre de sa toilette.

Un vieux négociant complètement ruiné par des spéculations malheureuses recevait de l'archevêque vingt francs par mois ; c'était son unique ressource, ainsi que quelques dîners auxquels il était engagé. Un matin qu'il était seul dans le cabinet de M. Daviau, poussé par une affreuse misère, une tentation à laquelle il ne put résister le porta à s'emparer d'une grosse montre d'argent pendue à la cheminée, puis il s'enfuit précipitamment.

Plusieurs heures s'écoulèrent sans que l'archevêque s'aperçût de ce larcin. Voulant sortir, il demanda sa montre. Le valet de chambre la chercha vainement. Le prélat se désespéra de l'avoir perdue, parce qu'elle lui venait de sa mère, et protesta qu'il fallait qu'elle fût retrouvée. Il envoya chercher son ami M. Gergerès, avocat général, et le supplia de mettre tout en œuvre pour que ce bijou lui fût rendu, quitte à en donner dix fois la valeur.

M. Gergerès fit beaucoup de questions aux domestiques ; ceux-ci dirent que M. *** était seul entré dans le cabinet. Connaissant sa position, sûr de la fidélité des gens de l'archevêque, M. Gergerès, quoique à regret, ne put s'empêcher de le soupçonner. Il se rendit dans la mansarde habitée par M. *** à six heures du matin ; il obtint l'aveu, fait en pleurant, de toute la vérité. La montre avait été vendue la veille à un horloger qu'il désigna. M. Gergerès y courut, effraya le marchand, qui ne devait rien acheter à un étranger, et pour vingt francs reprit la montre. Enchanté, il arriva chez l'archevêque, et déposant sur la table ce bijou tant regretté, nomma le voleur et déclara vouloir le poursuivre. « Je vous le défends ! dit avec colère l'archevêque. — Mais, monseigneur, cet homme est un monstre d'ingratitude envers vous privant d'une chose à laquelle il avait que vous attachiez un grand prix ; comme magistrat il est de mon devoir de le dénoncer. — Non, monsieur, ce n'est pas lui qui est coupable, c'est moi, s'écria avec énergie M. Daviau. C'est moi qui devais penser qu'un homme ne peut vivre avec si peu ; si j'avais donné plus, il n'aurait pas eu la mauvaise pensée que ma conduite a fait naître. Si vous ne voulez pas m'affliger profondément, vous laisserez là cette déplorable affaire, qui me cause un véritable remords. »

M. Gergerès[1], voyant l'extrême agitation qu'il causait par son insistance, céda, et promit de ne pas poursuivre M. ***. Celui-ci vit sa pension augmentée de cent francs, et obtint par les soins de l'archevêque une petite place qui assura son existence. Cet infortuné, que trop grande sévérité eût entraîné dans le crime peut-être, fut si touché de la conduite de l'archevêque, qu'on n'eut jamais aucun reproche à lui faire.

En 1793, M. Daviau, curé d'un gros bourg aux environs de Lyon, ne s'y crut pas en sûreté, et résolut de gagner la Suisse sous un déguisement. Il partit à pied. Surpris par un violent orage au moment où la nuit approchait, il frappa à la porte d'une ferme qui se trouvait près de la route. Un homme à figure ouverte et franche vint lui ouvrir. M. Daviau lui demanda l'hospitalité pour la nuit, se disant égaré. « Ah ! que non, répondit le paysan, vous n'êtes pas *égaré*, bien du contraire ; votre tête me prouve que vous êtes bien dans le droit chemin, et que vous êtes un bon *prêtre* qui voulez quitter notre pauvre pays. Soyez le bienvenu sous mon toit. Votre arrivée est un coup du ciel. Ma femme est en mal d'enfant, et vous ferez le baptême en *catiminy*, monsieur le curé. » La tonsure avait trahi la profession du voyageur.

Au bout de quelques heures la fermière fut délivrée. M. Daviau baptisa l'enfant et lui donna sa bénédiction. Sur la demande du père, il inscrivit sur son carnet le nom de *Donnet*, qui était celui de son hôte ; après s'être reposé quelques jours il partit, promettant de ne pas oublier le bon accueil qu'il avait reçu, et le nouveau-né qu'il avait béni !

Trente ans après M. Daviau, devenu archevêque de Bordeaux, lut dans un journal qu'un jeune prédicateur nommé *Donnet* prêchait avec un grand succès à Dijon. Ce nom le frappa comme un souvenir, il consulta son itinéraire de voyage, qu'il avait précieusement gardé, et trouvant la date de son séjour à la ferme d'accord avec l'âge du jeune

[1] C'est M. Gergerès qui vient de faire réhabiliter à *[illisible]*.

prêtre, il lui écrivit pour lui adresser plusieurs questions relatives au lieu de sa naissance et de ses parents.

La réponse lui prouva que cet homme, débutant si brillamment dans la plus honorable carrière, était bien l'enfant auquel il avait conféré le premier des sacrements. Il désira le voir et l'engagea vivement à se rendre à Bordeaux. Heureux de la protection d'un prélat si vénéré, M. Donnet se hâta, dès qu'il fut libre, de se rendre près de lui ; mais il s'était écoulé quelques semaines, et le jeune prêtre n'arriva que pour voir l'archevêque rendre sa belle âme à son Créateur. L'archevêque s'éteignit dans les bras de M. Donnet ; la seconde bénédiction qu'il en reçut fut la dernière donnée par monseigneur Daviau !

Le choléra sévissait avec fureur pendant la longue maladie de M. Daviau. Plus occupé des souffrances des autres que des siennes, il donnait à ses vicaires les ordres nécessaires pour porter des secours pécuniaires aux familles des victimes de l'implacable fléau, ainsi que pour des distributions de linge aux malades. Si on essayait de lui faire comprendre qu'il allait au delà de ce qu'il pouvait faire, il éprouvait une agitation qui augmentait le danger de son état, et l'on était forcé d'obéir ; lorsqu'il mourut, son secrétaire ne contenait que quelques écus, et la lingerie pas un drap qui pût lui servir de suaire. Sentant sa fin approcher, il avait ordonné de distribuer plus que de coutume. « *Je fais mon paquet pour partir*, dit-il à la sœur qui le gardait, et j'espère que là-haut, si j'y vais, je ne serai plus obligé de calculer comme ici-bas ! »

La supérieure des respectables filles de Saint-Vincent-de-Paul fut forcée de compter l'archevêque de Bordeaux au nombre des pauvres auxquels elle fournissait un linceuil ! Elle restitua aux restes du vénérable prélat une partie de ce qu'il avait envoyé pour les indigents.

M. Donnet occupe maintenant le siège illustré par monseigneur Daviau. Plus haut placé dans les dignités de l'Église, puisse-t-il, comme lui, laisser une mémoire honorée comme celle d'un saint, et se rendre toujours digne de ses *deux bénédictions !*

LETTRE XXII.

M. DE BEAUHARNAIS A SA FEMME.

« Votre histoire est bien touchante, ma bonne amie, et le petit Tomy fort intéressant. Après avoir lu plus d'une fois en mon particulier votre lettre, j'en ai fait part à la société ; et, comme moi, chacun a loué comme elle le mérite cette victime du plus noble sentiment, c'est-à-dire lui a donné des larmes ; toute la France lui en donnerait si elle était connue, et combien elle mérite de l'être ! Quel contraste avec les crimes du temps ! mais les époques des grands attentats sont aussi celles des hautes vertus ; pour l'exemple, celle de Tomy ne doit pas demeurer ignorée. Nous avons ici des talents qui se plairont à la rendre célèbre : l'un se prépare à tracer son image, l'autre lui consacrera des vers ; et ce petit monument, offert sans prétention à un public naturellement sensible, commencera peut-être la fortune de l'orphelin.

» Que je serais heureux pour ma part, si, en y contribuant un peu, je pouvais l'attacher à celle de mon fils ! Eugène porte en son cœur le germe de toutes les vertus ; et combien ce germe serait fécondé par l'exemple de celui qui poussa jusqu'à l'excès l'attachement et la reconnaissance ! Ne perdez pas de vue cette idée, ma bonne Joséphine, elle sourira bien à vos inclinations bienfaisantes, et si jamais elle se réalise, nous aurons remporté, de l'instant le plus cruel de notre vie, le monument le plus rare et le souvenir le plus touchant.

» Mon oppression diminue de jour en jour ; ce n'était qu'un gros rhume fixé sur la poitrine par l'irritation inséparable de ma situation. A la vue du docteur, tout cela se dissipe ; et quand je lis vos lettres, ma chère Joséphine, je ne me porte bien, et presque que je suis heureux !... Quand nous serons réunis, le bonheur ne sera plus une illusion, et vous serez de mon avis. »

LETTRE XXIII.

A HORTENSE DE BEAUHARNAIS.

« Je serais bien satisfaite du bon cœur de mon Hortense, si je n'étais pas mécontente d'une mauvaise tête. Quoi, ma fille, c'est sans la permission de ma tante que vous êtes venue à Paris ! que dis-je, c'est contre son gré ! c'est fort mal. Mais c'était pour me voir, direz-vous, vous savez bien qu'on ne me voit pas sans permission, et que pour l'obtenir il faut du temps et des démarches que la pauvre Victorine est bien lasse de faire. Et puis, vous vous embarquez dans la carriole de M. Darcet, au risque de le gêner et de retarder le transport de ses marchandises ; tout cela n'est guère sensé. Mon enfant, il ne suffit pas de faire le bien, il faut encore le bien faire ; et à votre âge, la première vertu, c'est la confiance et la docilité pour ses parents. Je suis donc obligée de vous dire que je préfère le tranquille attachement de votre frère à votre empressement déplacé. Cela n'empêche pas que je ne vous embrasse, mais moins tendrement, je crois, que je ne le ferai quand j'aurai appris votre retour à Fontainebleau. »

LETTRE XXIV.

MADAME DE BEAUHARNAIS A SON MARI.

Espérances des prisonniers. — Madame de Can... à la Salpêtrière. — Elle devient folle. — Madame la duchesse de M... et M. de B... privés de la raison en 1815. — Madame de C... — M. Ons... (Georges).

« Oh! pour cette fois, mon ami, vous croirez mes almanachs! Je troisième et le quatrième cahier du *Vieux Cordelier* ont commencé à vous persuader; mais que direz-vous de celui-ci? Je m'empresse de vous l'envoyer : on se l'arrache, on le divise pour le lire par morceaux; on pleure en le lisant, on s'embrasse après l'avoir lu; la moitié de nos détenus ont commandé des fêtes, des parties de campagne, des ameublements nouveaux. Hier, madame de S*** a fait venir un maquignon, avec lequel elle a conclu le renouvellement de son écurie. De son côté, le vieux du M..., avec lequel vous vous rappelez d'avoir chassé au Raincy, fait venir d'Écosse six couples de furets comme on n'en vit jamais. Enfin, les fournisseurs de toute espèce sont retenus pour le mois, et quand nous sortirons, je ne sais si nous trouverons un morceau de pain. La mère de N... partage nos espérances et notre joie; et vous, mon cher Alexandre, vous ne les détruirez pas par une prévoyance cruelle, une défiance mal fondée, et tous les sinistres pressentiments qu'inspirent trop d'expérience, le souvenir d'une famille et l'aspect des verrous.

» Au revoir, mon ami, je ne vous embrasse pas aujourd'hui sur un froid papier, parce que je me réserve de vous prodiguer bientôt des baisers plus réels.

» P. S. J'écris à ma tante pour lui faire part de l'heureuse nouvelle. J'écris aussi à mes enfants, et j'annonce à mon Eugène un camarade digne de lui : Tomy consent à demeurer avec nous, mais il y met une condition expresse, c'est que le 2 de chaque mois, à trois heures de l'après-midi, il viendra, par les accords de sa harpe, charmer les songes de son ami *endormi pour tout le temps de la révolution?* » Pauvre Tomy! qui ne s'attendrirait à un délire si touchant? »

La révolution prit une tournure toute différente de celle que prévoyait madame de Beauharnais; les suites de la terreur ayant privé la noblesse de toute espèce de ressource, il est probable que le projet bienfaisant de madame de Beauharnais, de prendre avec elle l'infortuné Tomy, ne fut point réalisé; je ne lui ai du moins jamais entendu dire rien de relatif à ce jeune homme, que son aliénation aura sans doute conduit au tombeau, lorsque, livré à lui-même, il n'aura eu ni protecteurs ni consolations!

Dans ces temps de désastres, un grand nombre de personnes furent attaquées de cette cruelle maladie, à laquelle la mort est préférable. Madame de Canouville, aussi bonne que pieuse, fut mise à la Salpêtrière. Elle eut un si affreux chagrin d'être séparée de son mari, qui venait d'émigrer, et de ses deux fils en bas âge, qu'elle devint folle.

Je l'ai vue souvent depuis; elle avait de fréquents accès, pendant lesquels elle ne parlait que des malheureux prisonniers qu'elle voulait soulager. Sa belle âme se montrait à découvert dans ces cruels moments : elle semblait oublier complètement qu'elle était éprouvée des souffrances qu'elle désirait alléger. Jamais un mot ne lui était personnel; elle ne s'occupait que de ses compagnons d'infortune. Ces accès passés, elle conservait une tristesse profonde ; mais sa douceur ne se démentait point. J'ai appris avec un vrai plaisir que cette excellente femme était totalement guérie, grâce aux soins les plus assidus de son époux. Son retour à la raison doit être un bonheur pour les indigents, qui n'éprouveront plus de lacune dans les bienfaits qu'elle se plaisait à répandre sur eux.

En 1815, la charmante duchesse de M..., citée comme un modèle de grâce, d'esprit et d'élégance, perdit la raison en apprenant le débarquement de Napoléon, qu'elle supposait devoir persécuter sa mère, pour laquelle elle avait le plus tendre attachement, et dont les opinions royalistes étaient fort prononcées.

M. de Brady, jeune officier corse d'une grande espérance, devait à l'empereur son avancement militaire. Il eut un tel chagrin de ne pouvoir le suivre à Sainte-Hélène, comme il le désirait, qu'il devint fou furieux. Il est mort à Charenton peu de temps après, regretté de tous ceux qui le connaissaient.

Lorsque je suis entrée dans le monde, une jeune personne, remarquable par les agréments de sa figure, son esprit et ses talents, fut forcée par ses parents de renoncer à un mariage arrêté pour elle, et qui lui convenait sous tous les rapports, et fut obligée d'en contracter un autre avec un homme estimable, mais qu'elle ne lui plaisait point. Peu de temps après la célébration, M. de C... devint aveugle, et sa femme, désespérée de ce dernier malheur, perdit la raison, qu'elle n'a pas recouvrée depuis, malgré les efforts de nos plus célèbres médecins et les soins d'une famille se repentant trop tard d'avoir changé de projets.

On conçoit parfaitement le désespoir de cette jeune personne, lorsque l'on sait que M. Georges Onslow, connu par son admirable talent, sa bonté, son agréable figure, était l'objet de cette passion malheureuse, quoiqu'elle fût, dit-on, partagée. M. Onslow a depuis épousé une personne charmante, mademoiselle de Fontanges.

Le nombre des aliénés est, dit-on, infiniment plus considérable qu'avant la révolution. Doit-on s'en étonner, lorsqu'en peu d'années tant d'événements ont froissé les intérêts, blessé les affections les plus chères? Que l'on joigne à ces causes les fatigues des guerres, de graves blessures à la tête, et l'on sera surpris qu'il n'y ait pas encore plus de ces funestes accidents à déplorer.

LETTRE XXV.

A MADAME FANNY DE BEAUHARNAIS.

« Que la journée fut heureuse pour moi en comparaison des autres! j'avais reçu une lettre de vous, ma chère tante! Eh bien, la nuit qui la suivit fut plus heureuse encore; et quoique cette félicité ne soit pas sans mélange, il n'en est point qui, depuis la mort de mon époux, m'ait mieux remis en goût de la vie. Oui, je veux vivre pour sa mémoire, pour l'éducation de mes enfants, beaucoup pour vous, ma bonne tante; un peu pour nos amis. Depuis quelques heures, une révolution s'opère dans toutes mes facultés : à qui la dois-je? C'est ce que je vais vous dire.

» Jusqu'ici je n'avais connu du malheur que l'humiliation, de la douleur que les angoisses. Je commence à comprendre qu'ils ne sont pas sans charmes, et ce, quand aux baumes fournis par le temps se mêlent ceux d'un souvenir adoré, l'âme peut s'épanouir pour en jouir.

» Vous n'avez oublié ni le nom, ni les bienfaits, ni la douce et honnête figure de ce bon jeune homme. Hier soir, au moment où, caressée par mon fils, j'allais me mettre au lit, N... se fait annoncer; à toute heure il a, il doit avoir accès près de moi. Toutefois son aspect me fit éprouver quelque surprise; vous le connaissez grave et solennel, il avait redoublé de sérieux. « Ce jour ne s'effacera jamais de votre souvenir, madame, me dit-il, et il est aussi sacré pour moi. C'est celui où fut assassiné un homme de bien; mais cet homme de bien a laissé des traces, et il chargea ma main de les recueillir. Voilà ce qu'il vous écrivait quelques heures avant de sceller de son sang une cause sainte; voici ce qu'il confia à ma mère pour me le remettre; voilà ce dont aujourd'hui même je devais vous faire hommage. » En disant ces mots, N... me présentait une lettre : elle était d'Alexandre! je me sentis pâlir, frissonner; je devins tremblante, et mes larmes abondantes coulèrent, en reconnaissant sous l'enveloppe des cheveux de mon époux. Eugène, à genoux, couvrait de baisers, mouillait de larmes ces gages chéris. Après quelques minutes données à la plus pénible émotion, N... se chargea d'en prolonger la durée, en lisant d'une voix calme et posée la lettre ci-jointe, que je transcris. »

LETTRE XXVI.

DERNIÈRE LETTRE DE M. DE BEAUHARNAIS A SA FEMME.

Nous rentrons en France. — Faux passe-ports. — Je sers d'interprète. — Le 18 fructidor. — Effroi de ma mère. — Papiers brûlés. — MM. de Lacretelle, Barbé-Marbois, Barthélemy, déportés. — Madame la princesse de Lieven. — Ah! c'est au violon. — Le bel assassin. — M. de Planard.

« Encore quelques minutes à la tendresse, aux larmes et aux regrets; puis, tout entier à la gloire de mon sort, aux grandes pensées de l'immortalité. Quand tu recevras cette lettre, ma Joséphine, il y aura bien longtemps que ton époux ne sera plus, mais déjà il goûtera dans le sein de Dieu la véritable existence. Tu vois donc qu'il ne faut pas le pleurer; c'est sur les méchants, les insensés qui lui survivent, qu'il faut répandre des larmes; car ils font le mal et ne pourront le réparer. Mais ne noircissons pas de leur coupable image ces suprêmes instants. Je veux les embellir, au contraire, en songeant que, chéri d'une femme charmante, j'aurais pu voir s'écouler, sans le plus léger nuage, les années que j'ai passées avec elle, si des torts que je reconnais trop tard n'eussent troublé notre union. Cette pensée m'arrache des pleurs; ton âme généreuse m'a pardonné dès que j'ai souffert; et je te dois de récompenser tes bontés, en jouissant sans te les rappeler, puisque c'est te faire souvenir de mes erreurs et de tes peines. Que de grâces je dois à la Providence qui te bénira!...

» Aujourd'hui elle dispose de moi avant le temps, et c'est encore un de ses bienfaits. L'homme de bien peut-il vivre sans douleur, quand il voit l'univers en proie aux méchants? Je me féliciterais donc de leur être enlevé, si je ne sentais que je leur abandonne des êtres précieux et chéris. Si pourtant les pensées des mourants sont des pressentiments, j'en éprouve un dans le fond de mon cœur, qui m'assure que ces horribles boucheries vont être suspendues; qu'aux victimes vont succéder les bourreaux, que les arts et les sciences, prospérités des États, refleuriront en France, que les lois sages et modérées régiront après de si cruels sacrifices, que tu obtiendras le bonheur dont tu fus toujours digne, et qui t'a fui jusqu'à présent. Nos enfants s'en chargeront; ils acquitteront la dette de leur père...

» Je reprends ces lignes incorrectes, et presque illisibles, que mes gardiens avaient interrompues.

» Je viens de subir une formalité cruelle, et que, dans tout autre circonstance, on ne m'aurait fait supporter qu'en m'arrachant la vie ; mais pourquoi se révolter contre la nécessité ? La raison veut qu'on en tire le meilleur parti. Mes cheveux coupés, j'ai songé à en racheter une portion, afin de laisser à ma femme, à mes enfants, des témoignages non équivoques, des gages de mes derniers souvenirs... Je sens qu'à cette pensée mon cœur se brise, et que des pleurs mouillent ce papier... Adieu, tout ce que j'aime ! Aimez-vous, parlez de moi, et n'oubliez jamais que la gloire de mourir victime des tyrans, martyr de la liberté, illustre l'échafaud. »

M. de Beauharnais avait prédit l'heureuse révolution du 9 thermidor, qui rendit la liberté à une foule d'intéressantes victimes, et qui mit fin aux sanglantes exécutions qui désolaient la France ; elle put enfin respirer après une si longue et si cruelle tyrannie.

Cependant les persécutions ne cessèrent pas entièrement ; je me souviens qu'en 1797, mes parents, profitant du repos de notre chère patrie, voulurent y rentrer, ainsi que beaucoup d'émigrés, pressés de revoir leurs amis et leurs familles.

Mon père se procura pour une très-faible somme un passe-port sous un nom supposé ; il partit de Hambourg, avec ma mère, moi et une petite fille que nous ramenions à son oncle, seul parent qui lui restât au monde, les autres étant morts en émigration ; elle avait dix-huit mois, et elle était fort intelligente[1]. Mon père avait pris le nom de M. de Rozen, négociant à Valengin, en Suisse.

A chaque ville de guerre d'Allemagne on demandait nos papiers, et comme j'étais la seule qui sût l'allemand, je portais toujours la parole, et servais d'interprète ; ce qui souvent m'était fort agréable, parce que cela me donnait un air d'importance qui plait aux enfants ; quelquefois aussi j'étais désolée d'être si savante, car en approchant d'un pont-levis, on me réveillait en sursaut, pour répondre aux questions de la sentinelle. Ma première phrase en ouvrant les yeux était : *Herr de Rozen, Kauffman*[2]. Longtemps encore après cette époque, j'ai conservé l'habitude de la dire en m'éveillant.

Je me rappelle qu'un bon vieux invalide, chargé de vérifier notre passe-port à la dernière ville étrangère, me dit en souriant : « Mon Dieu, Valengin est donc une ville énorme et fort commerçante ? — Mais oui. — Oh ! ma petite demoiselle, il faut que ce soit la capitale du monde, car voilà au moins vingt mille négociants qui passent ici, et qui y sont établis. »

Je n'étais pas très-forte sur la géographie, et ces observations me causaient un embarras qui se peignait sur ma figure devenue pourpre. Une fois que ma petite leçon était répétée, je ne savais que répondre. Mes parents, m'entendant balbutier et faire une plus longue conversation que de coutume, craignirent que nos papiers ne fussent pas trouvés bons ; le vieux soldat, s'en apercevant, me dit de les rassurer, mais de leur conseiller de tâcher de quitter *leur commerce* en arrivant à Paris, où l'on pourrait être plus sévère que lui : « Nous autres Allemands sommes de bons diables, tandis que les Français !... » Il fit une si singulière grimace en achevant cette péroraison, que je me mis à faire de grands éclats de rire, qui se communiquèrent à ma famille, et c'est ainsi que nous entrâmes en France !... Il semblait que c'était un présage de bonheur ! nous nous y abandonnâmes tous, moi avec toute l'imprévoyance d'un enfant, et mes parents avec le besoin de se livrer à l'espérance dont ils étaient privés depuis si longtemps ! Hélas, leur espoir fut de courte durée.

Arrivés à Paris, nous descendîmes à l'hôtel de *l'Infantado*, occupé depuis par M. le prince de Talleyrand[3]. Nous prîmes un joli appartement à l'entre-sol, faisant le coin de la rue Saint-Florentin et de la place Louis XV.

Je fus éblouie des dorures et des glaces qui décoraient le salon, et je sautai de joie d'habiter une chambre fort élégante, chose à laquelle je n'étais pas accoutumée. Il était dix heures du soir, il faisait un clair de lune magnifique ; ma mère, en allant et venant, pour donner des ordres, aperçut, au travers d'une croisée, la place Louis XV, au milieu de laquelle était élevée une statue colossale de la liberté ! Ma mère fondit en larmes, je l'entendis sangloter, je volai dans ses bras. « Qu'as-tu donc, lui dis-je, tu pleures quand nous sommes dans un beau salon, tout d'or, quand papa vient de commander un bon souper, quand tu vois là, devant toi, de belles maisons, plus grandes que toutes celles d'Altona ensemble ; je ne conçois pas, maman, moi je suis bien contente. — Oh ! mon enfant, s'écria ma mère, regarde cette statue qui est là, devant toi, c'est la liberté, dit-on ; eh bien ! c'est à cette place que les barbares ont égorgé le meilleur des rois, la plus courageuse des reines, la plus héroïque des sœurs ! on a voulu consacrer par un monument le plus affreux des crimes, je ne puis me supporter ici, je pleure d'être si près d'un lieu voué à l'exécration. »

Je ne compris rien à ce violent chagrin, et je fus en sautant rejoindre ma bonne Anglaise, qui était charmée comme moi de voir la

[1] Mademoiselle de Mauny.
[2] M. de Rozen, marchand.
[3] Aujourd'hui par madame la princesse de Lieven, diplomate en jupes, qui eut une grande influence politique après la révolution de 1830.

France ; mais je n'ai point oublié la douleur qui s'emparait de ma mère dès qu'elle jetait les yeux sur cette fatale place[1].

Une de mes parentes, liée avec madame Tallien, qui était alors au faîte du pouvoir, lui présenta mon père, qui en fut reçue avec une grâce parfaite ; elle promit de faire pour lui toutes les démarches qui pourraient être utiles à ses affaires, et de lui faire obtenir promptement les papiers qui pussent le faire rester à Paris, sans aucune crainte d'y être inquiété.

Le lendemain de cette visite, mes parents eurent une frayeur affreuse ; voici à quelle occasion.

A peine étions-nous à table pour déjeuner, que nous entendîmes sur la place un grand bruit de chevaux. Ma mère, toujours inquiète, regarda au travers des jalousies d'une fenêtre donnant sur la place, et elle vit une compagnie de dragons que l'officier faisait ranger à l'entrée de la rue Saint-Florentin, et qui cria : « Ne laissez passer qui que ce soit ; le second piquet est à l'autre bout de la rue, ainsi ils ne pourront échapper. »

Que l'on juge de l'effroi de ma mère, qui, ne doutant pas qu'on ne vînt arrêter toute une famille munie de passe-ports, supplia mon père de brûler toutes les lettres dont il s'était chargé pour des parents d'émigrés.

Notre hôte, excellent homme, devinant les inquiétudes de ses locataires, dont il avait aisément pénétré la position, monta près de nous, et par des paroles pleines de bonté chercha à nous rassurer. « J'ai fait, dit-il, fermer la porte-cochère, et si, comme je le pense, on vient faire une visite domiciliaire ici, voilà où il faut vous cacher. » A ces mots il poussa un petit secret parfaitement caché dans un des ornements du cadre de la glace qui était sur la cheminée, et qui, rentrant dans le mur, nous fit voir un très-petit escalier qui conduisait à un cabinet.

J'étais ravie du mouvement que je voyais autour de nous. Agée de six ans, je ne pouvais imaginer le danger de tous ceux que j'aimais, et je n'étais occupée que du plaisir d'admirer de beaux uniformes, de brûler avec empressement des papiers qui faisaient un vrai feu de joie, et surtout de l'idée de jouer à *la cachette* ; car c'est ainsi que j'avais compris la conversation qui venait d'avoir lieu, et que l'on prenait la peine de m'expliquer.

Cependant le calme se rétablit peu à peu, on ne frappa point à la porte, et un domestique de la maison vint nous dire que la visite domiciliaire n'était point pour nous. Les inquiétudes de mes parents furent alors toutes portées sur un de leurs amis intimes, M. d'Aubenton, qui demeurait dans la maison que désignait le garçon de l'hôtel comme devant être visitée. M. d'Aubenton était, ainsi que nous, revenu en France dans l'espérance de n'en plus sortir ; il fut obligé aussi de quitter, pour longtemps encore, ce pays chéri, où tant de dangers menaçaient à chaque instant les émigrés en surveillance, à plus forte raison ceux dont les papiers n'étaient pas en règle.

Après quelques moments d'une affreuse incertitude, mes parents apprirent que l'on venait d'arrêter M. Lacretelle, logeant dans la même maison de M. d'Aubenton, qui ne fut point inquiété ce jour-là.

Le peuple, toujours prêt à voir un spectacle dans une arrestation, se précipitait en foule dans cette rue, où l'on voulait l'empêcher d'entrer ; les dragons ne parvenaient que difficilement à arrêter le désordre ; les cris, les vociférations ne cessaient pas. M. Lacretelle parut au balcon de son appartement ; il fut applaudi, sifflé, et enfin arrêté, mis dans une voiture, traîné en prison, d'où il fut déporté à Cayenne avec MM. Barbé-Marbois[2], Barthélemy, etc., ils avaient été en opposition avec des mesures de rigueur, et immédiatement le Directoire avait jugé nécessaire de les éloigner. C'est pour eux un titre de gloire qui a illustré plus encore leurs noms que leurs talents fort remarquables.

Mes parents furent quittes de cette vive alerte, sans autre malheur que la perte de quelques lettres, qui eussent pu calmer les inquié-

[1] Cette statue fut abattue peu de temps après. Sous le consulat elle fut remplacée par un monument provisoire, aussi inconvenant là que *la Liberté*, les cent six départements existant alors étaient représentés *dansant* en rond. Le bon goût et le sentiment des convenances, si forts chez Napoléon, lui firent renoncer à exécuter le plan qui lui avait été présenté. Il repoussa avec indignation l'idée d'une *danse* sur la place Louis XV.

[2] M. de Barbé-Marbois a écrit le récit de tout ce qu'il a pensé, fait et vu pendant sa déportation. Il confia ce manuscrit à madame de Montesson, qui en fit la lecture tout haut à Romainville. Je n'ai rien entendu de plus naturellement et de mieux conté ; il nous intéressa tous vivement, et je ne sais pourquoi son auteur, qui ne peut craindre de le faire connaître, ne l'a pas publié. C'est priver le public de détails curieux sur une île devenue agréable à habiter, après avoir offert le séjour le plus dangereux, et de l'esprit de ce petit ouvrage obtiendraient certainement du succès dans un moment où l'on préfère l'histoire et la vérité à toutes les fictions du roman.

M. Barbé-Marbois, comme Robinson, se créa mille choses qui lui manquaient, entre autres un violon ; mais il avoue qu'il fallait y mettre de la bonne volonté pour reconnaître ce qu'il avait voulu faire, et qu'il fut au moment d'embrasser M. de Lacretelle, qui, non prévenu, s'était écrié en voyant l'instrument : *Ah ! c'est un violon !*

tudes de plusieurs familles; ce fut pour eux un chagrin qu'ils ne purent éviter.

Je vis dans ce temps chez madame de Valence un homme fort à la mode alors: c'était M. de Ribbing, qui n'était désigné que sous le nom du *bel assassin*, parce qu'on croyait qu'il avait été l'un de ceux de l'infortuné roi de Suède.

Dans un temps où tous les rois étaient regardés comme des tyrans et voués à la haine publique, c'était aux yeux des républicains la plus belle action que l'on pût faire que d'en délivrer l'humanité. Tous les hommes attachés au gouvernement recherchaient avec empressement M. de Ribbing; les femmes se disputaient l'honneur de lui plaire; on le montrait aux promenades, aux spectacles, toujours sous le titre de *bel assassin*, qui, étant prononcé devant moi, me causa un effroi tel, que je fus me réfugier dans les bras de ma mère pour me mettre à l'abri des cruautés dont je supposais M. de Ribbing capable.

Je n'étais pas d'un âge à concevoir la différence que l'on est convenu d'établir entre un crime politique et un crime civil; aussi je n'osai remuer tant que je fus en présence de cet homme tant admiré, qui me paraissait si effrayant, quoiqu'il eût la figure la plus douce et la plus noble.

Je ne sais jusqu'à quel point on lui attribua dans ce temps peut être vrai; il est fort possible que ce fût pour le *faire valoir* qu'on lui imputât alors cette action. Le fait est que M. de Ribbing est le meilleur des époux, le plus tendre père et le plus dévoué des amis; je l'ai revu il y a peu de temps à Paris, entouré d'une famille au milieu de laquelle il parait heureux et tranquille. Le serait-il, si sa conscience lui reprochait un crime ?[2]

Nous étions assez calmes, lorsque la loi du 18 fructidor vint nous rendre nos inquiétudes. Elle ordonnait à tous les émigrés de quitter Paris en trois jours, et la France en huit, *sous peine de mort*; il fallut donc faire précipitamment nos paquets, remonter en voiture, sans avoir rien pu terminer.

Ce même jour, 18 fructidor, mon frère, portant un habit avec un collet de *velours noir*, fut assailli et poursuivi dans la rue par une populace en furie, qui voulait le massacrer en assurant qu'il était un *chouan*; il ne fut sauvé que par la fermeté et le dévouement d'un de ses amis (je crois, M. de Pontécoulant, pair de France), qui parvint à faire comprendre à ces hommes égarés qu'on pouvait porter un *collet noir* sans être *chouan;* et que ce jeune homme n'était coupable que d'avoir négligé de faire disparaître de son costume ce qui déplaisait avec raison aux vrais républicains, puisque c'était une partie de l'uniforme des ennemis des *bons Français*. Cette péroraison obtint les suffrages de la multitude, qui l'accueillit aux cris de *Vive la république!*

Mon frère vint immédiatement prier ma mère de découdre ce fatal collet, dont je m'emparai pour en faire une robe à ma poupée, sans songer qu'il venait d'exposer les jours de mon frère [2].

Effrayé des nouveaux troubles qui se manifestaient, mon frère se décida à nous suivre en pays étranger. Il n'avait pas émigré avec mes parents, et il avait même servi avec une grande valeur dans l'armée française.

Madame Tallien fit tout ce qu'elle put pour nous faire rester; mais la loi étant positive, elle ne put obtenir une exception en notre faveur, et nous retournâmes à Altona trois semaines après en être partis.

Avant la révolution, la famille de mon père voulut lui faire épouser mademoiselle Cabarus, belle comme un ange et riche héritière. Déjà passionnément amoureux de ma mère, il suscita tant de difficultés, que ce mariage n'eut pas lieu.

Mademoiselle Cabarus, devenue madame Tallien, sembla ne conserver aucun souvenir du refus qu'avait été fait de sa main, et se montra dans tous les temps empressée de servir celui qui l'avait dédaignée.

Ce ne fut qu'en 1800 qu'il nous fut enfin permis de revenir dans notre patrie pour n'en plus sortir. La tranquillité publique ne fut plus troublée que par les guerres toujours glorieuses; les arts furent protégés, les savants encouragés, les proscrits rappelés, et tout présageait un repos durable. Hélas! il fallut encore souffrir!... Mais enfin nos épreuves sont finies, et notre bonheur commence.

LETTRE XXVII.

MADAME *** A MADAME FANNY DE BEAUHARNAIS.

« Comme tout ce qui sait lire en France, j'ai l'honneur de vous connaître, madame; mais n'ai point celui d'être connue de vous. Quand

---

[1] Il était père de M. Adolphe de Lieven, auteur qui a obtenu de nombreux succès sur nos théâtres, et qui a épousé la fille de M. de Planard, homme d'esprit et de cœur, qui vient de mourir emportant de nombreux regrets, car il fit beaucoup de bien, et jamais de mal. Il a laissé aussi un fils secrétaire au conseil d'État, qui est un homme d'un vrai mérite.

[2] M. de Mesnard, frère du comte de Mesnard, si dévoué à madame la duchesse de Berry, ne voulant plus quitter la France, espéra se dérober aux recherches en se cachant. Il fut découvert et fusillé dans la plaine de Grenelle. Il était comme son frère connu par un noble caractère et un grand courage.

je devrais préluder à cette correspondance par des louanges, pourquoi faut-il que je la commence par des pleurs? Hélas! dans ce moment les vôtres coulent, car les derniers journaux sont tombés sous vos yeux, et le sort de M. de Beauharnais vous est connu. Celui de sa malheureuse épouse redouble vos chagrins par les inquiétudes qu'il vous cause. Rassurez-vous, madame, la santé de cette charmante personne, fortement ébranlée par cette affreuse secousse, est pourtant moins menacée que la tranquillité de son âme, que la tendresse de son cœur. Elle resta deux jours sans connaitre l'épouvantable catastrophe. Par un billet que lui avait écrit monsieur votre neveu, elle savait sa translation à la Conciergerie et sa comparution prochaine au tribunal; mais l'espérance avait absorbé toutes ses facultés, et il ne restait plus de place pour la crainte: ce qui eût fait trembler tout autre la rassurait. Elle demeura longtemps dans cette illusion, qu'un grand nombre en effet avait partagée, que les nouveaux événements commencèrent à dissiper. Il était bien pénible de l'entendre nous entretenir de sa tendresse, de ses projets, quand celui qui en était l'objet ne pouvait plus en jouir. A la fin cependant on ne souriait plus, on gardait le silence, on soupirait en se détournant, et plus d'une larme involontaire s'échappait de nos yeux. Cependant on avait soustrait à ceux de madame votre nièce les horribles journaux du 8; elle les demanda d'abord sans y attacher beaucoup d'importance, et n'insista qu'à cause des prétextes, des délais et des refus. Ces derniers lui firent soupçonner la cruelle vérité, que notre silence et nos sanglots lui confirmèrent.

» Ce premier coup amena un long évanouissement, dont elle ne sortit que pour s'abandonner au plus légitime comme au plus violent désespoir. Tant d'espérances frustrées! tant de félicité évanouie! Nous ne cherchâmes point à la consoler, persuadés que la douleur trouve son terme dans son excès. Effectivement, celle de madame de Beauharnais, plus profonde sans doute, mais moins éclatante, jouit pour ainsi dire d'elle-même, et se change peu à peu en mélancolie, triste bénéfice du temps, qui ne diminue nos maux que pour les éterniser.

» Nous lui parlons beaucoup de ses enfants: c'est la rattacher à la vie que de lui prouver qu'elle est nécessaire aux êtres qu'elle chérit; c'est dire, madame, que nous l'entretenons aussi de vous et du bonheur que vous éprouverez à être soignée par elle à sa sortie de prison.

» Essayer de distraire madame de Beauharnais de son juste chagrin serait inutile; mais on peut espérer d'en diminuer l'amertume, non par des mots, mais par le détail des devoirs qui restent à remplir à son caractère. Croyez bien, madame, que nous ne négligeons rien. Pourrait-on connaitre votre nièce et rester indifférente à ses peines ?...

» J'ai l'honneur d'être, » etc.

LETTRE XXVIII.

MADAME DE BEAUHARNAIS A SES ENFANTS.

Nègres de M. de Gallifet. — Madame Renaudin.

« La main qui vous remettra ceci est fidèle et sûre: c'est celle d'une amie qui a éprouvé et partagé mes douleurs. Je ne sais par quel hasard on l'épargna jusqu'ici; j'appelle ce hasard une bonne fortune, elle le nomme une calamité. « N'est-il pas honteux de vivre, me disait-elle hier, quand tous les gens de bien ont l'honneur de » mourir? » Puisse le ciel, pour le prix de son courage, lui refuser ce fatal bonheur!

» Quant à moi, je suis digne de le recevoir, et je m'y prépare. Pourquoi la maladie ne m'a-t-elle épargnée? Mais dois-je en murmurer? Épouse, ne dois-je pas suivre le sort de mon époux? En est-il du plus glorieux aujourd'hui que l'échafaud? C'est presque un brevet d'immortalité que l'on achète par une mort prompte et douce!

» Mes enfants, votre père y est mort, et votre mère y va mourir. Mais puisque avant ce moment suprême les bourreaux me laissent quelques instants, je veux les employer à m'entretenir avec vous. Socrate condamné philosopha avec ses disciples, une mère prête à l'être pourrait causer avec ses enfants.

» Mon dernier soupir sera de tendresse, et je veux que mes dernières paroles soient une leçon. Il eut un temps où je vous en donnais de plus douces. Mais celle-ci, pour être donnée dans un moment sévère, n'en sera que plus utile. J'ai la faiblesse de l'arroser de mes larmes, bientôt j'aurai le courage de la sceller de mon sang.

» Personne jusqu'ici ne fut plus heureuse; si c'est à mon union avec votre père que j'ai dû ma félicité, c'est à croire en avoir reçu c'est à mon caractère que j'ai dû cette union[2]. Tant d'obstacles s'y oppo-

---

[1] On pense que l'amie dévouée qui écrivit cette lettre fut madame d'Aiguillon (depuis madame Louis de Girardin). C'est la personne dont l'impératrice parlait le plus souvent et avec le plus d'affection.

Après sa mort, M. le comte Louis de Girardin se remaria avec madame Firmin Rogier, femme du ministre de Belgique. Elle est israélite, et sa charmante figure est le beau type juif.

[2] Joséphine ne pouvait entretenir ses enfants des torts d'un père qui venait de leur être enlevé d'une manière si tragique; cette mort cruelle avait peut-être

saient ! sans efforts d'esprit je sus les aplanir. Ainsi je puisai dans mon cœur les moyens de gagner l'affection des parents de mon mari ; la patience, la douceur finissent toujours par obtenir la bienveillance des autres. Vous possédez aussi, mes enfants, les avantages naturels qui coûtent si peu et qui valent tant ; mais il faut savoir les employer, et c'est ce que je me plais encore à vous enseigner par mon exemple.

» En vous rappelant où je suis née, vous jugerez combien dès mes premières années ils me furent utiles : c'est sous-entendre combien ils le furent aux autres.

» La première époque de ma vie, passée à la Martinique, m'offrait le spectacle singulier de l'esclavage, qui ne devient si affreux que par celui du despotisme qui le domine. Représentez-vous sept à huit cents misérables, auxquels la nature donna un teint d'ébène, et de la laine pour cheveux, et que la cupidité, devenue féroce par les dangers qu'elle court à se satisfaire, arrache à leur patrie pour les transplanter sur un sol étranger. Là, désunis comme famille, mais

Son vicaire voulut lui arrêter le bras en disant : — Monseigneur, c'est une juive.

assemblés en ateliers ou groupés en travailleurs, ils offrent à un soleil brûlant leurs membres pressés dans des liens de fer, sous le rotin d'un commandeur ; ils fouillent une terre que leur sueur, que leur sang même ne fertilise pas pour eux. C'est pour enrichir des maîtres barbares que ces infortunés furent retranchés de la loi commune du genre humain ; c'est pour assouvir l'avarice américaine qu'ils végètent nus, sans propriétés, sans honneur, sans liberté !... c'est pour éveiller les voluptés de l'Europe qu'ils sont dès l'enfance, pour la vie et sans espoir, condamnés à ces supplices. Cependant les tyrans dont ils sont les esclaves, ou, pour mieux dire, les bêtes de somme, se gorgent de richesses, s'enivrent de jouissances, sont rassasiés de plaisirs. Fiers d'une couleur qui n'est qu'un hasard de la nature, orgueilleux de quelques connaissances qui pourtant les tiennent à plus de distance des Européens instruits que les noirs n'en conservent relativement à eux, non-seulement ils oublient qu'ils sont chrétiens, mais encore qu'ils sont hommes ; et, pour comble de cruauté, ils érigent en droits leur conduite impie, et justifient par des sophismes d'inquisiteurs un régime de cannibales.

» Tel était, à l'époque de mon enfance, le tableau général de la colonie : celui qui présentait notre habitation en différait beaucoup. C'était encore des maîtres et des esclaves ; mais les uns se montraient sans dureté, et les autres, pleins de zèle, vivaient sans douleurs.

fait oublier tout ce qui avait désuni deux époux que le malheur avait su rapprocher. Dans le cœur d'une femme il ne reste plus de haine dès que la pitié y trouve place ; l'amour-propre de madame de Beauharnais, flattée des succès de M. de Beauharnais à l'assemblée constituante, lui avait d'ailleurs rendu toute sa tendresse, et ses souffrances lui firent tout pardonner.

A la liberté près, les noirs partageaient tous les avantages de la société et quelques-uns des plaisirs de la vie. L'amour ne leur était pas interdit, et des mariages assortis récompensaient leur longue tendresse. Loin de leur patrie, ils voyaient croître leur famille et se développer leurs alliances ; et lorsqu'au son du tambourin ils exécutaient sous des berceaux de palmiers leurs danses nationales, ils pleuraient de joie, et croyaient avoir retrouvé leur pays [1].

» Je n'étais point étrangère à leurs jeux, parce que je n'étais ni insensible à leurs peines ni indifférente à leurs travaux.

» Je vivais sur l'habitation de notre tante Renaudin, cette excellente femme, cette bonne parente, cette âme parfaite, dont nous avons si souvent parlé, et qui mourrait aujourd'hui de douleur en voyant sa nièce immolée, comme elle a si longtemps gémi de regret quand sa prévoyance nous sépara.

» Je dis sa prévoyance, et ce n'était peut-être alors que sa tendresse. Diverses circonstances avaient amené à la Martinique un jeune officier plein de grâce et de mérite : je puis le louer avec transport, c'était votre père, qui, après avoir fait de moi une heureuse épouse, devait me rendre à la fois la mère la plus glorieuse et la plus infortunée.

» Le mari de madame Renaudin avait réuni à la gestion de ses propriétés celle des domaines dont MM. de Beauharnais venaient d'hériter : rien ne lui paraissait mieux assorti que notre union, puisque celle projetée avec votre père de nos deux familles n'avait pas eu l'approbation de celui-ci, qui avait fait un autre choix.

» Je veux ici consigner la reconnaissance que je dois à mon excellent beau-frère, qui m'a dans plusieurs circonstances donné des preuves d'une amitié sincère, quoiqu'il fût d'une opinion absolument différente de celle de votre père, qui embrassa les idées nouvelles avec toute l'exaltation d'une imagination très-vive. Il croyait de bonne foi conquérir la liberté en obtenant quelques concessions du roi, qu'il vénérait et aimait. On perdit tout, et l'on n'obtint que l'anarchie. Qui arrêtera ce torrent ? O Dieu ! si tu n'envoies une main puissante qui le réprime et qui l'enchaîne, c'est fait de nous !

» Pour moi, mes enfants, qui vais mourir, comme votre père, victime des fureurs qu'il a toujours combattues, et qui l'ont immolé, que je quitte la vie sans haine contre la France et ses bourreaux, que je méprise, pénétrée de compassion pour les malheurs de mon pays. Honorez ma mémoire en partageant mes sentiments. Je vous laisse pour héritage la gloire de votre père, le nom de votre mère, dont quelques infortunés se souviendront, notre amour, nos regrets et votre bénédiction. »

Brisé de douleur par la mort récente de son époux, madame de Beauharnais avait oublié la fameuse prédiction qui lui donnait tant de courage lorsqu'elle ne craignait que pour elle.

Madame de Beauharnais sortit de prison, et reprit ses enfants avec elle. N'étant point en France alors, je ne sais aucun détail relatif à sa mise en liberté ; ne voulant rendre compte que de ce que j'ai vu ou appris d'une manière positive, je n'essayerai pas de parler d'un sujet trop historique pour risquer de l'offrir au public d'une manière inexacte, ce qui ne manquerait pas d'arriver si je voulais consulter plusieurs personnes. Je pense que madame de Beauharnais fut libre au 9 thermidor, ainsi que le plus grand nombre des victimes de la révolution, qui languissaient encore dans des prisons.

Voici quelques lettres postérieures à cette époque, qui m'ont été remises par une personne étrangère au dépôt annoncé au commencement de ce volume. Je n'ai pas vu non plus les originaux, mais j'ai des raisons de ne pas suspecter la bonne foi de celui qui a bien voulu me mettre à même de les publier.

LETTRE XXIX.
A MADAME FANNY DE BEAUHARNAIS.
Trait d'amour filial d'Eugène de Beauharnais.

« Il faut, ma bonne tante, que je vous raconte un trait charmant de notre Eugène. Aujourd'hui, 7 thermidor, anniversaire d'un jour trop déplorable, je l'ai fait venir ; et lui montrant le portrait gravé de son malheureux père : Voilà, mon fils, lui ai-je dit, ce que vous valent six mois de bonnes études et de sage conduite. Ce portrait est à vous, portez-le dans votre chambre et regardez-le souvent. Surtout que

[1] Malgré les déclamations continuelles sur la barbarie des colons, il est certain que beaucoup d'entre eux étaient adorés de leurs nègres, dont ils reçurent des marques d'un dévouement sans bornes, à l'époque horrible des massacres. Plusieurs propriétaires des îles étaient cités comme des modèles d'humanité et de bienfaisance. *Heureux comme un nègre de Gallifet* était un proverbe parmi les esclaves ; M. de Gallifet, possédant une fortune immense, se faisait bénir par la douceur qui s'exerçait dans ses habitations, les nègres y étaient bien nourris, recevaient quelque argent lorsqu'ils remplissaient bien leurs devoirs ; et lors d'un certain nombre d'années devenaient possesseurs d'un coin de terre qu'ils cultivaient à leur profit. Lorsqu'ils étaient malades, les soins les plus grands leur étaient prodigués. Cet exemple fut suivi par plusieurs colons, qui firent bénir leur mémoire.

celui dont il offre les traits vous serve sans cesse de modèle ; c'était le plus aimable, le plus aimant des hommes ; il eût été le meilleur des pères.

» Eugène ne disait mot, il avait les yeux baissés, le teint enflammé, et son agitation douloureuse était visible. En recevant le portrait il le couvrit de larmes et de baisers ; bientôt les miennes coulèrent abondamment, et mon fils et moi, tendrement embrassés, présentâmes à l'ombre d'Alexandre un tableau qui la satisfit.

» Ce soir, tous mes amis retirés, hormis Cubière et Saint-***, je vois mon fils arriver suivi de six de ses jeunes amis, tous décorés du portrait d'Alexandre suspendu à leur cou par un ruban noir et blanc. Tu vois, me dit Eugène, le fondateur d'un nouvel ordre de chevalerie ; en voilà le héros, dit-il en indiquant le portrait de son père ; et en voici les premiers membres, ajouta-t-il en montrant ses jeunes amis : cet ordre s'appelle l'ordre de *l'amour filial*, et si tu veux le voir la première inauguration, passe avec ces messieurs dans le petit salon.

Il s'agenouilla près de ce corps sanglant et attendit son réveil.

» Jugez, ma bonne tante, si j'étais émue ! Nous suivons Eugène. Le petit salon, drapé avec un goût où je reconnus la main de Victorine, était décoré d'une longue guirlande de lierre, de roses et de lauriers. Des inscriptions, tirées des discours imprimés ou des paroles remarquables de M. de Beauharnais, remplissaient des intervalles au-dessus desquels brillaient des girandoles chargées de bougies. Cette décoration héroïque et simple servait de cadre à une espèce d'autel où, au milieu de gerbes de fleurs et de flambeaux, s'élevait le portrait de mon époux infortuné. Trois couronnes, dont une de roses blanches et rouges, la seconde de lauriers et la dernière de cyprès, étaient suspendues au cadre devant lequel brûlaient deux cassolettes de parfums. Six autres camarades de mon fils, rangés autour de l'autel, gardaient un silence respectueux. A notre aspect, la plupart armés d'une épée la tirèrent avec transport, et firent entre les mains de mon fils le serment d'aimer leurs parents, de se secourir entre eux, et de défendre leur patrie. A ce mot sacré, mon fils, déployant et agitant un petit drapeau, en ombragea la tête de son père. Nous nous embrassâmes tous avec un mélange de sourires et de larmes, et le plus aimable désordre succéda au cérémonial de l'inauguration.

» Ah ! ma bonne tante, si quelque chose pouvait me consoler de ma perte irréparable, ne serait-ce pas mes enfants, qui, en me la faisant sentir si vivement, m'en dédommagent par tant de qualités et de charmes ? Combien j'ai regretté que ma Hortense fût absente ! mais elle est avec vous : elle lira ma lettre, elle pleurera de joie en y reconnaissant ses propres affections, et en doublera la jouissance en accourant les confondre avec celles de son frère, qui, j'en suis certaine, se souviendra toujours du courage, de la fermeté de son père, et voudra se rendre digne du nom qu'il porte en perpétuant les actions brillantes qui illustrent un guerrier, et celles qui honorent le citoyen paisible. Le cœur de mon Eugène renferme tout ce qui est bon et grand.

» Vous m'aiderez dans la tâche qui m'est imposée, ma tante ; puis-je donc conserver le moindre doute sur la fin de l'éducation de mes enfants ? Je ne saurais me plaindre de ce que j'ai perdu, en pensant à vous et à eux ! »

LETTRE XXX.

MADAME DE BEAUHARNAIS A MADAME ***.

Elle hésite à épouser le général Bonaparte. — Mesdames W*** et D***, maîtresses de Napoléon.

« On veut que je me remarie, ma chère amie ! tous mes amis me le conseillent, ma tante me l'ordonne presque, et mes enfants m'en prient ! Pourquoi n'êtes-vous pas ici pour me donner vos avis dans cette importante circonstance, pour me persuader que je ne puis refuser cette union qui doit faire cesser la gêne de ma position actuelle ? Votre amitié, dont j'ai déjà eu tant à me louer, vous rendrait clairvoyante pour mes intérêts, et je me déciderais sans balancer dès que vous auriez parlé.

» Vous avez vu chez moi le général Bonaparte ; eh bien, c'est lui qui veut servir de père aux orphelins d'Alexandre de Beauharnais, d'époux à sa veuve !

» L'aimez-vous ? allez-vous me demander. — Mais... non. — Vous avez donc pour lui de l'éloignement. — Non ; mais je me trouve dans un état de tiédeur qui me déplaît, et que les dévots trouvent plus fâcheux que tout en fait de religion ; l'amour étant une espèce de culte, il faudrait aussi avec lui se trouver toute différente de ce

Madame Tallien.

que je suis ; et voilà pourquoi je voudrais vos conseils, qui fixeraient les irrésolutions perpétuelles de mon caractère faible. Prendre un parti a toujours paru fatigant à ma créole nonchalance, trouvant infiniment plus commode de suivre la volonté des autres.

» J'admire le courage du général, l'étendue de ses connaissances en toutes choses, dont il parle également bien ; la vivacité de son esprit, qui lui fait comprendre la pensée des autres presque avant qu'elle ait été exprimée ; mais je suis effrayée, je l'avoue, de l'empire qu'il semble vouloir exercer sur tout ce qui l'entoure. Son regard scrutateur a quelque chose de singulier qui ne s'explique pas, mais qui impose même à nos directeurs ; jugez s'il doit intimider une femme ! Enfin, ce qui devrait me plaire, la force d'une passion, dont il parle avec une énergie qui ne permet pas de douter de sa sincérité, est précisément ce qui arrête le consentement que je suis souvent prête à donner.

» Ayant passé la première jeunesse, puis-je espérer de conserver longtemps cette tendresse violente qui chez le général ressemble à un accès de délire? Si lorsque nous serons unis il cessait de m'aimer, ne me reprochera-t-il pas ce qu'il aura fait pour moi? ne regrettera-t-il pas un mariage plus brillant qu'il aurait pu contracter? Que répondrai-je alors? que ferai-je? Je pleurerai. La belle ressource! vous écriez-vous. Mon Dieu, je sais cela ne sert à rien; mais dans tous les temps c'est la seule chose que j'aie trouvée lorsque l'on blessait mon pauvre cœur, si aisé à froisser. Ecrivez-moi promptement, et ne craignez pas de me gronder, si vous trouvez que j'ai tort. Vous savez que venant de vous tout est bien reçu.

» Barras assure que si j'épouse le général, il lui fera obtenir le commandement en chef de l'armée d'Italie. Hier Bonaparte, en me parlant de cette faveur, qui paraît déjà murmurer ses frères d'armes quoiqu'elle ne soit pas encore accordée : « Croient-ils donc, me disait-il, que j'aie besoin de PROTECTION *pour parvenir? Ils seront tous trop heureux un jour que je veuille bien leur accorder la mienne.* » *Mon épée est à mon côté, et avec elle j'irai loin.* »

» Que dites-vous de cette certitude de réussir? n'est-elle pas une preuve de confiance provenant d'un amour-propre excessif? Un général de brigade protéger les chefs du gouvernement! cela est en effet fort probable. Je ne sais, mais quelquefois cette assurance singulière me gagne au point de me faire croire possible tout ce que cet homme étrange se mettrait dans la tête de faire; et avec son imagination, qui peut calculer ce qu'il entreprendra?

» Nous vous regrettons tous ici, et nous ne nous consolons de votre absence prolongée qu'en parlant de vous à tout instant, et en cherchant à vous suivre pas à pas dans le beau pays que vous parcourez. Si j'étais sûre de vous trouver en Italie, je me marierais demain, à condition de suivre le général ; mais nous nous croiserions peut-être en route; ainsi je trouve plus prudent d'attendre votre réponse avant de me déterminer, hâtez-la, et votre retour encore davantage.

» Madame Tallien me charge de vous dire qu'elle vous aime tendrement. Elle est toujours belle et bonne, n'employant son immense crédit qu'à obtenir des grâces pour les malheureux qui s'adressent à elle; et pourtant à ce qu'elle accorde un air de satisfaction qui lui donne l'apparence d'une obligée. Son amitié pour moi est ingénieuse et tendre; je vous assure que celle que j'ai pour elle ressemble à ce que j'éprouve pour vous. C'est vous donner idée de l'affection que je lui porte.

» Hortense devient de plus en plus aimable; sa charmante taille se développe, et si je voulais, j'aurais une belle occasion de faire de fâcheuses réflexions sur ce maudit temps, qui m'embellit les uns qu'aux dépens des autres! Heureusement j'ai bien d'autres choses en tête vraiment, et je glisse sur les idées noires, pour ne m'occuper que d'un avenir qui promet d'être heureux, puisque nous serons bientôt réunis pour ne plus nous quitter. Ce mariage, qui me tracasse, je serais fort gaie, en dépit de tout ; mais tant qu'il sera à faire je me tourmenterai; une fois conclu, *advienne que pourra*, je me résignerai. Je me suis fait l'habitude de souffrir, et si j'étais destinée à de nouveaux chagrins, je crois que je les supporterais, pourvu que mes enfants, ma tante et vous me restassiez.

» Nous sommes convenues de supprimer les fins de lettre, adieu donc, mon amie. »

Madame de Beauharnais hésita en effet fort longtemps avant d'épouser celui qui devait l'élever si haut. Son premier mariage n'ayant pas été heureux, elle craignait de s'engager de nouveau. Elle nous a dit souvent qu'elle était effrayée de quelques phrases qui échappaient à Bonaparte, et qui prouvaient une ambition qu'elle ne pensait pas devoir être satisfaite. Sa famille, ses amis la décidèrent enfin, et elle devint la femme de l'homme qui plus tard soumit l'Europe avec cette épée qu'il devinait devoir être toujours triomphante.

Joséphine n'eut pas d'abord pour lui la tendresse qu'elle lui porta ensuite. Donner un protecteur à sa fille, un guide à son fils, furent les seules raisons qui la portèrent à céder aux vœux de tout ce qui s'intéressait à elle.

On a publié des lettres de Napoléon à sa femme, qui prouvent combien il en était amoureux, et à quel point il était peu satisfait de ses sentiments, qu'il ne trouvait pas assez passionnés. Il porta la jalousie au dernier degré; sa défiance se manifestait en toute occasion, et n'était pas relative à un seul homme, mais s'étendait à tous ceux qui allaient chez madame Bonaparte. Elle fut peu à peu obligée, pour avoir le repos de son intérieur, de fermer sa porte à tous ses anciens amis, dont la société faisait ombrage à son époux. Elle supporta les soupçons injustes, les scènes les plus violentes avec une patience et une douceur qui lui valurent l'attachement le plus vrai et le plus durable de celui qui ne renonça à elle qu'après avoir longtemps combattu les conseils de ses ministres et de ses parents réunis, qui brûlaient de lui voir contracter une union avec quelque famille souveraine; comme si quelque chose avait pu élever davantage l'homme extraordinaire qui avait asservi toutes les têtes couronnées, dont il recherchait maintenant l'alliance!

Ce fut avec les regrets les plus vifs, les plus déchirants qu'il consentit enfin à ce divorce, qui fut réellement le premier de ses malheurs. J'ai dit quelles relations il conserva avec cette personne parfaite, qui ne regretta le trône que lorsqu'il y eut quelque danger à le partager.

L'impératrice nous a répété souvent, dans les conversations familières de Navarre, que l'empereur était sans contredit l'homme le plus séduisant, lorsqu'il voulait se donner la peine de chercher à plaire à un sexe qu'il aimait, mais dont il avait généralement une opinion peu favorable. Il eut de nombreuses aventures, qui le confirmèrent dans sa manière de juger les femmes. Il confiait toutes ses infidélités à Joséphine, qui recevait ses confidences avec toute l'indulgence d'une amie, quoiqu'elle en eût souvent un grand chagrin. Par cette conduite, elle ramenait toujours celui qu'elle chérissait, et qui ne cessait de lui répéter *que rien ne valait Joséphine*, quoiqu'à tout instant il lui prouvât qu'il ne pensait pas toujours ainsi.

Rien n'était comparable aux petits soins dont il entourait l'impératrice lorsque sa tête calmée le faisait repentir de s'en être éloigné. Elle fut constamment malheureuse par lui, et consolée presque aussi vite qu'affligée, car les fantaisies de l'empereur étaient aussi passagères que violentes.

L'impératrice croyait qu'il n'avait jamais aimé véritablement qu'elle, madame W***[1] et madame D***[2], toutes deux dignes d'un amour sincère par un caractère aimable et un attachement sans bornes pour lui.

Au reste, il ne blessa jamais les convenances en affichant des mœurs dépravées et en avouant publiquement des liaisons adultères ; on pouvait les deviner quelquefois à l'insolence des favorites, à l'espèce de publicité qu'elles cherchaient à donner à ce qu'elles auraient dû cacher; mais jamais aux manières de Napoléon, car il était poli, respectueux avec elles, et ne disait pas un mot qui pût les compromettre. Celles qui furent signalées comme ses maîtresses l'ont donc été par leur volonté seule et la fortune plus ou moins prompte de leurs maris, assez vils pour accepter des places brillantes ou lucratives en vendant leur honneur et leur bonheur domestique.

LETTRE XXXI.

MADAME BONAPARTE AU GÉNÉRAL BONAPARTE.

Soupçons de Napoléon. — Junot (duc d'Abrantès). — La duchesse d'Abrantès. — Sa magnificence. — Le duc de Raguse. — Le roi Marmont. — Changement de fortune de la duchesse d'Abrantès. — Sa fille, sœur grise. — Elle rentre dans ce monde.

« Est-ce bien vous, mon ami, qui avez écrit la lettre que je viens de recevoir? A peine puis-je le croire, en la comparant à celles qui sont là devant moi, et auxquelles votre amour a su prêter tant de charmes! Mes yeux ne peuvent douter que ces pages qui me déchirent le cœur ne soient bien de vous; mais mon âme se refuse à imaginer que la vôtre ait pu tracer ces lignes, qui devaient faire succéder à la joie si vive que j'éprouve en recevant de vos nouvelles le chagrin mortel d'avoir, pour la première fois, à lire les expressions d'une colère qui m'afflige, surtout parce qu'elle doit vous avoir fait un mal affreux.

» J'ignore totalement ce qui a pu faire pour avoir un ennemi acharné à détruire mon repos, en troublant le vôtre; mais il est certain qu'il faut un motif bien grave, pour engager quelqu'un à renouveler sans cesse auprès de vous des calomnies contre moi, qui aient assez de vraisemblance pour être accueillies une minute par l'homme qui m'a jusqu'ici jugée digne de tout son attachement et de sa confiance. Ces deux sentiments sont nécessaires à mon bonheur, et s'ils devaient sitôt m'être refusés, pourquoi fallait-il m'en faire connaître toute la douceur? Il eût été plus heureux pour moi de vous être restée étrangère.

» Lorsque je vous connus, abîmée des douleurs qui m'avaient accablée, je croyais ne pouvoir plus éprouver rien qui pût ressembler à l'amour. Les scènes sanglantes dont j'avais été le témoin et la victime me poursuivaient en tous lieux; voilà pourquoi je ne craignais pas de me rencontrer souvent avec vous, imaginant peu d'ailleurs que je pusse un seul instant fixer votre choix.

» Comme tout le monde, j'admirais votre esprit, vos talents; mieux que personne je devinais votre gloire future; mais enfin j'étais tranquille, et ce que vous aimiez que pour les services que vous rendiez à ma patrie. Il fallait me laisser livrée à cette admiration, et ne pas chercher à la rendre passionnée, en vous servant près de moi des moyens de plaire, que vous possédiez mieux que ce soit au monde, si, peu de temps après avoir uni votre destinée à la mienne, vous deviez regretter la félicité dont vous me faisiez jouir.

» Croyez-vous maintenant qu'il me soit possible d'oublier vos soins, votre amour? Pensez-vous que je puisse devenir indifférente pour celui qui embellit mon existence par tout ce que la passion a de plus enivrant? Pourrais-je jamais effacer de ma mémoire vos bontés pour Hortense, les conseils et les exemples que vous donnez à Eugène? Si cela vous paraît impossible, comment pouvez-vous me soupçonner de m'occuper un seul instant de ce qui vous est étranger?

[1] Après avoir épousé un général, elle est morte en couches.
[2] Madame D*** vit encore, et n'a pas cessé, dit-on, d'être jolie.

» Oh! mon ami, au lieu de prêter l'oreille aux imposteurs qui, par un motif que je ne m'explique pas, cherchent à détruire notre bonheur, que ne leur imposez-vous silence en leur racontant vos bienfaits pour une femme dont le caractère n'a jamais été soupçonné d'ingratitude? En leur détaillant ce que vous avez fait pour mes enfants, les calomniateurs se tairaient, puisqu'ils sauraient que c'est d'abord comme mère que je me suis attachée à vous. Depuis cette époque, si chère à mon souvenir, votre conduite, admirée de l'Europe entière, n'a pu que me faire adorer davantage l'époux qui m'avait choisie pauvre et malheureuse. Chaque pas que vous faites ajoute à l'éclat du nom que je porte; et c'est ce moment que l'on prend pour vous assurer que je ne vous aime plus! Quelle absurdité ou quelle méchanceté de la part de votre entourage, jaloux de votre supériorité marquée.

» Oui, mon ami, je vous aime avec excès, et ceux qui assurent le contraire savent qu'ils ont tort; car je leur ai écrit plusieurs fois pour avoir de vos nouvelles par eux, pour leur recommander de veiller sur vous, de vous consoler par leur affection de l'absence de votre amie ; enfin, de m'instruire de tout ce qui avait rapport à vous.

» Qu'ont-ils fait, ces gens si dévoués sur lesquels vous comptez, et d'après lesquels vous me jugez avec une inconcevable injustice? Ils vous cachent tout ce qui diminuerait les peines de l'absence; ils profitent de votre caractère soupçonneux, pour aider de vous donner des inquiétudes, qui vous portent à quitter un pays qu'ils détestent; et plus ils vous irritent, plus ils sont contents. Voilà ce que je vois, tandis que vous vous abusez sur leurs intentions perfides. Croyez-moi, mon ami, dès que vous n'êtes plus leur égal, vous devenez leur ennemi, et vos victoires sont autant de raisons de vous haïr.

» Je connais leurs intrigues, et dédaigne de m'en venger en nommant ces hommes que je méprise, mais dont la valeur et les talents peuvent vous être utiles dans la grande entreprise commencée si heureusement. Lorsque vous serez de retour, je vous découvrirai quels sont ces envieux de votre gloire ; mais non, dès que je vous aurai vu, j'oublierai tout le mal qu'ils auront cherché à me faire pour ne me souvenir que de ce qu'ils auront fait pour contribuer à la réussite de vos projets.

» Je vois en effet beaucoup de monde, car c'est à qui me complimentera sur vos succès, et j'avoue que je n'ai pas la force de fermer ma porte à qui me parle de vous. Les hommes sont en grand nombre dans ma société; ils comprennent mieux que les femmes vos hardis projets; ils parlent avec enthousiasme de ce que vous faites de grand ; tandis que celles-ci ne savent que se plaindre de ce que vous avez emmené avec vous leur époux, leur frère, leur père! dès qu'elles ne vous louent pas, elles ne me plaisent plus ; cependant il en est dont j'aime le cœur, l'esprit, de préférence à tout, parce qu'elles ont pour vous une sincère amitié. Il faut avant tout placer ici le nom des spirituelles mesdames d'Aiguillon, Tallien, et ma tante. Je les quitte peu ; et elles vous diront, ingrat que vous êtes, si j'ai pensé à faire des coquetteries à tout le monde, ce sont vos expressions, et elles me seraient odieuses, si je n'avais la certitude que vous les avez désavouées, en voyant combien vous m'affligez maintenant de les avoir tracées.

» Je suis effrayée de tous les dangers qui vous entourent, et dont j'ignorerais la moitié, si Eugène n'insistait pour que je vous écrive de ne pas aller au-devant des périls, et de ménager davantage des jours qui intéressent non-seulement votre famille et vos amis ; mais d'où dépend la destinée de vos frères d'armes, et de milliers de soldats ; ils n'ont de courage pour supporter tant de fatigues que lorsqu'ils sont sous vos yeux.

» Mon ami, je vous conjure de ne pas outre-passer vos forces, et d'écouter moins votre génie que les avis dictés par ceux qui vous aiment. Berthier, Bourrienne, Eugène, Caffarelli, plus calmes que vous ; voient quelquefois plus juste ; ils vous sont dévoués, écoutez-les donc, *mais n'écoutez qu'eux*, entendez-vous? et vous et moi serons plus heureux.

» On me rend ici des honneurs qui quelquefois m'embarrassent ; car, enfin, je ne suis pas habituée à ces hommages, qui, je le vois, déplaisent à nos *autorités*, toujours ombrageuses, et craignant de perdre leur pouvoir de la veille. *Laissez faire tous ces gens*, me dites-vous; mais, mon ami, ils tâcheront de vous nuire ; ils vous accuseront de chercher à diminuer leur puissance, et je serais désolée de contribuer en rien à une humeur que vos triomphes suffisent pour justifier. Lorsque vous reviendrez couvert de nouveaux lauriers, que feront-ils, mon Dieu, si déjà ils se tourmentent? Je ne puis calculer où s'arrêtera leur colère, mais vous serez près de moi, et dès lors je serai rassurée.

» Ne parlons plus d'eux ni de vos soupçons, que je ne veux pas repousser un à un, parce qu'ils sont tous aussi dénués de vraisemblance les uns que les autres ; et pour nous reposer de tout le désagrément du commencement de cette lettre, je vous donnerai quelques détails sur ce qui vous intéresse, puisque cela me touche.

» Hortense, pour me consoler autant qu'il dépend d'elle, emploie tous ses soins à cacher ses inquiétudes pour vous, pour son frère, et met en œuvre toutes les ressources de son esprit pour dissiper cette tristesse dont vous doutez, et qui ne me quitte pas. Par ses talents et le charme de sa conversation, elle parvient quelquefois à me faire sourire, alors elle s'écrie avec joie : *On saura cela au Caire, chère maman!* Ce nom, qui me rappelle immédiatement quelle distance me sépare de vous et de mon fils, me rend cette mélancolie que l'on veut dissiper ; et je suis obligée de faire de grands efforts pour la dissimuler à ma fille, qui, par un mot, un regard, me transporte précisément aux lieux dont elle voudrait me faire perdre le souvenir.

» La taille d'Hortense se forme et acquiert une grâce parfaite; elle se met avec goût, et certainement, sans être à beaucoup près aussi jolie que vos sœurs, elle pourra plaire, même auprès d'elles.

» Ma bonne tante passe sa vie à souffrir sans se plaindre, à consoler les affligés, à me parler de vous et à faire des vers. Moi, je passe mon temps à vous écrire, à entendre vos louanges, à lire les journaux, où votre nom se trouve à chaque page ; à penser à vous, à me reporter au temps où je pouvais vous voir à toute heure ; à me désespérer d'en être éloignée, à désirer votre retour ; et lorsque j'ai fini je recommence ; sont-ce bien là des preuves d'indifférence? Je ne vous en souhaite pas d'autres à mon égard, et si vous êtes ainsi pour moi, je ne pourrai me trouver tout à fait à plaindre, malgré les petites calomnies que l'on tâche de me faire croire en me parlant d'*une certaine dame* qui paraît vous intéresser vivement ; pourquoi douterais-je de vous? Vous m'assurez que vous m'aimez, je vous juge d'après mon cœur, et je vous crois.

» Dieu sait quand et où cette lettre vous parviendra; puisse-t-elle vous rendre une sécurité que vous n'auriez pas dû perdre, et vous assurer, plus que jamais, que, tant que je vivrai je vous chérirai, comme au jour de notre séparation. Adieu, mon seul ami ; croyez-moi, aimez-moi, et recevez mille tendres baisers. »

Pendant son séjour en Égypte, Napoléon éprouva de violents accès de jalousie, auxquels il était poussé par des rapports de Junot, qui prétendait recevoir de Paris des détails positifs sur la coquetterie et les infidélités de Joséphine.

Je ne sais rien de ces querelles, dont l'impératrice parlait rarement et très-vaguement ; mais je lui ai vu un grand éloignement pour le duc d'Abrantès ; elle plaisantait souvent sur ses manières, qu'elle trouvait, avec quelque raison, un peu communes des femmes. Elle prétendait qu'il n'établissait aucune différence entre une vivandière et une duchesse ; et que son ton se ressentait toujours un peu de sa première jeunesse. Sa Majesté rendait justice à son courage, à son sang-froid et à ses talents militaires.

On prétend qu'elle a empêché qu'il ne fût nommé maréchal ; mais il est plus vraisemblable de présumer que c'est uniquement le souvenir du chagrin qu'il avait causé à Napoléon qui mit obstacle à ce qu'il obtînt le titre qu'il ambitionnait. Il n'était point dans le caractère de Joséphine de se venger ; et d'ailleurs, l'empereur, pour des choses de ce genre, ne se laissait pas influencer par l'impératrice.

Le duc et la duchesse d'Abrantès affichaient un luxe extrême, qui plaisait à Napoléon. Il aimait fort à voir sa cour brillante et magnifique ; et, loin de mettre un frein aux dépenses excessives de la noblesse, il prenait plaisir à l'augmenter encore par ses éloges. Il appelait le duc de Raguse *le roi Marmont Ier*, et Junot *Marmont II*, les trouvant les plus dépensiers des généraux de l'armée.

La duchesse d'Abrantès, jeune et jolie, pleine de talents, était citée comme le modèle des élégantes ; on copiait toutes les modes inventées par elle, sans songer que sa charmante figure y prêtait une grâce que toutes les femmes ne pouvaient y donner. On prétend qu'elle dépensait deux cent mille francs pour sa toilette.

Je ne sais jusqu'à quel point il faut croire à une telle prodigalité, mais il faut plaindre la duchesse d'Abrantès de n'avoir pas su mettre à l'abri de tout événement une somme qui pût la préserver de la position gênée dans laquelle elle se trouve aujourd'hui.

Madame d'Abrantès, dans ses Mémoires, veut faire croire que l'empereur fut amoureux d'elle et malheureux.

Elle n'a jamais été citée devant moi comme ayant attiré l'attention d'un homme qui bien rarement vit ses vœux repoussés. Madame d'Abrantès ne vint pas une seule fois à Navarre pendant mon long séjour. Je suis donc étonnée qu'elle ait été témoin de la fête dont j'ai donné les couplets.

Sa fille aînée, d'une beauté remarquable, a prononcé ses vœux comme sœur de charité. Cette jeune personne, réunissant tout ce qui peut plaire au monde, a préféré s'ensevelir dans un cloître, afin de se consoler de ne pouvoir être utile à ses semblables par une fortune qui lui était ravie, et dont elle eût fait un digne usage. Elle a trouvé un moyen de prodiguer aux infortunés tous les soins d'une ingénieuse compassion ; habituée de bonne heure aux vicissitudes du sort, aux douleurs, elle saura calmer les maux qu'elle s'est engagée à adoucir, et, dans le modeste asile que sa vertu a choisi, elle pourra goûter encore quelque bonheur, en priant pour son père, et en recevant les bénédictions du pauvre [1].

[1] Les vœux étaient révocables ; on m'a dit que, depuis quelques années, elle était rentrée dans le monde.

LETTRE XXXII.

A EUGÈNE BEAUHARNAIS (en Égypte).

Mademoiselle de Beauharnais. — Ses progrès. — M. Érard. — Châles de cachemire envoyés à Joséphine. — Mesdames Bourrienne, Hamelin, Visconti. — Beauté des châles de l'impératrice. — Dessins envoyés par elle à Constantinople. — Elle coupe sa robe pour en faire des gilets. — MM. Portalès, de Turpin. — Vente faite à Malmaison.

« J'apprends avec un grand plaisir, mon cher Eugène, que vous avez eu une conduite digne de votre nom, et du protecteur près duquel il vous est si aisé d'apprendre à devenir un grand capitaine.

» Bonaparte m'écrit que vous êtes *en tout* tel qu'il le désire ; et comme il n'est pas loungeur, mon cœur éprouve un grand bonheur à lire votre éloge tracé par une main qui, en général, n'en est pas prodigue. Vous savez que j'ai toujours jugé votre âme capable d'entreprendre de grandes choses, et si jamais j'ai douté du brillant courage dont vous avez hérité ; mais vous savez aussi combien je redoutais de vous voir éloigner de moi, craignant que votre impétuosité naturelle ne vous entraînât quelquefois trop loin, et qu'elle ne vous empêchât de vous soumettre à mille petites obligations de discipline, fort désagréables lorsque l'on n'a qu'un grade subalterne.

» Jugez donc de ma joie en recevant l'assurance que vous vous êtes rappelé mes conseils, et que vous êtes aussi soumis envers vos chefs que doux et humain avec vos subordonnés. Cette conduite, mon enfant, *me rend heureuse* ; ces mots vous en récompenseront, je le sais, plus que toutes les faveurs que vous recevrez ; lisez-les donc souvent, et répétez-vous que votre mère, quoique éloignée de vous, ne se plaint pas de son sort, puisque le vôtre sera brillant, autant que mérité.

» Votre sœur partage tout ce que j'éprouve, et se dispose à vous le dire elle-même. Ce dont elle ne se vantera pas, et ce qu'il faut donc que je vous raconte, ce sont ses soins pour moi, pour notre tante ! Rien ne peut donner une idée de son amabilité envers moi, et de tout ce qu'elle invente pour nous distraire. Aimez-la, mon fils, car elle me console et vous chérit. Elle continue ses études avec un grand succès, mais la musique sera, je crois, le talent qu'elle poussera à un plus haut degré de perfection. Son agréable voix, mieux dirigée, lui fait chanter les romances d'une manière qui vous surprendra. Je viens de lui acheter un excellent piano, chez le meilleur facteur (Érard) [1], qui redouble sa passion pour cet art charmant, que vous préférez aux autres. Peut-être est-ce pour cette raison que votre sœur s'en occupe avec tant de plaisir.

» Je ne crains pas de vous fatiguer par ces petits détails de famille, qui paraîtraient puérils à beaucoup d'hommes entourés comme vous l'êtes d'objets si curieux et si importants. Vous aimez mieux encore, je le sais, vos parents que la gloire, voilà pourquoi je vous en parle longuement.

» Si vous étiez ici, vous me diriez cent fois par jour de prendre garde aux hommes qui s'occupent d'Hortense d'une manière assez suivie. Il en est de très-empressés que vous n'aimez pas, et que vous semblez craindre qu'elle ne préfère ; rassurez-vous, elle est un peu coquette, jouit de ses succès en tourmentant ses victimes ; mais son cœur est libre ; je suis confidente de toutes ses pensées comme de tous ses sentiments, qui jusqu'ici sont ce qu'ils doivent être. Elle sait que désormais ce n'est pas de moi seule qu'il faudra obtenir le consentement lorsqu'il sera question de la marier, et que ma volonté même sera subordonnée à celle de l'homme auquel nous devons tout. Cette idée la garantira de tout choix qui pourrait n'être pas approuvé de Bonaparte, et celui-ci ne donnera sa votre sœur, pour époux, qu'un frère d'armes, ce que vous paraissez désirer.

» Notre société est toujours agréable, par le mélange d'artistes distingués, de gens de lettres qui se joignent aux graves politiques, qui nous ennuieraient fort, s'ils ne s'étaient forcés de parler d'autre chose que de ce qui concerne le gouvernement, sujet peu intéressant pour des femmes, qui n'y comprennent rien. Que la France soit heureuse, voilà tout ce que nous voulons, sans nous donner la peine de chercher par quels moyens elle peut le devenir ; ce soin regarde les magistrats qui la gouvernent et les braves qui la défendent ; nous n'avons que la douce tâche de les encourager à persévérer en les approuvant, et c'est ce que nous faisons de bon cœur, je vous assure.

» C'est aux dames à couronner les vainqueurs ; aussi, cher Eugène, nous vous préparons une foule de *surprises* à votre retour, et c'est à qui vous préparera des dons prodigués jadis aux preux chevaliers. En échange, nous voulons force antiquités égyptiennes, qui témoignent que vous avez pensé à nous au milieu des grands et beaux monuments qui vous entourent. Un souvenir accordé à travers tant de gloire a pour nous un charme inexprimable, et vous êtes trop galant pour le refuser à *votre dame*, qui m'en fera part.

» Il faut bien que je m'habitue à n'être pas toujours la première dans vos affections, cela ne me convient guère, mais qu'y faire? il ne peut en être autrement ; et pour vous prouver que je me soumets à cette dure nécessité, je veux bien vous dire qu'*elle* se porte bien, qu'elle parle trop de vous, car on le remarque ; et lorsqu'il n'est pas question de l'Égypte, elle ne prête aucune attention à la conversation. Voilà de quoi vous donner la patience d'en être séparé. Quant à moi, rien ne peut m'en donner une assez forte dose pour attendre votre retour, et si vous savez quand vous débarquerez dans quelque port de France, vous seriez aimable de me le mander, afin que je puisse apercevoir le vaisseau dès qu'il approchera de terre. Ce sera déjà un grand bonheur, en comparaison d'aujourd'hui, et vous devez le comprendre.

» J'ai été au Tillet [1]. La maîtresse de ce joli lieu s'informe de vous avec un intérêt qui me la fait aimer davantage, et dont vous devez lui savoir gré, car elle n'est pas banale ; et son jugement, toujours fondé sur un examen réfléchi, doit flatter lorsqu'il est favorable.

» Parlez-moi le plus possible de vous, de Bonaparte, de nos amis ; mais cachez-moi tout ce qui pourrait me faire croire que vous avez des ennemis parmi vos compatriotes. Ce serait ajouter un trop vif chagrin à celui que j'ai d'être loin de vous que de me faire craindre ces querelles qui naissent sans raison, et finissent quelquefois d'une manière si tragique ! J'ai besoin de croire que votre père adoptif ne compte autour de lui que des admirateurs, et que vous ne rencontrez que des protecteurs et des conseillers de votre jeunesse.

» Adieu, mon cher fils. Il est, je le sais, très-inutile que je vous répète ici que ma tendresse pour vous passe toute borne, et que vous en êtes convaincu ; mais je trouve tant de plaisir à *rabâcher* sur ce sujet, qu'il faut bien que vous vous résigniez à me laisser faire ; ainsi, mon bon Eugène, recevez mille nouvelles assurances de l'affection de votre mère, et laissez-lui vous donner tous les baisers qu'elle voudrait vous prodiguer en réalité. Écrivez-moi tant que vous pourrez ; ce ne sera jamais assez.

» *P. S.* J'ai reçu les châles. Ils peuvent être très-beaux et très-chers ; mais ils me paraissent fort laids. Leur grand avantage est dans leur légèreté. Je doute que cette mode prenne. N'importe, ils me font plaisir, parce qu'ils sont extraordinaires et chauds. »

Je ne connais point les noms des jeunes gens empressés à adresser leurs hommages à mademoiselle Hortense de Beauharnais ; son avenir promettait de devenir brillant, elle était entourée d'une foule d'hommes qui désiraient lui plaire, et dont aucun n'obtint d'espérances ; puisque, lorsque je la vis pour la première fois (six mois avant son mariage), on ne désignait personne comme ayant fixé le choix de celle qui tant de familles désiraient avoir pour belle-fille. Depuis lors on a beaucoup répété qu'elle aimait le général P... ; mais alors on n'en parlait point ; et je pense que ce bruit était dénué de fondement.

Le général P..., cité comme l'homme de la figure la plus remarquable de ce temps, avait des parents qui lui ressemblaient peu ; leur singulière laideur donna lieu à une anecdote que voici :

Ils étaient tous en émigration à la même époque que ma famille. Un soir, le duc de Fleury, étourdi et gai, malgré les privations de l'exil, arrive chez madame la princesse de Vaudémont, après une absence de quelques mois. Il connaissait le vieux M. de P..., et après l'avoir salué : « Dites-moi donc, je vous prie, qui est cette horrible femme assise près de la jolie madame de Fougy, comme pour faire contraste ? — C'est ma femme, répondit M. de P... avec une mine fort allongée. — Oh ! non, reprit le duc, je connais bien madame de P... (c'était celle cependant dont il avait demandé le nom), elle est fort différente ; c'est l'autre voisine de madame de Fougy dont je m'informe ; c'est une figure vraiment curieuse. — Eh bien, c'est ma sœur, dit M. de P... — Oh ! par ma foi, mon cher P..., vous êtes désolant ; il est impossible avec vous de se tirer d'affaire ; on n'a pas une famille si extraordinaire. »

Madame Bonaparte reçut deux châles de cachemire, qui lui furent envoyés par son époux. Mesdames Bourrienne, Hamelin et Visconti en eurent aussi. Ces dames les portèrent uniquement parce que cette parure était bizarre ; car elle fut jugée affreuse, et ne devant pas être adoptée. Cependant, depuis lors, les femmes ont voulu toutes se parer de ces châles si *laids*; et c'était un vrai malheur pour une élégante d'en être privée.

L'impératrice Joséphine en prit depuis la passion, et je doute que personne en eût une collection aussi précieuse. A Navarre, elle en possédait *cent cinquante* d'une beauté incomparable, et d'un prix très-

---

[1] MM. Érard frères étaient à cette époque les seuls qui pussent rivaliser pour la facture des pianos avec le célèbre Broadwood de Londres. Ils partagent maintenant cet avantage avec M. Pleyel ; mais ils conservent une suprématie non contestée pour l'excellence des harpes, restées très-imparfaites jusqu'à ce qu'une nouvelle invention, aussi simple qu'ingénieuse, étendit les limites trop resserrées de cet bel instrument ; grâce à MM. Érard, les artistes qui le cultivent avec succès * peuvent maintenant jouer toute la musique composée pour le piano, et avoir la facilité d'improviser aussi librement que les pianistes.

* J'ai déjà rendu hommage au caractère honorable de M. Pierre Érard, neveu et successeur de la maison Érard. Il n'est peut-être pas un artiste s'étant adressé à lui qui n'en ait reçu ou de vrais services ou au moins des preuves d'une grande bienveillance. Madame Érard était digne d'être choisie par lui.

[1] Chez madame de Montesson.

élevé. Elle avait envoyé à Constantinople des dessins d'après lesquels on lui fit faire des châles aussi jolis. L'œil qu'ils étaient précieux. Chaque semaine, M. Lenormant venait à Navarre, et lui vendait ce qu'il avait de plus remarquable en ce genre. J'en ai vu de blancs parsemés de roses, de bleuets, de perroquets, de paons, etc., qui, je crois, sont uniques en Europe. On les estimait à quinze ou vingt mille francs chacun.

L'impératrice portait aussi des robes de cachemire. Un jour, M. Portalès, après en avoir admiré une fort belle, dit que le dessin ferait bien pour un gilet. Sa Majesté prit des ciseaux, coupa sa robe, et en donna les morceaux à MM. Portalès, de Turpin et de Vieilcastel. Elle ne conserva sur elle que le corsage, qui, porté avec le jupon blanc de dessous, dessinait encore mieux sa charmante taille; ce qui chez elle n'avait été qu'un premier mouvement d'une gracieuse générosité aurait pu paraître une recherche de coquetterie; car je n'ai jamais vu de parure qui lui convînt davantage que ce spencer impromptu.

Les châles ont été vendus à l'enchère, à la Malmaison, et à des prix très-inférieurs à leur valeur. Tout Paris s'est rendu à cette vente, à laquelle je n'ai pas été; car il m'eût été trop pénible de voir des revendeuses avides se disputer les dépouilles dont j'avais vu l'impératrice parée. Je ne conçois même pas que l'on ait pu se décider à spéculer ainsi sur ce qui devait, ce me semble, être partagé entre ses enfants, pour lesquels tout ce qui avait appartenu à une telle mère devenait bien précieux.

LETTRE XXXIII.

AU MINISTRE DE LA POLICE.

M. Thuriot. — MM. de Villeneuve, Coster Saint-Victor. — Madame Coster, tante de ce dernier. — Elle offre un tableau au consul. — Belle réponse d'un conseiller à la cour.

« Citoyen ministre,

» Encore tout effrayée de l'affreux événement qui vient d'avoir lieu¹, je suis inquiète et tourmentée par la crainte des punitions qu'il va falloir infliger aux coupables, qui tiennent, dit-on, à des familles avec lesquelles j'ai été autrefois en relation. Je serai sollicitée par des mères, des sœurs, des épouses désolées, et mon cœur sera déchiré de ne pouvoir accorder toutes les grâces que je voudrais obtenir.

» La clémence du consul est grande, son attachement pour moi extrême, je le sais; mais le crime est trop affreux pour qu'il ne soit pas nécessaire de faire de terribles exemples. Le chef du gouvernement n'a pas été seul exposé, et c'est là ce qui le rendra sévère, inflexible.

» Je vous conjure donc, citoyen ministre, de faire ce qui dépendra de vous pour ne pas pousser les recherches assez loin pour découvrir toutes les personnes qui ont été complices de cette odieuse machine. La France, si longtemps consternée par des exécutions nombreuses, aura-t-elle encore à gémir sur de nouveaux supplices? N'est-il pas plus essentiel de chercher à calmer les esprits que de les exaspérer encore par de nouvelles terreurs? Enfin, dès qu'on aura saisi les chefs de cette trame abominable, la sévérité ne devra-t-elle pas faire place à la pitié pour des subalternes entraînés par des sophismes dangereux et des opinions exagérées?

» À peine investi de la toute-puissance, le consul doit, ce me semble, gagner les cœurs, et non *soumettre* des esclaves; adoucissez par vos conseils ce que ses premiers mouvements auront de trop violent. Punissez, hélas! il faut bien; mais *graciez* encore davantage. Enfin, soyez l'appui des infortunés qui par la franchise ou le repentir expieront une partie de leurs fautes.

» Ayant été moi-même prête à périr dans la révolution, vous devez trouver simple que je m'intéresse à ceux que l'on peut sauver, sans risquer de nouveaux dangers pour les jours de mon époux, qui sont précieux à moi et à la France. Voilà pourquoi je désire que vous fassiez une grande différence entre les moteurs de ce crime et ceux qui, par faiblesse ou par crainte, ont consenti à en accepter une partie. Femme, épouse, mère, je dois sentir toutes les douleurs de cœur de ces familles qui viendront s'adresser à moi.

» Faites, citoyen ministre, que le moindre en soit moindre; ce sera m'épargner de grands chagrins. Je ne repousserai jamais les supplications du malheur; mais vous pouvez, dans cette occasion, infiniment plus que moi, voilà ce qui doit vous faire excuser l'importunité de ma démarche.

» Croyez à ma reconnaissance et à mes sentiments. »

J'ai parlé dans ces Mémoires des efforts que fit Joséphine pour sauver plusieurs des condamnés, jugés au tribunal présidé par M. Thuriot. Elle réussit à faire commuer la peine de mort prononcée contre MM. de Polignac, de Rivière et Charles d'Hozier; mais elle ne put obtenir la clémence consulaire s'étendît sur tous les cou-

¹ La machine infernale du 3 nivôse.

pables; neuf furent exécutés à la place de Grève. Ils montrèrent un extrême courage. Parmi eux on distingua particulièrement MM. de Villeneuve et Coster de Saint-Victor, aussi remarquables par leur bravoure à l'armée que par leur sang-froid dans le danger des négociations hasardeuses dont ils furent chargés à différentes reprises, leur belle figure et l'esprit qu'ils déployèrent aux audiences.

Madame Coster, tante de M. Coster de Saint-Victor, célèbre par son beau talent pour la peinture des fleurs, s'adressa à madame Bonaparte, qui mit dans ses démarches l'activité qu'elle déployait dès qu'il fallait intercéder pour le malheur. Sa nonchalance créole l'abandonnait sitôt qu'il était nécessaire d'agir en faveur de l'infortune; malheureusement elle n'avait point assez de crédit pour tarir la source de tous les pleurs qu'elle voyait répandre; mais du moins elle en adoucissait toujours l'amertume par les consolations qu'elle prodiguait aux douleurs qu'elle ne pouvait finir.

Madame Coster, sachant combien le consul désirait la prospérité des arts, eut l'idée de lui offrir un de ses meilleurs tableaux; espérant que, touché par la position d'une femme de talent, qui était au moment de voir briser le seul lien qui l'attachât à la vie, le consul accorderait cette grâce si vivement sollicitée. Le tableau fut présenté, admiré et accepté; mais le jeune Coster n'en fut pas moins conduit à l'échafaud, où il termina noblement une vie qu'il avait dévouée aux Bourbons¹.

Le procès, à jamais fameux, offrit plusieurs incidents qui ajoutaient à l'intérêt que l'on apportait aux séances. J'en ai raconté deux dans le cours de cet ouvrage²; en voici un dont tout Paris retentit pendant quelques jours.

M. Thuriot présidait, dit-on, avec une partialité si défavorable aux prévenus, qu'il était aisé de voir qu'il désirait leur condamnation. Il affectait une rudesse qui eût pu influer d'une manière désavantageuse sur les réponses qui étaient faites à des questions d'ailleurs posées d'une manière insidieuse. Georges Cadoudal montra une rare présence d'esprit, et en répondant au président il ne manqua jamais de l'appeler par son nom, qu'il changeait avec intention en celui de *Tue-Roi*³; ce qui excitait dans l'assemblée une agitation si marquée, que ce président en fut indisposé au point de se faire remplacer pendant plusieurs jours.

On assure que M. Thuriot disant devant plusieurs personnes qu'il fallait politique condamner tous les prévenus y compris Moreau, un des conseillers à la cour lui répondit : « Si vous le condamnez, qui donc vous absoudra? »

Extrêmement jeune à cette époque, j'ai oublié le nom de l'homme courageux qui ne craignit pas de perdre sa place en montrant une opinion entièrement opposée à la volonté du gouvernement. C'est un tort de ne pouvoir le consigner ici, et pour m'en punir, je m'en accuse.

Fouché fut, dit-on, fort contraire aux mesures de rigueur dans cette occasion. D'autres avis l'emportèrent sur le sien, qui était de ne condamner qu'à une détention perpétuelle.

LETTRE XXXIV.

A MADAME LA COMTESSE DE ***.

Refus d'une place de dame du palais pour mademoiselle ***. — Madame de Montesson. — Mesdemoiselles de Valence et moi. — Mademoiselle Guillebeau. — La comtesse de Celles.

« Je ne puis, madame la comtesse, demander à l'empereur de m'attacher mademoiselle votre fille; il a positivement déclaré ne vouloir à la cour que des personnes mariées. Madame de Montesson vous dira qu'elle n'a pas même obtenu cette faveur pour mademoiselle de Valence, pour laquelle cette demande avait été faite. La place de dame du palais lui a été promise *sitôt qu'elle serait mariée*, et c'est à l'amitié de l'empereur pour madame de Montesson, et à celle que je lui porte moi-même, qu'est due cette manière d'éluder la règle.

» Je suis fâchée de ne pouvoir vous prouver autrement que par mes regrets le plaisir que j'aurais eu à faire une chose qui vous fût agréable. »

L'empereur, en effet, ne voulut point de jeunes personnes non mariées à la cour, craignant de voir se renouveler les désordres causés par la conduite des filles d'honneur sous Louis XIV. Mademoiselle d'Arberg fut, je crois, seule exceptée de la règle établie à cet égard⁴. Sa mère avait obtenu, autant qu'il m'en souvient, de la garder près d'elle, étant dame du palais de l'impératrice.

Madame de Montesson obtint, comme l'annonce le billet ci-dessus,

¹ Madame Coster reçut peu de temps après une pension du consul.
² Celui de la belle conduite du maréchal Macdonald et le couplet improvisé par M. de Rivière.
³ M. Thuriot avait voté la mort du roi de la manière la plus positive.
⁴ Mademoiselle Guillebeau fut plus tard nommée lectrice; mais cette place était alors fort inférieure à celle de dame du palais. Sans la faveur dont jouissaient mesdames Gazani et Guillebeau, elles n'eussent point été admises au cercle. Cette grâce était en opposition avec l'étiquette.

que mademoiselle de Valence serait attachée à Sa Majesté dès qu'elle serait mariée; et pour moi la certitude d'une place de dame du palais chez la reine d'Espagne, à la même condition.

La mort de madame de Montesson changea tous ces projets de famille.

Mademoiselle de Valence, mariée depuis vingt ans à M. le comte de Celles, ancien préfet, ambassadeur du roi des Pays-Bas près la cour de Rome, a succombé il y a quelques années à une affection de poitrine qui donnait depuis longtemps de vives inquiétudes.

Un esprit élevé et cultivé la faisait rechercher par tous les hommes les plus instruits; son indulgence, ses vertus comme épouse et mère, fixaient près d'elle toutes les femmes qui désiraient réussir comme elle à obtenir l'affection et l'estime générales. Faisant partie de la maison de Son Altesse Royale madame la duchesse d'Orléans [1], elle a emporté les regrets de cette princesse; ce mot seul renferme le plus bel éloge de madame la comtesse de Celles, morte à Rome, loin de son aïeule, madame la comtesse de Genlis, et de sa charmante sœur, madame la comtesse Gérard, femme du célèbre maréchal de ce nom.

LETTRE XXXV.

A MADAME ***.

« Je suis désolée, ma chère amie, et bien loin assurément de voir mes vœux comblés, comme se l'imaginent mes anciens amis, qui croient sans doute que si je ne les vois pas, c'est parce que j'ai oublié le passé. Hélas! non; je m'en souviens, au contraire, bien plus que je ne voudrais; car, plus je songe à ce que l'on a fait pour moi, plus je gémis de ne pouvoir faire ce que me dicte mon cœur. L'impératrice de France est la première esclave de l'empire, et ne peut acquitter la dette de madame de Beauharnais! C'est là le supplice de ma vie, et ce qui vous expliquera pourquoi vous n'occupez pas une place près de moi, pourquoi je ne vois pas madame Tallien, enfin pourquoi plusieurs femmes de notre intimité d'autrefois me seraient étrangères, si ma mémoire n'était pas fidèle.

» L'empereur, indigné de la dissolution des mœurs, effrayé des progrès qu'elle pourrait faire, veut que l'exemple d'une vie régulière, de la religion, soit donné dans le palais où il commande. Voulant raffermir de plus en plus le culte qu'il a rétabli, et ne pouvant changer les lois consenties par lui, il veut du moins éloigner de sa cour tout ce qui aurait profité de la possibilité du divorce. Il l'a promis au pape, et jusqu'ici il tient sa parole. Cette seule raison m'a fait refuser la grâce que je sollicitais de vous attacher à moi. Son refus m'a pénétré de douleur; mais il a été trop absolu pour me laisser l'espoir de le voir rétracter.

» Il faut donc, mon amie, que je renonce au plaisir que je me promettais d'être sans cesse avec vous, occupée à vous faire oublier la souveraine pour ne vous faire trouver que l'amie heureuse de ne pas vous quitter. Plaignez-moi d'être trop en évidence pour faire ma volonté, et conservez-moi une amitié dont le souvenir me fait autant de bien que sa réalité m'a offert de consolation en prison. Je regrette souvent cette vilaine petite chambre obscure, partagée avec vous. Là du moins je pouvais être confiante, et j'étais sincèrement aimée!... »

LETTRE XXXVI.

LETTRE A MADAME LA COMTESSE ***.

La princesse Stéphanie. — Mesdemoiselles de Mackau. — Gruau et Bourjoli. — MM. Foncier, Mellerio. — Lemonnier.

« Je vous envoie, ma chère amie, une parure qui vous prouvera que je ne cesse de m'occuper de vous. Sitôt que Foncier me l'a apportée, je m'en suis emparée, me représentant fort bien l'effet qu'elle produirait sur votre beau cou. Acceptez donc ce gage d'un attachement dont vous ne pouvez douter en vous rappelant le vôtre pour moi lorsque je manquais de tout, mais dont il vous sera doux de recevoir un nouveau souvenir.

» Je ne suis réellement satisfaite du rang que j'occupe que lorsqu'il me procure le bonheur d'obtenir quelque grâce pour mes anciens amis; votre position me prive du plaisir de pouvoir vous être utile, puisque tous vos vœux sont exaucés. Je ne puis être consolée de l'impuissance où je me trouve de vous servir qu'en me procurant souvent les occasions de vous être agréable : mon cœur saura les deviner.

» Ma charmante Stéphanie [2], adoptée par l'empereur, va épouser très-incessamment un prince d'Allemagne. Son nom est encore un mystère; dès que j'aurai la permission de le communiquer, vous serez la première à l'apprendre.

» Vous connaissez ma tendresse pour ma nièce, et vous devinez le bonheur que j'éprouve en osant espérer le sien! Son caractère peu ambitieux lui fait envisager cette union avec une sorte de peine, parce qu'elle l'éloigne de moi et de sa famille; plus tard elle jouira *de la plus vraie de toutes les joies de ce monde*, celle de faire des heureux!

[1] La reine Amélie.
[2] La princesse de Bade.

» Vous rappelez-vous, mon amie, que nous trouvions le moyen de la goûter en prison, en partageant avec de pauvres prisonniers ce que nous recevions de nos amis?...

» Il ne faut que vouloir obliger; on trouve toujours moyen de le faire, et Stéphanie plus qu'une autre est digne de le rencontrer souvent.

» Nous sommes occupées maintenant de toutes les futilités nécessaires à une nouvelle mariée. Je suis ravie de tout ce que fait l'empereur pour cette chère petite; elle est, je crois, moins joyeuse que moi de ce qu'elle reçoit, et ne voit de consolation en quittant la France que d'emmener avec elle plusieurs amies de pension, ce qui lui sera accordé [1]. Ainsi, si votre protégée voulait être placée, je pourrais, je pense, obtenir qu'elle le fût auprès de Stéphanie, qui vaut mieux que moi. Dites-le à mademoiselle *** pour la décider à accepter, ce qui sera très-avantageux et très-agréable pour elle.

» Je vous quitte, chère amie, pour m'occuper de Foncier [2]. Voilà de ces devoirs auxquels il est impossible de ne pas sacrifier l'amitié; aussi la vôtre me pardonnera de finir brusquement pour un objet de cette importance. Pour vous j'ai vaincu ma paresse, ne voulant pas employer la main de mon bon Deschamps. Un tiers me semble toujours gênant entre deux amies comme nous. N'êtes-vous pas de mon avis?

» Adieu, mon amie; impératrice ou prisonnière, croyez que personne ne vous aime comme

» JOSÉPHINE. »

LETTRE XXXVII.

A MADAME DE MONTESSON.

Vases en porcelaine de Sèvres. — Présents faits à l'impératrice. — Madame Visconti. — Le garçon maréchal.

« Ne pouvant de vive voix vous aller offrir mes vœux aujourd'hui, *chère maman*, je m'en console par l'assurance que vous savez combien ils sont sincères. Je vous envoie deux vases, qui me rappelleront à votre souvenir; mais dont les fleurs sont loin d'être aussi belles que celles peintes par vous sur ma jolie table de marbre blanc. Je la soigne comme tout ce qui vient de vous, et vous en remercie encore.

» Le maréchal Berthier m'a dit qu'il allait aujourd'hui dîner avec vous. Il vous aime, voilà pourquoi c'est lui que je charge de vous dire combien je regrette de n'être pas libre de suivre ma volonté, qui tout naturellement me conduirait à Romainville, au milieu de votre famille et de vos nombreux amis, à la tête desquels j'ai la prétention de me placer; quoique je ne puisse que bien rarement prendre ma part du plaisir qu'ils trouvent à votre conversation, agréable pour tous, instructive et utile pour plusieurs.

» La pauvre dame que vous m'avez recommandée est satisfaite d'un petit emploi accordé à son fils. Cela donnera le temps d'attendre mieux. Soyez sûre que j'y penserai.

» Remerciez les dames qui vous entourent des jolis ouvrages que j'ai reçus d'elles. Il est décidé que tout ce qui vous approche doit avoir quelque perfection. Pourquoi en suis-je si loin?»

» Adieu, *chère maman*. Aimez-moi et conseillez-moi toujours, car la place que j'occupe est bien difficile à remplir au gré de tous; et c'est ce que je voudrais.

» JOSÉPHINE. »

Madame de Montesson, le jour de sa fête, reçut deux magnifiques vases de Sèvres, envoyés par Joséphine. Madame de Montesson habitait alors Romainville, où se réunissait avec un égal empressement l'ancienne et la nouvelle noblesse. Des fêtes charmantes y étaient fréquentes; et même en hiver on se disputait le plaisir d'y paraître.

Le maréchal Berthier était un des plus assidus. Il donna à madame de Montesson un dîner au Raincy, le jour même où il fut nommé maréchal. Madame Visconti, enchantée de la nouvelle dignité de l'homme qu'elle espérait encore épouser, l'appela constamment *garçon maréchal*, croyant sans doute que ce nom ne lui conviendrait bientôt plus. En effet quelque temps après il ne devait plus le porter, ayant épousé la princesse de Bavière.

Je me souviens que madame de Montesson, voulant faire à l'impé-

[1] La princesse emmena en effet avec elle mesdemoiselles de Mackau, Gruau et Bourjoli. J'ai déjà dit que la première quitta Son Altesse Royale pour s'attacher à l'impératrice, qui arrangea son mariage avec le général Wattier de Saint-Alphonse; la princesse la regretta, mais n'osa le refuser à Joséphine, sachant le plaisir qu'éprouverait mademoiselle de Mackau à revoir son père, fixé à Paris. Son Altesse Royale sembla vouloir se dédommager de cette perte en redoublant, s'il est possible, ses bontés pour les deux autres jeunes personnes dont elle s'était chargée avec tant de grâce. Elle a depuis fait faire un bon mariage à mademoiselle Bourjoli, sœur du général de ce nom.

J'ignore ce qu'est devenue mademoiselle Gruau; mais elle est heureuse sans doute. Le caractère de la princesse est trop connu pour qu'il soit possible de douter du bonheur de quelqu'un à qui elle s'intéresse, puisque les indifférents mêmes se sentent de ses bienfaits.

[2] Bijoutier aussi célèbre alors que le sont aujourd'hui MM. Mellerio et Lemonnier. Il quitta le commerce avec une grande fortune, et ses filles furent mariées par l'empereur à deux généraux dont j'ai oublié les noms.

ratrice un présent agréable, mais qui n'eût point de valeur, fit travailler à différents petits ouvrages les dames qui demeuraient habituellement avec elle. L'une broda un *sultan*, les autres firent des bourses, des chaînes en cannetille, des fleurs artificielles, etc., et toute cette petite boutique fut envoyée aux Tuileries, elle y obtint un succès qui n'eût pas été peut-être accordé à de brillantes parures. On était fatigué de magnificence, et la simplicité de l'offrande fut précisément ce qui en fit le charme. Madame de Montesson avait peint à l'huile un dessus de table, qui fut joint au *sultan* dont je viens de parler.

La personne qui fit le plus pour cet envoi fut madame de Latour, tante de M. de Polignac. Entièrement ruinée, elle n'avait d'autre ressource pour vivre que de travailler ainsi que sa fille; ces deux dames ne se plaignaient jamais, et contribuaient par leur gaieté, leur agréable caractère, au bonheur que l'on goûtait à Romainville; elles y passaient une très-grande partie de l'année.

La commutation de la peine à laquelle étaient condamnés leurs neveux inspira une vive reconnaissance à deux cœurs si accessibles à tous les sentiments généreux; et ces dames saisirent avec empressement l'occasion de la témoigner à leur bienfaitrice. Elles ont été depuis *dames* à Saint-Denis.

J'ignore si elles vivent encore; mais probablement leur sort est maintenant très-différent de ce qu'il était au temps dont je parle. Leur famille a retrouvé la faveur et la fortune, et elle n'en jouit sûrement pas seule.

LETTRE XXXVIII.

A MADAME DE ***.

Mesdames d'Arberg, d'Audenarde, de Vieil-Castel, de Colbert, de Rémusat, de Ségur. — MM. Bonplan, Deschamps et Horeau — M. le comte Octave de Ségur. — Son histoire. — La *Flore des demoiselles*. — Le comte Philippe de Ségur. — La campagne de Russie.

« J'ai su, madame, la part que vous avez prise aux malheurs si grands dont j'ai été accablée depuis près d'un an [1], et mon âme déchirée a trouvé dans la continuité de votre attachement une consolation à laquelle elle n'a point été insensible, mais dont je goûte bien plus la douceur maintenant que je suis plus calme. J'ai reçu avec reconnaissance la lettre touchante que vous avez bien voulu m'écrire; et si je n'y ai pas répondu plus tôt, c'est qu'en vérité j'étais incapable d'autre chose que de pleurer.

» Le souvenir de notre ancienne intimité, que vous ne me rappelez que lorsque je suis déchue de cette grandeur qui faisait tant d'envieux, m'a vivement touchée. Croyez bien, madame, que vous n'avez pas été oubliée un seul instant par celle qui eût désiré vous attacher à sa personne, si elle n'avait su que vos goûts étaient d'accord avec le devoir qui vous fixait à la campagne, près d'un époux infirme qui ne voulait plus revoir Paris.

» Vous êtes libre à présent; je suis aussi de m'entourer de ceux qui me plaisent; ne profiterons-nous donc pas toutes deux de cette possibilité de nous réunir? L'éducation de votre fille s'achèvera mieux à la Malmaison que partout ailleurs. Consentez à accepter une place de dame du palais, et nous ne nous quitterons plus.

» L'empereur, plein d'égards et d'attachement pour moi, me permet de choisir qui je veux pour former ma maison; ainsi votre volonté seule mettra un obstacle aux vœux que je forme pour notre réunion. Nous avons tant souffert toutes deux, que nous devons mutuellement éprouver le besoin d'épancher nos cœurs. Vous écouterez le récit de mes peines, plus cruelles que vous n'avez pu les imaginer; et en me contant les longs maux de votre époux, qui vous faisaient souffrir plus que lui, en me parlant de vos soins envers lui, vous me procurerez le plus grand plaisir que je connaisse, celui d'admirer ce que l'on aime.

» Vous trouverez ici la société la plus douce et la plus agréable; mesdames d'Arberg, d'Audenarde, de Vieil-Castel, de Colbert, sont obligeantes et bonnes; elles n'ont pas été toujours heureuses; ainsi elles comprendront la mélancolie que vous conservez, sans vous forcer à la gaieté; mesdames de Rémusat, de Ségur vous distrairont de vos chagrins par le charme de leur esprit, et vous pourrez causer avec Bonplan, Deschamps et Horeau des choses que vous cultivez avec plaisir et succès. Quelques jeunes personnes auxquelles je m'intéresse étudieront avec votre aimable fille, elle augmentera leur instruction en leur communiquant la sienne, et recevra en retour quelques conseils sur la musique et la danse, qu'elle n'a pu apprendre parfaitement dans le château de son respectable père.

» Toutes les convenances se trouvent donc réunies pour vous décider à venir près de moi; et j'ose assez compter sur votre affection pour être certaine que la raison qui vous déterminera le plus est la certitude de contribuer à me faire chérir la retraite où je dois vivre.

» Jusqu'ici j'ai été entourée de tous les témoignages d'intérêt imaginables; j'ai reçu la visite de toute la cour de Napoléon; on sait qu'il *désire* que l'on me traite toujours en impératrice, et d'ailleurs

[1] Son divorce avec l'empereur était prononcé depuis un an.

on est bien aise de voir par soi-même comment je supporte ma nouvelle position. Quand on aura plusieurs fois dit devant l'empereur que l'on est venu à la Malmaison, que l'on aura bien examiné ma figure, contrôlé mes manières, on cessera de faire huit lieues pour venir près d'une personne qui ne peut plus rien, et je resterai avec mes vrais amis, dont *je veux* que vous augmentiez le nombre.

» Ces mots *je veux* me sont échappés; c'est la suite d'une habitude dont je me corrigerai; il en est une que je ne perdrai pas, c'est celle de vous aimer sincèrement. Venez, et croyez à l'attachement de

» JOSÉPHINE. »

Je n'ai jamais vu à la Malmaison personne dont la position se rapportât à celle de madame de ***, à laquelle la lettre précédente a pu être adressée. Cette dame aura probablement préféré rester dans sa retraite et ne pas exposer sa fille, objet de tant de sollicitudes, aux dangers d'une cour où elle eût trouvé de grandes jouissances dans la société qui y était réunie, mais où tout n'était assurément pas également agréable. Le bon esprit de cette mère la tendre lui aura fait sentir que l'on doit se trouver heureux partout où l'on est paisible, entouré de gens dévoués et reconnaissants, et où l'on ne peut être en butte à l'envie et à la calomnie.

J'ai déjà parlé des personnes nommées dans la lettre de Joséphine. J'ai rendu hommage à l'esprit, à l'instruction et surtout à la bonté de madame de Rémusat; cependant j'éprouve tant de plaisir à citer une *femme parfaite*, que je dis de nouveau avec joie que jamais on ne trouva réunis plus de moyens de plaire avec moins de prétentions, une conduite plus irréprochable avec moins de rigorisme et de sévérité pour les autres. Elle conseillait avec douceur, lorsqu'on la consultait, mais n'allait jamais au-devant d'un avis à donner, je ne l'ai pas une seule fois entendu critiquer un dehors personne. On peut, au reste, se faire une idée de ce qu'elle était en approchant son aimable sœur [1], qui la rappelle beaucoup.

Madame la comtesse de Ségur était fort jolie, et l'expression de mélancolie répandue sur ses traits y prêtait un nouvel attrait.

Depuis dix ans elle n'avait reçu aucune nouvelle de son mari, qui avait disparu sans qu'il eût été possible de savoir ce qu'il pouvait être devenu. Les recherches les plus actives n'avaient amené aucun résultat; et toute sa famille pleurait sa mort, sans en avoir néanmoins la certitude.

M. le comte Octave de Ségur, fils, neveu et frère d'hommes également remarquables par l'étendue de leur esprit et le rang qu'ils ont pris dans la littérature, était lui-même hors de la ligne ordinaire.

Un cœur susceptible d'éprouver les passions les plus violentes, une imagination exaltée au dernier point causèrent son malheur et celui de tous ceux qui le chérissaient. Amoureux fou de sa femme, il ne s'en croyait pas assez aimé; et ne pouvant supporter cette froideur qui le désespérait, il prit le parti de fuir à jamais cette épouse adorée. Il partit sans calculer la douleur à laquelle serait en proie une femme, un père, une mère, un frère et trois enfants!... Il les laissa *quatorze ans* dans le désespoir, sans leur écrire un mot, et s'engagea comme simple hussard dans un régiment qui partait pour la première campagne d'Allemagne. En cherchant la mort là où il se trouva, malgré lui, que la gloire; et, de grade en grade, obtenus sur le champ de bataille, il parvint, je crois, à celui de lieutenant, et fut décoré de la croix des braves.

Lassé des succès continuels qu'il n'ambitionnait pas, et forcé de se convaincre qu'il ne pouvait être atteint par les balles de l'ennemi, auxquelles il s'était exposé plus que tout autre, il sentit le besoin de revoir cette famille désolée qu'il occupait sans cesse; il revint en France, et écrivit enfin à sa femme pour lui exprimer ses regrets de l'avoir tant affligée. Il lui disait que l'âge, les fatigues de la guerre avaient rendu sa tête plus calme, son cœur plus froid, qu'il saurait se contenter d'un attachement sincère, et qu'enfin dans peu d'heures il se réunirait à tous les objets de ses chères affections.

Il revint en effet près de tout ce qu'il aimait; mais loin de jouir de ce qui lui était rendu, il parut mécontent, triste, et ne put surmonter cette humeur soupçonneuse dont il se disait corrigé. Vainement les soins les plus tendres lui furent prodigués, il disparut encore !... Cette fois, hélas! on ne put conserver le plus léger espoir de le revoir ! l'infortuné s'était noyé !...

N'étant point liée avec la famille de M. le comte de Ségur, il s'est peut-être glissé dans mon récit quelque chose d'incorrect; mais le fond de cette tragique histoire est parfaitement vrai, et je ne crois même pas m'être trompée dans les détails, que je n'ose cependant donner tous comme parfaitement exacts.

On doit à M. le comte Octave de Ségur une *Flore des demoiselles*, livre instructif et amusant, qui obtint un grand succès. Il était donné à ce nom de réussir dans tous les genres de littérature [2] !

[1] Madame la comtesse de Nansouty.

[2] M. le comte Octave de Ségur était fils du comte de Ségur, grand maître des cérémonies sous l'empire (auquel on doit de si intéressants Mémoires), neveu du vicomte de Ségur, jadis cité comme le fat le plus aimable de la cour, et qui a

Son fils aîné a épousé mademoiselle de Rostopskin, fille du célèbre général de ce nom.

LETTRE XXXIX.
L'IMPÉRATRICE JOSÉPHINE A NAPOLÉON.

Détails sur Navarre. — Mesdames d'Audenarde, d'Andlau. — MM. les abbés de Saint-Albin, de Sainte-Farre. — M. Roy.

» Navarre.

» SIRE,

» J'ai reçu ce matin le billet si aimable que vous m'avez écrit au moment de partir pour Saint-Cloud, et je m'empresse de répondre à tout ce qu'il contient de tendre et de bienveillant. Je n'ai été étonnée que de l'avoir reçu quinze jours après mon établissement ici,

Ce portrait est à vous, portez-le dans votre chambre, et regardez-le souvent.

tant j'étais persuadée que votre attachement chercherait à me consoler d'un éloignement nécessaire à la tranquillité de tous deux. L'idée que votre intérêt me suit dans ma retraite me la fait trouver presque agréable.

» Après avoir connu toutes les douceurs d'un amour partagé, toutes les souffrances de celui qui ne l'est plus, après avoir épuisé toutes les jouissances que peut procurer la suprême puissance, et le bonheur d'entendre admirer avec enthousiasme celui que l'on aime, peut-on désirer autre chose que le repos? quelles illusions me reste-t-il? Je les ai toutes perdues dès qu'il a fallu renoncer à vous. Aussi je ne tiens plus à la vie que par mes sentiments pour vous, par celui que je porte à mes enfants, par la possibilité de faire encore quelque bien, et surtout par la certitude que vous êtes heureux. Ne me plaignez donc pas d'être ici loin de la cour, que vous paraissez croire que je regrette.

» Entourée de personnes dévouées, libre de suivre mon goût pour les arts, je me trouve mieux à Navarre que partout ailleurs, car je jouis davantage de la société des unes et je forme mille projets qui seront utiles aux autres et embelliront les lieux que je dois à vos bontés. Il y a beaucoup à faire ici, car partout on y découvre des traces de destruction que je veux faire disparaître, afin qu'il ne reste aucun souvenir des malheurs horribles que votre génie a su presque faire oublier. En réparant tout ce que des forcenés ont cherché à anéantir, je répandrai l'aisance autour de moi, et les bénédictions du pauvre me plairont infiniment plus que les adulations mensongères des courtisans.

publié il y a vingt-huit ans un ouvrage intitulé *les Femmes*; enfin il était frère du général comte Philippe de Ségur, auteur de la *Campagne de Russie*; admirable et grand récit d'une des époques les plus mémorables de notre histoire! Peu de familles peuvent offrir de pareils titres à la postérité!

» Je vous ai déjà écrit ce que je pense des fonctionnaires de département, mais je ne vous ai pas dit encore assez de bien du respectable évêque [1]. J'apprends chaque jour de nouveaux traits de lui, qui me font estimer davantage un homme qui réunit à la bienfaisance la plus éclairée l'esprit le plus aimable. Il se chargera des aumônes que je désire distribuer dans Évreux, et comme il visite lui-même l'indigent, je serai sûre qu'elles seront bien placées.

» Je ne puis assez vous remercier, sire, de la liberté que vous m'avez laissée de choisir les personnes de ma maison, qui toutes contribuent à l'agrément d'une société charmante. Une seule chose m'afflige, c'est que vous exigiez une étiquette de costume un peu gênante à la campagne.

» Vous craignez que l'on ne manque à ce que l'on doit au rang que j'ai conservé, si je permettais une petite infraction à la toilette de ces messieurs; mais je crois que vous avez tort de penser que l'on oublie une minute le respect que l'on porte à la femme qui fut votre compagne. Celui que l'on a pour vous, joint à l'attachement sincère que l'on a pour moi (et dont je ne puis douter), me mettent à l'abri du danger d'être obligée de rappeler jamais ce dont vous voulez que l'on garde la mémoire. Mon titre le plus beau n'est pas d'avoir été *sacrée*, mais assurément d'avoir été choisie par vous : nul autre ne vaut celui-là ; il suffit à mon immortalité!...

» J'attends Eugène. Il me tarde doublement de le voir, car il m'apportera sans doute un nouveau témoignage de votre souvenir, et je pourrai le questionner tout à mon aise sur mille choses que je désire savoir, que je ne puis vous demander, et que vous devez encore moins me dire. Ma fille viendra plus tard; sa santé ne lui permet pas de voyager dans ce moment. De grâce, sire, engagez-la à se soigner, et répétez-lui que, puisque je dois rester ici, il faut au moins qu'elle m'évite le chagrin insurmontable de l'inquiétude que j'éprouve lorsqu'elle est souffrante. Sa poitrine affaiblie me tourmente au delà de toute expression ; je voudrais que Corvisart m'écrivît sincèrement ce qu'il en pense.

Junot, duc d'Abrantès.

» J'ai dans ce moment un cercle un peu plus étendu, mesdames d'Audenarde (Charles) et d'Audlau étant ici avec leurs maris. Je vois aussi beaucoup d'habitants d'Évreux et des environs; je suis contente de leurs manières, et de l'admiration qu'ils ont pour vous; et vous savez que de ce côté je ne suis pas aisée à satisfaire, enfin je me trouve parfaitement au milieu de ma forêt, et vous prie, sire, de ne plus vous imaginer que loin de la cour il n'y a pas de salut. Hors vous je n'y regrette rien, puisque bientôt j'aurai mes enfants, et que j'ai déjà le petit nombre de personnes qui me sont restées fidèles. N'oubliez pas votre amie, dites-lui quelquefois que vous lui conservez un attachement auquel elle attache le bonheur de sa vie; répétez-lui que vous êtes heureux, et soyez certain que son avenir sera aussi paisible que le passé fut pour elle orageux, et souvent cruel. »

[1] M. Bourlier, évêque d'Évreux.

Paris. — Typographie Walder, rue Bonaparte, 44.

L'impératrice fit en effet d'immenses travaux à Navarre, et rendit à ce séjour son ancienne magnificence. Elle ne prodigua pas les ornements de mauvais goût, mais elle fit faire des plantations, desséchea des marais, fit bâtir des communs, et par l'occupation qu'elle donnait aux paysans, fit disparaître l'affreuse misère qui régnait dans le pays avant qu'elle vînt l'habiter. Les routes de la superbe forêt d'Évreux, impraticables jusqu'à son arrivée, devinrent de belles allées, en un mot tout changea de face dès que Sa Majesté fut propriétaire de l'ancien domaine des princes de Bouillon; ayant ensuite appartenu à M. Roy [1], qui l'avait fort négligé, excepté pour tout ce qui pouvait augmenter les revenus.

L'impératrice était sans cesse entourée, comme je l'ai dit déjà, des habitants d'Évreux; plusieurs propriétaires des environs s'empressaient également de venir lui faire leur cour. De ce nombre étaient M. l'abbé de Saint-Albin [2] et madame d'Ambert; ils se présentèrent plusieurs fois pendant que j'y étais.

Sa Majesté aimait à causer avec M. Saint-Albin de madame la duchesse douairière d'Orléans et de sa fille, auxquelles elle portait le plus vif intérêt. Elle s'informait de l'exactitude du payement de la pension que le gouvernement accordait à ces infortunées princesses; et lorsque cela était nécessaire, elle écrivait pour hâter l'envoi de leurs rentes. C'est par de tels moyens qu'elle s'est généralement fait aimer, et ce sont de pareils traits qui la feront citer d'âge en âge comme le modèle des souveraines.

Jamais l'esprit de parti ne l'empêcha de soulager le malheur; tous les Français avaient droit à ses bienfaits. Elle ne pensait qu'ils étaient opposés à son élévation que lorsqu'elle ne pouvait plus leur être utile.

LETTRE XL.

L'IMPÉRATRICE JOSÉPHINE A L'EMPEREUR NAPOLÉON.

La naissance du roi de Rome.

« Navarre.

» SIRE,

» Au milieu des nombreuses félicitations qui vous parviennent de tous les coins de l'Europe, de toutes les villes de France et de chaque régiment de l'armée, la faible voix d'une femme pourra-t-elle arriver jusqu'à vous? et daignerez-vous écouter celle qui si souvent consola vos chagrins, adoucit les peines de votre cœur, lorsqu'elle n'a à vous parler que du bonheur qui achève de mettre le comble à vos vœux? Ayant cessé d'être votre épouse, oserai-je vous féliciter d'être père? Oui, sans doute, sire, car mon âme rend justice à la vôtre, autant que vous connaissez la mienne; je comprends ce que vous devez éprouver, comme vous devinez tout ce que je dois sentir en cet instant, et quoique séparés, nous sommes unis par cette sympathie qui résiste à tous les événements.

» J'aurais désiré apprendre la naissance du roi de Rome par vous, et non par le bruit du canon de la ville d'Évreux et par un courrier du préfet [3]; mais je sais qu'avant tout vous vous devez aux corps de

[1] Ancien intendant de la maison des princes de Bouillon. Pendant la révolution, il acheta à bas prix plusieurs de leurs propriétés, qu'il revendit avec avantage. Navarre était de ce nombre.
M. Roy devint comte, ministre, pair de France, et l'un des plus riches propriétaires territoriaux de France.
[2] Fils naturel de Mgr le duc d'Orléans, grand-père du duc actuel. M. l'abbé de Saint-Farre, frère de M. de Saint-Albin, était à cette époque en Espagne près de Son Altesse Sérénissime madame la duchesse douairière, qui, obligée de calculer ses dépenses, lui faisait cependant une pension.
[3] M. de Saint-Hilaire, page de l'empereur, arriva plus tard à Navarre, chargé de la lettre de Napoléon pour l'impératrice Joséphine.

L'impératrice, avant d'avoir reçu des détails sur la santé du roi de Rome,

Pourquoi, puisque papa et moi le voulons? a-t-il répliqué.

l'État, aux membres du corps diplomatique, à votre famille, et surtout à l'heureuse princesse qui vient de réaliser vos plus chères espérances. Elle ne peut vous être plus tendrement dévouée que moi, mais elle a pu davantage pour votre bonheur en assurant celui de la France; elle a donc droit à vos premiers sentiments, à tous vos soins; et moi qui ne fus votre compagne que dans les temps difficiles, je ne puis exiger qu'une place bien éloignée de celle qu'occupe l'impératrice Marie-Louise dans votre affection. Ce ne sera donc qu'après avoir veillé vous-même près de son lit, après avoir embrassé votre fils, que vous prendrez la plume pour causer avec votre meilleure amie. J'attendrai!...

» Il ne m'est pas cependant possible de différer de vous dire que je jouis plus que qui que ce soit au monde de la joie que vous ressentez, et vous ne doutez pas de ma sincérité lorsque je vous dis ici que, loin de m'affliger d'un sacrifice nécessaire au repos de la France, je me félicite de l'avoir fait, maintenant que je souffre seule. Que dis-je, je ne souffre pas, puisque vous êtes satisfait; et je n'ai que le regret de n'avoir pas encore assez fait pour vous prouver à quel point vous m'étiez cher.

» Je n'ai aucun détail sur la santé de l'impératrice; j'ose assez compter sur vous, sire, pour espérer que j'en aurai de circonstanciés sur le grand événement qui assure la perpétuité du nom dont vous avez si grandement commencé l'illustration. Eugène, Hortense m'écriront pour me faire part de leur joie; mais c'est de vous que je désire savoir si votre enfant est fort, s'il vous ressemble, s'il me sera un jour permis de le voir; enfin c'est une confiance entière que j'attends de vous, et sur laquelle je crois avoir le droit de compter, sire, en raison de l'attachement sans bornes que je vous conserverai tant que je vivrai. »

LETTRE XLI.

L'IMPÉRATRICE JOSÉPHINE A L'EMPEREUR NAPOLÉON A L'ILE D'ELBE.

« Malmaison.

» SIRE,

» C'est seulement aujourd'hui que je puis calculer toute l'étendue du malheur d'avoir vu mon union avec vous cassée par la loi, et que je gémis de n'être pour vous qu'une amie, qui ne peut que gémir sur un malheur aussi grand qu'il est inattendu.

» Ce n'est pas de la perte d'un trône que je vous plains, je sais par moi-même que l'on peut s'en consoler; mais je me désole du chagrin que vous aurez éprouvé en vous séparant de vos vieux compagnons de gloire. Vous aurez regretté non-seulement vos officiers, mais les soldats dont vous vous rappeliez les figures, les noms, les brillants faits d'armes, que vous ne pouviez tous récompenser, disiez-vous, parce qu'ils étaient trop nombreux. Laisser de pareils héros privés de leur chef, qui partagea si souvent leurs fatigues, aura été pour votre cœur une douleur insupportable; c'est celle-là surtout que je partage.

» Vous aurez eu encore à pleurer sur l'ingratitude et l'abandon d'amis sur lesquels vous croyiez pouvoir compter. Ah! sire, que ne puis-je voler près de vous pour vous donner l'assurance que l'exil ne peut effrayer que des âmes vulgaires, et que, loin de diminuer un attachement sincère, le malheur lui prête une nouvelle force!

» J'ai été au moment de quitter la France, de suivre vos traces,

manifesta à plusieurs reprises, devant moi, la crainte que cet enfant ne se ressentit de la couche de Marie-Louise, que l'on savait avoir été extrêmement laborieuse. Lorsqu'elle eut la certitude que le jeune prince était dans l'état le plus satisfaisant, elle vint l'apprendre à tous ceux qui étaient réunis dans le salon, et en témoigna une joie que j'ai toujours crue sincère.

de vous consacrer le reste d'une existence que vous avez embellie si longtemps. Un seul motif m'a retenue, et vous le devinerez.

» Si j'apprends que, contre toute apparence, *je suis la seule* qui veuille remplir son devoir, rien ne me retiendra, et j'irai au seul lieu où puisse être désormais pour moi le bonheur, puisque je pourrai vous consoler lorsque vous y êtes isolé et malheureux ! Dites un mot, et je pars.

» Adieu, sire. Tout ce que je pourrais ajouter serait de trop. Ce n'est plus par des paroles que l'on doit vous prouver ce que vous inspirez, et pour des actions il me faut votre consentement.

» JOSÉPHINE. »

« La Malmaison a été respectée, j'y suis entourée des égards des souverains étrangers ; mais je voudrais bien n'y pas rester. »

LETTRE XLII.
DE L'IMPÉRATRICE A L'EMPEREUR.

Inquiétude de l'empereur sur la santé de Joséphine. — Tracasseries de famille. — Résolution de Joséphine. — La reine de Naples. — La princesse Borghèse. — Le roi Joseph. — La princesse de Galles. — Sa singularité pendant son séjour à Naples. — Présent qu'elle fait aux dames du palais de service auprès d'elle. — Harpe qu'elle donne à madame d'Arlincourt. — La princesse Charlotte. — Deuil général à sa mort.

« SIRE,

» L'indisposition qui vous a inquiété pour moi n'a eu aucune suite, et je suis tentée de la bénir, puisqu'elle m'a valu un billet qui me prouve que vous me portez toujours le même intérêt. Je ne puis assez vous dire combien je suis heureuse de ne pas le voir se refroidir par l'absence, et malgré tout ce que l'on cherche à faire près de vous pour me faire oublier ! Cette certitude de votre attachement contribuera à raffermir une santé déjà meilleure.

» Ce que vous me dites de vos contrariétés de famille m'afflige d'autant plus, que je ne puis comme autrefois chercher à les dissiper. Je me suis imposé la loi de ne plus me mêler de ce qui concerne vos sœurs, et je crois que si je voulais manquer à ce que je me suis promis j'en serais fort mal reçue. Avec l'espoir de réussir à les rendre ce qu'elles devraient être, je hasarderais peut-être quelques conseils ; mais ils aigriraient au lieu d'adoucir.

» Je n'ai jamais été aimée de ces personnes qui m'intéressaient vivement, puisque votre bonheur dépendait en partie de leur conduite. L'envie et la jalousie étaient malheureusement les seuls sentiments que je leur inspirasse ; et maintenant que je suis déchue d'une puissance qui leur portait ombrage, il ne leur reste plus que l'humeur d'avoir été longtemps obligées de cacher ce qu'elles éprouvaient. Vous vous exagérez, je crois, leurs torts envers vous, et votre exigence est une suite nécessaire de l'affection que vous leur portez. Elles vous aiment sincèrement, mais pas avec cette exaltation que vous mettez à tout, et elles ne sentent pas le chagrin qu'elles peuvent vous faire par des démarches ou des actions auxquelles le rang qu'elles occupent les oblige souvent.

» La reine de Naples, par exemple, n'était-elle pas forcée non-seulement de recevoir la princesse de Galles voyageant dans ses États, mais de lui faire rendre les honneurs dus à son titre ? Vous l'eussiez blâmée d'en agir autrement, car Son Altesse Royale était malheureuse, ce qui à vos yeux est une raison devant attirer les égards, bien plus encore qu'une naissance illustre.

» Pourquoi donc en vouloir à la reine d'avoir accueilli une femme affligée, accusée peut-être par l'injustice et la calomnie ? Séparée d'un époux, d'une fille charmante qu'elle chérissait, n'était-elle pas assez à plaindre ? et fallait-il lui refuser la triste consolation de se voir entourée d'honneurs et de soins ? Soyez persuadé que ce n'est pas du tout pour vous *braver* que la reine a été bienveillante pour la princesse de Galles, mais qu'elle a été entraînée par la compassion qu'inspire une princesse exilée du royaume où elle devrait commander. Ne voyez rien de politique dans toute cette affaire, et croyez tout ce que vous dit la reine à ce sujet. Elle est vive, ambitieuse, mais pleine de tendresse pour vous, et trop fière du titre de votre sœur pour faire jamais rien qui puisse l'en rendre indigne.

» Quant à la princesse Pauline, c'est une jolie enfant que nous avons tous pris plaisir à gâter. Ainsi nous ne pouvons ni nous étonner ni nous plaindre de ses étourderies : avec elle l'indulgence réussit mieux que la sévérité, qu'il faut d'ailleurs perdre dès que l'on regarde son ravissant visage. Ne la grondez donc pas, reprenez-la doucement, et elle se corrigera [1].

» Joseph est obligé de ménager les Espagnols ; voilà ce qui explique parfaitement l'espèce de dissidence où vous êtes souvent ensemble. Le temps ramènera l'union entre vous, en consolidant une puissance qui commence et qui trouvait tant d'obstacles. Lorsque vous serez plus content de votre famille, ne tardez pas à me l'apprendre ; per-

sonne, sire, ne pourra se réjouir plus que moi de la bonne harmonie qui doit y régner.

» Adieu, sire, calmez votre tête, mais laissez agir votre cœur, j'y occupe une place que je désire y conserver, et que je mériterai éternellement par mon attachement sans bornes.

» JOSÉPHINE. »

L'empereur était presque toujours mécontent de sa famille, pour laquelle il avait tant fait, et qui jamais n'obtenait assez, puisqu'elle demandait sans cesse. Il exigeait une soumission qu'il ne trouvait pas toujours chez ses sœurs ; et cette petite opposition à ses volontés, il s'imaginait qu'il n'était point aimé, ce qui lui causait un chagrin dont il entretenait souvent Joséphine.

Étant régnante, elle avait souvent ramené la paix dans un intérieur qu'une faveur, une préférence légère obtenue du souverain suffisait pour détruire. La douceur, la grâce de l'impératrice savaient accorder toutes les prétentions, tous les intérêts, et il arrivait rarement, quand elle se mêlait d'une querelle de ce genre, que tout ne fût pas pacifié d'une manière agréable pour tous. Depuis son divorce, elle ne voulut plus être pour rien dans les discussions de la famille impériale, qu'elle voyait d'ailleurs très-rarement.

La princesse de Galles séjourna en effet quelque temps à Naples, et fut parfaitement reçue par la reine (Murat) ; elle ordonna à quatre dames du palais de faire le service près de Son Altesse Royale pendant tout le temps qu'elle resterait à Naples. Je sais que l'une d'elles que la princesse était alors aussi singulière qu'elle a été depuis inconsidérée, légère et inconvenante.

Son Altesse Royale allait à la cour mise de la manière du monde la plus ridicule. Une robe de percale, un turban de mousseline formaient en général sa toilette de bal, ce qui contrastait tout à fait avec la magnificence de la reine, qui excusait peut-être une négligence qu'elle eût dû réprimer, parce qu'elle paraissait plus jolie auprès d'une princesse peu occupée de son extérieur. Celle-ci disait tout ce qui lui passait par la tête, et se soumettait difficilement à l'étiquette.

Lorsqu'elle quitta Naples, elle remercia beaucoup les dames qui avaient été de service auprès d'elle, et leur dit qu'elle voulait leur laisser un témoignage de sa reconnaissance, en leur offrant à chacune un souvenir. Elle ouvrit une grande cassette pleine de pierreries, et leur donna des boucles d'oreilles, des plaques de ceinture, etc., en topazes, émeraudes et saphirs d'une grosseur remarquable. « Quant à vous, dit Son Altesse Royale à l'aimable madame d'Arlincourt [1], vous jouez si bien de la harpe que je crois bien faire en vous laissant la mienne, qui est parfaite. Des bijoux ne paraîtraient pas votre joli visage, que rien ne saurait embellir, et votre goût pour les arts vous fera sans doute préférer un bon instrument à une parure inutile. Acceptez donc celui-ci. »

Madame d'Arlincourt fut plaisantée sur la mesquinerie du présent qu'elle avait reçu, et qui en effet était de la beaucoup moindre valeur en apparence que ceux offerts aux autres dames. Ayant trouvé les bijoux mal montés, celles-ci allèrent chez le joaillier de la cour pour les faire arranger. Quel fut leur étonnement, lorsque celui-ci leur dit que toutes les pierres étaient fausses ! La princesse n'avait laissé que des parures de *flint glass*[2] montées en chrysocale !

Ce trait seul suffirait pour peindre la bizarrerie de caractère d'une femme dont le moindre défaut était une extrême étourderie ; son plus grand titre à l'amour des Anglais (parmi lesquels elle a trouvé pour défenseurs des hommes de talent très-remarquables) était celui de mère de la princesse Charlotte, idole de la nation, qui fut unanime dans les regrets que causa la mort la plus prompte et la plus douloureuse.

J'allai en Angleterre à peu près à cette époque, et je recueillis quelques détails qui me prouvèrent que l'esprit national des Anglais leur fait sacrifier leur opinion lorsqu'une calamité publique menace le repos de leur pays. A la mort de la princesse Charlotte, il n'y eut pas *une seule* personne qui ne portât sur elle quelque signe de deuil. Les pauvres avaient du papier noir sur leurs habits, les enfants ne pouvaient jouer dans les rues, les spectacles étaient fermés, les intelligences drapées de noir ; en un mot, la livrée de cette mort affreuse était partout, et des pleurs dans tous les yeux, l'éloge dans toutes les bouches pouvaient faire croire que ce peuple tout entier n'avait qu'un sentiment et une même manière de voir.

Cependant nulle part il n'existe une opposition plus marquée au gouvernement, une plus entière liberté de la manifester, plus de respect pour la royauté, et moins d'amour en général pour la personne du roi et sa famille ; mais l'héritière du royaume venait d'expirer. Son caractère ferme, son esprit éclairé, et la popularité pleine de dignité de ses manières annonçaient une grande reine, et de ce moment on ne connut pas d'autres partis. Tous s'accordèrent pour pleurer la femme charmante qui venait d'être enlevée si subitement, et les larmes coulèrent avec celles du roi.

---
[1] La princesse Pauline racheta de grandes erreurs par son dévouement pour son frère. Elle voulait aller le joindre à Sainte-Hélène, lui offrit tous ses bijoux, et si une maladie grave ne fût venue mettre obstacle à ses projets, nul doute que Son Altesse Impériale n'eût été partager l'exil de l'empereur.

---
[1] Belle-sœur de M. le vicomte d'Arlincourt, célèbre par le style bizarre de ses romans et par sa fidélité à une cause perdue. Ne pas renier son opinion, qui ne triomphe pas, est chose trop rare pour ne pas la consigner dans des Mémoires contemporains. Demandez plutôt à MM. les marquis de la R........ et de P........

[2] Composition anglaise imitant parfaitement toutes les pierres de couleurs.

LETTRE XLIII.

DE L'IMPÉRATRICE JOSÉPHINE A L'EMPEREUR.

M. Pierlot. — Désir de Joséphine de faire son testament. — L'empereur s'y oppose. — Le roi et la reine de Naples. — M. Horeau. — Don que lui fait l'impératrice. — Il n'en profite pas. — Madame la comtesse d'Arberg.

« Sire,

» Vos bontés pour moi vous donnent assurément le droit de diriger tout ce qui se passe dans ma maison, d'en régler les augmentations, les économies et les changements ; aussi, n'ai-je pas l'idée de chercher à vous détourner de ce que vous avez arrêté concernant ce qui doit suivre l'événement arrivé à M. Pierlot[1] ; seulement, connaissant sa exacte probité, son dévouement pour ma personne, il doit m'être permis de chercher à détruire les préventions que l'on va chercher à vous donner contre lui, afin d'obtenir une place aussi honorable qu'agréable. Elle ne peut être accordée qu'à la confiance, et c'est précisément cette raison qui me fait désirer vivement de la conserver à celui qui certainement en est toujours digne, car des pertes indépendantes de sa conduite causent sans doute le dérangement des affaires de M. Pierlot. Je ne doute pas un instant qu'il ne paye tout ce qu'il doit ; je le crois honnête dans toute acception du mot.

» Ne serait-il donc pas possible, sire, de ne pas le remplacer près de moi ? ce serait un avantage pour mes intérêts de conserver l'homme qui m'a constamment bien servie ; et le malheur ne suffit pas, ce me semble, pour causer une destitution que l'infamie peut seule mériter.

» Avant de prononcer dans cette affaire, qui troublerait à jamais le bonheur d'une famille que j'aime, je vous supplie, sire, de prendre toutes les informations possibles sur M. Pierlot, et si Votre Majesté ne juge pas indispensable de le priver de son emploi, j'ose la conjurer de le lui laisser.

» La dernière fois que vous daignâtes venir à la Malmaison, sire, je voulus vous parler du désir que j'avais de faire mon testament, ce qui assurerait un sort aux personnes que j'aime, et auxquelles je dois de la reconnaissance, pour le zèle qu'elles apportent à mon service.

» Placées sous votre auguste protection, j'aurais la certitude de voir mes dernières intentions remplies, et je n'aurais plus l'inquiétude de quitter la vie sans achever le bien que je veux faire. Vous n'avez pas voulu, sire, me laisser achever cette conversation ; votre attachement pour moi vous la faisait trouver pénible ; mais la réflexion vous aura prouvé que j'ai raison de vouloir tout régler, pendant que ma santé est assez bonne, pour que cette mesure n'ait rien d'affligeant pour ma famille.

» Qui sait si une mort prompte ne m'enlèvera pas à sa tendresse ? Quand même une maladie longue me donnerait le temps de songer à cet acte important, aurais-je la possibilité de vous consulter ? voudrais-je, quand la mort sera là, m'occuper de ce qui alors sera mêlé de tant d'amertume ? en aurais-je la force ? Sire, c'est maintenant qu'il faut que tout soit arrêté, afin que je sois tranquille jusqu'à la fin d'une carrière heureuse grâce à vous.

» Je vais donc incessamment vous envoyer le brouillon de ce papier ; vous voudrez bien, sire, mettre vos observations à vos ordres en marge. Je n'ai pas besoin de vous dire qu'ils seront sacrés pour moi. Ce sera la dernière preuve que je pourrai vous donner de ma soumission : et certes je ne la négligerai pas. Il me serait affreux de laisser un mémoire soupçonnée d'ingratitude, et Votre Majesté m'évitera ce chagrin.

» Veuillez, sire, ne pas parler de ce projet à mes enfants, qui n'y verraient que le côté affligeant, sans chercher ce qu'il y a de doux et de consolant dans la pensée que l'on a récompensé ceux qui nous ont aimés.

» Vous avez à vous plaindre du roi de Naples, de sa femme ! Hélas ! sire, il faut bien que, supérieur à l'humanité par tant de qualités admirables, vous vous en rapprochiez par les douleurs du cœur. Je ne puis au reste parler de ceux qui vous affligent dans ce moment ; j'ai eu trop à m'en plaindre pour leur accorder les vertus qu'ils n'ont pas, et je n'ai jamais, vous le savez, cherché à me parer d'une fausse générosité. Je leur ai pardonné sincèrement les maux qu'ils ont voulu me faire ; je n'ai pas la même force pour ceux qu'ils vous causent ! J'espère encore que la puissante médiation de Madame mère pacifiera tout. Vous avez trop besoin de l'affection de votre famille pour que je ne fasse pas des vœux ardents pour que le roi et la reine se conduisent comme ils le doivent. Le plaisir de les voir s'écarter de leur devoir et de justifier ainsi mon opinion sur eux ne saurait entrer dans mon âme ; et d'ailleurs il ne compenserait pas le chagrin de vous savoir tourmenté.

» Aujourd'hui, comme il y a quinze ans, je suis votre meilleure amie.

» Joséphine. »

[1] M. Pierlot, intendant général de la maison de l'impératrice, venait de déposer son bilan.

Le désir que témoigna l'impératrice d'assurer l'exécution de ses dernières volontés ne put être exaucé. Les événements qui se succédèrent à cette époque avec une si incroyable promptitude l'empêchèrent de s'occuper d'autre chose que des désastres de la France et des malheurs inouïs de l'empereur.

La manière cruelle dont elle fut enlevée ne lui laissa pas le temps de faire pour ses amis ce que lui dictait son âme généreuse.

Quelques mois avant sa maladie, elle voulut donner à M. Horeau une preuve de sa reconnaissante amitié. Sachant qu'il désirait faire l'acquisition d'une petite propriété près de Malmaison, elle lui dit, devant M. Corvisart, qu'elle lui donnait soixante mille francs pour l'aider dans ce projet. « Dès que vous aurez trouvé quelque chose qui vous convienne, ajouta-t-elle, cette somme vous sera comptée par M. de Montlivault. En attendant, faites des billets qui assurent ce que je vous promets. Je les signerai ; et telle chose qui arrive, vous recevrez ce que je vous dois, comme un gage de mon estime pour vous. »

La délicatesse de M. Horeau lui fit refuser cette précaution, qui lui semblait inutile, connaissant la générosité de Joséphine. La fin de l'année lui prouva qu'il avait eu tort ; car l'impératrice mourut ; et il n'eut qu'une faible pension, qui ne lui fut payée, je crois, que pendant très-peu de temps.

Plusieurs personnes attachées à Sa Majesté ne furent pas plus heureuses. Madame d'Arberg, qui avait été son conseil le plus sûr, son amie la plus fidèle, reçut l'offre d'une voiture et de deux chevaux ; ce qu'elle refusa.

Son dévouement absolu, son constant désintéressement méritaient sans doute une autre récompense. Après la perte de Joséphine, il ne restait à madame la comtesse d'Arberg qu'une fortune personnelle médiocre et la consolation de servir sa souveraine avec un zèle qui ne s'est jamais démenti. Il fut utile en plusieurs occasions aux intérêts de la succession, qui n'a pas eu à liquider une seule dette, grâce à l'économie établie dans sa maison par sa dame d'honneur.

LETTRE XLIV.

DE L'IMPÉRATRICE JOSÉPHINE A L'EMPEREUR.

L'impératrice voit le roi de Rome à Bagatelle. — Madame de Montesquiou. — Leurs Altesses Royales les enfants de France. — Mgr le duc de Berry et Madame. — Leur bienfaisance.

« Malmaison.

» Sire,

» Encore tout émue de notre entrevue d'hier ; uniquement occupée de l'aimable et bel enfant[1] que vous m'avez amené ; pénétrée de reconnaissance pour la démarche que vous faites en ma faveur, et dont je calcule tous les inconvénients qui pouvaient en résulter pour vous ; j'éprouve le besoin de m'entretenir avec vous, afin de vous parler de nouveau d'une joie qui fut trop vive pour être bien exprimée dans le premier moment. Votre cœur, qui, pour satisfaire le mien, a couru le risque de voir sa tranquillité troublée, comprendra le désir que j'ai de vous témoigner tout ce que m'inspire la grâce que j'ai obtenue.

» Ce n'est assurément pas par simple curiosité que je désirais rencontrer le roi de Rome ; sa figure ne m'était point inconnue, puisque j'avais vu ses portraits les plus ressemblants. Je voulais, sire, étudier sa physionomie, entendre le son de sa voix, si semblable au vôtre, vous voir caresser ce fils qui comble toutes les espérances, pour me brûlais de lui prodiguer les caresses que reçut de vous mon Eugène. En vous rappelant à quel point celui-ci vous fut cher, vous ne serez pas atteint de la tendresse que je porte à l'enfant d'une autre, puisqu'il est aussi le vôtre ; et vous n'accuserez ni de fausseté ni d'exagération des sentiments que vous concevrez à merveille, les ayant sentis vous-même.

» Le moment où je vous ai vu entrer, tenant le jeune Napoléon à la main, est, sans aucun doute, l'un des plus heureux de ma vie. Il efface à lui seul tous ceux qui le précédèrent, car jamais je ne reçus de vous une plus touchante preuve d'affection. Ce n'est pas un amour passionné qui vous portait à exaucer mes vœux ; c'était une estime et un attachement sincères. Ils ne pourront changer, et cette idée rend mon bonheur complet.

» Je ne pouvais sans frémir songer à la cassation de notre mariage, craignant avec raison qu'une épouse jeune, belle et pleine de talents vous fit totalement oublier celle qui, dépourvue de tous ces avantages, languirait loin de vous. En calculant les qualités de Marie-Louise, je tremblais de vous voir devenir bientôt totalement indifférent ; c'était mal connaître votre âme grande et généreuse, qui conserve le souvenir d'un dévouement extrême et d'une tendresse justifiée dans son excès par toutes les qualités qui étonnent l'Europe, vous font chérir de ceux qui vous approchent, et forcent vos ennemis mêmes à vous rendre justice.

» Oui, sire, je vous l'avoue, vous avez encore trouvé le moyen de m'étonner, moi si habituée à vous admirer ; et vos procédés si parfaits

[1] L'impératrice avait été à Bagatelle, où l'empereur s'était trouvé avec le roi de Rome.

10.

pour moi, vos soins pour m'entourer de tous les égards, et enfin votre démarche d'hier me prouvent plus encore que vous êtes supérieur à l'idée si favorable que j'avais de vous.

» Avec quel plaisir j'ai pressé sur mon cœur le jeune prince ! combien son visage si brillant de santé m'a rendue heureuse ! comme je jouissais de vous voir gai et satisfait en nous regardant tous deux ! En vérité, je ne songeais plus que j'étais une étrangère pour cet enfant ; et en recevant ses douces caresses, j'oubliais totalement que je n'étais pas sa mère ! Je n'enviais plus le sort de personne ; et le mien me paraissait au-dessus de la félicité réservée aux pauvres mortels. En vous quittant, en m'arrachant d'auprès de ce petit être, que je connaissais à peine, j'ai éprouvé une douleur si violente, que j'ai bien senti toutes les douleurs de la maternité.

» Avez-vous remarqué comme moi le petit ton impératif de votre fils lorsqu'il m'a dit qu'il voulait que je fusse avec lui aux Tuileries, et son petit air boudeur lorsque je lui ai répondu que cela n'était pas possible ? *Pourquoi, puisque papa et moi le voulons ?* a-t-il répliqué.

La princesse Pauline Borghèse.

» Voilà qui annonce déjà qu'il saura commander ; et loin de s'affliger d'un caractère qui dans un particulier aurait de graves inconvénients, il faut, je pense, se réjouir de le remarquer dans un prince, destiné à régner dans un temps si voisin d'une affreuse et longue révolution. Après un bouleversement comme celui dont nous avons été témoins, ce n'est pas par la douceur et la bonté seules qu'un souverain peut espérer de conserver le repos à son royaume. Il faut que la nation qu'il gouverne, sur la terre encore chaude du volcan, ait la certitude qu'un crime serait puni aussi promptement que commis. Ce n'est, comme vous me l'avez mille fois répété, *qu'après avoir inspiré la crainte, non de l'arbitraire, mais d'une justice sévère, qu'il faut chercher à se faire aimer.*

» Vous avez souvent usé du droit de faire grâce ; mais aussi vous avez quelquefois prouvé que vous ne toléreriez pas une infraction aux lois dictées par vous. C'est ainsi que vous êtes parvenu à maîtriser les jacobins, à adoucir les royalistes, et à satisfaire le parti modéré. Votre fils aura pour lui votre exemple ; et plus heureux que vous, il pourra davantage employer la clémence envers les coupables.

» J'ai eu avec lui une conversation qui prouve toute la sensibilité de son cœur. Après avoir joué avec mon charivari : « Cela est beau, m'a-t-il dit, mais en le donnant à un pauvre, il serait riche, n'est-ce pas, madame ? — Sans doute. — Eh bien, j'en ai vu un dans le bois, voulez-vous que je le fasse venir ? Je n'ai pas d'argent, moi, et il a besoin d'un *bel habit.* — L'empereur s'empressera de vous satisfaire à ce sujet ; pourquoi Votre Majesté ne lui demande-t-elle pas sa bourse ? — C'est déjà fait, madame. Il me l'a donnée en sortant de Paris ; et comme vous avez l'air bonne, j'ai cru que vous feriez ce qui est bien naturel. »

» J'ai promis d'être utile à ce pauvre, et certainement je tiendrai parole. J'ai fait donner mes ordres par un piqueur à ce malheureux homme, qui sera amené demain à la Malmaison, où on verra ce que l'on peut faire pour lui. Il me sera bien doux de faire une bonne œuvre

qui m'ait été conseillée par un enfant de quatre ans. Dites-lui, je vous prie, sire, que *son pauvre* ne l'est plus.

» J'ai pensé que vous seriez aise d'avoir ces détails sur une conversation faite à voix basse, pendant que vous examiniez un atlas au bout du salon. Ils vous prouveront combien le roi de Rome est heureux d'avoir près de lui une gouvernante qui sait lui inspirer une compassion d'autant plus touchante, qu'elle est rare chez les princes, habitués en général à une adulation perpétuelle, qui leur donne en quelque sorte le droit de croire qu'ils peuvent tout rapporter à eux, et se dispenser de songer aux autres. Les vertus de madame de Montesquiou la rendent digne de la tâche difficile et pénible que vous lui avez confiée ; et les sentiments du prince justifient le choix que vous avez fait. Pouvait-il ne pas être bienfaisant, élevé par la bienfaisance même ?

» Je crains que, malgré vos ordres, le roi de Rome n'ait parlé de cette entrevue, qui doit rester secrète. Je lui ai recommandé de n'en pas ouvrir la bouche, en l'assurant que si on apprenait que j'étais venue à Bagatelle, il me serait impossible de l'y revoir. « Oh bien, alors, soyez tranquille, madame, je ne dirai rien, car je vous aime ; promettez-moi, si je suis obéissant, de revenir me voir. » Je l'ai assuré que je le désirais plus que lui ; et jamais je n'ai dit plus vrai.

» Cependant je sens parfaitement, sire, que ces réunions, qui me comblent de joie, ne peuvent se renouveler fréquemment ; et je ne méconnaîtrai pas votre complaisance pour moi en la mettant trop souvent à contribution. Le sacrifice que je ferai à votre tranquillité intérieure sera pour vous une preuve de plus de mon désir de vous voir heureux ; cette pensée me consolera du regret que j'aurai de ne pas embrasser *mon fils adoptif.* Ne trouvez-vous pas cet échange d'enfants bien doux ? Quant à moi, sire, je m'afflige de ne pouvoir que donner ce titre à votre fils, sans rien faire qui puisse lui être utile.

Caroline Murat, reine de Naples.

Quelle différence de ma conduite à celle que vous avez eue pour Eugène ! Plus le temps s'écoule, plus vous faites pour lui ; et moins je puis vous témoigner ma reconnaissance ! Au reste, je compte sur le vice-roi pour vous consoler des chagrins que vous cause votre famille : si par malheur ce que vous pensez du roi de Naples se justifiait, Eugène vous serait plus nécessaire que jamais ; et j'ose croire qu'il sera digne de vous par sa conduite militaire, et de moi par son attachement pour vous.

» Voici une lettre bien longue, sire, mais j'ai été entraînée par le bonheur de causer de nos deux fils ; et ce motif me fera excuser de vous avoir importuné si longtemps. Autant la douleur a besoin d'être concentrée, autant la joie est expansive. Voilà, sire, ce qui explique ce volume, que je ne veux pas finir sans vous avoir encore témoigné ma respectueuse gratitude.

» JOSÉPHINE. »

Tout ce que Joséphine vient de dire sur le jeune Napoléon est applicable aux enfants de France de la famille de la branche aînée,

Son Altesse Royale Mademoiselle, étant toute jeune, s'empressait de demander la grâce des militaires qu'elle voyait gronder et punir pour des fautes de discipline pendant ses courses journalières à Bagatelle.

On m'a assuré que dès qu'elle apercevait un pauvre sur la route, elle lui jetait par la portière de l'argent, et, ce qui à cet âge est beaucoup plus précieux, ses bonbons et ses joujoux.

Cette bienfaisance, innée chez elle, ne saurait surprendre ; il faudrait s'étonner, au contraire, si les enfants de Son Altesse Royale et de l'infortuné duc de Berri en étaient dépourvus ?

On m'a conté sur ce malheureux prince plusieurs traits qui confirment tout ce que l'on savait déjà de la générosité de son cœur. En voici un que je crois peu connu, et qui me paraît le plus fait pour ajouter aux regrets d'avoir perdu d'une si affreuse manière un prince qui, tout en étant le protecteur des arts, était celui du malheur.

Adoré de toute sa maison, il récompensait avec plaisir la bonne conduite de ses gens. Il les assembla tous un jour, et après quelques questions bienveillantes adressées à plusieurs d'entre eux, il leur conseilla de tâcher d'économiser afin de placer sur la caisse d'épargne. « Par ce moyen, dit Son Altesse Royale, vous obtiendrez de l'aisance pour vos vieux jours ; et comme je veux que vous appreniez à vos enfants à nous aimer, je veux contribuer le plus fait que je vous désire ; ainsi, mes amis, chaque mois vous m'apporterez ce que vous aurez pu mettre de côté, et j'y ajouterai une somme pareille, que nous placerons immédiatement. C'est à vous, ajouta le prince en riant, à ne pas trop aller *aux barrières* ; car ceux qui dépenseront tous leurs appointements n'auront rien de moi. »

Ce que monseigneur le duc de Berri avait promis fut fidèlement exécuté ; et je crois que son auguste veuve a continué ce bienfait, qui a le double avantage d'assurer un doux avenir à de vieux serviteurs, et de les éloigner de ce qui pourrait nuire à la régularité de leur service. L'idée d'une semblable récompense est bien digne d'un petit-fils du *bon Henri*.

LETTRE XLV.

DE L'IMPÉRATRICE JOSÉPHINE A L'EMPEREUR.

Défection du roi de Naples. — L'impératrice défend la reine, de complicité dans cette circonstance. — Conseils qu'elle donne à Napoléon.

« Malmaison.

» SIRE,

» J'apprends à l'instant que tous vos soupçons sont confirmés, et que le roi de Naples, oubliant le degré de parenté qui l'unit à vous et les devoirs que devrait lui imposer le rang qu'il vous doit, grossit le nombre de vos ennemis, et trahit ainsi les liens les plus sacrés ! Je n'ai malheureusement rien à dire pour sa défense ; et je ne trouve dans mon cœur aucun adoucissement à offrir pour le chagrin accablant que vous devez éprouver. C'est vous dire que le mien est sans consolation ! Cependant je n'ai pas voulu garder le silence dans un pareil moment, parce que j'ai pensé que beaucoup des personnes qui vous entourent vont augmenter vos douleurs en vous aigrissant davantage contre le coupable. Moi qui sais combien vous chérissez vos sœurs, je comprends ce que vous devez sentir ; et je devine les partis violents que vont vous dicter votre juste colère et des conseillers complaisants, prompts à obéir à vos moindres désirs et résolus de louer tout ce que vous ferez.

» Je n'ai jamais, vous le savez, résisté à vos volontés ; mais j'ai quelquefois eu le courage de vous contredire en vous faisant des observations, auxquelles vous rendiez justice en changeant de projets et en adoptant ceux dictés par une femme. Je dois continuer ce rôle, qui me convient aujourd'hui comme autrefois.

» Le roi de Naples est sans excuse ; mais, sire, n'enveloppez pas sa femme dans votre vengeance en la privant de la tendresse à laquelle elle attache toujours un grand prix, et que vous ne devez pas lui ravir, si, comme je le crois, cette malheureuse princesse est entièrement opposée au crime de son époux. Loin de l'accabler du poids d'un courroux qu'elle ne mérite peut-être pas, adressez-vous à son cœur, pour qu'elle emploie tous les moyens imaginables d'empêcher le roi de vous nuire et de se déshonorer.

» Si les choses ne peuvent plus changer, et qu'il faille absolument voir un ennemi dans un frère qui vous doit la couronne, qu'il est prêt à souiller, ne repoussez pas la reine, quand il ne lui restera bientôt plus que vous ; car vous le répétez souvent, et l'histoire en offre mille exemples, *les traîtres ne réussissent pas*. Le roi que les puissances étrangères traitent maintenant en allié sera sacrifié, si la paix avec vous est à ce prix ; si, contre toute apparence, on parvenait à vous vaincre, Murat serait de même victime : on ne souffrirait plus alors un roi que l'on traiterait d'usurpateur, et on lui enlèverait ce trône qu'il cherche à conserver par le moyen le plus blâmable, le plus maladroit, par une bassesse.

» Plaignez votre sœur, sire, elle a trop d'esprit pour ne pas calculer l'affreux avenir qui la menace. Si jamais elle est errante, malheureuse, appelez-la près de vous, et consolez-vous de l'ingratitude de son époux en jouissant de la vive reconnaissance que lui inspirera votre modération.

» Si vous écoutez votre premier mouvement, bien excusable sans doute, et que vous vous livriez au triste plaisir de rendre le mal pour le mal, vous atteindrez des neveux bien innocents, et tôt ou tard vous gémirez d'une sévérité qui vous aura coûté tant de larmes. Sire, je vous en supplie, dans votre intérêt, réfléchissez bien avant de prendre un parti définitif. Consultez non les hommes dont l'humeur facile suit toutes les nuances de la vôtre, mais les serviteurs dévoués que vous avez près de vous, de braves et loyaux frères d'armes, qui ne transigent jamais avec leur conscience, et qui eussent préféré votre mécontentement même, à un conseil opposé à l'honneur. Écoutez Madame mère ; enfin ne punissez par votre haine que lorsqu'il vous sera prouvé que vous ne pouvez pardonner.

» Excusez, sire, tout ce que je viens d'écrire. La crainte de vous voir vous repentir un jour d'avoir été prompt à condamner m'a donné la force de vous déplaire peut-être. La certitude que je remplis un devoir achève de me rendre courageuse dans une occasion si pénible. Vous pardonnerez au zèle le plus vrai de m'avoir entraînée au point de vous conseiller, et vous direz que Joséphine n'a pas cessé d'être franche avec l'homme du monde qui apprécie le mieux la vérité, qu'il entend rarement.

» J'attends demain Eugène ; veuillez, sire, lui dire si vous me pardonnez cette lettre, écrite avec le désir qui me poursuit sans cesse de vous voir heureux. Ce n'est pas la vengeance envers une sœur qui vous ferait parvenir au bonheur, lorsque, comme vous, on a l'âme disposée aux affections si douces de l'amour fraternel. Croyez-moi, et conservez-moi votre amitié, qui m'est si précieuse.

» JOSÉPHINE. »

Il m'a dit qu'il venait, non demander un service, mais au contraire m'en rendre un.

L'impératrice n'aimait point, comme je l'ai dit, la reine de Naples ; la générosité avec laquelle elle la défendait, dans un moment où Napoléon devait être furieux contre sa sœur, n'ayant pas empêché son mari de le trahir, mérite les plus grands éloges, et me semble une des occasions où son caractère s'est montré sous le jour le plus favorable.

J'ignore absolument quels furent à cette époque les sentiments de la reine de Naples, il n'entre pas dans mon plan de faire des recherches à ce sujet. Si elle ne fut pas coupable à l'excès, elle dut être au comble du malheur. Si elle ne partageait pas l'horrible ingratitude du roi, que de larmes elle a dû répandre !...

LETTRE XLVI.

L'IMPÉRATRICE JOSÉPHINE AU PRINCE EUGÈNE, VICE-ROI D'ITALIE.

Un inconnu remet à Joséphine une lettre autographe du général Beauharnais. — L'inconnu refuse un présent. — Copie de la lettre. — Le prince primat. — Freyre, valet de chambre de l'impératrice. — M. Méjan, secrétaire des commandements du vice-roi. — Anecdote touchante.

« Malmaison.

» J'apprends à l'instant, mon cher fils, le chagrin horrible que vient d'éprouver l'empereur en acquérant la certitude de la défection du roi de Naples ; et pensant que vous en aurez un bien vif par cet événement, je m'empresse de vous écrire, persuadée que les consolations d'une mère adouciront l'amertume de vos larmes.

» Non-seulement vous gémirez d'une ingratitude révoltante, qui compromet les projets de l'empereur sur ses armées d'Italie, dont vous êtes un des chefs; mais vous vous affligerez aussi de perdre, par la faute d'un autre, quelques occasions brillantes d'acquérir une nouvelle gloire; et peut-être, pour atténuer la douleur de votre bienfaiteur, voudrez-vous tenter à vous seul ce qui était convenu pour le roi de Naples et vous.

» Je viens donc, mon cher Eugène, vous conjurer de ne rien faire qui ne vous soit ordonné par l'empereur; il est essentiel, surtout dans ce moment où ses forces sont diminuées par la trahison, de mettre la prudence la plus extrême dans toutes vos démarches; de repousser constamment les tentations de faire plus que vous devez pour réparer le crime du roi de Naples. Songez bien que vous ne devez pas écouter dans cette occasion cette valeur qui vous pousserait à des actions qui ne pourraient vous illustrer davantage, et qui, par leurs suites, peut-être en opposition avec vos désirs, entraveraient des opérations calculées avec talent et sang-froid, dans le calme du cabinet des Tuileries.

» L'empereur ne doute ni de votre attachement ni de votre mérite militaire; ainsi il ne faut lui prouver maintenant l'un et l'autre que par une obéissance sans bornes; qu'il trouve en vous, mon fils, tout ce qui lui manque dans sa famille, et qu'il voie bien que toutes vos pensées, toutes vos actions tendent à l'assurer de la reconnaissance que nous lui devons. C'est surtout dans ce moment de danger qu'il est doux de le témoigner; aussi suis-je persuadée que jamais la vôtre ne fut plus vive.

» J'ignore entièrement quelle part la reine de Naples a prise à tous ces événements; si vous en savez quelque chose, mandez-le-moi. J'ai écrit à l'empereur dans un sens qui doit plutôt le calmer que l'irriter contre Caroline; je suis convaincue que c'est d'elle qu'il croit devoir le plus se plaindre, et j'ai de la peine à penser qu'une femme puisse être accessible à une ambition assez forte pour l'entraîner hors des deux devoirs dictés par les sentiments de son cœur. Jusqu'à ce qu'il m'ait été prouvé que la reine a été de moitié dans tout ce que vient de faire son époux, je croirai qu'elle a employé tous ses moyens de séduction pour le conserver à l'empereur.

» Donnez-moi quelques détails sur la vice-reine, sur vos enfants et même sur le prince primat : il est si parfaitement affectueux pour vous, que je lui suis tendrement attachée, et je vous prie de le lui mander.

» J'oubliais de vous dire qu'un homme assez mal vêtu est venu il y a peu de jours à Malmaison, a tant insisté pour me parler, assurant qu'il avait quelque chose d'important à me communiquer, qu'on est venu me demander mes ordres. Plusieurs personnes m'observaient que, d'après son extérieur, je ne devais pas le recevoir, mais seulement lui envoyer un chambellan. Vous savez, cher Eugène, que j'ai l'habitude de ne consulter que moi pour les choses de ce genre, aussi ai-je voulu causer avec cet homme, et je l'ai reçu dans le petit salon qui précède ma chambre. Pour rassurer ceux qui s'intéressaient à moi sur ce qu'ils appelaient *mon imprudence*, j'ai fait rester mon fidèle Freyre et Dargeance dans l'antichambre; ils ont introduit ce pauvre homme, qui, malgré son vêtement grossier, me parut fort distingué de figure et de manières, et nullement embarrassé en s'approchant de moi.

» Sans trop d'assurance, mais aussi sans aucune timidité, il m'a dit qu'il venait non me demander un service, mais au contraire m'en rendre un. « Je suis, a-t-il poursuivi, fort loin d'être riche;
» cependant je ne suis point dans la misère, et ce ne sont point des
» secours que je viens solliciter de Votre Majesté; je sais qu'elle
» se plaît à les répandre sur tous ceux qui souffrent; mais, je le
» répète, je suis content du sort modeste qui m'est réservé. Connaissant, madame, le respect que votre auguste fils porte à la mémoire de son respectable père, j'ai pensé que peut-être Votre Majesté de lui faire passer cette lettre *autographe* du général Beauharnais, tombée
» en mes mains par une suite de circonstances trop longues à
» conter à Votre Majesté; la voici. »

» En achevant ces mots, il me remit en effet une lettre dont l'écriture est bien celle de votre père. N'osant la confier à personne sans votre autorisation, je me borne à vous en envoyer une copie, tenant à votre disposition l'original dès que vous m'aurez fait dire par quelle voie je puis vous le faire parvenir. C'est un titre de plus à joindre à ceux que vous conservez religieusement, et je pense que vous serez heureux de le recevoir.

» Ne voulant pas blesser cet homme, qui venait de me remettre une chose précieuse, je ne lui offris pas d'argent; mais pour le forcer à accepter une récompense qui pût lui être utile, je voulus lui remettre un portrait de vous, entouré de diamants. « Ah ! madame, me
» dit-il les larmes aux yeux, que Votre Majesté me juge mal ! Qu'elle
» daigne me donner le portrait du prince, mais sans entourage. Alors
» je serai heureux. »

» Attendrie au dernier point, j'ai fait ce qu'il désirait, et il a paru enchanté. Il n'a jamais voulu me dire son nom, et je n'ai pas cru devoir pousser l'indiscrétion jusqu'à le faire suivre. Il faut savoir respecter le secret des autres lorsqu'on ne veut pas voir trahir les siens.

» Je ne saurais vous dire combien la vue de cette écriture m'a émue ! Tant d'événements malheureux, bizarres, heureux, déchirants, doux et inconcevables se sont passés depuis le jour où cette lettre fut écrite, que je ne puis savoir, dans le moment où je la pris, si je regrettais ou non d'y avoir survécu. Cependant je crois que, malgré tous les chagrins qui m'ont été réservés depuis quelques années, je ne consentirais pas à renoncer au souvenir des vingt ans qui viennent de s'écouler. Dans ce long espace de temps, vous avez toujours, mon Eugène, été pour moi le plus tendre des fils, vous avez rempli au delà des espérances que je pouvais former, vous m'avez appris jusqu'où peut aller le bonheur d'être mère; pourrais-je donc me plaindre ?

» Adieu, mon bon et cher Eugène; de grâce, écrivez-moi, ne fût-ce que deux mots; ou, si le temps vous manque, priez Méjan de me donner de vos nouvelles à tous.

» Je vous embrasse comme je vous aime.

» JOSÉPHINE. »

Copie de la lettre du général Alexandre Beauharnais, chef de l'armée du Rhin, datée du quartier général de Landau le 20 juillet 1793, à la Convention nationale.

« Je vous préviens, citoyens représentants, que j'ai quitté hier 19, dans la nuit, la position des hauteurs de Menfeld pour aller prendre position près de Landau, et attaquer en même temps l'ennemi établi dans les environs de cette place. J'ai dirigé l'armée sur six colonnes, dont trois étaient destinées à de fausses attaques; l'objet principal que je m'étais proposé était de m'emparer des gorges d'Anweiller et des hauteurs de Franckweiller, qui sont en avant des gorges, et où l'ennemi était fortement retranché.

» Tout a réussi suivant mes vœux : le général Arlandes, avec le 10ᵉ régiment d'infanterie, s'est emparé de la gorge d'Anweiller; le général Meynier, à la tête du 67ᵉ, a occupé en même temps Alberwiller et les ramifications des gorges qui y conduisent; l'avant-garde, conduite par les généraux Landremont, Laurent et Delmas, a repoussé avec perte les ennemis des hauteurs de Franckweiller, qui étaient gardées par les émigrés et le corps franc de Wurmser.

» Le général Gilot, sorti avec trois mille hommes de la brave garnison de Landau, destinée à occuper les ennemis vers le bois, a obtenu aussi des succès dans cette partie; les fausses attaques du général Ferrière et des brigades des généraux Lafarelle et Mequillet sur plusieurs points des lignes de la Queich ont fait une diversion très-utile à mes attaques véritables en leur faisant évacuer les villages de Belheim, Kintelsheim et Ottersheim. Partout les ennemis de la république ont été repoussés avec perte; ils ont laissé, contre leur coutume, la terre couverte de leurs morts et de leurs blessés. Nous leur avons fait des prisonniers et pris plusieurs redoutes, sans canons, il est vrai, mais où nos braves soldats ont trouvé du pain, des habits et différentes munitions.

» Cette journée heureuse, puisque les troupes de la république ont rempli avec succès ce que je m'étais proposé, promet de plus grands avantages.

» Mes relations avec l'armée de la Moselle sont maintenant établies par le pays des Deux-Ponts, et le courage des républicains qui composent l'armée du Rhin est garant qu'elle se rendra de plus en plus digne de la confiance publique en remplissant les engagements que sa position, sa force et les intérêts d'une grande ville assiégée ont fait contracter envers la patrie. Je ne peux encore parler avec détail des actions particulières qui méritent l'attention des représentants du peuple, qui appellent, dans un pays libre, la reconnaissance nationale; mais ma première lettre en fera mention.

» Je vous prie d'agréer de nouveau l'hommage de la fidélité de tous les républicains de l'armée du Rhin à la république une et indivisible, de leur attachement à la constitution, et de leur reconnaissance pour les estimables législateurs auxquels ils la doivent.

» Le général en chef de l'armée du Rhin,

» ALEXANDRE BEAUHARNAIS. »

Freyre était le premier valet de chambre de l'impératrice, il lui donna dans tous les temps les témoignages d'un dévouement absolu. Il est, je crois, attaché maintenant à la princesse Eugène de Leuchtenberg; mais il vient régulièrement en France pour assister au service, qui a lieu tous les ans, le jour de la mort de Joséphine, à l'église de Rueil. Il est affligeant de ne pouvoir citer à peu près que ce serviteur, si capable d'un tel respect pour la mémoire de sa bienfaitrice.

J'ai appris d'un paysan de Rueil que ce service était rarement nombreux, si on en excepte les villageois des environs, qui se font un devoir d'y assister, et quelques étrangers, attirés par la cérémonie et le désir de voir le monument sous lequel repose l'impératrice.

Qui peut donc se flatter de laisser des regrets durables, quand on voit le tombeau de Joséphine abandonné de ceux dont elle chercha à embellir la vie ?

M. Méjan [1], secrétaire des commandements du vice-roi, ne le

[1] Dans les fragments de mon voyage en Allemagne, que je publierai un jour,

quitta dans aucune de ses campagnes, et lui témoigna jusqu'à sa mort l'attachement le plus soutenu. Je l'ai beaucoup vu à Navarre. Il y accompagnait toujours le prince, et contribuait à l'agrément de la société par le caractère le plus aimable et l'esprit le plus gai et le plus orné. Je lui ai entendu raconter une anecdote touchante, la voici :

Il avait comme de coutume suivi le vice-roi en Russie : dans l'affreuse retraite de Moscou, il perdit ses équipages, et se trouva seul sur une route couverte de morts et de mourants. Il commençait à sentir l'engourdissement terrible du froid, qui lui annonçait que bientôt il allait succomber, ainsi que les infortunés près desquels il passait à chaque instant; il fallait faire encore une grande lieue, pour parvenir à un village où il pourrait trouver du secours, et il désespérait d'y réussir.

Tout à coup un faible gémissement se fait entendre; il regarde autour de lui, et il aperçoit un officier couché sur la neige; il ne peut se décider à laisser ce malheureux sans tenter quelques efforts pour le rendre à la vie. Il s'en approche, soulève le chapeau qui cachait ses traits, et tombe à genoux en s'écriant : « Oh! mon fils !... » C'était en effet son fils qui était près d'expirer.

M. Méjan éprouva une telle commotion en reconnaissant ce qu'il avait de plus cher au monde, que son sang reprit une circulation plus active. Il essaya vainement de faire marcher ce jeune homme exténué de fatigue, de besoin et de froid. Trouvant dans sa tendresse paternelle la force et le courage qui lui manquaient quelques instants avant, il charge ce fils chéri sur ses épaules, et cherche à gagner le village objet de tous ses vœux. Après des peines inouïes, il rencontra quelques soldats qui l'aidèrent, et il parvint enfin au but de cette pénible course. La Providence acheva son ouvrage; les soins et la présence d'un père sauvèrent le jeune Méjan, qui lui dut deux fois la vie !...

M. Méjan, avant d'être attaché au vice-roi d'Italie, avait été secrétaire général de la préfecture de la Seine, où il rendit beaucoup de services. Il est frère du rédacteur des *Causes célèbres*.

LETTRE XLVII.
L'IMPÉRATRICE A M***.
Entrée du roi. — M. Anatole de la Woëstine.

« Malmaison.

» J'ai eu hier tous les détails possibles sur l'entrée de Louis XVIII, monsieur, par M. Anatole de la Woëstine, qui est venu ici, et qui a raconté cette journée si heureuse pour les uns, si pénible pour les autres, si inattendue et si curieuse pour tout le monde.

» Vous deviez me demander comment s'est passée cette cérémonie, qui par l'enthousiasme qui a, dit-on, éclaté n'était qu'une copie de celles dont j'ai été le témoin !.. Vous n'avez pu apparemment trouver le moment d'écrire cette relation; maintenant elle devient inutile, puisque je sais tout ce que vous vouliez savoir, et qu'il vaut mieux ne plus m'entretenir d'un sujet qui ne peut que me reporter douloureusement sur le passé; il vit éclater les mêmes transports, les mêmes témoignages d'amour pour un héros dont maintenant on ne parle plus que l'injure à la bouche, que l'on veut faire passer pour un tyran, après en avoir fait une idole, et qu'on osera peut-être accuser un jour de lâcheté !

» Cela vous paraît exagéré; vous êtes trop jeune pour avoir vu jusqu'où peut aller la versatilité de l'esprit français, mais j'ai traversé notre révolution; victime d'abord, triomphante ensuite, je me suis convaincue que mes compatriotes ne peuvent être modérés, et qu'il faut toujours qu'ils portent tout à l'extrême. Voilà vingt ans que l'enthousiasme dure pour le même homme! on se vengera de cette constance !..

» M. de la Woëstine, avec son originalité piquante, a trouvé le moyen de nous donner l'idée de ce qui devait nécessairement nous attrister, d'une manière si adroite, qu'il a fini par nous faire rire, en chargeant tous les portraits de la manière la plus comique. Je parlais tout à l'heure de la légèreté française, et j'avais tort de la critiquer, car j'en ai ma part, puisque dans un pareil moment j'ai pu être gaie. Il est vrai que personne n'eût pu faire autrement en écoutant et en voyant cet aimable fou contrefaire tous les acteurs de la scène qu'il voulait représenter.

» Après s'être livré à cette gaieté, qui nous a tous gagnés : « C'en est fait, a-t-il dit, je quitte à jamais la France. J'ai servi sous un drapeau que l'on va proscrire; on me forcerait de quitter l'uniforme que j'ai porté avec quelque gloire, je ne puis m'y décider. Je ne trahirai pas le nouveau souverain, car je ne le servirai pas. » J'ai voulu lui faire observer que ce projet ne pouvait s'exécuter, puisqu'il était sans fortune. « Votre Majesté, me répondit-il d'un air grave, peut-elle imaginer que l'intérêt personnel puisse jamais me faire commettre une bassesse? J'espère qu'une telle idée n'a pu être conçue; je saurai prouver combien elle est injuste.

» Depuis cet instant, les plaisanteries furent finies, et je crois la résolution de M. de la Woëstine inébranlable. Je l'en estime davantage; son exemple ne sera pas suivi par beaucoup de gens. On servira avec empressement le nouveau gouvernement, on se poussera pour parvenir dans l'antichambre des Tuileries, comme on le fit à l'époque du couronnement; et personne ne voudra convenir que l'on ait sollicité des places que l'on aura été *forcé* d'accepter !

» Vous savez si, à très-peu d'exceptions près, il était nécessaire que l'empereur fit demander pour chambellans, écuyers, les plus grands noms de la monarchie, et si, au contraire, il n'était pas obligé de choisir parmi les nombreux concurrents qui voulaient approcher de lui! Puisse le roi ne pas être trahi comme l'a été Napoléon! Puisse la France être enfin tranquille! c'est là le plus cher de mes vœux, maintenant qu'il ne m'est pas permis de désirer de la voir heureuse par l'homme qui l'avait sauvée de l'anarchie et du crime.

» Je suis dans ce moment à peu près dans la même position où je me trouvais à ce fameux bal où j'allai quelques jours avant la prononciation du divorce! Mon sort alors était incertain, comme il l'est aujourd'hui; les visages autour de moi portaient l'empreinte de la curiosité, au lieu de celle de la bienveillance que j'étais habituée à y voir. On ne me *regardait* pas, on *m'examinait !*... En faisant la souveraine, je ne remplissais plus ma destinée, je jouais un rôle qui devait bientôt finir, et la couronne que je portais encore n'était plus *qu'un costume* que j'allais quitter pour toujours! La mort dans l'âme, il fallait sourire. L'empereur m'a conservé ma couronne, mais à quel prix ?... Tout ce que j'éprouvais alors n'est-il pas ce que je sens maintenant? M'arrachera-t-on le diadème, ou me le laissera-t-on ? Il ne peut plus avoir de charme pour moi depuis qu'il n'est plus partagé.

» J'ai vu peu de monde ces jours-ci, et n'en suis pas étonnée, car venir voir la *première* épouse de *Napoléon* serait une preuve de courage dont peu d'amis seraient capables, avant de savoir si on déplaira au roi. Quand les souverains alliés étaient seuls maîtres ici, on a continué à me faire une cour régulière : leurs égards pour moi, leurs continuelles visites étaient des exemples que l'on s'empressait de suivre. A présent cela est différent, et je vous assure que je ne serai pas importunée par la foule, ce qui au reste me convient tout à fait.

» J'ai besoin de réfléchir sur le parti qu'il me convient de prendre; celui que me dicterait mon cœur trouvera très-probablement des obstacles qu'il me serait impossible de chercher à vaincre. Il est certain que je ne puis ni ne veux rester si près d'une cour où tout sera opposé à mes idées, à mes souvenirs, à mes sentiments.

» J'attends les ordres de celui qui a d'autant plus de droits à m'en donner, qu'il est proscrit. Sa volonté seule me guidera; et je me trouverai encore heureuse, si je puis adoucir des maux plus grands peut-être que les prodiges qui les précédèrent. Voyez Eugène et Hortense, consultez-les sur ce que je dois faire, sans chercher à influencer leurs conseils, et faites-moi part de leurs avis.

» Adieu, monsieur; ne venez pas me voir, je craindrais que cela ne vous nuisit; et je veux, avant tout, ne faire de tort à qui que ce soit; mais écrivez-moi sur ce dont je viens de vous parler, sur mes affaires, et sur votre amitié, qui me sera toujours chère.

» JOSÉPHINE. »

Mon cousin M. de la Woëstine, dont j'ai déjà parlé, a toujours eu dans le caractère autant de franchise qu'il montrait de courage à l'armée. Il a eu le tort grave sans doute de tourner en ridicule une classe qui avait longtemps souffert pour un parti qui, quoique n'étant pas le sien, devait obtenir son estime ; mais une étourderie de jeune homme peut être excusable dans un moment d'effervescence générale.

M. de la Woëstine, pour rester fidèle à son opinion, a renoncé à des avantages nombreux. Un beau nom, un grade honorable, pouvaient lui faire espérer un avancement rapide; mais son existence devait être aussi brillante en France qu'elle a été obscure à Bruxelles. Il a pour lui le témoignage d'une conscience exempte du reproche d'avoir adulé la fortune et de l'avoir suivie sous toutes les formes qu'elle a voulu prendre. Il a été fidèle au malheur; et privé de sa famille, il s'est fait des amis qui n'ont pu le consoler entièrement d'être loin d'elle et de son pays, mais qui lui prouvèrent du moins que la loyauté sait partout se faire aimer et respecter.

M. le général Sébastiani, dont il avait été l'aide de camp, l'affectionnait beaucoup : il lui avança des fonds pour commencer à Bruxelles un commerce de vins qui réussit. Il a épousé mademoiselle de Cetto, comtesse d'Helmstadt; elle est morte après quelques années de l'union la plus heureuse. Il lui a rendu les soins les plus assidus; ayant repris du service en 1830, il est aujourd'hui général de division, sénateur et commandant supérieur des gardes nationales de la Seine.

Après avoir adopté la nièce de sa femme, mademoiselle de Cetto, il vient de la marier à M. de Valabrègue, fils de la célèbre cantatrice madame Catalani [1].

La position élevée et la fortune de M. le marquis de la Woëstine l'ont éloigné de moi; mais il verra du moins que je n'ai rien perdu de mon amitié d'enfance.

---

[1] Frère de l'écuyer commandant de Sa Majesté l'empereur.

CONCLUSION.

Me voici arrivée au terme de mes Mémoires, entrepris en quelque sorte malgré moi, continués avec plaisir, en voyant le public accueillir avec empressement un ouvrage peignant très-exactement l'impératrice Joséphine : rapportant fidèlement des traits honorables sur plusieurs personnages marquants de notre époque, et dépourvu de prétention et d'esprit de parti. Je le termine avec joie en songeant que je vais être délivrée de mille ennuis et d'une foule de tracasseries que je n'avais pu prévoir en le commençant.

Je pensais que l'on ne me ferait ni l'honneur de désirer mon suffrage, ni celui, beaucoup plus pénible, de me craindre ; et je ne supposais pas que l'on pût jamais me confondre avec ceux qui font le honteux métier de vendre leurs louanges ou leur silence. Ne me

C'était en effet son fils qui était près d'expirer.

nommant pas, dans ma première édition, j'imaginais que l'on ne soulèverait pas le voile de l'anonyme dont je désirais rester couverte, uniquement pour échapper aux compliments de mes amis et aux injures des ennemis de ma famille. N'ayant rien écrit que de vrai, ces motifs m'engageaient à cacher mon nom, que j'eusse mis en tête de mon livre si je n'eusse affronté que des critiques impartiales ; j'y ai sans doute donné assez de prise, pour qu'elles dussent être les seules qui fussent employées. Je me méfiais de la partialité avec laquelle on juge une personne que j'aimais, à laquelle je tenais plus encore par les sentiments de cœur que par les liens du sang ; et je voulais lui éviter le chagrin de se voir enveloppée dans le blâme que l'on se hâterait de répandre sur un ouvrage qui pouvait l'intéresser ; enfin je ne cherchais nullement une célébrité qui ne convient point à mes goûts, et encore moins à ma position. De longs et cruels malheurs m'ont fait désirer le repos ; et j'espérais, je l'avoue, pouvoir écrire sans le voir troublé. Je me suis bien trompée !

Ayant annoncé l'intention d'être franche dans mes récits, on aurait dû s'attendre que je ne voudrais raconter que ce que *j'aurais vu* ; et l'on devait être persuadé qu'indépendante et obscure, dénuée de toute ambition (ce qu'a prouvé ma vie entière), habituée à moins que de l'aisance, je ne serais accessible à *aucune offre* qui pût me faire dévier de la route que je m'étais tracée ; on aurait donc pu s'éviter la honte de demander une chose méprisable, et à moi le regret qu'elle m'eût été proposée.

Mon étonnement et mon chagrin furent extrêmes, lorsque je me vis accablée de lettres dans lesquelles on me racontait une foule de *traits admirables* d'hommes qui osaient signer le récit de leurs belles actions ; ils désiraient les voir consignées dans ces Mémoires, non pour eux, disaient-ils, mais par respect pour le nom qu'ils portaient ! Afin de m'engager à publier ce qui devait ajouter à son éclat, on m'offrit des présents, *et même de l'argent!*..

Mon indignation pourrait me porter à faire connaître ceux qui ont ainsi jugé mes sentiments en harmonie avec la bassesse de leur âme ; mais cette vengeance serait trop cruelle, et je ne l'exercerai pas. Je me bornerai à dire ici que je possède *toutes ces lettres*, et qu'il ne tiendrait qu'à moi de les montrer ; je ne le ferai que dans le cas où l'on aurait la hardiesse de m'en adresser d'autres du même genre.

Quant à celles contenant des reproches et des menaces sur des anecdotes *vraies* de cet ouvrage, je dédaigne d'y répondre ; et je plains ceux qui peuvent employer de telles armes contre une femme, qui, forcée d'être sincère, a atténué le plus possible les choses qui pouvaient faire tort ; ces mêmes personnes, qui veulent me faire craindre les suites de ma franchise, savent parfaitement que je n'ai pas *tout dit.*

J'ai été fort touchée de plusieurs lettres obligeantes, dans lesquelles on me remercie de ce que j'ai dit sur des mères, des frères, des époux chéris. En racontant je n'avais attendu aucune reconnaissance de personnes qui depuis longtemps m'étaient devenues totalement étrangères. Je suis heureuse de leur avoir prouvé que l'ingratitude, l'abandon, et l'injustice ne peuvent me changer, et que j'ai tout oublié, hors les bons procédés *d'autrefois.*

Je n'ai au reste pas plus répondu à ces lettres qu'à celles d'un style différent. C'était entretenir une correspondance avec une foule de gens dont je n'ai parlé, je le répète, que parce que la vérité et les circonstances m'y ont obligée.

Aucune vue personnelle, aucun ressentiment ne m'a portée à distribuer les éloges ou le blâme ; ainsi on ne doit pas me savoir gré des uns, et l'on doit me pardonner l'autre, quand par malheur il se trouve au bout de ma plume. Je ne dois pas la quitter sans avoir témoigné ma gratitude aux journaux qui ont rendu compte de mon début dans une carrière honorable, commencée avec bonheur.

Tombeau de Joséphine dans l'église de Rueil.

J'ai généralement été traitée avec une indulgence qui m'encourage, moins encore cependant qu'une critique douce, polie et juste ; des hommes distingués par leur talent n'ont pas dédaigné de me donner des conseils ; c'est me prouver qu'ils me croient digne de les suivre. J'en saurai, j'espère, profiter, si je commence quelque autre ouvrage. C'est à ces avis que je rapporterai mes succès, si j'en obtiens de nouveaux.

Diriger une plume peu exercée encore, qui du moins n'a jamais obéi qu'à l'impulsion d'un cœur capable d'apprécier une noble conduite, et qui ne se prêtera point à servir l'intrigue, la fausseté et l'ambition, c'est lui donner la force nécessaire pour réussir avec des moyens que l'on dédaigne trop souvent : la loyauté et la bonne foi.

M. Barba ayant jugé qu'une réimpression populaire intéresserait une génération nouvelle, m'a proposé de la publier. J'ai revu avec soin ces Mémoires, je les ai augmentés, et j'ose espérer qu'ils seront accueillis aujourd'hui avec la même bienveillance qu'en 1828. Je ne veux pas les terminer sans remercier Son Excellence M. le ministre de la maison de l'empereur d'avoir bien voulu faire connaître à Sa Majesté la position cruelle dans laquelle je me trouvais, par le refus de la famille d'Orléans de me payer une rente de 2,000 fr., assurée par acte notarié. L'empereur a daigné m'accorder une pension de cette somme; et il protége avec une constante bonté les concerts de ma fille, si résignée et si courageuse. Je ne pense pas pouvoir me flatter que Sa Majesté lise ces pages, mais j'aime à penser cependant qu'elle n'ignorera pas la reconnaissance profonde qui remplit mon cœur pour le petit-fils de l'impératrice.

FRAGMENTS DE MON VOYAGE EN ALLEMAGNE.

CARLSRUHE.
1842.

Kehl. — *Carlsruhe*. — Son origine. — Madame la grande-duchesse Sophie. — Manheim. — Son Altesse Impériale madame la grande-duchesse douairière Stéphanie de Bade. — La princesse Marie, duchesse d'Hamilton. — Bal des fiançailles de la princesse. — Francfort. — Heidelberg. — Légende. — Stuttgard.

Après avoir parcouru la Suisse, je pris le chemin de fer à Bâle, pour me rendre à Strasbourg; ne voulant maintenant ne parler que de l'Allemagne, je ne donnerai aucun détail sur une ville française.

En quittant Strasbourg, on passe le Rhin sur un pont de bateaux, le seul que puissent permettre la largeur et la rapidité du fleuve. Une moitié de ce pont est gardée par des soldats français, et l'autre par des Badois. En arrivant dans la petite ville de *Kehl*, qui y touche, l'aspect du pays est aussi différent que les usages et le langage. On est frappé d'abord de la recherche de propreté de l'auberge allemande, où s'arrêtent les voyageurs pendant la visite de la douane. Les chambres sont élégantes; la salle à manger peinte à fresques, la table couverte de très-beau linge de Saxe, de faïences anglaises et de verres de Bohême. On y parle peu français; à une lieue de nos frontières, on pourrait s'en croire aussi loin qu'à Vienne.

J'avais retenu mes places à la diligence jusqu'à *Carlsruhe*; ayant les premières, je ne me pressais pas d'aller m'enfermer dans une voiture où je devais passer la nuit par un froid très-piquant; je restais à me chauffer près d'un excellent poêle, dont le tuyau ingénieusement roulé figurait les replis d'un énorme serpent, et donnait une grande chaleur. Je fus bien punie de ma paresse, lorsque le cor du postillon appela les voyageurs.

Je trouvai mes places prises par de bons gros et flegmatiques Allemands, enveloppés dans de vastes houppelandes fourrées, hermétiquement fermées, et livrant difficilement passage à une énorme pipe répandant un épais nuage de fumée dans la voiture.

J'appris qu'en Allemagne on ne peut retenir de *places fixes*, y eût-il cent voyageurs, tous partiraient dans les voitures de supplément, seulement la plupart sont mauvaises; les premiers venus choisissent, comme, de raison, la diligence très-bien conditionnée, les autres se casent comme ils peuvent. Les retardataires trouvent des calèches, des *stuhlwagen*[1], des cabriolets et même quelques vieilles berlines du siècle dernier. Tout cela s'attèle de chevaux de poste. Ce qu'il y a d'insupportable dans ces voitures supplémentaires, c'est qu'il faut en changer à chaque relai, ce qui oblige à de continuels petits déménagements intérieurs très-fastidieux.

Je fus très-heureuse d'avoir une calèche, que nous partageâmes avec un jeune Suisse fort aimable, sacrifiant généreusement le plaisir de fumer à celui de se montrer bien élevé. J'avais pu juger que les usurpateurs de la diligence n'en eussent pas fait autant, car pendant la petite discussion relative aux places, ils ne bougèrent pas, n'en exhalèrent pas une bouffée de tabac de moins, et bien installés, conservèrent leur imperturbable sang-froid, pendant que je m'effrayais d'être très-mal placée. Nous achetâmes à l'auberge deux bonnes couvertures; j'entassai des châles, des palatines sur ma fille, et nous partîmes bien prémunics contre la rigueur de la saison.

Un fort beau clair de lune nous permit d'admirer les riches villages du grand-duché de Bade; les maisons, badigeonnées de blanc, possédent de petits et jolis jardins entourés de balustrades peintes; on serait tenté de croire qu'elles appartiennent à des bourgeois retirés plutôt qu'à des paysans, tant elles sont bien entretenues. Les impôts sont peu considérables, et les paysans sont généralement aisés. Leur costume est commode, propre et chaud; la plupart possèdent des *stuhlwagen*, traînés par des chevaux vigoureux.

J'arrivai à *Carlsruhe* au point du jour; rien ne me parut plus charmant que cette ville toute neuve, remplie de beaux édifices, dont le plus marquant est le palais grand-ducal. Il est vaste, majestueux, situé sur une grande place plantée d'arbres, entourée d'arcades, et servant de promenade. Sous peine d'amende, il est défendu d'y fumer; les femmes ont donc un avantage que les Parisiennes n'ont plus, celui de respirer un air pur.

On a comparé très-justement *Carlsruhe* à un éventail. Le château forme le corps et les rues les rayons; elles aboutissent toutes à la résidence; elles sont larges, longues, bien bâties, mais pas assez peuplées. Il est probable que le bonheur dont y jouissent les habitants, sous un gouvernement paternel, la rendra bientôt une des plus importantes des petits États allemands. Elle n'a que cent quatre-vingts ans d'existence. Voici ce que l'on raconte au sujet de sa fondation.

Le margrave[1] Charles-Guillaume de Bade, zélé chasseur, se trouvant un jour fatigué et égaré au milieu d'une forêt, où entraîné par son ardeur il avait seul poursuivi un énorme sanglier, s'endormit au pied d'un arbre. Il vit en songe un magnifique palais entouré d'une ville élégante; ils lui plurent tellement, qu'en s'éveillant au milieu de sa cour, qui avait fini par le rejoindre, il annonça son projet de rendre le songe qu'il raconta une réalité.

Les courtisans, comme de coutume, applaudirent à l'idée du maître, et s'engagèrent à faire bâtir des habitations dignes d'eux. Il fut décidé que cette nouvelle cité serait nommée *Carlsruhe, repos de Charles*, et qu'elle deviendrait la capitale de l'État, au détriment de la vieille ville de *Manheim*.

Le palais fut élevé semblable à celui qui était apparu au prince. Un grand nombre d'ouvriers furent mandés, largement payés, et tout fut exécuté d'après les plans et les vœux de Charles-Guillaume.

Son Altesse offrit de donner le terrain et les bois de construction à tous ceux qui voudraient venir se fixer près de sa nouvelle résidence. Une émigration nombreuse fut attirée par cette séduisante proposition, et commença la population actuelle.

Un parc[2] d'une étendue considérable achève de rendre cette habitation princière l'une des plus agréables que je connaisse. Le palais communique avec un joli théâtre, dont un chambellan a la haute direction; le grand-duc alloue une somme très-forte pour que la troupe d'opéra soit toujours bonne.

J'avais quelques lettres de recommandation pour des personnes de la haute société non-seulement de Carlsruhe, mais de plusieurs villes d'Allemagne. Je n'étais pas pressée de les remettre, persuadée que la noblesse n'était occupée que de tous ses quartiers, fière et insolente, et comme se plaisent à la dépeindre nos plus spirituels auteurs dramatiques, faisant de tous les barons allemands de véritables niais gonflés d'orgueil. J'avais cependant besoin d'appui pour ma carrière artistique, il fallait donc me hasarder à affronter cette morgue germanique consacrée par nos vaudevillistes. Je portai quelques-unes de mes lettres, bien à contre cœur, il me fut aisé de juger de suite que ces prétendus portraits n'étaient que des caricatures dépourvues de ressemblance.

Très-bien accueillie, je fus invitée à des dîners et à des soirées et l'on poussa la politesse jusqu'à ne pas me demander à la première vue de me faire entendre. On attendit que je l'offrisse, ce qui n'arrive pas toujours à présent en France. On s'imagine apparemment qu'un artiste est obligé par état de mettre son talent à la disposition de qui veut bien le recevoir, et l'on se dispense souvent des égards dont la noblesse allemande ne se départ jamais, surtout quand elle ne *paye pas* le talent qui doit faire passer une soirée agréable.

Depuis toutes nos révolutions, il faut bien avouer que la société est fort changée par ses manières. L'argent est tout, et comme en général un artiste en a peu, on le traite comme un joujou qui amuse, et qu'on laisse dans un coin quand il ne plaît plus.

Mansui, pianiste d'un vrai talent pour son époque, fut, il y a vingt ans, engagé à dîner dans une grande maison. A peine était-on sorti de table, que la demande lui fut faite de jouer un de ses morceaux favoris. Mansui, dont le caractère était fort indépendant, fut blessé de cette promptitude à lui faire sentir le motif qui l'avait fait inviter. Sans dire un mot, il se dirige vers la piano, joue un air très-vulgaire mais très-connu alors, *Trempe ton pain, Marie*; se lève ensuite, fait une profonde révérence à la maîtresse de maison stupéfaite, et lui dit à haute voix : « Je crois, madame, m'être mis en règle avec vous; je viens de *payer mon dîner* » puis il prend son chapeau et sort du salon sans laisser le temps de faire une observation.

Cette leçon, qu'un homme âgé pouvait seul se permettre, produisit, dit-on, un excellent effet sur madame de ***, un peu vaine de sa haute position.

A Carlsruhe, on fut si gracieux pour moi, que je pus me croire dans un des rares salons de Paris où l'on conserve encore la grande politesse et l'élégance de manières[3].

[1] Les souverains de Bade portaient alors ce titre.
[2] Il a quatorze lieues de tour. L'allée principale en a quatre de longueur; il renferme plusieurs charmants villages.
[3] Elle n'est pas connue, où elle est oubliée, car on agit de même aujourd'hui.

[1] Sorte de char à bancs.

J'étais fort intimidée la première fois que je me rendis à une réunion en Allemagne. Elle avait lieu chez madame de Kotzbue, jeune, jolie et aimable femme, née princesse de Cantacuzène ; elle me rassura de suite par son affabilité. Son mari, très-agréable homme, m'offrit ses services pour tout ce qui pourrait dépendre de lui ; et sa société, la plus distinguée de la ville, reçut l'artiste voyageuse de manière à diminuer ses regrets de s'éloigner de France. Je ne crois pas qu'il soit possible de trouver plus de bonté envers les étrangers.

Ayant sollicité l'honneur d'une audience de Son Altesse Royale madame la princesse Sophie, grande-duchesse régnante, par une lettre adressée à son chambellan, je fus fort surprise de recevoir la réponse à ma lettre deux heures après, d'une manière à laquelle j'étais loin de m'attendre.

M. le baron de Rinck, chambellan, vint m'annoncer que sa souveraine me recevrait, ainsi que ma fille, le même jour, à quatre heures.

Par ses manières affables, son excellent ton et son esprit agréable, M. le baron de Rinck est tout à fait digne de la confiance que lui témoigne une princesse modèle de perfection.

J'eus plus tard l'occasion de juger que toutes les personnes composant cette cour sont généralement bienveillantes pour les Français. *Deux hommes de notre nation*, occupant des emplois élevés près du grand-duc, sont les seuls qui reçoivent leurs compatriotes avec une froideur approchant de l'impolitesse. Peut-être ne se souviennent-ils plus de leur ancienne patrie ! Cependant, leur peu d'affabilité prouve qu'ils ne sont pas devenus Badois.

N'ayant pas, depuis longtemps, été en présence d'une personne de sang royal, je m'effarouchai un peu de cette audience, que je désirais cependant beaucoup, voulant juger par moi-même si les éloges qui étaient prodigués à la princesse n'étaient pas exagérés. Je redoutais cependant moins l'entourage de Son Altesse Royale, ayant déjà été en relation avec plusieurs de ses dames ; mais je n'en n'eus pas moins un léger battement de cœur quand l'huissier de la chambre nous introduisit dans le salon. Ma fille, d'une grande timidité, tremblait comme la feuille.

Nous fûmes parfaitement rassurées en voyant la princesse s'avancer vers nous avec la plus affectueuse bienveillance ; elle me fit asseoir près d'elle, me questionna beaucoup et avec intérêt sur madame de Genlis, dont elle avait tous les ouvrages ; me dit les choses les plus obligeantes sur le courage avec lequel je faisais usage de mes talents, et me promit d'assister à mon concert, chose qu'elle ne faisait jamais quand ils ne se donnaient pas au théâtre. Le mien avait lieu dans la magnifique salle du *Musée*, resplendissante de glaces et de dorures. Les actionnaires de ce cercle de la noblesse avaient bien voulu la mettre à ma disposition. Après une très-longue audience, qui me parut courte, Son Altesse Royale me dit qu'elle désirait nous revoir avant notre départ ; elle embrassa ma fille, et nous la quittâmes pénétrées de respect et de reconnaissance.

Madame la grande-duchesse Sophie est une princesse de Wasa, fille de l'infortuné Gustave, roi de Suède, assassiné dans un bal. Son esprit est fin, son instruction étendue ; elle parle plusieurs langues sans le moindre accent ; elle joue extrêmement bien du piano. Les pauvres s'accordent à louer sa bienfaisance ; il est impossible de la connaître sans éprouver une grande sympathie pour cette charmante femme, dont la figure très-agréable annonce le caractère. Elle fait pour faire oublier une très-grande laideur des efforts qui paraissent la rappeler sans cesse. Ce soin serait d'ailleurs inutile ; la physionomie distinguée de la princesse, la noblesse de son maintien, commandent le respect autant que sa douce voix appelle la confiance. Pour exprimer ce que j'ai éprouvé près d'elle, je dirai qu'elle m'a fait souvenir de tout ce qu'était l'impératrice Joséphine. Je ne saurais rien ajouter à cet éloge.

Pour faire opposition à ce portrait, peut-être encore au-dessous du modèle, on ne peut rien trouver de mieux que la grotesque et ignoble figure de la grosse, vieille et cramoisie princesse de N.... Elle a épousé morganatiquement un général, qui la mène, ou, comme ses soldats, d'une manière *très-frappante*. C'est une véritable caricature que cette laide femme, mise avec l'élégance qui conviendrait à une jolie et jeune personne. Si elle rachetait ses défauts physiques par un aimable caractère, il n'y aurait que demi-mal ; malheureusement elle est citée à *Carlsruhe* pour sa méchanceté, sa hauteur et son avarice. Tout cela ne disparaît que devant son seigneur et maître, qui a des moyens péremptoires de se faire obéir.

Madame la grande-duchesse, ainsi qu'elle avait daigné me le promettre, honora mon concert de sa présence. Elle y vint avec ses fils et son beau-frère, le margrave Guillaume, qui protège extrêmement les artistes. Entre les deux parties, et à la fin du concert, Son Altesse Royale traversa toute la salle pour venir nous adresser les choses les plus flatteuses ; elle nous combla à ses bontés en nous permettant d'aller le lendemain prendre congé d'elle.

Ce n'était plus avec frayeur que nous y rendîmes, mais avec un sentiment de tristesse, puisque pour la dernière fois nous allions nous trouver avec la princesse : l'avoir connue devenait un regret.

Nous fûmes accueillies avec la même grâce ; elle m'offrit une lettre pour sa tante, madame la grande-duchesse Stéphanie, en m'assurant que je serais heureuse de connaître cette nièce de Joséphine, si digne de sa tante. Je la remerciai, et nous la quittâmes avec un vrai chagrin.

Le soir M. le baron de Rinck nous apporta une lettre de la main de la princesse, en contenant une de recommandation pour sa tante ; et ma fille reçut un charmant présent, qui lui causa une grande joie, puisqu'il lui était adressé avec un petit billet, sur lequel Son Altesse Royale avait écrit *don du cœur*. Nous gardons précieusement ces témoignages d'une si haute protection.

Ce n'est point par amour-propre que je donne ces détails, mais pour prouver à quel point une princesse allemande est différente de ce qu'on imagine en France. J'aurai l'occasion de citer quelques autres exemples de simplicité et d'amabilité du même genre. Si je parviens à rectifier quelques opinions erronées sur une fierté imaginaire je croirai m'être acquittée en partie de l'accueil que j'ai reçu dans cette *barbare Germanie*, tant décriée par des gens qui certainement n'y ont jamais été. Quelques dames de notre haute finance feraient bien d'aller y étudier les manières des grandes dames étrangères si opposées aux leurs.

L'hospitalité allemande se montre à Carlsruhe même au spectacle. Une ou deux très-bonnes loges sont réservées aux étrangers. M. le baron de Gemmingen, intendant général, l'homme le plus poli qu'on puisse rencontrer, voulut bien nous offrir des places. Je ne profitai pas de cette obligeance, M. le marquis d'Eyrague[1] m'ayant offert nos entrées dans sa loge. Lui et sa femme représentaient à merveille la France, et M. de Menneval[2], premier secrétaire de légation, donnait aussi une très-bonne idée de l'amabilité de la société parisienne.

Je vis jouer avec succès le *Brasseur de Preston*. J'avoue que la langue allemande me convenait nullement à cette musique légère et gracieuse ; les chanteurs, cependant, n'étaient point sans talent. J'y entendis le ténor *Heitzinger*, qui obtint un vrai triomphe à Paris dans la *Dame blanche*, opéra traduit, dans lequel il donnait un *ut de poitrine* infiniment plus pur et plus sonore que tous ceux qui se sont fait entendre depuis. Cette note, qui a fait, il y a dix ans, la fortune d'un artiste et causé la ruine de plusieurs autres, fit un effet prodigieux en 1829 ; mais je crois qu'on n'essaya de l'imiter qu'à l'arrivée de Duprez, qui la remit à la mode, malheureusement pour tous les larynx présents et futurs.

Le théâtre de Carlsruhe serait joli s'il était mieux éclairé. En Allemagne comme en Italie on est persuadé qu'il faut concentrer toute la lumière sur le théâtre, pour que les acteurs ressortent davantage ; à peine si un lustre donne assez de clarté dans la salle pour permettre de s'y reconnaître ; ce qui, suivant moi, rend les représentations fort tristes. Une chose qu'il faut louer, c'est l'usage d'assigner une place spéciale aux officiers ; ils ne communiquent pas avec le reste du public, ce qui évite les collisions qui ont souvent lieu en France entre les militaires et les bourgeois.

Son Altesse Royale madame la grande-duchesse ne se montre dans sa grande loge, faisant face au théâtre, que dans les jours solennels ; ordinairement elle est avec sa belle famille dans une loge latérale. Sa présence alors, étant censée incognito, n'empêche aucune démonstration.

Avant de m'éloigner de *Carlsruhe*, je ne puis m'empêcher de parler de l'admirable vue que l'on découvre du belvédère du palais. Ce qui attire principalement les regards est un point que l'on désigne aux étrangers comme étant le château où fut longtemps prisonnier le roi *Richard Cœur de lion*. Il est complètement en ruines, et je ne crois pas qu'on puisse être fixé sur l'emplacement de la chambre dévastée où languit si longtemps cet infortuné monarque.

Les souverains auraient dû consacrer ce lieu célèbre par la fidélité de Blondel, parvenant à rendre la liberté à son maître. C'eût été d'un bon exemple, dans ces siècles de troubles et de révolutions, que d'ériger un monument au dévouement et au courage d'un serviteur. On parle, on écrit beaucoup aujourd'hui pour soutenir sa cause, ce qui est infiniment plus commode que de risquer sa vie comme fit le fidèle troubadour pour la faire triompher.

Les hôtels de *Carlsruhe* sont remarquablement bons, et leurs propriétaires d'une prévenance que ceux de France devraient imiter. Rien ne peut égaler les soins prodigués aux voyageurs à l'*Hôtel de Hollande* et le bon *M. Müller*. Je crois rendre service à mes compatriotes voulant parcourir l'Allemagne, en leur désignant les lieux où ils sont sûrs de trouver le confort qu'ils auraient chez eux.

Le meilleur moyen de visiter avec fruit cet excellent pays est de prendre ce qu'on appelle des *voitures de retour*. Ce sont de grandes calèches pouvant se fermer en cas de mauvais temps. Elles sont commodes, et l'on y tient quatre très à l'aise ; il y a place pour beaucoup de bagages, et elles sont attelées de deux chevaux robustes, qui permettent de faire treize ou quatorze lieues par jour. On est ainsi libre de s'arrêter partout où il y a quelque chose de curieux à visiter.

En France on ne pourrait, sans risquer de trouver de très-mauvais gîtes, prendre un tel moyen de transport ; mais en Allemagne le plus petit village possède une auberge sinon élégante, du moins fort pro-

---
[1] Depuis ministre de France à Cassel.
[2] Aujourd'hui ministre à Munich.

FRAGMENTS DE MON VOYAGE EN ALLEMAGNE.

pre; les lits le sont aussi, et cependant il est très-difficile d'y dormir. Ils n'ont point de rideaux; les draps, trop petits pour être *bordés*, sont des carrés de toile sur lesquels il faut rester immobile, sous peine d'entraîner avec soi une couverture qui n'est guère plus grande, mais qui se maintient par le poids étouffant d'un lit de plume qualifié du nom d'édredon. Il est presque impossible à d'autres qu'aux flegmatiques Allemands de s'accoutumer à un semblable coucher. Dans les grandes villes, on a adopté la mode française, qui, par hasard, est la raisonnable.

En quittant Carlsruhe, nous couchâmes à Bruchsal. Je fus étonnée de voir dans ma chambre deux superbes consoles de marbre blanc, sur lesquelles se trouvaient les profils très-ressemblants de Napoléon et de Joséphine; les belles ciselures dorées de ce meuble, et la beauté des tablettes, me firent présumer qu'ils avaient appartenu au château ducal de cette petite ville, que l'on dit fort remarquable. Je ne voulus pas m'y arrêter, pressée d'arriver à Manheim.

C'est une belle ville, peut-être trop belle. La régularité de ses rues tirées au cordeau lui donne un aspect monotone; chaque quartier forme un carré parfait. De jolies promenades et de grandes places sont infiniment plus peuplées que celles de Carlsruhe. La navigation du Rhin y attire un nombre considérable d'étrangers, avides d'admirer les bords beaux, romantiques et pleins de souvenirs de ce fleuve, sur lequel naviguent de grands bateaux à vapeur faisant de fréquents voyages à la mer.

La noblesse est nombreuse à Manheim; mais sa fortune est moindre que celle des banquiers, dont plusieurs possèdent huit ou dix millions; les israélites surtout sont les émules des Rothschild, Pereire, etc.; mais ils voient peu la haute société, ils vivent beaucoup entre eux. Tous les cercles nobles leur sont fermés.

Le palais habité par madame la grande-duchesse douairière Stéphanie est vaste, bâti en briques, et situé d'un côté sur un beau parc traversé par le Rhin, et de l'autre sur la ville. Mais cette résidence est trop étendue pour une cour que Son Altesse Impériale a voulu restreindre pour pouvoir faire plus de bien. La partie qu'elle habite n'est pas la belle; celle-ci est réservée pour les fêtes d'apparat, et n'acquiert tout le mouvement nécessaire pour l'animer qu'à l'arrivée du duc régnant.

On entre chez la grande-duchesse par un escalier étroit et peu clair, celui d'honneur étant réservé aux appartements royaux. Une fois arrivé à ceux de la princesse Stéphanie, on se croirait en France, tant le mobilier est d'un luxe sévère, noble et artistique avec élégance. On s'aperçoit de suite du goût éclairé de la souveraine, par l'assemblage de tout ce qui peut rendre la vie occupée et agréable.

Je ne fus nullement effrayée cette fois d'une nouvelle présentation, et j'arrivai assez calme au palais de Son Altesse Impériale, me disant que, parente de l'impératrice, elle ne pouvait qu'être bonne et aimable. D'ailleurs une *princesse de Bade* avait déjà été si bienveillante, que je ne craignais plus d'en rencontrer, au contraire, je le désirais.

J'arrivai donc confiante et point embarrassée le soir à la résidence; mais à peine eus-je mis le pied dans le salon que toute ma sérénité m'abandonna. Je vis au milieu d'une très-grande pièce une table ronde entourée de dix ou douze dames; aucune n'était plus parée que les autres, et toutes travaillaient. Quelques hommes en frac causaient. Mon embarras fut extrême, car je n'avais pas l'honneur de connaître la princesse. Ayant envoyé le matin ma lettre de recommandation, j'avais reçu une invitation pour le soir, et je m'imaginais que, comme à Carlsruhe, je serais reçue en audience particulière. Il n'en était pas ainsi, j'étais au beau milieu d'une cour où je ne connaissais personne, même de vue! Mon embarras dura peu; une vieille dame, dont la physionomie bonne et spirituelle était faite pour rassurer, s'avança vers moi, et me prenant par la main me conduisit auprès de madame la grande-duchesse, à laquelle elle me présenta. Ce bon ange, qui mettait un terme à mon anxiété, était madame la comtesse de Walsh, dame d'honneur honoraire, fort aimée à Manheim!

Je n'avais aperçu madame la grande-duchesse que le jour de son mariage, au bal des Tuileries, il était donc bien simple que je ne la reconnusse pas. Je lui plaisais d'un rapports avec sa tante, c'est-à-dire une grâce parfaite, un grand charme dans le son de sa voix, et une manière d'écouter qui donnait tout de suite l'idée qu'elle s'intéressait à vous. Elle parle peu, mais quand elle cause elle exerce une sorte de magnétisme par la simpathie qu'on se sent immédiatement pour elle.

La princesse Marie, sa fille, était une délicieuse personne ayant toutes les qualités distinguées de sa mère, jointe à une gaieté communicative qui sied si bien à la jeunesse. Son visage était charmant, sa taille souple et flexible comme celle des créoles. Ses cheveux blonds et abondants bouclaient d'une manière si gracieuse qu'on n'imaginait pas que l'art pût si bien faire, et l'on supposait que la nature s'était plue à compléter son ouvrage en ornant avec amour cette belle tête, dont la physionomie douce n'excluait pas une vivacité rare chez les blondes.

Je l'ai entendue causer avec quatre personnes de nations différentes, sans qu'il fût possible, à son accent, de pouvoir juger auquel de ces pays elle appartenait. Excellente musicienne, sa voix est une des plus touchantes qui se puisse entendre, et quoiqu'elle n'aimât point à se mettre en évidence, elle chantait avec complaisance. Son extrême modestie et sa défiance d'elle-même achevaient d'en faire une exception. Elle était fiancée à lord Douglas, qui était à Manheim; j'eus occasion de le voir souvent, lorsque je passais mes soirées à la résidence.

Lord Douglas [1] avait une réputation de *lion* tout à fait établie, il me parut très-différent des nôtres, ayant de la dignité dans le maintien et un ton plein de respect avec les femmes. J'ai vu en lui un véritable *gentleman*, d'une exquise politesse, causant peu mais bien, et ne disant pas un mot des nombreuses aventures dont il avait été le héros, en Italie particulièrement.

Sa mère, madame la duchesse de Hamilton, avait amené son fils à Manheim; elle avait dû être remarquablement belle, et portait noblement l'un des plus grands noms d'Angleterre. Beaucoup d'esprit naturel, une grande instruction et de la simplicité sans affectation la plaçaient au rang des femmes supérieures. Sa bienfaisance est proverbiale en Écosse, où sa colossale fortune la place presque en reine.

La princesse Sigmaringen, autre fille de madame la duchesse Stéphanie, faisait aussi partie de cette société d'élite. Son angélique visage peignait toute la candeur de sa belle âme. Je ne connais pas de figure qui plaise plus à regarder; elle fait du bien au cœur et aux yeux, tant on est sûr qu'il doit y avoir de l'harmonie entre les perfections physiques et morales de cette créature, destinée à charmer toute sa famille. Un beau tableau de Raphaël peut seul donner l'idée de la princesse de Sigmaringen entourée de ses superbes enfants.

Elle n'était pas faite pour la terre!... elle est morte peu de temps après.

Madame la princesse Stéphanie avait pris plaisir à rendre le palais de Manheim un digne rival de ceux de Compiègne et de Saint-Cloud. Les objets d'art de tous les pays s'y trouvaient réunis et arrangés avec un goût parfait. Un magnifique piano de Pleyel était placé au milieu du petit salon, disposé en cabinet d'étude.

Je demandai un matin à madame la grande-duchesse de vouloir bien me faire entendre quelques romances, et sans se faire prier elle m'accorda ma demande avec une bonne grâce que n'ont pas toujours de simples particuliers. Il est impossible de *dire* mieux les phrases qui exigent du sentiment, et j'assurai avec franchise que ce n'était point chanter en princesse; personne n'aurait pu lui faire plus de plaisir. Son Altesse désira que je donnasse quelques leçons à la princesse Marie. J'acceptai avec joie, car il est rare d'avoir à diriger une voix aussi pure, plus touchante, et de trouver une élève plus zélée et plus docile; aussi les séances musicales étaient prolongées pendant plusieurs heures sans que le professeur ni la charmante écolière s'en plaignissent, et les progrès furent réels.

Un fort beau bal fut donné au Casino, en l'honneur des fiançailles de la princesse Marie. Y étant engagée, j'y vis toute la haute société de Manheim.

Le cercle du Casino est l'un des plus beaux de l'Allemagne quant au local. Les souscripteurs sont nombreux et composés de toute la noblesse et du haut commerce, excepté, comme je l'ai dit, les banquiers israélites.

Les femmes ne me parurent point jolies, et les toilettes en général brillaient plus par la richesse que par une véritable élégance. Peut-être était-ce une politesse de ces dames pour faire ressortir davantage celle de la belle fiancée. Elle n'avait pas besoin de cette flatterie, cette parure étant fraîche, simple et jolie comme la jeune fille qui la portait.

Un Français y fixa l'attention d'une manière que mon amour-propre national me fit trouver fort désagréable. La princesse avait désigné M. de Ville... pour danser un quadrille avec elle. Doué de beaucoup d'esprit, il en manqua dans cette occasion. Se rappelant que madame la grande-duchesse était une fille adoptive de Napoléon, et voulant sans doute répondre à la bonté de sa danseuse en faisant revivre la danse de l'empire, au lieu de marcher un peu gauchement, il faut l'avouer, comme ces bons Allemands, réservant leur verve pour la valse, M. de Ville... risqua de formidables entrechats et de coquets jetés-battus, accompagnés d'élégants pas de zéphyr, tombés en désuétude, au point que, croyant à une *fantaisie*, tout le monde riait en se pressant de se ranger pour éviter les éclaboussures de cette danse frénétique, qui menaçait les spectateurs. M. de Ville... suait à grosses gouttes; sa tête, emprisonnée sous une perruque et dans une cravate d'une ampleur phénoménale, avait pris une couleur écarlate effrayante. A le voir se démener ainsi, toutes les figures généralement sérieuses des Badois étaient animées par l'expression d'une satisfaction complète. Un seul visage resta grave, ce fut celui de la princesse; elle semblait souffrir d'avoir été la cause de cette petite scène.

M. de Ville... ne s'aperçut nullement de la comédie qu'il venait d'ajouter au programme; il prit pour de l'admiration l'espèce de *brouhaha* que causèrent ses pas ambitieux, et tout le reste de la soirée il eut un air de triomphant très-divertissant.

Je visitai à Manheim une magnifique bibliothèque musicale appartenant à madame la princesse d'Isembourg; elle est nombreuse, et

---

[1] Morte depuis, regrettée généralement.

[1] Devenu duc de Hamilton depuis la mort de son père.

contient des partitions devenues très-rares. Loin de garder pour elle seule la jouissance de pareils trésors, qu'on chercherait vainement ailleurs, Son Altesse daigne les prêter avec la plus grande obligeance. Elle est bon juge en musique et la cultive, dit-on, avec un véritable succès; S. A. augmente le nombre des grandes dames allemandes qui pourraient se passer de naissance et de fortune. Il semble qu'ayant été témoin des efforts des nobles émigrées qui se créaient des ressources, les étrangères aient voulu, ignorant ce que leur réserve l'avenir, avoir assez de talent pour affronter les révolutions. Toutes *étudient* sérieusement, comme si un jour elles devaient recourir à ce qu'elles apprennent. Les Françaises en font-elles autant ?...

Après un mois de séjour à Manheim, il fallut partir, et ce ne fut pas sans un véritable regret. La princesse Marie était une élève si attentive, que ses progrès furent réellement surprenants. De charmantes causeries remplissaient les moments de repos, les leçons étaient délicieuses pour moi, jouissant de l'esprit vif et gracieux de la mère et de la fille ; ce sont de doux souvenirs que ces instants passés avec elles ! J'eus beaucoup à me louer de l'extrême politesse de madame la comtesse de Sturmfeder, dame d'honneur de Son Altesse Impériale, et de M. le baron de Schrckienstein, chambellan; ils sont dignes de l'affection que leur témoigne madame la grande-duchesse, car ils l'aident dans tout ce qui peut la faire aimer. C'est bien ainsi qu'il faut servir les princes !

Son Altesse Impériale voulut bien pousser la bonté jusqu'à me donner une lettre pour la princesse de Hesse[1]. Lorsque j'arrivai à Darmstadt, j'appris qu'elle était partie depuis quelques jours pour Pétersbourg avec son époux, le fils aîné de l'empereur Nicolas.

Je restai peu à Darmstadt, jolie petite ville. Les princes y sont affables, et accueillent les artistes avec empressement. Ils assistent aux soirées musicales, qui se donnent presque toujours dans la grande salle du principal hôtel. Le prince Émile surtout est un modèle de simplicité et d'affabilité. J'eus l'honneur de lui être présentée par madame la comtesse Hippolyte de la Rochefoucauld, femme du ministre de France, bien faite pour représenter le pays cité pour son élégance et sa grâce. En quittant Darmstadt, je me rendis à Francfort, ville qui mérite un chapitre détaillé.

FRANCFORT.
1842.

Barberousse. — Salle des empereurs. — Mesdames Rothschild. — M. Bettmann. — M. et madame de Chasseloup-Laubat.

Les empereurs d'Allemagne furent sacrés à Francfort, depuis *Barberousse* jusqu'à *Joseph II*. La cérémonie du sacre est trop connue pour que je croie devoir en donner la description, d'ailleurs trop pompeuse pour la modeste plume d'une femme; mais je ne puis passer sous silence le singulier hasard qui fit construire dans la salle des Empereurs, à l'hôtel de ville, des niches dans lesquelles devaient être placés les bustes des souverains couronnés à Francfort. Le premier fut *Conrad I*[er], et le dernier *Joseph II*. Un empereur d'Allemagne de plus eût été fort embarrassé de trouver à se caser avec ses pairs dans cette galerie chronologique.

Il est étrange que les événements, en détruisant le titre pour y substituer celui d'*empereur d'Autriche*, aient rendus justes les plans de l'architecte !

Francfort a perdu ses anciens privilèges impériaux: devenue ville libre, elle a acquis en importance commerciale ce qu'elle a perdu en grandeur.

Le *Zeil*, grande et superbe rue, et deux ou trois nouvelles, sont des exceptions à toutes les autres, noires, étroites et sales. Francfort est une vieille cité qui est encore habitée en majeure partie par des juifs, qui ne font rien pour lui ôter ce cachet d'ancienneté qui lui est particulier.

Si elle est une des plus riches d'Allemagne, elle est bien sûrement aussi celle où les réunions sont les plus ennuyeuses. S'amuser n'est pas du tout nécessaire à cette population spéculatrice, *gagner*, à la bonne heure : aussi tous les salons sont encombrés de tables de jeu, autour desquelles se précipitent vieillards, douairières, jeunes gens, femmes, filles, et forcément les étrangers, qui ne sauraient que faire s'ils ne jouaient aux cartes. Nulle part, pas même à Vienne, je n'ai vu les femmes aussi couvertes de diamants ; elles en sont en quelque sorte écrasées, car au milieu de l'éblouissement que cause le scintillement de cette agglomération de pierres précieuses, comment regarder le brillant de beaux yeux? Mesdames Rothschild, à une soirée chez madame la marquise de Chasseloup, étaient tellement chamarrées d'or et de pierreries, que je les reconnus sans savoir qui elles étaient. Elles seules en effet pouvaient être aussi resplendissantes. Leurs toilettes eussent fait une fortune pour toute autre maison de banque, étant estimées plusieurs millions.

M. de Chasseloup, ministre de France, habitait un hôtel remarquable sur la promenade qui entoure Francfort ; tout le corps diplomatique s'y est fixé, et il a bien fait, ce quartier étant délicieux.

[1] Impératrice actuelle de Russie.

A la soirée dont je viens de parler, j'entendis une conversation si étrangement amusante, que je l'écrivis en rentrant, et je vais la transcrire ici.

Un portrait de Louis-Philippe en pied se trouvait dans le grand salon posé sur une estrade élevée de plusieurs marches couvertes de velours rouge. Deux vieux messieurs bardés de cordons et de plaques gesticulaient fort en regardant ce tableau, et je m'approchai pour savoir quelle pouvait être la cause d'une telle animation dans une assemblée fort grave.

Le plus âgé des interlocuteurs, blanchi sous le poids de vingt ambassades, trouvait fort mauvais qu'un *simple ministre* se permît d'avoir un *portrait en pied de son souverain*, placé sur un trône. Il ne devait s'en trouver ainsi que chez un *ambassadeur*. « Mais, monsieur le comte, disait l'autre, cette distinction, permettez-moi de vous le dire, est très-singulière, car enfin tout représentant d'une puissance a le droit d'avoir chez lui le portrait de son chef suprême. — Sans doute, baron, sans doute, s'écria celui qui avait grimpé un bâton de plus de l'échelle diplomatique ; mais je suis bien aise de vous assurer que ce n'est qu'un *buste* qu'un *ministre* doit l'avoir. Il faut tenir à ses prérogatives, et quand vous serez *comme moi* (ces deux mots se dirent lentement) *ambassadeur*, vous serez de mon avis. Il faut absolument que *M. le marquis de Chasseloup fasse couper ce tableau par la moitié, il sera alors dans la légalité.* »

Le ministre se tut, n'osant apparemment tenir tête à un supérieur si profondément versé dans les importantes lois de l'étiquette.

M. et madame de Chasseloup faisaient à merveille les honneurs de chez eux ; il s'y trouvait moins de tables de jeu, et infiniment plus de rafraîchissements que dans les réunions de la ville. Je voudrais pouvoir étendre mes éloges jusqu'aux secrétaires de la légation ; mais avec la meilleure volonté du monde... Au reste, ces messieurs, et particulièrement M. de Féné..., sont si contents d'eux-mêmes, du moins d'après leurs manières, qu'ils peuvent se passer de l'opinion des autres, quand elle n'est pas favorable.

On me montra à Francfort, dans un des plus laids quartiers de la ville, la maison où naquirent tous les Rothschild, dont la fortune est aujourd'hui la plus colossale de l'Europe. Leur respectable mère l'habite toujours, n'ayant voulu changer en rien ses habitudes qu'en augmentant ses charités, qui sont immenses. Cette maison est petite, noire, et conforme à ce que l'on se figure de celles des Juifs des siècles passés ; mais il est impossible de la regarder sans respect, en songeant aux vertus de la femme qui n'a pas voulu quitter ce berceau de ses fils. Je rencontrai dans le monde le vieux M. Salomon Rothschild, chargé de toutes les décorations du monde. Il a presque autant de croix qu'il a prêté de millions aux souverains. Ils ont payé les intérêts par un bout de ruban, ce n'est pas cher.

Les jeunes dames Rothschild sont entourées d'un luxe extrême. Les objets du plus grand prix sont entassés chez elles ; je n'en ai pu juger par moi-même, mais le récit qu'on m'a fait de ces bazars fastueux passe l'imagination.

M. Bettmann, autre roi de la finance à Francfort, possède un véritable palais de fée. La magnificence y est de si bon goût, qu'on admire davantage le parfait arrangement de tous ces prodiges des arts que leur valeur réelle.

Partout d'immenses et jolies jardinières sont remplies des fleurs les plus rares ; dès l'escalier l'air est embaumé des plus enivrants parfums ; et en entrant dans les salons, si délicieusement ornés par les produits de la nature de tous les climats, on ne songe pas d'abord à s'occuper de la foule de choses précieuses qui semblent se cacher sous les plantes exotiques et les roses des plus belles espèces. Au travers des touffes de camélias, de jasmin des Açores, d'héliotropes gigantesques sont suspendus des lustres de cristaux de Bohême répandant un demi-jour sur des ottomanes de cachemire, entourant des tables de mosaïque de Florence ; ces massifs de fleurs, qui d'un très-grand salon font un délicieux jardin, cachent encore des vases d'or ciselés avec un art infini, d'après les modèles de Benvenuto Cellini. Rien ne peut donner l'idée de cette féerie.

Une partie de ce palais est totalement consacrée aux arts et aux curiosités de toutes les nations. Un charmant cabinet contient toutes les statuettes de Dantan, et transporte en France au milieu de toutes ses célébrités. Des tableaux de tous nos maîtres, des groupes et des vases de Sèvres sont posés sur de superbes tapis d'Aubusson ; les Gobelins ont fourni les tentures, et les consoles et les cheminées sont ornées d'objets d'orfèvrerie de Meurice et Lemonnier. Cette pièce est consacrée à la France !

Une autre est entièrement meublée de choses chinoises d'une valeur fabuleuse ; une galerie renferme des chefs-d'œuvre de l'ancienne école italienne et flamande, et des statues des sculpteurs les plus célèbres. Enfin, la chambre de madame Bettmann est meublée de manière à faire croire que madame de Pompadour y attend Louis XV. Le maître de cette somptueuse habitation en fait les honneurs en homme habitué à recevoir la meilleure compagnie, au milieu de laquelle il a été élevé.

Son père était aimé et estimé de l'empereur Napoléon Ier, qui logeait chez lui toutes les fois qu'il passait à Francfort pendant les guerres d'Allemagne et de Russie. M. de Bettmann n'a pas changé la moindre chose à la chambre qu'habita le grand homme. Quel ornement vaudrait en effet les souvenirs qui y sont attachés?

Toutes les plus grandes familles d'Allemagne se disputaient l'honneur de donner leur fille à M. de Bettmann. Il choisit celle qui lui plaisait, et qui n'avait aucune fortune. Si elle n'est pas un monstre d'ingratitude, le bonheur de son mari est assuré!...

STUTTGARD.
1842.

Le roi de Wurtemberg. — Le prince Jérôme. — La princesse Théodelinde de Wurtemberg. — *Christ kind*. — Mariage morganatique.

Stuttgard est une ville qui plaît. Sans être régulière, elle est bien bâtie; le palais nouveau, qu'habite la famille royale, est situé au milieu d'un jardin anglais charmant, traversé par une jolie rivière, et animé par une foule de promeneurs à pied, à cheval ou en voiture.

La résidence du roi de Wurtemberg est digne d'un souverain ami des arts. Elle contient une foule de tableaux d'un grand prix et d'objets d'orfèvrerie d'un admirable travail. On m'a assuré que les lustres de la salle à manger d'apparat ont pour 200,000 fr. d'argent massif, et que le reste est à l'avenant de cette splendeur.

Napoléon 1er habita ce palais, et son appartement y est entretenu avec soin. On sait que l'ancien roi conserva jusqu'au dernier moment une grande vénération et une profonde reconnaissance pour l'empereur, qui avait transformé son électorat en royaume.

Le prince Napoléon était à Stuttgard pendant mon séjour. Je le vis à une matinée musicale que je donnais, et à laquelle il daigna assister, quoiqu'elle eût lieu, comme c'est l'usage en Allemagne, dans la grande salle d'un hôtel garni. Son Altesse Impériale était un beau jeune homme. Je ne fus point frappée de sa ressemblance avec son oncle, que l'on m'avait dit être très-grande; mais je remarquai qu'il était affable et d'une grande politesse. Il était au service du Wurtemberg et fort aimé du roi, frère de l'adorable reine de Westphalie, mère du prince.

J'arrivai à Stuttgard dans un moment bien fâcheux. Toute la société partageait la vive inquiétude de la cour; la princesse Catherine, fille du roi, était à peine convalescente d'une maladie tellement grave, qu'on n'osait encore se flatter qu'elle ne laissât pas de suites fâcheuses. Quoiqu'on fût en plein hiver, personne ne songeait à s'amuser : chaque famille semblait inquiète de l'un de ses enfants. Cet attachement profond et général ne se rencontre malheureusement plus en France. Tant de partis se sont succédé, tant de révolutions sont venues bouleverser notre pauvre pays, que l'intérêt personnel est maintenant le seul réel. On ne pense plus à quoi, qu'au moyen d'améliorer sa position; et quand les liens sacrés de la famille n'existent presque plus que comme des souvenirs, faut-il s'étonner que chaque règne ait ses ennemis et ses partisans? On n'aime plus le *souverain* de sa patrie que *relativement*, et non pour le bien général qu'il fait ou veut faire. S'il protège vos vues, vos projets, c'est un grand homme; si ce que l'on entreprend est en opposition avec de vastes plans pour le bonheur de la France, immédiatement on est hostile au gouvernement.

La bonne Allemagne, quoique quelquefois menacée des *progrès* que proclament bien haut les anarchistes, continue à respecter et à aimer ses rois quand ils le méritent. Or celui du Wurtemberg est certainement dans cette condition; je l'ai rencontré plusieurs fois seul à pied dans les rues, salué par le peuple, se rangeant avec plus d'empressement peut-être que si des gardes eussent frayé un passage. Ici n'attire le respect du pauvre comme la confiance du riche; et je crois, d'après ce que j'ai vu, que la puissance n'est jamais plus forte que lorsqu'elle n'a pas l'air de commander.

Le roi de Wurtemberg, remarquablement indulgent pour les lois de l'étiquette rigide des familles royales allemandes, a permis dans la sienne plusieurs mariages très-singuliers, et qui probablement n'eussent point été approuvés par d'autres souverains. Sa fille, la princesse Marie, a épousé le comte Alfred de Neipperg, et sa nièce le baron de Taubenheim.

Si ces jeunes femmes sont heureuses, comment blâmer un consentement entraînant après lui le bonheur?

Sa Majesté a permis à l'un de ses parents, le prince de Hohenlohe, de prendre pour épouse la fille d'un simple officier, à condition qu'il irait habiter une de ses terres en Silésie.

Le duc Alexandre Constantin de Wurtemberg a épousé morganatiquement la comtesse de Rhéday, nommée par l'empereur d'Autriche comtesse de Hohenstein.

Ces mariages, disproportionnés comme naissance, sont plus fréquents dans le Wurtemberg que dans les autres cours; ils prouvent deux choses : d'abord, que les mœurs sont pures, et ensuite que, comme je l'ai dit, la fierté germanique est extrêmement exagérée par les auteurs français.

Nulle part les grands seigneurs, dont le blason est aussi ancien que glorieux, ne sont aussi polis qu'en Allemagne. Jamais une lettre adressée même au roi ne reste sans réponse; si on fait une demande qui ne peut être agréée, le refus est fait avec tant d'égards, qu'on est en quelque sorte consolé de n'avoir pas réussi.

Ce ne sont pas de simples secrétaires qui sont chargés d'écrire, mais bien un chambellan. Ainsi le roi, encore inquiet de la santé de sa fille, voulut bien m'envoyer un aide de camp me témoigner ses regrets de ne pouvoir m'entendre, et fit prendre *cent billets*.

Si pour une artiste voyageuse Sa Majesté agit ainsi, on doit comprendre ce qu'il fait pour ses sujets. Simple dans ses goûts et pour tout ce qui lui est personnel, il connaît la dignité de son rang lorsqu'il s'agit de protéger les arts ou le malheur.

La reine agit comme le roi, aussi sont-ils tous deux extrêmement aimés.

Ayant eu l'honneur de solliciter une audience de Son Altesse madame la princesse Théodelinde, j'éprouvai un grand bonheur de l'avoir obtenue. La comtesse Guillaume de Wurtemberg ressemblait à son père le prince Eugène, et à sa tante la reine Hortense; elle a toute leur bienveillance et leur grâce, et je me crus transportée à Malmaison en retrouvant une telle affabilité.

La princesse était fort avancée dans une grossesse qui avait été pénible, ce qui ne l'empêchait pas de s'occuper avec activité de la solennité du soir, le *Christ kind*. Cette fête a lieu la veille de Noël dans toute l'Allemagne. La princesse me demanda si j'avais l'idée de la manière dont elle était célébrée, et, sur ma réponse négative, elle voulut bien me faire voir le salon préparé pour cette touchante cérémonie.

J'entrai dans une vaste galerie, tout le long de laquelle étaient rangées une foule de tables couvertes de riches nappes de dentelles, au milieu desquelles s'élevaient des arbres verts; chaque branche était surchargée de grosses perles et de paillons de toutes les couleurs éclairés par une multitude de petites bougies.

Chacune des tables était destinée à une personne de la famille royale, et Son Altesse me montra qu'avec elle les absents n'avaient pas tort, car la princesse royale de Suède [1] et ses autres sœurs recevraient leurs présents, placés sur la table portant leurs noms. Mille objets d'une grande recherche et d'un goût exquis se trouvaient disposés suivant le goût de ceux auxquels ils étaient destinés. Une coutume qui me parut digne des temps primitifs m'édifia surtout : au milieu de la galerie était placée une table beaucoup plus grande que les autres, c'était *celle des domestiques*. Participant ainsi à cette fête de famille remplaçant notre jour de l'an, ils reçoivent dans des paquets cachetés, les étrennes de leurs maîtres. Est-ce une preuve de hauteur que d'associer ainsi de fidèles serviteurs aux joies de l'intimité?

La galerie était encombrée de joujoux destinés aux enfants trop petits pour désirer autre chose : personne n'était oublié. La princesse me dit qu'après avoir joui du plaisir que pourraient faire ses présents, elle irait à son tour trouver *sa table* chez sa belle-sœur et chez la reine. C'est un échange d'attentions dont on s'occupe plusieurs semaines d'avance.

Chaque famille, si pauvre qu'elle soit, a son *Christ kind* (je ne suis pas sûre de l'orthographe du mot). Je l'écris comme je trouve qu'il doit l'être, ayant pour signification *Christ enfant*. A cette époque de l'année, toutes les rues et les places de l'Allemagne sont obstruées d'arbres verts de toutes grandeurs. Il y en a pour les fortunes les plus minimes; les pauvres vendent souvent un objet qui leur est cher, pour en acheter un où, comme présent de luxe, ils offrent à leurs petits enfants un *pain blanc*.

Tout est relatif en ce monde, et la joie la plus vive n'est probablement pas celle qui éclate sous les lambris dorés. Je quittai avec regret la comtesse de Wurtemberg, j'avais longuement causé avec elle de l'impératrice Joséphine, et je me croyais transportée à ce bon temps de ma vie où je voyais chaque jour celle que je n'oublierai jamais. Sa digne petite-fille me dit qu'elle était sûre que je serais bien reçue par sa mère, fort reconnaissante du souvenir que je conservais des bontés du vice-roi; elle prédit juste, comme je le dirai en parlant de Munich.

Stuttgard a élevé un monument à Schiller, l'une des grandes illustrations de l'Allemagne. Il est grave et simple comme il convient au génie du grand poëte. L'ancien palais royal se trouve près de cette statue; son aspect est aussi sévère que celui de la nouvelle résidence est gracieux et pittoresque.

Je croyais trouver les environs de Stuttgard aussi riches en apparence, les chaumières aussi propres que celles du duché de Bade; mais il en est bien autrement.

On peut, en Allemagne, garnir de très-belles étagères avec fort peu d'argent, tout se vendant très-bon marché. Les cristaux de Bohême, d'une beauté sans rivale, sont abordables pour toutes les bourses, et ce qui en France serait un véritable luxe n'est à Stuttgard, à Munich et à Vienne qu'une chose ordinaire. Aussi est-il peu de maisons, même de petits bourgeois, qui ne soient ornées avec profusion de charmantes inutilités, devenues des nécessités pour nos jolies Parisiennes. Seulement, en Allemagne, elles coûtent la moitié moins.

---

[1] Reine aujourd'hui.

TABLE DES MATIÈRES.

MOTIFS. 1

CHAPITRE PREMIER. — Mariage de mon père M. le marquis Ducrest, ancien chancelier de la maison d'Orléans. — Ma mère élevée chez M. le président de Minute. — Sa femme. — Calembour de M. le marquis de Bièvre sur elle. — Les émigrés français à Londres. — Société de ma mère. — M. le chevalier de Mesnard. — Le comte de Lobermondie. — Cramer. — Dusseck. — Viotti. — Jarnowick. — Le prince de Galles, depuis Georges IV. — Son amitié pour le duc de Berri et le duc d'Orléans. — Georges III et Louis XVIII. 2

CHAP. II. — Voyage à Hambourg. — Paméla. — Lady Fitz Gerald. — Madame Récamier. — Madame de Genlis. — Arrestation de lord Edouard Fitz Gerald, l'un des chefs de la conspiration contre l'Irlande. — Portrait de lady Fitz Gerald. — Le duc de Richmond offre de l'épouser. — Elle refuse. — Son mariage avec M. Pitcairn, consul des Etats-Unis. — Le prince Louis de Prusse, élève de l'abbé Raynal et de Mozart. — Son instruction. — Son talent sur le piano. — Sa mauvaise tête. — Anecdotes sur lui. — Le marquis de Rivarol. — Madame Chevalier, actrice du Théâtre-Français à Hambourg; sa dernière représentation avant de partir pour Saint-Pétersbourg. — Attendrissement des vieux sénateurs. — Leur ridicule costume. — Madame Chevalier, maîtresse de l'empereur Paul Ier. — Sa vénalité. — Sa cruauté. — Son second mariage du vivant de son premier mari. — Altona. — La princesse de Vaudémont, née Montmorency de Nivelle. — Son théâtre. — Son caractère. — Portrait d'elle par M. de Rivarol. — M. de Clermont-Tonnerre, évêque de Châlons. — MM. les comtes Maurice et Joseph de Caraman. — La marquise de Pardaillan et sa fille. — Garat et Rode. — Histoire contée par Garat. 3

CHAP. III. — Mon père est appelé à Copenhague par M. de Coninck. — Nous partons. — Construction du *Swartel all*. — M. de Coninck. — Sa femme. — Brown. — Sa fille Ida. — Ses talents. — M. Monod. — Mademoiselle Elking. — M. Ory. — Rude hiver de 1797. — Traits de bienfaisance de M. et madame de Coninck. — Bombardement de Copenhague par les Anglais. — Souscription pour les veuves des victimes. — Le roi Christian. — Sa folie. — Sa galanterie. — Loi révoltante. — Privilége du roi. — Réhabilitation d'un criminel injustement condamné. — Mots du roi Christian. — M. Grouvelle, ministre de la république. — Sa réception. — Chinois. — Leur chant. — M. Lebrun, célèbre corniste. — Sa mort. — Girodet. — Jugement d'un enfant sur son tableau de *Galathée*. — Nous quittons Copenhague. — Retour à Hambourg. — Madame de Genlis. — Sa nièce mademoiselle de Sercey. — M. Mathiessen, banquier. — M. de Finguerlin. — Le général de Valence, fermier. — Retour en France. 5

CHAP. IV. — Notre retour en France. — Craintes de ma mère sur la réception de madame de Montesson. — M. Maret, secrétaire du premier consul. — Madame de Montesson présente mon père à Fouché, ministre de la police. — Radiation de mon père. — Madame Bonaparte. — Fête publique à l'occasion du 1er vendémiaire. — Feu d'artifice sur la Seine. — Mort de mon frère César Ducrest. — Blessure du général de Valence, mon cousin. — Manière dont mon père apprend la mort de son fils. — Réponse du général Dumouriez. — Bonté de madame Bonaparte. — Détails sur madame de Montesson. — Son salon. — Sa conduite pendant que Louis XVI était prisonnier aux Tuileries. — Le premier consul lui rappelle une visite faite par elle à l'école militaire de Brienne. — Première couronne. — M. Berthollet, sénateur, et sa femme. — MM. de Talleyrand, — de Pont, — Maret, — Pérignon, — Villiers du Terrage, — Arnault, — de Guines, — Millin, — Desfaucherets, — Garat, — Aignan, — Coupigny, — Després, — Isabey, — Gérard. 6

CHAP. V. — M. Chaptal, ministre de l'intérieur. — Mademoiselle Duchesnois. — Soirée pour elle chez madame de Montesson. — Madame Lebrun. — Succès de mademoiselle Duchesnois. — Parure donnée par madame Bonaparte. — M. le duc de Laval. — Ses mots. — Son talent pour les jeux. — Madame de Flahault. — Madame Récamier. — Sa beauté. — Mesdames de Genlis et de Staël. — MM. de Forbin, — de Humboldt, — Benjamin Constant, — de Chateaubriand, — Mathieu de Montmorency. 10

CHAP. VI. — M. de Talleyrand. — Sa passion pour madame Grandt. — Mot de M. de Talleyrand sur elle. — Son mariage. — La princesse d'Olgorouky. — M. Denon. Son Voyage en Égypte. — Naïveté de madame de Talleyrand à ce sujet. — La jeune Charlotte élevée chez M. de Talleyrand. — Dusseck. — Son traitement. — M. A... de G... — Réponse qui lui est faite. — La marquise de Luchesini. — Mot sur elle de M. de Talleyrand. — M. le comte de Cobentzel. — Sa partie avec madame Bonaparte. — Avarice du comte. — Madame de Staël. — Jeu du *bateau*. — M. le duc de Rovigo. — Le bailli de Ferrette. — Sa maigreur. — Trait de bienfaisance de M. de Talleyrand lorsqu'il était évêque d'Autun. 11

CHAP. VII. — Création des maisons de l'empereur, de l'impératrice, de *Madame mère* et des princesses; mesdames de Bassano, de Canisy, Gazani, Augereau, Duchâtel, Regnault de Saint-Jean d'Angely, de Chevreuse, de Montebello, de Barral, Ney, de Brocq, de Boucheporn, Dulauloy, de Villeneuve, de Menou, Rapp, Foy, Junot. — Mesdames Récamier, Pelaprat, Basterreche, Simon, Michel, Forth et Carvalho. — Mesdames la princesse Czartoryska, de Hohenzollern, de Rohan, de Courlande. — Mesdames Labinski, d'Helmstadt, et de Dalberg. — Conduite de madame de Chevreuse. — Sa disgrâce. — Madame de Montmorency. — Présent que lui fait l'empereur. — Duchesse de Luynes. — MM. les ducs de Maillé, Fitz-James et de Crussol. — M. de C... — M. de Comminges. — Conversation avec Napoléon. 13

CHAP. VIII. — Madame de Montesson. — Moulin de Romainville. — Mesdames de Latour et Polastron. — Duc de Guines. — Mesdames de Valence et Ducrest. — Leurs filles. — M. Brongniart, architecte. — Société de Romainville. — Princesse Borghèse. — Madame de Flahault. — L'impératrice Joséphine. — La reine de Naples. — Madame Visconti. — Passion du maréchal Berthier pour elle. — Conspiration de Georges Cadoudal. — MM. de Polignac et de Rivière. — Couplet improvisé par ce dernier au tribunal. — Coster de Saint-Victor. — Villeneuve de Trans. — Leur courage sur l'échafaud. — Madame Coster de Saint-Victor. — L'empereur lui accorde une pension. — Le général Perignon. — La princesse Bourbon de Parme. — Le duc de Berri. 14

CHAP. IX. — Mort de madame de Montesson. — Chapelle ardente à Saint-Roch. — *Mademoiselle Marquise* — Les abbés de Saint-Phar et de Saint-Albin, ses fils. — Legs faits par madame de Montesson. — Madame Naudet. — Son dévouement. — Causes de la défaveur de M. Ducrest près de madame de Montesson, sa tante. — Madame de Genlis, gouvernante de monseigneur le duc d'Orléans. — Don du Palais-Royal. — M. Louis, architecte. — Caricatures. — Démission de M. Ducrest comme chancelier de la maison d'Orléans en 1787. — MM. de Laclos et Sieyès. 17

CHAP. X. — M. Roger de Beauvoir. — Son ouvrage *le Chevalier de Saint-Georges*. — Pension accordée par l'empereur à madame de Genlis. — Logement à l'arsenal. — La duchesse de Luynes. — La ferme des jeux. — Mesdames de la Ferté et de Gâville. — Grosseur monstrueuse du duc de Luynes. — Singulier testament. — M. et madame Mathieu de Montmorency. — Leur noble conduite. 19

CHAP. XI. — Nous partons pour Genève. — M. de Barante, préfet. — M. de Saint-Priest, ancien ambassadeur à Constantinople. — Mesdames de Saint-Victor, Dax et de Calvière, ses filles. — Les frères Faucher. — MM. Pictet, Boissier, Schlegel, Benjamin Constant, Sismondi. — Ville haute et basse. — Préjugé à ce sujet. — Maison de Calvin. — Société *du dimanche*. — Madame de Staël. — M. Raoul Rochette. — Mesdames Necker, Boissier, Rilliet, Huber. — M. Lehoc, ambassadeur de Suède. — Sa tragédie de *Pyrrhus*. — Elle est défendue. — Talma. — Vers sur Genève par M. Lehoc. — Incendie de la ville de Sion. — Bienfaisance des Génevois. — Madame Deymar. — M. Maurice, maire de Genève. — Embellissements qui lui sont dus. 20

CHAP. XII. — Portrait de madame de Staël. — Branche de peuplier. — Papier roulé. — Portrait de madame de Genlis. — M. Toulotte. — Madame de Bonchamp. — Anecdotes sur elle. — Comte Arthur de Bouillé. 23

CHAP. XIII. — Révolution de 1830. — Attaque simulée de la barrière de Clichy. — On la brûle. — Découverte de liqueurs. — La garde nationale s'arme spontanément. — Madame de Genlis. — Duc d'Orléans. — Opinion de sa gouvernante sur lui. — Sa manière de lui écrire. — Maladie de madame de Genlis. — Les comtesses Gérard et Anquetil. — Présence d'esprit de ma tante. — Elle reçoit les sacrements. — Son rétablissement. — Son dernier ouvrage. — Il est perdu. — Mesdames de Laigle et de Caumont. — Mort de madame de Genlis. — Le docteur Canuet. — Casimir Baëcker. — Pension de *cinq mille francs*. — M. Lemaire. — Enterrement de madame de Genlis. — Son testament. — Legs qui m'est fait. — Je ne l'ai pas reçu. 25

CHAP. XIV. — Lady Edouard Fitz Gérald. — Sa maladie. — L'abbé de la Madeleine. — Madame la comtesse de Chabot, sa tante. — Barrère. — Mort de lady Edouard. — Enterrement payé par madame la princesse Adélaïde. — M. Pitcairn. 27

CHAP. XV. — Madame de Staël. — Tombeau de M. et madame Necker à Coppet. — M. de Bonstellen, grand bailli du pays de Vaud. — Aventure qui lui arrive. — Auguste de Staël. — Théâtre de Coppet. — Mesdames de Staël et Récamier. — MM. de Sabran, Benjamin Constant, Charles de Labédoyère, de Sismondi. — Catrufo. — Opéra de l'*Amant alchimiste*. — Sa chute. — Quatrain à ce sujet. — Distraction de M. de Sabran. — M. Prosper de Barante. — Madame de Sabran. — Chevalier de Boufflers. — M. le baron Capelle, préfet. — Troupe de comédiens. — Le général Dupuch. — Sa *simplicité*. 28

CHAP. XVI. — M. Eynard. — Sa fortune. — Madame Eynard. — Sa bienfaisance. — Mesdames de Beaumont et de Budé. — Les Grecs Démétrius et Carianthès. — La Pyrrhique. — Mademoiselle de Staël. — Bal chez M. Hottinger. — M. Rocca. — Son opinion sur madame de Staël. — Celle de madame de Staël sur M. Rocca. — Singulières réponses de M. Rocca père. — Mademoiselle Lullin. — M. Huber aveugle. — Ouvrage sur les abeilles. — Plans en relief. — Madame Naville. — MM. Topffer, de la Rive, Massot et Artaud, peintres. — Maisons en bois. — Incendies. — Corps des pompiers. — Leurs échelles. — L'empereur Alexandre. — Bagues envoyées par lui. — Les *bastions*, promenade. — Statue de Rousseau. — Pont des *Berghes*. — Rochers de la Meilleraye. — M. de Sybourg, sous-gouverneur des grands-ducs de Russie. — M. Auguste Bontemps. — Ordre du Soleil. — Costume persan. 30

CHAP. XVII. — Mon excursion à Ferney. — La chambre de Voltaire. — Le jardin. — Les délices. — Le docteur Tronchin — Arrivée de l'impératrice Joséphine. — Son logement à l'hôtel de Secheron. — Madame d'Audenarde. — Le vice-roi. — Fête du lac. — L'impératrice y assiste. — Enthousiasme qu'elle excite. — Sa générosité. — Elle nous fait promettre d'aller passer quelque temps à Navarre et Malmaison. 31

CHAP. XVIII. — Course à Chamouny. — Vallée de Maglan. — Cascade. — Torrent noir. — Le Montanvert. — Albinos. — *Les jolies brunettes*. — Courage d'une servante d'auberge. — Mademoiselle d'Angeville. — Balmat, le mont Blanc. — Sourd-muet. — Disparition de Balmat. — Son corps est retrouvé. 33

CHAP. XIX. — Hôtels garnis. — Madame Rochat. — La princesse Mitchiersky. — Lady Bulwer, mesdames les comtesses Krijanowska, Potowska. — Mademoiselle Palar. — Musée Rath. — Le mont Salève. — Phénomène remarqué sur le mont Blanc. — Cimetière protestant. — Coupable indifférence. — Méthodisme. — Madame S. M. — Brochures. — Sœur Marie. — Aventure de M. P. — Lois génevoises sur les bals. — Le docteur Coindet. — Son fils. — Autographe. 35

CHAP. XX. — Retour à Paris. — Visite à Sa Majesté l'impératrice Joséphine. — Sa réception. — Elle nous envoie une voiture pour aller à Navarre. — Mantes. — Mademoiselle Avrillon. — Arrivée à Navarre. — Madame d'Audenarde. — Uniforme des dames. — Monseigneur Bourlier, évêque d'Evreux. — Madame la comtesse d'Arberg. — Madame de la Rochefoucauld. — Duchesse de Montebello. — Comtesse de Lobau. — Alfieri. — Comtesse d'Albani. — Mesdames de Rémusat, de Ségur, de Sérent, de Vieil-Castel, de Mackau, Gazani; Mgr de Barral; MM. de Monaco, de Beaumont, de Turpin, de Montholon, Vieil-Castel, Quitry, Portalis, Horeau, Deschamps. — Madame de Castellane. — Goût pour les serpents. — Madame Campan. — Lettre que lui écrit l'impératrice. — Madame la duchesse d'Eckmül. — Mesdemoiselles de Valence. 37

TABLE DES MATIÈRES. 159

CHAP. XXI. — Plan des journées à Navarre. — Mots de Louis XVIII et de madame de Flahault. — Déjeuners et dîners de l'impératrice. — Aventure d'un habitant d'Evreux. — Promenades en voiture. — La pauvre femme. — La chaîne d'or. — L'impératrice veut moins d'étiquette. — L'empereur s'y oppose. — M. Dupont de l'Eure. — Croix de la Légion d'honneur en diamants donnée par l'impératrice. — Le comte de Chambaudoin préfet. — Partie de Sa Majesté. — Macédoine. — Espionnage exercé à Navarre. 38

CHAP. XXII. — Description du palais de Navarre. — Le Gros-Bouillon. — Ile d'Amour. — Charades en action. — La garde-robe d'atours. — Bal à Evreux. — Pelisses prêtées par Sa Majesté. — Le *camélia*. — Madame de Rémusat. — Essai sur l'éducation des femmes. — M. de Beaumont. — La maréchale Lefebvre. — Anecdotes sur elle. — Le gros diamant. — Tombeau du maréchal Lefebvre. — Madame de Serent. 40

CHAP. XXIII. — Jour de l'an à Navarre. — Bonbons. — Loterie de bijoux. — Harangues des autorités de la ville d'Evreux. — Distribution de boîtes. — Présents aux dames d'Evreux. — On tire les lots. — Bague de monseigneur de Barral. — Mécontentement de madame Gazani. — Ce que nous donne Sa Majesté. — Renvoi de madame Gazani par l'empereur. — Bonté de l'impératrice pour elle. — Encore un joli mot de madame de Flahault. — M. Mosselmann. — Madame Lebon. — M. Gazani. 42

CHAP. XXIV. — Le vice-roi à Navarre. — Joie générale lorsqu'il arrive. — Présents qu'il apporte. — *Charivari*. — Présents faits par le vice-roi à la pêche ou au billard. — Horreur de Son Altesse Impériale pour l'étiquette. — Portraits peints par Isabey. — Lois qu'il établit à Milan. — La vice-reine. — Friture de petits poissons. — La reine Hortense. — Uniforme des hommes à Navarre. — Le château de Chenonceaux. — Madame de Villeneuve. — Diane de Poitiers. — La reine Hortense chante ses romances. — *Griselidis* et *Partant pour la Syrie*. — Lettre de la reine Hortense qui m'est adressée. 42

CHAP. XXV. — Grand dîner chez le maire d'Evreux. — Naissance du roi de Rome. — Joie générale à Paris. — Nous retournons à Navarre. — Manière dont l'impératrice reçoit cette nouvelle. — Bal ordonné par Sa Majesté. — Le vice-roi arrive de Paris. — Il donne des détails sur ce qui s'est passé aux Tuileries. — Paroles de l'empereur. — M. de Saint-Hilaire, page de l'empereur, apporte une lettre à l'impératrice. — Présent qu'il reçoit. — M. de Béarn. — Parure en saphirs. — Diadème du sacre. — Migraines de Joséphine. — Gaucherie de M. Pierlot. — Malheur de M. de Clermont-Tonnerre. — La princesse d'Aremberg. — Son portrait. — Baronne de Folar. — Madame la comtesse de Bouberg. — Cœur de malachite. 43

CHAP. XXVI. — La Saint-Joseph à Navarre. — Fête de Joséphine à Evreux. — On chante un *Te Deum*. — Feux de joie. — Députation de demoiselles. — Couplets de circonstance. — Mesdames d'Audenarde, Gazani, de Colbert, de Ségur, ma mère; mesdemoiselles de Mackau, de Castellane. — Moi. — MM. Boreau, Deschamps, Vieil-Castel. — Jeu de cartes peint par M. de Turpin. — Peur que me fait M. de Vieil-Castel. — Cachemires donnés par l'impératrice. — Ma joie. — L'impératrice lit toutes les pétitions. — *Ses bonnes fortunes*. 45

CHAP. XXVII. — L'impératrice parle de son divorce. — Lettre qu'elle écrit à l'empereur. — Lettre de Joséphine à Sa Sainteté. — Conduite du vice-roi et de la reine Hortense. — Ils veulent quitter la France. — Courage de Joséphine. — Le cardinal Fesch. — Bénédiction nuptiale. — Maréchal Duroc — Réponse de Joséphine à Marie-Louise. — M. le duc de Rovigo. — Billets de Napoléon. — Il parle du roi de Rome. — Madame de Canisy. — Le duc de Vicence. — Lettre à madame Murat. — Lettre à *Madame mère*. 48

CHAP. XXVIII. — M. Boreau. — Envoi d'argent de l'impératrice. — Un charbonnier. — Ses enfants. — Promenades en traîneaux. — Fauteuils à roulettes. — Mademoiselle Avrillon se casse la jambe. — M. de Bonpland, ami de M. Humboldt. — Lit mécanique. — Le vice-roi et la reine Hortense. — Mémoires de mademoiselle Avrillon. — Proposition de les mettre en ordre faite par M. Ladvocat. — Mon refus. — M. de Villemarest. — Prince primat. — Princesse d'Aremberg. 50

CHAP. XXIX. — M. Spontini vient à Navarre. — Opéras de lui que nous exécutons mal. — L'empereur n'aimait pas la musique française. — Secret gardé par les auteurs de l'*Irato*. — Supercherie de Méhul. — Son succès. — MM. Paër, Paësiello, Cimarosa, Cherubini, Lesueur. — Mot cruel pour Paësiello. — Mademoiselle *** chantant. — Comment Paësiello juge son talent. — Belle conduite de Méhul. — Opéra des *Bardes*. 51

CHAP. XXX. — Méhul à Givet, sa ville natale. — Fête qu'on lui donne. — *Une Folie*. — Faux nez. — Monsigny. — Elleviou. — Grétry. — Napoléon donne une pension à Monsigny. — Cordon de Saint-Michel sur son cercueil. — *Le Mont Saint-Bernard*. — *Les Deux Journées*. — *Ariodant*. — *Helena*. — *Roméo et Juliette*. — *Montano et Stéphanie*. — *Aline*. — *Le Délire* — *Félix*. — *Le Roi et le Fermier*. — *Joconde*. — *La Caravane*. — *Anacréon*. — M. Auber. 52

CHAP. XXXI. — Un pauvre musicien à Navarre. — Il est entendu par l'impératrice. — Portrait de cet artiste. — Nos moqueries. — Justes réprimandes de Sa Majesté. — Madame Pollet joue de la harpe. — Présent que lui fait l'impératrice. — Bal donné à l'occasion du mariage de la princesse Stéphanie de Bade en 1806. — J'y suis invitée. — Plusieurs mots de l'empereur. — Mesdames Charpentier, Simon, de Chat... — La princesse de Ponte-Corvo. — Réponse de M. Clary, son père. — Singulière vengeance de Girodet. — Pension accordée à mon père. — Madame la baronne de Bourgoing et sa fille. — Les princes de Léon et de Wagram. — Le premier consul à l'Institut. — M. Decrès, ministre de la marine. — Cales flottantes. — Pension qui m'est accordée par l'empereur Napoléon III. 53

CHAP. XXXII. — M. de Chambaudoin, préfet. — Grand dîner. — Beau service. — Fleurs artificielles. — Poignées de cheveux. — Madame de Chambaudoin. — Promenade de mesdames Gazani, de Mackau et Castellane dans la forêt d'Evreux. — Aventure. — Horrible héros de roman. — Madame de Mongt... 55

CHAP. XXXIII. — Superstition de l'impératrice. — Ce qui lui a été prédit avant son mariage à la Martinique par une vieille négresse. — M. de Beauharnais. — Elle l'épouse. — Elle vient en France. — Elle est arrêtée. — Madame la duchesse d'Aiguillon. — Comment elles apprennent la mort de Robespierre. — L'empereur ne veut pas d'une femme *divorcée* à la cour. — M. Guillotin. — Madame du Barri. 55

CHAP. XXXIV. — Fragment de la relation d'un voyage de l'impératrice en 1808. — Son arrivée à Etampes. — Présent qu'elle reçoit. — Opinion de l'empereur sur les Orléanais. — M. de Riccé, préfet du Loiret. — M. de Varicourt. — Bayonne. — Danse basque. — Costume des danseurs. — Don Pedro de las Torres. — Le vieux roi d'Espagne — Manuel Godoï, prince de la Paix. — Château de Marrac. — Mesdames de Bassano, de Montmorency. — Mademoiselle Guilleboau, lectrice. — MM. de Beaumont, de Monaco. — M. Sourdeau, consul à Tanger. 56

CHAP. XXXV. — Inconcevable désordre dans la maison de Sa Majesté. — Sa colère à ce sujet. — Vingt et une voies de bois par jour brûlées à Navarre. — M. Pierlot. — Mobilier de Navarre. — M. de Monaco. — Son caractère. — *Trois hommes* pour armée. — Quelques détails sur la mort de Mgr le duc d'Enghien, donnés par l'impératrice. — Le général Moreau. — MM. de Caulaincourt et de Colbert. — Machine infernale du 3 nivôse. — Le général Lauriston. — La *Création du monde*. — Madame Murat. — Madame de Nansouty. — Mot du général Moreau sur la Légion d'honneur. 59

CHAP. XXXVI. — L'impératrice parle du temps de sa pauvreté. — Mesdames Dumoulin et de Montmorin. — Elle porte son pain chez ses amis. — Madame Tallien. — L'empereur défend qu'elle soit reçue aux Tuileries. — Lettre de Joséphine. — Les trois *bichons*. — Les bretelles anglaises. — Beau trait de madame Tallien. — Ingratitude de la marquise de ***. — L'impératrice paye l'éducation de mademoiselle Thermidor Tallien, devenue comtesse de Pelet. — Mot de Tallien. — Lettre de Lucien Bonaparte. — Comtesse de Brady. — Madame Marie de l'Epinay, sa fille. — La princesse de *Chimère*. 60

CHAP. XXXVII. — L'impératrice raconte l'histoire de la fortune de M. Portalès père. — Il est porteballe. — La pêche aux harengs. — Achat de barriques. — M. Hottinger. — Les fils de M. Portalès. — Don qu'ils reçoivent de leur père. — Son avarice. — Sa générosité. — Hôpital qu'il fonde. — Route de Neufchâtel. — Mot de lui sur la noblesse acquise de ses fils. — M. de Turpin de Crissé. — Mademoiselle de Meulan. — La comtesse de Grabowska. — Sa noble conduite. — Ses fils. 61

CHAP. XXXVIII. — L'impératrice nous donne un congé d'un mois. — Paris est très-brillant. — La société. — Mode de fumer. — Les basses Brettes. — Les lionnes. — Origine des différents parfums. — Les griffes. — Style romantique. — Les *rats* de l'Opéra. 62

CHAP. XXXIX. — Fêtes données par le prince Kourakin. — Sa figure. — Son luxe. — Danse *la Polonaise*. — Récompense accordée par lui à Dubois. — Il porte ses ordres en robe de chambre — Maréchal de Castellane. — Quelques anecdotes sur lui. — Chevaliers d'ambassade du prince Kourakin. — M. de Czernicheff. — Ses manières. — Bal de Saint-Joseph. — *Mazurk*. — Mémoires de M. le duc de Rovigo. — Princes de Saxe-Cobourg, Mecklembourg-Swerin, Guillaume de Prusse. — Léopold, roi des Belges. — MM. de Bassano, — de Cadore, — Chaptal, — Portalis. 63

CHAP. XL. — Retour à Navarre. — Retour à la Malmaison. — On nous prend pour Sa Majesté — Présent que me fait l'impératrice. — Château de Malmaison. — Chambre de l'empereur. — Son mobilier. — Magnificence du rez-de-chaussée. — Toilette d'or. — La ménagerie. — MM. Gros, Girodet, Guérin, Spontini, Méhul, Paër, Boïeldieu, Fontanes, Arnault, Andrieux, Lemercier. — Les kanguroos. — Bois du Butard. — Vaches suisses. — Famille bernoise. 66

CHAP. XLI. — Journées à la Malmaison. — Cour de Marie-Louise chez Joséphine. — Grands uniformes — Promenade régulière à la serre. — Connaissances de l'impératrice en botanique. 67

CHAP. XLII. — Mémoires de M. de Beausset. — Le cardinal Maury. — Mot de lui. — Sa gourmandise. — Mesdemoiselles Délieu. — Leur chant. — Le vice-roi les traite en artistes. — Mademoiselle de Castellane. — M. Rilliet Huber. — Ecole de cavalerie de Saint-Germain. — M. de Turpin. — Présent que lui fait l'impératrice. — Tableau commandé par elle. — Noble manière de le payer. — Les catacombes. — M. de Thury. — Plan du port Mahon. — M. Emmanuel Dupaty. — Vers improvisés par lui. 67

CHAP. XLIII. — Retour à Malmaison. — Visite de l'empereur. — Manière dont il est reçu par l'impératrice Joséphine. — Le grand-duc de Wurtzbourg. — Sa figure. — Son talent pour le chant. — Gageure que je fais avec le vice-roi. — Duo de *Zingari in fiera*. — Je perds mon pari. — Promenade à Longchamps. — Calèche de l'impératrice. — Accident arrivé au vice-roi. — Empressement de la foule pour voir l'attelage de Joséphine. — Lettre de Madame mère portée par M. de Caze. — Visite tardive du roi de Naples. 69

CHAP. XLIV. — Amateurs-artistes. — Madame la comtesse de Sparre. — L'impératrice paye mon maître. — Jalousie des courtisans. — Faillite de M. Pierlot. — M. de Monaco. — Madame Pierlot. — M. le Roy, marchand de modes. — Bonté de l'impératrice — M. le comte de Montlivault. — L'impératrice nous montre ses diamants. — Ce que Sa Majesté dit à ce sujet. — Une vieille paire de souliers. — Joie qu'elle cause. — Brignolettes de la reine Marie-Antoinette. 70

CHAP. XLV. — Madame la princesse d'Eckmühl vient à Malmaison. — Accueil de l'impératrice — Refus du général Leclerc d'aller à Saint-Domingue. — Mariage de sa sœur. — Le général Davoust, prince d'Eckmühl. — Pressentiment du général Leclerc sur son voyage. — Madame Collard, grand'mère de madame Lafarge. — Madame Leclerc, princesse Borghese. — M. Julia de Canouville. — Aventure de M. Bousquet, dentiste. — Bal chez la princesse Borghese. — Inconvenance de M. de Canouville. — Modération du vice-roi. — Pelisse de martre zibeline. — Mort de M. de Canouville. — Médaillon entouré de diamants. — M. Ernest de Canouville. 72

CHAP. XLVI. — Bal chez le prince de Neufchâtel. — Madame Foy. — Mon impatience. — Magnificence des costumes. — Domino bleu de ciel. — Je perds ma mère dans la foule. — M. Gazani. — La reine Hortense et l'empereur. — Ma brusquerie. — Détails sur madame Foy. — Le colonel Lamothe-Houdard. — Sa mort. — Le général Foy. — Le maréchal Baraguay d'Hilliers. 75

TABLE DES MATIÈRES.

CHAP. XLVII. — Soirée chez la reine Hortense. — Notre fiacre. — Conversation que j'eus avec Sa Majesté. — C'était l'empereur !... — Bienveillance de la reine. — La belle duchesse de Conegliano. — Madame Thibaudeau. — La duchesse de Montebello. — La maréchale Soult. — M. de Flahault. — M. de Souza. — Caractère de M. de Flahault. — Son talent pour le chant. — Joli mot de lui. — Garat. — Je chante avec lui. — Mademoiselle de Bourgoing. — Son extrême bonté. — Mademoiselle Cochelet. — Madame de Brocq. — Sa mort. — La duchesse de Bassano. — La vicomtesse Ducrest de Villeneuve. 76

CHAP. XLVIII. — Bal masqué aux Tuileries. — Marie-Louise en Cauchoise. — La reine de Naples. — Quadrille de la *Reine Hortense*. — Mesdames de Menou, de Graville, de Villeneuve, Dulauloi, etc. — MM. Perregaux, Desaix, de Flahault, etc. — L'empereur force madame *** à sortir. — Madame de Crof. — *Minuit passé.* — Nous retournons à Malmaison. — M. et madame Vanberghen. — Place créée dans la maison de l'impératrice. — Refroidissement à notre égard. — J'en parle à Sa Majesté. — Elle me rassure, et me promet son portrait à 3,000 fr. — M. de Rohan Chabot. — M. de la Vauguyon. — Mademoiselle Persillié. 77

CHAP. XLIX. — L'archichancelier déjeune à Malmaison. — Lettres de l'impératrice qui lui sont adressées. — Le vice-roi arrange une partie de pêche. — Elle n'a pas lieu. — La fidèle Trouss. — Son histoire. — La guerre d'Espagne. — Le roi Ferdinand avait demandé d'épouser une princesse impériale. — Indignation de l'empereur. — Opinion de l'impératrice sur l'avenir. — Madame de Talleyrand. 79

CHAP. L. — Tendresse maternelle de l'impératrice. — Joujoux. — Désir du fils aîné de la reine Hortense. — *La belle boue*. — Maladie et mort prompte du prince Napoléon en Hollande. — Désespoir de la reine. — Corvisart étudie le premier la maladie du croup. — M. Horeau. — Le petit uniforme de lancier. — Le prince *Oui, oui*, Napoléon III. — Joli mot de lui. — C'est une prédiction. — M. et madame de Sémonville. — Comment on se fait donner une chaîne. — M. le duc de Richelieu. — Visite qu'il reçoit. — Le général de Montholon. — Son mariage avec madame Bignon, Roger. — Mécontentement de l'empereur Napoléon Ier. — Noble conduite du général Montholon. — M. le comte de Sparre épouse mademoiselle Naldi, actrice du Théâtre-Italien. 80

CHAP. LI. — Opinion de l'impératrice sur la supériorité de l'empereur. — L'abbé de S... — Le livre de bois. — L'abbé d'Espagnac. — Vœu fait par lui. — Napoléon tient à l'étiquette. — Il fait consulter madame la duchesse douairière de Duras. — Ouvrage sur les usages à suivre à la cour. — La reine Julie. — Ses vertus. — Sa vie. — Morfontaine. — Mgr le duc de Bourbon. — Ses gens. — L'archipel. — Ermenonville. — M. le colonel Clari. — Mademoiselle Clary. — M. Henri de Tascher. 82

CHAP. LII. — Lettre de l'impératrice au prince Eugène. — Les quinze cent mille francs du sénat. — L'Odéon. — Chapelets donnés par le pape à Sa Majesté. — Madame Daru. — Nous quittons Malmaison. — Mon chagrin. — Fausseté des courtisans. — Motifs qui firent agir l'impératrice. — Amour prétendu du viceroi. — Mariage qui m'est proposé. — La reine de Naples. — La reine de Westphalie. — Madame Bonaparte. — Robe de cotonnade. — Madame Collard. — M. de Montesquiou. — Madame Capelle. — Madame de Martens, madame Garat. — M. de Mornay. — M. de Montbreton. — Madame Lafarge. — Quelques traits de son enfance. — Mémoires de madame Lafarge. — Croix accordée à Jocko. — La Bourse de Francfort. 83

CHAP. LIII. — L'impératrice nous envoie chercher exactement. — M. de Monaco congédié. — M. Portalis remplit les fonctions de premier écuyer. — L'épouse mademoiselle de Castellane, dotée par l'impératrice. — Histoire absurde à ce sujet. — Madame Vanberghen. — L'archevêque de Tours. — Discours maladroit. — Magnifique trousseau. — Mémoires sur l'empire. — Madame Durand. — Son injustice envers l'impératrice Joséphine. — M. Malitourne. — Madame la duchesse d'Abrantès. — L'Abbaye-aux-Bois. — *Les salons de Paris*. — Mademoiselle de Mackau. — Le général Wathier de Saint-Alphonse. — Son mariage. — M. l'amiral de Mackau. — Madame la marquise de Soucy, gouvernante de madame la Dauphine. — Nous cessons d'aller à Malmaison. 86

CHAP. LIV. — Mon chagrin de ne plus voir l'impératrice. — Steibelt. — Madame Scherer, caprice d'un grand artiste. — *Roméo et Juliette*. — M. Sosthènes de la Rochefoucauld, directeur des beaux-arts. — Ce qu'il dit à Cherubini. — Steibelt meurt à Saint-Pétersbourg. — MM. Herz, Lacombe, Rhein et Prudent. 88

CHAP. LV. — La reine Hortense. — Sa bonté. — M. Drouet. — Son caractère. — M. Brongniart. — Martin. — Sa reconnaissance. — Ciceri, Nicolo. — Quatuor bouffe. — Ciceri se casse la jambe. — Son courage. — Isabey. — Duport. — MM. Bohrer, Romberg. — Carle Vernet. — Anecdote sur lui. — Aventure arrivée *au grand Vernet*. — Coche de Marseille. — Paillasse de chez Nicolet. — Horace Vernet. — Sa femme. — M. le général Rabusson. — Présence d'esprit. — Ordre des Trois-Toisons. 90

CHAP. LVI. — Nous partons pour aller en Picardie chez une amie de ma mère, madame Dubrosseron. — M. de Saint-Aulaire. — Son premier mariage avec mademoiselle de Soyecourt. — Mademoiselle Duroure, sa seconde femme. — Madame et mesdemoiselles Duroure. — M. Joseph d'Estourmel. — Mademoiselle de Rohan-Chabot. — M. Alexandre d'Estourmel. — Son duel. — Mot piquant de madame de Coigny. — Pressentiment maternel. — Mademoiselle de Saint-Aulaire. — Son talent tragique. — M. Casimir Baecker. — Madame Delarue-Beaumarchais. — Son beau talent. — Quelques détails sur elle et son père. — Nous jouons la comédie. — M. de Castéja. — Course à Manicamp. — M. de Brancas. — Son avarice. — *La tour de Coucy*. — Le comte de Lauraguais. — Singulier trait de sentiment. 91

CHAP. LVII. — Projet de mariage pour moi. — Le vice-amiral Sercey, mon cousin. — Un requin. — Sang-froid de l'amiral. — Ses fils *Éole* découvre une île. —

Il ramène le prince royal. — Fierté de Son Altesse. — Son adresse à l'arc. — Son portrait. — Le comte Édouard de Sercey. — Le colonel Henri de Sercey. — Madame Catalani. — Mesdames Pasta, Pisaroni, Malibran. — Goëthe, — *Werther*. — Potier. — Bienfaisance de madame Catalani. — Madame Anna de la Grange. — M. de Valabrègue. — Leurs fils. — M. Paul de Valabrègue. — Son frère épouse la fille adoptive de M. le marquis de la Woëstine. — Madame Grassini. — Des brigands l'arrêtent. — *Portrait* du gouvernement. — Girodet. — On fait de la charpie à la Malmaison. — Sa manière de peindre. — Paër. — Rossini. — Careffa. — Paccini. 94

CHAP. LVIII. — Campagne de Russie. — Poste de gardes nationaux. — Les bizets. — Feu de cheminée. — Musique de l'état-major de la garde nationale. — Méhul, Cherubini, Berton, Paër, capitaines. — Boteldieu, chapeau chinois. — Nicolo, *triangle*. — Nadermann, *grosse caisse*. — Le 30 mars. — Le roi Joseph. — Les élèves de l'École polytechnique. — Je pars avec mon fils. — Calme du faubourg Saint-Germain. — Soldats blessés. — Dureté des Parisiens. — Chirurgien qui vient au secours d'un dragon. — Lettre que je porte. — Cosaque faisant la police. — Entrée de l'empereur Alexandre. — On arrache les aigles. — Je m'inquiète pour l'impératrice. 96

CHAP. LIX. — Nouveau trait de bonté de l'impératrice. — Sœur grise. — *C'est la pauvre Joséphine*. — On fait de la charpie à la Malmaison. — Marie-Louise à Blois. — Joséphine part pour Navarre. — Sa voiture casse. — Son effroi. — Lettres de l'empereur Alexandre. — M. de Beaumont. — Les souverains alliés prient l'impératrice de revenir à la Malmaison. — Monseigneur le duc de Berry. — Il envoie le comte de Mesnard à l'impératrice. 98

CHAP. LX. — Entrée de Mgr le comte d'Artois à Paris. — Enthousiasme qu'il excite. — Celle de Louis XVIII et de madame la duchesse d'Angoulême. — Réflexions à ce sujet. — M. le duc de Rovigo. — *Vive la vieille garde!* — Le prince de Carignan. — Épaulettes de laine. — L'empereur Alexandre. — Le roi de Prusse. — L'empereur d'Autriche. — Représentation au Théâtre-Français. — Armes royales posées sur la toile. — Insulte à la loge impériale. — Talma. — *Vive le roi !* — Anecdotes sur l'empereur Alexandre. 99

CHAP. LXI. — Affection de l'impératrice pour son beau-frère. — Lettre écrite par lui au président de la Convention. — M. Desèze. — M. de Malesherbes. — Lettres autographes de Louis XVI avant M. Morozzo. — M. de Lakersworth. — Portrait et médaille d'or donnés à M. de Beauharnais. — M. de Coli. — Bourriche étrange. — M. le marquis de Branciforte. — Le duc de Cadore. — En Sologne. 101

CHAP. LXII. — M. de Langeac. — Le comte de Mesnard, aide de camp du duc de Berry. — Mgr le duc de Berry. — Bévue que je fais. — Le général Beauvais, sa femme. — M. H***. — Il va à la Malmaison. — L'impératrice veut vendre ses diamants. — L'empereur de Russie à Saint-Leu. — La reine Hortense. — Le prince Eugène, Bayard du siècle. — MM. Lecouteulx, de la Woëstine et Jacqueminot. — Leur déguisement. — M. Anatole de Montesquiou. — Mon père chez Mgr le duc d'Orléans. — Arrangement avec son conseil. — MM. Badouix et de Broval. 103

CHAP. LXIII. — Commencement de la maladie de l'impératrice. — Lord Beverley et ses fils. — Désirs de Joséphine de rejoindre l'empereur. — Elle reçoit la visite de l'empereur Alexandre. — Partie de barres. — Les souverains alliés viennent à la Malmaison. — M. Horeau. — *Redouté*. — Le prince Eugène. — L'impératrice est administrée. — Sa mort !... 104

CHAP. LXIV. — Comment j'apprends la mort de l'impératrice. — Affluence à la Malmaison. — Exposition du corps de Joséphine. — Funérailles. — Les coins du drap mortuaire. — Le général Sacken. — Ingratitude de MM. de Rivière et de Polignac. — L'archevêque de Tours. 406

CHAP. LXV. — Le général Beauvais. — *Le nain jaune*. — Réception des chevaliers de l'*Éteignoir*. — Nouvelle du débarquement de Napoléon à Cannes. — Arrestation de M. de Labédoyère. — La marquise de la Valette. — Mademoiselle Duchesnois. — Le colonel Duchamp. — Le comte de Vaudreuil. — Sa femme. — Singularité relative à son mariage. — Vol d'un diamant au Louvre. — Madame Prinsteau, sœur du duc Decaze. — J'obtiens une audience du duc de Berry. — Voyage sentimental à Gand. — Béranger. — *Plantons la crémaillère...* 106

CHAP. LXVI. — Arrivée de la duchesse de Berry à Paris. — Joli mot d'elle. — Sa bonté. — Inscription touchante. — Madame la duchesse de Berry prend des maîtres. — Vente des ouvrages des princesses pour les pauvres. — Bouquet à des sœurs grises. — Madame la duchesse de Reggio. — Inhumation du duc d'Enghien. — Représentation de la tragédie de *Germanicus*. — M. de FitzJames. — Mort du duc de Berry. — Louvel. — M. Cauchy lui lit sa sentence. — Le marquis de Pérignon. — Draps fins. — Poulet rôti. 108

CHAP. LXVII. — Lettres de Joséphine : A l'citoyen Barras, membre du directoire exécutif. — A M. de Sansal. — A madame Fanny de Beauharnais. — Du général Bonaparte à sa femme. — Du colonel Eugène Beauharnais à sa mère. — A mademoiselle Hortense. — Au général Bonaparte. — A l'impératrice Joséphine. — A mademoiselle Lenormand. — Billet trouvé dans la serviette de l'impératrice. — Réponse de mademoiselle Lenormand à Sa Majesté l'impératrice-reine. — A M. F. de Ch. — A mademoiselle Aubert, femme de chambre de l'impératrice. — A M. Achille de Villedeuil. — A M. le duc d'Otrante, ministre de la police. — A l'impératrice Marie-Louise. — A l'empereur Alexandre. 109

CHAP. LXVIII. — Pension accordée à ma fille par une princesse. — Elle est supprimée. — M. Ladvocat. — Madame de Genlis, MM. de Chateaubriand, de Barante, Villemain, Casimir Delavigne. — Dernière visite à la Malmaison. 414

CHAP. LXIX. — Rétractation de quelques erreurs relatives aux détails donnés sur la mort de l'impératrice Joséphine. — MM. Horeau, Bourdois, Laserre. — M. de M... — La croix du lis. 445

Fragments de mon voyage en Allemagne. 453

FIN DE LA TABLE DES MÉMOIRES SUR L'IMPÉRATRICE JOSÉPHINE.

Paris. — Imp. Walder, rue Bonaparte, 44.

www.ingramcontent.com/pod-product-compliance
Lightning Source LLC
Chambersburg PA
CBHW052055090426
42739CB00010B/2190